Öberefahre

kulturhistorisch und autobiographisch
angereichert

Friedrich Manser

Bibliografische Information der Deutschen Nationalbibliothek:
Die Deutsche Nationalbibliothek verzeichnet diese Publikation in der Deutschen
Nationalbibliografie; detaillierte bibliografische Daten sind im Internet über
dnb.dnb.de abrufbar.

3. nachgewürzte Auflage
© 2017 Friedrich Manser
Herstellung und Verlag:
BoD – Books on Demand, Norderstedt

ISBN: 978-3-7448-2092-9

Meinen Eltern gewidmet:

Der Mutter (Bert(h)a Benedikta Manser – Fässler 1909 – 1983), die 6 Jahre lang als Stickerei - Ausläuferin ihr Geld verdiente,
6 Jahre lang im 2. Weltkrieg in der Stube die Kinder und im Stall die Tiere umsorgte
und fast ihr Leben lang als Stickerin arbeitete.

Dem Vater Johann Anton Manser 1900 – 1987), der 25 Sömmer im Tieflöchli als Senn verbrachte und dabei
6 Jahre lang am *frönte Sproze* Senn war,
24 Jahre lang *Heupuur* war,
4 Jahre lang Senn auf der Gartenalp war
und kurz darauf aus personellen Gründen die zur Pacht angebotenen Alpen Töbelihütte (Sämtis), Klein Dreihütten (Potersalp) und Potersalperlöchli ausschlug.

Vorwort

Mir geht es darum, die während 200 Jahren im Toggenburg (SG), in Appenzell Ausserrhoden (AR) und besonders in Appenzell Innerrhoden (AI) bestehende Wirtschaftsform von Heu erzeugendem Heubauern *(Heupuur)* und Heu verwertendem Heusennen *(Heusenn)* zu beschreiben und so der Nachwelt zu erhalten. Charakteristisch für diese Arbeitsteilung war der Wechsel einer Viehherde im Winter von einem Futterplatz zu einem anderen, also von einem Bauernhof zu einem anderen. Dieser Umzug hiess *Öberefahre* und läuft Gefahr, vergessen zu werden.

Zu diesem Thema gehören einige wichtige Aspekte von Kuh, Kleidung, Schellen, Butter, Käse, Ledi, Futterbereitstellung *(Teirre)* sowie Heuverkauf und Heuverfütterung *(Heu etze)*. Mein Vater stand etwa je 25 Jahre lang auf jeder Seite dieser arbeitsteiligen Wirtschaftsform, wobei er für seinen Vater 6 Jahre lang am *frönte Sproze* (fremder Stall; Holzstab bei der Futterkrippe), also ohne eigene Liegenschaft, dauernd mit dessen Senntum von Bauernhof zu Bauernhof sowie von und zu der Alp *Tüüfflöchli* (nördlich vom Kronberg) fuhr. Dabei besuchte er mindestens 11 verschiedene Bauernbetriebe, davon etwa viermal bei Verwandten. Davon erzählte er uns Kindern viel, immer mit den gleichen Worten. Deshalb mute ich mir zu, beide Seiten dieser einzigartigen, verschwundenen Wirtschaftsform zu kennen.

Ausgewählte Fachleute haben mir zusätzlich mit ihrem Wissen sehr geholfen, sie bieten Gewähr für robuste Angaben; wofür ich ihnen verbindlich danke. Nicht immer war es leicht, unterschiedliche Ansichten korrekt zu vereinen. Da gilt das Wort: „*We wiit frooged, weet wiit gweese!*" ("Wer viel wissen will, bekommt viel zu hören!").

Die Gewährsleute gaben nur bei den ihnen entsprechenden Texten helfend oder stillschweigend ihre Zustimmung.

Die einzelnen Kapitel sind als solche ziemlich abgeschlossen und lassen sich gut unabhängig voneinander lesen, ähnlich einem Lexikon. Gewisse Wiederholungen sind nicht nur vorhanden, sondern bewusst eingebaut. Halten sie sich beim Lesen an das Fressverhalten der Ziegen: Hier etwas naschen und dort etwas knabbern. So verpassen sie zwar einige Leckerbissen, dafür ist aber alles, was sie aufnehmen, recht bekömmlich.

Für eifrige Senntumsmaler/-innen kann mein Beschrieb des *Öberefahre* eine Hilfe sein und sie vor allzu offensichtlichen Missgriffen schützen.

Es ist mir ein Anliegen, die Verhältnisse in AI und AR und in geringerem Ausmass auch im Toggenburg zutreffend zu beschreiben. Bei den Mundartwörtern halte ich mich so weit wie möglich an die Schreibweise für den Innerrhoder Dialekt nach Joe Manser; ausser *Suwage*, *Schellchüe* und *Fahrschelle* lasse ich aus Unkenntnis und Respekt Ausserrhoder und Toggenburger Ausdrücke unberücksichtigt.

Sollte einmal eine Formulierung als gar zu bissig und ätzend empfunden werden, so sei sie dem Altersstarrsinn, dem appenzellischen Naturell und der lehrerhaften Besserwisserei zugeschrieben, nicht aber böser Absicht!

So weit wie möglich verzichte ich auf fremdsprachliche Ausdrücke, besonders auf die unnötigen, also wirklich unnötigen neumodischen englischen Ausdrücke. Bei mir ist der Senn vor den Schellkühen weder cowboy noch leader, das *Öberfahre* ist weder show noch street parade, e *Ruggusseli* (Jodel) ist kein song, das Mittagessen kein lunch, die Kinder sind keine kids, die Fingernägel sind keine nails, Geld ist nicht money, *Chuedreck* ist nicht bull shit, Tag nicht day und *guet* nicht cool. Statt googeln und surfen kann ich gurgeln und 'saufen'! In Fernsehen und Radio (Rundfunk!) plaudert jeder nur Dialekt und Englisch, Hochdeutsch kann man nicht. Dabei sind die drei Königsfächer für anspruchsvolle Berufe heute doch ausser Mathematik und Englisch auch noch Schriftdeutsch. Gut, immerhin sind die Modewörter, welche weltweite Gewandtheit anzeigen sollen, nur amerikanisch und nicht französisch oder russisch und noch nicht chinesisch (mandarin). Aber wer weiss . . .

Häufig bin ich ausgesprochen nachsichtig und schreibe statt Fahrrad doch Velo, statt Kraftstoff doch Benzin, statt Personenwagen doch Auto, statt Fernsprecher doch Telefon und statt Kraftbrühe doch Sauce. Allzu urdeutsch muss es ja auch nicht sein.

Die Zutaten (pardon, Ingredienzien, hoppla!) für dieses Buch sind also ausgesprochen leicht, will sagen light.

Einige Angaben sind aus Vorsicht unscharf. *Wiit vom Gschötz gett alti Chrieege* (Weit vom Geschütz gibt alte Krieger)!

Als Schuss vor den Bug übereifriger Begrüssungshelfer verrate ich gleich, dass ich es falsch finde, wenn in Schule und Verwaltung und Gericht bald für Gäste aus ein Dutzend Elendstaaten hochbezahlte Dolmetscher eingesetzt werden, Im Grossraum Zürich-Bern sprechen wir doch deutsch und nicht ostslawischsuaheliarabisch. Es gilt die Landessprache, klar! Hochdeutsch, bitte! Das war und ist in Nordamerika so; in der 'mustergültigen' Sowjetunion und im hochgepriesenen Mao- China reichte nicht einmal die Kenntnis der Landessprache zum Überleben.

Ich verzichte meistens auf die sperrige und umständliche Doppelform der weiblichen und männlichen Bezeichung. Erstens sind nach dem weltberühmten Chemiker und Biochemiker Dr. Prof. Gottfried Schatz laut seinen Erkenntnissen etwa um 1980 allein die Mütter an der Vererbung der Mitochondrien beteiligt. Das ist für den Herrn der Schöpfung etwa die fünfte Kränkung! Die sprachliche Bevorzugung des Mannes ist ihm also wohl zu gönnen, liebe Damen. Diese 0,001 mm grossen Energielieferanten in den Zellen sind wohl auch für die Entstehung von Alzheimer und Parkinson und für den altersbedingten Zelltod verantwortlich. Gottfried Schatz und seine Mitarbeiter entdeckten am Biozentrum der Universität Basel, dass die Mitochondrien ihr eigenes Erbmaterial besitzen. Nun gibt es neuestens ein Büblein, das drei Eltern hat: Die befruchtete Eizelle einer Frau, die schon sechs erfolglose Schwangerschaften hinter sich hatte, wurde in die entkernte Eizelle einer Leihmutter eingepflanzt; deren Mitochondrien sind nun auch im Büblein vorhanden. Alle Mütter dürfen sich entspannt zurücklehnen und mitochondriengestützt flüstern: „Das haben wir doch schon immer geahnt!" Das Spermium besitzt nach Gottfried Schatz höchstens ein Mitochondrium, die weibliche Eizelle dagegen hunderttausende! Zweitens gibt es Dutzende von negativ besetzten, aber ausschliesslich männlichen Benennungen (*Schoof* -, *Back* -, *Sau* -, Dreck -, *Lompeseckl*, aber nicht Göld – oder Landseckl; Sündenbock, Strolch, Schurke, Gauner, Taugenichts, Unhold, Sträfling, Einfaltspinsel, Unglücksrabe, Rüppel, Esel, *Patschi*, *Tubl*, *Latschi*, *Schlunggi*, *Laari*, *Palaari*, *Tlünggi*, *Kujoo* (Quälgeist), *Tatzli*, *Lonzi*, *Tocht*, *Lalli* etc.), über deren einseitigen Gebrauch auch scharfzüngige Emanzen nicht wehklagen. Lechzen nun die modernen Frauen heute nach den obigen Erkenntnissen noch nach der weiblichen Form für Dummkopf oder

Pechvogel? Wohl gibt es auch weibliche Schimpfbezeichnungen aus dem Tier – und Pflanzenreich, die ich aber als zartbesaiteter Grobian lieber für mich behalte! Der moderne Mann braucht (ausser in der kath. Kirche) eher sorgende Unterstützung als gallige Aggression durch die Frau. Dass im Altertum die Stellung der Frau überaus schlecht war, hängt damit zusammen, dass man bis etwa 1500 nicht einmal etwas von einer Eizelle wusste und die Frau deshalb nur Acker war, in den der Samen versenkt wurde. Samenerguss ausserhalb der Frau galt demgemäss fast als Massenmord! Bei Spermien, die bei der Vererbung nicht einmal die halbe Miete sind, ist es deshalb fahrlässig, wenn man von 'Samen' spricht und schreibt. Das gilt auch beim Stier. Wer weiss, ob nicht einmal eine menschliche Eizelle ohne Spermium durch irgendwelche Reizung zur Zellteilung gebracht wird – Jungfernzeugung (bei Ameisen, Bienen etc. entstehen naturgegeben so männliche Nachkommen). Auf einige Religionen kommt dann noch Ungemach zu. Der christliche Himmelsherrscher ist auch männlich benannt. Ob er es ist? Zeus und Yupiter waren es, Manitu (Indianergottheit) fast auch, und All . . lasse ich ohne Zuteilung.

Sperma als griechisches Wort bedeutete einst Samen wie z. B. Weizenkorn, Haselnuss, Apfelkern etc. Heute versteht man darunter einengend nur noch die männlichen Keimzellen, also männlichen Gonaden, im Gegensatz zu den weiblichen Keimzellen oder Gonaden, den Eizellen.

Nur, was soll das Gehader. Wichtig ist, dass, die Sonne in zuträglichem Mass scheint und der Mensch für sich und die Tiere in Klugheit Wasser, Nahrung, Wärme, Wohnung, Schulung und angemessenes Wohlergehen bereitstellt, was er ja auch millionenfach schafft. Noch nie seit 4 Milliarden Jahren ging es so vielen Menschen so gut wie heute, absolut und prozentual. Klagen wir nicht auf Vorrat, sondern sorgen dafür, dass wenig Kinder leidgeplagt weinen und freuen wir uns am Gelungenen und Schönen!

Öberefahre gehört dazu.

Öberefahre - Kulturhistorisch und autobiographisch angereichert

Inhaltsverzeichnis

A. ÖBEREFAHRE

Fahren

Fahren bedeutete ursprünglich laut Duden jede Art von Fortbewegung, also sogar reiten oder schwimmen. Heute versteht man darunter meist die Fortbewegung per Wagen, Schiff, Flugzeug, Ski, Seilbahn, Velo, Schlittschuh etc. Erst durch die grosse Bedeutung von Velo, Auto und Bahn hat sich nun der Sinn von fahren ziemlich auf die Fortbewegung auf Rädern verengt. *Öberefahre* bedeutet aber entgegen der Meinung vieler doch nicht Motortransport von Herde und Begleitung, sondern nur Fussmarsch oder/und Klauenmarsch. Motortransport wäre *öberefüere* (überführen). *'Em Früelig faht de Senn uf d Alp'* heisst es ja auch im Lied *'I ösrem liebe Schwizerland'.*

Öberefahre als Begriff

(Wechsel von einem Futterort zu einem anderen)

Im Alpsteingebiet denkt männiglich bei diesem Wort an Alpauffahrt (*z Beg fahre, ii fahre*) oder Alpabfahrt (*hee fahre, use fahre*) einer Viehherde. Der Besuch der Viehschau mit der Viehherde wiederum heisst *a d Schau fahre.*

Von etwa 1800-1965 bedeutete *öberefahre* vor allem die Verschiebung des Senntums vom Talbetrieb des Sennen (Senn kommt von keltisch 'sanion' und bedeutet Melker) zur Scheune eines Heubauern (*Heupuur*) und von dort weiter zu einem nächsten *Heupuur (aas Heu fahre)* oder wieder zur *Heemed vom Heusenn* (Bauernhof des Heusennen).Im Frühling und im Herbst wurde aber auch *aas Grääs gfahre* (ans Gras fahren). Von der Alpabfahrt bis wieder zur Alpauffahrt verschob sich ein Senntum mit dem die Tiere begleitenden *Senn* (im Dialekt ohne -en geschrieben!) so locker 5 – 8-mal. Auch mitten im Winter waren also *Heusenne am Öberefahre* (siehe Winterbilder von Bauernmaler Albert Manser.

Wenn nun Josef Inauen, Johann Rudolf Steinmüller zitierend, erwähnt, dass es in beiden Appenzell (also AI und AR) um 1800 mehr als 200 Sennen (davon 110 in AI) mit mehr als 20 Kühen gab, so ist einleuchtend, dass fast jahraus und jahrein Viehherden am *Öberefahre* anzutreffen waren (nach Steinmüller bisweilen allein im Winter 5 - 8 verschiedene Futterorte!). Laut Heumesser Jakob Sutter wurden 1922 – 1925 jährlich durchschnittlich (wohl nur in AI) 5368 Klafter Heu verkauft, zu einem Durchschnittspreis von 86 Frankern. 1929 – 1932 lag der Durchschnittspreis für einen Liter Milch bei 22 Rappen. Bei diesem etwas schiefen Vergleich hat ein Klafter Heu den Wert von 390 Litern Milch. Viel oder wenig? Die 5400 Klafter führen allein schon im Winter zu reichlich 150 – 200 Futterortswechseln, pro Woche um die sechs. Vor 90 Jahren waren deshalb Sennen beim *Öberefahre* auf der Strasse fast so häufig wie heute Sattelschlepper.

Doch nicht genug damit. Von rund 1850 – 1914 existierte noch eine ganz andere, fast bizarr anmutende Art des *Öberefahre*. Laut Karl Neff zogen im Frühling unternehmungslustige Innerrhoder (notgetrieben?) als *Schöttler* (Herstellung und Verkauf von Milch und Milchprodukten wie Schotte, Yoghurt, Butter etc.) samt ihren Herden (vielleicht sogar mit Ziegen und Hund, wohl mit der Bahn) nach Deutschland (Italien, Frankreich?) an die nobelsten Bade- und Kurorte, um dort durch den Verkauf von Milchprodukten (Milch, Butter, Schotte, Käsewasser, Joghurt etc.) ihr Geld zu machen. Achilles Weishaupt nennt in seiner Geschichte von Gonten (Band 2) allein für Gonten ca. 30 Städte/Orte, in denen Schöttler tätig waren. Der Ausdruck 'Bad' taucht dabei etwa zehnmal auf (Bad Kissingen, Kalsbad etc.). Junge Frauen in der Tracht waren als Stickerinnen oder Kellnerinnen für diese Art von Geschäften das Sahnehäubchen!

Gegen Herbst hin verkauften die Schöttler ihre Tiere und kehrten (recht wohlhabend!?) nach Appenzell zurück. Einige aber blieben in Deutschland. Appenzeller waren so in Hamburg oder Berlin anzutreffen. Von mir wanderten um 1877 - 1890 eine Grosstante und zwei Grossonkel nach Ostpeussen (um Danzig), heute Polen, aus.

Dass es dann jeweilen anschliessend an die *Hofe(r)chülbi* in Appenzell am Schöttlerball recht selbstbewusst laut und weltmännisch nobel wie auch rausennisch zu und her ging, wollen wir jenen Pionieren nicht verdenken.

Soviel zum Begriff *öberefahre*.

Öberefahre war und ist in beiden Appenzell von grosser wirtschaftlicher Bedeutung, früher als Folge der Arbeitsteilung von *Heupuur* (Heubauer, Talbetrieb) und *Heusenn* (Eigentümer des Senntums), heute aber als Grundlage der Alpwirtschaft *(z Begfahre, a d Schau fahre)*. Mittlerweile gerinnt das *Öberefahre* zu einer Touristenattraktion ersten Ranges, sei es beim *Usefahre* in Urnäsch oder an der *Vechschau* (Viehschau) in Appenzell, Urnäsch, Unterwasser und anderswo.

Öberefahre als reine Schau (wie der *Gäässbueb* = Geissbub mit Ziegen in Zermatt) ist zum Glück noch nicht üblich, aber ein Gasthaus in Teufen machte da schon erste Gehversuche. *Öberefahre* ist im Toggenburg, in AR und AI fast identitätsstiftend. Ich denke da an Ausstrahlungen auf Kunsthandwerk (Sattler, Küfer, Bauernmaler, Bauernmalerinnen), Liedgut, Bekleidung, Schmuck, *Chlausebickli* (handbemalte Lebkuchen an Weihnachten) sowie *Stobede* (Tanzveranstaltung auf einer Alp) und Redensarten. Bei keinem Berufsstand finden wir so viele Lieder und Jodel wie beim *Senn* oder *Puur*, schlechthin beim Älpler.

E hett kee guet Schölle (in AR heisst es *Schelle*) *me* (sein Ruf hat leicht gelitten) oder *seb ischt oosennisch* (etwas ist ziemlich daneben) sind geflügelte Worte im gesamten Alpsteingebiet. Die Damenwelt möge es meinem in Wisconsin/USA verstorbenen Onkel August Fässler nachsehen, der jeweilen eine wohlgeformte Dame schmunzelnd *Schöllchue* (Schellenkuh) nannte. „*Seb wä au no e Schöllchue!*", war bei ihm so etwas wie ein Kompliment; er war ja auch Farmer (Juli/August 1930 nach den USA ausgewandert und nie eine Stunde Heimweh gehabt). Männliche Entsprechungen sind mir nicht bekannt! O doch, aber ich wage sie nicht anzuführen . . .

Neuestens hat *Senn* und Fahren noch eine ganz ungemütliche Verbindung gefunden. Ich meine die eilige Fahrt mit einem Motorfahrzeug (und Seilbahn) von der Alp zum Talbetrieb und ungekehrt. Für den *Senn* kann es zu teuer sein, während des ganzen Tages eine erwachsene Person beim Senntum von sagen wir 24 Kühen auf der Alp zu verpflichten, und das trotz der Sömmerungsbeiträge aus Bundesbern. Wird die Milch auf der Alp zu Butter und Käse veredelt, mag das Problem noch tragbar sein, aber wenn die Milch wohin auch immer weggeführt wird, fehlt die wertschaffende Beschäftigung. Also pendelt das Alppersonal immer mehr zwischen

Alp und Talbetrieb. Tagsüber bleibt die Hütte leer, die Tiere sind unbeaufsichtigt, wenn der Hirte im Tal dringenden Erntearbeiten nachgehen muss. Oft wird die Hütte an Feriengäste vermietet, nicht nur ausserhalb der Alpzeit, nein, auf Grund des Pendelns gleich auch im Sommer. Für den Besitzer ist die Hütte so oft lukrativer als die Alp selber. So kommt es im schlimmsten Fall dazu, dass der Älpler zur Hütte gar keinen Zugang mehr hat, wodurch er zwingend zum Pendeln verurteilt ist. Für feinere Naturen leiden unter solchen Zwängen die Tierhaltung wie die Alppflege – das althergebrachte Sennenleben wird geritzt. Wo und wie ist die Lösung zu finden? Während sich früher beim *Oberefahre* die Tiere zum Futter hin verschoben, geschieht heute immer mehr das Gegenteil. Das Futter in der Form von Heu oder Silage (gedörrtes Gras oder Silogras in Plastikballen, *Silobölle*) wird von den kleineren Bauernhöfen, ob Pachtbetrieb oder Eigentum, zum Stammbetrieb verfrachtet. Dort sind der tiergerechte Stall, die Melkanlage, der Jauchekasten, die restlichen nötigen Einrichtungen. Kaum ist das Futter weg, bringt der Jauchewagen *(s Drockfass)* den wässerigen Dünger. Bei 4 – 5 Schnitten ergeben sich pro Bauerngütlein schnell 20 Traktorfahrten im Jahr. Statt *Oberefahre* haben wir ein gehetztes *Ommechare*, für Landwirt und Nachbar nicht lustig. Bodenarrondierungen würden wohl Abhilfe schaffen – aber das ist meistens Wunschdenken. Wenn nur Jungtiere auf einem dieser kleinen Bauernhöe gehalten werden, die vielleicht noch der anwesende frühere Bauer besorgt, so entschärft das die Sache etwas. Doch das ist eher die Ausnahme. Möglicherweise aber sind wir Schweizer/Alpsteinbewohner nicht nur geographisch, sondern auch gedanklich etwas kleinkariert. Wenn eine Farm in Nebraska 14 000 Rinder umfasst, wird eine Futterfläche in der Grösse von 7 000 ha, also 70 km2 benötigt, im besten Fall. Da wäre von der (theoretisch) zentral gelegenen Farm die Grenze reihum je 4,2 km weit weg. Da gibt es noch den Fall in Deutschland, dass ein Pilot im Raum München wohnt und im Flughafen Frankfurt der Arbeit nachgeht! Ein Weg macht 300 km Autobahn aus!
Auf einem Farmbetrieb (Milchfabrik?!) in Indiana/USA, 60 km südlich von Chicago, werden 36 ooo Milchkühe gehalten. Man rechne!
Neun Familien betreiben diese Fair Oaks Farm in 11 Untereinheiten, wobei das Melkkarussell mit 72 Milchkühen und dreimaligem Melken pro Tag wohl die Idealzahl von rund 3000 Kühen begründet. Die 7600 ha Ackerland für Mais und Alfalfa reichen nicht aus, um den jährlichen Futterbedarf pro Kuh von 17 Tonnen zu erzeugen, weshalb noch Heu aus dem 1300 km entfernten Colorado angekarrt wird. Täglich werden um die 950 000 Liter Milch erzeugt. Auf drei Teilfarmen ergänzen je 3000 Mutterschweine und 20 000 grunzende Jungtiere den eindrücklichen Tierbestand. Nun sinnieren tiernahe Konsumenten verständlicherweise über das Tierwohl auf diesen Riesenfarmen nach. Ich darf beruhigen. Diese Kühe fressen nicht wie einst in Unterschlatt aus Salzmangel und anderweitiger Mangelfütterung die Wäsche von der Leine. Eine Stalltemperatur von – 12 Grad bis +21 Celsius behagt erfahrungsgemäss den Kühen, also sind + 5 Grad Celsius ideal, mit Luftzug und Nackenberieselung angestrebt. Heu und Wasser in geringer Entfernung und freier Zuteilung. Die Tiere liegen in Sandbettkojen. Wohl werden sie nicht so alt wie unsere berggewohnten Rinder, aber lieber kurz und gut gelebt als wie früher schlecht und lang. Den Mutterschweinen sind die drei Wochen in den engen Absäugenischen wohl unangenehm. Aber nachher lebt es sich wieder

leichter. Platz, Futter und Temperatur sowie Luftqualität ausgeklügelt tiergerecht. Auch werden weder von den Rindern noch von den Schweinen die Holzeinrichtungen abgenagt, weder möglich noch von den Tieren erstrebt. Die Fliegenplage hat sich mit genügend Belüftung erledigt. Unangenehme Kriechströme werden durch Erdung verhindert. Das umweltschädliche Methan CH4 wird im aufgefangenen Biogas verbrannt. Zugegeben, taufrisches Gras auf Ostschweizeralpen und freies Suhlen nahe dem Schottentrog auf einer Käseralp . . . Im Vertrauen: Ameisen, Bienen, Termiten, Fische etc. sowie wir Menschen leben auch in grosser Zahl.

Zahlen, die zählen

Unter *öberefahre* verstehe ich hier immer die Verschiebung des Senntums mit den drei Schellkühen und den begleitenden Sennen. Daneben aber gibt es auch den Ortswechsel einer Viehherde mit nur einer *Füeeschölle* (Führschelle) und entsprechend verkleinerter Begleitung. Wenn man an die vielen kleinen Alprechte von früher in der Seealp denkt, begreift man die Bedeutung dieser kleinen Herden. Laut Josef Inauen wies die Seealp 1893 insgesamt 39 Hüttenrechte auf, bei den 293 Stössen (Alprecht pro Kuh gerechnet) betrug die Alpzeit beeindruckende 34 (!)Tage. Futtermässig wäre das auf das Jahr bezogen ausreichend für 27 Kühe, bei heutigen Tieren ein kleinerer Talbetrieb mit 20 Hochleistungsmilchkühen.

Gleiche Wörter können Ungleiches bedeuten und ungleiche Wörter können wiederum Gleiches meinen.

Senn meint so den Mann vor den *Schöllchüe*, aber auch den Besitzer des Senntums, der auch wieder *Puur* oder *Heusenn* heisst. Die 3 – 4 Männer hinter den *Schöllchüe* nennt man auch *Senne*, es können aber Verwandte oder Bekannte sein, oft sind es anderweitige Berufsleute, welche nur als Helfer einspringen. Die zwei Männer *i de Geele* (in den gelben Hosen) nennt man *Geelhösle* (für mich eine unpassende Benennung) oder Vorsenn und Zusenn, was aber wieder ungewohnt klingt; nur in Notfällen nenne ich sie so. Kurz und gut: Vor den *Schöllchüe* geht der Senn (ob Sohn oder Knecht), hinter den *Schöllchüe* gehen die Sennen und zuhinterst folgt der Senn mit dem Hund. Heute ist jeder Senn auch *en Puur* (Bauer mit Heimwesen).

Senn kann aber auch einmal das gesamte Senntum mit den Sennen bedeuten – im Zusammenhang wird die Sache klar.

Ausserhalb des Alpsteins, also in weiten Teilen der Schweiz wie auch in Bayern und in Österreich, bedeutet Senn die Person, welche die Butter- und Käsearbeit erledigt. Der Mann bei den Kühen heisst Hirt. Die Alphütte heisst dort sinngemäss Sennerei.

Nun zu den Zahlen, deren Nichtbeachten *oosennisch* (daneben) ist, klassisch eingehalten *zom z Begfahre ond zom usefahre* (Alpauffahrt, Alpabfahrt).

1 *Gässsbueb* (Ziegenbub)
1 Vorsenn (immer ohne Stecken) mit dem 1. Fahreimer
1 Zusenn (von hinten gesehen: in AR ganz links, in AI zweiter Mann von links) mit dem 2. Fahreimer, auch ohne Stecken
1 – 2 *Springbuebe* (Laufjunge), ohne *rots Liibli*, ohne Hut
1 Senn ohne *rots Liibli* (rote Weste), ohne Hut, nur in AI üblich
1 *Wäädschölle* (Weidschelle), mit Heu/Stroh stillgestellt

1 Melkstuhl an einer Kuh am Hals oder (in AI selten) auf dem Kopf des Stiers

1 Striegel und 1 Bürste einer Kuh um den Hals gehängt

1 Jutesack einer Kuh um den Hals gehängt

1 Puur (*bruus Liibli*, Hut) mit 1 Hund

1 Stierführer (ohne *Liibli*) mit 1 Stier

1 *Ledi* (nach eigenen Regeln gebunden), Fuhrmann sennisch (ohne *rots Liibli*) oder in Fuhrmannsbluse

1 *Suwage* (Wagen mit Schweinen) nur in AR, selten; Fuhrmann dito

2 *Schöllestecke* (gebogene Schellenstecken/Joche; an Viehschau, mit Ledi oder 'Auto' ohne!)

2 Fahreimer (früher auch nur 1)

3 *Schöllchüe* mit *Schölle* oder mit einem Fahreimer auf 2 *Stecke* verteilt

4 Sennen hinter den *Schöllchüe* (früher auch nur 3 oder 2), eventuell einer mit *em rote Liibli* ohne Hut, so dass in AI gewollt keiner der 4 Sennen genau gleich aussieht

5 oder 7 oder deutlich mehr Ziegen, nur 1 *Gäss-Füeeschölle* (ungerade Zahlen gelten seit Pythagoras mancherorts als männlich und galten im Mittelalter als stark, gut, glücksverheissend und gottgefällig, mystische Zahlen sind meist ungerade, z. B. 3, 7 oder 13) Wird eine ungerade Zahl zu einer geraden addiert, wird die Summe ungerade. Ungerade setzt sich also durch = ist also männlich! Adam ist 1 und Eva 2, klar! Biologisch stimmt die Sache. Das Spermium bestimmt das Geschlecht des Embryos und nicht die Eizelle.

18 oder mehr Stück Grossvieh (in AI ziemlich zwingend, in AR meistens) , alle ausser *Schöllchüe* mit *Chuechettere* (Kuhkette)

Die Anzahl der Kinder hinter den Geissen (sennisch/in der Tracht) ist je nach Familiensituation wählbar, aber ohne *di Geele*; in AI tragen die Mädchen die Stoffelkappe. Weniger als 18 Stück Grossvieh ist nicht strafbar, aber ziemlich selten, laut Jakob Knöpfel aber früher bei Schwägalpsennen durchaus üblich! Die fast magische Zahl von 18 Stück Grossvieh galt besonders in AI beim *as Heu fahre* (Futterortwechsel im Winter), nach Aussage meines Vaters sogar ausnahmslos.

Zahlen haben ihre Bedeutung.

Kein Märchen und kein biblischer Bericht ohne die Zahl sieben oder zwölf oder vierzig und deren Vielfache. Also ist bei all diesen Angaben Vorsicht und Misstrauen geboten. Es handelt sich kaum um Fakten, sondern nur um Konstrukte.

Beginnen wir bei der Zahl Sieben. Sie taugt an sich für gar nichts, als Primzahl ist sie weder teilbar noch entspricht sie der Fingerzahl, höchstens lautet sie binär eindrucksvoll 111. Weshalb aber ist sie mehr als heilig und in der Woche verankert? Klar, drei und vier ergibt sieben, drei steht für Vater, Mutter und Kind und bei den Christen für die unbegreifbare Dreifaltigkeit. Die Vier erhält man bei der Überlagerung von senkrecht und waagrecht, zwei rechte Winkel davon ergeben eine Gerade. Mit den vier recht willkürlich gewählten Elementen Luft, Wasser, Erde und Feuer harmonieren auch die vier Tageszeiten, Jahreszeiten, Himmelsrichtungen, Jassfarben, Wagenräder und die mit Gewürge 'erzeugten' vier Temperamente. Es wird auch vermutet, die Sieben sei dem Menschen so ans Herz gewachsen, weil sie so eigensinnig und spröde sei. Diese unnahbare Prinzessin Rühr – mich – nicht – an lässt sich als einzige Zahl von eins bis zehn weder teilen noch sich in diesem Zahlenraum vervielfachen. Zugleich unterteile sie ziemlich genau das Mondjahr von 28 Tagen in vier angenehme Teile, was mich ziemlich überzeugt. Hingegen würden drei mal 10 Tage das 'Mondjahr' noch besser abbilden. Noch wichtiger ist die Sieben wohl durch die Wandelsterne, die von Auge sichtbaren und schon seit Urzeiten hochgeachteten, wenn auch unwichtigen, beweglichen Himmelskörper; bei fester Erde eben Sonne, Mond, Merkur, Venus, Mars, Jupiter und Saturn. Erst 1781 wurden mit Fernrohren Uranus, 1846 Neptun und erst 1930 Pluto gesichtet, wobei letzterer heute nicht mehr als Planet zählt. Immerhin, die heutigen sieben sonst eher nutzlosen Planeten ziehen zusammen mit dem Mond als kosmische Staubsauger Meteoeriten, Meteore, Kometen, Asteroiden, Planetoiden sowie andere unfreundliche Querschläger und Irrläufer als Weltraumschrott an sich und bewahrten die Mutter Erde bis heute leidlich erfolgreich vor endzeitlichen Katastrophen. Also nicht auslachen, trotz astrologischem Unsinn!

Alle Säugetierköpfe/Schädel weisen auch sieben Öffnungen auf. So ordnet der Mensch seit Urzeiten sieben Tage zu einer Woche, wobei drei und vier Wochen als Periode bei Rind und Frau die Sieben zusätzlich adelt. Mit Deutsch, Französisch und Englisch ergibt sich schnell die Zuordnung Sonntag/Sonne Mondtag/Mond, Mardi/Mars, Mercredi/Merkur, Jeudi/Jupiter sowie Saturday/Saturn. Bisweilen wird aber diese Zuordnung auch umgekehrt begründet, zuerst sieben Tage und dann erst die sieben Wandelsterne. Egal. Also gibt es zum Wohlgefallen vieler Erdenbürger vielgeliebte Siebnergruppen von Sakramenten, Engelgruppen, makkabäischen Brüdern, Buchsiegeln, Erzengeln, griechischen Helden, Plagen, Lastern = Todsünden, Tugenden, Leuchterarmen, Künsten, Kurfürsten, Churfirsten, Bundesräten, Hungerjahren, fetten Jahren, Schleiern, Zwergen, Bergen, Geisslein, Weltwundern, Weisen, Geistesgaben, Weltmeeren, Schläfer sowie bedeutungsschwer Siebengestirn (Plejaden), Siebenpunkt (Marienkäfer), Siebenstern (Primel, Sternblume), Siebentagewerk, Siebensachen, Siebenbürgen, Siebengebirge, *Sibesiech, Sibesatan, sibe Lebe, sibe Hüüd* (Teufelskerl, Plaggeist, zäher Lebenswille, Unverletzlichkeit) etc. Die heutigen sieben Kontinente hätten bei hilfreicher Zählart unseren Altvorderen auch gut gepasst. Und, was das beste ist, auch sieben Siebentageslängen werden gebastelt, was erst 49 Tage und nach alter Zählweise 50 Tage ergibt, Pentecoste, also Pfingsten, 50 Tage nach Ostern. Früher zählte man die Tage und nicht die Taglängen, unsere Schwester Irmberta in Schlatt sagte für eine Woche immer 'heute in acht Tagen'. So kommt man mit 40 Tagen nach Martini (11. 11.) und 40 Tage vor Lichtmess (2.2.) zu den schon von den Römern gefeierten Saturnalien, um die Wintersonnenwende dem Gott Saturn gewidmeten fasnachtsähnlichen Fest-, Verkleidungs-, Sauf-, Würfelspiel-, Geschenk- und Fresstagen, vom 17. bis 23. und später bis 30. Dezember. Deshalb feiern die Christen Weihnachten zum gleichen Zeitpunkt. Interessant ist die Vorstellung, was geschehen wäre, wenn die Menschen der Frühzeit nur fünf oder gar alle neun Planeten entdeckt hätten. Dann gäbe es wohl die Neuntageschöpfung, die Neuntagewoche und entsprechend auch neun Zwerge und neun Geisslein etc. Siebenhütten, Siebenbürgen und *Siebesiech* müssten wir vergessen. Statt die ziemlich unwichtigen Planeten (Sonne und Mond ausgenommen; sie passen ja auch schlecht in die Reihe von Merkur bis Saturn) zu beobachten, hätten sich die Forscher/Beobachter der Frühzeit besser mit den irdischen Zusammenhängen wie

Eierstock (Spermien sind nicht Samen im weiblichen Acker, es gibt auch Eizellen!!), Blutkreislauf, Hygiene, Mikroskop, Naturgesetzen, Wagenbau, Glas oder Metallgewinnung befasst. Auch ohne priesterliche Astronomie - und Astrologiehemmnisse hätten die Bauern nur schon aus der Naturbeobachtung den günstigen Zeitpunkt der Aussaat oder Ernte gefunden. Statt den Unsinn der Welterklärung von Aristoteles etc. abzuschreibern, wäre man so schon früher auf die Fallgesetze, die Elektrizität und andere wichtige Erkenntnisse gestossen, wie sie dann erst von Galileo und anderen Forschern entdeckt wurden. Messen statt abschreiben brachte die Lösung vor 500 Jahren. Die urtümliche Begaffung der Gestirne nützte höchstens der Schiffahrt und führte ansonsten eher auf astrologische Irrwege.

Also ist urgewaltige 40 an der Reihe. Zehn Finger mal vier ergilt 40 für die Dauer der Fastenzeit, die Jahre der Israeliten in der Wüste sowie Ali Baba und die 40 Räuber. 40 Tage und 40 Nächte regnete es bei Noe, und nach 40 Tagen öffnete er ein Fenster der Arche. 40 Tage und 40 Nächte verbrachten Moses (Ex 24,18) auf dem Sinai und Jesus (Mk 1,13; Mt 4,2 und Lk 4,2) in der Wüste. In der Bibel taucht die Zahl vierzig mindestens siebenmal auf, Hinweis und Irrweg gleichzeitig. Erfunden ist manches oder all das? Die Schwangerschaft der Frau und die Tragzeit der Kuh passen nur so leidlich in dieses Schema, aber damit lebte man ungern und stirnrunzelnd. Die Zwölf ist günstig beim Teilen, was dem Zehnersystem den Rang abläuft, nur wären damit die Multiplikation und Division etwas anstrengender. Zwölf mal die vier Wochen der Mondphasen ergeben fast ein Jahr, leider nicht ganz, wie überhaupt die Erdrotation gar nicht zum Jahreslauf passt, zum Problem aller aufmerksamen Völker der Vergangenheit. 12 Stunden füllen den Tag, 12 schafft auch 60 und 360 für Zeit- und Winkelteilung. 12 Söhne Jakobs ergeben 12 Stämme Israels und rufen direkt nach 12 Aposteln, 12 Thronen und 12 Legionen Engeln. Das darf man erwarten. Eine römische Legion zählte 4 000 – 6 000 Soldaten und entspricht heute in etwa einem Regiment. Genau 12 mal 12 Tausend Besiegelte (=Auserwählte) zählt Johannes gewissenhaft und ausdauernd in der Offenbarung, also 144 000 (Offb 7,4 - 8)! Sechsmal zwölf ergibt die Jüngeranzahl und früher die Anzahl Kardinäle, und, wie herrlich, ungefähr und fast und etwa und rund die Anzahl der versprochenen Jungfrauen nach getaner Abschlachtung ausreichend vieler Irrgläubigen. Psssss!! Geistesblitz: 83 oder 97 wären doch noch verlockender und 61 oder 46 ausreichend, nein, nur die nicht genannte Zahl ist das Ziel!

Weltweit müsste eben die Irrlehre, die weder mit Chinesen noch Christen noch Naturreligionen harmoniert, konsequent zurückgebunden werden. Terror ist Krieg, nur auf unsymmetrischer Grundlage. Nach meiner Idee muss unsymmetrische Kriegsführung auch unsymmetrisch beantwortet werden, also ebenfall ausserhalb der Menschenrechte. Dieses Wort lege ich der besseren Gewichtung wegen dem preussischen Militärtheoretiker Carl von Clausewitz in den Mund. Möglichkeiten gibt es genügend, notfalls kann ich mit einigen Tipps wie Kappung der Luftlinien und Datenübertragung, Lebensmittelsperre, Geiselhaft etc. aushelfen.

12 mal 12 macht die 'Riesenzahl' 144! Damit ist sie wohl magisch genug.

Zehn Finger – zehn Gebote. Das harmoniert, mit etwas Geknorze. Das neunte Gebot passte noch nie in die Landschaft, schützte des Nachbarn Haus vor Begehren und degradierte die Frau durch Ex 20,17 zu einer Sache wie etwa ein Velo, einen Traktor oder ein Kamel. Später fand man das auch im männerdominanten Orient der Urzeit als unpassend und liess nach Dt 5,21 die Frau im neunten Gebot zum alleinigen Objekt der männlichen Begierde aufsteigen, während das Haus nun zu Kamel, Lastwagen etc. gezählt wurde. Beeinflusste die männerbetonte Geisteshaltung der semitischen Nomaden vor 3000 Jahren den biblischen Bericht von Adam und Eva und Rippe (Gen 2,21 – 22) oder umgekeht dieser die archaische Denkweise der Nomaden. Ei oder Huhn? Befremdend und unheilvoll (und zählebig) sind beide Holzwege!

Sinnigerweise ordnen die ersten drei Gebote das Verhalten der Schäfchen zum Hirten und die restlichen sieben Gebote regeln passend das Verhalten der Schäfchen zu den Schäfchen. Das ergibt den Dekalog. Praktisch gesehen würden acht Gebote ausreichen. Ob ich die hübsche Nachbarin gern sehe und den Porsche und schweren Mähdrescher des Nachbarn gern hätte ist so belanglos wie das Wohlgefallen des Nachbarn an meiner reizenden Gattin und der Wunsch nach meiner leistungsstarken Kettensäge, solange wir beide nicht zulangen. Im Gegenteil, der stille Neid und der so angefachte Wettbewerb schaffen Wohlstand, bald schon zu viel. Es soll doch niemand ungewollt frieren, dürsten, hungern oder leiden. Aber die Acht hat nicht die Strahlkraft wie die Zehn, es sei denn, wir wären Spinnen. Nun ja, die Ägypter kannten ausser den zehn Geboten auch noch die zehn Plagen. So blieben sie relativ ungefährlich und errichteten ausser den unnützen Pyramiden nicht auch noch ein Weltreich. Dass sie mit ihren einbalsamierten Mumien aber noch die so hellsichtigen Kommunisten mit dem einbalsamierten Lenin unterwiesen, ist beiden oder allen drei zu gönnen.

Den Harmonieversessenen Griechen (die Jünger um Pythagoras) waren die ganzen Zahlen ein schlagender Beweis der himmlischen Ordnung, was sich auch in der Musik zeigt. Leider aber passt schon die Wurzel Zwei gar nicht in die gute Stube. Wenn sie wenigstens 4/3 oder 7/5 10/7 oder sonst ein Bruch wäre. Aber nein, sie ist so störrisch, dass sie überhaupt kein Bruch sein kann. Das verstörte die Pythagoräer zutiefst. Und das störrische Pi passt auch nirgendwohin, vom noch wichtigeren und geheimnisvollen e nicht zu flüstern. Die feinen 22/7 für die Kreiszahl sind nicht genau, und besser wussten es schon lange die Inder und Chinesen. Aber auch das wussten die Griechen nicht, von den Römern war das auch nicht zu erwarten. Diese Kriegsgesellen zählten nur bis eins: Ein Soldat tot = ein Soldat weniger!

Leicht ärgerlich war für die Harmoniesucher auch, dass das hochgelobte Siebeneck mit seinen kurzen Diagonalen richtig hässlich daher kommt; die 77 1/7 Grad sind weder Fisch noch Vogel. Erst ab 1700 bekam man diese Scheinproblem in den Griff und weiss seither, dass die Natur auf so einfache Muster pfeift, erst im Chaos zeigen sich die durch Computer erzielten phantastischen Stukturen. Die Quantenphysik schwelgt aber wieder in Symmetrien.

Mit genügend Scharfsinn und den üblichen Verrenkungen schaffen auch wir beim *Oberfahre* Siebenerformationen, und zwar gleich Sieben in einem Streich. Also los!

7 Personen: *Gässbueb, Geelhösle, Senne, Springbueb, Puur, Stiäfüehre, Fuehmaa* und als Reserve noch Gäässmeedli.

7 Tiere: Ziegen, Kühe, Stier, Pferd, Hund, Schwein und unlogisch noch Galtling.

7 Gaben der Ziege und des Rindes: Milch, Butter, Käse, Fleisch, Kraft (bei der Ziege Haare/Wolle, pardon), Leder und Dünger. Keine anderen Tiere beschenken uns so vielgestaltig und reichhaltig.

7 Alpen: Schwägalp, Potersalp, Hochalp, Neuenalp, Altenalp, Seealp und Meglisalp (Ungenannte Alpen müssen entschuldigen, es haben nur sieben Platz!).

7 Abgrenzungen: Steinhag, Steckenhag, Stotzenhag, Lattenhag, Holzhag, Stacheldrahthag und Elektrozaun.

7 Wirtschaften mit Tiernamen *zom Usehäbe*: Rössli, Leuen, Bären, Ochsen, Adler, Schäfli und Falken. Nichtgenannte . . .

7 *Chüe: Schöllchue, Mülchchue, Chalbechue, Fuewechchue, Muetttechue, Metzichue* ond *Beechue.*

Die Siebneraufzählung für Kosenamen wie *Müsli*, Spatz, *Chäferli, Gwaagg* etc. und Schimpfnamen wie *Lalli, Halungg, Balaari, Tlünggi, Schlungg*i etc. überlasse ich dem begabten Leser; ebenso die Zuordnung der Bundesräte.

Die arme 13. In der jüdischen Mystik hat jeder Buchstabe einen Zahlenwert, fast wie in unserer Welt die Null gleich aussieht wie der Buchstabe O. Nun ergeben die vier Buchstaben JHWH für Jahwe in der Summe 26. Wer nun den Unteilbaren teilt, erhält 13 und macht sich schuldig. So einfältig sind die Menschen. Als Nachfolgerin der imposanten 12 hat die verachtete/gefürchtete 13 zusätzlich schlechte Karten. In Flugzeugen und Hotels kann deshalb die 13 als Sitzreihe oder Stockwerk durchaus fehlen, so ängstlich sind Ängstliche! Ich könnte hingegen sogar an einem Freitag eines 13. Monatstages um 13. 13 Uhr eine schwarze Katze ungerührt 13 mal miauen hören und würde anschliessend 13 ,13 % Steuerrabatt hochgemut begrüssen.

Nach Bellos teilt in Ostasien die Vier dieses Schicksal mit der 13, weil auf Japanisch, Koreanisch, Kantonesisch und Mandarin diese Zahl gleich klingt (shi, sa, sei und si) wie 'Tod', was in einem Flugzeug nach lascher Sicherheitskontrolle schon nachdenklich stimmen kann! Wie wäre es mit zwei Reihen 6, als numerischer Ausgleich?

Ein munteres Zahlenspiel frivoler Art bietet uns nach 1 Kg (3 Kg) 11,1 – 10 und 11,42 der weise Salomo. So knapp 1000 Jahre v. Chr. soll dieser ziemlich gottesfürchtige König während den 40 (oha!) Jahren seiner Herrschaft über ganz Israel es mit 700 fürstlichen Frauen und 300 Nebenfrauen getrieben haben, bibelfest zitiert. Die monatliche Auswechslungsrate bei diesem majestätischen Sexprotz soll also zwei Evastöchter (Sklavinnen?) betragen haben. Das wurde von der Kirche nie an die grosse Glocke gehängt, der erhabene Psalmendichter, Tempelbauer und Weisheitslehrer (!) hätte ja Neid wecken und zur Nachahmung ermuntern können, schliesslich soll man doch generell so edlen Bibelgestalten nacheifern. Besitz und Lesung der Heiligen Schrift war ja auch lange bei katholischen Schäfchen verpönt bis verboten. Kinder lässt man auch nicht an die Steckdose. Auch sündige Töchter Evas mit nur zehnmal weniger wechselnden Liebhabern geniessen in der Bibel bei weitem nicht auch nur 10 % des Ansehens, in welchem sich dieser muntere Frauenheld und lebenslustige 'Deckoffizier' in der Stadt Davids sonnt. Wie ersichtlich, war in biblischer Urzeit KB (Künstliche Besamung) überflüssig!

Nun, seien wir keine Krämerseelen oder Spielverderber und schieben dem verschwenderischen Grosshans und hochlobten Weiberhelden noch weitere acht Holde unter die sündige Bettdecke in Jerusalem. So erfreut uns die verfängliche Bettrechnung fast endzeitlich mit 7 x 144, womit die edle Sieben und die erhabene Zwölf auftauchen. Auch ohne Viagra wird der biblische 'Zuchtstier' das Pensum noch erfüllt haben, wenn ich so sagen darf. Überhaupt passt obige Sexberichterstattung eher in ein Protokoll einer Viehzuchtgenossenschaft denn in die Bibel. Klar, der biblische Vernascher wird vom Herrn gehörig gerügt – weil er den moabitischen, ammonitischen, edomitischen, sidomitischen und hethitischen Verführerinnen nach gelungener Verlustierung mehrere Göttergebilde erbaute. Wie dumm, weiser Nimmersatt! „Seine Weiber machten sein Herz fremden Göttern geneigt", womit die Schuldfrage wieder einmal sexistisch und mannhaft geklärt ist. Tja, König müsste man sein und Psalmen dichten sollte man können! Das mit den Psalmen mute ich mir in Unbescheidenheit noch zu, aber König in Jerusalem über ganz Israel wäre schon eine Knacknuss. Die Zahl Tausend glänzt sicherlich, aber zur Sieben und Zwölf passt sie leider nicht, womit gezeigt ist, dass auch 'unhandliche' Zahlen nicht unbedingt der Wahrheit entsprechen und weder hinten noch vorne oder weder oben noch unten stimmen. Vielleicht hat sich der biblische Berichterstatter auch nur verzählt, was aber der Aufzählung ihren Reiz belässt . . .

Vorne ist nicht hinten

Beim klassischen *Öberefahre* ist nicht nur die Anzahl der Teilnehmer wichtig, sondern auch die Reihenfolge ist streng einzuhalten. Die 7 – 13 Personen und 24 oder mehr Tiere (Schweine nicht gezählt) treten in folgender Reihenfolge auf: *Gäässbueb* - *Gäässe* – *Gäässmeedli* (Geissenmädchen) – *Senn* – *Schöllchüe* – 4 Sennen – Herde – dazwischen *Springbueb* – *Puur* mit Hund – Stierführer mit Stier – Fuhrmann mit *Ledi* – Fuhrmann mit *Suwage*

Wenn die *Schölle* getragen werden, schreitet der Senn mit den zwei *Schölle* am Joch (die grosse rechts, die mittlere links) voran, ihm folgt der Senn mit der kleinen *Schölle* (rechts) und dem Fahreimer (links), wobei sich die Sennen frei abwechseln. Auch bei grosser Wärme ziehen die *Geelhösle s'rot Liibli* nicht aus, nicht einmal in einem Raum, wo aber die Hüte abgelegt werden. Bei der Alpauffahrt können die Kühe schon einmal die Sennen mit den *Schölle* überholen, der Weg ist den erfahrenen Kühen vertraut, und das junge Gras lockt, während die Sennen eine Pause (mit sennisch singen?) einlegen. Aber nicht bei allen Herdenbesitzern würde so etwas geduldet! Laut Gerlinde Neff ist es für junge Burschen direkt ein Vergnügen und Ehrensache, als Senn die Schellen zu tragen – tja, der Stoff, aus dem die Männer sind!!

Wochentage

Früher kamen fast ausschliesslich der Dienstag und der Donnerstag als *Öberefahrtääg* in Frage. Der Sonntag war Sonntag und der Mittwoch häufig Markttag, also 'Bauernsonntag'. Vor oder nach dem *Öterefahre* mussten meistens Schweine, Kälbchen, Velo oder *Chree(n)ze* (grosses, aus Stäben geformtes Rückentraggerät) samt Inhalt verschoben werden. Das passte nicht zum Senntum, also fielen Montag und Samstag ebenfalls weg. Am Freitag wie auch in der Karwoche fuhr man nicht gern mit Sang und Klang durch die Gegend - fällt deshalb auch weg.

Das hat geändert. In der heutigen Zeit wird sehr häufig am Samstag *öbere gfahre*, weil an diesem Tag die zusätzlichen Sennen mit Berufen ausserhalb der Landwirtschaft frei haben. An diesem Tag fehlen fast durchwegs auch die störenden Lastwagen, dafür ist touristisch erwünscht die Zuschauermenge wiederum gewährleistet. Das gilt besonders für die Alpauffahrt und Alpabfahrt durch Urnäsch. Unter der

Hand sei noch verraten, dass die Verschiebungen Voralp – Sömmerung - Voralp (laut Buff) auch einmal eine Kleinigkeit einfacher ausfallen können, bezüglich *de Geele ond de Ledi.*

Good ond Labi

Zum zünftigen Senntum gehören (in Innerrhoden nicht unbedingt und anderswo auch nicht zu allen Zeiten) ausser den braunen Kühen (Original Braunvieh oder Brown Swiss; mit oder ohne Hörner) auch Jungvieh aller Altersstufen und Farbabweichungen. Dazu passen (immer nur je ein Tier, Gold ist ja auch nur wertvoll, weil es selten ist!) ein *Good* (weisser Gurt), ein *Wissbuuch* (weisser Bauch), ein *Wissrogge* (weisser Rücken) und ein *Blüem* (gesprenkelt, Fleck/Spiegel am Kopf, auch Ryf genannt). Nur als Einzelwesen ist auch ein Tier mit nach vorneunten gewachsenen Hörnern (*Labi*) erwünscht, was aber sonst als Makel gewertet wird. So weist das Senntum schon die Tiernamen *Good, Wissbuch, Blüem,* Spiegel, *Struus* und eben *Labi* auf, wie auf alten Sennenstreifen ersichtlich ist. Mit Junker, *Talpi* und *Leu,* Hoffart und *Jümpfer* (was bedeutet denn das?) sowie *Loschti* ist gleich die Hälfte der Kühe *benamst* (benannt).

Witzig bis unlogisch

Beim *Öberefahre* bemerkt der aufmerksame Zuschauer einige lustige Ungereimtheiten, die der Sache aber ihren Reiz verleihen.

So ist auf dem Schellenblech der grossen *Schölle* wie auch auf dem *Bschlage* (lederner, mit Messing verzierter Hosenträger) die Reihenfolge Senn – 2 Ziegen – *Schöllchüe* – Senn mit Hund ziemlich falsch, natürlich aus gestalterischen Gründen. Die Geissen gehören vor den *Senn* und der Hund gehört zum *Puur.*

Die Massierung (militärisch gesprochen) der 4 - 5 Sennen vorne ist herdentechnisch unbrauchbar, aber natürlich singtechnisch unabdingbar. So aber muss der *Springbueb* vielleicht allein die Tiere der Herde von unerwünschtem Ausscheren abhalten, was herzabstossende Situationen bedeuten kann (Autoverkehr, Dorfstrasse, Zuschauer). Entkommen einzelne und sicher naseweise Jungtiere durch eine Zaunlücke bei der Strasse und folgen der Herde in gleicher Richtung hinter dem Hag, so müssen sie im schlimmsten Fall gegen die Laufrichtung des Senntums zurückgetrieben werden – ein aberwitziges, filmreifes Unterfangen! Erfahrene Sennen fahren (jawohl, diesmal auf Rädern!) am Vortag des *Öberefahre* die Strecke ab und richten bei verführerischen Zaunlücken oder Einfahrten eine Schnur mit Schlaufe, so dass dann beim *Öberefahre* die Lücke schnell abschreckend genug geschlossen aussieht. Der *Puur* am Schluss öffnet die Schnur wieder oder nimmt sie gleich wieder mit. Der Autoverkehr und die vielen Zuschauer zwingen den *Puur,* für das *Öberefahre* eine entsprechende Betriebshaftpflicht-Versicherung (Selbstbehalt kann weh tun) abzuschliessen, es kamen doch schon Kühe zu Verletzungen und Autos zu Beulen. Nun, für den Autofahrer ist eine ihn kreuzende Viehherde eine erträgliche Geduldsprobe. Soll aber das Senntum überholt werden, artet das Unterfangen zu einem Alptraum aus, gleichermassen für Fahrer, Sennen und Tiere. Umleitungen, Strassensperren zu vorgegebener Zeit sowie pfiffige Abmarschzeiten (von der Schwägalp deshalb neuestens am Vormittag) sind darum oft der einzige Ausweg aus dem Dilemma von archaischem Viehtrieb und hektischem Strassenverkehr.

Die drei *Schölle* werden bei steilen Wegabschnitten von den Sennen getragen, obwohl heute die meisten Alpbetriebe fahrtechnisch erschlossen sind, die Altenalp zwischen Seealp und Schäfler aber lässt da freundlich grüssen (Fussmarsch von ca. 3 Stunden!).

Die *Ledi* (Holzwagen) führt das teure und schmucke Holzgeschirr und das Käsechessi (kupferner Käsefertiger) mit, obwohl mit dem heutigen Milchregulativgesetz kein Senn mehr wagt, beim Verkauf von Milch und Milchprodukten diese hölzernen Gerätschaften zu benützen, aus Gründen der Haftpflicht. *Ledi* meint streng genommen 'Ladung', also Holzgeschirr, Kupferkessi und Bettdecke; mitunter aber auch wieder Ladung mit Wagen zusammen.

Ursprünglich dienten Schellen, Rollen, Glocken etc. zum Auffinden der freilaufenden Tiere, ob Rind, Ziege, Schaf oder Pferd (früher bei Pferdeschlitten Vorschrift!). Den drei *Schölle* fehlt so jegliche Daseinsberechtigung, der Jurist spräche sicher von Legitimation. Nach Studien an der ETH soll die Schelle für die sie tragende Kuh eine unzumutbare, weil gehörschädigende Belastung sein. Bis jetzt meinte ich, dass die ETH weltweit zu den zehn besten und nicht zu den zehn lustigsten Hochschulen zähle!! Ihre Sorgen möchte ich haben!

Mehrere *Schöllesenne* versicherten mir, dass sie schon etwas ganz Gegenteiliges erlebt hätten. Der Sachverhalt sei in der Gegenwartsform ausgebreitet: Einer mehrjährigen *Schöllchue* ist aus gesundheitlichen oder altersmässigen Gründen die *Schölle* (so 11 kg) nicht mehr zuzumuten. Das meint der Senn und lässt deshalb besagte 'Kuhdame' leer ausgehen. Die aber bleibt beim Schellenaufbinden vielsagend stehen und zeigt deutlich den Wunsch, eine *Schölle* umgebunden zu erhalten. Auf dem Weg vielleicht drängt die übergangene Kuh aufdringlich und hartnäckig nach vorn zu den 3 *Schöllchüe*, damit deutlich zeigend, wie gerne sie . . . Laut Johann Dobler ist sie direkt *hässig*. Die Legende will, dass einmal ein Senn bei so einer Sachlage bei der übergangenen Kuh deutlich Augenwasser gesehen haben will. Nun, Rinder haben oft etwas Augenausfluss; war es Neid und Enttäuschung – der Leser wähle die ihm passende Begründung! Zur Bereicherung sei angefügt, dass Sennen schon erfahren haben, wie übergangene *Schöllchüe* mit Mastitis *(en Wegge mache)* ihrer Enttäuschung Ausdruck verliehen hätten!

Tatsache ist aber auch, dass die erfahrenen *Chüe* beim Ertönen des Schellenklanges, besonders beim *Usefahre* und bei knappem Graswuchs *(sii hend suube)*, unruhig werden und dann auch entsprechend zügig den *Schöllchüe* folgen. Oft zeigt auch eine vorher leicht hinkende Kuh plötzlich keine Gehbeschwerden mehr . . . (laut Andreas Inauen).

Je nach Verfassung der Tiere und je nach Wetter (Wärme) werden den Kühen selbstverständlich die Schellen früher oder später abgenommen.

Auffällig ist für den unwissenden Zuschauer auch, wie die kleinen Ziegen quirlig und munter auch weite Wege den Kühen locker voraustrippeln, der *Puur* hinten kann da manchmal eher Mühe bekunden . . . Er kann übrigens als Besitzer/Meister während dem *Öberefahre* das Geschehen kaum mehr beeinflussen; wortlose Übereinstimmung, nervenstarke Behäbigkeit sowie erfahrene Sennen und Tiere ermöglichen dieses Unterfangen.

Die Arbeit bei und mit den Kühen ist doch offensichtlich ziemlich schmutzbehaftet. Als Pflanzenfresser benötigen die Tiere enorme Futtermengen, und dem entsprechend gross ist die Menge *Blotte* (Kot) und *Haan* (Urin). Nun trägt aber der *Geel-hösle* entgegen aller Weitsicht schneeweisse Kniesocken und alle Sennen tragen blütenweisse, gestickte Hemden, mit steifen Kragen als zusätzlicher Beschwerde. An der *Vechschau* (Viehschau) schützen häufig graue Berufsschürzen das *Senne-hääs* (Sennenkleid), aber beim *Öberefahre*?? Da zählen stoische Zuversicht und nach überstandener Prozedur wohl auch der Fleiss der tüchtigen Frauen und Mütter! Im Winter konnte das *Öberefahre* auch einen eigentlichen Kältetest werden. Über dem *roten Liibli* und den blossen Armen hielt nur eine vielleicht verwaschene, gar offen getragene *Fueteschlotte* (langärmelige Stoffjacke, Zwilchkittel) den robusten Oberkörper warm; meine vom Vater ererbte *Fueteschlotte* weist nur doppelseitig Knöpfe, aber keine Knopflöcher auf! Handschuhe tragen – nichts da! Verschneite Wege oder steinige Bergpfade und Halbschuhe – macht nichts! Sennisch *öberefahre* ist nichts für Warmduscher.

Bei Regenwetter tragen auch die Sennen Regenschirme, die Geissenkinder sowie die Schellenriemen schützen Regenhäute oder *Blääli* (Leder- oder Plastikabdeckung). Beim Tragen der *Schölle* muss irgend ein alter Kittel als Regenschutz genügen.

Die Sennenuhrenkette *(Pätschchettere,Taallechettere)* diente anfänglich der Sicherung der Taschenuhr, wurde aber bald zu einem Schmuckstück, welches nur noch der Selbstdarstellung des Trägers dient. Sie übersteigt den Wert der sennisch bemalten Taschenuhr *(Chüeliuhr)* spielend um das Zehnfache. Ehrlich gesagt, eine Sackuhr ist doch nicht mehr zeitgemäss, man trägt heute doch eine Armbanduhr. Doch aufgepasst, die passt gar nicht *zom Senn (seb sennelet gää nüüd)* und wäre beim *Öberefahre* selbstredend ein Kündigungsgrund.

Oosennisch

(Unsennisch, schwer daneben)

Ausser der Armbanduhr gleich welcher Preisklasse sind beim zünftigen Senn, egal, wo er beim *Öberefahre* mitwirkt, noch andere Modeerscheinungen absolut verpönt und undenkbar. Geraucht wird nur die waffenartig beschaffene und mit Silber beschlagene Sennenpfeife. Nach Bruno Bischofberger kann sie gerade beschaffen als Lindauerli bis 50,5 cm lang oder gebogen als Kniepfeife mit 13 cm Querschnitt (im Grundriss die Länge vom Kopf bis zum Mundstück) ein beeindruckendes kettenbehangenes Gebilde sein. Schwerpunktbedingt hängt die Kniepfeife, nur imToggenburg anzutreffen, selbststabilisierend im Mund, das Mundstück aus Horn ist auch mit bis zu 4 Ringen ausgebildet. Die gerade Sennenpfeife, ebenfalls kettenbehangen, erfordert immer eine Halterung durch die rechte Hand, anders sieht man den Sennen nie auf bildlichen Darstellungen. Als Entgegenkommen passen ausser der Sennenpfeife ein schlicht ausgebildetes, schwarzes Lindauerli, ein Stumpen oder ungern eine Brissago in den sennischen Mund. Der Fuhrmann hingegen ist aber fast schriftlich verpflichtet, eine krumme Brissago zu geniessen. Aber Zigaretten oder modisch offene Tabakpfeifen – *oosennisch; seb senneled nüüd* (das ist nicht sennisch).

Turnschuhe, lange Haare, Tätowierung, Schirmmütze, offener Hemdkragen oder Handy am Ohr; dem sennischen Zuschauer ein Gräuel und dem *Puur* (als Besitzer des Senntums) unweigerlich ein Entlassungsgrund.

Alte Sennen tragen gern ein rotes, unbescheiden grosses Taschentuch *(Schnopftu-ech, Schnodefetze)* um den Hals gebunden, oft wird eine Zündholzschachtelhülle als Knoten benützt.

Der Fahreimer wird natürlich immer so getragen, dass das *Eemebödeli* (bemalter, lösbarer Fahreimerboden) aufrecht und die Beschriftung nicht auf dem Kopf steht.

Bei Vorsenn und Zusenn sind Stecken in der Hand unpassend, die anderen Sennen tragen aber stilsicher die Schellenstecken/Jochstecken in der Hand.

Zum Besitzer der Herde gehört fast zwingend ein Handstecken *(Hooggestecke)*; äusserst publikumswirksam ist natürlich ein Trachtenmädchen oder ein sennisches Bübchen an der Hand des Vaters, tapfer das zügige Trotten der Kühe mithaltend . . . Der süsse sennische Nachwuchs darf auch *gsätteled* (auf dem Nacken getragen) werden!

In ganz seltenen Fallen verstehen Eingeweihte unter sennisch auch ,eindeutig unordentlich, schon bald schweinisch'. *Ääpfoch* (o weh)!

Links ist, wo der Daumen rechts ist
(hilfreicher Spruch im Militär)

Beim Menschen schlägt das Herz links. Tragen nicht deshalb die Mütter wohl schon seit Jahrmillionen ihr Kleinkind links, damit der aus der Schwangerschaft bekannte Herzschlag das schreiende Geschöpflein beruhigt?! Für Arbeiten aller Art hat die Mutter aber so immer nur die rechte Hand frei; diese wird dadurch beweglicher als die ruhig tragende linke Hand. Entsteht so Rechtshändigkeit, was bei Sense, Schere, Motorsäge (heute gibt es diese auch für Linkshänder), Schild- und Schwerttragart ersichtlich ist? Damit der Kämpfer die Stichwaffe mit der rechten Hand zügig ziehen kann, steckt diese links in der Scheide. Ein Pferd besteigt man also von links, sonst kommt das lange Schwert dem Reiter in die Quere. Wollte man nun früher in England in einer Stadt wie London gegen die Hausseite auf - und absteigen, ritt man links auf der Strasse. So entstand wohl der Linksverkehr bei Pferd, Kutsche, Bahn und Auto. Das passt aber nicht zum kontinentaleuropäischen Rechtsverkehr. Wer hilft mir weiter?

Wenn nun beim *Öberefahre* wegen geringer Transportmöglichkeit die zwei Melkeimer 'auf den Mann kommen', militärisch ausgedrückt, so tragen sie die zwei Sennen links, um mit der freien rechten Hand notfalls die Kühe zurechtweisen zu können. Bei *Fetze* (zu einem Dreieck gefaltetes, buntes Tuch), Sennenring, *Ohreschueff(l)e* (Schöpfgerät zum Entrahmen, Ohrschmuck), Uhrkette, Schellenschnalle und Hutschmuck weiss ich keine Erklärung. Wer hilft?

Leicht zu merken ist die Regel (nach Hansueli Buff): harter Schmuck (also *Schueffe*, Ring, Uhr und *Pätschchettere* (Uhrkette, reich verziert) wird rechts getragen, weicher Schmuck (Hutblume, *Fetze* und Fahreimer) hingegen links.

Die Schnalle der Schellen (und Glocken) ist an der Kuh immer rechts, ansonsten würden die Kühe (Pferde) auf dem Schellenblech nach hinten schreiten, und das wäre ganz *oosennisch*. An den zwei Schellenstecken hängen rechts die grosse und die kleine Schölle, links passt dann die mittlere hin und der Fahreimer. So und gar nicht anders werden die *Schölle bim Schölleschötte* (abgestimmtes, gleichmässiges Bewegen der *Schölle*) auch ohne Stecken getragen, jede Hand fasst dabei durch das schmale *Schölleriemli* (schmaler Lederriemen) hindurch vorne den Riemenrand. Werden die *Schölle* an einer Latte aufgehängt, so befindet sich die grosse *Schölle*

rechts, die mittlere in der Mitte und die kleine links. Die Kühe auf dem Schellenblech der grossen Schelle wollen eben vorne sein! Die Schnallen an den Halbschuh-
en werden so befestigt, dass sich die zwei Kühe gegenseitig anschauen.
So streng sind hier die Bräuche!
Der Melker melkt/molk die Kuh auch immer an der rechten Seite, seltene Ausnahmen gibt es zwar. Ziegen werden meist von hinten gemolken, selten aber auch seitwärts wie die Kühe.

Senntumrecht

In grauer (!) Vorzeit, also etwa vor 1960, hatten in AI viele *Heemede* (Bauernhöfe,
Liegenschaften) keinen direkten, befahrbaren Anschluss an die bestehenden Be-
zirks- und Kantonsstrassen. Die von Josef Inauen für AI aufgelisteten Flurstrassen
von total rund 220 km Länge fehlten fast vollständig. Die Hinterliegenden waren
fast wie die Fische auf dem Trockenen auf die Strassenanlieger angewiesen. Die
Liegenschaften dieser aber waren durch die verschiedenen Wegrechte belastet und
belästigt, heute Servitut genannt.
Für Fussgänger gab es wohl mehr oder weniger genau festgelegte *Chülche - ond
Schuel(e)weg* (Kirchen - und Schulweg). Wie aber mit Tieren oder Lasten durch-
kommen?
So entstanden im Laufe vieler Jahre oder Jahrhunderte viele ungeschriebene
Rechte, Gewohnheitsrechte; peinlich genau beobachtet und einzuhalten! Auf dem
Land führte dies zu einer interessanten (für uns Nachgeborene) Vielfalt.
Senntumrecht: Dieses oft abgetrennte Recht durfte ganzjährig vom Senntum be-
nutzt werden, konnte aber für einzelne Liegenschaften einen rechten Umweg be-
deuten, weil Wiesen wenn möglich gemieden wurden (Schaden durch Löcher der
Klauen oder Grasverpflegung der Herde). Der Weg (oder die Gasse) war vielleicht
steinig und steil (für Sennenhalbschuhe und *Lediross* gefährlich) und konnte auch
durch Wälder führen.
Das *g füete Handrecht* (geführtes Handrecht) erlaubte die Begehung mit am Strick
geführten Einzeltieren, denken wir an An- und Verkauf, Gang zum Stier *(füere, zom
Stie goo)* etc.
Das Faselrecht erlaubte die Begehung mit Schweinen, etwa *e Pättli Jage* (ein Wurf
Jungschweine, so 8 - 12 Tiere, 10 - 30 Wochen alt) mit oder ohne *Fäälisau* (Mutter-
schwein).
Das Saumrecht gestattete den Warentransport mit Saumtieren, denken wir da an
Mehl, Käse, Butter und *Ledi* (auf Pferde gebunden).
Fahrrecht und *Schlettrecht* (Schlittenrecht) gestatteten Transporte mit Wagen oder
Schlitten; vom 16. Okt. *(am Galletag gönd t Locke uuf)* bis zum 19. März *(am
Josepp gönd t Locke zuee)*, für Händlerholz (Langholz) galten 11.11. (Martini) und
28.2. als Stichtage. Auch spätsommerliche Streuetransporte von einem entfernten
Streuemoos zur Stammliegenschaft mit Burdenwagen mussten erbettelt und entgol-
ten werden. Schlittentransport war früher nicht nur aus technischen Gründen vorteilhaft, sondern vielleicht aus rechtlichen Gründen die einzige Lösung.
Fast jeden Frühling mussten der Vater und wir Buben in der Rüti nach dem *Josepp*
tagelang mit Rechen, Schaufel und Pickel auf zwei Wiesen die insgesamt 7oo m
langen Spuren von Pferd, Schlitten und Rundholz tilgen, welche hinterliegende

Waldbesitzer ungewollt verursacht hatten. Heutige Traktoren sind nicht zimperlicher als die damaligen Pferde und die Winter nicht *schlettege* (viel Schlittenwetter mit Schnee und Kälte). *Notze ond Bschwääd* (Servitute als Recht oder Last) sind nicht vom Bauernhof zu trennen und Flurstrassen finanziell noch nicht überall tragbar . . .

Für den Brautwagen (pferdebespanntes Gefährt mit Schrank, hölzerner Bettstatt, Matratzen etc. des Brautpaares) bestand meines Wissens keine räumliche und zeitliche Beschränkung; bei einer Beerdigung aber galt kein allgemeines Fahrrecht, es gab ja Leichenträger!

All diese Rechte (*Notze*) und *Bschwääd* (Servitute) waren oft Anlass für verbissene Streite und gerichtliche Sprüche am Ort der Auseinandersetzung (Spangericht), wobei die Motorisierung für erneute, verständliche Differenzen sorgte. Heute fahren die Probleme per Velo, nee, sie entstehen per Velo!

Die heutigen Flurstrassen lösten die meisten dieser fast kuriosen Rechte ab. Der Spruch jenes Humoristen beim Beobachten eines Brautpaares auf dem Weg zum Standesamt: *„Do weet au widde ä aalts Fahrecht veschrebbe!"* (Da wird auch wieder ein altes Fahrrecht schriftlich festgehalten!)" stammt nicht von mir und darf deshalb wohl leise und augenzwinkernd erwähnt werden.

Öberefahre als Ablauf
(Ortswechsel des Senntums)

Es geht jetzt um Alpauffahrt oder Alpabfahrt *(ii fahre ond use fahre)* im klassischen Sinn, also mit *de Geele* (gelbe Kniebundhosen). Das *Öberefahre* im ursprünglichen Sinn als Verschiebung der Herde im Herbst, Winter und Frühling von einem Gras- oder Heufutterort *(as Grääs fahre, as Heu fahre)* findet seit etwa 40 Jahren nicht mehr statt. Die Talbauern verwerten das Futter mit den eigenen Tieren, Zeichen des ausgeglichenen Wohlstandes. Das 'an die Viehschau und von der Viehschau fahren' soll auch als moderne Form des *Öberefahre* gelten, der Ablauf ist ebenso aufwendig und hinreissend.

Das frühere *Öberefahre* im Winter bot durch die Kälte noch eine harte Nuss. Das galt nicht ausgesprochen für die Sennen, denen reichte eine *Fuetteschlotte* als zusätzlicher Wärmeschutz. Bewegung, gesunde und jugendliche Konstitution sowie Rotwein taten ein übriges. Heikel war die Kälte aber für die in einer *Sautrocke* (Schweinewagen) mit nur einer Plane oder einem Netz geschützten mitgeführten und an überhohe Stalltemperaturen gewöhnten Jungschweine. Nun, bei der damaligen Käseherstellung war die Schweinehaltung nicht so bedeutsam, im Gegensatz zur ausschliesslichen Entrahmung der Milch ab etwa 1935. Das Transportrisiko wurde durch gleichzeitigen Wechsel der Borstentiere beim *Öberefahre* mindestens reduziert. Erkältungen waren aber immer noch möglich. Desgleichen mussten Kälbchen wohlgeplant und sorgsam transportiert werden.

Auch heftige Niederschläge waren früher für *Ledi* und Männer sehr unerwünscht, aber oft nicht zu vermeiden. Damit geriet das häufige *Öberefahre* bislang für Söhne und Knechte eher zu einer unvermeidlichen Last als zu einer unbegrenzten Lust, eben besonders bei *oosennischem Wette* (missliches Wetter).

Hm, die fast stallgrossen Sattelschlepper von heute hätten auch früher manche Transportproblem gelöst. Nüchtern darf man festhalten, dass die Haltung einer Herde von sagen wir 40 GVE (GrossViehEinheiten, rechnerisch Kühe) in einem einzigen Talbetrieb viel einfacher ist als mit zeitweiliger Nutzung von Talbetrieb, Vorsömmerung und Sömmerung, personal- wie gebäudemässig. *Öberefahre* ist so gesehen eine notwendige Liebhaberei, die Dank verdient und auch erhält.

Der Tag des *Aabloo ond Iibönde* (Anfang und Ende) ist für Mensch und Tier beliebt und anstrengend zugleich; das sennische Unterfangen entspricht im Militär wohl einem kurzen Divisionsmanöver und im Fussball einem Cupfinal.

Schon zu nachtschlafender Zeit wird das Vieh hergerichtet, also je nach Situation gereinigt, gemolken und teilweise gefüttert. Der Hund bellt, die Ziegen meckern, die Kühe muhen, das *Lediross* wiehert. Die *Schölle* werden herbeigeschafft, Kühe und Rinder werden vielleicht aus verschiedenen Ställen zusammengeholt, Schweine treibt man in den *Suwage*, die *Ledi* ist fachgerecht auf den Wagen gebunden (wohl schon am Vortag, die Geräte werden ja nicht mehr benützt). Die Sennen (Verwandte, Bekannte als Helfer) erscheinen, Stallkleider werden durch das *Sennehääs* (Sennenkleid) ausgetauscht. Erfahrene Kühe deuten schon das ungewohnt frühe Auftauchen des Stallpersonals und erst recht den Klang der *Schölle* als Zeichen des Aufbruchs, sie reagieren unruhig und muhend. Im Haus werden Speise und Trank sowie *Gäässbueb* und *Gäässmeedli* hergerichtet und die Fahreimer bereitgestellt. Das stolze und strahlende Ziegenpersonal kommt je nach Bedarf aus der eigenen Familie oder aus der Verwandtschaft, Bekanntschaft oder Nachbarschaft. Das geschäftige Treiben von Frau und Mann in Haus und Stall umfasst 2 – 3 Generationen und findet in einem kräftigen Imbiss seinen ersten Abschluss. Erwartet und doch überraschend werden von den Sennen noch *d Schölle g schötted* (nicht geschüttelt, nur geschwungen!) und bald ertönt ein erster sennischer Gesang, die Sennen sind oft nach gesanglichen Talenten ausgewählt und bestimmt worden.

Nun geht es aber los, es ist mittlerweile 3 – 5 Uhr geworden.

Den ausgewählten *Schöllchüe* werden die *Schölle* satt und robust umgehängt. Die Ziegen mit Begleitung sowie die *Schöllchüe* mit den Sennen stehen bereit. Mit einem durch Krippelöcher und Ketten gezogenes Heuseil, per durchschnittene Anbindeschnüre *(schnüele)* oder per geöffneten Fressgatter werden 20 – 40 Stück Rindvieh losgebunden und drängen ins Freie und zügig auf den vielen Kühen bekannten Weg. Die Sennen *zauren* (jauchzen) und singen überwältigend, der *Puur* greift zu Hut, Geldsäckel (Geldtasche) und Stecken, ein selbstsicherer Bursche führt mit festem Nasenringgriff den ein Jahr bis höchstens drei Jahre alten Stier, die *Ledi* rattert davon, gar noch gefolgt vom *Suwage* mit den grunzenden Schweinen.

So nach einer Viertelstunde hat sich alles eingespielt, vom *Gäässbueb* (nur er trägt eine lederne Pfaffenkappe) über die Sennen bis zur *Ledi* läuft alles harmonisch, aber zügig. In gebührendem Abstand folgt heute wohl noch ein Motorfahrzeug, auf der Alp muss ja gleich auch ein Haushalt in Gang gesetzt werden.

Warum wird so früh *aabtloo*? Das Senntum soll die Alp noch vor der frühsommerlichen Hitze erreichen, so Ende Mai – Anfang Juli. Regenwetter aber ändert da nichts. Auch wird trotz fehlendem Publikum am frühen Morgen sennisch *öberegfahre*. Beim *Usefahre* und früher auch beim eigentlichen *Öberefahre* (ans Heu oder Gras fahren) wurde /wird natürlich so am frühen Mittag *aabtloo*. Von der Schwägalp wird neuestens so früh *aabtloo*, dass praktisch nur Autos in Gegenrichtung bergauf auftauchen.

„Warum fährst du sennisch oder gar mit *de Geele öbere?"* frage ich den *Puur.*
„Wills schöö ischt!" oder *„Wils mee ond de Famili gfallt!"* lautet die kurze Erklärung. *„Hoffetli no laaang!"* denken ich und die Leser und Leserinnen dieser Zeilen.
Die Alpauffahrt kann bis fünf Stunden und länger dauern. *Usefahre* oder ans Heu
fahren verlaufen natürlich ähnlich. *De Böffli* (Sutter Albert und sein Bruder) aus
Haslen fuhr in den Fünfzigerjahren von Hinterhaslen nach der Altenalp, die halbe
Zeit (vom Weissbad an bis zur Alp) die Schölle getragen! Auch Lauftegg (in Gonten) - Seewies oder Eichberg – Sämtis ist kein Zuckerschlecken. Jakob Knöpfel
fährt den neunten Sommer von Äschen bei Urnäsch in die obere Hundslanden, von
3 Uhr bis 9 Uhr ist er unterwegs, eine Stunde mit *Schölleträäge.* Auch Josef Brunner fährt *mit de Geele* in dritter Generation (seit 1933!) den achten Sommer von seiner Liegenschaft, genau zwischen Winkeln und Abtwil gelegen, über Herisau - Urnäsch auf seine unter der Hochalp gelegene Alp Gschwend. Das sind 27 km Wegstrecke und bedeutet *aabloo* um zwei Uhr nachts und *aachoo* um neun Uhr vormittags. Dabei zeigen bei der Alpabfahrt dann selbst die Ziegen leichte Ermüdungserscheinungen. Zwischendurch werden *d Senntumschölle* den Kühen abgenommen,
der OB - Stier aber trottet nicht mit. Das rote Brusttuch *(s rot Liibli)* wird dabei keinesfalls abgelegt und die Sennen mit den Schellen werden wenn möglich nicht von
den Kühen überholt – denn Ordnung muss sein!
Auch im Toggenburg wurden und werden *bim Öberefahre* von Sennen und Kühen
beachtliche Strecken zurückgelegt.
Um 1943 verschob Vaters Cousin Franz Rusch *(Mareie Franz)* aus Gonten im Frühling sein Senntum *mit de Geele* von uns in Unterschlatt über Gonten - Urnäsch nach
der Schwägalp (Steinflue und Tosegg), Fussmarsch von 21 km.
Ertönte in Unterschlatt so um 1950 Anfang Juni in der Nacht ein dumpfes Rollen,
stieg man aus dem Bett und stand ans Fenster. Schnell merkte man, aha, *de Hötte
Johann* (Johann Brülisauer) aus Haslen fährt ins Berndli oder de *Böffli* (Sutter Albert) fährt im Schein der Laternen *uf d Altenalp.* So Ende August trotteten die Kühe
dann wieder am Nachmittag gemessen im grasigen Strassengraben links und rechts
der Strasse nach Haslen zurück, schlauerweise den Kiesbelag vermeidend.
Für erfahrene Sennen und Tiere ist das *Öberfahre* ein Vorgang, der ohne wilde Aufregung abläuft, aber immer vor Dynamik und Ästhetik strotzt, also voll Schneid und
Schönheit ist. In der Vergangenheit des *Heu - etze* konnte sich sogar etwas
unwillige Routine einschleichen. Gleichbleibende Fütterung und Hatung im
Talbetrieb ist heute weniger umständlich als *Öberfahre.* Aber am aufwendigen
Oktoberfest in München schmeckt das Bier auf der Wies'n von der feschen Maid
auch besser als am biederen Küchentisch.
Während der *Springbueb* nun immer auf Draht sein muss, gönnen sich die Sennen
gern und mehrmals einen Schluck Roten, der vor Wirtschaften oder von Gönnern
dargeboten wird *(use hääbbe).* Heute werden natürlich auch Kaffee oder Mineralwasser für Gross und Klein angeboten. Die Zeche beglich selbstverständlich der
stolze Besitzer des Senntums; heute ist das meist Ehrensache des grosszügigen Wirtes. Ein Gastwirt etwas oberhalb von Urnäsch verriet mir mit Nachdruck, er würde
sich schämen, bei einem *Senn* für den konsumierten Wein etwas einzuziehen! Das
finde ich nobel; natürlich, da kommt ein *Senn i de Geele* im Frühsommer von ziemlich (!) weit her vorbeigezogen. Wir sind uns einig: Respekt, respekt!

Diese flüssige Zwischenverpflegung baut auf Erfahrung auf. Der Wirt oder der Gönner kennen ungefähr den Zeitpunkt, zu dem der Senn auftaucht. Also hält man die gefüllten Gläser auf einem Tablett an der Strasse bereit. Die Sennen ergreifen schnell ein Glas und geniessen den Inhalt unverzüglich – die Herde hält dabei nicht an. Zwei drei Schlücke, ein kurzer Dank – und weiter geht es. Der *Puur* hat es auch eilig, was er an Zeit für Dank oder Bezahlung verliert, muss er gleich wieder konsequent durch schnelle Schritte aufholen. Das ganze Geschehen zeigt unmissverständlich, wer das Tempo bestimmt: Die Herde! Bei einem Brunnen am Weg kann die Sache umgekehrt ablaufen: Die Kühe saufen und die Sennen drängen, um die Reihenfolge der Herde nicht zu verlieren.

Steigt nun nach mehreren Stunden Marsch der Weg an und zeigen die Kühe leichte Ermüdungserscheinungen, so werden den *Schöllchüe* die *Schölle* abgenommen. Die Riemen werden wieder mit den zwei Dornen geschlossen und mit einem schmalen Riemen (das ergibt eine Vierteldrehung der *Schölle*) an den *Schöllestecke* gehängt, den sich gewöhnlich zuerst die zwei *Geelhösle* auf die Schultern legen. Ziegen, Sennen und Kühe schreiten nun in etwas lockerer Reihenfolge bergan. Irgendwann werden die Lasten gewechselt, so nach Pfannenstiel – Plattenbödeli oder Dornesseln – Äscher drückt der Stecken auch auf starkem Nacken, so dass die Ablösung *nüd aagschpeuzt* (anspeien) wird. Andreas Inauen hat in jungen Jahren auch als unbeteiligter Senn auf Bommen geholfen, die *Schölle* auf die Altenalp zu tragen. Nicht immer folgten früher 4 Sennen den *Schöllchüe*. Wer trägt *d Schölle* von Wasserauen über Hütten – Hopsgeren ohne Ablösung in die Meglisalp oder Oberchellen, mit leichtem Rucksack ein Marsch von 2 – 3 Stunden und 800 Metern Höhenunterschied? Als Senn war da Mutters Cousin Baptist Kölbener unentwegt im Element. Jetzt ist sein Sohn Martin in seinen Fussstapfen.

So, nun alle einmal herhören, es entsteht das weltweit einzigartige und hinreissende *Schölleschötte* (Schellen rhythmisch durch Schwingen zum Klingen bringen)! Die wippenden Bewegungen beim Gehen bleiben als Muster beim Stehen unverändert. Vorne schreitet gleichmässig gemessen der Senn mit der grossen *Schölle* rechts und der mittleren *Schölle* links am Stecken. Dahinter folgt der zweite Senn im natürlichen Gleichschritt mit der kleinen S*chölle* rechts und einem *Fahreeme* (Fahreimer, früher Melkeimer) links am Stecken – immer locker und leicht wippend, schön im Gleichschritt mit dem vorderen Träger. Ein Stein passender Schwere im *Fahreeme* kann da erwünschtes Gleichgewicht zur kleinen *Schölle* schaffen! So schlägt die kleine *Schölle* von selbst mit der grossen an. Die mittlere aber ertönt um einen Viertelschlag (Viertelphase) versetzt. Nochmals: Schlägt *de Halle* (Schwengel, Klöppel, aus Schmiedeeisen) der grossen *Schölle* vorne an, so ist der Halle der mittleren *Schölle* erst in der Mitte auf dem Weg nach vorne. Bis er ganz vorne anschlägt, sind die *Halle* der grossen und kleinen S*chölle* schon wieder auf dem Rückweg in der Mitte des *Schöllemuul* (Schellenmaul). Beim Anschlagen hinten verhält sich die Bewegung genau gleich. So entsteht der typische Rhythmus des *Schölleschötte*. Der wird auch eingehalten, wenn das *Gschpiil Schölle* an Ort ertönen darf, bei Ankunft oder Wegfahrt des Senntums, zu einem *Ruggusseli* (in AR *Zäuerli*, anderweitig *Jodel* oder *Juchz*, hochdeutsch Naturjodel genannt, *sennisch singe*) oder einfach aus reiner Freude am Wohlklang.

Der Rhythmus muss nicht haargenau perfekt sein, minime, nur ganz minime Verschiebungen sind geduldet, auch leichtes An- und Abschwellen des Klanges ist fast erwünscht. Langsames und ruhiges *Schötte* ist hohe Schule. So entsteht fast von selber das ernste Mahnwort: *S Heu nüd zallt ond s Grääs nüd zallt - velomped halt* (Heu und Gras nicht bezahlt führt zum Konkurs). *S Heu nüd zallt . . .*

Beim Anfänger schlagen gewöhnlich die zwei *Schölle* gleichzeitig an, die eine vorne, die andere hinten – eine lärmige Sache, die zwar den Innerschweizern gefällt, bei den 'Alpstein-Eingeborenen' aber Angstschweiss auslöst. Das *Schölleschötte* lernt man am besten bei langsamem Schreiten, mit oder ohne Stecken. Aber eben, das Üben ermüdet, jede *Schölle* wiegt 9 - 12 kg.

So nach 2 - 3 Minuten *Schötte* oder am Ende des *Ruggusseli* werden die *Schölle* achtsam zu einem Dreieck auf den Boden gestellt und wohlwollend beurteilt. *„Chomm, nemm du no ää mool . . ."* passt gut in die Runde. Wer gar noch: *„Sii sönd schöttig!"* verlauten lässt, weist sich offensichtlich als sennischer Fachmann aus.

Natürlich werden im Stand, bei leichter Vorschrittstellung und klugem Handgriff durch die Riemen, die *Schölle* auch ohne Stecken *gschötted*, bei einem längeren *Ruggusseli* eine ausgezeichnete Bewährungsprobe. Bevor man übrigens schwermütig wird, kann man zur Not oder aus Übermut die drei *Schölle* auch allein *schötte*. Man hängt sich die kleine *Schölle* über den Kopf oder stellt ein Bein auf einen Stuhl und hängt sie sich an den erhobenen Oberschenkel – nur für harte Männer (laut Jakob Zuberbühler aber machbar!). Auch mit zwei Holzstäben entlockt der Könner (Eugster) durch geschicktes Anschlagen ein verblüffend gut klingendes *Tlungge tlangge, tlungge tla . . .*

Hängt man *d Schölle* ganz eng an eine dicke Querlatte (grosse *Schölle* wie immer rechts) und fasst mit den Händen zwischen und an die *Schölle*, so entsteht durch gekonntes Bewegen ein annehmbares Klangbild.

Vereinzelt machen Sennen *bim Schölleschötte*, besonders ohne Stecken, beim Gehen einen Nachstellschritt *(Schölleschrett)*. Das sieht zwar behäbig aus, aber man gewinnt kaum an Weg. Bei längerem Tragen, sagen wir auf die Altenalp, Meglisalp oder Alp Sigel, kommt der Täger schnell auf den ergiebigeren Normalschritt.

Zur gewagten Abwechslung kann man (nur im stillen Kämmerlein) auch je die grosse oder die kleine S*chölle* mit der mittleren zusammentreffen lassen. Nicht astrein, aber einen Versuch wert.

Entgegen unbedarfter Meinung hat es der Mann mit den zwei *Schölle* leichter als der Partner mit der kleinen allein. Der erstere bestimmt den Rhythmus, der zweite muss gut zuhören und sich anpassen, die kleine *Schölle* schlägt übrigens schneller an als die grosse, also Ohren spitzen und sich unterordnen!

Als Geheimtipp sei noch verraten, dass *d'Schölle* natürlich am erhabensten an den sie tragenden (behornten) Kühen erklingen.

Nach alter Sennenmeinung sind gute *Schölle* (meist) auf die Melodie "Stille Nacht" gestimmt, etwa e g a oder d f g. Der volle Klang aber bildet sich durch die reichlich erklingenden Obertöne, der Messingüberzug ist da entscheidend. Vorsichtige Sennen stellen die *Schölle* erst auf den Boden, nachdem der Klang entschwunden ist. Harte Schläge können der *Schölle* Schäden verursachen, sie *schäppered* (tönt blechern). Zum Schutz der Weidschelle sieht man deshalb hier und dort gegossene

Brunnentröge vorne mit einem Brett versehen. Als Geheimtipp sei nochmals verraten, dass *d Schölle* natürlich am erhabensten . . . Sie wissen es!

Während nun auf der Alp Ziegen und Kühe und Jungvieh (vielleicht abgetrennt) gierig das junge Gras fressen und so zweimal (mit Vorsömmerung) dreimal Mai haben, stehen die Sennen zusammen, um bei S*chölleschötte* (die *Geelhösle* haben da Vortritt!) und Singen die Ankunft auf der Alp zu feiern. *Ledi* und *Suwage* werden entladen, sofern das nicht schon weiter unten geschehen ist und die *Ledi* gar gesäumt oder früher auch durch Sennen getragen worden ist. Gleich bei der Ankunft der Kühe im frischen Gras wird aus der *Wäädschölle* das Stroh entfernt, und rhythmisch erklingt nun diese als einzige Schelle in der grasenden Herde. Wohltuend und herrlich ist es für Senn und Herde, wenn man selbst die schwere Weideschelle kaum hört, weil das Gras so dicht und hoch steht . . .

Wenn aber auf der Schwägalp an einem glanzheiteren Junimorgen so gut ein Dutzend *Schöllesenne*, wenn möglich mit *de Geele*, auffahren und ihren Weiden zustreben, die Kühe ins maiblumengelbe und grasgrüne Gras strömen, *Senne* und *Schölle* die Alp unter dem Säntis mit Wohlklang füllen, dann verzückt und beherrscht jeden Anwesenden stille Dankbarkeit und respektvolle Bewunderung . . . Und erst bei Regenwetter!

Unter 'Schwägalp' dürfen nun alle mit Kühen sennisch mit *de Schölle* bestossenen Alpen und Weiden verstanden werden, die es im Alpsteingebiet gibt; unverfroren schätze ich die Anzahl auf „biblische" 144 Alpbetriebe.

In der Hütte aber haben unterdessen weibliche Familienangehörige ein wohlverdientes und reichhaltiges Morgenessen (neudeutsch: brunch) zubereitet. Da wird zugegriffen, Bedenken von wegen Kalorien oder Figur kennt man nicht. Wohlüberlegt werden nun mit Bedacht und Erfahrung Hütte und *Melste(r)/Mölschte(r)* (Scheune, Stall) in Betrieb genommen. Nach Rotach hiess es früher Melkster(Melk...?) Heute ermöglichen Motorfahrzeuge oder Seilbahn eine absichernde Bewältigung aller notwendigen Transportprobleme; früher war das alles umständlicher und zeitraubender. Die S*chölle* hängen mittlerweile wie auch die Fahreimer an einer Stange in der Hütte; früher fanden die bemalten *Eemebödeli* (Eimerböden) als Bilderschmuck an der Wand ihren Platz, während die Fahreimer als Melkeimer in die *Melster* kamen. Nach einiger Zeit verlassen die Sennen die Alp und gehen im Tal unten anderweitiger Tätigkeit nach. Für angestellte Berufsleute ist deshalb der Samstag ein geeigneter Tag zum *Öberfahre*. Früher diente der wieder leere Lediwagen des Gremplers als passendes Fahrzeug den *Öberefahrsenne* bei der Rückkehr ins Tal.

Für den Alphirten mit *Handbueb* (junger Gehilfe, früher sehr wichtig) beginnt nun der Alltag auf der Alp.

Wie beim Heubauern im Winter ist manchmal das richtige Einstallen der ungewohnten Tiere eine kleine Geduldsprobe, speziell für fremde Jungtiere, die der Senn bedarfsweise zur Sömmerung angenommen hat. Meistens kommen jetzt die umgehängten *Chuechettere* (Kuhketten; heute auch Halsbänder) zu ihrer angedachten Aufgabe. Wurden früher die Gerätschaften der *Ledi* zum Gebrauch bereitgestellt, so wird in der heutigen Zeit eher der Generator mit der Melkmaschine betriebsbereit gemacht.

Weil heuzutage laut Jakob Jäger schon Anfang und nicht erst Ende Juni auf die Schwägalp gefahren wird und durch die vermaledeite Sommerzeit noch zusätzlich der Tageswärme (*Biis*, also Bremsenplage) ausgewichen werden kann, wird durchwegs vor dem *Aabloo* im Tal gemolken. Die hochgezüchteten Milchkühe sind so deutlich marschtüchtiger, zudem würde die Milch gleich nach der Ankunft auf der Alp den heutigen strengen Qualitätsanforderungen nicht mehr genügen. So wird meist um 4 - 5 Uhr *aabtloo*.

Weder in AI noch in AR sind Frauen (Ausnahme: Hansueli Buff seit 2013 mit seiner Alphirtin als 'Vorsenn') mit dem Senntum unterwegs. Anders im Toggenburg SG. Dort zieht oft die ganze Familie mit der Herde auf die Alp, also helfen gleich auch erwachsene weibliche Personen mit, in ihrer gewohnten Tracht. Aber sonst gleichen sich die Formen des *Öberefahre* in AR, AI und SG.

Doch halt, so einfach ist die Sache nun doch nicht. Der Toggenburgersenn trägt um den Hals eine bis zur Brust reichende Silberkette. Auf seinem Hut flattern zwei rote Bänder und je ein grünes und ein gelbes Band. In AI und AR aber sind zwei rote und zwei grüne Bänder ausreichend.

Heikel wird es nun für AI und AR in Bezug der vier Sennen, sofern *i de Geele* gefahren wird. Von hinten gesehen geht In AR der Zusenn *ii de Geele* mit dem zweiten *Fahreeme* aussen links, in AI von links aber an zweiter Stelle. In AR sind die drei Sennen alle im *rote Liibli* und mit Hut zu sehen. Das kann in AI so sein (bei Emil Enzler, *Bleieli*) muss es aber nicht. Der dritte Senn von links geht ohne *rots Liibli* und natürlich auch ohne Hut, Kragen, Brosche, und *Schueffe*, aber mit Uhrenkette. Von den anderen zwei Sennen trägt nur einer einen Hut, was aber unterschiedlich bewertet wird. So ist keiner der vier Sennen hinter den *Schöllchüe* exakt gleich gekleidet (bei Jakob Fuster, *Chöpfeli*). Meinrad Koch bestimmt je nach gesanglichen Gegebenheiten den dritten *Senn ohne rots Liibli*.

Nach Hans Eugster mag die längere Marschzeit in AI der Grund für den 'Mann in Weiss' sein, was sicher nicht zutrifft. Es ist vielmehr ein alter Brauch, auf Sennenbildern ausreichend zu sehen. Der *Springbueb* ist übrigens genau gleich gekleidet.

Der *Puur* am Schluss des Senntums trägt kein rotes, sondern ein braunes *Liibli*. Kragen mit Brosche oder Knopf (Metall oder Stoff?!) sind höchstens üblich, aber nicht Pflicht, laut Josef Brunner. Es kann laut Hansueli Buff und Sepp Brunner auch vorkommen, dass man nur zur Vorsömmerung mit den gelben Hosen fährt, zur Sommerweide aber nur mit braunen Hosen, bei der Alpabfahrt analog.

Während beide *Geelhösle* die verzierte Uhrenkette frei hängen lassen, wird diese mit den *brune Ladehose* (Hose mit herunterklappbarer Öffnung) in AR vollständig und also nicht sichtbar in der Hose links versenkt, in AI nur zur Hälfte oder gar nicht, aber immer auch links um den *Bschlage* geschlungen.

Das *Öberefahre ii de Geele* ist in AI und SG nicht so häufig zu bewundern wie in AR, die *Ledi* ist aber nur mehr ganz selten mehr anzutreffen (Hansueli Buff, Meinrad Koch und noch etwa vier weitere Sennen), der Aufwand ist eben enorm. Der *Suwage* ist ebenfalls eine Rarität geworden. Auch der Stier ist selten geworden, auch hornlose Kühe sind nicht unüblich. Die Kühe sind wohl noch alle braun, aber nicht mehr immer OB (Original Braunvieh). Tradition wohl, aber nicht Museum! Beständig ist eben nur der Wechsel!

Lustiges und Listiges, mit und ohne Öberefahre

Bei einigen der jetzt geschilderten Episoden ist die Quellenlage leicht unsicher und die zeitliche Einordnung teilweise unmöglich. Ich lasse sie deshalb locker ungeordnet stehen.

Mein Vater war nie ein Freund der leisen Worte, und Diplomatie war nicht sein Ding. Mit seiner mächtigen Stimme wurde er auch im Militär von den Kameraden respektiert und bei den Offizieren mindestens einmal sogar gefürchtet. Einmal aber brannten ihm die Pferde mächtig durch. So um 1975 sollten ein paar Rinder von Unterschlatt per Camion auf eine Alp in Hintergonten gebracht werden. Der Chauffeur als Spielmann hatte eine kurze Nacht hinter sich und erschien verspätet in der Rüti. Der Vater drückte sein zwar berechtigtes Missfallen recht lautstark aus, aber leider zu früh. Der Fahrer hört sich die Tirade an, steigt ein, schlägt die Kabinentüre zu und fährt weg. Die Rinder mussten dann notfallmässig durch einen anderen Fuhrhalter transportiert werden. Zum Sachverhalt aber gehört noch die Tatsache, dass der Betrieb schon damals von meinem Bruder Paul geführt wurde und die Sache meinen Vater gar nichts mehr anging. Da galt das abschätzige Bibelwort vom Mietling schon gar nicht.

1999 stand das Wasser nach dem schneereichen Winter und verregneten Frühling im Fählensee so hoch, dass bei der Alpfahrt die Kühe und Rinder ein Stück weit schwimmen mussten, um eine Felsnase am Weg zu umgehen. Die Ziegen als wasserscheue Geschöpfe bewältigten das felsige Hindernis durch Hochklettern am Steilufer. Und die Sennen? Ich vergass, diese Frage an den damaligen Fählensenn zu richten und lasse sie die Phantasie anregend offen . . .

In einem extrem kalten Winter so um 1925 herum brachte ein *Geelhösle* wegen der klammen Finger die Knöpfe am Hosenladen nach einem kleinen Bedürfnis nicht mehr zu, als er mit dem Senntum seines Vaters von Appenzell nach Gossau fuhr. Das war gar *oosennisch*! Hier ist die Sache gesichert, der Betroffene Anton Hautle erzählte das später lachend selber.

Im bitterkalten *Seegfrörniwinter* 1963 hatte ich im dreitägigen Manöver nach Schaffhausen etwa am 26. Februar als Soldat im Wald beim kleinen Bedürfnis an sich schon Mühe! Denn die kurze sowie die lange Unterhose und das Hemd und die 'Tenügrünhose' und die Kampfanzughose wiesen zusammen eine ziemliche Dicke auf. Die Herren verstehen und die Damen sollen ahnungsvoll erröten! Es war eben sehr kalt, bei Fahrten auf halb offenen Camions!

So 50 Jahre später passierte ähnliches bei einer Alpfahrt in die Potersalp. Wegen des garstigen Wetters mit leichtem Schneefall waren dem Sennen mit der kleinen *Schölle* bei er Ankunft am Ziel Finger der linken Hand so klamm, dass auch er nach einem kleinen Geschäft die Hilfe des Springbuben brauchte, um wieder standesgemäss auszusehen. Anzumerken bleibt, dass bei der meist schon einige Tage vorher abgemachten Alpfahrt auf Gemeinalpen es schon vorkommen konnte, dass Schneefall das Senntum begrüsste oder kurz danach überraschte; Seealp oder Sigel darf ich da ohne Rufschädigung anführen!

Das hängt mit der Singularität (regelmässig eintretendes Wetterereignis) des Wetters zusammen, die Schafskälte ist eben eine Tatsache. Bei unerwartetem Schneefall auf der bestossenen Alp ist es erfahrungsgemäss so, dass am ersten Tag die Tiere schon zufrieden sind, wenn sie in den Stall können. Am zweiten Tag reicht man ihnen etwas Heu aus dem hoffentlich vorhandenem Vorrat. Am dritten Tag schmilzt die weisse Pracht gewöhnlich; und somit ist die Nervenprobe für Senn und Senntum glimpflich überstanden. Aber lustig ist das keinesfalls.

In den Zwanzigerjahren lag einmal im Löchli vor Weihnachten so viel Schnee, dass trotz Schneeschaufeln die Tiere nicht wie sonst üblich nach Gonten gehen konnten. Mein Vater und sein älterer Bruder Bisch/Baptist verbrachten so ungewollt ganz einsame Weihnachten im Alphäuschen, stressfrei nach heutigen Massstäben.

Einmal sollte bei der Alpentladung vom Löchli um 1930 nach den Wünschen des Grossvaters das Grosskind Johann Broger (wurde später auch Farmer in Wisconsin, zuerst dort Knecht bei meinem Onkel August) der Herde voranstolzieren dürfen. Die Tiere aber wollten dem Knäblein gar nicht folgen und rannten aus Gewohnheit immer nur ihrem Hirten, meinem Vater, nach. *„Nanu, denn gang halt du voraa!"* entschied der 'Seniorboss' Franz Manser leicht missmutig. Das Ereignis spricht natürlich für den innigen Umgang meines Vaters mit den Tieren und zeigt, dass unter Umständen eben auch ein etwas älterer Mann oder sogar eine Frau der Herde vorausgeht. Ich denke da an Andreas Inauen und Hansueli Buff.

Beim *Öberefahre* von einem Bauernhof in Unterschlatt nach Gonten heuerte mein Vater einmal einen im Nachbarhaus eingemieteten Fuhrmann *(Chölle Schniideli)* an. Das Pferdchen kannte seinen Meister wohl recht gut. Auf jeden Fall verliess es bei jedem beschilderten Haus die Strasse und wollte erfahrungsgemäss einen Halt einlegen! Dem Grossvater als einem ausgesprochenen Feind jeglichen Alkoholgenusses missfiel das in starkem Mass. *„Nanu, s nöchscht mol neescht denn wide en andere Fuemaa!"* („Das nächste Mal wählst du dann einen anderen, geeigneteren Fuhrmann!") knurrte er meinen Vater an.

Der Senn, der als erster mit *de Schölle* in die Meglisalp fuhr, wurde im Herbst befragt, wie es ihm so vorgekommen sei, *(wes em tliäbed sei)*. Darauf antwortete er, dass er bei der Wahl zwischen direktem Einzug ins Paradies oder einer nochmaligen Alpfahrt mit *de Schölle* letzteres wählen würde. 'Der Himmel kann warten' war wohl sein Gedanke.

In Gonten lebten je nach Quellenlage 4 oder 6 Töchter (alle zwischen 1815–1912) eines Johann Anton Broger und waren als Sängerinnen landesweit bekannt, *Böhlmeedle* genannt. Als eine von ihnen, Anna Maria Katharina Josefa (Sefeli), verstorben war, liess ein Senn, der von Gais mit seinem Senntum nach 'Alp' oder 'Älple' (Schwägalp?) unterwegs war und vom Hinschied der Sängerin erfuhr, aus Pietät den Schellkühen die Schellen abnehmen. Sie durften nicht mehr erklingen, solange er auf Gontnerboden war. Nach der Version meines Vaters war die Verstorbene eine Tante des Sennen. Alles laut Achilles Weishaupt und Johann Manser (*Heemetklang*) sowie Appenzeller Volksfreund; August Neff (Firmpate meines Vaters) Nr. 26, 2. Juni 1928, sich teilweise widersprechend.

Mein Vater wusste von einem Sennen zu erzählen, der durch das ganze Dorf Appenzell geschritten sei, ohne dass er sich nachher daran erinnnern konnte. Ursache war natürlich das *Use hääbbe*. Er habe sich ausschliesslich (und anscheinend erfolgreich) zwischen zwei Schellkühen an den Schellenriemen gehalten. Von polnischen Soldaten hiess es, dass sie im September 1939 auf der Flucht vor Hitlers Truppen schlafend marschiert wären, laut Antony Beevor. Mein Vater plädierte schon immer für anderweitige Getränke als nur Wein beim *Use hääbbe,* wohl wissend, wie der Durst sich sonst verhängnisvoll auswirken kann. Heute würde er mit seinem Wunsch offene Türen einrennen. Der Wein ist köstlich, aber nicht als Durstlöscher.

Wenn mein Onkel Baptist Manser während etwa sieben Jahren um 1950 mit seinem Senntum vom Tieflöchli/Kronberg in die Alp Nordweid/Potersalp und umgekehrt fuhr, musste er den ziemlich steilen Weg über Scheidegg/Kronberg nehmen. Höchstens zwei Wirtschaften lagen an diesem Senntumweg. Die Sennen (Schwager, Söhne) sannen auf Abhilfe und empfahlen dem *Puur*, einmal den leichteren, wenn auch ziemlich längeren Weg über Rossfall-Urnäsch-Gonten zu wählen. Über den Daumen gepeilt standen so um die zehn angeschriebene Häuser hilfsbereit am Weg. Auf den Rat der hinterhältigen Gehilfen hin habe der Herdenbesitzer jeweilen gehorsam die angebotene Tranksame bis zur Neige verinnerlicht. Leicht heiter und leicht bekümmert klagte er am Schluss der Veranstaltung, ihn habe die Alpabfahrt fast mehr gekostet als die Sömmerung. Deshalb galt fürderhin wieder Plan A.

Einmal molk mein Vater einige Jahre nach dem 1.Weltkrieg wie gewohnt allein im Tieflöchli am Abend seine Kühe. Völlig ungewohnt und unvermittelt verspürte er plötzlich den Wunsch zu wissen, wie spät es sei. Also ging er ins Alpstübchen, um nach der Uhr zu sehen. Da sitzt ein ihm unbekannter, grossgewachsener Mann am Tisch. Auf erstaunte Fragen des Vaters erklärt ihm dieser seinen Wunsch nach Übernachten. Der Vater bejaht verblüfft, melkt die Tiere fertig und nimmt mit dem unerwarteten Gast das Abendessen ein.
Es stellte sich heraus, dass der grossgewachsene Mann Österreicher und auf der Suche nach Arbeit war. Zwei oder drei Sennen in anderen Alpen hätten ihn aus Angst nicht beherbergen wollen und ihn schliesslich zu meinem Varter gewiesen. Den ganzen Abend lang erzählte dann der harmlose Gast von seinen schweren Erlebnissen als Soldat im Weltkrieg und machte sich am anderen Morgen hoffnungsvoll und ergeben auf den weiteren Weg in eine bessere Zukunft.

Mein Vater zeigte in seinen jungen Jahren als Stierenwärter in Rapperswil und Zug vor noch so imponierenden Stieren keine Angst, wie manche andere tiergewohnte Bauernburschen auch. Eines Nachts aber kam er doch ins Zittern. Auf dem nächtlichen Heimweg nach Gonten musste er im Jakobsbad direkt beim Kloster Pt. 863 die gedeckte Holzbrücke (auf alten Ansichtskarten noch zu sehen) über den *Wiss-*

bach durchschreiten. Da bemerkt er in der Dunkelheit an einer Holzstütze einen Mann regungslos stehen. Was tun? Hinüber muss er, weit und breit ist er allein. Er nimmt entschlossen sein Taschenmesser aufgeklappt in die rechte Hand in der Hosentasche und zieht festen Schrittes am Unbekannten vorbei. Wie er diese Gestalt passiert hat, fragt er barsch nach dessen Wollen. Er hätte gerne Feuer für seine Tabakpfeife, rechtfertigt dieser stotternd sein verdächtiges Verhalten. Dazu stehe man aber nicht nachts neben einem Pfosten in einer einsamen Holzbrücke, wies ihn mein Vater lautstark zurecht und zog erleichtert seines Weges.

Etwa um 1960 tauchen eines Morgens wie abgemacht auf einer Vorweide in der Nähe des Ahorn die Sennen auf, um mit der Herde in die Potersalp zu fahren. Alle Kühe waren aber schon weg. Die brachen einen Zaun entzwei und erreichten in der Nacht selbständig die eingeplante Alp. Da waren sicher erfahrene Schellenkühe wegweisend.

Bei Johann Dobler lief die Sache einmal umgekehrt. Trotz argem Regenwetter wollte/musste er mit dem Senntum von der Widderegg nach Soll fahren. Die Sennen trugen die Schellen wie gewohnt und wollten sie bei Lehmen den Schellkühen umhängen. Die aber fehlten. Von allen unbemerkt hatten die Leistungsträger unter grossen Tannen vor dem Ahorn Schutz vor dem Regen gesucht und es sich dort bequem gemacht. Johann musste ob gern oder ungern zurückeilen und die nicht wettertauglichen Schellkühe zu ihrer angedachten Aufgabe drängen. Die Kühe meiden eben den Regen, obwohl ihnen kühle Winde behagen. Mit dem Kopf gegen den Wind, auf einem Hügel, ohne die Aussicht zu geniessen, wehren sie in der Tageshitze den lästigen Insekten. Bei heftigem Unwetter halten sie eher den Hinterteil gegen den Wind.

Sehr schlimm erging es einem *Senn* am 8. Juni 1989, als er mit *de Schölle* (aber ohne Ziegen und *di Geele*) von Meistersrüte nach der Alp Brüllenstein/Soll mit dem Senntum unterwegs war. Morgens um sechs Uhr raste im Rank/Appenzell an unübersichtlicher Stelle ein PW (Lenker mit über 2 Promille Alkohol, auf der Fahrt zur Arbeit!) mit stark übersetztem Tempo in die Herde. Während sich der Senn vor den Schellkühen mit einem Sprung retten konnte, traf es zwei Schellkühe so schwer, dass sie auf der Stelle von einem Metzger per Pistolenschuss geschlachtet werden mussten. Die dritte *Schöllchue* wurde zwar gleich auf der Alp an der Schulter/Brust (Laffe) genäht, musste aber im Herbst trotzdem auch abgetan werden.
Der Sohn des Besitzers, der sich mit den anderen Sennen hinter den Schellkühen befand, wurde von der Stossstange des Autos so bös getroffen, dass das eine Bein zweifach und das andere vierfach gebrochen war. Polizei, tote und verängstigte Kühe und betroffene Sennen beherrschten die chaotische und wirklich *oosennische* Szene. Mit Mühe und Not wurde die Fahrt nach Soll notgedrungen fortgeführt.
Die Beinbrüche verheilten schliesslich nach sechs Monaten wieder und die grosse, sehr zerdrückte Schelle wurde später vom Sohn mit Wagenheber und Zusatzhölzern fachmännisch ausgebeult. Der Schellenschmied Haueis in Strengen wagte sich nicht an die Flickarbeit, das nötige Erhitzen und Messingüberziehen erschienen ihm wohl als zu riskant.

Zum Glück erwies sich die Haftpflichtversicherung des einheimischen, schuldigen Lenkers als überaus kulant. Auf grund der Belegscheine und der Schätzung eines Viehschauexperten wurden die drei wertvollen (*choschtlegi*) Kühe angemessen bis grosszügig entschädigt. Auch denkt der betroffene *Senn* dankbar an die verständnisvolle Haltung der Polizei sowie seiner Alpgenossen auf Soll zurück. Natürlich war das Ereignis ein schwerer Schock für alle Betroffenen; die Sennen konnten sich anschliessend mühelos beim Singen zurückhalten (*hend s' Singe waul möge vehäbe*)! Alles laut dem mündlichen und gegengelesenen Bericht des betroffenen Sennen.

Heute wird mit angemessener Beleuchtung der Herde die Gefahr auf der Strasse vermindert. Bei obigem Unglück aber war es schon so hell, dass andere Autos vereinzelt schon ohne Licht fuhren.

Zur Beruhigung etwas Heiteres!

Auf dem Weg vom Kronberg ins Kurhaus Jakobsbad kam etwa um 1930 ein deutsches Ehepaar, das im Jakobsbad einen Kuraufenthalt genoss, mit einem Sennen ins Gespräch. Während dessen *Appenzellerpläss* munter umhersprang, schleppte sich das mopsähnliche Hündchen des Ehepaars nur mühsam seines Weges. Tief bekümmert über seine mangelnde Fresslust und die mühsame Gangart des Dickerchens klagend, kam das Ehepaar mit dem verständnisvollen Sennen überein, ihm das Tier zu einer todsicheren Fresslust-Therapie zu überlassen. Die Sache sei nicht billig und der Hund müsse unbedingt 14 Tage beim Therapeuten verbringen, dafür sei der Erfolg garantiert, warnte der 'Ernährungsspezialist'. Das sei Nebensache, Hauptsache aber sei, dass das 'Hundeli' wieder zu alter Lebenslust und Appetit finde, beschieden Herrchen und Frauchen.

Gleich nach dem Weggang der Deutschen setzte auch schon die Behandlung ein. Das Dickerchen wurde in den leerstehenden, fast fensterlosen Schweine-Eckstall gesperrt. Nach dem zweiten Tag der absoluten Nulldiät wurde erstmals Wasser gereicht. Nach dem 7. Tag durfte der Patient abends das vom wirklich knapp gehaltenen *Säuli* schon recht sauber geleckte Holzeimerchen noch restlos blank auslecken. Ab dem 10. Tag wurde diese lukullische Verpflegung auch am Morgen gestattet. Beim ausgemachten Auftauchen des Hundeehepaars zeigte das deutlich schlankere Möpschen fleissig seine wieder geschenkte Fresslust an besagtem Schweinetrankbehälter. Hocherfreut bezahlten die Kurgäste das auf solider Erfolgsbasis ausgemachte Therapiegeld in unbescheidenem Ausmass ohne Wimpernzucken. Mein Vater konnte bei dieser Heilmethode mit Namen und Nachnamen des schmunzelnden Sennen aufwarten. „Und, was lernen wir daraus?" fragt der zielorientierte Lehrer.

Besagter Bauer trug meinem Onkel Baptist als Schweinehändller einmal einen Wurf Jungschweine (*ä Patt Jage*) an. Wie *de Vette Bisch* etwas später beim 'Schweinezüchter' eintraf, um den Kauf wenn möglich zu tätigen, meinte der bedauernd, er könne die Schweine noch nicht verkaufen, *de Bueb hei geschtere no en Stompe Tögge p'rocht* (sein Sohn habe am Vortag noch einen Sack Mais gebracht). Bei heutiger Fütterung für 3 – 5 Tage ausreichend!

Vette Bisch lebte und dachte pragmatisch und robust. Als Besitzer der Liegenschaft Rüti in Unterschlatt von 1926 – 36 stritt er einmal abends in der Milchsammelstelle *Zithus* (eine am imposanten Haus angebrachte Sonnenuhr war da namengebend) mit dem Besitzer einer anderen Liegenschaft in Unterschlatt über deren Wert und wirtschaftliche Ertragskraft. Jener Besitzer hiess Alois K . . . . r und bei der ebenen und wirklich prächtigen Liegenschaft handelte es sich um die *Re . . . en*. Jeder Klagegeselle (bei Mädchen hiesse es Heulsuse und bei Frauen Klageweib) meinte, der andere habe es besser und dessen Bauernhof sei wertvoller. Schliesslich kamen die zwei Elendsfiguren auf die umwerfende Idee, tauschen zu dürfen. Wer also am folgenden Morgen beim fremden Bauernhof auftauche, erhalte diesen zu Recht im Tausch gegen den eigenen. Natürlich war diese (nicht etwa alkoholisierte!) Abmachung nicht schriftlich und grundbuchamtlich ausgefertigt, trotzdem. Am Morgen nun fürchtete jeder der zwei Hasardeure den Besuch seines 'Geschäftspartners', und beide waren heilfroh, als sich gegen Mittag die Abmachung als folgenlos erwies. Da passt das Wort: *'Jede lauft am beschte am ägne Stecke* (Jeder kommt mit seiner Sache am besten zurecht)! So unterblieb also jegliches *Öberefahre*. Auffällig aber ist, dass früher Bauernhöfe gekauft und verkauft wurden wie wir heute mit Autos verfahren. Ob da eher Not (Zins, Armut) oder flüssiger Handel die Ursache waren, ist kaum zu bestimmen, erstaunt aber dennoch.

Ganz von allen guten Geistern verlassen waren aber die zwei 'Handelsherren' doch nicht. Während die Rüti am 30. Dez. 1925 von Onkel Baptist für 53 700 Franken ersteigert worden war, geschah dies ebenfalls bei der Re . . . en am 28. April 1926 für 53 350 Franken durch Alois K . . . . r, also 0,65 % Differenz. Für tüchige Makler ein Klacks. Was einige Wundernasen wünschen und andere Nachtwandler verwünschen, ist folgendes: Bis vor kurzem wurden in AI alle Liegenschaftenhändel vom Grundbuchamt veröffentlicht, mit Vornamen und Namen und Adressen und Zahlenangaben auf Heller und Pfennig. Im Zeitalter des Datenschutzes kann man sich das kaum mehr vorstellen. Unter Datenschutz (Patenschutz?) fällt doch bald auch die vormalige Schönheitsoperation der eigenen Braut. Würde man die Steuerbeträge und Steuerrückstände und ausbleibenden Krankenkassenbeiträge sowie Alimentenzahlungen bekannt machen, wer weiss . . .

So kann es bald passieren, dass ein Lustmörder in der Kindertagesstätte wirkt und ein Bankeneinbrecher als Nachtwächter eingestellt wird.

Im bisweilen als stur eingestuften Militär erlebte ich im 12. WK (Wiederholungskurs) in der Landwehr 1977 im Raume Gais zu ganz später Abendstunde einmal eine Fahnenübergabe (*Fahnetürgg*) ganz eigener Art. Statt der Anwesenheit des ganzen Bataillons 142 mit etwa 500 Mann war von jeder der vier Kompagnien ausser dem *Kadi* (Kompagniekommandant) nur je ein weiterer Offizier, ein Unteroffizier und ein Soldat anwesend. Das ganze war wohl so als Variante für den unberechenbaren Ernstfall gedacht und wurde von uns (etwa 20 Mann) auch als ernste Sache empfunden.

Warum ich dies erwähne?

Was im Militär einmal eine neckische Variante darstellte, war auf ähnliche Art bei Konrad (1945) und Elsbeth Biser - Knöpfel bittere Anpassung an widrige Sachverhalte. Zehn Tage nach der Alpfahrt (ziemlich kurzer Weg von Diesseneggeli/Hundwil nach Guggeien, nur 2 1/2 Stunden Fussmarsch) brannte der sennischen Familie am 25. Mai 1995 nicht nur die ziemlich neue Scheune ab, das Feuer (die Brandursache blieb absolut unbekannt, Selbstentzündung von Heu ausgeschlossen!) griff auch auf den Dachstock des Hauses über: Abriss von Haus und Scheune bis auf die Grundmauern. Ein schöner Teil der Sennenkleider (*di Geele)* war also weg. Besondere Umstände erfordern besondere Massnahmen, und bei allen Neubauproblemen der Sennenfamilie wurde die stilreine sennische Kleiderfrage zur Nebensache. Also fand nach 20 Wochen Alpzeit die Alpabfahrt statt wie üblich mit *de Geele* nur mit *Schölle*, Edelweisshemd, *Ladehose* und *Bschlage* statt. Alles nach Aussage von Familie Biser. Von ihr erfahre ich noch etwas Bemerkenswertes, nein, Hochbrisantes!

In dieser Familie fühlte sich 1971 das älteste Kind, der dreijährige Konrad, besonders zu den Kälbchen hingezogen, was sicher kein Unglück war. Nun aber fürchtet man zu recht, dass Kälbchen, die zu häufig und zu intensiv am Kopf gestreichelt und gedrückt werden, sich zu stechbereiten, *(stechigi)* Kühen auswachsen. In seltenen Fällen können so bösartige Kühe sogar hornlos für Menschen zu einer wirklichen Gefahr werden. Aus diesem Grund riet sogar ein erfahrener Viehhändler aus Hundwil, sich nur mit einem Stecken bewaffnet in einer unbekannten Viehherde aufzuhalten.

Also kauften die Eltern ihrem sennischen Sprössling grosszügig eine junge Ziege, Alpenrösli benannt. Dieses *Chitzi* wurde vom Jungen nun nach Strich und Faden verwöhnt, also einmal ins Freie geführt, dann wieder im Stall angebunden, gefüttert, gestreichelt und also ausgesprochen mustergültig umsorgt. Auch mischte es sich als Einzeltier im Frühling notgedrungen gern unter die Rinderherde auf der Wiese. Das alles aber hatte Folgen. Als bei der Alpfahrt auf die Alp Guggeien zusätzliche Ziegen eintrafen, wollte die von Konrad geliebte Ziege um nichts in der Welt zu diesen ihr fremden Artgenossen. Nichts half, weder Bübchen noch Sennen brachten die Einzelgängerin zur Herde. Also liess man sie mitten in den Kühen mitmarschieren, ein Stilbruch sondergleichen! Die Ziege Alpenrösli fühlte sich nicht nur beim *Öberefahre* unter all den Kühen 'sauwohl', sondern sie blieb auch auf der Alp unentwegt bei den Kühen und verschmähte die Gemeinschaft mit den anderen Ziegen. Ihre Position bei den Kühen war erstaunlich. Stand sie beim Einstallen unter der Stalltüre, wagten weder Kühe noch Galtlinge, den Stall zu betreten, so sehr fürchteten sie verblüfft die kecke Ziege, was natürlich auf den Eigensinn und die Unverfrorenheit dieser meckernden Geschöpfe hinweist. Alle langen Jahre ihres Lebens verhielt sich Alpenrösli unverändert, geprägt ist geprägt.

Nun, die Sache hat wie so oft bei lustigen Episoden einen ernsten Hintergrund: Die Prägung. Wie der Säugling hangen auch viele Tiere jenem Wesen an, welches sie im Frühstadium fürsorglich erlebt und gar als Futterquelle erfahren haben. Die Graugans von Tierpsychologe (ich habe nichts gegen Psychologen, ich mag sie nur nicht wegen ihrer fachidiotischen Sprache und ihrer salbungsvollen Denkart !) Konrad Lorenz ist ein positives Beispiel von Prägung und der ohne menschlichen Kontakt aufgewachsene Kaspar Hauser, 1833 ermordet, ist ein abstossend negatives Beispiel. Er war wohl als Urenkel des Grossherzogs Karl Friedrich von Baden aus erblichen Gründen in einem dunklen Verlies aufgewachsen und benahm sich so sein späteres Leben lang eher wie ein Tier als ein Mensch. Ist ja logisch!

Der Hund wurde wohl als Wolfskind vor vielleicht 20 000 Jahren auf den Menschen geprägt, ebenso wie der Falke auf den Falkner geprägt ist. Für Adoptiveltern ist diese Prägung sehr günstig, das Kleinkind übergibt sich vertrauensvoll der liebenden Obhut seiner Pflegeeltern, also den sozialen Eltern, im Gegensatz zu den biologischen. Bitter wird es für die lieben Eltern nur, wenn ihr Kind später noch mehr andere Charakterzüge annimmt, als das schon bei der eigenen 'Brut' der Fall ist, von 'Kuckuckskindern' nicht zu reden. Bei Konrad Biser wäre die Prägung mit zwei Ziegen wohl 'ziegengerecht' verlaufen. Es bleibt eben die hochexplosive Frage, was bei den Lebewesen angeboren ist und was durch Vorbild (Erziehung, Gewöhnung, Schulung, Kultur, Dressur etc.) erst entsteht. 'Gutmenschen' sind der Ansicht, dass alles anerzogen werden kann, stichhaltiger aber ist die Meinung, dass etwa die eine Hälfte an Verhalten und Können angeboren ist und die andere Hälfte anerzogen wird. Zum Glück und auch leider. Diese Annahme ist durch die Zwillingsforschung (besonders eineiige) und meine Erfahrungen als Reallehrer erhärtet. *Isch am Holz nüd, gets ke Pfife* (ohne Voraussetzung entsteht nichts Richtiges. Sind Tier - oder Pflanzenzüchter anderer Meinung? Der Spitzensport bietet ebenfalls Anschauung!

Noch etwas heisser gekocht kann man sagen, dass für Völker auch gilt, was für Einzelpersonen zutrifft. Wenn also die Völker des zerfallenen Jugoslawiens rund 500 Jahre unter strenger Herrschaft der Türken (die schenkten der Welt als kulturelle Glanztat nur Yoghurt) oder die osteuropäischen Nationen 50 - 80 Jahre unter der Willkür der stalinschen Kommunisten 'leben' mussten, können sie nicht viel Taugliches gelernt haben und brauchen Generationen, bis sie sich westlichen Demokratiegepflogenheiten angepasst haben. Die 13 Jahrhunderte lange Verschleppung von Negersklaven durch die muslimisch - arabische Welt aus Afrika sei auch noch erschreckend erwähnt. Wohl, wohl, die Völker werden auch wie der Mensch durch Erziehung geprägt (verdorben).

Es gibt eben auch *stechigi* Staaten, die *pötschid*, also grundlos angreifen. Wenn sich innerasiatische Gefühlskälte eher listig als lustig mit einer eigensinnigen Religion (Türken) oder einer unfehlbaren Ideologie (Sowjets) verbinden, wird die Sache gefährlich. Der eine Angriff auf Westeuropa konnte zum Glück für uns 1683 besonders auch durch die polnische Reiterarmee unter Prinz Eugen vor Wien und der andere durch die US-Amerikaner mit ihren Atomwaffen 1945 und 1990 unter Dwight Eisenhower und Ronald Reagan bei Berlin gestoppt werden. *Ääpfoch* (ach). Neuestens verunsichern halbstaatliche Räuberbanden und kriminelle Terroristen die westliche Welt, etwa nach der Handlungsweise von Oberschlächter Mao: Was du nicht willst, was man dir tu – das füge allen andern zu!

Die Welt der Ziegen ist da natürlich ein Paradies.

Der Hunger kommt mit dem Essen. Der sennischen Bauernfamilie Biser gefiel die einfache Art des *Öberefahre* so gut, dass sie seit jener Zeit immer so *öberefahrt*. Augenzwinkernd wird so der strengen Kleiderfrage ein Schnippchen geschlagen, bei 40 GVE (reichlich 50 Tiere) wird die Alpauffahrt und Alpabfahrt immer noch hinreichend bewundert und respektiert! Marke Biser!

Dass in Hundwil eine Familie „nur" mit *de Schölle* ohne *rots Liibli* an die ganz nahe gelegene Viehschau fährt, bereitet den wissenden Zuschauern auch kein Trauma.

Dass vor einigen Jahren bei einem Trauerfall in einer Familie auf Wunsch des verstorbenen Sennen mit nur der kleinen *Schölle, brunem (!) Liibli* und schwarzem

Stoffknopf im Kragen statt der üblichen und wohlbekannten Ausstattung die Alpabfahrt ab der Schwägalp (Aueli) durchgeführt wurde, beweist ebenfalls die pragmatische Lebensweise der sonst als ziemlich „stur" gerühmten Sennen. Man macht aus
der Not eine Tugend.
Sprachlich entspricht diese sennische Ausdünnung den durch die SMS noch verstärkt anzutreffenden Abkürzungen, als zeitgemäss gilt ja Winti, Toggi, Ex, Schiri,
bx oder lg (Winterthur, Toggenburg, Exgatte/gattin, Schiedsrichter, *bliib gsond* oder
liebe Grüsse). *Ögee* ist also *Öberefahre mit de Geele.*
Ansonsten aber bin ich für die Einhaltung der in meinem Buch festgehaltenen Form
des *Öberefahre,* denn wo kämen wir da hin, wenn jeder . . .

Ein Senn aus dem Rheintal (Grabs?), der wohl zuerst seine Alp auf Fäneren (früher
Fähneren und sogar Fehneren geschrieben) mit seiner Herde *etzte* (das Gras fressen
liess), fuhr mindestens einmal so etwa um 1950 auf die sehr steile Alp Fü(i)lder, direkt nördlich des Schäfler auf 1629 m ü. Meer gelegen. Nach glaubwürdiger Quelle
fuhr er mit *de Schölle* zur Alp. Und wie! Bei der Wirtschaft Wart, 2 km westlich
vom Weissbad, nahm er ein gehöriges Glas vom dargebotenen Roten und vermerkte, dass dann (wie üblich) der Hinterste bezahle. Dort war und kam aber nur sein
Hund. Das Naturtalent Ga. . . . . ein fuhr mit der Herde *ond de Schölle* absolut
allein und nur mit seinem Wunderhund auf die steinschlaggefährdete und für Kühe
nur bedingt geeignete Alp Fi(ü)lder.
Im steilen Gelände trug er wie üblich die zwei grossen Schellen, während die kleine
am Hals einer Kuh blieb. Die Kleiderfrage bot so bei ihm keine Schwierigkeit und
meine Angaben bezüglich 'Zahlen, die zählen' waren ihm unbekannt und wären ihm
wohl schnuppe gewesen. Er trug übrigens astrein tagtäglich ein rotes *Liibli*, das aber
fast knopflos und recht dunkel angefärbt einen gar urtümlichen Anblick bot.
Aber das muss der Neid ihm lassen: Es bestand wohl ein enges Verhältnis zwischen
Senn, Hund und Herde.
Wie sagen meine deutschen Verwandten gern? „Also Dinge gibt's, die gibt's doch
nicht!"
Ein Militärkamerad von mir (E. B.) lieferte um 1950 ein ähnliches Kabinettstücklein
ab. Nur mit seinem Hund Prinz führte er eine Herde mit 14 Kühen und Galtlingen
von der Wasserhütte vor der Seealp zur Talliegenschaft Höhe westlich Appenzell.
Von einem Sennen in der Nähe von Herisau heisst es, er sei mit 27 Stück Vieh allein
an die Viehschau in der Nähe gefahren. Erstaunlich, gesehen habe ich es aber nicht!

Bevor jeweilen der Heusenn beim Vater in der Rüti eintraf, wurde der *Sennestall*
von Brennholz und diversen Gerätschaften geleert, Stroh für Kühe und Schweine
eingestreut, der Heustock vorne angeschrotet und das Heu luftig gerüstet. So war
alles rechtzeitig und umsichtig für die Ankunft des Senntums und der Schweine
vorbereitet.
Zwischen Weihnachten und Neujahr etwa um 1942 sitzt der Vater mit seinem Gast-
besuch Gärtner Grubenmann entspannt in der Stube und sieht auf der nahen Strasse
ein Senntum. Seelenruhig zählt er etwa beeindruckende 22 Kühe. Unten am Einlen-
ker drehen Sennen und Kühe abrupt ab und kommen auf die Scheune zu. Der Senn
ist da! Der Vater hat es eilig *we d Müüs ii de Chindbett* (wie die Mäuse bei einer

Geburt). Es war der unzimperliche Cousin Franz Rusch (*Mareie Franz*) aus Gonten. Auf die erstaunten Vorwürfe von wegen vorher Bericht geben meinte der nur schmunzelnd: „Ich dachte, du sähest ja dann schon, wenn ich mit der Herde auftauche!" Dem Tausendsassa war sein wohlgeplanter Streich gelungen und der Vater hatte es wie die Katze im Sack.

So nach 1970 holten mein Vater und mein Bruder Paul mit dem Hund die in Gonten gesömmerten Galtlinge im südwestlichen Teil des Dorfes Appenzell ab. Das Militär war dort in der Nähe ordentlich am Üben, es knallte vaterländisch. Das verwirrte den *Pläss* dermassen, dass er reissaus nahm. Wohin? Sicher nicht ins heimatliche Unterschlatt. Er blieb einfach verschwunden. 14 Tage später liest der Schwiegersohn August Rusch zufällig in einer Rheintaler-Zeitung etwas von einem zugelaufenen Pläss. Nichts wie hin – es ist der Pläss des Schwiegervaters. Der Hund lebte schon etwa eine Woche bei einer völlig unbeteiligten Witwe in der Nähe von Altstätten. Wo ist da die vielgerühmte Orientierungsgabe der bellenden Vierbeiner?

Die Hunde der Bauern regelten früher die Fragen der Nachkommenschaft selbständig. Das konnte auch einmal danebengehen. Mein Vater hatte einmal, wie schon oft, einen weiblichen Hund, also einen *Gösch*. Wenn das Tier *läuffig* (brünstig, heiss) war, rannten jeweilen nächtelang unbehelligt fremde, männliche Hunde (*Brack*) um Haus und Scheune. Wie jede Scheune, so wies auch unsere eine speziell für den Hund gebaute Öffnung (*Hondslade*) auf, die man aber auch verschliessen konnte. Um unerwünschten Hundenachwuchs zu verhindern oder dem durch zu viele 'Verehrer' bedrängten *läuffigen Gösch* Ruhe zu verschaffen, schloss der Vater für eine Nacht des *Hondsloch*. Fast erfolglos, eifrige 'Verehrer' versuchten auf allen Wegen, in die verschlossene Scheune zur Hündin zu gelangen. Mit Jaulen und Gebell.
Tags darauf beklagt sich ein Bauer in der Milchzentrale betrübt, dass für ihn ganz unerklärlich sein rötlicher *Brack* seit letzter Nacht nicht mehr zu finden sei. Kopfschüttelndes Zuhören und Ratschlagen der anderen Bauern halfen nichts – der Bastardrüde war und blieb verschwunden.
Einige Zeit später bemerkt mein Vater beim Aufrühren der Jauche im allseitig gemauerten und mit Holzläden (Kinder!) verschlossenen Jauchekasten den toten, vormals roten Hund in der würzigen Brühe.
Hm, wie passierte denn das?
Um Wasser zur Verdünnung der Jauche in den Jauchekasten zu bringen, führte man durch eine ausgesägte, backblechgrosse Öffnung eine gebogene Blechröhre durch die Bretterwand (*Scheem*). Der nächtliche 'Verehrer' schlüpfte in seinem Drang, die Hundedame in der Scheune zu erreichen, durch diese enge Öffnung, plumpste kopfüber in die Jauche und konnte nicht mehr an den Betonwänden in die Höhe gelangen. Im allgemeinen Gebell seiner Konkurrenten fiel sein verzweifeltes Jaulen in der Nacht niemandem im Haus auf. Das Ende war unausweichlich und tödlich zugleich.
Natürlich muss man das Eisen schmieden, so lange es heiss ist *(chalt Schmede get aam Puure!)*, aber blinder Eifer schadet nur.

Dieser Ansicht war wohl auch jener Sennenknecht auf einer Gemeinalp, der den Auftrag hatte, nach der Alpentladung die im *G' Stöckt ode i de Blottegüll* (Jauchekasten mit gegossenen, gemauerten oder naturbelassenen Wänden) vorhanden Gülle auszubringen. Sicher, die Wege zum Stofel waren schlecht und weit, und der Stosswagen mit *Blotte* (Rinderkot) schwer. Also hob der besonnene Senn im Stall die *Broggtüll* (Bohlen der Läger) hoch, um den Tierkot nahe liegend dort zu entsorgen. Tzz! Der erwartete Hohlraum unter den Tillen war schon angefüllt, mit *Chuedreck*. So so, andere Mütter hatten schon früher auch kluge Kinder!

Zaure

(Jauchzen, grob gesagt: einen Jubelschrei ausstossen)
Das *Zaure* gehört zum *Öberefahre* wie der Anpfiff zum Fussballspiel. Es ist ein einmal oder mehrmals auf - und abschwellender, wohl auf Naturtönen aufgebauter Jubelruf, Jubelton, nicht Schrei. Er wird nur bei absolutem Wohlbefinden des *Zaurenden (Bueb oder Maa)* ausgestossen, in AI fast nie von einer Frau.
Ein Zäuerli in AR ist in AI ein *Ruggusseli* (wortloser, mehrstimmiger Jodelgesang) und in der übrigen Schweiz, also im Ausland, ein Jodel oder Juchz. Der *Zau(r)* wird gewöhnlich spontan, unerwartet und kräftig ausgestossen. Er gehört vor, während und nach dem *Öberefahre* dazu, aber immer solo; zum *Schölleschötte* wie zum *Ruggussele* oder zum Begrüssen passend. Mein Vater konnte *zauren*, dass fast Felsen erzitterten, sein Neffe Sepp/Josef Manser war so um 1955 potersalpweit als überragender *Zaurer* bekannt.
So ein Jauchzer kann leicht kilometerweit zu vernehmen sein; liedgemäss kann ein verliebtes Mädchen seinen Schatz *em Zaure n aa* (dem Jauchzen nach) erkennen. Recht sennisch und urig wirkt natürlich ein Jauchzer unter widrigen Umständen wie Regen, Müdigkeit oder in einsamer Alpenwelt. Im Militär wirkt ein Jauchzer nach Manöverabbruch ungemein befreiend und ist darum auch selten. Ein *Zaur* ist auch immer ein würdiger Abschluss des ergreifend vorgetragenen Alpsegens.

E Sennisches nee

(sennisch singen, jodeln, *zäuerle, rugguussele*)
Die drei oder vier hinter den *Schöllchue* schreitenden Sennen werden durchaus auch nach sängerischen (nicht nur kollegialen oder verwandtschaftlichen) Gesichtspunkten ausgewählt und sogar auch so gruppiert. Bei Meinrad Koch kann das dann sogar die Kleiderfrage (mit oder ohne *rots Liibli,* mit oder ohne Hut) betreffen.
Zu Beginn (*bim Aabloo*), dazwischen und zum glücklichen Abschluss des *Öberefahre* stimmen also diese Sennen einen Jodel an, sie singen sennisch; wohlklingend und fast künstlerisch. So ein *Rugguusseli, Zäuerli* oder Jodel bei der Alphütte, am taufrischen Morgen und bei strahlender Sonne, mit *Schölleschötte*, Ziegengemecker, Hundegebell und Kuhmuhen, *Puur* und Sennen und Handbub vereint – *seb ischt sennisch* (das ist herzerfreuend). Unnnnnvergesslich und unnnnnnvergleichlich!
Beim *Chlausen* (Neujahrsbegrüssung) in AR sind ähnliche musikalische Leckerbissen zu geniessen (*Chlause - Zäuerli*). An der *Vechschau* ertönen so Vorträge spontan in Wirtschaften und auf Strassen. Singerprobte Sennen (eher schon Sänger) sind oft abwechslungsweise und gegenseitig an den verschiedenen Schauen oder Alpfahrten

beteiligt oder angestellt. Das verringert auch etwas die Auslagen für so aufwendiges *Öberefahre*. Im Normalfall werden nämlich die angeheuerten Sennen schon etwas entlöhnt, angemessen, nicht fürstlich; nach der Alpabfahrt setzt es oft noch ein Abendessen in einer Wirtschaft ab.

Schölle mit e g a oder d f g sollen laut Hans Hürlemann zum *Öberefahre* gut geeignet sein, *Schölle* mit e fis gis oder d e fis sollen sich gut zum *Rugguussele* eignen.

Nach Ebel soll einstmals in Schweizer Regimentern in Frankreich den Söldnern das Singen des Kuhreihens (Jodel) wegen möglicher Fahnenflucht verboten gewesen sein, bei Todesstrafe bis etwa 1750. Wahrlich, keine leichte Entscheidung ...

Wohlklingende Musik im Stall wurde schon von Bauern als wohltuend für die Kühe erfahren, ich glaube das gern, obwohl es vielleicht etwas ...

Beim *Rugguussele, Zäuerle* und Jodeln in AI, AR und im Toggenburg trägt der Vorjodler jeweilen die Melodie vor, eine zweite Stimme begleitet oder umspielt die erste Stimme und der Rest hält (auch mit Akkorden) den Grundton, *graadhäbe* (gerade halten). Naturtalente, nicht Noten zählen. In Bayern und in Österreich hört man ähnliche Vorträge, etwa als Drei - oder Viergsang.

Prinzipiell besteht der Jodel nur aus Silben mit Schwergewicht auf O, A und U, während das Jodellied vorgängig zum Jodel noch einen Text aufweist. Wenn eine Streichmusik nach einem ruhigen oder gar melancholischen Rugguusseli eine beschwingte Tanzmelodie vorträgt, kann und will sich niemand diesem musikalischen Zauber entziehen. Auch Musikkapellen in anderer Besetzung oder Blaskapellen schenken so gleichermassen Wohlgefühl und Freude.

Hin und wieder sang/singt ein Senn im Sall beim Melken schon einmal ganz allein für sich, ich kann mich diesbezüglich gut an meinen Vater erinnern. Er wurde übrigens von seinem Vater nicht nur (um 1918, widerwillig und fast verschämt) in die landwirtschaftliche Schule im Kusterhof (Rheineck) geschickt, sondern mit Geschwistern auch in einen Jodelkurs bei August Neff *(Bäädles Auguscht)*. August besass das erste Velo in Gonten. Eigentlich liegt den *Mälli*/Manser aber das Rechnen mehr als das Singen; Mathematik ist unentbehrlich, Musik aber schön!

Musig ond Leeme
(Musik und Lärm)

Ich sagte es schon lange: während die Innerschweizer mit ihren *Trychle, Bisse, Chlepfer* etc., auch Treicheln genannt (schon die Namen klingen verhängnisvoll und unheildrohend), Lärm erzeugen, schaffen die Sennen mit einem *Gschpiil Schölle* (drei aufeinander abgestimmte Schellen) Wohlklang und Harmonie. Die Treicheln sind schwer und stahlgeschmiedet; die *Senntumschölle* sind zwar auch stahlgeschmiedet, aber verhältnismässig leicht und mit Messing feuerversehen überzogen. Dieses Messing erzeugt den Wohlklang, durch die Obertöne. Prinzipiell sind Glocken gegossen und nach unten ausladend, während Schellen geschmiedet und nach unten verengend gebaut sind. Schellenschmied Eligius Schelbert in Muotathal schmiedet Treicheln aus bis zu vier Millimeter dickem Stahlblech. Nach ihm gilt: Je enger die Öffnung (Schellenmaul), umso heller der Klang; je weicher das Blech, desto dunkler der Ton. (NZZ vom 17. Okt. 2008). Mein Tipp: Je grösser die Treichel, desto grösser der gesundheitliche Hörerabstand!

Nach Nadja Räss (gemäss Zeitungsartikel Wiler Zeitung/St. Galler Tagblatt vom 11.1.2015) ist der Lärm bei den *Trychle* gewollt, er soll die bösen Geister vertreiben, was sicher umfassend zutrifft! Im Alpsteingebiet aber werden mit Wohlklang und Musik die guten Geister auf Hof und Alp eingeladen. Auf den Einwand der gesundheitsschädigenden 113 Dezibel (laut ETH-Studie) Lautstärke der *Schölle* haben Kühe, Sennen und hingerissenes Publikum nur ein müdes, wenn auch nachsichtiges und mitleidiges Kopfschütteln übrig. Nein, nein, ich schreibe nicht von Disco . . .! Schon gar nicht von Open Air!

Sicher, die übergrossen Schellen der Berner und Freiburger, die in ungezählter Anzahl bei ihren Alpauffahrten donnern, lassen ein erstauntes Kopfschütteln kaum vermeiden . . .

Entschärfend sei zugegeben, dass tagelanges Dröhnen einer übermächtigen Treichel (*Chlepfer*) in den Ohren der Schellenkuh leicht verstörend sein kann, etwa wie das Donnern vor der Tagesschau bei der SRG. Dem Tierschutz geht die Arbeit nie aus.

Trotzdem: Zu einer Herde Kühe im Unterland, also tiefer als Herisau gelegen, passt überaus gut eine unzimperlich klingende Glocke, während auf der Alp zu einer Herde *(en Schoppel Tiäre/Tiere)* eine kräftige *Wäädschölle* (Weideschelle) passt. Hellklingende, kleine Schellen bei Kälbern und Ziegen sind immer wohltuend und in der Anzahl frei.

Der aufmerksame Senn beobachtet übrigens, wie die eine oder die andere Kuh die *Wäädschölle* auf der Weide trägt, also ob sie kräftig und mit dem richtigen Schwung getragen wird. Das ist laut Aussagen einiger Gewährsleute ein eigentlicher Eignungstest für mögliche *Schöllchüe*, den lange nicht alle Kühe bestehen. Es braucht da ausgesprochene Führungsnaturen, die vom Sennen auch als solche erkannt und eingesetzt werden.

I de Tracht ond sennisch
(In der Tracht und im Sennenkleid)
Beim *Öberefahre* und an der Viehschau in AR und AI und imToggenburg bis Uzwil erscheint der Senn im überaus schmucken *Sennehääs/Sennegroscht*; die Frau tritt dabei in AI nicht und in AR kaum in Erscheinung, Kinder und das Toggenburg ausgenommen. An Himmelfahrt, Pfingsten, Fronleichnam, Maria Himmelfahrt, Bettag und Mauritiustag sowie als Braut, als Mutter oder Patin von Braut oder Bräutigam bei der Trauung sowie als Patin bei der Taufe aber besucht die Dame (Bäuerin wie auch 'Hoferin', also aus dem Dorf Appenzell) den Gottesdienst in der eben auch überaus schmucken Festtagstracht mit Jacke (Schlotte), weisser Haube, schwarzer Schlappe sowie *Goldchäppli* (Käppchen mit Goldstickerei und Pailletten) mit roter Schleife. Der Mann aber ist nun kleidungsmässig kaum auszumachen. Ausser an Berggottesdiensten oder als Jodler/Spielmann geht der Mann in AI nie sennisch zur Kirche. In AR und im Toggenburg ist das durchaus anzutreffen, auch bei Hochzeitsfeiern.

Der schneeweissse Myrten-, Jungfernbraut- oder Blütenkranz statt *Goldchäppli* und Schleife ist den *Täfelimeedle* (junge Frauen tragen bei der Fronleichnamsprozession die 15 Tafeln mit den Rosenkranzgeheimnissen), Jungfrauen und Bräuten vorbehalten. Wie man sieht, wird die Festtagstracht nur in Verbindung mit Kirchenbesuch getragen, somit ist sie nicht nur augenfällig feierlich, sondern direkt sakral. Damit es klar ist: In Innerrhoden wird nur diese hoheitsvolle und fast aristokratische Bekleidung der Frau Tracht genannt. Ausser der Festtagstracht gibt es noch die Barärmeltracht ohne Kopfschmuck und Jacke, wobei der Rock die bekannten feinen Falten oder etwas weiter gelegten Falten aufweist. Als Besonderheit trägt die Tänzerin beim *Hierig* (Tanzspiel, Pantomime) die Barärmeltracht mit etwas verkleinertem Kopfschmuck wie die verheiratete Frau. Die klassische Barärmeltraacht wurde eine Zeitlang selten getragen, weil nur lange Haare als die vorgeschriebenen *Holöck* (eingebundene Haartracht) 'erlaubt' sind. Dabei ist diese ebenfalls festliche Bekleidung recht frei bei kirchlichen oder weltlichen Anlässen und Festen üblich, von Ehrenjungfrau über Jodlerin und Musikerin bis Stickerin und Verkäuferin. Seit 1981 gibt es auch noch die durch Marie Inauen wieder eingeführte, aber alte Kranzrocktracht.

In AI treten also erstaunlicherweise nie Frau und Mann zusammen so traditionell festlich auf - Edelsteine sind kostbar, weil sie selten sind! Doch, bei einer *Stobede* und früher an einem Sennenball, etwa um 1955 im Hotel Säntis in Appenzell (Januar, Februar) oder vor Jahren im Rossfall hinter Urnäsch (Juli, August). Da traten die jungen Bauern/Sennen *ii de Geele* und ihre Schätze (Freundinnen) in der Barärmeltracht an. Bei Gesang, Musik, Tanz und *Möllirad* (Sennenreigen, kräftezehrend und nur für herbe Naturen geeignet) erlebte vormals die Sennenkultur einen Höhepunkt. Die obligate, nachträgliche photographische Aufnahme zeigt Sennen und Trachtenmädchen als muntere, harmonische Einheit, so 20 Paaare umfassend. Daraus erwuchsen auch schon bodenständige Ehepaare, deren Kinder auch nicht ungern wieder . . .

Hinter vorgehaltener Hand noch eine Parallele zum abwechselnden Erglänzen von Frau und Mann in AI. In der Damenmode sind immer entweder die Röcke kurz und der Ausschnitt züchtig oder die Röcke sind züchtig und der Ausschnitt grossflächig. Dahinter steckt wohl die Einsicht: Allzuviel ist ungesund! Gewiss, es gibt auch da erwünschte oder verwünschte Ausnahmen! Denke ich da sachlich oder schon sexistisch?

In AI wird unter Tracht wie erwähnt nur die prunkvolle, traditionelle Bekleidung der Frau verstanden, beim Mann heisst es: Er trägt das Sennenkleid, er ist sennisch gekleidet, *ee choot ii de Geele, ii de bruune Hose, ii de Ladehose ode im Sennegroscht, im Sennehääss*. Ein entsprechendes Wort zu Tracht gibt es nicht. Für alle Aussenstehenden duldet man ungern das Wort 'Männertracht'; das Leben ist eben nicht einfach! Schönheit will leiden.

Wenn die Innerrhoderin ohne die Tracht ausgeht, so sagt man: Sie geht *möödisch*, also nach der aktuellen Mode gekleidet.

Der Gerechtigkeit wegen veranschlage ich die Auslagen für die Festtagstracht und *Di Geele* auf 10 000 – 15 000 Franken, je nach Schmuck sind 20 000 Franken möglich. So herrscht auch da Gleichstand!

Bei Kind, Frau und Mann werden die teuren Einzelteile von Tracht oder *Sennehääss* durchwegs vererbt, geschenkt oder langfristig erworben und vervollständigt, was zusammen mit dem zeitlosen Gebrauch den frankenmässigen Aufwand verkleinert,

Als Besonderheit mag gelten, dass meine sechs Tanten väterlicherseits zusammen die gesamte Festtagstracht der Frau herstellen konnten, sehr zur Freude ihres stol-

zen Vaters (der darüber die bäuerliche Arbeit seiner tüchtigen Söhne zu wenig esti-
mierte). Das eine tun und das andere nicht lassen! Der Arbeitsaufwand für die
Festtagstracht (ohne Schmuck) beträgt 850 Stunden; man rechne in Franken . . .!
Für die Einkleidung ist eine Hilfe nötig, Zeitaufwand eine Stunde.

D' Schölle

(Die Senntumschellen, das Spiel Schellen, die Schellen)
Schon um 1830 sind auf *Eemebödeli drei Schöllchüe* (kleine Eimerböden 3 Schellenkühe) abgebildet. In Grins und später in Strengen, 10 km beziehungsweise 15
km westlich von Landeck in Tirol, wurden wohl schon seit Jahrhunderten Schellen
geschmiedet. Ist ja typisch, Tirol und die Landschaft bis Wien ist seit der Keltenzeit,
also seit 800 v. Chr., in der Eisenherstellung wegweisend. Mähsensen werden in
Micheldorf, 35 km nördlich von Klagenfurt, geschmiedet und weltweit gekauft,
auch in der Ostschweiz. Österreich hat in der Stahlgewinnung einen guten Namen.
Die Schellenschmiede hiessen/heissen etwa Franz Leitner, Lorenz und August
Schmid (?? - 1929), Vinzenz Haueis (sen. 1875 - 1947 und jun. 1924 - 2002), Anton
Zangerl (1913 - 1984), Stiefbruder von V. Haueis jun. und die 4 Generationen Matt-
le: Johann (1879 - 1956), Josef (1923 - 2000), Emil (1954) und Ingemar (1974). Die
Stiefbrüder Zangerl (1913 - 1984) und Haueis (1924 - 2002) haben ihre Schmiede
1984 und 1998 aufgelöst. Jetzt bleibt in Strengen noch Mattle. Die Herstellung von
Schellen und Rollen ist aufwendig.
Warum denn in die Ferne schweifen, liegt das Gute doch so nah? Andreas Keller in
Winden (6 km westlich von Arbon) stellt seit 1992 Rollen und Schellen her, Peter
Preisig stellt in Marstal/Gossau nicht nur seit 1998 Rollen und Schellen her, sondern seit 2015 auch Senntumschellen, also autotechnisch 'Ferrari'. Altmeister Haueis jun. weihte ihn in einige Geheimnisse des Schellenschmiedens ein. Aber Lehm
aus Strengen wird in Gossau doch nicht verwendet. Nicht erwähnte andere Schellenschmiede mögen entschuldigen.
Harte Arbeit – karger Lohn! Bei Peter Preisig kommt ein fertiges Geschell mit Lederzeug für den *Silvesterrolli* so auf den Wert von zwei Kühen, ein *Gspiil Senntumschölle* ohne Riemen auf vier Kühe.
Aus nach Schablonen geschnittenem Stahlblech (etwa zwei mm dick) wird durch
Treiben und Schmieden die bauchige, seitlich verlötete und vernietete Schelle geformt. Bei den Senntumschellen geben also drei immer gleich grosse Schablonen
die fertige Schellengrösse vor. Dickes Blech ergibt hohe Töne, dünnes hingegen tiefe. Je härter das Blech, desto voller der Klang. Die geduldige Formung des glühen-
den Stahlblechs erfolgt in mehreren Schritten sowohl frei als auch in vorgegebene
Eisenvertiefungen. Die etwas aufeinander abgestimmten Rollen für die *Rolli* (Sil-
vesterchläuse), 8 – 13 an einem Ledergeschirr, wie auch für die Pferde, die früher
teilweise vorgeschrieben waren, entstehen aus zwei runden Stahlblechen und weisen innen als Klöppel einen frei laufendem, leicht gerundeten Eisenwürfel auf, den
Rollestee . Diese Rollen mit dem rollenden *Stee* weisen zwei Löcher und einen
Schlitz auf und gleichen akkurat den Schellen auf den Jasskarten, die aber eigentlich Rollen sind. Habe ich mich unklar genug ausgedrückt?
Oben am Körper der Senntumschelle ermöglicht ein durchgestossener, rundlich ge-
formter Brückengriff die spätere Verbindung mit dem breiten Riemen, während das

nach innen/unten eingezogene Eisenstück (Galgen) den frei eingehängten Klöppel, Schwengel *(Halle)* trägt. Jetzt lärmt die Schelle mächtig, was in der Innerschweiz erwünscht, aber von vielen Zuhörern gefürchtet ist.

Das muss sich bessern. In einer Lehmumhüllung wird nun durch den Schmied aus Messingstreifen (Abfällen, sogar leere Gewehrpatronen) in der Glut eine feuervermessingte Messingschicht aufgebracht. Aussen werden etwa 1,5 kg Messingabfälle wie Streifen oder Späne durch passenden Lehm an die Stahlwand geheftet. Der richtige Lehm (eher eine Mischung aus Lehm, Sand, Gerstengrannen, etc.) und die richtige Boraxzugabe (Natriumtetraborat $Na_2B_4O_7(Punkt)10H_2O$, meist hergestellt aus Kernit $Na_2B_4O_7(Punkt)4H_2O$) sind da entscheidend. Peter Preisig bereitet aus Boraxpulver und Wasser eine Paste und trägt diese mit einem Pinsel auf den Stahl auf. Durch dieses Flussmittel wird das Messing flüssiger. Innen wird die Schelle mit etwa 1 kg Messing sowie Holzschnitzeln (bei Rollen verwendet Peter Preisig Sägemehl) gefüllt. Diese Holzteile verschwelen in der Hitze des Glutnestes und halten dadurch den Sauerstoff von der blanken Stahlwand fern, so dass das Messing gut an den Stahl gelangt. In der Glut schmilzt das Messing bei etwa 950 Grad und überzieht durch mehrmaliges, gekonntes Drehen des Lehmkörpers wie erhofft den vorher blank gebürsteten Schellenstahl. In einer dünnen Kontakt - Grenzschicht bildet sich sogar eine Legierung aus Eisen und Messing. Nach dem Abschrecken im Wasserbad wird der Lehm, sofern er nicht schon weggesprengt ist, restlos abgeschlagen - zum Vorschein kommt die vorerst dunkle, aufgeraute Schelle, jetzt mit Wohlklang, hoffen alle. Bei der Rolle holt Peter Preisig etwa mit Drähten die zerbröckelnde Holzkohle aus dem Rolleninneren. Aussen wird der Schellenkörper anschliessend gebürstet und poliert und erglänzt nun vornehm hellgolden. So ist die Schelle aussen wie innen erst noch rostfrei. Der Klöppel ist ebenfalls geschmiedet und durch die Hammerschlagschicht (beim Schmieden entstehendes Eisenoxyd, Fe_2O_3 oder Fe_3O_4) vor Rost ziemlich geschützt. Der ist gar nicht unwichtig! Wenn nach einhelliger Meinung eine Schelle einmal schlecht zu schütten *(ooschöttig)* ist, wird als Geheimtyp *de Halle* ausgehängt und umgedreht wieder eingehängt, werden Schwengel und Galgen auf gut Glück etwas anders gebogen, und wenn alles nichts nutzt, wird der Riemen gelöst und gewendet neu am Schellenkörper festgemacht. Alter Sennentrick! *De Halle* hängt an einem mit Leder oder Plastik gefassten, gebogenen Oberteil, Metall auf Metall klingt *oosennisch*.

Nach Peter Preisig hat das Messing eine dreifache Aufgabe. Es ist erstens wie erwähnt ein vorzüglicher Rostschutz. Zum zweiten macht es den dunklen, blechern wirkenden Ton heller, gläserner, wohlklingender, also lieblicher. Ein mutiger Vergleich einer Senntumschelle mit einer Berner - *Tlungge* beweist diese Veredelung! Als drittes aber wirkt das Messing wie ein Lötmittel, also ein Lot. Dieses gelangt eben in der Gluthitze durch Kapillarwirkung zwischen die etwa 1 cm breite, beiderseitige Überlappung der Stahlbleche. Diese Naht ist also keine eigentliche Schweissnaht, sondern eine solide Verlötung. Der Drahtkranz einer *Wäädschölle* an der Stelle mit dem grössten Umfang wird ebenfalls durch den Messingüberzug 'aufgelötet'.

Erst dieses mühsame und gekonnte Auftragen des Messings verleiht der *Schölle* ihren Wohlklang. Ohne Messing lärmt die Schelle etwa so, wie eine verrostete Sense an eine zerbeulte Dachrinne geschlagen *schäppert*. Das hat mit Schwingungen,

Obertönen und Überlappungen zu tun, also mit Mathematik, o je, o je. Je nach Entfernung der Anschlagstelle vom Schellenmaul nach oben etwa mit dem Fingerknöchel ändert die Tonfärbung, also das Verhältnis der Obertöne zueinander, nicht aber die Frequenz des Schlagtons und Grundtons. Die erzeugten Obertöne bilden durch Überlagerung möglicherweise noch gemeinsam einen Unterton, der tiefer ist als sie selber, welcher wohl physikalisch messbar ist, aber nach Wikipedia nur psychoakustisch entsteht. Er entsteht nicht direkt instrumental, sondern wohl eher durch niederfrequentes Zusammentreffen von Amplituden. Bei reinen Singstimmen gibt es ihn aber auch. Die tiefsten Obertöne, also Oktave, Quinte, Quarte, Terz etc. bestimmen den Klang, weil sie länger und lauter ertönen als die höheren Obertöne. Je nach Form und Material des Tonerzeugers wie Schelle, Glocke, Becken, Saite, Flöte, Weinglas etc. sowie der Schlagstärke ist das gesamte Obertongemisch ähnlich einem Fruchtsalat unterschiedlich und damit auch die Klangfarbe. Die Intensität der Obertöne ändert auch durch unterschiedliche Schläger (Metall, Holz, Knöchel, Filz etc.) sowie in der verstrichenen Zeit. Der Schläger bestimmt auch den Schlagton (Transient, nur wenige Millisekunden hörbar, aber doch charakterisisch und klangbestimmend. Das Messing nun ist im Gegensatz zur Flöte überaus reich an Obertönen (Tschinellen/Becken) und veredelt darum die Schelle.

Die Grundtöne der Senntumschellen erklingen nach Peter Roth rundweg im Bereich der kleinen Oktave, also um 100 – 200 Hertz, für 'Pianisten' wie mich in der Oktave unter dem 'Schlössli – C. Das ist auf das Klavier mit der temperierten Stimmung und dem Wiener Kammerton – A von 440 Hertz bezogen und ist nicht genau auf den Naturtönen aufgebaut, deren Obertonfaktoren eben 2; 3; 4; 5; 6; 7 etc. sind.

Bei den Messungen mit Hansheiri Haas in der Klangschmiede in Alt St. Johann erklingen meine Senntumschellen mit den Frequenzen 110,0; 124,7 und 148,5 Hertz, was haargenau dem Grossen A und recht genau dem grossen H und dem kleinen d entspricht. Die mittlere zeigt auch noch einen Grundton von 129 Hertz und kommt damit dem 'Stille Nacht' ganz nahe. Die ersten Obertöne der grossen Schelle haben die Frequenzen 313, 565, 861, 884, 1170, 1203, 1360, 1563, 1855, 2407 etc. , was bei der temperierten Stimmung etwa A, dis 1, cis 2, a 2, d 3, d 3, f 3, g 3, b 3 und d 4 ergibt. Bei der mittleren ertönen nach H etwa die Obertöne f 1, e 2, h 2 und g 3, bei der kleinen vernimmt man nach d die Obertöne f 1, gis 1, fis 2, c 3 und g 3. Nach oben ertönen alle Obertöne leiser und in engeren Verhältnissen. Auf den Grundton der grossen Senntumschelle von exakt 110 Hertz bezogen weisen also ihre Obertöne die Faktoren 2,85; 5,14; 7,83; 8,04; 10,64; 12,37; 14,22; 16,86 sowie 21,89 auf. Sie sind also absolut nicht ganzzahlig. Die paar ersten Obertöne der mittleren und der kleinen Schelle zeigen fast die gleichen Faktoren, gemittelt haben meine drei *Senntumschölle* Obertonfaktoren von 2,84; 5,12; 7,76; 10,59; 12,57; 14,28 und 17,22. Lustigerweise sind die entsprechenden Faktoren einer 13 cm hohen und ziemlich billigen Souvenirschelle auch 2,6; 4,8, 7,4 und 12,8. Sie lässt sich also nicht lumpen. Nach Hansheiri Haas weisen 'geschlagene' Metallkörper wie Gong, Schelle, Glocke, Becken etc.) auf den Grundton bezogen Obertöne in oft/meist nicht ganzzahligen Verhältnissen auf. Meine mittlere Schelle hat wohl noch den zweiten Grundton von 129 Hertz, weil die zwei verbundenen Seitenteile der Schelle nicht ganz 'eintönig' verbunden sind.

Die reiche Fülle von Obertönen (Klangspektrum, ähnlich 5 – 8 verschiedenen Farbstiften in einer umfangreichen Farbschachtel mit den Regenbogenfarben) und ihre komplexen Verhältnisse schaffen ein eigentliches Rauschen. Bei der *Trychle* erscheint gleich eine Unmenge von Obertönen, das wären gleich alle Farben aus der Farbschachtel geholt, was für Ungewohnte lärmig wirkt. Blas – und Saiteninstrumente (Geige, Fagott etc.) dagegen weisen Obertöne in ganzzahligen Verhältnissen auf, was als 'harmonisch' und angenehm empfunden wird. Blasinstrumente haben generell weniger Obertöne als Saiteninstrumete wie die Geige oder speziell das Hackbrett. Mit elektronischen Messgeräten lässt sich das Obertongemisch jedes Klangkörpers oder der menschlichen Stimme ausmessen und darstellen. Je nach Tonerzeugergruppe treten die Obertöne nach Peter Roth eher in geradezahligen (Flöte) oder eher in ungeradezahligen (Schalmei, Oboe) Verhältnissen auf, bei der Orgel ist je nach den Zungen beides möglich. Aha! Ist noch jemandem etwas klar?

Der *Schöllchue* mit festem Schritt ist das alles ganz egal, sie macht es von Natur aus einfach richtig und beschenkt uns verschwenderisch mit Schlagton, Grundton, Unterton und Obertönen. Das alarmiert ja direkt die ETH!

Nach Peter Preisig lässt sich eine Schelle mit einer Geige vergleichen. Der *Halle* entspricht dem Geigenbogen, welcher die Schwingung verursacht. Die Stimmlippe der Schelle (Schellenmaul) entspricht der gespannten Saite, die schwingt. Der Schellenkörper entspricht dem Resonanzkörper der Geige. Oben ist die Schelle stabil und massig, das ergibt die hohen Obertöne. Unten beim Schellenmaul ist das Stahlblech fast freischwingend leicht verformbar, das ergibt die tiefen Obertöne. Der Klöppel trifft natürlich immer nur die Stimmlippe, so dass der so entstandene Ton immer gleich hoch empfunden wird, er hat eine stabile Grundfrequenz. Während bei der Trompete und der Orgel nur die Luftsäule schwingt, schwingen bei der Geige die fadenartigen Saiten und werden durch den Resonanzkörper verstärkt; bei der Schelle aber schwingt der ganze Metallkörper mehr oder weniger in allen drei Dimensionen, was den Klang fast geheimnisvoll komplex macht. Als absolutes Gegenteil zum Schellenklang kann der nur elektronisch zu erzeugende Sinuston ohne jeden Oberton gelten, der für mich gläsern, für andere farblos und langweilig tönt.

Die Schellen sind nun endlich beim Schellenschmied nach dem Polieren je nach Schablonengrösse und entstandener Eisenform in drei Grössen vorliegend. Durch nachträgliches feines Hämmern und Schmieden sowie Vergleichen stellt nun der appenzellische Käufer *(Schöllehändle)* zusammen mit dem Schellenschmied drei Schellen zu einem passenden Dreiklang zusammen. Dabei kann der Fachmann jeweils aus bis zu fünf Schellen jeder Grösse auswählen, So passen unter Umständen dann drei Schellen sehr gut zusammen, während 2 - 3 *Gspiil* mittelprächtig bis nur mittelmässig klingen und der Rest, na ja!

Die Tonfolge klingt sehr oft etwa wie „Stille Nacht", also g b c oder c dis f oder dis fis gis etc. Nach Peter Roth ertönen die Schellen so im Schellendreiklang, die Frequenzen entsprechen dem 6., 7. und 8. Oberton (Partialton), ihr Verhältnis ist also 6 : 7 : 8; klassisch etwa mit g b und c gegeben. Jede *Schölle* bringt auf ihrem Grundton wie erwähnt den ganzen Reichtum der darauf bezogenen Obertöne zum Gehör. Deren unterschiedliche Stärke macht insgesamt die Harmonie (Wohlklang) der einzelnen *Schölle* wie des gesamten *Gspiils* aus. Damit entsteht nun also beim Schellenschmied ein *Gspiil Schölle*. Diese so ausgewählten Schellen bleiben ab jetzt praktisch für immer beisammen. *„Sönd guet Schölle, sii sönd schöttig, sii chei-id gued!"* heisst es ab jetzt fachmännisch oder nur wohlwollend! Musikempfinden und Physik berühren sich.

Das bunte Nebeneinander von Wissen, Halbwissen, Meinung, Vermutung und Irrtum bezüglich des Schellenklanges in allen Aspekten ruft doch zusammen mit den heutigen Messmöglichkeiten einer fundierten und breiten Abklärung – sprich einer Matura - oder Diplomarbeit. Dieses akustische Neuland kann doch Forscher locken und Senntumschellen - Liebhaber beschenken.

Im Toggenburg, in AR und AI werden nun die drei Metallkörper mit den prächtigen, traditionellen Lederriemen versehen. *„Sönd no Wiishopts Riäme, sönd Sattlelis Riäme* also Weishaupt (1869 - 1939) und meist Emil Fässler (1929 - 2006) oder dessen Vater Joh. Bapt. Fässler (1893 - 1969) heissen die fachkundigen Erläuterungen.

Die breiten Lederriemen sind hinten (links an der Kuh) und vorne bei der Schnalle (rechte Kuhseite) mit fein ziselierten oder sogar ausgesägten (durchbrochenen) Messingplatten versehen. Es herrschen fast aussschliesslich Buchstaben, Ziffern sowie sennische Motive vor. Die grosse *Schölle* (rechts aufgehängt, bitte, die Kühe gehen voran!) trägt auf dem Schlaufenblech wieder drei *Schölle*, deren Riemen wieder drei . . . ; die Reihe führt ins unendlich Kleine. Auf dem *Bschlage-Steeg* ergibt sich die gleiche unergründliche Spirale ins unendlich Kleine.

Das Riemenleder wird durch bunte, auch grüne, aber nicht blaue, schmale Riemen aus Leder/Pergament bestickt/gesteppt. Die kunstvoll angebrachten Zöpfe und Fransen sind bunt, aber nie blau, sie bestehen/bestanden aus Kamelhaar, krauser Wolle oder Acryl- Garnen und wurden früher durch Stumpenresten vor Mottenfrass geschützt. Pardon, ganz, ganz alte Riemen (1865) weisen auch gedämpft blaue Zöpfe auf, laut Eugster! Die bunten Pergamentstreifen sowie die Zöpfe und Fransen lassen das schwarze Leder des Schellenriemens fast vollständig verschwinden.

Vor dem Gebrauch werden die Messingteile der Riemen, nicht aber die Schellen selber, poliert, wobei Asche wie Essig, Yoghurt wie Sigolin oder moderne Politurmittel wie Trompetenöl verwendet werden, *s Mösch botze* (Oxydationsschicht reduzieren und entfernen).

In jedem breiten Riemen liegt und steckt noch ein weiteres schmales Lederriemchen. An ihm hängt die ganze Schelle am Schellenstecken, wenn der Senn die Schellen trägt. So hängen sie wieder in Laufrichtung wie an den Kühen.

Früher besassen nur ausgewiesene Sennen *Schölle* und damit (sicher so in AI) auch 18 Stück Grossvieh, heute verzieren die einzigartigen Schmuckstücke ausser Sennhütten auch zahlreiche Wirtschaften und Stuben. Bei mir auch, leider aber ungebraucht, weil mir die Kühe fehlen. Nichts ist vollendet!

Bei Regen oder Schneefall werden/wurden die *Schöllerieme* durch *Plääli* (abnehmbare Decken aus beschichtetem Segeltuch oder Kunststoff) geschützt.

Die Preise von einem *Gspiil* Schölle liegen, je nach Alter, Wohlklang, Riemen und persönlicher Beziehung, zwischen 10 000 – 20 000 Franken. Eine Schelle allein kann also durchaus den Wert der sie tragenden Kuh von 3000 - 4000 Franken erreichen. Die Riemen allein machen etwa den halben Wert des Schellenkörpers aus. Die *Senntumschölle* mit verzierten Lederriemen wiegen zwischen 9 – 12 kg. Einige dieser Angaben beruhen auf Aussagen von Bisch Eugster, *Schöllepoopscht.*

Unten auf der Seite weisen die Senntumschellen von Haueis und Zangerl unter der grossen Niete (eher ein Bolzen) zwei kleine auf, die etwas kleinere *Füeschölle* (Führschelle) weist unter der grossen nur eine kleine Niete auf. Unterschreitet eine Schelle je nach Machart ein gewisses Gewicht, erhält sie im oberen Drittel einen wellenartigen Drahtkranz aufgelötet und gilt somit als *Wäädschölle* (Weideschelle), ausnahmsweise auch mit verziertem Riemen. Sie ist das ausgezeichnete Übungs-stück für künftige *Schöllchüe*.

Beim Chlausen in AR werden an einem speziell gefertigten, gepolsterten Ledertrag-geschirr auf Brust und Rücken des Mannes je eine bisweilen mächtige *Schölle* (vor-zugsweise Mattle!) im Gleichschlag durch Rumpfdrehen zum Klingen gebracht. Anschliessend folgt ein *Chlausezäuerli* und dann noch eines und . . .!

Wenn ein *Schöllesenn* sennischen Besuch erhält, so werden als Zeichen der Harmo-nie oft *"no d Schölle t noo"*, das ist dann *Schölle schötte* als gegenseitige Ehrerbie-tung. Auch zu einem *Ruggusseli* (Jodel) passen *d Schölle* ausgezeichnet. Was heisst da ausgezeichnet? Einzigartig, unübertroffen, herzergreifend! *'Zom Bleegge schö!'* (Zum Weinen schön!) passt am besten zu dieser Gemütslage!.

An der *Leue Stobede* im Juni und auf der Ochsenhütte, Selun, wird beim vorgängi-gen Gottesdienst unter freiem Himmel mangels Kirchenglocken *mit de Schölle* zur Andacht gerufen. Das wird vom einheimischen Publikum mit Wohlgefallen ge-schätzt. Früher mied man im katholischen Innerrhoden am Freitag und in der Kar-woche den Schellenklang. Das *Schölle Schötte* ist eben nicht nur Musik, sondern Wohlgefühl bis Glückseligkeit

Hier zitiere ich gerne einen Altmeister der Prosa, nämlich Heinrich Federer, der in 'Berge und Menschen' zwar wohl *Alpstobede* und Alpauffahrt vermengt, aber gleichwohl treffend formuliert. Als Kaplan in Jonschwil kannte er auch das Alps-teingebiet und widmete ihm obigen Roman.

„ . . . Nachdem die Herde sich in die Wiesen verzogen hatte, stellten sich die Hüt-tenmeister der nahen Alpen vor der Wirtschaft auf und schwenkten die grossen Schellen, die sie dem Vieh abgenommen hatten und unter deren Geläute man auf die Alp im Lenz fährt und von der Alp im Herbst zu Tal zieht. Langsam und weich schwangen sie die schweren, künstlerisch verzierten Erzglocken vor sich hin und zurück, und es floss aus diesen vielen metallenen Schalen ein tiefes, tonreiches Klingen von einer stimmlosen und wunderlichen Poesie. Ernst sahen die Schwin-genden aus, ernst scholl das dunkle Läuten, ernst machte es jeden Hörer. Es redete vom uralten Hirtenstand und seiner Macht und Not und Würde. Es sang von Einfachheit und Strenge der Natur und alter Art zu leben. Es erinnerte an Zeiten, wo Tier und Mensch sich noch besser verstanden, wo Wind und Wasser und Hirtenpfei-fe noch die schönste Musik, die Bauernhütte noch das vornehmste Haus und das Fell überm Nacken noch das königlichste Kleid war. Es rief die Schatten der Patri-archen auf, der Stammväter unserer Menschheit. Gegen das, was in dieser Musik lag, war das heutige alles klein, splitterig, krank oder gekünstelt, beladen mit dem Staub müder, greiser Geschlechter.

Die Musikanten begannen ihre Instrumente auf dem Känzelchen zu stimmen. Das zündete in einer der Jungfern die ersten Töne zum Jodeln an. Zur hohen Vorsingerin gesellten sich rasch die anderen Mädchen, und von der Männerseite wogte erst fern und leis, dann immer näher und gewaltiger der Bass und Tenor hinein. So wallte das Urlied der Lieder, der Jodel, wie ein Meer von einer zur andern Partei, bald feierlich wie grosse Wogen, bald hüpfend und neckisch wie zierliche Schaumspritzer. Es gibt keine Worte dabei, es ist nur Naturlaut. Aber wenn ein Berg oder eine helle Wiese oder ein Wasser oder ein Laub oder ein noch stummes Kind singen könnte in einem Chor, so käme es so heraus, es würde ein Jodel, das einzige Lied ohne Worte, das doch mehr sagt, als alle Sprachen mitsammen." (Aus 'Heimatbuch für junge Appenzeller').

Tatsächlich, fein beobachtet. Beim *Schölleschötte* wird nie gelacht, alles ist ernst! Das ist fast biblisch zu empfinden. In der gesamten Bibel lacht von allen menschlichen Wesen nur einmal eine Frau, und auch die wird deswegen gleich gerügt. Ihr Name hat vier Buchstaben und enthält zwei A. Im Ernst, das biblische Leben ist ernst, da liest man mehr von Mord und Totschlag als von Lachen, verblüffend, nicht wahr! Mak 11,47; Est 3,13; 1. Sam 15,3 Deut 22,22; Gen 19,25 etc. Da fliesst Blut! Sicher, früher war die göttliche Frohbotschaft eher eine menschliche Drohbotschaft. Es balgten sich da calvinistisch/zwinglianisch/protestantisch und katholisch um den ersten Rang. So weiss man aber gemeinhin, dass der Wiener Zenralfriedhof lustiger ist als das Zürcher Nachtleben und dass fast nur die katholischen Lande eine lustige Fas(e)(t)nacht feiern, mit Basel und München als Ausnahme.
Ich bot da einmal ungewollt auch meine scherzhafte Unterstützung an, so als kleiner Altardiener mit 9 - 10 Jahren. Damals trugen wir Messdiener in finkenartigen Hausschuhen und bodenlangen Röcken ernst und gemessen in der Messfeier nach Vorschrift das schwere Messbuch samt hohem Holzgestell zuerst von der Epistelseite rechts zur Evangeliumseite links und später umgekehrt, für kirchliche Anfänger also von rechts nach links und wieder zurück. Das Erhabene und das Lächerliche berühren sich oft; ich jedenfalls stolperte vor den andächtigen Gläubigen mit Buch und Gestell am Altar über eine Teppichfalte und fiel lang hin, *(de lange wägg uff t' Schnore)*. Bedrückt sammelte ich Buch und leicht beschädigtes Gestell wieder ein und stellte alles auf den vorgeplanten Platz auf dem Altar. *E guets Ross zücht zwäämoll* (nicht aufgeben)!
Der Applaus hielt sich in Grenzen, aber pfarrherrlich gerügt wurde ich nicht. Unser kinderfreundliche (das gab es damals auch!) H. H. Pfarrer (nur Kurat, pardon!) Xaver Rinderer, meines Wissens aus Mosnang oder Flums, schimpfte auch nicht, wenn wir Ministranten (meist sennisch gekleidet) auf dem Ministrantenausflug im Car wie die Besenbinder rauchten und belästigte uns Schlatter Schüler auch nie mit dem verpönten Katechismus. Vielmehr organisierte er schon um 1950 Filmvorführungen im Schulzimmer. Von einem 'handlichen' Ausrutscher gegen meinen Bruder Theo und seinen Klassenkameraden R. P. wegen einer Lappalie abgesehen war er ein seelenguter Mann. Mit seiner Grosszügigkeit wäre weltweit manch Unglück vermieden worden, nur schon seit fast exakt 500 Jahren. Sie meinen, was ich merke! Sein Lob sei laut gesungen, Das meine ich bitterernst. Das Leben ist ja nicht immer lustig und zum Lachen! Hin und wieder aber schon. Haha – hihi – hoho.

D'Füeschölle

(Die Führschelle, die Fahrschelle)

Schon ab etwa 1770 sind einzel gefertigte, verzierte Schellen gebräuchlich, nicht nur im Alpsteingebiet, sondern auch in Tirol und Bayern. Sie sind sicher der Ursprung der Senntumschellen. Allein mit nur einer *Füeschölle* lässt sich auch stilgerecht *öberefahre*. In seltenen Fällen mag die Fahrschelle aus einem *Gspiil* stammen, vielleicht war eine Schelle einmal unrettbar beschädigt.

In diesem Fall schreitet der Hirte der Schellenkuh und der folgenden Herde voran, hinten schliesst der Eigentümer oder ein Gehilfe den Zug ab, von einem einfachen Pferdefuhrwerk begleitet. Mein Vater ist so jahrelang mit Kühen und Jungvieh zur Alp, ans Gras oder ans Heu gefahren (vorzüglich zu Vewandten), wohl an die hundert Mal.

Leider und für mich heute unentschuldbar kaufte sein Vater nie Senntumschellen, sehr zum Leidwesen dreier seiner vier Söhne. Zur Rettung der Viehschau in Appenzell aber fuhr die Familie um 1922 als einziger Schellensenn, wenn nicht sogar *mit de Geele*, an die Schau, mit entlehnten Schellen von Klarer vom *Wisbüel*. Franz Manser war eben damals Landeshauptmann, also 'Bauern - Boss'!

In einem kleinen Senntum kann die Beziehung zwischen Senn und Tier sehr eng sein. Nach meinem Vater würden die Kühe dem Sennen sogar eine Heuleiter hinauf nachfolgen. Am neuen Standort gab es gewöhnlich wieder neues, frisches Gras – und das verinnerlichten die Tiere. Als Ausstattung kommen natürlich *di Bruune ond s rot Liibli mit Fahreeme* zur Geltung.

De Fahreeme

(Fahreimer)

Es ist nicht leicht, aus Holz einen wasserdichten Behälter herzustellen. Heute schafft das der Küfer leicht mit entsprechenden Maschinen und Eisenreifen, früher Raiffeisen genannt. Immerhin müssen auch beim Fass die Dauben (Fassbretter) genau und mit Anzug/Verjüngung zugeschnitten werden, bevor sie gebogen durch die Eisenbänder zusammengehalten werden. Alles ist rund oder oval zu gestalten, nur so werden die Dauben aneinandergepresst. Früher hielten Rutenbündel die Holzteile zusammen.

Bei *Taase* (Tanse), *Suurfass* (Sauerfass, enthielt die saure Milch zur Käsegewinnung/Zigerherstellung), *Mötteli* (offenes Holzgefäss, ähnlich einem Teigbecken), *Buude* (Buder, hölzernes Butterfass) und *Eeme* (Eimer) schaffte/schafft es der Weissküfer aus Fichtenholz sowie zähen Ahornstreifen mit einem pfiffigen Steckverschluss. Aber bitte, alles rund oder oval und mit 1 - 2 Winkelgrad Anzug.

Die passend zugeschnittenen Dauben mit der richtigen Nut werden verleimt (wasserfester Leim, früher Knochenleim), um den vorher eingepassten Boden oder beim Buder um die zwei Seitenwände herum. Bei handwerklich so geschickten Weissküfern ist eine einfache bis kunstvolle Verzierung der Bänder mit Schnitzereien nicht überraschend. Beim Eimer wird auch der Holzbügel als Henkel verziert, bevor er mittels zwei Holzzapfen mit dem Behälter drehbar verbunden wird. Der Boden wurde auch früher nur selten geschnitzt, fast immer wurde/wird ein dünnes rundes Holzstück *(Eemebödeli)* eingepasst und lösbar eingesetzt.

Im Appenzellerland wurden so um 1800 die sennischen Holzgeräte aus dem Toggenburg und aus Werdenberg verwendet. Dazu gehörten auch die aus Ahornholz (selten Buchenholz und ganz selten Fichtenholz) gedrechselten Milchnäpfe mit etwa 50 cm Durchmesser und 10 - 15 cm Höhe, die man aber auch ausnahmsweise aus Dauben hergestellt sieht. Heinrich Scherrer im Toggenburg stellte (als erster?) laut Bruno Bischofberger auf einer selbst gebauten Drehbank Ahornnäpfe her. Weitere klangvolle Namen von Weissküfern lauten (Hans, Johannes und Johann) Stricker, Samuel Frick, (Josef und Johann) Breitenmoser, (Ulrich, Hans und Hans!) Reifler,(Josef, Bruno und Johann) Fässler; alle in AR oder AI gelebt. In Hundwil arbeitet Hans Reifler (1958) in dritter Generation als Weissküfer. Ulrich Vetsch, Konrad Zuberbühler sowie (Bernhard und Bernhard!) Aerne sind weitere Weissküfer, ebenso Hans Mösli und Josef Oertle mit Willi Schefer und Willi Hochreutener.

Alle diese Holzgeräte waren solid und fast unverwüstlich, weder Fäulnis noch Rost nagten an ihnen. Dem Kunsthandwerk der Weissküfer schlug aber mit dem Aufkommen der Milchsammelstellen nach 1930 die Todesstunde, denn die meisten der sennischen Holzgeräte (Näpfe, Buder) wurden nicht mehr gebraucht; heute sind alle hölzernen Molkereigeräte gesundheitspolizeilich ausser Gebrauch geraten.

Die Sennen schätzten aus Berufsstolz reich verzierte Weissküferarbeiten und hielten die Holzgeräte kompromisslos sauber, unerwünschte Kolibakterien beeinträchtigen den Käse sehr. Dank häufigem Waschen in der Schotte erhielten die Gefässe den erwünschten harten Milchsteinüberzug. All diese Geräte mussten beim *Oberefahre* per Wagen (Ledi) oder Saumpferd oder sogar vom Sennen getragen werden. Die fachgerechte Befestigung dieser zerbrechlichen Geräte (Risse in den Holznäpfen wurden notfalls mit Draht wieder verschlossen) erfordert Sachverstand und Erfahrung, neben den Senntumschellen und dem Stier war/ist darum die Ledi das Paradestück des Sennen und signalisiert Berufsstolz.

Der Wert des Fahreimers liegt so bei 800 – 1000 Franken, ohne bemaltes *Bödeli*, welches dem Eimer wertmässig entspricht. Er ist aber seit etwa 100 Jahren ein reines Schmuckstück und wird nicht mehr wie ursprünglich als Melkeimer benützt. Die Fahreimer werden auch nur bei Bedarf gewaschen und oft auch gleich mit den Senntumschellen aufgehängt. Der Eimer hat einen Durchmesser von gut 30 cm, eine Höhe von knapp 20 cm und fasst rund 15 Liter, für damalige Kühe ausreichend.

Der *Gäässbueb* trägt auch links einen kleinen Fahreimer, ursprünglich war das der Melkeimer für die Ziegen.

D' Ledi
(Holzgeräte zur Milchverwertung sowie Käsechessi und Bettdecke)

Ledi hat nichts mit ledig = ungebunden, frei zu tun. Unter *Ledi* (Ladung) versteht man im engen Sinn die zur Milchverwertung (sofern die Milch nicht an Tränkkälber verfüttert wird) nötigen Holzgeräte, das Käsechessi sowie die rot-weiss karierte Bettdecke und im weiten Sinn die Ladung mit dem Pferdefuhrwerk und den Fuhrmann. Weil alle Holzgeräte wie oben erwähnt aus gesundheitspolizeilichen Gründen nicht mehr erlaubt sind, wird nur noch aus nostalgischen Gründen von Meinrad Koch in AI sowie Hansueli Buff und 3 - 4 weiteren Sennen in AR dieses einst wichtige Schmuckstück beim *Öberefahre* mitgeführt. Früher aber gehörte die *Ledi* unabdingbar zum Senntum und bewies die fachliche Qualität des Herdenbesitzers.

Die saubere *Ledi* hatte einst also nicht nur die Funktion der heutigen Rolex oder des Ferrari (Selbstdarstellung, Reklame), sondern sie war die Voraussetzung des erfolgreichen Wirtschaftens (Käse dürfen nicht blähen) eines Sennen.

Die Grempler als Geschäftspartner des Sennen stellten meistens für den Transport sinnigerweise Wagen, Pferd und Fuhrmann. Die Gremplerwagen in AI waren/sind gefedert, während jene in AR ungefedert waren/sind.

Das Festbinden der zum Teil doch zerbrechlichen Holzgeräte auf den eisenbereiften Leiterwagen war Sache des Fuhrmannes und des Sennen. Beim *Öberefahre* im Winter konnte die *Ledi* erst nach der morgendlichen Milchverwertung (*Schlipfechääs* = ziemlich fader Frischkäse) erstellt werden, was flinke Chessireinigung und *aabloo* nicht vor Mittag bedingte. Entweder rumpelte der Leiterwagen über grobe Strassen oder die *Ledi* wurde von zwei Pferden gesäumt oder auf etwa fünf Lasten aufgeteilt von Männern (wohl eher als Ausnahme) getragen.

So bewährte sich die Aufbindung der Holzgeräte auf vier mit Riemen versehenen Meissen/*Mässen*/Bretterladen/*Reff*/*Räf* (Rückentraggerät), welche auf den Leiterwagen gebunden, an den Saumsattel der Pferde gehängt oder auf den Rücken kräftiger Sennen geschwungen wurden. Jedenfalls mussten alle Gerätschaften stabil festgebunden werden, ohne diese aber zu zerbrechen.

Stellen wir die *Ledi* zusammen. Die 16 – 32 Holznäpfe (je nach Grösse des Senntums) werden mit Stricken in vier Beigen auf zwei *Mässen* gebunden und kommen vorne auf den Leiterwagen zu liegen. Steinmüller nennt diese 'Bretter mit drei Tragriemen Mehssa', genau wie sie mein Vater auch immer nannte. Nach Alfred Sutter (1921-?) heissen die vier auf den Leiterwagen passenden Bretter *Mässen* (Mass, abgemessenes Brett zum Aufbinden von Näpfen und Kübeln) und also nicht nach Bischofberger Meissen. Vielleicht sind die Näpfe mit alten Appenzellerkalendern (Recycling in alter Zeit!), Käsefetzen oder passenden Kleidungsstücken als Zwischenlage oder Füllung abgefedert und damit bruchsicher festgebunden. Unter den vier untersten Näpfen werden Butterbrettchen, Käsehölzer, Rahmschaufel/Rahmkelle *(Schueff(l)e)* und ähnlicher Kleinkram verstaut. Gekrönt werden die Näpfe vorne von zwei Melkstühlen und hinten von der Käsebank und dem Käsewerb, welche jeweilen gut gereinigt mit dem Tropfeimerchen in der Käseküche die/den noch weichen Käse halten, tragen und abtropfen lassen. Auch die *Wädelschiibe* (entrindetes Tännchen, mit den Ästen; dient als Käserührer) ist irgendwo (Tanse, welche bisweilen auch Kleider enthält) vorhanden.

Auf dem Boden des Leiterwagens steht der ebenfalls solid mit Stricken befestigte Buder, die schönere Vorderseite mit dem *Schwibl* (Dreharm) in Fahrtrichtung. Gleich dahinter stehen auch wieder auf dem Wagenboden links, auf der Seite des Fuhrmanns, die Milchtanse und rechts das Sauerfässchen. Sein Inhalt diente bis etwa um 1500 zur Käseherstellung und später nur noch der Zigergewinnung (Albumin, etwa 0,5 % der Milch). Tanse und Sauerfass werden aber manchmal auch direkt von Fuhrmann oder Senn etc. getragen; bei der gesäumten Ledi sogar immer.

Auf die hintersten zwei *Mässen* werden je zwei *Schötteeme* (Schütteimer) gebunden, Schlossseite und *Chaab* (Henkel) nach aussen. Diese ebenfalls peinlich sauberen Holzeimer dienen je nach Situation dem Milchtransport vom Stall in den

Keller (die Tanse ist im niedrigen Keller vielleicht unpraktisch oder man will die Milch fortlaufend schnell in den kühlen Keller bringen), dem Transport der entrahmten Milch ins Käsechessi oder auch der Schotte in den Schweinestall. Hier fehlt uns schon die genaue Erläuterung durch frühere Sennen. Ein altgedienter Senn und Alpkäser (A. F.) in der zweiten Generation verbindet die *Schötteeme* aber nur mit dem Transport der Schotte vom Käsechessi zum Schweinetrog, die entrahmte Milch wäre nach ihm napfweise direkt ins Käsechessi getragen worden. Man wähle.

Unter den Schüttteimern finden noch Tropfeimerli, Schottenkübel und *Schösseli* (kleines , gedrechseltes Milchgeschirr) sowie das *Mötteli* (Milchgeschirr mit Reif und Dauben) sicheren Platz.

Einer der vier Schütteimer kann auch einen Schnabel/Ausguss haben. Mit diesem Rahmeimer (ca. 15 Liter) kann man den Rahm leicht in den Buder schütten, auch ohne Trichter und einem Tuch als Filter. Zwischen die zwei Schütteimer auf jedem Tragbrett kommet noch je ein Melkeimer, der im Gegensatz zum Fahreimer tatsächlich beim Melken benützt wird.

Auf die vier Schütteimer kommen die zwei einzig nicht aus Holz geschaffenen Gegenstände: das Käsechessi und die Bettdecke. Während im einfachen Bett *(Britsched, Britsche)* die Unterlage aus Laub, Heu, Streue etc. jeweilen das Jahr über in der Alphütte verblieb, wurde die Federdecke (*Bettpüntl*) immer vom Sennen zum jeweiligen neuen „Wohnort" mitgenommen (wertvoll, Feuchtigkeit als Nachteil). Die Wäsche der Bettkleider (Leintuch, Deckenanzug) war früher üblicherweise die Aufgabe der Bäuerin beim Wegfahren des Gras- oder Heusennen. Das besorgte auch meine Mutter. Vor Schnee und Regen gesichert gelangt die Bettdecke auf der *Ledi* unter das Kupferchessi. Essen und Schlafen verband man früher unverkrampft, die Schotte und den Ziger hielt der Senn bis zum Mittagessen ebenfalls bedenkenlos mit der Bettdecke über einem Schottenkübel warm. So waren zwei Bedürfnisse mit der Bettdecke in einem Aufwasch erledigt!

Dass zum schneeweissen Holzgeschirr und der neckischen Bettdecke nur ein mit *Schefti* (Winterschachtelhalm) kupferrot gereinigtes Käsechessi passt, leuchtet schnell ein, ist aber nur umständlich zu erreichen.

Unter dem Wagenboden hängt noch die Petrollampe und kündet von früher oder/und später Arbeit in Hütte und Melster. Die kupferne, verzinnte Dreibeinpfanne baumelt am hinteren Wagenboden, ein Beweis der einfachen Ernährung der Sennen in altvorderer Zeit.

Alle hölzernen Geräte sind durch realistische Schnitzereien (Pflanzenmotive, Buchstaben oder Ziffern) verziert, Beschaulichkeit und Selbstwert ausstrahlend.

Die sinnvolle und verspielte Verknotung mit einem siebenkläftrigen Heuseil (12,6 m) und aller Befestigungsstricke spottet jeder genauen Beschreibung, der erfahrene Fachmann aber beherrscht/beherrschte sie offensichtlich.

Die zünftige, sennische (es gibt keine andere) *Ledi* enthält also ausser der Metallpfanne, der Laterne und dem Kupferchessi, wohlwollend gezählt, um die 50 hölzerne (Ahorn und Fichte) Gegenstände.

Über den Daumen gepeilt darf man den Wert der Ledi jenem der drei *Schölle* und damit auch der drei *Schöllchüe* gleichsetzen, und so ist die Ausstattung eines *Geelhöslers* wertmässig den *Schölle*, den *Schöllchüe* sowie der *Ledi* entsprechend. Der mitgeführte Stier würde als KB - Stier ebenfalls in die gleiche Preisklasse passen.

Die Viehherde (n = etwa 18) zwischen den Sennen und dem Stier wiederum entspräche gesamthaft allen hier genannten Elementen eines zünftigen *Öberefahr* - Senntums. So kommt der sennische Mathematiker auf einen Gesamtwert des Senntums in Kuhwerten ausgedrückt von n + 6 x 3 = n + 18. Dem Steueramt sei aber nichts verraten! Das Arbeitsamt aber würde ungläubig den Kopf schütteln ob der Arbeitszeiten!

Selbstverständllich wird der einspännige Ledileiterwagen von einem kräftigen Pferd gezogen, der Fuhrmann leitet das arbeitsgewohnte Tier links am langen Leitseil. Mit solidem Schuhwerk schreitet er neben dem vertrauten Zugtier und sitzt nicht etwa auf dem Wagen. Ob mit blauer Fuhrmannsbluse (wenn Pferd und Wagen vom Grempler) oder weissem Hemd und *Bschlage* (wenn Pferd und Wagen Eigentum des Sennen) gekleidet – eine krumme Brissago im Mundwinkel vollendet das sennisch-herrliche Bild. Als Kuriosum mag noch gelten, dass die wertvolle Ladung an sich deutlich leichter ist als der eisenbereifte Leiterwagen allein. Das gilt selbst dann noch, wenn einmal nach langer Wegstrecke ein ermüdetes Geissenmädchen oder Geissenbübchen hoch oben auf der Käsebank Platz genommen hat. Das erinnert mich tiefsinnig an eine Hochzeitskutsche mit Bräutigam und Braut und . . . !!

Symbolik

Mit etwas unscharfer und grosszügiger Denkweise kann man das Senntum mit Lebensabschnitten vergleichen und es so symbolhaft gliedern.

Die vorwitzigen Ziegen stellen mit kecker Frechheit die spontane Kindheit dar. Die drei prächtigen Schellenkühe stehen für die sichere Schönheit der ungestümen Jugendzeit. Die ungeschmückte und bescheidene Viehherde erinnert mit ihrer beharrlichen und unaufdringlichen Leistung an das reife Erwachsenenalter. Der gebändigte Stier symbolisiert die gedämpfte, aber ursächliche und entscheidende Energie und Reife des Alters. Für die *Ledi* bleibt die matchentscheidende Verwertung und stille Abrechnung aller vorherigen Elemente oder Lebensphasen am Lebensende; das Wort Gericht oder Erbteilung verwende ich nur ungern und widerstrebend . . .

Für bibelfeste Erdenbürger ist die Erde keine Bleibe und sind wir Erdenbürger nur Pilger. Dem entspricht ungewollt die halbnomadische Lebensweise des Sennen auf der Alp und bei den (früher) wechselnden Futterorten/Heubauern, Grasbauern im Tal. Dieser kurzzeitige Aufenthalt mit temporärer Nutzung wirkt sich auch auf die Bauweise der Alpgebäude aus. Im besten Fall werden diese nur ein Vierteljahr lang genutzt. Deshalb sind die Alphütten oft nur bescheiden zweiräumig ausgestaltet: Keller und Hüttenraum, der als Küche, Käserei, Wohnstube, Stauraum und Schlafraum dient. Das WC ist meist nur als Stallanbau vorhanden, fliessendes Wasser sowie Stromanschluss fehlen. In der Melster sind die Raumverhältnisse häufig eng und die Jauchegruben ungemauert. Fliegenplage, Stallgeruch, Feuergefahr sowie Wasserverhältnisse, Steinschlag und Lawinen liessen in der Ostschweiz die typische Gliederung der Alpgebäude in Hütte, Melster und Schweinestall entstehen. Für den Sennen sind also mindestens zwei Stallungen zu unterhalten, im Gegensatz zur ganzjährig genutzten Stalleinrichtung eines typischen Talbetriebes. Diese aufwändige Verdoppelung des Gebäudebedarf zehrt an der Rendite, wie auch der Weg- und Zaununterhalt für nur drei Monate Nutzungsdauer negativ von Bedeutung ist. In der Alphütte ist die Raumausnutzung so durchdacht und intensiv wie in einem Flug-

zeug oder auf einer Yacht; das Essbesteck steckt an der Wand und die Senntumsschellen hängen über der breiten Bettstatt.

Die aus den obigen Gründen einfache Lebensweise macht aber auch den Zauber des
archaischen Älplerlebens aus, berechtigt und bisweilen unberechtigt. Ein Lied ver-
sichert: *„ Uf de Berge möcht i läbe, uf de Berge möcht i see, d'Senne zaurid nüd ver-
gebe, s' moss doch nebes Loschtigs see.“*

Naturverbundene Personen mieten ausserhalb der Alpzeit oder immer mehr auch
ganzjährig Alphütten, was dem Gebäude - und Strassenunterhalt sicher nicht abträglich ist, aber für den Bewirtschafter nachteiliges Pendeln bedeutet. Ferienhäuser
kann man prinzipiell sonder Zahl neu erstellen - aber ursprüngliche Alphütten sind
nicht zu vermehren. Meine Angehörigen und ich gehören seit bald 40 Jahren auch
zu diesen privilegierten Glückspilzen . . .

Erstaunlicherweise aber wurden noch vor etwa 50 Jahren nicht mehr benötigte Ställe und Alphütten (auf ziemlich hochamtliche Anweisung) abgerissen. Mehr verrate
ich klugerweise nicht.

Auch nicht mehr bewirtschaftete Bauernhöfe im Tal mit deren Häusern, Scheunen
und weiteren Gebäuden harren einer gefälligen und angepassten Neunutzung/Um-
nutzung. Das Problem stellt sich in fast allen Landwirtschaftskantonen, sogar auch
in Wisconsin/in den USA. Industriebrachen und verwahrloste Stadtteile schreien
fast weltweit nach klugen Lösungen. Das Alte stürzt, und neues Leben spriesst aus
den Ruinen . . .

Mit Sack und Pack

Wenn nun vor langer Zeit vielleicht noch ohne *Ledi* das Senntum verschoben werden musste, bestand an Transportmöglichkeiten sicher eher Mangel als Überfluss.
Deshalb kam viel Material auf den Mann oder auf das Tier. Eine Kuh trug die Weideschelle. Um den Klang der *Senntumsschölle* oder der einzelnen *Füeschölle* (ge-
schmückte Führschelle, für ein kleineres Senntum) nicht zu beeinträchtigen, wurde
sie mit Heu/Streue gefüllt und so stillgestellt. Striegel (eisernes Kratzgerät) und
Bürste wurden ebenfalls einer Kuh um den Hals gehängt. Desgleichen der Melkstuhl, der aber auch dem Stier zwischen die Hörner auf den Kopf gebunden wurde,
in AI selten. Heute ist oft nur ein Melkstuhl beim Senntum, obwohl zwei Fahreimer
mitgetragen werden. Der gedrechselte Melkstuhl weist noch immer zwei Löcher
auf, um ihn mit einer *Schwaazschnue* (Schwanzschnur) festbinden zu können. Eine
weitere Kuh bekommt einen Jutesack umgehängt, in welchem so alltägliches Kleinzeug wie Stallkleider liegt. Alle Kühe mit Ausnahme der Schellenkühe trugen ihre
Kette mit *Chlöbli* (hohles Knochenstück oder durchlochtes Lederstück als zusätzliche Kettensperre) selber. *Taase ond Suurfass* wurden mit *Suur* (saure Milch) oder
Kleinzeug und Kleidern gefüllt auf dem Rücken mitgetragen.

Nun bleiben noch die zwei Melkeimer. Die tragen natürlich die zwei Sennen, welche die Kühe besorgen, andernorts Hirten oder *Chüeni* genannt. Als Rechtshänder
will man die rechte Hand zur Bändigung der Tiere frei haben, also hängt der *Fahreeme* an der linken Schulter und später auch links am Schellenstecken. Auf dem
Marsch ist so der Boden des Eimers sichtbar, also wird er mit Schnitzereien verziert. Beim Melken aber wird der Boden schnell beschmutzt, schade um die
Schnitzarbeit. Ein findiger Kopf (wohl einWeissküfer) kommt auf die Idee, den Bo-

den mit einem lösbaren Holzteller zu versehen und diesen auch noch gleich zu bemalen. Der *Fahreeme* mit *Eemebödeli* hat seine seit 200 Jahren beachtete Form und Funktion gefunden.

In der *Hötte* (Alphütte, diesmal nicht die gleichnamige Milchsammelstelle) wird dieses bemalte *Bödeli* an die Wand gehängt und schenkt zusammen mit den aufgehängten Senntumsschellen dem Raum einen festlichen Anstrich.

S' Eemebödeli

(kleiner, bemalter Eimerboden)

Die heute aus Ahornholz gefertigten und mit Drahtschlaufe oder Schraube befestigten *Bödeli* finden sich so ab 1930. Erst sind wie beim *Bschlage* (lederner Hosenträger) vielleicht nur eine Kuh und ein einzelner Senn aufgemalt, aber schon bald treten die vertrauten drei *Schöllchüe* auf, später folgen der zweite und dritte und vierte Senn sowie die Ziegen. Wichtig sind auch Jahrzahl und der Name des Sennen, vielleicht mit dem eigenen Heimwesen oder der eigenen Alp. Berge, Blumen und weitere Zutaten ergänzen das überaus bunte und liebliche Bild auf dem *Bödeli*.

Auch heute noch gestalten begabte Frauen und Männer diese Senntum-Malerei, neben Sennentafeln und selteneren Sennenstreifen sind das beliebte (naive?) Kunstwerke. Der Preis entspricht recht passend etwa dem eines Fahreimers. Insgesamt stellen die zwei *Fahreeme* zusammen den Wert einer *Schöllchue* dar.

Bekannte Senntummaler (und eine Malerin) sind laut Bruno Bischofberger C. Starck, B. Lämmler, J. Müller, J. Zülle, F. Haim, J. Heuscher, J. Zeller, H. Naef, B. Giezendanner (Babeli = Barbara), J. Manser (Mülpi), U. Martinellil, W. Keller, D. Mettler usw.

Erst so ab 1950 finden sich auf den Alpauffahrten hinter den Ziegen auch Trachtenmädchen oder weitere sennische Kinder; Frauen fehlen fast, fast immer. Auf einem alten Schrank von Landammann Roland Inauen befindet sich aber sogar eine Sennerin mit Fahreimer. Diese Bilder mit *Öberefahre* (im Frühling, Herbst und Winter, auch mit Regenwetter) und bäuerlichem Leben sind gewöhnlich astrein, Missgriffe weniger Dilettanten (vier Senntumschellen beim *Schölleschötte* oder drei Männer beim *Öberefahre ii de Geele)* ausgenommen. Neuerungen wie enthornte Tiere oder Siloballen sowie landwirtschaftliche Maschinen sind als eher gewagt zu werten. Die lieblichen Werke wollen und sollen das ungetrübte ländliche Leben zeigen, die Probleme kann sich jeder selber unverkrampft dazu denken. Ernst ist das Leben – heiter die Kunst! Als Suchaufgabe und Scherz lasse ich in diesem Kapitel einen Tippfehler bewusst unkorrigiert!

Di Geele

(Die gelben Kniebundhosen)

Nun geht es um die Wurst, olympisch gedacht um die Goldmedaille. Der Ursprung *de Geele* ist wie bei anderen wichtigen Dingen ungeklärt. Wer weiss schon, wo das erste Rad gerollt ist und wo die erste Schere geschnitten hat? Es ist wie bei den Lachsen: Plötzlich sind sie da! Als Möglichkeiten kommen bürgerliche gelbe Hosen aus Süddeutschland eher in Betracht als französische Soldatenröcke. Parallelen zu den Lederhosen und Steghosenträgern in bayerischen Trachten bestehen wohl, es ist nur unklar, was älter ist. Auf jeden Fall sind jetzt *di Geele* einzigartig.

Schon auf einem *Eimerbödeli* von 1832 (Widmung: Joseph Anton Hueber) und einem von 1835 (Widmung: Jos. Anton Inauen) sind ausser Hund und Ziegen vor und hinter den drei *Schöllchüu* ein Senn *ii de Geele* gemalt, mit Eimer, Hut und Tabakpfeife. *Di Geele* sind somit mindestens seit 180 Jahren gebräuchlich.

Diese Kniebundhose wird unter den Knien von einem schwarzen, beschlagenen Beinriemen zusmmengehalten. Nach Ebel reichten die Hosen seinerzeit nur bis zur Höhe des Schenkelkopfes, so dass ein um die Hüfte gebundenes Tuch *(de Sennefetze)* den Anblilck allzu intimer Körperpartien verhindern musste. Ursprünglich bestanden die Beinkleider aus zwei getrennten Beinen, deshalb heisst es 'ein Paar Hosen', obwohl damit heute nur noch eine Hose gemeint ist, laut Kurt Breitenmoser.

Di Geele tragen beim *Öberefahre* immer und nur zwei Sennen, die Namen Vorsenn und Zusenn oder *Geelhösle* sind unterschiedlich üblich. Für die Ziegen war früher ein *Gäässbueb* üblich, heute sind je nach Situation (Familie, Anzahl Ziegen etc.) auch mehr als nur ein Bub und ein Trachtenmädchen in Aktion, wobei aber nur *de Gäässbueb di Geele* trägt.

Di Geele für Kinder bestehen aus Ziegenleder, Hirschleder oder (früher) auch aus gewobenem Stoff. Für die Sennen aber sind diese Hosen aus Hirschleder und seit 1970 laut Hermine Zuberbühler auch aus Rossleder, glatte Seite nach innen. Erst nach dem Nähen werden *di Geele geeled*, ansonsten wären sie zum Nähen zu hart. Hermine Zuberbühler färbte die Lederhosen bis 1974 mit einer Mischung aus Milchwasser und Chromgelbpulver (dunkel, eigentlich Bleichromat) sowie Zinkgelb (hell, eigentlich Zinkchromat). 'Chrom' ist griechisch und bedeutet 'Farbe'. Diese Farbflüssigkeit ersetzte Hermine ab 1974 durch eine Mischung aus heissem Wasser sowie flüssiger Colorpaste mit etwas Fettgehalt (3 Teile dunkles Chromgelb, 1 Teil helles Zinkgelb). So wird die Hose ziemlich abwaschfest, früher half etwas Melkfett zu einem ähnlichen Schutz.

Die Lederhose wird dreimal mit dem Pinsel *geeled* und anschliessend an der Luft getrocknet. Um *di Geele* wieder geschmeidig zu machen, trug Hermine sie auch schon selber für kurze Zeit, doch nur bei Bedarf in der eigenen Familie! Diese Hose soll ja auch straff sitzen.

Es gibt aber auch *di Geele* auf der Mischung von Eigelb und Milch, war aber laut Jakob Zuberbühler eine etwas übelriechende *(süürele)* Machart.

Durch Abrieb der Sennenuhrenkette *(Pätschchettere)* sowie *Chuedreck* (Kuhkot) etc. ist hin und wieder nasses Ausbürsten angesagt, was ein erneutes Einfärben nötig macht.

Seit 2000 färbt Hermine keine Hosen mehr, der zeitliche Aufwand wurde ihr zu gross. Das Färbeverfahren hat sie an Interessenten weitergegeben.

Di Geele werden sowohl von Helen Rusch in Appenzell als auch von Vreni Forster in Stein genäht, in verschiedenen Grössen.

Eigentlich sind es auch eine Art Ladenhosen wie die braunen Ladenhosen, beiden fehlt der Hosenschlitz, dafür weisen sie eine Uhrentasche auf. Die Knöpfe sind entweder aus Leder oder es sind stoffüberzogene Metallknöpfe. Weil *di Geele* anzüglich eng getragen werden, reisst der lederne Hosenträger *(Bschlage)* beim Bücken des Sennen die Knöpfe leicht entzwei oder aus dem Leder. Trotzdem, der Senn sollte *di Geele uusvölle*, die kurzen Hemdärmel erst recht!

Der Preis liegt bei rund 1000 Franken.

Zo de Geele gehören zwingend die rote Weste *(s rot Liibli)*, der *Bschlage*, natürlich auch der zu einem Dreieck gefaltete *Fetze* (ein bedrucktes Tuchquadrat von ca. 80 cm Seitenlänge), das weisse Hemd, die Uhrenkette, die Brosche, der Hut sowie schwarze Sennenhalbschuhe mit weissen Kniesocken und Sennentabakpfeife. Das eine geht nicht ohne das andere.

Mit den braunen Ladenhosen können Buben ruhig barfuss gehen, zu den gelben Hosen gehören aber auch bei ihnen Halbschuhe.

Beim *Öberfahre* finden wir die (erwachsenen) *Geelhösle* immer nur paarweise, das gilt auch beim *Schölleschötte* eines Jodelchores. Früher traten aber auch Musikanten *(d Spiilmanne)* in grösserer Zahl *ii de Geele* auf. An einem Sennenball oder am *Blochmeentig* in AR treten junge Sennen, *Geelhösle* sind nie alt, im Gegensatz zur Frau in der Festtagstracht, in grosser Zahl auf, majestätisch vom Scheitel bis zur Sohle.

Schreitet der Senn *ii de Geele*, mit Fahreimer, aber ohne Stecken, gemessen den drei prächtigen *Schöllchüe* voran, ob frühmorgens durch leere Strassen oder nachmittags durch dichtgesäumte Zuschauerreihen, dann kann ich dem Wort von Hans Hürlemann nur zustimmen: „Jeder Zoll ein König!"

Bis etwa 1970 wurden *di Geele* bei Bedarf von den Sennen oft nur entlehnt, durch den vermehrten Besuch der Viehschauen mit *de Geele* werden diese nun meistens gekauft.

D' Pätschchettere

(Die Sennenuhrenkette, die Uhrenkette)

So ab 1750 - 1800 trug der Mann eine Uhr bei sich, die am besten in einer Kleidertasche angebunden verstaut wurde. Bei den braunen Ladenhosen wie auch *bii de Geeele* befindet sich deshalb rechts vorne eine eigens für die Uhr genähte Tasche, *s Uhresäckli*. Die Uhr des Sennen ist im Ausmass rechtschaffen und das Zifferblatt ist sennisch bemalt, aus Email gefertigt. Mit einer Kette wird sie (wenn überhaupt vorhanden, was nicht so leicht zu entscheiden ist) am Hosenträger rechts gesichert. An dieser Silberkette trägt nun der Senn beim *Öberefahre* eine fein gegliederte, aus mehreren Teilketten und einer ziselierten Platte bestehende Sennenkette *(Pätschchettere)*. Die Uhrkette an sich sichert also die Uhr und auch die *Pätschchettere*, was fast lustig erscheint. Aber warum einfach, wenn es anders schöner ist! Am Ende dieser Teilketten (10 - 12 davon) hängen an einer weiteren, gravierten Platte Silbermünzen (Thaler) verschiedener Jahrgänge und Herkunft, meist noch angereichert durch Uhrenschlüssel und Kühlein sowie sennische Geräte wie Milchrührer, Melkstuhl, Striegel, *Schueffe*, Schöpfmass etc.

Die Münzen mögen als Lohn oder Auszeichnung (Solddienst?) in die Ostschweiz gekommen sein, der Besitzer liess sie als Schmuck an die Uhrenkette befestigen und trug sie so stolz zur Schau. Aufgelötete Vierkanteisen *(Chüelischlössel)* ermöglichten das Aufziehen der früher eventuell noch kronenlosen Taschenuhr. Laut Jakob Zuberbühler sind *Schlösseluhren* kaum verziert, während so ab 1890 Uhren mit *Triber* (Kronenaufzug) vorne bemalt und auf der Rückseite geprägt und ziseliert sind. Das sind die eigentlichen *Chüeliuhren*.

Solche Uhrenketten können laut Bruno Bischofberger bis 49 cm lang sein, die Platten sind oft auch vergoldet. Gold- und Silberschmiede in Lichtensteig (E. Ritter, J. Schmid) oder Appenzell (A. Fuster, J. Huber, W. Manser, K. Huber jun. und sen.) verfertigten solche Schmuckstücke, teilweise auch auf Bestellung. Mit Huber und Manser bin ich doch wieder ziemlich entfernt verwandt. Während besonders Goldschmiede diesen sennischen Schmuck und auch den Trachtenschmuck herstellten, schufen Silberschmiede eher Gefässe und liturgische Geräte. Auch war schon früh eine gewisse Arbeitsteilung erfolgt, man kannte schon damals Kettenmacher, Ziseleure und Graveure.

Die Tragart der *Pätschchettere* ist nicht nur in AR und AI leicht verschieden, man kann auch noch die Machart unterscheiden (links, rechts oder gemischt gedreht).

Die *Pätschchettere* sind wie auch die Beschläge der Sennentabakpfeifen aus massivem Silber, während die *Ohreschueffe* aus vergoldetem Silber besteht. Sie wurde früher nur beim *Öberefahre* getragen. Bei anderen Anlässen darf (soll?) sie fehlen, da genügt die Schlange im Ohr. Also, Jodelchöre, aufgepasst.

Der Senn *ii de Geele* verschlauft die an der Uhr oder Uhrenkette befestigte *Pätschchettere* höchstens einmal um den rechten *Bschlagerieme* und lässt sie laut rasselnd und die gelben Hosen dunkel abfärbend frei hängen. Bei den braunen Ladenhosen wird das Schmuckstück auf verschiedene Weise noch zusätzlich am linken Hosenträgerteil befestigt. In AR verschwindet die gesamte Thalerwert (eigentlich schade!) innen in der Hose, in AI hängt sie, kurz gehalten, frei um den entsprechenden linken Hosenknopf beim *Bschlage*.

Der Wert dieser leichten bis schweren silbernen *Pätschchettere, Taalechettere*, schwankt zwischen 2000 - 5000 Franken. So ist die Kette viel teurer als die Uhr, welche sie sichern soll; da wedelt der Schwanz mit dem Hund.

De Bschlage
(Der messingverzierte Hosenträger)

So um 1800 ersetzten messingbeschlagene Lederhosenträger die vorher bestickten Samt- oder Stoffhosenträger. Ein Joh. Ant. Fässler (Urururgrossvater vom *Sattlelis Emil* (Emil Fässler (1929-2006) war in der sechsten Generation Sattler) in Appenzell soll als erster Messingbeschläge verwendet haben. Die ersten Träger wiesen ausser Ornamenten und Rosetten etwa ab 1900 auch Tierfiguren auf (Tierliträger von Weiss (1811-1893), Herisau/Hundwil und J. Weishaupt (1869-1939) Herisau). Der Bruststeg zeigte anfänglich vielleicht nur eine Kuh und einen Sennen, heute sind zwei Sennen, zwei Ziegen, drei Schellenkühe und ein Hund üblich. Auch der Rückensteg war anfänglich einfach gestaltet, heute zieren etwa Ledi (Emil Fässlers Idee), Stier, Saumpferde etc. diesen oft verborgenen Lederteil. Links und rechts finden sich hinten wie auch vorne auf den Tägerriemen immer mehr Messingbeschläge. Die Hosenträger werden ja auch immer länger, Kühe und Sennen verändern sich gleichermassen! In AR hin und wieder, im Toggenburg recht häufig, trägt der heutige Bruststeg auch Fransen, in AI fast, fast nie. Aber bitte nicht kleinlich sein! Laut Fritz Brunner hat Emil Fässlers Vater, Joh. Bapt. Fässler (1893-1969), diese Neuerung geschaffen, was aber von seinem Enkel Adalbert Fässler wieder negiert wird. Es wurden eben abwechselnd Fansen verwendet oder auch nicht, je nach Wunsch des Kunden.

Früher färbten die aussen schwarz beschaffenen *Bschlage* bei Nässe oft auf das weisse Hemd ab, darum sind sie heute innen durchwegs mit weissem Ziegenleder versehen. Zum *Bschlage* gehören die braunen Ladenhosen oder *di Geele;* in AI ist dabei das Hemd immer weiss (und geschlossen getragen), in AR ist ein Edelweisshemd auch anzutreffen, siehe *Buebe-Chörli* Stein. Das *rote Liibli* aber 'darf' nur zusammen mit dem weissen, immer kurzärmeligen Hemd getragen werden, oberster Knopf geschlossen!

Der unelastische Hosenträger strapaziert bei der Arbeit die angenähten Hosenknöpfe und wird deshalb bei der Arbeit nur noch selten getragen, im Gegensatz zu früher in AR. Der *Bschlage* kostet etwa 1000 Franken und ist fast nicht umzubringen. Meistens verdeckt ihn zwar leider *s rot Liibli* oder *d Senneschlotte* (Zwilchkittel) fast ganz. Der *Springbueb* und in AI einer der vier Sennen hinter den Schellenkühen sind aber ohne die rote Weste anzutreffen, zum leichten Erstaunen der Sennen in AR.

Alte *Bschlage* sind wie erwähnt oft für Männer von heute und die kürzer geschnittenen Ladenhosen zu kurz, so dienen sie häufig nur noch als Schmuckstück in der Wohnung.

Wie das *Mösch* (Messing) des Hosenträgers wird auch dasjenige der Senntumschellen schnell matt, vor Gebrauch ist darum meist die Sennenfrau gefordert. Mit Essig, Sigolin oder Musikinstrumentenpolitur und Lappen wird die Sache wieder glänzend gerieben. Die Schelle selber wird nicht poliert, durch Patina wird sie immer dunkler. Nach Fritz Brunner unterliess man früher (eher nur in AR) oft auch das Glänzen des *Bschlage.*

S' rot Liibli

(Die rote Weste, das rote Gilet, das rote Brusttuch)

S rot Liibli, im Toggenburg und in AR das rote Brusttuch, besteht aus rotem Wollstoff und ist gefüttert. Es wird ziemlich kurz geschnitten getragen, etwa auf Höhe des Hosensaumes. Im Kragenspiegel schon immer bestickt, wird es heute durch Edelweisse (AR) oder liegende Blumen (AI) zwischen den Silberknöpfen verziert. Die Toggenburger Sennen verzichten darauf. Die Knopflöcher sind dort und in AR weiss umrandet, in AI hingegen gelb. Hinten sind kleine, sennischen Motive (Alphütte, Kuh, Brunnen, Tanne) aufgestickt. *S rot Liibli* trägt man nur mit *de Ladehose* (mit ihnen meistens) oder mit *de Geele* (dann immer!). Bei Erwachsenen gehört zum *rote Liibli* fast unabdingbar der Kragen mit Brosche und meist auch der Fladenhut mit Blumenschmuck. Der Eigentümer des Senntums trägt *bim Öberefahre* aber durchwegs eine braune Weste, mit Kragen und Knopf oder Metallbrosche. Ausser in AI geht der Bauer/Senn auch so zur Kirche oder an ein Fest. Ausschliesslich imToggenburg trägt der Senn zum roten Brusttuch eine lange, vorne in einem Knopfloch aufgehängte Silberkette um den Hals. *S rot Liibli* kostet je nach Stickerei zwischen 900 – 1400 Franken.

Innen weist es eine Tasche auf, in welcher der galante Tänzer das zusammengefaltete, rote und ungebrauchte (!) Taschentuch *(Schnopftuech)* versorgt, um es beim Tanz in die rechte Hand zu fassen, um so ja nicht seiner Angebeteten mit seiner verschwitzten Hand den Silberschmuck auf ihrem Mieder zu *veetooppee* (beschmutzen). Schliesslich tanzt man ja heftig und fasst beherzt ans Mieder!

T' Ladehose
(Die braune Ladenhose)

T Ladehose, di bruune Hose, weisen wie *di Geele* keinen Hosenschlitz auf. Am Bund ist nur eine handbreite, mit zwei Knöpfen zu schliessende Stoffbrücke vorhanden. Darunter hängt das Hemd frei. Aus verständlichem Grund wird die Innenwelt duch ein rechteckiges, am Bund mit vier Knöpfen anzuheftendem, gefüttertem Stück Stoff verhüllt. Zusammen mit der Uhrentasche *(Uhresäckli)* ist die Sache recht verzwickt zu nähen, es sind mindestens zehn Knöpf an der Hose. Einem italienischen Schneidergehilfen war das einmal schwer beizubringen. Schliesslich triumphierte er aber stolz: „ *Aha, Hose mit eme Türli! Mo me hinde und vorne ä Türli mache?*", erkundigte er sich aber dann doch noch.

Beim Ankleiden aber hat der Senn fast Hilfe nötig, mit geöffnetem Bund greift er fast hilflos ins Leere. Bei einem kleinen Bedürfnis öffnet man vom Laden die zwei rechten Knöpfe. Wie der Leser und die Leserin begreifen, ist *T' Ladehose* ein denkbar männliches Kleidungsstück. An die Ladenhosen denkend erschliesst sich der derbe Sinn des frivolen Liedchens von selber, wenn es da heisst: *„Abbe loo, abbe loo, de Hoselade abbe loo!"*

Mit 300 Franken kann das praktiziert werden. Braune Hosen mit Schlitz passen absolut nicht zu *Bschlage ond rotem Liibli.*

Diese Laden-Hosen-Konstruktion findet sich auch bei der Lederhose in Bayern und Tirol, sie ist also völkerübergreifend, bei gegenseitiger Beeinflussung. Dort werden sie auch ganz kurz getragen, 'Hot Pants' (es geht nicht ohne englisch) nicht unähnlich. Kinder im Toggenburg und AR trugen bis etwa 1950 manchmal auch kurze Ladenhosen, ansonsten aber trägt schon der kleinste Knirps lange, auch wenn sie noch ganz kurz sind. Weil auch die Ladenhosen neuen Modetrends folgen und also oben etwas kürzer zugeschnitten werden, müssen *s rot Liibli* und *de Bschlage* etwas länger werden, was man bedauern oder übersehen kann. Lassen wir doch den Hosenbund nach alter Väter Sitte mindesten auf Nabelhöhe oder etwas darüber liegen, halsstarrig *(halstach)* wie wir sind!

Ladenhosen sind aus Wollstoff und wirken verfilzt wie frühere alte Uniformhosen. Zu Halbschuhen muss man weisse Socken tragen, beides ist richtig sennisch. Doch sind schwarze hohe Militärschuhe bei der Alpfahrt auch akzeptiert.

Zum weissen Hemd *(Chüelihemp,* immer zugeknöpft, mit Steg) und zur roten Weste stehen die tiefbraunen Ladenhosen in einem markanten Gegensatz. Sonst aber trifft man diese dunkle Braun kaum irgendwo auf einer Kleidung oder Gerätschaft. Es ist (ausser weiss und schwarz) die einzige Farbe, die nicht im Regenbogen sichtbar ist. Man erhält sie aber durch Mischen von Rot und Grün, Blau und Orange sowie Gelb und Violett.

D' Fuetteschlotte
(Zwilchkittel, Stallbluse)

D Fuetteschlotte ist das einzige langärmelige Kleidungsstück des Sennen. Auf alten Bildern sieht man wohl langärmelige Hemden, aber hochgekrempelt. Damit ist sie der einzige Wärmeschutz im Winter, bei grosser Kälte und wenig Bewegung oder langem *Oberfefahre* nichts für Warmduscher.

Im neuen Zustand ist der Baumwollzwilch gelb, nach mehrmaligem Waschen *(Chuedreck)* bleicht sie zu weiss aus, was sie aber fast edel. Kragen mit Seitenabschluss und blinden Taschen sind bestickt, nur rot – grün - gelb. Die Knöpfe sind beinern (Knochen), aber Knopflöcher fehlen dann und wann, lustigerweise. Auch beim eisigsten Wind wird sie also wie die rote Weste offen getrgen. Die Wärme kommt von innen, oder kommt *Schlotte* von schlottern?

Ganz sennische Sennen tragen/trugen auch bei der Arbeit im Stall und auf der Alp das weisse Hemd, die Ladenhose, *de Bschlage ond dFuetteschlotte.* Aber so urige Typen sind selten gewordem.

Die Arbeit um die Kühe und mit dem Heu ist staubig, darum schützt der Senn seine Haare mit einer runden Ledermütze, wegen Ähnlichkeit oder Herkunft nach Pfarrherren Pfaffenkappe genannt. Zur roten Weste gehört gewöhnlich der schwarze Fladenhut, blumen - und bändergeschmückt. Eine Pfaffenkappe tragen aber nicht nur der *Gäässbueb bim Öberefahre,* sondern auch als Ausnahme der Senn in AI beim *Hierig,* einem alten Tanzspiel/Spieltanz. Der Preis der *Pfaffechappe* liegt bei 300 Franken.

Ein Farmer in Wisconsin trägt ausser im Winter immer eine Schirmmütze auf dem Kopf, als Geschenk mancher Firmen mit Reklame versehen. Diese *Tächlichappe* legt der Träger nie ab, auch nicht in einem geschlosenen Raum. Ich vermute, dass die Farmer schon damit auf die Welt kommen. Der Senn hingegen legt im Raum seinen Kopfschmuck ab, der *Geelhösler* aber behält selbst bei der grössten Hitze und im Raum *s rot Liibli* immer an.

Früher gab es auch in AI die kurzärmelige *Fuetteschlotte,* den *Schlüüffe(rd).* Unten wie frühere Hemden nicht aufknöpfbar wurde die Bluse über den Kopf an- und ausgezogen, der Kopf schlüpfte durch den fast offenen Oberteil.

Klein, aber wichtig

Zo de Geele gehören unabdingbar schwarze, lederne Halbschuhe, deren Schnürriemen *(Schuenesch(t)l)* durch silberne Schuhschnallen verdeckt sind. Die Schnallen sind nicht ganz einfach zu befestigen, die Kühlein darauf sehen sich natürlich gegenseitig an, wie auf alten Grenzsteinen allfällige Wappentiere auch Auge in Auge ausgebildet sind. Je nach Herkunft (CH oder Rumänien) kosten die Sennenschuhe 400 - 800 Franken.

Die gestrickten weissen Socken reichen bis zu den beschlagenen Knieriemen, welche *di Geele* unterhalb des Knies zusammenhalten, Schloss nach aussen. Der *Sennefetze* (bedrucktes Tuch) deckt die linke Hüfte ab, rechts geknotet. Zusammen mit dem Hosenträger ist ein WC-Besuch so eine Sache!

Am rechten kleinen Finger steckt ein breiter, silberner Sennenring. Zum weissen, kurzärmeligen, vorne reich bestickten, immer kragenlosen Hemd aus Baumwolle gehört (wenn mit *em rote Liibli* fast zwingend) ein zuknöpfbarer, weisser und steifer Kragen (Gölle(r), aus französich col = Hals) mit vergoldeter Brosche (früher auch roter Stoffknopf). Der vielleicht einmal überschlagene, aber immer kurze Hemdsärmel sollte durch die Muskeln *(Müüs)* fast zersprengt werden. Daran erkennt man, ob der Träger ein echter Senn oder nur . . . Bei mir fehlt natürlich die Muskelmasse auch – ein sennisches Hemd kann jeder kaufen, aber die Ärmel ausfüllen . . .

Was fehlt noch? Klar, ins linke Ohr passt ein Ringlein aus Rotgold, das nach alter Sennendenkweise dem Gehör förderlich sein soll. Spielen da betroffene/getroffene Nerven im Ohrläppchen eine Rolle, also ähnlich der Akupunktur? Einbildung? Es kann auch ein bescheidenes Kühlein, ein Stern oder Knopf sein. Im rechten Ohr aber steckt eine sich selbst schnappende Schlange, deren Fremdartigkeit schon etwas überrascht. Beim *Öberefahre* hängt daran die silberne, aber vergoldete *Ohreschueff(l)e*, die Nachbildung der Rahmschöpfkelle, in AR und im Toggenburg *Schumer* genannt.

Auf den Kopf gehört unbedingt der schwarze Fladenhut, bei dem auf der linken Seite ein aus Kunstblumcn (es gibt auch echten Blumenschmuck, aufwendig gestaltet) gebildeter Strauss prangt. Hinten daran hängen keck zwei rote und zwei grüne Bänder, im Toggenburg sind es zwei rote, ein gelber und ein grüner *Bändel*.

Die Pfeife im Mund ist silberbeschlagen und kostet je nach Beschaffenheit 1000 Franken, ihre Verwendung ist aus gesundheitlichen Überlegungen selten geworden. Alle oben genannten sennischen Ausstattungsteile kosten je 100 - 200 Franken. Kurz und gut: Die vollständige Ausstattung des Sennen *ii de Geele* kann spielend den Wert der drei *Schölle* oder der drei *Schöllchüe* erreichen. Finden Sie das überrissen?

Wie sagt der Spitzenkoch? „Wo nichts hin kommt – kommt nichts her!"

Als besondere Ausnahme trägt der Sennenschwinger nach der Kranzverleihung am Schwingfest auch *zom Sennnegroscht* (braune Hosen, nie die *Geele*) den bodenständig errungenen grünen Eichenlaubkranz und nicht den blumengeschmückten *Fladehuet*. Führt er dann noch an starker Hand den *Muni* als Siegerpreis, ist das Bild unüberbietbar perfekt. Gar als Eidgenössische (heute schreibt man ja bald alles gross) Festsieger = Schwingerkönige in dieser sennischen Ausstattung nenne ich gerne die Appenzeller Ernst Schläpfer (1980, 1983 Schwingerkönig) sowie Thomas Sutter (1995) und die Toggenburger Jörg Abderhalden (1998, 2004, 2007) und Arnold Forrer (2001). Mit ihnen möchte ich keinen Gang wagen!

Esoterische Vieldeuter müssen ja momentan den Säntis als verschwenderischen Kraftort empfinden. . . Immerhin, die Berner Recken nicht vergessen!

Ohne Spass, bei sportlichen Spitzenleistungen spielen neben Glück und Fleiss doch die Gene, die Familie und das Umfeld eine Rolle. Auf die Gene bezogen passen damit Ernst Schläpfer und sein Neffe und Göttibub Jörg Abderhalden doch ganz gut zum Siegermuni. Bei Kühen heisst doch der erfahrene Züchterspruch: *Vo Müüs gets wide Müüs* (von Mäusen gibt es wieder Mäuse).

Farbenlehre

Die Farbenpracht beim *Öberefahre* und erst recht beim *Senn ii de Geele* ist doch höchst augenfällig, das gilt auch für die Festtagstracht. Dabei dominieren beim Mann Rot. Weiss, Gelb, Braun und Schwarz. Grün und Lila kommen selten vor, Blau überhaupt nur als Farbtupfer im Enzian beim Hutschmuck (Kunstblumen) und in AI beim *rote Liibli*. Bei ganz alten (1865) Schellenriemen finden sich doch auch hellblaue Zöpfe! Das Grün der Pflanzen und das Blau des Himmels sind komischerweise fast nicht vorhanden. Mag die schwierige Beschaffung der Farben in früherer Zeit das erklären? Beim Blau ist das wohl zutreffend. Wollte man mit der Fabenwahl auch einen Gegensatz zur Welt setzen? Schliesslich ist das Gelb der

Hosen und der *Fuetteschlotte* fast nur in der seltenen und teuren Butter und kurzzeitig im Löwenzahn (*Meiäblueme*) und Hahnenfuss zu geniessen wie auch das Rot der Beeren.

Bei der Festtagstracht der Innerrhoderin waren nach Auskunft der Trachtenschneiderin Marie Inauen in früherer Zeit nur die appenzellischen Standesfarben Schwarz und Weiss üblich. So ab 1900 kamen auch die liturgischen Farben Rot/Rosa, Grün, sowie Purpur/Lila/Violett/Pink zur Anwendung (Advent, Fastenzeit, Ostern, Märtyrer etc.). Blau ist demnach noch etwas jüngeren Datums. Alle diese Trachtenfarben treten eher gedämpft auf, aber doch in verschiedenen Tönungen; bedingt und auch fast erwünscht durch Einfärbung kleiner Stoffmengen. Orange fehlt, und Gelb sowie Knallrot sind auffallende und fast unerwünschte Ausnahmen. Weiss und Schwarz als unbunte Farben setzen aber bei Frau und Mann in jedem Fall herzhafte und hinreissende Akzente: schwarze Schlappe (Gestell) und weisse Haube sowie schwarzer Fladenhut und weisses Hemd mit dunkelbrauner Hose.

Springbueb
(Laufjunge)

Der Springbueb sorgt beim *Öberefahre* für ordnungsgemässes Benehmen der Viehherde. Einmal muss er bremsend, dann wieder antreibend auf die trottenden Tiere einwirken. Er ist überall und nirgends, kein anderer aus der Begleitmannschaft ist so ungebunden wie er. Im Fussball hiesse er Libero. Er ist nur mit Schuhen, Ladenhose, *Bschlage*, *Pfaffechappe* und weissem Hemd bekleidet. Ein kurzer Haselnussstecken unterstreicht die Bedeutung dieser unentbehrlichen Person. Ist einmal eine Kuh *stierig* (brünstig) und *hottered* (besteigt andere Kühe/Jungtiere) oder der Strassenverkehr erschrickt die Tiere, dann sind Erfahrung, angemessener Mut, schnelle Entschlusskraft und flinke Beine gefragt. Diese wichtige Aufgabe erfüllt am besten ein herdenvertrauter *Handbueb* (jugendlicher Gehilfe auf der Alp).

Wenn unser Heusenn Johann Hautle vom Lehn mt seinem Senntum zu uns nach Unterschlatt kam, war es für mich und meinen Bruder Baptist ein grosses Vergnügen, dem Wunsch nach Mithilfe beim *Öberefahre* zu entsprechen. Es setzte eben nicht nur vor dem *Aabloo* (losbinden) im Lehn Likör mit Kuchen ab, sondern auch beim z' Vesperessen daheim. Dabei wurde man durch die Begleitung der Herde gefordert und gefördert. Als ich mich in der dritten Klasse bei unserer beliebten und grundgütigen Schwester Irmberta (Färber, Ferber? vielleicht aus Bremen; es werden aber auch Leutkirch und Messkirch in Baden Würtemberg genannt, wohl mit Lebensdaten 1890 – 1900 und 1970 – 1980, Kloster Menzingen) in Schlatt vorsorglich für den folgenden Tag wegen der Mithilfe beim *Öberefahre* schulisch abmeldete, sah sie mich so erstaunt an, dass ich wiederum völlig verständnislos staunte. Das reichte wohl als Entschuldigung – und ich konnte *Springbueb* sein.

Bei der Rückkehr ins Lehn so im März verhielt sich alles ähnlich, nur dass mein Vater als Beweis der gegenseitigen Zufriedenheit den Stier führte. Vorher stärkte man sich so um zwei Uhr in der Stube mit Wein und Kuchen; ausser beim Besuch der Gutjahrkinder (zum Teil über 20 Jahre alt) gab es sonst daheim nie Wein zu trinken. Selbstbewusst hielt ich doch wie die Männer auch mit!! Den Spruch: „*Wenn de Bettle ufs Ross choot, chaan e nüüd riite* (der Bettler versteht nicht zu reiten)!"

strafte ich Lügen. Mein Vater war lustigerweise gar nicht an Wein gewöhnt, er hätte ihn sogar locker in den Schuh giessen mögen *(in Schue ini lääre).*

Das Rind als ausgesprochenes Herdentier lässt sich ziemlich leicht als folgsame Herde verschieben, ähnlich wie die Ziege oder gar das Schaf. Das erleichtert dem *Springbueb* die Arbeit. Das Schwein als Rottentier und erst die Katze als Einzelgängerin benehmen sich da viel eigensinniger. Um einen Wurf Schweine zu führen, verwendet man mit Vorteil das Mutterschwein selber oder eine Ziege als Leitfigur. Gejagten Tieren als eindeutige Pflanzenfresser bietet eben die Herde Schutz. Das Schwein ist weder 'Katze' noch 'Schaf', was auch für den Menschen gilt. Dem ist es weder in der Einsamkeit noch in der Masse ganz wohl, die Familie und der Stammesverband sind ihm angemessen. Tief durchatmen! In der Verpflegung und im Verhalten gibt es wie auch in der spärlichen Behaarung Parallelen zwischen Mensch und Schwein, was Chirurgen wohl wissen (Herzklappen etc.). Dann und wann folgen auch Menschen einem Leithammel ins Unglück.

B. ALPLEBEN

Handbueb/Hampbueb
(jugendlicher Gehilfe)

Der *Handbueb*, ein aufgeweckter Junge so von 9 - 14 Jahren, geht auf der Alp in *Hötte* (Alphütte), *Mölschte* (Rinderstall), *Saustall* (Schweinestall), *Gässstall* sowie auf der Weide dem Sennen oder früher auch den Sennen zur Hand. Schwere Arbeiten bleiben ihm meistens erspart, aber Fleiss, Tierliebe, Kochkünste und unzimperliches Handeln sind unabdingbar. Das war und ist Ausbildung in der Praxis. 'Learning by doing!' (Lernen durch Tun) will ich es einmal neudeutsch nennen. Oft gehörte der *Handbueb* zur Familie des Heubauern oder zur Verwandtschaft des Sennen. Dabei verdiente er schon selber sein tägliches Brot, was für beide Partien ein Vorteil war – aber nicht immer für den *Hampbueb*.

Einfaches Essen, Nässe, Kälte, schlechte Kleider und Schuhe (barfuss), lange Arbeitszeiten (melken in der Nacht, Tagwache unter Umständen um vier Uhr und Bettruhe wiederum um 23 Uhr), Müdigkeit und wohl auch einmal Heimweh konnten das vielbesungene Älplerleben zu einer fast unzumutbaren Belastung verkehren. Ein Dienstkamerad von mir vermutete, dass im Regensommer 1948 mit Schneefall in der Seealp in einer Familie die zwei *Hampuebe* um die sechs Wochen lang in nassen Kleidern steckten, sogar die Bettdecke wäre feucht gewesen wegen des Messmerbaches direkt bei der Hütte. Arbeitsschutz, Verbot von Kinderarbeit – vor 60 und mehr Jahren – unvorstellbar. Sicher, man war nicht verwöhnt, das Leben war unzimperlich, übermütige Sportausübung und Fussballrandale waren damals überflüssig. Verglichen mit dem Schicksal der Verdingkinder und Schwabenkinder war das Leben bei Bekannten auf einer Alp im Alpstein direkt paradiesisch, trotzdem - wer will sich melden, Freiwillige vor!! Natürlich, ein tüchtiger *Handbueb* wurde wohl auch selber ein tüchtiger Mann oder fähiger Senn.

Beeindruckend ist, dass Jakob Fuster (1942) auf der Fählenalp schon als 10-jähriger Knirps regelmässig 10 Kühe molk. Obiger Dienstkamerad molk mit gut 14 Jahren auf einem Gutsbetrieb täglich 20 Jungkühe (*Chalbeli*). Da war kein Bedarf an Fitnesskeller. Der Sennenalltag begann durchwegs morgens fünf Uhr, der Sohn Martin Fuster berichtet von ähnlichem Arbeitsbeginn als *Handbueb* auf der Alp Furgglen um 1985. Der Tapfere denkt: „Was mich nicht umbringt, macht mich hart!" Auch auf Furgglen wurde übrigens in jenen Jahren die Butter zusätzlich zu Pergamentpapier als Kühlung in Alpenampfer verpackt.

Früher gab es aber oft auch ein Gegenstück zum *Handbueb*, den Namen kann sich jeder selber bilden! Ältere Männer, vielleicht alleinstehend, traten für den Sommer auf einer Alp für leichtere Arbeiten eine Anstellung an, sie halfen dem Sennen wie oben angegeben der Handbub. Warum? Die AHV war noch nicht geschaffen, und gelebt werden musste. Erfahrung, gutes Auge und williges Verhalten wogen dabei die rohe Kraft auf. Mein Cousin Albert Streule lebte mit einem älteren Mann *(Nicke Frenz)* fast jahrelang auf seiner Heimweide Dornesseln. In einem Winter haben sie einmal zusammen eine fünf Zentner schwere Sau verspiesen. Jedenfalls zeigte sich der Gehilfe fast erleichtert, als im Frühling das Schweinefleisch verzehrt war. Gut, das Schwein war zwar nicht gewogen, aber sicher doch recht happig.

Hin und wieder verrichten/verrichteten auch junge Mädchen in der Alphütte Hausarbeiten, sicher nur zum Vorteil bei Kochkunst und Sauberkeit. Im Toggenburg waren und sind eher auch Frauen auf der Alp anzutreffen, deshalb ziehen sie auch mit der Herde zur Alp. In letzter Zeit aber erledigen Frauen (gar nicht aus dem Bauernstand stammend) auch sämtliche Arbeiten auf einer Alp, auch das Käsen gelingt ihnen vorzüglich. Bei Hansueli Buff war/ist deshalb auch schon eine Frau vor den Schellkühen. Der Umgang mit den Tieren kann durch Frauen an Einfühlung nur gewinnen. Ein Heusenn bei uns in Unterschlatt wünschte beim Kalben nachdrücklich (unbeschäftigt) die Anwesenheit meiner Mutter im Stall. Es gehe dabei viel besser, wenn eine Frau anwesend sei! Verständnis, Einfühlung, feineres Verhalten ? Früher war sonst in AI normalerweise selten eine Frau im Stall anzutreffen, für die Stickarbeit brauchte sie feine Hände und der Tierbestand war oft bescheiden.

Rausennisch

Etwa bis 1950 war die Ernährung auf der Alp noch einseitiger und schmaler als im Tal unten, ob in Dorf oder Stadt. Gemüse, Früchte, Süssigkeiten, Fleisch – ach was! In einer Beinpfanne oder in einer Kettenpfanne wurde über offenem Feuer gekocht, vorwiegend Milch- und Mehlspeisen, also *Fenz* (Sennenspeise aus Milch, Mehl, Gries, Butter, Ei) und *Rohmzonne* (Rahm, Butter, Mehl etc). Am Mittag holte der Senn oft nur den Schotteneimer mit der heissen Schotte und dem Ziger darin unter der Bettdecke hervor... gewöhnungsbedürftig! *'Zigerefisch ond was guet ischt ond d Schotte n a dä Zähne'* heisst es lebensfroh in einem verklärten Älplerlied.

Zur Bereicherung des Speisezettels griffen einzelne Sennen früher zu einer unvegetarischen Methode. Mindestens noch von einem Sennen (nördlich der nördlichsten Bergkette, etwa Jahrgang 1890) weiss ich aus sicherer Quelle, dass der wohl als Mittagessen Blut kochte, das er vorher einer Kuh entnommen hatte.

Anderweitig wurden laut Jakob Fuster aus dem Kuhblut auch seelenruhig Blutwürste gemacht, Details kann er aber (leider?) nicht mehr liefern. Hingegen hat er häufig und bis in die Jahre um 1980 und auch bei KB (Künstliche Besamung) bei Bedarf eigene und fremde Kühe zur Ader gelassen. Wir denken da unverkrampft etwa an 4 - 6 Liter Blut. Keine Aufregung, sogar erst mit etwa 10 Litern Blutentnahme stellt sich die angepeilte Wirkung ein; die Schwächung des Tieres mit nachfolgender Regenerierung mag da ursächlich sein, wie auch ein Löffel Essig am Mogen der Übersäuerung des menschlichen Magens wehren soll. Ich weiss nicht recht . . .

Dieses zur Aderlassen wurde eben auch angewandt, um endlich die Trächtigkeit *(uufnee)* einer Kuh zu erreichen oder ihrer gesundheitlichen Schwäche (Euterentzündung/Mastitis), *en Wegge mache,* zu wehren. Auch 'Fliegendes Blut' (Blutverdickung mit meist tödlichem Ausgang?) soll so bekämpft werden können. Das geht so: Der Kuh wird mit einem Strick um den Hals das Blut gestaut. Dann bringt man dem Tier an passender Stelle (Halsschlagader) mit dem *Fries/Friäs/Fliäme* (Aderlass-Fliet) eine Wunde bei, durch die gleich Blut strömt, das man auffangen und in der Pfanne zubereiten kann. Der *Friäs* ist ein taschenmesserähnliches, zusammenklappbares Stichmesser, das vorne an der Klinge ein dreieckiges, beidseitig scharfes Metallstück aufweist. Durch die Unterbindung am Hals wird wie beim Blutspenden an das Rote Kreuz die Vene geschwollen. An dieser Aderschwellung legt man nun den *Friäs* an und versetzt ihm mit einem Holzstück (*Steckli*) einen wohldosierten

Schlag, so dass die Vene angeschnitten wird und Blut herausläuft. Wenn die Stauung gestoppt wird, versiegt anscheinend auch der Blutfluss, eine Handvoll Spinnweben oder ein kalter, sauberer Stein gegen die Wunde gepresst soll im Notfall auch hilfreich gewesen sein, laut Albert Neff und anderen Eingeweihten!

In ihrem Hunger 'ernährten' sich 1812 auf dem Russlandfeldzug auch Soldaten von Pferdeblut.

Diese archaische Prozedur kennen auch Hirtenstämme in Afrika. Wer wirft den ersten Stein? Auch in der früheren 'Humanmedizin' war der Aderlass ein probates Mittel, Krankheiten zu bekämpfen (antike Säftelehre als Ursache).

Not macht erfinderisch. Mein Vater wusste von zwei Knechten in seinem Alter, die dem Meister auf der Alp bekümmert meldeten, dass der Stier seiner eigentlichen Aufgabe nur mehr mühsam und fast mangelhaft gerecht werde *(a tüess kumm mee)*. Gedörrte Birnen aber wären ein sicheres Mittel, dem fehlenden Temperament des Stiers wieder auf die Sprünge zu helfen, wortwörtlich gemeint! Der Meister fiel auf den Schwindel herein und beschaffte einen Sack voll gedörrte Birnen. Wer die verzehrte ist schnell erraten – der Stier jedenfalls nicht.

Eine Alphütte konnte früher (heute?) recht zugig sein. Eine offene Feuerstelle (käsen, kochen) füllte im schlimmsten Fall die Hütte mit beissendem Rauch statt mit wohlig warmer Luft, so dass nur die Flucht ins unfreundliche Freie blieb. Nasse Kleider blieben lange feucht. Ich denke da an den ungemein kühlen und regnerischen Sommer 1948 mit Schneefall über Land. Bei der Alpauffahrt in die Potersalp und bei der Alpabfahrt aus derselben fünf Wochen später sahen die Sennen im Weissbachtal die gleichen *Heuschoche* (Heuhaufen, die vor Regen schützen sollten) nochmals.

Vielleicht brachte eine Öffnung in der Trennwand zum Kuhstall etwas Wärme in die Hütte.

In der Alphütte Langgaden in der Seealp ist dieser heute nun geschlossene Durchbruch noch zu sehen. Alle Balken und Schindeln des Daches sind dort wie auch anderswo russgeschwärzt, es bestand statt eines Kamins oben in der Wand nur so ein buchgrosses Loch, durch das der Rauch ungern abzog. Schloss man da früher die untere Hälfte der Türöffnung (*Fedlech*; ist ein komisches Wort; *fedlechen* soll nach Adalbert Fässler, Sennengürtler in 7. Generation, 'Luft zufächern, lüften' bedeuten), blieb es in der Hütte kühl, schloss man die ganze Türöffnung mit der grossen Tür, wurde es recht dämmrig. Das kleine Fensterchen bringt auch heute noch wenig Licht in die *Hötte* (Alphütte).

O ja, die gute alte Zeit!

Viele Arbeiten im Stall mussten einst in Enge und im Halbdunkel erledigt werden. Besonders wegen der *Biis* (Bremsenplage) wurde oft nachts um elf Uhr und vormittags um elf Uhr gemolken, mit Petroleumlicht oder ohne! Aufgehängte Petrollampe und baumelnde Dreibeinpfanne an der Ledi waren früher nicht Verzierung!

Die Arbeit für Knechte (und Söhne, und nicht nur auf der Alp) konnte im schlimmsten Fass abstossend schwer sein. Ich kannte zwei Männer (etwa Jahrgang 1900), die bei einem anerkannten Sennen/Meister und Viehhändler auf der Alp (eine der schönsten und besten in AI) zeitweise bis zu 44 Kühe zu melken hatten. Gekäst wurde dementsprechend täglich zwei - bis dreimal, *pudderet* ebenso. Das Feuer in der Feuergrube hätten sie 14 Tage lang gar nicht mehr ausgehen lassen. Dass der eine Knecht beim Melken eingeschlafen sei, kann man verstehen. Der Meister war kein Sklaventreiber, er liess sich von einem seiner Knechte folgsam beraten, wo er im Winter *Heu etze* (verfüttern) wolle und solle.

Wildes Getue kann auch positiv gesehen werden. Hunden wird doch gern ein ominöser sechster Sinn zugesprochen. Nur ihnen? Bei meinem Grossvater Franz Manser in Gonten wollte und konnte einmal ein Kühlein im Stall einfach nicht aufstehen (Schwäche, Krankheit, Alter?). Weder Zuspruch noch Stemmarbeit, weder Geduld noch Mitgefühl halfen. Also wurde ungewollt der nahe Dorfmetzger von Gontenbad gerufen. Der kam auch gleich, um sein blutiges Handwerk auszuüben. Recht raubeinig liess er vorerst wie ein Berserker in der Vorbrücke seine Metzgerutensilien auf den Bohlenboden donnern. Darob erschrak das arme Kühlein im Stall so sehr, dass es verängstigt aufsprang und somit vorderhand sein Leben selber rettete.

Beim gleichen 'ärztlichen Handwerker' (um nicht zu sagen 'Heilpraktiker') wagte einmal eine Tante von mir einen neugierigen Blick in seine geheimnisumwitterte Werkstatt. Da poltert doch gleich der Grobian die Stiege herunter und verkündet mit Donnerstimme, dass ihm der kindliche Besuch ganz recht sei, eben gestern hätte er auch schon ein altes Weib geschlachtet. Flugs verschwand das vorwitzige Mädelchen. Das waren Gruselfilme und Psychoschocker in Natur, ohne gängige Ankündigung und Programmanzeige.

Durch gezielte grimmige Verfahren wie Kuhharn trinken, lebende Schnecken schlucken, unvermittelt auf einem Spaziergang an einem Kanal als Leidender brutal vom 'Heiler' ins Wasser bugsiert zu werden etc. probiere man doch auch schon, psychosomatische Gebresten zu 'heilen'. Die Tagesschau der SRG könnte demnach beinahe auch helfen. Auch sollen adrenalinausschüttende Sportarten eigenartigen Helden Wohlgefühl verschaffen. Das überversicherte und staatlich abgefederte Leben bietet anscheinend zu wenig Abwechslung. Wer aber im Glashaus sitzt, soll keine Steine werfen.

De Pläss
(Der Appenzeller Sennenhund)

Vom *Pläss* kannn man sagen und schreiben, was man will, es stimmt immer. Von diesem Kalauer zu einem bitteren Wort. Als mein Vater mit 87 Jahren noch kurz vor dem Sterben im Pflegeheim in Appenzell lebte, klagte er bei einem meiner Besuche, dass die Heiminsassen geistig eben nicht mehr viel zur Bereicherung beitrügen. Daheim in Unterschlatt hätte er mit seinem Hund *Pläss* mehr anfangen können als mit seinen jetzigen Mitbewohnern. Mir kommt der bittere Aphorismus (von Salvador de Madariaga?) in den Sinn. Ein von den Menschen Enttäuschter brachte seinem Hund das Sprechen bei, nach der Erkenntnis, je besser er die Menschen kenne, desto mehr liebe er die Hunde. Als der Hund endlich sprechen konnte und sein Meister wissen wollte, warum er ihm immer so treu und anhänglich sei, offenbarte der Hund sein Innenleben: „Je besser ich die Hunde kenne, desto mehr liebe ich die Menschen!"

Ein Berufskollege von mir in Wil meinte schon vor 30 Jahren, die Schweizer hätten Hunde und die Bewohner des Landes ennet dem Bosporus Kinder. Ist seine (zutreffende?) Beobachtung tier - oder menschenfreundlich oder einfach nur gefährlich?

Trocken gefragt: Welche Sparte ist in einem typisch schweizerischen Grossverteiler umfangreicher und umsatzstärker, jene für Kindernahrung oder jene für Tierfutter, pardon, Tiernahrung? Bedrückt gefragt: Was ist mit der staatlichen Anschubfinanzierung der Hundetagesstätten? Für unbeschäftigte Politiker tut sich da noch ein weites Feld auf!

Beim *Oberfahre* passt unbestritten ein Hund zum Herdenbesitzer. Die Rasse spielt fast keine Rolle. Ohne Vorschrift ist es aber gewöhnlich ein Appenzeller - *Pläss*, ob rot (Frisch) oder gelb – weiss - braun (Havanna) oder weiss - schwarz (Schilt) oder gelb – weiss - schwarz (klassisch); das ist unwichtig. Farbnuancen und andere Merkmale beschäftigen nur die Kynologen, mögen sie das in allem Ernst betreiben; es ist etwa der Streit um Kaisers Bart. Hunde mit weisser Kopfmittellinie heissen allgemein 'Bläss'. Auch das Blässhuhn/Blesshuhn gehört in diese Sippe. Blässe heisst blass, bleich und blank und findet sich auch bei der Anschnittfläche einer Pfahlspitze. Aber der Schwanz muss geringelt sein, das Tier muss bellen können, dem Meister wachsam auf Schritt und Tritt folgen und insbesondere beim *Oberefahre* sich etwas ungebärdig benehmen.

Der Appenzeller – *Pläss* ist das dritte Tier (neben Ziege und Huhn), welches zur Rassenbezeichnung das Wort 'Appenzell' trägt. Nicht nur in der Schweiz, nein, europa- und weltweit wird das wache Tier züchterisch umsorgt und zu vielen Aufgaben (Polizei, Lawinen, Blinde etc.) erzogen. Früher übernahmen die Natur und der Zufall des Zusammentreffens von *Brack* und *Bringede/Gösch/Gosch* (Rüde und Hündin) die Fortpflanzung, heute gelten bei seriösen Züchtern Regeln und gezielte Paarung als unabdingbar.

Männiglich lästert über den vermeintlichen Wadenbeisser und Wächter des Bauernhofes. Doch soll man wissen, dass wir früher in Unterschlatt nicht einmal wussten, ob unsere Haustüre einen Schlüssel aufweise, geschweige denn, wo der stecke. Tag und Nacht blieben Haus - und Scheunentüre unverschlossen. In dieser Sachlage ist ein Hund doch ein guter Signalgeber, vom Antrieb einer unwilligen Kuh bis zur Lenkung einer wilden Viehherde nicht zu reden. Dass Plastikbeutel und Leinen das sonst etwas vergiftete Verhältnis von Hundehaltern und Spaziergängern entschärfen, ist ein Gemeinplatz. Auch Wasserträge in den Alpen bleiben als Tränken reserviert und arten nicht zu Badewannen aus (höchstens für kesse Frauchen!).

Gewöhnlich verpflegte sich der Bauernhund früher erstaunlicherweise rein vegetarisch, mit den Schweinen (und den Krähen) teilte er meist den Futternapf. So ist das gemeinsame Fressen idyllisch auf einem *Chlausebickli* zu bestaunen. Bisweilen wurde dem Hund auch Milch vorgesetzt, was aber immer noch fleischloses Futter bedeutete. Als Leckerbissen blieben ihm oft nur die schon ziemlich abgenagten Knochen vom Tisch oder (ich warne vor genauer Studie) die Nachgeburt der Rinder *(Süüberi(g))*. Bisweilen mag auch ein verendetes Ferkel das Fressen bereichert haben, heute spricht man von Recycling, also Widerverwertung. Der Hund hat einen äusserst sauren Magentrakt, wodurch bei ihm sogar für uns Menschen tödliche Keime (Salmonellen etc.) ungefährlich sind. Gegenseitiges Lecken und Verküssen von Hund und Hundehalter (Kind) ist somit nicht zu fördern!

Wer kaufte schon früher Hunde - oder Katzenfutter? Heute ist die Hege der Haustiere natürlich besser; Hunde werden schon ganz unverkrampft und fast unverfroren zum Hundepsychiater gebracht und tragen ausser Mäntelchen auch Sonnenbrillen. Die Anzahl dieser Tiere wächst; Kettchen und Kleidchen und Küsschen wie bei Kindchen – womit wir wieder bei Madariaga angelangt wären. Ganz gelassen dürften wir westlichen Wohlstandsgeschöpfe wohl Hunde – wie Katzenfutter verzehren, verglichen mit Grünalgen aus häuslichen Jauchebecken und Ratten, Fröschen, Würmern, Baumrinde, Papierschliff als 30 % Mehlzugabe, Gras, Graswurzeln und Pappellaub sowie Menschenfleisch (auch das ausgetauschter Kinder!) der Chinesen während ihrer Hungersnot 1958 – 61 darf man unbehelligt von Leckerbissen schwärmen! Der abstruse Vorsitzende Mao ist hier als Todesdämon mit ekligem Brechgefühl zu verdammen und lässt schon Zweifel an der himmlischen Gerechtigkeit und Weitsicht spriessen . . . Auch in der Schweiz (besonders Ostschweiz) wurden zwar in den Hungerjahren um 1816 *Süüberi* als Nahrungsmittel gekauft und verzehrt und von Kindern Gras gegessen.

Zurück zum Hund. Leicht irritiert aber war ich doch einmal in der Kirche in Wil, als ich feststellte, dass unter der vordersten Kirchenbank ein robuster Schäferhund lag. Das Erstaunen aber wich der Bewunderung, als ich am Schluss der sakralen Handlung bemerkte, dass das absolut unauffällige Tier einem blinden Mann den Weg aus der Kirche wies . . .

Wie ich schon seit 40 Jahren behaupte, leisten so richtig faule Kater und gelassene, eher faule Hunde (ob Bernhardiner oder Appenzeller oder Strassenmischung ist belanglos) in Alters- und Pflegeheimen mehr als noch so viele gutgemeinte und wohlgeplante Beschäftigungstherapiestundenprojekte. Heute ist das Futter (bald schon Nahrung) für Hunde und Katzen erschwinglich und sogar für deren Halter bekömmlich!

„*Zuuuueeee Pläss, zuuuueeee!*" ist Befehl und Bewilligung gleichermassen. *Zue* bedeutet schliessen und zuuuueeee meint herbei oder in Richtung auf etwas. Hier lautet der Befehl: „Pläss, komm zu mir her!", aber auch wieder: „Pläss, pack und beiss zu!"

Für Witzbolde hat der Hund in der Alphütte eine für feine Gemüter wohl befremdliche Funktion als Sündenbock auszuüben. Regt sich nämlich eine sensible Person über plötzlich auftretende unangenehme Gerüche eines Tischgenossen auf, so heisst es dann oft beruhigend und hinterhältig (im doppelten Wortsinn!): „*Jeuchid gad de Hond usi!* (Jagt doch nur den Hund hinaus!)" Ich sag ja, das Leben ist hart, dafür ungerecht!!

Armut, harte Schicksalsschläge und gefühllose Gewohnheit wirken abstumpfend und verrohend. Auf einem unserer Schulwege nach Schlatt kamen wir regelmässig an einer kleinen, vom Häuschen getrennten Scheune vorbei. Eine Witwe mit ihrer erwachsenen Tochter und einem recht unfähigen Bruder, der weder ein Ausbund an Schönheit noch an Schulwissen war, mühten sich auf dem steilen Hungergütchen ab: Wenig Wasser, keine Zufahrt, kein Strom und ein Wald, der besser gelegen ist als die Wiesen und dessen Tannennadeln regelmässig als Einstreu zusammengewischt wurden. Hungerleider auf klassische Weise. Die zwei 'Bäuerinnen' hielten jahrelang einen Schäferhund an der Kette, Tag und Nacht und Sommer wie Winter. Was gab es da schon als Wächter zu bewachen? Der arme Köter raste bei unserem Vorbeigehen bellend und heulend durch das Hundeloch aus der Scheune und zerrte wie ein höllischer Berserker so an seiner wohl 2 m Kette, dass sein Hals einen deutlich nackten Halsstreifen aufwies. Nur Hundekot und nackte Erde waren aussen sein halbkreisförmiges Revier. Sein Fressen war wohl wie üblich etwas Schweinefutter. Ich erlebte ihn nur ein einziges Mal losgebunden, er überraschte mich sehr als artiger, ruhiger Hund. Hundepsychiater ist ein ganz neuer Beruf. Wie ist das Hundeleben, sogar unter Frauen, bei so viel Unverstand? Die Zeiten ändern sich und mit ihnen die Menschen. Will sagen: bessern.

Klar, wir sind heute in der westlichen Welt so feinfühlig, dass die Eltern, pardon, Erziehungsberechtigten, schon bald psychologische Stützung brauchen, wenn ihr Sprössling erstmals in den Kindergarten trippelt oder gefahren und das Fällen eines Baumes zum Trauma hochgezüchtet wird . . .

So gesehen darf mein Buch hier nicht ohne fachmännische Betreuung durch kaltblütige Sicherheitsberater gelesen werden! Ein Restrisiko verbleibt trotzdem.

Back ond Hölzli

(Tabak und Zündhölzer)

„Hend ee no Back? Hend ee no Hölzli? Rauchid, Buebe, rauchid wacke!" So soll ein Senn von altem Schrot und Korn beim jeweiligen Alpbesuch seine Söhne fürsorglich befragt und ermuntert haben.

Im Ernst, bis um 1970 war Rauchen (immer nur die Männer, *s Mannevolk*) identitätsstiftend, für Bauern wie für Sennen. Im vorgerückten Alter rauchte zwar unsere Mutter, ihr selber fast peinlich, auf unsere Ermunterung hin auch hin und wieder liebend gerne eine Zigarette, während der Vater nach einer überstandenen Krankheit seit seinem 19. Lebensjahr hartnäckiger Nichtraucher war. Lustigerweise frönte unsere Mama problemlos bis in unsere Jugendzeit dem Schnupfen, gelassen emanzipiert! Auch unser tapferes Raucherleben mit etwa 12 – 14 Jahren focht unsere Eltern keineswegs an. Dieses halsbrecherische Tun war aber in der Scheune strikt zu unterlassen – wegen Brandgefahr. Aber in der Stube herrschte Narrenfreiheit.

Auf allen Darstellungen schmaucht der Senn hingebungsvoll immer eine gerade Pfeife. Zum *Oberefahre* kamen dabei schwere, silberbeschlagene und kettenbehangene, bis 50 cm lange Buchsbaumwurzelknollenholzpfeifen in Gebrauch, nach Bruno Bischofberger. Lindauerli sind von Gremplern und Kuhhirten über Lindau aus Süddeutschland , also Kempten und Ulm, eingeführt worden. Es sind mit Blech ausgeschlagene Tabakpfeifen, Siedhafen *(Südhäfe)*, deren Gebrauch nicht jedermanns Sache ist. Der Rauch gelangt sehr heiss in den Mund. Aus Gründen der leichteren Herstellung weist das Lindauerli ein nur rundes Mundstück *(Pfiiffepess)* auf. So dreht sich das Lindauerli aber dauernd leicht nach unten, weshalb es auch noch einen Deckel aufweist. Die Kniepfeife gleich welcher Ausdehnung (*Wassesack*, Schwanenhalspfeife) hängt selbststabilisiert im Mund, aber weist aus Brandgefahr trotzdem auch einen imposanten Deckel auf.

Die silbernen Tabakpfeifen wurden hauptsächlich in Lichtensteig (E. Ritter, J. Schmid) oder in Appenzell (A. Fuster, J. Huber, W. Manser) von Gold - und Silberschmieden verziert, Drechsler lieferten dazu die hölzerne Pfeife. Die Goldschmiede verfertigten aber auch Ohrenschmuck *(Ohreschueffe, Rohmschueffe)*, Broschen, Schuhschnallen oder Sennenringe.

Zur Sennenpfeife gehörte ein oft mit Messing verzierter *Bödelibackseckel* *(*Tabakbeutel mit Boden) und dem angehängten kupfernen Pfeifenreiniger *(Backrumme, Pfiiffestiä)*. Als Kuriosum habe ich noch die ovale, eiserne, im Deckel eine gerillte Rinne aufweisende Zündholzbüchse *(Hölzliböchs)* in Erinnerung. Verschlossen ist sie gut 6 cm hoch und 4 cm auf 2,5 cm breit. Wozu denn das? Nun, frühere Streichhölzer konnte man an jeder rauen Fläche durch Reiben entzünden, bei den heutigen Sicherheitszündhölzern sind zwei brandgefährliche Bestandteile auf Hölzchenkopf und Reibfläche verteilt. Trug der Raucher früher die beim Entfachen einen gelben, stechenden Schwefelgeruch verursachenden Hölzer in einer Papiertüte in der Hosentasche, so konnten sie sich beim Bücken von selbst entzünden – Feuer und Flamme am falschen Ort! Die Blechbüchse verhinderte diese Selbstentzündung und bot zugleich noch die Reibfläche. Mein Onkel August in Wisconsin brachte als Raucher jahrelang seine Zündhölzer durch den blossen Druck der Fingernnägel, ungefähr Schnipsen, zum Brennen.

Feuer!! Um 1955 kaufte ein Bübchen nach der Schule im nahen *Dorflädeli* in Schlatt einen Bund in Papier eingerollte Zündhölzchen. Die trug es in einem Stoffsäcklein *(Reissäckli)* über dem Schultornister nach Unterschlatt. An einer steilen und glitschigen Wegstelle fiel es rücklings zu Boden auf die Zündhölzer. Gleich brannte ein Büschel davon. Die rasche Hilfe meiner Schwestern löschte den Band und verhinderte ein grösseres Unglück. Mit heutigen Sicherheitszündhölzern wird so etwas vermieden, der Name ist schon Programm.

In Deutschland soll es nach Knaur noch immer Zündhölzer geben, die an jeder Reibfläche entzündbar sind; Überallzünder, aber ohne weissen Phosphor.

Ein richtiger Senn rauchte ausser Brissago und anderen furchterregenden Produkten natürlich auch Strassburger Rollentabak. Diese in Ringe gewundenen Tabakrollen von Bratwurstdicke zerschnitt der Raucher auf einem Tabakteller *(Backtälle)*. Das ist ein runder Holzteller, auf dem ein Schneidmesser vorne fixiert ist und einem Pumpenschwengel oder Stossbuder ähnlich zum Zerschneiden bewegt wurde.

So imposante Sennenpfeifen und so scharfer Tabak *(schaapfe Back)* sind natürlich heute für gesundheitsbewusste Personen ein herzabstossender Gräuel. Mein Grossvater Franz Manser und mein Onkel Heinrich Manseer lebten aber nie ohne Lindauerli im Mund und wurden 82 und 88 Jahre alt. Stellen wir ungern fest: Seit nicht mehr geraucht wird, gibt es als Ausgleich Alzheimer, Depressionen, Essstörungen und Gewichtsprobleme.

Spass beiseite, für den *Schöllesenn* ist es heute ein unlösbares Problem, *Öberefahrsenne* unter 30 Jahren mit Lindauerli zu finden. Böte da ein Unesco - Weltkulturerbeeintrag einen Ausweg?

Diese oben erwähnten Schwefelzündhölzchen konnte man nicht nur an jeder rauen Fläche entzünden und brutzelten dann auffällig mit gelblichem Flüssigschwefel, einen beissend stechenden Duft verströmend, nein, es dauerte auch überaus lange, bis endlich das Hölzchen selber brannte und tabaktauglich war. Dieser Sachverhalt führte in den 50er - Jahren einmal fast zu einer handgreiflichen Auseinandersetzung. Das kam so:

In Mettlen bei Appenzell führte bis etwa 1970 eine gedeckte Holzbrücke den Strassenverkehr über die Sitter. Während die windabgekehrte (Lee) Seite in der Holzverkleidung fenstergrosse Öffnungen aufwies, war die dem Wind zugekehrte (Luv) Seite vollständig mit Brettern verkleidet. Zum Gück! Beim südlichen Eingang war zwischen dem ersten senkrechten, behäbigen Pfosten und den schrägen Jochbalken eine breite Bohle als solide Bank angebracht. Der Verkehr war damals noch bescheiden!!

Eines späten Winterabends stapft ein mir sehr gut bekannter Mann reiferen Alters über Mettlen heimzu. Als ausdauernder Raucher will er sein Lindauerli erneut in Brand stecken. Das geschieht doch am besten nahe der windgeschützten Wand in/auf der Holzbrücke. Kaum beginnt dem Sennen das bengalische Feuerwerk zu flackern, herrscht ihn aus der Dunkelheit eine wütende Männerstimme an. Was er sich da erlaube, fremde Leute auszuleuchten und ihnen einfach so ins Gesicht zu zünden. Verblüfft stellt der Raucher fest, dass da ein ihm nun bekannter Mann mit einer Süssen auf der breiten Bank sein Schäferstündchen verbringt und unbegründet eine Erkenntlichmachung vermutet. Nach beruhigenden Worten entfernt sich der aufmerksame (!) Raucher schliesslich schmunzelnd unbehelligt.

Der Liebhaber hatte eben erst kürzlich geheiratet und war fast dorfweit als Casanova bekannt. Er hätte besser geschwiegen, in der so ereignislosen Winterzeit war dieses kuriose Ereignis in den Bauernstuben und Milchzentralen sicher wochenfüllend Gesprächsstoff genug. Natürlich hinter vorgehaltener Hand, mit der rechtschaffenen jungen Ehefrau des Don Juan hatten alle Wissenden ehrlich Mitleid.

Man darf aber dem 'Wilderer' eine gewisse Grosszügigkeit nicht absprechen. Nur einige Jahre später tauchte er im Sommer bei einem mir auch gut bekannten Sennen in der Meglisalp auf, gleich mit zwei Süssen. Im oberen Stock war die abgemachte Schlafgelegenheit (Heulager) angerichtet. Vielsagend meinte der 'Brückenkenner' zum gastlichen Sennen, er könne sich spät abends durchaus auch zu ihnen nach oben begeben. Der währschafte, auch verheiratete Gastgeber liess die Gelegenheit ungenutzt verstreichen. Da galt aber nicht das tiefsinnige Wort von Wilhelm Busch: „Sittsamkeit - ist oft nur Mangel an Gelegenheit!"

Beim Übernachten des quirligen Jungvolks etwa im Zusammenhang mit *Alpstobede* in Massenlagern oder Sennhütten versuchten nach Aussagen eines (berufsmässig) Eingeweihten Regierung und Geistlichkeit erfolglos, strenge Regeln anzumahnen; die hätten ja auch oft genau den Zweck des ganzen Anlasses verunmöglicht! Damals galten zwar noch ziemlich rigorose Sitten, der Zölibat wurde (noch) praktiziert (?) und es hiess, auf bayerisch ausgedrückt: „Da waren die Madln noch fesch und die Burschen noch schneidig!"

Die heutigen Sicherheitszündhölzer sind auch nicht durchwegs das Gelbe vom Ei.

(G)m(p)eealp ond Privatwääd
(Gemeinalp und Privatweide)
Diese zwei Begriffe werden fast ausschliesslich so verwendet, Gemeinweide und Privatalp sind beinahe ungebräuchlich. Damit wird prinzipiell die Bewirtschaftungsform und nicht das Besitzverhältnis verstanden.

Die Eigentumsverhältnisse im Alpsteingebiet sind recht verwickelt, aber für die Art der Bestossung kaum massgebend. Nur schon in AI befinden sich laut Josef Inauen die Alpen im Besitz von Privaten, Stiftungen, Genossenschaften, öffentlichen Körperschaften sowie des Kantons. Beim Bau von Strassen, Stallungen und Alphütten sind die Besitzverhältnisse ausschlaggebend und klar geregelt. Die Bewirtschaftung aber erfolgt nicht streng dieser Zuteilung. Es soll aber gelten: Die Alp ist gewöhnlich höher gelegen als die Weide.

Auffällig ist, dass im Alpsteingebiet wie im linksseitigen Toggenburg grosse Alpen gemeinsam bestossen werden, es fehlen also die typischen Zäune als Begrenzung.

Ich denke dabei an die Alpen Soll, Sämtis, Sigel, Seealp, Meglisalp, Gartenalp, Potersalp, Schwägalp, Alpli, Iltios und Selun; die Liste ist unvollständig, aber eindrucksvoll. Bedeutende Weiden wie Furgglen, Fählen, Hütten, Bommen, Altenalp, Fähneren, Kronberg (sonnseitig wie schattenseitig) oder die Weiden auf der Nordseite der nördlichsten Bergkette sind aber als Einzelbetriebe nicht darunter.

Ohne in irgend ein Fettnäpfchen zu treten und Besitzerfreuden zu vergällen, darf man aber festhalten, dass Privatweiden den Betrieben in einer Gemeinalp vorgezogen werden. Das ist verständlich.

Der alleinige Bewirschafter eines Alpbetriebes kann über Zeit und Art der Nutzung frei entscheiden, im Gegensatz zum Sennen auf der Gemeinalp, wo Absprachen und Regeln zu beachten sind. Neid und Missgunst *(Vegooscht)* können und konnten das Alpleben vergiften. So wurden früher durch zu diesem Zwecke gebohrte Löcher in der Wand oder der Türe die missliebigen Alpgenossen und Konkurrenten unauffällig beäugt. Durch *falsch Miätä/Miete)* konnten (erfolgreich?) fremde Kühe vom Gras der eigenen Kühe abgehalten werden. Dem Salz im Stall wurde beispielsweise Urin, Terpentinöl, Petroleum, Blut, Knoblauch, zerriebener Kuhdung oder Hühnerkot beigemischt. Das waren aber seltene Unarten. Klar, der Schwache greift nach jedem Strohhalm; früher buk man kleine Brötchen. Nach Steinmüller war darum früher die Hühnerhaltung auf den Alpen untersagt. Dieses jetzt für uns ulkige *Vöötele* beweist handfest die armselige Lebensweise der früheren Bauern und Sennen. Nachbarlicher Diebstahl von Heuschochen (ich könnte Namen nennen) in Talbetrieben deutet auch auf magere Existenzen, während Erbstreitereien in die Gegenrichtung weisen. Auch das Verfüttern von Maismehl an die Kühe gilt/galt als *falsch Miätä*. Durch die erhöhte Energieversorgung der Rinder mit Mais erhöht sich erstaunlicherweise auch die Futteraufnahme, nicht zur Freude der anderen Sennen. Ausdünstung und Maulgeruch durch den gewöhnungbedürftigen Mais mag die Sache noch verstärken.

Verständlich aber ist, dass vielleicht durch eine andere Lage der Stalltür bei einem Neubau der Melster die Tiere beim Weidgang eine andere, neue und manchem Alpgenossen unerwünschte Richtung aufnahmen, so dass die Änderung bisweilen nicht akzeptiert wurde. Selbst die Ziegen konnten/können durch ihren eigensinnigen Weidgang zu Unwillen unter den Alpgenossen führen.

Auch der Zeitpunkt der Bestossung bei grossen Höhenunterschieden einer ausgedehnten Gemeinalp konnte und kann unterschiedlich erwünscht sein, desgleichen können Abmachungen über Einstallen, *Biismölche* (durch Bremsen eigenartige Ansetzung der Stall- und Melkzeit) sowie die Düngerverwendung zu Auseinandersetzungen führen.

Die Bodenpflege ist auf Privatweiden gewöhnlich besser als auf Gemeinalpen, dafür ist die Hagpflicht drückender. Privatweiden können aber auch unerwünscht einsam liegen; kursierten wohl deshalb allenthalben bei so einsamen Alpen Gerüchte über unliebsame Geister *(es süll dei gäächte)*? Gingen dort früher naturnahe Lebensweise und urtümliche Denkart kuriose Verbindungen ein? Auf Gemeinalpen fanden/finden hingegen auch bisweilen gemeinsame Gebetsrunden und finden heute lebhafte *Stobede* (Alptanzanlässe) als verbindende Elemente des Sennenlebens statt. Während bei Privatweiden der zahlenmässige Viehauftrieb im Ermessen des Sennen liegt, bestehen bei Gemeinalpen genaue Regeln. *E zwenzg chü-e-igs Recht* gibt Anrecht (während der Alpzeit, die auch wiederum begrenzt sein kann) auf die Futtermenge für 20 Stück Grossvieh. Junge Tiere werden nach Alter in Stösse (eine Kuh) umgerechnet, wobei auch Ziegen in Rechnung kommen können. Gemeinalpen boten und bieten durch Löschung kleinerer Rechte eine willkommene Möglichkeit, durch Zuteilung auf die verbliebenen Alpbetriebe diese grösser und wirtschaftlicher zu gestalten. Hier sei die Seealp erwähnt: Kantonseigentum seit grauer Vorzeit und als Weide des kleinen Landsmannes gestaltet. Heute umfassen die acht Alpbetriebe zusammen 130 Kuhrechte mit einer Alpzeit von drei Monaten. Vor gut 100 Jahren ermöglichten die knapp 40 Betriebe mit knapp 300 Stössen eine Alpzeit von nur unter 40 Tagen. Bei den damaligen Kühlein, deren Futterbedarf etwa 60 % dem der heutigen Leistungskühe entsprach!

Unterschiedliche Wachstumsphasen sowie elektrische Zäune lassen aber auch auf Gemeinalpen Unterteilungen sinnvoll aufkommen. Man kann damit die wählerischen Weidetiere zwingen, erst das etwas langhalmige Futter in Melsternähe zu fressen und erst nachher das süsse Gras der steileren und entfernteren *Rüchi* zu geniessen. So lassen privatwirtschaftliche Aspekte in den Gemeinalpen diese vermehrt attraktiv erscheinen. Es gibt ja auch noch die kluge Kombination von privater Voralp im Vor - und Nachsommer und Gemeinalp im Hochsommer. Auf zwei Beinen lässt sich gut rennen! Wer kann, kann!

Oft müssen bei der Alpung Jungtiere zu Stössen/Kuhrechten zusammengerechnet werden. Dabei stellen vorhandene Zähne (*gschobe*) ein Kriterium dar. Bisweilen gilt auch die Regelung, dass vor dem Jakobi (25. Juli) geborene Kälber im nächsten Sommer zu zweit und nach dem Jakobi geborene Kälber zu dritt einen Stoss ergeben.

Haag ond hage

(Hag und Hag erstellen)

Will man eine Herde beisammenhalten, braucht man entweder einen Wächter (Hirte oder Hund) oder eine Abschrankung. Im Talbetrieb sollen die Tiere nicht die Nachbarliegenschaft oder die Strasse betreten. In den Bergen muss man die Tiere zwingend auch vor gefährlichen Steilhängen (*ääfalle*/zu Tode stürzen) abhalten.

Schon seit urdenklicher Zeit errichteten darum die Menschen aus diesen Gründen Hindernisse aus Dorngestrüpp, Flechtwerk ähnlich einem Korb (mit Lehm bestrichen ergibt sich so eine Wand) oder pflanzten Hecken wie in Grossbritannien. Einzelne Tiere werden und wurden auch angebunden oder mit einer Fussfessel wie im Wilden Westen blockiert. Im zugigen Grossbritannien sind die vielen Hecken verständlicherweise auch ein wichtiger Windschutz. Hecken und Lebhäge sind in der Ostschweiz selten, Schattenwurf und dürre Pflanzenteile im Gras sind nachteilig.

Auf den Weiden nun lassen sich die unerwünschten Steine statt zu Haufen viel besser zu Trockenmauern verwenden, für Kleingetier wie auch für Naturfreunde eine Wohltat. Aber diese Steinabschrankungen sind arbeitsaufwendig und lassen sich nicht verschieben. Internierte Polen haben da in den Kriegsjahren im Alpsteingebiet verdienstvoll ihre bleibenden Spuren hinterlassen!

Holz aber war/ist in der mit Nadelwald reich beschenkten Ostschweiz ein idealer Baustoff für vielerlei Abschrankungen. In der Benennung dieser hölzernen Gebilde besteht aber nur schon in der Alpsteingegend eine offensichtliche und erfrischende Vielfalt. Ich vernahm und nenne vorerst:

Abschrankungen nur aus Stecken/Pfählen: *Steckehaag, Stotzehaag*

Abschrankungen aus Astgabeln/Y, Stecken und Latten: *Stotzehaag, Lattehaag, Kreuzhag (Chrüüzhaag)*

Abschrankungen mit Pfählen, Latten sowie Draht, Nägeln oder Schrauben; unten auch nur mit Stacheldraht, Draht, Seil etc.: Lattenhag, Holzhag, Pfahlhag.

No mee Hönd häässid Pudl (Viele Hunde heissen Pudel)! Regionale Unterschiede bestehen also selbstverständlich in verwirrender Form.

Nach Aussagen mehrerer Auskunftspersonen (etwas ältere und sogar alte, also 75 – 90 Jahre!) lässt sich unverkrampft folgende und eindeutige Systematik erkennen/verkünden/behaupten:

a) Der malerische *Steckehag* besteht nur aus ziemlich dünnen Hölzern mit Pfahllänge (1 - 2 m), die pfiffig wie gestrickt oder gehäkelt im Boden stecken. Er ist igelartig und eignet sich für steiles und steiniges Gelände sowie Kurven, etwa um Alphütten herum.

b) Der behäbige *Stotzehag* ist dem *Steckehaag* sehr ähnlich, er besteht aus Hölzern obiger Art, aber auch bis 4 m Länge (Gipfelholz, *Grotze*), die unter Verwendung von Y-förmigen Astgabeln (*Stotzen* = Stützen) teilweise fast parallel zum Boden in diesen eingeschlagen werden. X - förmig eingeschlagene Stecken halten die kurzen Querlatten und sind zugleich das Hindernis. Auch diese Bauart eignet sich für steiniges und steiles Gelände sowie enge Biegungen. Wie bitte?!

Da soll doch gleich ein Fachmann ans Werk!

An einem leicht ansteigenden Hang schlägt er beim Start unten ein etwa 2 m langes Holzstück (*Stickl*) am dünnen Ende so flach in den Boden, dass es am dicken Ende fast waagrecht in eine Astgabel (Y) zu liegen kommt. Bei diesem absolut nötigen Y schlägt der Mann über der Latte zwei relativ dünne Pfähle in X – Form in den Boden. Nun schlägt er ein ca. 4 m langes Holzstück etwa 40 cm parallel zum *Stickl* in den Boden und legt es auf und in das erste X. Damit ist die unterste, ganz kurze Latte unter dem X gegen oben blockiert. Auf halber Lattenlänge kann bei Bedarf vorher wieder ein Y in den Boden gedrückt werden, welches die zweite Latte gegen unten sichert. Auf jeden Fall schlägt der Könner an dieser Stelle wieder zwei Pfähle in X – Form in den Boden. Nun rammt er die zweite Latte mit der Spitze parallel zur ersten in den Abhang und legt sie auf/in das zweite X, wodurch die erste Latte in der Mitte genügend gegen oben blockiert ist. So folgen nun hangaufwärts Pfahl - X und Latten (ev. mit Y als Sicherung/Stütze nach unten) und lassen langsam eine robuste und malerische Holzabschrankung entstehen. Am obersten Ende muss mit Zusatzhölzern, Steinen, Gebüsch etc. ein passendeer Abschluss geschaffen werden. Dieser *Stotzehag* gleicht einer Reihe von *Bechüe*, welche aufeinander reiten. Der Boden gibt dem dünnen Ende der Latte Halt und das in der Mitte stehende Pfahl - X dem dicken Ende. Und wohlgemerkt: ohne Eisen, aber wenn möglich mit geschälten Hölzern!

Beim *Steckehaag* und *Stotzehaag* ist der Holz- und Zeitbedarf enorm, aber selbst dünne Pfähle und relativ kurze Holzstücke halten die Tiere zurück.

c) Der solide *Lattehaag* besteht aus 2 - 3 Querlatten, parallel zum Boden und ist nicht für steiles Gelände geeignet. Mit ihm aber lassen sich viel Holz und Zeit einsparen. Trotzdem ist er tierbeständig. Die unterste Latte liegt in einer festen Y - förmigen Astgabel (darum wohl auch hin und wieder *Stotzehaag* genannt), im Abstand von 2 - 3 m. Dabei richtet man sich nach der Länge der Latten. Über jeder Astgabel bilden zwei relativ dünne und kurze Pfähle ein X, in/auf das die zweite Querlatte zu liegen kommt. Darüber treibt man gewöhnlich nochmals zwei relativ lange Stecken in den Boden, deren X eine letzte, schwere Latte trägt. Diese Latte ist durch ihr Gewicht ein solider Abschluss, heute wird sie oft durch einen Draht in 8 - Form mit unteren Latten verspannt. Die Tiere heben sie kaum mehr aus der Verankerung. Bei diesem Hag legt man mit Vorteil immer zwei Latten wie Heringe in der Dose zusammen, dünnes Ende über dünnem Ende. Mit so etwa 12 m langen Latten bildet sich also eine ungefähr 18 m lange Einheit, eine *Facht*. Die Querlatten an sich halten die Tiere zurück.Dieser Lattenhag ist für steiles Gelände ungünstig, die Latten könnten leicht abrutschen, steiniger Untergrund aber ist auch beim *Lattehaag* kein Hindernis.

Alle diese drei Absperrungen kommen absolut ohne Eisen aus und wurden deshalb schon in grauer Urzeit erstellt. Der *Stotzehaag* ist ziemlich genau die Mischung zwischen *Steckehaag* und *Lattehaag*, treppenartig anzusehen findet er sich als geniale Lösung fast nur im steilen Gelände, er ist der 'Lattenhag' für Abhänge.

Wenn man aber Draht, Nägel, Agraffen (*Hagraffe*) oder Schrauben zur Hand hat, schlägt man mit 2 - 3 m Abstand ziemlich dicke Pfähle in den Boden und befestigt daran mit obigen Metallteilen oben Latten, Bretter oder Schwartenbretter (*Schwäädlig*) und darunter einfach oder doppelt obige Holzteile oder auch nur Stacheldraht, Draht, Kette oder Seil; so entsteht der sehr häufig anzutreffende, etwas stillose Holzhag/Pfahlhag. Bei Hausgärten können die Latten so eng befestigt sein, dass auch Geflügel wie bei Gitterzäunen zurückgehalten wird. Ernste Scherzfrage: Treibt man leichter viele dünne Pfähle schräg in den Boden oder wenig dicke senkrecht?

Die vielen Pfähle bei den urtümlichen Abschrankungen haben unsere weisen Altvorderen zur umwerfenden Einsicht und Aussage geführt: „ *Wege emm Pfohl keit de Hag nüd omm!* (Wegen einem verfaulten/zerbrochenen Pfahl fällt der Hag noch nicht um; nimm dich nicht so wichtig!). Im Schaugeschäft, im Sport und besonders in der Politik wird diese Erkenntnis sträflich missachtet. Die verschärfte Version lautet: *Enn mönde ond kenn z'choz!* (Einer weniger und keiner fehlt!). Ich meine das absolut nicht innerfamiliär!

Das zur landwirtschaftlichen Hag - Systematik.

Ob bei all diesen Absperrungen die Hölzer rund oder gespalten sind spielt keine Rolle. Sehr oft sind sie geschält, was zwar viel Arbeit verursacht, dafür die Sense und/oder das grasende Tier vor unbeliebten Rindenteilen verschont. Grenzzäune im Tal bestanden früher fast durchwegs aus Holzhägen, Latte fast ausnahmslos auf der Hagpflichtseite befestigt. Das gilt auch bei Stacheldrahthag und Elektrozaun. Die Hagpflicht war für jede Liegenschaft genau festgelegt und musste erfüllt werden. Heute erfüllen stabile Elektrozäune den gleichen Zweck. Stösst eine Weide an Wiesland, so ist die Weideseite hagpflichtig.

Als Liegenschaftengrenze waren diese malerischen Holzzäune im Alpsteingebiet jahrhundertelang charakteristisch und landschaftsprägend, wenn auch kleinkariert wirkend. Nun verschwinden sie immer mehr, grössere Betriebe und Maschinen sind die zwingende Ursache.

Für kurzfristige Abschrankungen (Weideunterteilung) erstellte man früher den einfach oder doppelt gezogenen Stacheldrahtzaun, heute unterteilt man schnell mit dem Elektrozaun (Draht, Band oder Netz).

Nach Holzbedarf, Zeitaufwand und Schönheit gilt wohl die Reihenfolge: *Steckehaag, Stotzehaag, Lattehaag*, Holzhag mit oder ohne Stacheldrahteinzug, Stacheldrahtzaun, Elektrozaun (mit Holz - oder Plastikpfählen). Ungescholten erstellen die Bauern und Sennen aber auch Mischformen und Abweichungen, die Abschrankuing soll die Herde einschränken und nicht die Theoretiker erfreuen.

In Wisconsin zeugen sorgfältig erstellte, dreilattige, weiss gestrichene Zäune von gehobenem Farmerleben oder Hobby - Pferdehaltung, in Kolumbien sind sie ein Hinweis für unanständigen Drogenbaronbesitz, also 'Eigentum' von Narcomillionären, die ihr Drogengeld pfiffig gewaschen haben und so den Besitz schamlos und skrupellos zeigen!

Bei uns ist es anders. Da werden kleinere Brötchen gebacken.

Bald stehen deshalb bescheidene Hecken, Steinmauern und Holzzäune im Inventar der Unesco.

In den Alpen verlangen Schneefall und Schneeverwehungen oft die Ablegung der Abschrankungen. Beim Lattenhag kommt das vom Aufwand her nicht in Frage, wohl aber beim Stacheldraht - und Elektrozaun. Der Senn reisst die weit auseinander stehenden, relativ dünnen Pfähle aus dem Boden und deckt das Pfahlloch mit einem passenden Stein zu. So lässt sich im Frühling der Pfahl wieder ins gleiche Loch treiben. Der Elektrodraht wird eingewickelt, der Stacheldraht liegt frei auf dem Boden, während die Pfähle in eine windgeschützte Bodenmulde gelegt werden. Neben Plastiknetzen sind wie oben erwähnt der Elektrozaun sowie der Stacheldrahtzaun die moderne Abschrankung. Seit wann?

Mit zunehmender Eisenproduktion wurde gegen Ende des 19. Jahrhunderts der Stacheldraht erfunden und verwendet. Zwei verzwirnte Stahldrähte weisen in regelmässigem Abstand eingedrehte Eisenstacheln oder scharfe Eisendreiecke auf. Der Farmer Joseph F. Glidden in Illinois/USA liess 1874 seine Stacheldrahterfindung patentieren. Diese moderne Zaunart war besonders für die grossen Farmen in den USA (aber auch anderswo) eine gewaltige Erleichterung. In der Prärie ist Gras vorhanden und die Felder sind weit - aber woher nehme ich Holz? An den schier endlosen Strassen im Mittelwesten der USA stehen nun mit grossem seitlichen Abstand rostige Eisenpfähle und daran hängen 4 – 6 verrostete Stacheldrähte, von wilden Kräutern und Gräsern bewachsen. Landschaftsprägend und typisch.

Wenn die kleinen Liegenschaften im Alpsteingebiet auch gewöhnlich durch Holzzäune wohlbemessen unterteilt waren, bot der Stacheldrahtzaun doch eine zusätzliche, rasche Unterteilung und Abgrenzung für das Vieh beim Weiden.

Stacheldrahtrollen und Zäune waren leider in beiden Weltkriegen ein tödliches Hindernis für den Angreifer oder den Gefangenen, bewahrten aber auch den Verteidiger nicht vor Tod und Verderben. In Bogota sind übrigens nicht nur wie auch anderswo Erdölraffinerien, Flugplätze, Lagerkomplexe etc. durch reichlich Stacheldraht oder durch auf Mauerkronen eingegossene Glassplitter gesichert, sondern auch Wohneinheiten, Schulen und Kindergärten!! Die Chinesische Mauer ist Touristenattraktion und der Eiserne Vorhang ist gottseidank verstaubte Geschichte, doch ganz ohne Schranken ist die Welt noch nicht gereift.

Der Stacheldrahtzaun muss immer solid gespannt sein, für Rinder mindestens doppelt. In meiner Jugend habe ich diese Zäune stundenlang erstellt, Hautverletzungen waren nichts Besonderes dabei. Wenn die Humusschicht bei einem Hügel nur satte 10 cm Tiefe aufwies, waren zahlreiche *Beistecke* (Stützpfähle) und *Speilig* (Sperrpfähle) nötig. Dass sich Menschen und Tiere (Schwanzhaare, Haut/Lederschäden, Wild) am Stacheldraht oft verletzen, ist recht unangenehm; als Grenzzaun brachte man deshalb früher mindesten oben noch eine Latte an. Wenn wir Buben aber dann und wann auf den Holzhägen seiltänzerische Mutproben ablieferten, dachten wir unbekümmert wenig an mögliche Folgen für mögliche (!!) Nachfahren! Aus obigen Gründen war/ist der Stacheldraht ziemlich verpönt, wird aber neuestens wieder laut Rosa Knaus durch Beiträge gefördert. Beständig ist eben nur der Wandel. Ähnliche Nobelunterstützung geniessen nun auch Brunnentröge und Kuhdunghäufchen (*Chuedreckhüffe*). Wann sind ungewaschene Füsse an der Reihe?

Von Material und Aufwand her aber ist der Elektrozaun das Gelbe vom Ei, ob als Draht, als geflochtenes, drahtversehenes Kunststoffband oder als verdrillte Schnur (Gewichtsersparnis und bessere optische Wahrnehmung durch die Weidetiere, aber leider nicht so dauerhaft). Nach Inauen war in dieser Sache die Firma Lanker in Speicher ab 1943 wegweisend und ihr Produkt ungemein nützlich. Weit gesteckte, leichte Pfähle (Holz, rund oder gespalten, Metall, Kunststoff) tragen an Isolatoren oftmal nur einen nur leicht gespannten Draht oder ein flatterndes Plastikband, für erfahrene Tiere absolut abschreckend. Notfalls reicht sogar eine harmlose Schnur; aber Vorsicht, allzu oft darf man die Rinder nicht für dumm verkaufen . . .

Für den Viehhalter ist die Erstellung und Pflege der Häge eine rechte Bürde, entsprechend gibt es dazu in Talbetrieben und auf Alpen ernst gemeinte Abmachungen und Verpflichtungen und Realrechte.

Unterhalb der Waldgrenze kann ich ziemlich leicht einen Holzzaun erstellen, aber oberhalb derselben ist die Sache vergiftet. Woher beziehe ich oben auf dem Alpsigel, auf der Altenalp, in der Meglisalp oder auf dem Mesmer die Holzpfähle? Klar, vom müden Rücken! Für den *Senn* bedeutet dies: das Vieh muss man umsorgen, die Milch verwerten, das Unkraut bekämpfen, das Brennholz herrichten und die Zäune instandhalten.

Bei jeglicher Tierhaltung sind Zäune aller Art eine Notwendigkeit, während sie bei viehlosen Betrieben fehlen können und in Vorstadtsiedlungen eher symbolischen Wert haben und fast nur der Selbstdarstellung dienen. In den USA fehlen sie bei den meisten Eigenheimen, was den Rasenflächen einen Anstrich von Grosszügigkeit und Weite verleiht. Ganz gepflegte Farmen aber weisen wieder tadellos erstellte, weiss gestrichene Lattenhäge mit drei Latten auf; wenn schon, denn schon! Heute gibt es diese Zäune auch schon aus Kunststoff, täuschend den Holzzäunen ähnlich.

Als Spielart von Abschrankungen will ich noch die befahrbaren und von Menschen begehbaren Viehroste bei Strassen erwähnen sowie die photogenen Gartentüren bei englischen Eigenheimen, die ganz allein ohne Zaun den Gehweg versperren, für rüde Eindringlinge ohne Wirkung. Von Schutzwänden (fire wall) im Computer verstehe ich nichts, aber es gibt sie.

Notdürftige Umzäunungen aus halb verfaulten Holzpaletten und schwachen Pfählen wie auf der Insel Kos anzutreffen wirken wohl mediterran, aber für mich nicht hinreissend. Als Abrundung sei erwähnt, dass weltweit noch weitere Abschrankungen aller Art bestehen: Metallgitter, Holzgitter, Pflanzengeflecht, Mauer, Lebhag, Holzwand, Metallwand etc.

Einmalig in der Konstruktion war die behelfsmässige Arrestzelle in einem Schopf hinten am Klöntalersee. Sie liess sich nur von innen absperren. Wenn der Materialunteroffizier dem einsitzenden Arrestanten die Verpflegung brachte, musste der treue Rekrut zuerst die Türe von innen entriegeln. KeinWitz, sondern so geschehen im September 1963 während meiner Rekrutenschule als Korporal. Alles hatte seine Richtigkeit, kein Missbrauch der Gelegenheit; keiner der militärischen Vorgesetzten bemerkte den lustigen Widersinn! Zeiten waren das!

In Museen und teuren Villen gibt es heute fast unsichtbare optische Überwachungsgeräte, bei deren Übertretung ein Polizeialarm ausgelöst wird. Die Dornhecken der Pfahlbauern und die Holzpalisaden der Helvetier oder der römischen Legionäre waren da eine Spur auffälliger!

Während bis heute Abschrankuingen aller Art die Herde eingrenzen, müssen in Zukunft die Zäune allerhand Lebewesen von der Herde und vom Acker abhalten, ich denke da an Wildschweine, Hirsche. Biber, Wölfe, Luchse, Braunbären und bald auch an ausgewilderte Drachen, Saurier, Werwölfe, Zentauren, Höhlenbären, Weltraumkrieger, Seeungeheuer sowie naturhistorisch willfährige Politi . . .

Wildschweine sind doch nur so lustige Gesellen, weil sie auf fremden Wiesen ihr grabendes Unwesen treiben. Tauchten die Schwarzkittel im eigenen Garten und Rasen auf, würde flugs der Europäische Gerichtshof in Strassburg angerufen. Auch andere 'possierliche' Vierbeiner werden unterschiedlich geschätzt.

Nicht nur Weiden und Alpen brauchen Absperrungen, nein, auch Staaten. Nach meinem Dafürhalten eignen sich da Flüsse weniger gut als Gebirgszüge. Hohe Berge trennen und schützen. Die ruhigen Pyrenäen sind da ein Vorzeigemuster, der kampfumtobte Rhein das Gegenteil. Nur sollen die Wasserscheide und der Gebirgskamm auch als Grenze respektiert werden. Was haben da die Osmanen/Türken vor 600 Jahren südlich des Kaukasus und seit 200 Jahren die Russen ennet dem Kaukasus im Süden und ennet dem Ural im Osten verloren und zu suchen? Gar nichts bis rein gar nichts. Auch die Mongolen haben vor 800 Jahren westlich des Urals nichts zu suchen. Logisch, Gebirgszüge sind oft kaum dominierend. Da aber könnte die Sprachgrenze Hilfe bedeuten. Ich empfehle, versuchsweise für die nächsten 144 Jahre die Welschen den Franzosen zu schenken, denn zu diesen gehören sie doch hin. Damit würden in der Schweiz und in Frankreich die Staatsgläubigkeit sinken und die Eigenverantwortung steigen. Als Ausgleich könnte mann doch die Vorarlberger und Schwaben bis zur Wasserscheide in die Schweiz aufnehmen. Alemannen passen zu Alemannen. Mit dieser Grenzbereinigung wäre das Problem mit dem frühen Frühfranzösischunterricht in der Schule sowie das Problem mit den Flugrouten von und nach Kloten mit einem Schlag aus der Welt geschafft. Der Schweiz fielen schwach besiedelte Regionen bis etwa zur Donau in die Hände, und statt des vielgeschmähten Bundesbern wäre das bescheidene und biedere Frauenfeld ein unverkrampftes politischen Zentrum. Zugegeben, einige Randproblem wären zu lösen, aber dafür hat man ja emsige Politiker und mutwillige Bundesbeamte. Für den Urnerboden müsste ob gern oder ungern eine Parlamentssession daselbst organisiert werden, wohl teuer, dafür unnütz. Südtirol braucht diesbezüglich nur eine Volksbefragung. Die Deutschschweiz müsste auch auf den Spasss an den meist etwas exotisch wirkenden Abstimmungsresultaten der sich unterdrückt fühlenden Westschweiz verzichten, würde aber durch tiefere Krankenkassenbeiträge entschädigt. Oui ou non?

Stapfede ond Gatte(r)

(Zaunübersteigetreppe und drehbarer Zaundurchgang)
Soll eine Herde oder ein Fahrzeug einen Hag/Zaun (nicht aber Elektrozaun, da genügt eine isolierte Feder mit Handgriff) durchqueren können, so werden durch Löcher in einem dicken Pfahl (*Riglesuul*) oder andere Führungsteile lange Holzlatten/Bretter (*Rigle*) geschoben, Dieser Riegel lässt sich leicht öffnen und schliessen, muss aber im Bedarfsfall (Viehherde beim Weidgang) auch sicher verschlossen sein. Auf Bauernhöfen und Farmen lassen sich Eisengatter innerhalb wie ausserhalb der Stallung in fast beliebiger Ausdehnung und Machart finden, sie müssen aber bedarfsweise alle zuverlässig auch geschlossen werden. Moderne Viehroste sind wohl aufwendig in der Erstellung, dafür sind sie wie gewollt nur für Rinder eine Sperre.

Kreuzt nur ein Fussweg einen Hag. so gibt es vier Möglichkeiten der Passage: *Stapfede, Gatte(r)*, V-förmiges Engnis oder Drehkreuz.. Erstere kann aus Holz, passenden Steinen oder Metallgittern bestehen. Diese Übersteigeleiter kann nie versehentlich offen stehen, ist in der Erstellung aber aufwendig und auch im Winter dem Wetter ausgesetzt. Im Gegensatz dazu kann der hagpflichtige Landwirt die rostähnliche Tür *(Gatte(r))* im Winter aushängen und unter Dach lagern. Leider aber kann sie auch von Kindern zweckentfremdet als Karussell benützt werden oder aus Vergesslichkeit offen stehen. Der *Gatte(r)* ist aber velotauglich und kann bei Abwesenheit von Tieren auch längere Zeit offen stehen.

Stapfede und Gatte(r) haben ihre Vor- und Nachteile. Das meint man!
Ziemlich nahe von uns in Unterschlatt lagen zwei Bauern verbissen in einem Streit. Der als allseits widerborstig (fast lasterhaft) verrufene Hagpflichtbauer unterhielt bei einem Wegrechtübergang des Grenzzaunes penetrant eine *Stapfede*. Zwei überaus tüchtige und liebe Töchter waren jahrein und jahraus gezwungen, auf dem Weg zur Arbeit (von Appenzell aus per Bahn nach St. Gallen) mit dem Velo diese akrobatische Übersteigung zu bewerkstelligen, frühmorgens 05.30 Uhr und spätabends 18.30 Uhr! Alles Zureden des Familienvaters und alles Bitten um einen *Gatte(r)* fruchtete nichts; winters wie sommers war die lästige *Stapfede* velotragend zu überwinden. Klar, der liebe Nachbar war widerborstig und nach prozessualen Abklärungen im Recht.

Eines schönen Tages nun fällt dem Hagpflichtigen ein Rind in den wie immer nur sehr baufällig abgesperrten Jauchekasten (*Gstöckt*). Der obgenannte Vater bemerkt das, meldet es selbstlos persönlich seinem unwissendem Widersacher, hilft handfest mit Strohballen, Stricken, Pferdezug und allen Kräften beim Retten des Jungtieres, und immer unentwegt zum Nutzen des vermaledeiten Nachbarn. Na und, fragt der ungeduldige Leser nach dieser biblisch anmutenden Hilfe!

Der bisherige Verlauf war mir immer schon bekannt. Aber die Pointe erfuhr ich erst kürzlich gut 60 Jahre später persönlich von der jüngsten Tochter besagten Familienvaters; sie verstarb leider ganz unerwartet ein paar Monate darauf:

Noch in der gleichen Nacht wurde jene umstrittene (und mir wohlbekannte) *Stapfede* vom Widerborstigen abgerissen und später dann durch einen auch mir wohlbekannten *Gatte(r)* ersetzt!

Bin ich blauäugig, wenn ich vermute, dass das Verhalten der obigen Kontrahenden für staatspolitische Konflikte osteuropäisch, nahöstlich und sogar weltweit wegweisend sein könnte?! Fallen zu wenig Rinder in Jauchekasten? Noch tiefer als alle kommunistisch regierten Völker steckt natürlich das bedauernswerte nordkoreanische Volk gleich selbst in der Jauche. Die verbrecherischen roten Führer aber gehören dorthin! Niemand aber hilft! Niemand demonstriert; die feinfühligen, linkslastigen, Friedenspropheten und Weltverbesserer' (1968er) schweigen bescheiden. Klar, keine Krähe hackt der anderen ein Auge aus . . .

Selbst die obszönen und aufsässigen Atombomben – und Raketentests des obersten Meisterdraculas, Sklaventreibers und Blutsaugers in der koreanischen Hungerfolterhölle werden von diesen linken Nachtwandlern und Staatsanbetern beharrlich und treuherzig entschwiegen; wenn ich mich verdrossen und sprachschöpferisch so ausdrücken darf.

Kein einziger kommunistischer Machthaber kam weltweit je durch ungezinkte Wahlen an die Macht, immer nur über Intrige, Betrug und Blutvergiessen. Hitler jedoch als Ungetüm kletterte als Ausnahme durch reguläre Wahlen an die Staatsspitze, leider! Wie lautet ein rabiater, demokratischer Heilversuch für die kommunistischen Menschenverächter? „Oogschpitzte in gfroone Bode ini haue ond oobere dröbe schlette!" Die Übersetzung mag sich der geneigte Leser selber passend zurechtbiegen. Die Ideen der Kommunisten sind so irrwitzig falsch, dass sogar deren Gegenteil nicht einmal stimmt! Pssst! Diese bluttriefende Irrlehre funktioniert nur in kleinen, aussortierten Gemeinschaften (Klöster) und Familienverbänden, oder wenn wir alle Englein wären. Leider aber ist der Mensch als Egoist in der Regel und auf Dauer nur für sich oder in der Familie tapfer und fleissig. Das Rezept lautet: Leistung muss sich lohnen. Auch ich wasche mein Auto genug ungern nur zu meinem und der Familie Nutzen und schreibe dieses Buch . . .

Bei Hegel, Marx, Nietzsche oder Engels (ich verzichte auf Lebensdaten) als den hochgelobten Leithammeln der Kommunisten frage ich mich nicht, ob die Philosophen allgemein und einschliesslich Platon und Aristoteles Zugpferde oder Bremsklötze der menschlichen Entwicklung zu Wohlergehen sind. Ich denke diesbezüglich eher missmutig an Brunnenvergifter, während ich Astrologen, Homöopathen, Totenbeschwörer, östliche Gurus und urtümliche Schamanen (und weitere Scharlatane?) nachsichtig als lustige Gilde ihrem treuen Anhang weder entfremden noch verleiden will. Placebowirkung und ausgewählte (selektive) Beobachtung darf man nicht unterschätzen, und - wer ‚heilt', hat recht. Aber nur Doppelblindversuche und Reproduzierbarkeit (Möglichkeit der Wiederholung) sind Goldstandard und schaffen klare Wahrheit. Alles andere ist Bauernfängerei und Blendwerk!

Noch eine Prise Schadenfreude für biedere Realisten wie mich. Der überhebliche Meisterdenker Hegel verstieg sich laut dem Professor für Wissenschaftsgeschichte,

Fritz Krafft, durch seinen ‚messerscharfen' Verstand zur Behauptung, er habe bewiesen(!), dass es nur sieben Planeten gebe und die Astronomen nicht weiter nach solchen suchen sollten. O wie schade! Schon der vorbetende Altmeister und Stammvater aller Kommunisten griff also vollmundig daneben. 1846 wurden Neptun als achter und 1930 Pluto (gilt zwar heute nicht mehr als Planet) als neunter Planet entdeckt. Erlag da der grosse Freigeist und Geschichtsdeuter dem Charme der biblischen Sieben? Wenn das doch nur sein einziger Irrtum gewesen wäre!

Zurück in die wohlabgezäunte Ostschweiz. V - förmige Engnisse (meist aus Holz) und Drehkreuze (aus Eisen) können nur von Personen passiert werden, nicht aber von Rindern und kaum von Ziegen und Velofahrern!

Dreck ond Bode

(Dünger und Boden)

Meine Mutter ärgerte sich bisweilen, wenn mein Vater beim Zusammentreffen mit ihrem Bruder Anton ihrer Ansicht nach immer nur über *Chüe, Dreck ond Bode* eifrig und ausdauernd schwatzte. Ihr stand der Sinn vielleicht eher nach Kindern, Kleidern und Kochen. Verstehen kann man alle drei. Unter Dreck versteht der Bauer im Appenzellerland durchwegs (auch) Dünger.

Das Vieh braucht Futter und der Boden Dünger. Auf Heimwesen wie auf Alpen im Alpsteingebiet bildeten sich schon seit langer Zeit fünf ziemlich klar unterscheidbare Bodentypen (Bewirtschaftungsformen) aus: *Befig, Stoofl* (nur Alp), *Rüchi, Riäd* (Ried, nur im Talbetrieb; trockenes, steiles und wegen Düngermangel ungedüngtes Wiesland) und *Streui* Streueland). Im Talbetrieb wurde früher nur die Mähwiese (einmal jährlich!) mit Jauche oder Mist gedüngt, die *Rüchi* wurde nur beweidet, der Riedboden ergab nur gemäht Viehfutter und die *Streui* ergab gemäht nur Einstreu; von den Tieren im Stall noch etwas benascht. Beide letzteren Bodenarten wurden jährlich nur einmal gemäht. Der Riedboden war eigentlich Wiesland, nur reichte der Dünger nicht für diese ansonst doch noch zu bewirtschaftende Fläche (Waldrand oder doch ziemlich steile Fläche). Heute wird in Talbetrieben bis auf ökologische Flächen gleich jeglicher Boden jährlich mehrmals gedüngt, vorwiegend mit dünner Jauche. Also wurde auch aus *Riädbode* gedüngtes Wiesland (*tummte Bode*). Während für die Kühe das verholzte Riedheu nicht sehr milchfördernd ist und wir es gewöhnlich auf der für unsere Tiere reservierten kleinen Heudiele lagerten, wird es von den wählerischen Ziegen als Dessert feinschmeckerisch genascht und als Einstreu verschwendet.

In den Alpen (aber eher nur auf Privatweiden) hat sich die althergebrachte Bodennutzung noch ziemlich erhalten. *Befig* und *Stoofl* sind gewöhnlich in der Nähe des Stalles und wenn möglich nur mässig steil. Beide werden gedüngt, fast immer erst im Herbst und vorzugsweise mit Mist. Aber nur der abgezäunte *Befig* wird gemäht (jährlich einmal) und dient dann auch als Weide. Die *Rüchi* ist immer steil, terrassenförmig mit Kuhwegen versehen und oft auch ziemlich weit von der Melster entfernt. Sie ist die klassische Standartweide für die Tiere und gewöhnlich sehr artenreich. Kot und Urin der weidenden Tiere sind hier der einzige spärliche Dünger. *Riäd* und *Sreui* gehen aber ganz leer aus. Sumpfige, oft aber verlockend flache (teilweise auch entfernt gelegen, weil man die Ställe schon immer auf guten Boden baute) Zonen werden nur einmal jährlich gemäht. Die Sumpfpflanzen munden dem Vieh erfahrungsgemäss gar nicht. Die Gründe sind wohl nur den Kühen bekannt.

Zeitlich gesehen wird zuerst der *Stoofel* und erst dann die *Rüchi* abgeweidet, der *Befig* ist flächenmässig nicht so bedeutend und wird fallweise nach der Heuernte beweidet. In Gemeinalpen fehlt er fast gänzlich. Der Streueboden wird nie vom Vieh betreten (Löcher und Erdhügel erschweren die Mäharbeit).

Der tüchtige Senn oder Bauer lässt auf allen Futterflächen unerwünschte Pflanzen nicht aufkommen, die heutige Zeitnot lässt aber grüssen. Heute wird (sparsam) mit Pflanzengiften gearbeitet. In meiner Jugend habe ich gefühlsmässig fast tagelang mit dem Pickel *Schmalzblacke* (Alpenampfer; Rumex alpinus, mit bis 50 cm langen Wurzeln) ausgegraben. Der Zweispitzgeissfuss ist bei durchweichtem Boden diesbezüglich eine pfiffige Sache. Auch Tännlein und Büsche gehören ausgerissen, denn selbst die Ziegen sind der Verbuschung und Verwaldung kaum gewachsen.

Der *Befig* ist in neuerer Zeit fast ganz zur Bedeutungslosigkeit abgesunken. Früher brauchte man auf der Alp (ich meine nicht Heimweiden, von denen das geerntete Heu zur Stammliegenschaft geführt wird) für Kaltwettereinbrüche etwas Dörrfutter. Darum wurde auf der Alp Soll, in der Meglisalp und auch anderswo Wildheu gewonnen. Mit Fahrgelegenheiten zu vielen Alpen wird nun einfacher Heu aus dem Tal zugeführt. Aber schon Steinmüller berichtet, dass bei plötzlichem Schneefall schon vor 200 Jahren Futter (wohl Heu) in die Alpen getragen wurde! In diesem Zusammenhang berichtet er von Schneefall im August und im Brachmonat (Juni). So soll in Gais 1778 und 1801 gar 2 1/2 Schuh Schnee gefallen sein, mithin also gut 50 cm, wenn nicht gar 75 cm! 1737, 1744, 1746,1751, 1758, 1767, 1770 und 1771 fiel nach unserem Chronisten und Pfarrer in Gais in den Alpen so viel Schnee, dass sie wie im Winter aussahen. Auch wenn wir Doppelzählungen unterstellen – Heu für die Tiere auf der Alp war schon früher keine nostalgische Spielerei. Aus eigener Erfahrung rufe ich da noch den nasskalten 'Sommer' 1948 in Erinnerung.

Bergheu wie in der Bollenwies wird momentan nur noch aus nostalgischen Gründen von Idealisten gewonnen. Die Altenalp ohne jegliche Zufahrt ist natürlich eine Ausnahme, dort gewinnt Bruno Neff mit der Sense gemähtes Wildheu. Die steile Wiese wird nicht beweidet und weist darum auch keine Kuhwege (*Weegpööte*) auf. Wer will schon ohne Maschinen Heu richten? *„S ischt nomme me we ämool, no d'Henne leggid nomme me am Vomittag!"* (Es ist nicht mehr wie früher, nicht einmal mehr die Hühner legen am Vormittag!) bemerkte schon vor 50 Jahren halb bewundernd, halb klagend mein Cousin Albert Streule.

Auf trockenen Weideflächen ist das harte Borstgras (Nardus stricta) und um die Stallungen die auffallende Brennnessel verhasst. Mit Dünger (Kunstdünger, Hühnermist) bringt man den Borst weg, während die Brennnessel eben auf überdüngtem Boden kaum auszurotten ist. In vorökologischer Zeit haben fleissige Bauern Wassergräben vorbildlich eingedeckt und Streuefelder trockengelegt. Heute sind solche Drainagearbeiten strikte untersagt. Wir wollen in der Schweiz Blumen und nicht Viehfutter, also schauen und nicht essen! In der weiten Welt gibt es Sojabohnen, Getreidekörner, Fleisch und Milchprodukte im Überfluss. Dabei war aber früher die Einstreu auch enorm wichtig. Im Wallis wurde mit Laub als Einstreu Mist (Jauche für den Frühling haltbar machen, also stapeln können) gewonnen. Sogar in unserer Nähe in Unterschlatt sammelte eine arme Familie im eigenen Tannenwand mit dem Besen die Nadeln – Stroh war teuer und Streue fehlt im sonnigen Schlatt! Eine rare und bald vergessene Nutzung des Waldes durch Rinder ist der dortige Weidegang. Eine Berechtigung dazu, Trattrecht genannt, trat der vormalige Besitzer unserer Liegenschaft (F. A. Spe(c)k) in Unterschlatt am 12. April 1893 an den Waldbesitzer J. Koster gegen zehn Franken forstamtlich ab, zur Aktualisierung dürfen wohl noch zwei Nullen beim Geldbetrag angefügt werden. Die 'Unterschrift' beider Vertragspartner besteht vielsagend nur aus je drei Kreuzchen (Analphabeten). Nicht einmal mehr mein Vater wusste über die Bedeutung und Nutzung dieses Trattrechtes eindeutig Bescheid. Dass offene Tannengruppen (Alp Soll) noch Grasland aufweisen, versteht man gern. Aber geschlossene Wälder dünken mich eine kuriose und rätselhafte Weide. Nach Albert Neff bietet/bot das Trattrecht den Kühen die Möglichkeit, bei Unwetter unter den Tannen Schutz und allgemein zwischen lockerem Baumbestand doch noch etwas Weidegras zu finden.

Während allgemein der Wald in der Schweiz von Personen frei betreten (nicht befahren!) werden darf, haben Rinder eben nur mit Trattrecht freien Zugang zu sonst aus diesem Grund abgezäunten Gehölzen. Erhellend kann gelten, dass Steinmüller schon vor 115 Jahren das Streuesammeln und den Weidgang in den Wäldern von Innerrhoden verurteilt. Dabei erwähnt er neben dem ausgehungerten Vieh im Frühling besonders Pferde, Ziegen und Schafe als 'für den jungen Holzboden ' (Jungwald) abträglich.

Auch der Wald ist übrigens in der Neuzeit angekommen. Während noch um l952 in AI unter dem allzu wachsamen Auge eines (beliebten?) Oberförsters erst nach Hinterlegung eines Geldbetrages für Wiederaufforstung ein paar Tannen gefällt werden durften, wird heute der Naturverjüngung das Wort geredet. Momentan wird im Mittelland statt Nadelholz bewusst das standortgerechte Laubholz amtlich bevorzugt. Die Mais - und Weizenfelder wie auch die Wiesen im TG sind zwar auch nicht standortgerecht, doch das schluckt man stillschweigend in der Laubmischwaldzone. Woher beziehen wir in 100 Jahren gerades Langholz für Dachstühle? Ich sehe da Finnland oder Westsibirien im Rennen.

Während früher die Eidg. Alkoholverwaltung das Fällen der Birnbäume subventionierte, gibt es heute Beiträge für Hochstämme.

Aus ähnlichen Überlegungen wird bei den Kühen auch bald schon der Natursprung subventioniert, damit das 'Liebesleben' der glücklichen Kühe wieder im Lot ist! In der Landwirtschaft ist wie anderswo sehr viel geregelt; was noch fehlt, ist eine Regelung für neue und fragwürdige Regelerlasse, also ein Reglement für Reglemente! Ja sicher, jede Generation hat das Recht auf eigene Fehler und die Beamten/Politiker beiderlei Geschlechts in Bern/Brüssel wollen auch leben. Mitunter aber hilft auch die alte Soldatenweisheit: *„Chalt neh ond waam aalegge!"* (ruhig Blut und warme Kleider!). Das gilt vorab für die mediengetriebene Panikmache des vermeintlichen Waldsterbens vor 30 Jahren. Der Methanausstoss der Kuhmägen gerät durch die Putinkapriolen und Islamistenbocksprünge gegenwärtig zwar etwas in den Hintergrund, aber wer weiss . . .

Das Wort *Riäd* hat in AI und nur in AI noch eine ganz eigene Bedeutung. Darunter verstand männiglich früher (versteht heute) den südlichen Teil des Dorfes Appenzell, grob durch das Bahngeleise abgegrenzt. Die Siedlung besteht seit 1483 als

Korporation Stiftung Ried und gilt als die älteste, noch existierende soziale Stiftung Europas, laut Appenzeller Volksfreund vom 16. Mai 2013.

Der ehemalige Riedboden ist eine grosszügige Stiftung/Schenkung im Umfang von 7o ha von den (hochadeligen und abtnahen) Familien Brunner, Baumann und Küchenmeister (dessen Sohn war Kaplan in Appenzell) in St. Gallen 'armen Leuten zum Nutz' und war so von Anbeginn der Siedlung für minder bemittelte Personen (ähnlich wie früher bei der Gemeinalp Seealp) reserviert. Die kleinen Häuschen von früher zeugen noch heute von den damaligen bescheidenen Lebensverhältnissen. Der Boden wird nur im Baurecht vergeben, die Korporation zählt 170 Mitgllieder. Mitglied kann werden, wer verheirat sowie Bürger von Appenzell ist und Wohnsitz im Riedareal aufweist.

Die Bewohner entwickelten im Laufe der Jahre eine eigene, schnörkellose Lebensweise und Sprache, die Wohngegend war auf dem Heiratsmarkt nicht unbedingt erste Adresse, das Fremdwort 'Slum' aber will ich bewusst nicht verwenden. Bedauernswerterweise aber wurden auch rechtschaffene Riedbuben noch um 1950 als nicht für den Altardienst (Ministranten) geeignet eingestuft, wie ich von sicherer und betroffener Quelle weiss. Heute ist alles anders, nein, besser geworden.

Die *Riätle* waren/sind für ihr solidarisches Verhalten bekannt. Einmal um die Chilbizeit lud unser langjähriger *Heusenn* meinen Vater zum möglichen Kaufangebot der *Heutili* und der Restbezahlung vom Frühling in eine Wirtschaft hart am Rande des *Riäd* ein. Dabei verriet mein Vater dem Sennen vertraulich und nur mit leiser Stimme, dass auf dem Heustock leider dann eben auch noch etwas Ried (also ungedüngtes, verholztes Futter) liege. Ein Tischnachbar schnappte das Wort *Riäd* auf und wollte aufbrausend schon wissen, was mein Vater da von *Riäd* zu melden habe. Ungewollt verstärkte er damit natürlich gewisse Vorurteile . . .

Eine reiche Vereinstätigkeit und eine grosszügige Infrastruktur mit drei Metzgereien, vier Bäckereien und neun Wirtschaften sowie etlichen Quartieroriginalen förderten den dörflichen Gemeinschaftssinn, während die letzte Hinrichtung durch Köpfen vom 3. Dez. 1849 (Anna Koch 1831) beim Galgenhang, dem langjährigen und legendären Funkenplatz am Funkensonntag, nicht unbedingt standortförderlich war. Damals hielt man noch wenig von Wiedereingliederung der jungen Mörderin!

So etwa bis 1960 gab es in der Knabenschule in Appenzell laut Lutz ein ungeschriebenes, eigentliches Kastensystem.

Die meist bedauernswerten (Waisen -) Kinder vom Kinderheim Steig bildeten die unterste Kaste (Paria). Ihre unchristliche Bezeichnung durch rüpelhafte Mitmenschen (unsere Eltern hätten diese bei uns nie durchgehen lassen) basierte auf den zwei Begriffen von Staat und der Futteraufnahme der Tiere. Wie sagt da der zynische Realist: Das Leben ist hart, dafür ungerecht! Lobend aber sei erwähnt, dass die Bäcker des Dorfes Appenzell jahrelang den Waisenkindern im Kinderheim Steig an Weihnachten jeweilen (immer noch?) spezielle Gebäcke schenkten. Nicht ganz selbstverständlich in den Zeiten, da oftmals Brot und andere Lebensmittel gegen *uufschriibe* (laufendes Schuldenkonto) 'verkauft' wurden. Rabattmarken waren damals noch kein Instrument der Feinsteuerung der Kundenwelt, sondern handfestes Entgelt für Barzahlung! Die heutigen Grossverteiler tauschen da Asche gegen Glut.

Aufsteigend folgten dann die *Riätle*, die Bauernbuben und als Königsklasse die *Hofer* (Dorfbewohner). Heute haben sich die Höhenunterschiede etwas eingeebnet, aber so ganz verschwunden. . . Die Mädchen besuchten in jener Zeit geschlechtergetrennt brav die von Schwestern/Klosterfrauen geführte Mädchenschule *Chlos*. Heute ist das *Riäd* wichtiges Bauland. In der Schweiz sind bald auch die Armen reich.

Landschaftsqualitätsbeiträge

Kurz und gut: das Wort ist so sperrig und überflüssig wie ein Kropf. Moderne Landwirte bewirtschaften preisgetrieben mehrere ehemalige Kleinbauernbetriebe maschinell. Häge wie auch störende Bäume verschwinden. Maschinen stehen herum, weil grosse Remisen nicht in die Landschaft passen und Baubewilligungen nicht zügig zu erreichen sind. Als folgsamer Wirtschafter folgt der Bauer auch den rationalisierungsbeseelten Vorgaben der grossräumigen Landwirtschaft und hält ausser Milchkühen weder Schweine noch Hühner noch Ziegen. Doch halt, Bundesbern will die Sache steuern.

Also gibt es neuesten LQB (Landschafts . . . siehe oben!). Immerhin aber sind sie kantonal geregelt, was vielleicht zum Ergebnis führt, dass in BE Stacheldrahtzäune gefördert und anderswo wieder eher verdammt werden.

Laut der entsprechenden Broschüre für AI (keine bange: AR und SG haben ihre eigenen Listen) sind etwa 22 verschiedene Aspekte unterstützungsberechtigt, wozu ein ausgeklügeltes Punktesystem mit solider Kontrolle und photographischer Dokumentation bei 'Grenzfällen' unterhalten und gepflegt wird. So ist eine optimale Entgeltung gesichert. Wohl, wohl, billig ist der Spass nicht! Spasseshalber nenne ich einige landschaftsprägende, strukturierende und kulturhistorische Elemente, füge aber zur geistigen Fitness noch eine Niete (ein Kuckucksei) hinzu.

Lebhäge, Hecken, Obstgärten, Einzelbäume, bestockte Bachläufe, Nagelfluhrippen, Holzlattenhäge, *Weegpööte* (terrassenartige Viehwege im steilen Weidegebiet), Lesesteinhaufen, Trockenmauern, Befig, Holzpfähle (besonders beim Elektrozaun), Siloballendepot (geordnet, nicht von weitem einsehbar), Hofordnung, Hofbrunnen, Bauerngarten, gestockte Misthaufen, Wagenpark/Remise, Geflügelhof, gemischte Herden (Kühe und Ziegen), Holzzaun um die Alphütte, Alpschweinhaltung, Kuhfladenhaufen (*Chuedreckhüffe*), *Stapfete* etc. etc.

Wie bei den Tiernamen füge ich unverkrampft ein paar eigene, beitragswürdige Sachverhalte und Elemente an, frei nach dem Motto: Also Dinge gibt's, die gibt's doch nicht!

Also folgen Landschaftsqualitätsbeitragsvorschläge : Misthäuschen, Bienenhäuschen, Heinzen mit Heu oder Emd daran, Schochen (Haufen von Heu oder Emd bei Regenwetter), Streueschochen mit Mittellatte (von Sept. - Mitte Dez. stehend), Dengelstein (und Sensengatter an der Wand hängend), *Böschelitreschte* (wegen Regenwasserabfluss hochkant gelagerte Reiswellen), Ameisenhaufen am Waldrand oder unter alten Hägen, Streue- und Torfhütten (*Tobehötte*) mit gepflegtem Zugangsweg und naturnaher Umgebung, Maulwurferdhaufen, Obstbaumaststützen aus Holz, Jaucheschöpfer, Jaucherührer und Misthaken an einen Baum (Holunder ist stilecht) gehängt. Windeln an Wäscheseil (ev. mit Still - BH, aber ohne Tanga oder gar String!), *Wöschsäälstickel* (Seilstütze aus dünner Latte), *Gräs-Tschüppe* (Restgrasbestand auf Viehweide), Dampfkamin und *Guggere* (Lukarne) auf Scheune, Blitzableiter, *Goofe* mit *Schnodenase* ond *Gääfelätzli* (Kinder mit Nasenschleimnase und Speicheltüchlein umgebunden), Schneemann, ev. kombiniert mit Schneehütte und selbgestampfter Ski- und Schlittelpiste, *Stieloch* (Erdloch für die deckungsbereite Kuh, erleichtert dem Stier die Deckarbeit), Holzbeige an Fassade, ganz kleine Stallfensterchen, Eckstall (von Mutterschwein bewohnt), Hundeladen (*Hondsloch*) in Scheunenwand, *Schuechratze* (Scharreisen für Schuhe bei Dreck und Schnee), Brunnenstock (Holzgefasste Wasserröhrenverkleidung beim Brunnen), plätschernde Brunnenröhre, Haglatten an Scheunenwand, Scheune - und Hausbemalung, Wächterladen = mit Senn bemalter Holzladen, *Bronnehuus* = gedeckter Windschutz bei Tränketrögen, Hornkühe, *Chlausebickli* (bemalte Lebkuchen) zwischen Fenster und Vorfenster im Advent, Widder (Wasserförderung), *Riglelatten* (schiebbare Holzabschrankung), Strohbesen vor Haustüre, *Bechüe* mit Schnurhag, *Chälblipläss* (Hautauschlag/Flechten beim Menschen), Telephon- und Stromleitungsstangen, *Rossbolle* (Pferdeäpfel) auf der Strasse (geniessen Sonderpunktierung wegen Seltenheitswert), Handbeschwerden wegen zu langem *Schölleschötte*, Hausrosen auf dem Hausdach (verhindern Blitzeinschläge), Bruthenne mirt Küken unter Dreieckgitter, Hahn (wenn möglich mit Miststock), *Schitetotz* (Scheitstock) vor dem Haus, Kartoffelkrautfunken im Herbst, Hornschlitten an der Scheunenwand, *Gemmeli* (kleines Weidegaden), *Blottegüll* (Erdloch zur Jaucheaufnahme) etc. etc. Zur Schärfung der Beurteilung ist in dieser Aufzählung eine wirklich beitragsberechtigte Angabe versteckt!

Seien wir nicht so zimperlich und lassen zu statischen Sachverhalten auch dynamische Aspekte durch Beiträge adeln. Ich meine also *Räuchle* (Weihrauchumgang an Weihnachten und Neujahr; zur Geistervertreibung), mit dem rechten kleinen Finger im Ohr den Kühen rufen, rotes *Schnopftuech* (Taschentuch) mit Zündholzschächtelchenhülle als Schloss um den Hals tragen, Süssmostvergärung im Keller, dengeln, handmähen, Ferkel kastrieren ohne Betäubung (eine Schulkameradin von mir würde notfalls als erfahrene Praktikerin bereitwillig unterweisen!), *Chlausezüüg* (Lebkuchen auf Holzgestell) aufstellen, aber erst am Heiligabend, Baumstrünke sprengen, *Heu iitgräge* (Futterbürde zur Scheune tragen), mit Axt entasten, Baumfällen mit Holzersäge, Handmelken, Velofahren ohne Übersetzung (ohne Licht und mit Schirm in der Hand), Hausschlachtung, Bierflasche mit Bügelverschluss durch zwei gekonnte Schläge der Hand öffnen und vom Bügel befreien (ich schaffe es angesäuselt immer noch knapp), Velofahren auf Militärrad (rechtes Bein unter der Stange durch), Mähen mit dem Balkenmäher statt mit dem Kreiselmäher, herzhaftes in die Hände Spucken vor einer schweren Arbeit, Gras abbrennen 5 Tage vor und nach dem Funkensonntag (Laetare, 4. Fastensonntag), Zwetschgen mitsamt dem Stein essen, *Chriesisack* (Kirschensteinsack als Wärmespender im Bett) benützen, Hausgeburt, *Pössle* (schon einmal praktizierten Unfug anstellen wie einen Zweiradwagen in der Nacht auf eine Linde hieven, den hölzernen Nachttopf anbohren oder mit einer Scheiterbeige den Hausausgang in der Nacht für den *Spiinibueb* (abendlicher/nächtlicher Besucher der geliebten Bauernmaid) versperren etc.), Natursprung, freier Zugang der Hirsche auf die Weide, Betruf, *Schölleschötte*, Znüni-Essen aus dem Znünikorb unter einem Baum, Lindauerli rauchen, rässen Käse essen ohne Waffenschein, mit Reissäcklein über der Schulter vom Markt heimgehen (nur bei Männern anrechenbar), Wildern (speziell in den Wintermonaten und im Schwendetal), *Böschele* (Reiswellen binden), Alpenrosen einzäunen gegen die Rinder, selbstsicheres auf den Boden Spucken (Zuschlag bei wegwerfender Meinung), nachhaltig und vernehmlich den Auswurf ausspucken (doppelte Punktierung bei fehlenden Halsbeschwerden), auf einem Laubsack schlafen, Latten ungekürzt/unzersägt durch das Küchenfenster im Stubenofen verbrennen (so vom Besitzer der Liegenschaft Rüte (Jakob Spe(c)k um 1910 - 1920 gehandhabt), Schneeräumung mit Schneeschiff und Pferdezug, *Böls esse* = Haut auf gekochter Milch essen, Lindauerli rauchen, Nachttopf benützen (Zuschlag, wenn dieser witzig bemalt oder beschrieben), Fliegenfänger (an der Spitze geschlossener Stoffkegel an einem runden Eisendraht mit Stiel) benützen, Kinder spielen ganz ohne Geräte (Verstecken, Fangspiele, der Kaiser schickt Soldaten aus, *Bremüüsele* (blinde Kuh), Kaiser, König, wieviele Schritte darf ich, Räuber und Polizist etc.), Baumklettern, Schlitteln bei grosser Kälte mit/im Rock (Mädchen vorbehalten), wollene Unterhosen tragen (geschlechtsneutral), Stosswallfahrt mitmachen bis Marbach (hin und zurück zu Fuss), Fliegen fangen mit blosser Hand, fettiges Kochgeschirr (Gamelle) ganz ohne Waschmittel sauber waschen (erst mit Erde/Dreck, dann mit Wasser), knackiges Ziehen an den einzelnen Fingern (eher nur im Selbstversuch), Lattenlaufen (auf Zaunlatten balancieren), Frösche *hösele* (Schenkel abschneiden und Frösche wieder 'laufen' lassen), Brennholz sammeln im Wald, Hochzeitsböllerschiessen, Totenaufbahrung in der Stube (drei Tage), Freude über Helikopter - und Sportfluchzeuglärm (!) bekunden, Schnupftabak schnupfen, Kochen mit Holzherd, Kopfrechnen, Zustimmung signalisieren durch ein klickartiges Knacken/Quieken auf den Zähnen im rechten oder linken Mundwinkel, Barfussgehen etc. etc. Die Spezialisten in AR und im Toggenburg finden sicher noch mehr ortsgebundene Handlungen (*chlausen*, *Blochmentig* etc.). Wie die Beispiele zeigen, liegen Erhabenes und Lächerliches nahe beisammen.

Es ist schon verblüffend, was da Mama Helvetia mit Gaben aus ihrer Schürze nicht alles fördert. Sicher, ganz billig ist das Unterfangen nicht, aber Papa Staat trägt ja grosse Schuhe! Was oberflächlich gesehen wie sinnlos erscheint, entpuppt sich bei näherer Würdigung auch als willkommene Arbeitsbeschaffung . . .

Griffig ausgedrückt könnte einfach jeder Sachverhalt, der nicht mehr rentabel ist, durch Beiträge abgegolten werden.

Darf ich mit meinem Buch *Oberfahre* auch hoffen??

Vöötele
(andere übervorteilen)

Jedem ist das Hemd näher als der Kittel, das ist die menschliche Natur. Wer das wie der unheilvolle Kommunismus ausblendet, erleidet schlimmen Schiffbruch. Wenn wir alle Englein wären, würde der obige politische Unsinn funktionieren. Also gilt der behäbige Grundsatz: Vertrauen ist gut, Kontrolle aber besser.

Wird die Milch nach Menge bezahlt, besteht die grosse Versuchung, mit etwas Wasser das Quantum zu vergrössern, plastisch *Mülch wäsche* genannt. Die soziale Kontrolle (Schande) steht dem fast zu 100 Prozent entgegen. Das Volk vergisst so etwas lange nicht! Oft leiden darunter noch die Kinder. Das Vergehen ist deshalb ganz, ganz selten. Ich kenne drei solcher Fälle. Wenn die Milch nach Fettgehalt ausbezahlt wird, kann zusätzlicher Rahm im Kontrollbehälter der Milchsammelselle Zusatzeinnahmen bringen. Ich weiss von einem Fall dieser Umkehrtaktik, auch bildlich *Mülch schmötze* benannt. Mit moderner Eiweiss - und Fettgehaltbestimmung sind diese unsauberen Methoden Vergangenheit.

Wir wollen nichts verharmlosen, aber wer noch nie bei Parkgebühren geschummelt hat, werfe den ersten Stein. Grosse Skandale mit Wein und Fleisch gehören sicher nicht ins Schaufenster. Aber wenn der Staat per Mehrheitsentscheid von einem Einkommen (redlich, nicht mafios verdient) mehr als die Hälfte (bis 70 %?) für sich beansprucht, so ist das Enteignung, und wer sich per Steuerflucht dagegen wehrt, handelt in Notwehr, ob Fussballstar, Tennisass oder . . .

Wie wäre es eigentlich, wenn die Stimmkraft der Bürger etwas nach ihrer abgelieferten Steuer gewichtet würde? Der natürliche Logarithmus wäre als Grundlage eine Möglichkeit. Bei 10facher Steuerabgabe Abstimmungsgewicht 2, bei 100facher Steuerabgabe Gewicht 5, bei 1000facher Steuerabgabe Gewicht 7, bei 10 000facher Abgabe Gewicht 9 etc. 'Bern' und 'Brüssel' hätten sicher auch noch Zwischenlösungen auf dem Radar. Früher besass auch nur der kampfestüchtige Volksgenosse ein Stimmrecht, etwa beim Kriegsrat der Indianer, pardon, der indigenen Bevölkerung oder an der Landsgemeinde der appenzellischen Raufbolde in grauer Urzeit. Die Offenlegung und das Stimmrecht beeinflussenden Steuerabgaben der Staatsbürger würden wohl ziemlich viel Geld in den Staatssäckel fluten! Wer zahlt, befiehlt? Klingt dies garstig?

Bewerten wir folgendes Gedankenexperiment: In der Natursprungzeit hat ein Stierzüchter eine Kuh mit anerkannt guter Abstammung und hohen Milchleistungen. Sie bringt jetzt leider 'nur' ein Kuhkalb zur Welt. Gleichzeitig kalbt eine zweite Kuh mit nur ganz mässiger Milchleistung. Sie bringt aber ein Stierkalb zur Welt. Wollen wir die Kälbchen im dunklen Stall aus Versehen tauschen?! Charakter vor Profit oder umgekehrt? Mit gesextem Spermium lässt sich heute die Sache steuern.

Nehmen wir nochmals leichte Hanteln zur Hand. Wohl unfein, aber fast lustig finde ich die Art, wie vor 70 Jahren bei Meggen LU ein Milchmann die Milchmenge beim Bauern mass. Er brachte die Milch im üblichen Massbehälter zuerst mit dem Rührer (sicher geduldig!) in intensive, kreisende Bewegung. So entstand durch die Zentripetalkraft in der Mitte eine tulpenähnliche (eigentlich war es eine Parabel!) Vertiefung. In die hielt er dann den Mess - Stecken und las die angezeigte Literzahl ab. Dabei erklärte er den zuschauenden Bauernkindern kaltblütig, er müsse die Milch umrühren, der Qualität wegen. Die Bäuerin kannte zwar den Schwindel, sagte aber notgetrieben und vielsagend nichts. Aber in der Physikstunde hatte der Milchmann wohl nicht aus dem Fenster gegafft. Ideen muss man haben.

Dass vor langer Zeit an der Viehschau in Appenzell ein Stierhalter seinem Stier die unerwünschte, dünne, weisse Nackenbehaarung dunkel färbte, so dass sie dann im Regen allen sichtbar ausbleichte, mag heute zur Belustigung dienen, war es zuerst aber nicht. Da kann man aber schon fragen: War die farbliche Anforderung dümmer oder die Schadenfreude der Eingeweihten? Es gab darüber sogar eine *Ratzliedlistrofe*.

Beim Kauf einer Kuh aber war/ist der Besitzer schon verpflichtet, nicht einsehbare Mängel desTieres zu nennen, etwa Fehler in den Zitzen wie einen *Dreistrech* (eine Zitze ohne Milch). Ein fehlendes Horn aber musste/muss der Käufer selber bemerken, das war und ist eben *Augewaa(r)* (einsehbarer Mangel).

Um allfälligen und vielleicht völlig unbeabsichtigten Streitigkeiten mit Nachbarn und Verwandten auszuweichen, galt früher die kluge Regel: Mit Verwandten oder Nachbarn soll man keinen Handel treiben!

In der folgenden Ehrlichkeitsprüfung geht es um Stunden und um Geld. Natürlich könnte ich mit allen präzisen Daten wie Vornamen, Namen, Verwandschaftsverhältnissen und zeitlichen Angaben aufwarten, unterlassse es aber aus Pietätsgründen.

Dass auch bei den ziemlich rührigen Appenzellern das Sprichwort gilt: *'Liäbe im schwaaze Hääs go eebe ass im blaue go vediäne* (Lieber im schwarzen Gewand erben gehen als im blauen (Arbeitskleid!) arbeiten)!' ist zu verstehen. Nun verstarb vor reichlich 60 Jahren in der ganz nahen Verwandtschaft meines Vaters ein Mann, der Zeit seines Lebens leicht kränklich und noch mehr unbeholfen war. Das Leben schreibt ja die besten Romane; also war der Mann genau auf einen Dienstag im Wonnemonat Mai zivilstandsrechtlich geschieden, was im ungefähr katholischen Innerrhoden damals schon einer Sensation gleichkam. Obwohl die Eheleutchen auf die vielversprechenden Vornamen Franz Anton und Katharina Josefina hörten, war ihr beinahe 15 Jahre langes Eheleben wohl aus bunten Gründen ziemlich unterkühlt. Auf jeden Fall zeigte die treusorgende Gattin einmal ihren Gatten im 2. Weltkrieg eigenhändig bei den Behörden an, ein paar Pfund *Schmalz* (Butter) schwarz verkauft zu haben. Nun verstarb der gute Ehemann aber leider noch/schon am besagten Dienstagabend, wo er doch am folgenden Mittwoch als geschieden gegolten hätte. Was tun die Erben? Eine Person kommt auf die traumtänzerische Idee, den Zeitpunkt des an sich nicht unerwarteten Hinschiedes um einige Stunden bis nach Mitternacht hinauszuschieben, um so irgendwelchen erbrechtlichen Ansprüchen der noch angetrauten, aber schon abwesenden Ehefrau einen Riegel zu schieben. Es ging wohl um Nutzniessung oder ähnlichen erbrechtlichen Kram.

Der trauernde und erbberechtigte Familienrat aber findet diese fiktive Lebensverlängerung doch als unziemlich, und so gilt der Hingeschiedene als ungeschieden Verblichener. Tatsächlich überlebt deshalb Katharina ihren Franz nutzniesserisch noch um satte 28 Jahre, 6 Monate und einen Tag.

Auf Initiative meines Vaters kam dann nach Katharinas hochbetagtem Heimgang das blockierte Vermögen des so unpraktisch zu früh Entschlafenen doch noch zu den engagierten Erben, wenn auch teilweise nur noch an deren Erben. Der Erbteil mag pro Stamm bei einem Betrag gelegen haben, der etwa für ein belebendes Wellness - Wochenende in einer Hotelresidenz mit fünf Sternen ausgereicht hätte. Dass der zufällig in Gonten (diese Ortsangabe hat der Leser sicher schon erwartet!) in der Rekrutenschulverlegung weilende Neffe des Verstorbenen diesen nicht wie von der obigen ideenreichen Person gewünscht als kalte Leiche zu rasieren weigerte, ist zu verstehen, aber setzt dem grotesken Bauerntheater noch die Krone auf.

'Honny soit, qui mal y pense (Schuft, wer Arges denkt)! steht auf dem Stoffband des englischen Hosenbandordens!

Vöötele wird schlauerweise unauffällig betrieben, niemand soll den Schwindel bemerken. In einem Leserbrief in der NZZ vom 7. 4. 2000 schreibt Karl Beuer aus D-Traben/Mosel, dass die von Friedrich Schiller geschriebene und von Ludwig van Beethoven vertonte 'Ode an die Freude' ursprünglich 'Ode an die Freiheit' hiess. Das sei schriftlich belegt in den 'Stammbuchblättern', die 1849 als Beilage zum 'Bremer Sonntagsblatt' veröffentlicht wurden. Darin schildert der Turnvater Jahn, wie bei einer Keilerei unter Studenten darüber ein Schreiber Heubner, der zeitweise für Schiller geschrieben habe, ihm recht gegeben hätte mit dem Hinweis, dass Schiller 'Freiheit, schöner Götterfunke' geschrieben habe und erst ein Zensor (Napoleon im Anzug oder im Land?) das Wert 'Freiheit' gestrichen und durch 'Freude' ersetzt habe. Soweit der Leserbrief. Freiheit passt tatsächlich besser zum gefühlvollen und mitreissenden Gedicht mit 8 Strophen und 96 Zeilen von Schiller. Belanglos? Nicht unbedingt. Als EU - Hymne passt den Hohen Herren in Brüssel 'Freude' sicher besser als 'Freiheit', und sie werden wohl kaum korrigieren. Die unmündigen Schäfchen könnten sonst noch auf dumme Gedanken kommen. Auch unser Bundesrat (heissen sie eigentlich schon Minister?) wird deswegen wohl kaum in Brüssel auf den Tisch schlagen. Deutungshoheit ist eine gewichtige Macht.

Arzt, heile dich selbst! In der zweiten Hälfte meiner Sechstklassschule hatten wir in Schlatt aus hier nicht näher verratenen Gründen plötzlich einen Aushilfelehrer, einen pensionierter Schulmeister aus Kau. Im Frühlingszeugnis übertrug der leicht überforderte Mann die Herbstnoten einfach in die Frühlingsspalte, der Einfachheit halber pauschal alle etwa eine halbe Note höher. Die Eins war damals die beste Note. Das fand der grosse Familienrat in der Rüti für den Übertritt an die Realschule (eigentlich eine Sekundarschule) im Kollegium in Appenzell unpassend. Also griff ich zu Tinte und Feder und setzte unter wohlwollender Beratung durch Vater und Mutter überall, wo es möglich war, eine Eins oder ein Strichlein vor die eingetragene Note, so in 3 - 4 Zeilen. Dadurch entstand der imponierende(?) Durchschnitt von 1,303. Tinte und Linienzug gerieten mir so gut, dass ich heute selber nicht mehr genau weiss, wo wir 'nachhalfen'. Der gute Prof. Bertrand schrieb bei der Anmeldung nichtsahnend alle Noten in ein Formular ein und ich verhielt mich schön brav. Natürlich waren die Noten bei der nachfolgendenAufnahmeprüfung nicht massgebend. Mein Schulkamerad H. S. und ich waren übrigens die ersten Schüler, die von Schlatt den Sprung in die Realschule aus der 6. Klasse schafften, mit Halbtagesschule.

Als versierter Pflanzenkenner erstellte ich 1958 mit Leichtigkeit im Seminar Rorschach das mindestens 50 Pflanzen umfassende Herbarium. Ein eher musikalisch als botanisch begabter Mitschüler liess mich für ihn gegen fünf Franken auch dieses verlangte Herbarium erstellen, natürlich mit anderen Pflanzen, wir 'bescheissen' doch ehrlich. Während meine Arbeit von Herrn Prof. Dr. Hans Weber (nach drei Biologielehrbüchern familiär Schmeil genannt) mit 5,5 belohnt wurde, heimste mein Arbeitgeber für 'seine' Meisterleistung eine makellose 6 ein. Ja, so blind schlägt das Schicksal zu.

Wer schuldlos ist, werfe den ersten Stein; Joh 8,7.

Mölche
(melken)

Die wichtigste Arbeit des Sennen ist das *Mölche*, da zeigt sich der Ertrag aller Sennenarbeit. Nach einmaligem Ziehen an jeder Zitze (*Strech)* und lockerem Massieren der vier Zitzen (*handle,* vielleicht vom *Handbueb* vorgenommen) setzt der Melker zum Melken an. Dabei sitzt er (im Alpsteingebiet) auf dem runden, einbeinigen *Mölchstuehl* (Melkstuhl) und klemmt den Melkeimer zwischen die Beine. Die Zitzen bleiben zwischen Fingern und vorderstem Daumengelenk (*Chnödle*), zwischen

Daumen und Zeigefinger (*ströpfle* bei kurzen Zitzen), zwischen Zeige- und Mittelfinger *(spindle)* oder in der ganzen Hand (*hapfle* bei ganz grossen Zitzen). Die Kuh steht gewöhnlich ruhig da; aber früher wurde (auch noch heute?) im Freien gemolken. Bei nervöser Kuh, ungünstigem Gelände oder /und Regenwetter war das so eine Sache! Nach 5 - 8 Minuten ist die Kuh gemolken, *Strotz (Strahl)* um *Strotz* rauschten abwechselnd links und rechts so 5 - 15 Liter Milch in den schäumenden Melkeimer. Das summt gleichmässig und melodisch. Bildet sich kein Schaum und plätschert es unangenehm, so ist entweder die Kuh krank oder der 'Melker' ein blutiger Anfänger. *„Hetts gschuumed?"* ("Hat es geschäumt?") ist also die Frage nach Erfolg und Können. Die Melkarbeit *trüügt* (täuscht, wird unterschätzt), denn besonders beim *Chnödle* werden Kraft und Ausdauer bei der Abwärtsbewegung der Arme benötigt; auch kräftige, aber in dieser Kraftrichtung ungeübte Naturen sehen da alt aus! Enge Ställe, verschmutzte Kühe und offene Melkeimer boten/bieten den Kolibakterien natürlich gefährliche Zutrittsbedingungen (Käse blähen dadurch).

Gemolken wird üblicherweise im Abstand von zwölf Stunden. Wenn die Kuh bald *galt* (trocken gestellt) geht oder gehen sollte, werden die Melkzwischenzeiten zunehmend verlängert. Mein Vater aber wusste von einem Knecht, der aus Unfähigkeit in einer Woche um eine ganze *Mölchede* (Melkarbeit) in Rückstand geriet; sein grosszügiger Meister aber sah über dies hinweg. Aus Sparsamkeit soll das Knechtlein an der Gontnerchilbi mit den Tänzerinnen jeweilen an den Dorfbrunnen Wasser trinken gegangen sein.

Melkfett (Marke: Eutra, Alpa), das man einer gedrechselten Rinne am Melkstuhlbein entnimmt, erleichtert die Melkarbeit für Tier und Melker, hin und wieder soll auch *Speuz* (Speichel) genügt haben, laut Albert Neff. Ein guter Melker hat übrigens feine und geschmeidige Hände; fast wie eine Hebamme, wie einmal ein Witzbold witzelte. Holz - oder Rossknechte sind da fehl am Platz. Rührt daher die früher übliche Arbeitsteilung auf grossen Höfen im Unterland zwischen *Charrii ond Chüenii* (Rossknecht und Melker)? Unsachgemässes Melken kann auch das Euter schädigen.

Melkmaschinen mit oder ohne Absaugeeinrichtung oder gar Melkstände sind jetzt natürlich für Melker und Kuh eine enorme Erleichterung. Wenn aber gar ein Melkroboter der Kuh je nach Programm rund um die Uhr zur Verfügung steht und eine leckere Kraftfutterzugabe computergesteuert je nach Milchmenge dargeboten wird, ist das Melken für die Kuh direkt eine lockende Versuchung, was pfiffige Kühe schon nach 1 - 2 Tagen *älickidd* (begreifen).

Als Bub habe ich unserem Heusennen Johann Hautle abends gern mit *Handle* geholfen; an die *Schöllchue (di gross Schölle)* Olga mit den grossen Zitzen und der enormen Milchmenge kann ich mich noch immer gut erinnern. Dass ich dazu selbstsicher Pfeife rauchte, war doch logisch, obwohl der Vater Nichtraucher war. Klappern gehört zum Handwerk und Pflichten schenken auch Rechte!

Laut Jakob Fuster lernt der Bub am besten das Melken, indem er nach dem *Handle* mit Melken beginnt und so lange melkt, bis ihn sein Vater ablöst, wonach sich der Knirps die nächste Kuh vornimmt. So erleidet auch das Euter keinen Schaden, denn kräftiges Ausmelken ist ihm förderlich.

Entgegen der Meinung von unbedarften Tierfreunden passen Saugkälber schlecht zu den Eutern heutiger Milchkühe. Die unsinnigen Stösse des Kälbchens in das empfindliche Euter sind für die Kuh eine Belastung. Sogar das Tränken mit dem Finger in der Milch kann dadurch für den Hirten zur Plage werden. Des weiteren reicht die Milch heutiger Hochleistungstiere für zwei bis drei Kälbchen, so dass eine Zuteilung 1 : 1 nicht praktikabel ist. Die Euterviertel werden beim Kälbersaugen zudem sehr ungleich geleert, was Mastitis (Euterentzündung) und Schmerzen auslösen kann. Das gilt sogar auch bei der Mutterkuhhaltung. Durch Zucht und Futter ist aber das Gesäuge bei den Mutterkühen sehr bescheiden ausgebildet, volumenmässig fast den melonenartigen Silikonbrüsten auffälliger Sexbomben vergleichbar, aber bitte nur mit Vor - oder Nacheuter gleichgesetzt, also nur zwei Zitzen! Die unauffälligen Euter der Mutterkühe erleiden gewiss auch fast nur unauffällige Schäden. Wenn aber Kälber monatelang saugen, entwickelt sich daraus oft eine unliebsame Gewohnheit. Mit Stechvorrichtungen (Halfter oder Nasenring mit Spitzen) muss dieser Unart wieder gesteuert werden. Das nasse und verschmierte Euter ist auch ein unerwünschter Anziehungspunkt für Fliegen.

Weil bei Krankheit oder anderer Belastung die Milchkuh ihr Euter sofort verkleinert, heisst es fachmännisch, sie macht *e chliis(es) Üüteli*. Das ergibt ein geflügeltes Wort für bescheidenes Verhalten oder stille Scheu und ist auch auf Männer anwendbar. Politikern und Schaumschlägern jeglicher Machart würde das oft gut anstehen. Wenn das Buch *Öberefahre* keinen Anklang findet, gilt das auch für mich!!

17 Chüe ond 1 Stie(r)

(Stier)

Wer (in AI, laut meinem Vater) mit weniger als 18 Stück Grossvieh mit *de Schölle öberefaht*, der macht sich lächerlich; wer gar mit weniger als 18 Grossvieheinheiten (GVE, Stösse) mit *de Schölle öberefaht*, der macht sich schon fast strafbar. Warum ist die Zahl 18 so entscheidend?

Mit 18 Kühen kam wohl schon um 1800 täglich so viel Milch (um die 100 Liter) zusammen, dass sich ein Käse herstellen liess, bei gleichem Durchmesser schwankte allenfalls die Käsedicke. Umgekehrt schafften damals wohl zwei Sennen den Arbeitsanfall (melken, käsen, *buudere*, ziemlich viel Brennholz und etwas Heu richten, Dünger ausbringen, Zäune unterhalten, etwas Schweine besorgen etc.), womit wiederum die zwei *Geelhösle* plausibel erscheinen. Für den *Heupuur* war es wohl wirtschaftlich vertretbar, Stallung für die 18 Kühe bereitzuhalten, nicht aber für Jungvieh oder Ziegen des Sennen. So pendelte sich langsam wohl die Zahl 18 - 22 Kühe als Idealgrösse eines Senntums ein. Das eine bewirkt das andere und umgekehrt, es bilden sich selbstverstärkende Regelkreise. Etwa ähnlich verhalten sich Klassengrösse und Schulzimmergrösse, Paletten und Lastwagenmasse, Container und Transportschiffe und noch manches mehr.

Auffällig ist, dass ein Grossteil der Alpen in AR und AI um die 20 Stösse aufweist, Alpen für 40 oder zehn Kuhrechte sind selten. Die Seealp vor 100 Jahren, im Eigentum des Kantons und als Sömmerung nur für kleine Herden und ärmere Bauern (nur Landsleute, also in AI wohnend) gehandhabt, war da eine Ausnahme. Mittlerweile sind auch dort die Alprechte in der oben genannten Grösse.

Melkroboter, die heute bei 60 Milchkühen optimal sind, bewirken wohl bald ähnliche Anpassung und Gleichschaltung, 30 Kühe sind zu wenig und 120 zu viel! Bei 3000 Milchkühen und mehr (USA, Neuseeland etc.) aber melkt ein Angestellter ohne Roboter in einem Melkstand von 40 Kühen und mehr oder an einem Melkkarussell durchgehend, mit Ablösung. Nach 23 Std. Melkzeit wird eine Stunde lang die Anlage gereinigt und dann wieder unverdrossen in Betrieb gesetzt. Die Kühe werden durch fahrbare Gatter langsam zur Melkanlage gedrängt. Individuelle Melkwünsche bleiben unberücksichtigt.

Die Herdengrösse des Heusennen bestimmte in AI die Grösse und die Gestaltung der Scheune, des *Gade*. Das galt aber nur für Liegenschaften ab etwa 5 ha Wiesland, kleinere Bauernhöfe kamen für einen zünftigen Heusennen also nicht in Frage. Ein doppelseitiger Stall für 18 Kühe war dem Sennen reserviert. Am Kotgraben in der Stallmitte stehen die Kühe Hinterteil zu Hinterteil, bei befahrbaren Ställen (im Unterland) stehen die Kühe umgekehrt, Kopf gegen Kopf zum Futtergang ausgerichtet. Beide Tierstellungen haben ihre Vor- und Nachteile. Der Heubauer mit 3 – 5 Kühen und einigen Jungtieren benützte einen einseitigen Stall, womit die erwünschte Stalltemperatur auch im Winter (wegen Futtereinsparung oft über 17 Grad Celsius) zu erreichen war. Der Schweinestall war für etwa 4 Würfe (*Patt*) Jager von etwa 10 - 40 kg Gewicht gebaut. In einem meist abschliessbaren Teil des Schweinestalles hatte der Heubauer Platz für 2 – 4 Mutterschweine und deren Ferkel. Über den Stallungen beidseits des Tenns war der Raum für Heu und Emd, so zweimal 8 x 7 x 3 m3, was bis 400 m3 ergibt. Stroh, Streue und Brennholz lagerten über der Vorbrücke (*Voobrogg*) oder in einem abgetrennten Stauraum. In der Tränke (in windigen Gegenden mit einem Brunnenhaus) befand sich ein Brunnentrog für 4 - 6 Kühe. Genügend Wasser in guter Qualität (gefrieren) war für den Heusennen eine verlockende und notwendige Ausstattung. Die typischen Misthäuschen nahmen den Mist für etwa zwei Tage auf, liessen ihn über einem Holzrost abtropfen und verhinderten zugleich den unerwünschten Luftdurchzug beim Entmisten (*Schorre*) des Stalles. Der Mist war die notwendige Form der Düngerstapelung (kleine Jauchekästen) und zugleich die Wunschform des Düngers für die Wiesen. Heute gelten auf grossen Bauernhöfen diesbezüglich andere Gesetze.

Der doppelseitige Sennenstall steht also beim Heubauern während rund 40 Wochen leer, er ist der ideale Stapelplatz für Brennholz und Gerätschaften sowie ein idealer Spielplatz der Bauernkinder bei Regenwetter und die ideale Gebärstube für die Hauskatze. Hühner werden da nicht geduldet, aus übelriechenden Gründen!

Auch die zwei in den Monaten April - Mai leeren Heudielen (*Heutili*, auf ihnen lagerten dann das Jahr über die zwei *Tili* Heu, *Heustöck*) waren für uns Kinder ein geschütztes Spielfeld.

Das eingelagerte Heu oder Emd durften wir aber nie ausser bei Ernteabeiten betreten, die oberste Schicht fühlte sich aus Gärgründen oft feucht an (*Topfböls*). Zwischendurch trockneten die obersten Halme wieder aus, ansonsten hätten sich vergraute, unbeliebte Schichten gebildet. Überhaupt bewältigten nur wir 'Männer' mit den Heuburden notgetrieben den sicheren Schritt von der breiten Heuleiter auf den lockeren Heustock, Abstürze mit und ohne Todesfolgen waren diesbezüglich andernorts auch schon vorgekommen. Mein tüchtiger Cousin Sigmund Broger machte bei uns als jugendlicher Helfer in den Jahren 1941 – 1942 (Aktivdienst des Vaters) einmal ungewollt und zum Glück folgenlos so einen Sturzflug. Heute wird so etwas von übermütigen Personen am Gummiseil konsumiert, wir haben ja Versicherungen und aus banaler Langeweile den Kick nötig. Gestählte Naturen brauchen vermeintlich 'todesnahe' Abenteuer, aber Verstorbene vor sich zu sehen ertragen sie nicht ohne psychologisches Händehalten. Weg damit.

So ein *Gade* in AI ist vollständig aus Holz erstellt, bis auf Dachziegel, gemauerte Jauchekästen und Blitzableiter. Durch die Bewirtschaftung (Heu) finden sich überall auf Balken und in Nischen Staub und Spinnweben. Wenn es dann einmal brennt, brennt es richtig, fast explosionsartig. Da entsteht das Sprichwort, welches auch auf reifere, töricht verliebte Mannsbilder und Weibsbilder zutrifft: *Wenn alti Schüre brennid, ischt bös lösche* (alte brennende Scheunen kann man kaum löschen)! .

Was bei Kindern und Jungkatzen lustig ist, wird bei näherem Zusehen zu einer Last in Form von nicht genutztem Raum und also erhöhten Kosten für Bau und Unterhalt der Scheune. Die halbnomadische Bewirtschftung von Alp und Bauernhof durch den Sennen ist darum nicht optimall, aber nicht zu umgehen. Das erklärt auch die einfache Ausstattung der Alpgebäude.

In der Ostschweiz heisst bislang 'schönes Wetter' eindeutig 'Sonnenschein'. Wind, Kälte und Regen werden als unangenehm empfunden. Darum sind die Häuserfronten wenn immer möglich nach Süden ausgerichtet. Die Scheune will da auch mithalten. Also entsteht mit Haus und Scheune der für das Appenzellerland tyische Kreuzfirst. Die Berechnung der entsprechenden Winkel ist nur Könnern zugänglich, die wackeren Zimmerleute haben da Tabellen oder Reissen nach der Lage der Balken an. Früher standen Haus und Scheune eher getrennt, bei einem Brand war das einfache Schadenbegrenzung. Die Scheune übersteht auch den möglichen Vollbrand des Hauses. Bau und Bewirtschaftung ist aber etwas umständlicher als bei geschlossener Bauweise.

Die Betreuung des Senntums beeinflusste also im Appenzellerland in ungeahnter Stärke die Bauweise von Haus und Scheune, besonders, wenn man noch beachtet, dass auch die Küche (Platz für Käsekessi mit Abkehrsäule/*Weeb*) und der Keller (Platz für reichlich 20 Milchnäpfe) dem Buttern und Käsen des Heusennen angepasst sein mussten.

In ganz seltenen Fällen besass ein Heusenn/Händler in AI um die 40 Kühe, die dann auch typischerweise auf zwei Herden (*Sennten*) mit je einem *Gspiil Schölle* aufgeteilt waren. Etwas verwegen nenne ich Martin Signer *(Totsche Maati)*1890? - 1970?, Appenzell; Koster Baptist 1890? - 1970?, Appenzell sowie noch früher einen Neff (*Leengg*), Gonten.

Iitue ond uusloo

(Anbinden und losbinden im Stall)

Im Winter (in modernen Betrieben jahrein und jahraus, aber mit Auslauf) bleibt die Kuh fast immer im Stall, Futter und Wasser werden im Anbinde - oder Laufstall an Ort dargeboten. Auf der Alp kommt es umgekehrt, besonders das Jungvieh verbringt häufig Tag und Nacht im Freien, vielleicht nur alle paar Tage vom *Senn* besucht. Das Melken im Freien (bei Regen) wird nicht mehr oft betrieben. Passendes Zufutter im Stall fördert das Wohlergehen und bei spärlich gewordenem Graswuchs den Fresseifer der Kühe, sie sind *tätig*, also ausdauernd bei der Futtersuche. Bei Hitze und Bremsenplage drängen die Tiere in den Stall, der aufmerksame Senn *tuet ii* (lässt die Tiere in den Stall). Zu Beginn der Alpzeit wird die Herde meistens (in

Gemeinalpen streng nach Abmachung) nach dem Fressen eingestallt, so bleibt das restliche Gras sauber und die erwünschte Düngermenge steigt.
Die Kuh verhält sich wie die Ziege kräftesparend; unnützes Herumgaloppieren wie das Pferd liegt ihr nicht. Entweder frisst sie stehend und gehend oder sie liegt wiederkäuend. Von Ausnahmen abgesehen steht die Kuh nur, wenn sie einen Wunsch hat, also zur Tränke, ins grasreiche Nachbarfeld oder in den Stall sowie gemolken werden will.
Die Kuh im Stall schafft mit dem reichlichen *Chuedreck* (Kot) für den Sennen ein Entsorgungsproblem, sie ist eben ein Pflanzenfresser und kein Fleischfresser. Moderne Spaltenböden, Entmistungsanlagen oder Kotgräben sind da die beste Lösung. Früher probierte man mit Einstreu (Streue, Stroh, Laub, Fichtennadeln, Torfmull, Sägemehl, Hobelspäne etc.) und fleissigem Wegschaufeln des Kotes die Tiere sauber und trocken zu halten. Mit Zusatzrosten für Jungtiere und Stier (er uriniert auf Nabelhöhe, weshalb seine Hinterschenkel oft verfärbt waren/sind!) wie auch Schweine strebte/strebt man das selbe Ziel an. In Tirol habe ich schon Ställe gesehen, deren Lägerlänge (Bretterboden) entlang dem *Fletschlig* (Kotgraben, Mistgraben, Laufgang) zunehmend verkürzt war und der Körpergrösse des Jungviehs entsprach.
Stecken die Klauen der Rinder immer im Nassen (Kot, Sumpf usw.), so können sie sich zu wenig abnützen und werden zu weich. Stehen sie aber immer auf dem Trockenen, so kann auch das nachteilig sein. Abwechslung ist günstig. Betonböden oder zusätzlich ausgestreuter Sand im Stall vermindert das umständliche Klauenschneiden. Der Sand wird auf einer grossen Milchfarm mit 800 Tieren in der Nähe meiner Cousins Pat und Nick Faessler in Wisconsin nachträglich wieder aus der Jauche zurückgewonnen und erneut verwendet.
Für Ziegen und Kälber ist die fortlaufende Aufstreuung auf dem bestehenden Stroh – Mist - Belag eine gute Lösung. Auch für Grosstiere und grosse Herden ist das mit Pneuladern eine pfiffige Sache, in Wisconsin sogar mit Altpapier (Aber Achtung: Schwermetalle in den Druckfarben!) gehandhabt.
Aus Kostengründen verzichtete der Talbauer früher auf Stroheinstreu im Sommer, Jauche ist im Sommer zudem gewöhnlich besser zu verwenden als Mist. Trotz fleissiger Kotentfernung durch den Züchter blieben die Tiere im hinteren, unteren Körperteil ständig nass und schmutzig. So entwickelte sich unabwendbar eine fingerdicke, durch Risse kiesartig unterbrochene Schicht aus getrocknetem *Chuedreck* (Kuhkot), die erst im Herbst bei Beginn der Stroheinstreuung weggewaschen und gestriegelt wurde. Für heutige Hygieneüberwacher und Tierfreunde ein Gräuel, früher eine kaum zu behebende Notlage.
Bei den Schweinen ist die Situation wegen geringerer Kotmenge (auf das Körpergewicht bezogen) und bei genügend kühler Stallhaltung nicht so angespannt. Bei genügend Platz und passender Stalltemperatur sind die Schweine erstaunlich sauber; in einer Ecke erleichtern sie sich, irgendwo ist Wasser und Futter zu haben, und die Restfläche dient allen als Liegefläche. Selbstorganisation! Die Geruchsbelästigung ist trotzdem relativ intensiv. Bei Kuhjauche aber kann man etwas wohlmeinend festhalten: *Gueti Chuebschötti schmeckt nüd schlecht!* (Gute Kuhjauche stinkt nicht!)

Früher war im Kuhstall eine Temperatur von 17 Grad Celsius erwünscht, in der Wärme sinkt der Futterbedarf der Tiere. Heute hält man Schweine wie Kühe artgerechter bei tieferen Temperaturen und besserer Luft, der Kuh behagen fünf oder weniger Grad Celsius eindeutig, Durchzug ist nicht immer zu vermeiden, für Mensch und Tier aber unerwünscht. Weil eine zu hohe Stalltemperatur für die Kühe Stress bedeutet, senkt man neuerdings durch Wasservernebelungsanlagen oder zeitgeschaltete, sparsame Sprinkler die Stalltemperatur um bis zu fünf Grad Celsius. In Wisconsin habe ich Ventilatoren gesehen, deren Propeller fast für Helikopter geeignet waren, die Stallluft war entsprechend geruchlos. Mit einem Luftzug von mindestens 10 km/h bringt man die lästigen Fliegen endlich vollständig zum Verschwinden, die Kühe stehen dort, wo der Wind am schärfsten weht. In den Alpen sind das die Hügel, Kopf gegen den Wind. Kupierte Schwänze ohne Fliegen oder behaarte Schwänze mit Fliegen? Mittlerweile ist aber in den USA das Kupieren der Kuhschwänze tierschützerisch verboten, aber nicht das Enthaaren derselben.

Durch regelmässige Melkzeiten und kleiner Schleckzugabe (Mehl, Salz, Heu etc.) kann sich der erfahrene Senn das Einstallen *(iitue)* der Tiere enorm erleichtern. Der melodiöse Singsang in sinkener Tonfolge ist dann für die Kühe ein unwiderstehlicher Lockruf. *Chönd wädli, wädli, wädli, wädli - chöönd!*

Striegeln und bürsten

Nicht nur der Mensch, nein, wohl alle landbewohnenden Tiere betreiben normalerweise Körperpflege. Bei Ente und Katze ist das offensichtlich, bei Nashorn, Nilpferd oder grossen Fischen besorgen sogar andere Tiere wie Madenhacker oder Putzerfische die Reinigung von Maul, Zähnen oder Haut. Der Putzerlippfisch wagt sich sogar ins zähnestarrende Maul des Riffhais hinein und erledigt ihm ungefährdet die Zahnreinigung. Klar, sogar Hitler und Stalin hatten ihre Leibärzte; ein Löwenbändiger ist daneben ein Kindermädchen. Der Riffhai sucht nach neuesten Erkenntnissen regelmässig die statioäre, atlantische Wohnstätte des Putzerlippfisches auf wie wir zum Zahnarzt oder zur Dentalhygienikerin gehen.

Wie ist nun die Körperpflege beim Schwein und bei der Kuh?

Bei genügend Freilauf können die Borstentiere äusserst sauber leben, Hitze oder Ungeziefer lassen die Lebenskünstler aber ein Schlammbad nehmen. Lieber schmutzig als insektengeplagt. Was beim Elefanten der Staub, das ist beim Schwein die Schlammkruste: Schutz vor Insekten. Mit ruckweisem Schaben an einem Baum oder Felsen oder mit Kratzen per Hinterfuss erschöpft sich aber deren Hautpflege.

Die Kuh ist da vielseitiger. Mit Ohren, Hautzucken und Schwanz werden unermüdlich Insekten verscheucht. Daneben kratzt sich das Rind mit Hinterfuss und Hornspitze. Am wichtigsten ist aber die kupferlappenraue Zunge. Damit reinigt und bürstet sich dieses Tier vom Bauch bis zum Hinterteil. Kopf und Brust aber lassen sich nicht erreichen (Nasenlöcher ausgenommen), da hilft man sich gegenseitig. Dieses ausdauernde und entspannte gegenseitige Lecken ist zu einem wichtigen Sozialkontakt gereift. Auf der Weide sind darum Jungtiere mit Vorteil in gerader Anzahl vorhanden, ganz deutlich sind Paare/Freunde auszumachen.

Während das Schwein im Freilaufstall zur Vermeidung von Sonnenbrand (!) ein Schattendach benötigt, gehört zum Freilaufstall des Rindes die elektrische Bürste, in verschiedener Form von den Tieren oft und gern besucht. Weil die Kuh ganz selten in den Liegeboxen kotet, ist sie in diesem Stall fast immer sauber, was Fellpflege mit Bürste und Striegel überflüssig macht. Im Bedarfsfall (Viehschau, Öberefahre) hilft auch ein Kärcher Reinigungsgerät mit Wasser. Ohne Elektrobürste war die Kuh früher für Kratzen oder Schaben auf Baumstämme oder Holzzäune angewiesen, welche dadurch gleich einem dauernden Härtetest unterworfen waren.

Im Anbindestall aber schätzt die Kuh einen besonderen Service: das Striegeln und das Bürsten. Die Trennung von Kot und Kuh und Liegeplatz ist wie erwähnt nicht leicht, Einstreu, elektrische Kuhtrainer (sie halten durch Stromschläge die Kuh vom Verschmutzen der Liegefläche ab) und Roste über der Ablaufrinne sind eine grosse Hilfe. Jungtiere auf zu langem Lager sowie Mangel an Stroh (Preisfrage; im Sommer ist zudem Jauche oft erwünschter als Mist) lassen/liessen die Bauern oft resignieren,die Folge sind/waren arg verschmutzte Hinterpartien der Tiere. Zusammen mit engen Alpställen und schmalen Kotgräben *(Fletschlig)* waren das ideale Wachstumsbedingungen für die das Blähen der Käse verantwortlichen Kolibakterien.

Auf grund der geringen Energiedichte des Futters ist die Kotmenge beim Rind eben verhältnismässig gross. Beim Liegen kommt der Kuhschwanz leicht in den *Chuedreck* zu liegen, mit Aufbinden an Schnüren (bei Aussentränke also täglich zweimal lösen und binden), *uufschweeze*, sorgt man für Abhilfe. Abschneiden der behaarten Schwanzspitze wie teilweise in Wisconsin betrieben ist in der Schweiz nicht üblich und wohl verboten.

Während die Kuh gemächlich an der Futterkrippe frisst, kann man sie mit Striegel (eisernes, gezähntes Kratzgerät) und Bürste von der Brust bis zum Hinterteil, vom Rücken bis zum Bauch und den Klauen reinigen und pflegen. Diese Hautpflege habe ich im Winter (nur!) im warmen Kuhstall (und nur am Vormittag) als Bauernbub oft und gern gemacht. Wellness - Hotels beschreiten demnach ausgetretene Pfade!

Heute werden die Tiere im Herbst oft elektrisch geschoren, was für Senn und Kuh eine Erleichterung der Hautpflege bedeutet. Den Tieren behagt natürlich diese Fellpflege, angebunden sind sie selber kaum dazu fähig. Auch allfälliger Läusebefall wird so zusätzlich vermieden.

Lässt der Züchter den Hörnern der Jungtiere ihren Lauf, so stehen diese am Schluss nach vorne und nach unten. Eine *göschtige* (wohlgeformter, 'charmanter' Kopf) Kuh aber soll ihre Hörner geschwungen nach hinten oben tragen! Also spannt man in AI die wachsenden Hörner in ein verstellbares Holzgestell, eine Hornlehre *(Hornleh)* nach System und Patent von Amand Knechtle, Eisenwaren, Appenzell. Auch mit Draht und durchbohrten Hornspitzen lässt sich die Hornstellung steuern.

Das Aufsetzen und Abnehmen (so nach wenigen Monaten) muss überlegt vorgenommen werden, einzelne Züchter beachten da günstige Stern - oder Mondzeichen. *Obsigente Moo* (aufsteigende Mondbahn; bei der Sonne wäre das die Zeit vom 21. Dez. - 21. Juni) im Sternzeichen Steinbock soll sich beim Abnehmen (und Aufsetzen) der Lehre bewährt haben. Auch das Zurechtschneiden der Schwanzhaare und Hornspitzen wird manchmal nach ähnlichen Gesichtspunkten vorgenommen. Was einige Bauern beachten, das belächeln andere vielsagend. Dazu gehörte auch mein Vater. Wissenschaftlich robuste Daten fehlen. Ist es wie beim Atomphysiker Nils

Bohr, der über der Eingangstüre zur Wohnung in Dänemark ein Hufeisen aufgehängt gehabt haben soll? Auf die Frage seiner staunenden Forscher - Kollegen, ob er daran glaube, meinte er eigentlich überraschend, das Hufeisen bringe Glück, auch wenn man nicht daran glaube! Dass Schneewittchen nicht gelebt hat, ist praktisch unbeweisbar!

Die Sache ist aber weniger ulkig, als es den Anschein hat. Auch wer ein Handy, einen PC oder ein 'Navi' (GPS) benützt, Coca – Cola trinkt und Hamburger isst, kann in der Denkungsart noch im tiefsten Mittelalter oder gar im 7. Jahrhundert stecken, also Mädchen beschneiden,Flugzeuge in Wolkenkratzer steuern und Bomben . . . Wenn Sie fürchten, was ich meine! Die modernste Technik benützen geschieht schneller als die archaische Denkweise abstreifen. Der Westen handelt sich da noch Probleme ein. Wenn im Raum Zürich ein jüdischer Ingenieur mit also gesundem Menschenverstand im dritten Jahrtausend n. Chr. (also noch jetzt!) an einem Samstag seinen christlichen Nachbarn bittet, bei ihm bei drohendem Regen die Fensterläden schliessen zu kommen, weil er das am Sabbat selber nicht tun dürfe, so ist das lustig, listig, lästig und unlustig zugleich. Auch ein Papst im Helikopter kann (erfolglos) gegen die 'Pille' wettern! Die Gegenwart nutzen und in der Vergangenheit leben! Uii, uuiiii, und pssssssst! *Recht häscht, aber schwige sötscht!* Bleiben wir im Kuhstall.

Mit dem immer mehr betriebenen, aber durchwegs unangenehmen Enthornen (chemisch, elektrisch ausbrennen, neustens auch genetisch) der (ganz jungen) Rinder entfällt natürlich die Hornpflege, welche im späteren Kuhleben auch noch mit Säge und Raspel vorgenommen wird. Auch das mögliche Reinigen und Glänzen des Kopfschmuckes vor dem *Öberefahre* entfällt. Das Enthornen (oder genetische Wegzüchten) der Rinder verkleinert gewiss die Unfallgefahr, in Freilaufställen sind darum reduzierte Raummasse akzeptiert, die Tiere selber verhalten sich weniger aufmüpfig. Bei häufigem Tierwechsel wie bei einem Händler aber sind allgemein Anbindeställe gegenüber denn sonst gerühmten Laufställen im Vorteil. Wer gegen das Enthornen ist, braucht nicht absolut der Gefühlsduselei bezichtigt zu werden. Absägen im vorgerückten Kuhalter ist aber sicher fragwürdig. Wer umgekehrt die Würde der Kuh ins Spiel bringt, muss bedenken, dass sich auch Ochsen als kastrierte Stiere und Wallache als kastrierte Hengste berechtigt zu Wort melden; auch Kätzchen und Hündchen.

Wie die Hörner verlangen auch die Klauen der Rinder eine sorgfältige Pflege. Wie bekannt sind Betonböden, zu trockene oder zu nasse Unterlage, Gummimatten, Holzböden, Einstreu, lehmiges oder steiniges Weideland den Füssen der Rinder unterschiedlich günstig. Der aufmerksame Züchter pflegt die Klauen der Rinder entweder bei Bedarf oder gleich streng periodisch mit Schneidegerät, Raspel oder Schmirgelscheibe im Klauenpflegestand. Von eigentlichen Verletzungen oder Krankheiten (da sind Schafe heikler als Rinder, Ziegen oder Schweine) abgesehen, können zu lange oder deformierte Füsse das Rind beim Gehen (Futtersuche auf der Weide) schwer behindern. Die Klauenpflege ist fast ein eigentlicher Beruf und verlangt Verstand, Geduld und Ausdauer. Oft waren/sind Bauern im Nebenerwerb als *Chue-Schü-eu-e* (schnell aussprechen) tätig.

So bis zum Aufkommen der Eisenbahn wurden die Rinder vor dem Export etwa nach Italien vor dem Fussmarsch wie Pferde beschlagen, bei der Schmiede neben dem Landsgemeindeplatz in Appenzell sollen einmal 100 Tiere in einem Zug beschlagen worden sein.

Träägigi ond lääri Chüe
(Trächtige oder unträchtige (leere) Kühe)
Bei der Kuh beträgt die Periode 3 Wochen und die Tragzeit (Dauer der 'Schwangerschaft' 41 Wochen. Parallelen zur Frau kann jeder selber finden. Je nach Fütterung und Haltung ist es mitunter ein Problem, bei der Kuh die Brunst *(stiärig see, stierig see)* zu erkennen und mit Stier oder KB (künstlicher Besamung) für Nachwuchs im Stall zu sorgen. Bei fehlender Trächtigkeit sinkt kurioserweise die Milchmenge *we Schlegl aa Wegge* (schwerer Hammer an Keil, schnell). Bei der Frau aber verhindert Stillen eine erneute Schwangerschaft merklich.

In dieser Sache unbedarfte Touristen/Touristinnen erklären dann oft ihren Kindern ganz stolz: „Schaut, diese Kuh ist sicher in Erwartung, sie hat einen so dicken Bauch!" Dabei hat die Kuh als Pflanzenfresser immer einen dicken Bauch, sie ist (heute) ja ein eigentlicher Bioreaktor auf vier Beinen. Das Kalb mit etwa 35 kg Geburtsgewicht macht die Kuh mit ihren 7oo - 9oo kg nicht viel dicker, 5 % Gewichtszuwachs bewirken da wenig.

So 85 - 105 Tage (Serviceperiode) nach dem Kalben ist die Kuh wieder trächtig und geht nach weiteren 220 Tagen für rund 60 Tage galt, sie ist trocken. Was früher (bei knappem Futterangebot) von selbst eintrat, muss heute vielleicht durch entsprechende Fütterung erzwungen werden. In Ausnahmefällen wird eine Kuh aber heute auch durchgemolken. Das enorme Wachstum des embryonalen Kälbchens im siebten Monat lässt die Kuh am leichtesten in diesem und nicht im achten Monat trockenstellen. Die trockene Kuh braucht nun nicht mehr so viel Futter, sie rüstet sich trotzdem auf die kommende Kalbung und erneute Milchperiode von etwa 300 Tagen. Um die Magenschrumpfung in der Galtzeit zu verhindern, wird dem Tier vermehrt Futter mit hohem Rohfaseranteil verfüttert, also altes Heu oder gar Stroh. Schnee von gestern! Die heutigen Milchhochleistungskühe geben bald auch ohne Trächtigkeit durchgehend viel Milch, so wird die Serviceperiode vom Landwirt hin und wieder durch hinausgezögerte Besamung auf bis 130 und mehr Tage ausgedehnt! Mit gesextem Sperma soll die Belastung durch Trächtigkeit dann gleich auch noch ein erwünschtes weibliches Kalb sicherstellen. Die Milchkuh von heute ist ob wohl oder übel ein Bioreaktor auf vier Beinen und kernlose Mandarinen der Normalfall. Der 'klassische' Senn aber versucht, den Galtbeginn auf Mitte bis Ende der Alpzeit zu bringen, denn so passt der geringere Graswuchs *(si hend suube)* mit dem Galtgang optimal zusammen. Mit Abkalben im November - Januar gab die Kuh früher vorerst am Heu am meisten Milch, im Mai mit jungem Gras setzte das Tier dann nochmals zu. Nach Untersuchungen in Wisconsin und Ohio USA ist die Milchleistung im 2. Monat nach dem Kalben am höchsten, die Fresslust (Futteraufnahme) aber im 4. -5. Monat nach dem Abkalben. Das macht in der ersten Hälfte der Laktation Zufütterung von Fett sinnvoll, während in der zweiten Hälfte der Melkperiode eher Fettleibigkeit (Anfleischung) durch geringere Futtergabe zu verhindern ist. In der Galtzeit wird bei reduziertem Energiebedarf wie oben erwähnt mit Zugabe von Rohfaser (Stroh, altes Heu etc.) der Schrumpfung des Magens gewehrt.

Umgebungstemperatur, Fütterung sowie Krankheit bewirken schnell eine Änderung der Milchmenge. In Talbetrieben und gleichmässiger Fütterung ist eine über das ganze Jahr verteilte Abkalbung der Herde erwünscht und auch gesichert. Aber Futter, Temperatur (heisser Sommer), Jahreszeit sowie Rassenunterschiede machen der Zuchtplanng oft unerklärliche Striche durch die Rechnung. Die grossgewachsenen Kühe bringen ihr relativ kleines Kalb heute statt mit 41 Wochen häufig erst mit 42 - 43 Wochen zur Welt; das Signal für das Kalben hängt auch mit den Platzverhältnissen im Uterus (*Trägsack*) zusammen. Bei den Kaninchen ist es ähnlich. Grosse Würfe (12 – 14) setzt die Zippe schon mit 30 Tagen, kleine (3 – 5) hingegen erst mit 32 Tagen.

Das Aufziehen und Mästen von Schweinen oder Hühnern bis zur Schlachtreife ist einfacher als die Haltung von Kühen mit Trächtigkeit, Galtgang und Abkalben. Wie mein Cousin Pat Faessler behauptet, weiss man immer noch nicht, was die Kuh (Hochleistungstier) an Futter benötigt, auf alle Finessen geachtet. Gleichbleibende Fütterung (quasi Winterfütterung) ist nochmals einfacher als Weidebetrieb, unterschiedlicher Grasbestand und Jahreszeitenwechsel erfordern sorgfältige Beobachtung. So soll beispielsweise im Weidebetrieb der Kuhfladen mit dem Grasbüschel (*Tschüppe*) unangetaset bleiben, nach sechs Wochen sind beide wieder verschwunden. Die Grasinseln wandern gleichsam auf der Weide. Die Kuh hingeben nascht gern am etwas älteren Gras rund um den Kuhfladen. So gesehen ist das beitragsgestützte (!) Einsammeln der Kuhfladen zu *Chuedreckhüffe* in den Alpen zu hinterfragen; das *Stööfele* (Mist haufenweise auf der Weide belassen) weist in die gleiche Richtung. Mehrmonatiger Weidegang mit Offenställen, Abkalbeschwerpunkt wieder im Herbst und gekonnter Zufütterung bringt neuestens durch niedrigere Kosten trotz etwas geringerer Milcherträge eine vergleichbare oder höhere Rendite als intensive Fütterung mit teurem Heu, Silage und Kraftfutter. Die Sache ist vertrackt und laufend Veränderungen unterworfen.

Hochleistungskühe

Die heutigen Kühe sind Hochleistungstiere. Schnelles Wachstum und jährliche Milchmengen von 7 000 - 12 000 kg und darüber sind das Ergebnis von langjähriger, gezielter Zucht (Künstliche Besamung bis Embryotransfer) sowie perfekter Fütterung und Haltung. Das leidige Problem schwerer Geburten (früher beim Originalen Braunvieh) hat man züchterisch behoben (Beckenweite, Kälbergewicht, Kopfform). Fand das erste Abkalben früher so mit 34 - 36 Monaten statt, so sind heute 24 - 28 Monate üblich. Dafür wird die Kuh nicht mehr so alt wie früher, 7 Jahre und mehr sind relativ selten und machen beim OB (Original Braunvieh) nur noch etwa 25 % aller Tiere aus. Noch vor 60 Jahren galten Jahresleistungen von 4 000 kg Milch als vorbildlich. Beim damaligen Futter, im schlimmsten Fall verregnetes, überstandenes, vergrautes und ungedüngtes Heu, durfte nicht mehr erwartet werden. Wenn die Fettwiese heute bis fünfmal abgeerntet wird, so ist das Gras zart, süss und enthält so wenig verholzte Teile, dass dem Futter wieder Stroh beigemischt wird, um den nötigen Rohfaseranteil zu erreichen. Von Kraftfutter wie Mehl, Mais, Rübenschnitzeln, Mineralsalzen etc. konnten die früheren Kühlein nur träumen, oft war sogar die Salzzugabe zu knapp. Durch die heutigen schweren Erntemaschinen (Mäher und Ballenpressen) aber kann das Futter (Silogras, bei durchnässtem Boden eingebracht) recht verschmutzt sein, so dass bis zu 10 % Futter von den wählerischen Kühen verschmäht werden. Mit Sense, Heugabel und Heuseil gewonnenes Dörrfutter war da früher sicher unverschmutzt, dafür vielleicht fuchsrot verwaschen oder grau (*chatzgroob*) wie ein Äsche - Sack. Nichts ist vollendet.

Eine Kuh produziert im Extremfall (heute normalerweise?) im Jahr neben einem Kalb (35 - 50 kg) mindestens 10 000 kg Milch, das ergibt grosszügig gerechnet 400 kg Fett und 400 kg Eiweiss. Es gibt Kühe, die bringen es als Lebensleistung auf 100 000 kg Milch und zehn Kälbchen. Gewaltig, von keinem anderen Tier auch nur annähernd erreicht. Der tägliche Erhaltungsbedarf an Energie einer Kuh (Bewegung, Stoffwechsel, Temperaturhaltung etc.) von 600 kg Gewicht entspricht nochmals 10 Litern Milch, bei einem elektronischen Gerät wäre das der Stand - by – Energiebedarf. Als Spitzenleistung einer 1200 kg (!) schweren Kuh gilt eine durchschnittliche Jahresmenge von 18 000 kg Milch, was dem 15fachen des Körpergewichts entspricht, bei einer einmaligen jährlichen Spitzenleistung dieser schweizerisschen Superkuh von sagenhaften 23 000 kg Milch, laut mündlicher Angabe eines Futtermittelvertreters.

Doch aufgepasst. Die Professoren David Wieckert und Michel Wattiaux berichten, dass 1995 zwei Kühe in den USA in 365 Tagen erstaunliche 27 000 kg (26 220 Liter) Milch produziert hätten, bei einer maximalen Tagesleistung von 90 kg. Ein ganz schlechter Melker wäre da schon bald ganztägig an der gleichen Kuh am Melken! Mir taucht die Idee eines Katheters auf. Vereinfacht kann (muss) man sagen, dass die Jahresleistung der Milchkühe weltweit jedes Jahr um 100 kg zunimmt; ohne fragwürdiges Klonen. Dabei erstaunt, dass Milch nur zu 87 % aus Wasser besteht, Tomaten, Gurken und andere Gemüse oder fast alle Früchte enthalten trotz ziemlich fester Form deutlich über 90 % Wasser. Selbst steinharte Äpfel enthalten gleich viel Wasser wie die Milch; da staunt der Laie und der Fachmann wundert sich. Der Wassergehalt ist bei Stutenmilch 91 %, bei Ziegenmilch ebenfalls um die 88 % und bei Schafmilch nur um die 81 %. Ausser Vitaminen, Salzen und Mineralstoffen enthalten alle diese Milchen wie auch die Muttermilch unterschiedlich viel Eiweiss, Fett und Milchzucker (Lactose). Bei der Kuhmilch behalten wir vereinfacht 3 % Eiweiss, 4 % Fett und 5 % Milchzucker im Köpfchen, scharf denkende Viehzüchter mögen die Rundung entschuldigen.

Bei diesen Hochleistungstieren (gilt auch für Masttiere) kommt durchwegs die TMR - Fütterung (Totale Misch - Ration) mit Mischern unterschiedlicher Bauart zum Zug. Dabei soll das Futterangebot ruhig 5 % des Futterverzehrs übersteigen, eine gewisse Fressauswahl sei den 'Milchladys' zugestanden. Im Anbindestall werfen die 'Kuhdamen' missliebige Futterteile weiter und häufiger weg als im engen Fressgatters des Freilaufstalles. Die Zutaten sind mannigfaltig: Ganzpflanzensilage (Gras in jeglicher Zusammensetzung, Mais, Hafer, Gerste, Alfalfa (Luzerne), Nebenprodukte der Brauereien, Brennereien und Äthylenproduktion (Schlempen jeglicher Art), sowie Baumwollsaat, Sojabohnen, Mais und Maisnebenprodukte, Malzkeime, Abfälle aus der Süsswaren – und Kartoffelindustrie, Melasse bis Orangenschalen und Talg. Als Eiweissvormischung sind Fleisch -, Blut - und Knochenmehl seit den Rinderwahnsinnvorkommnissen suspekt bis verboten. Hormone, Antibiotika, Geschmacksstoffe, Mineralstoffe oder Propylenglykol (gegen Ketose = Magenübersäuerung) werden unterschiedlich verabreicht und beurteilt! Offenstallhaltung,

Fütterung während 21 Stunden und in Leistungsgruppen, durchgehende, notfalls künstliche Beleuchtung während 18 Stunden sowie dreimaliges Melken am Tag sind optimale Ziele bei der Milchkuhhaltung. Der Krippengrund liegt vorteilhaft 10 cm höher als die Standfläche; so ist der Speichelfluss optimal und damit auch die Futteraufnahme von bis zu 43 kg Frischmasse (22 kg Trockenmasse) pro Tag und Milchkuh. Die Hochleistungsdurchschnittskuh frisst achtmal am Tag während einer Fresszeit von fünf bis sechs Stunden. Als Liegeboxenunterlage sind Matratzen, Sand oder Sägemehl und Strohhäcksel etwa gleichwertig, durch Wahlversuche der Kühe bestätigt, wobei Sägemehl die Spitzenposition hält. Natürlich sind die Liege-boxen den Kühen angepasst und im Regelfall auch bis ins Detail vorgeschrieben. Den 'Primadonnen' behagen Liegeplätze mit rund 1,2 m Breite und rund 2,4 m Län-ge. In Anbindeställen sind die Masse um rund 30 % reduziert. Die Rinderrasse und das Alter können diese Angaben verändern und unter Umständen alte Ställe wieder tierschutzgerecht werden lassen, Jersey – Rinder oder Jungtiere kommen etwa in Frage.

Die ausgereizte, neuzeitliche und ausgeklügelte Milchkuhhaltung etwa in Kaliforni-en, Wisconsin, Westeuropa etc. lässt erahnen, dass die laut meiner Cousine 2. Gra-des und Tierärztin Christa Ho . . . . . . tt (1922 – 2011) in Thüringen vor 1989 als Musterbetrieb für die damalige UdSSR (gottverdammte Sowjetunion) geplante Her-dengrösse von 3000 Milchkühen prinzipiell zum Scheitern verurteilt gewesen wäre. Lächerlich. In der Planwirtschaft können doch nicht einmal zwei Kühe erfolgreich gehalten werden. Pssst!!

Privatwirtschaft! Laut St. Galler Bauer vom Juni 2014 betreiben 9 Farmerfamilien in Fair Oaks (Schöne Eichen) 60 km südlich von Gary (Südufer am Michigansee) in Indiana USA seit 1980 eine Milchfarm mit über 36 000 Milchkühen, unterteilt in Ställe von je rund 3000 Kühen. Teilweise Selbstvermarktung der täglichen Milch-menge von 1,2 Mio. Litern sowie Besucherprogramme mit Busbetrieb lassen doch sicher auf Rentabilität der 7700 ha grossen riesigen Fair Oaks Farm schliessen, mit Melkkarussellen und Futterbezug selbst aus dem 1600 km entfernten Colorado.

Dass weissgraue Charolais - Rinder und rotbraune Limousin - Rinder vorwiegend Fleich und Holstein - Kühe (schwarz oder rot gefleckt) vorwiegend Milch erzeugen, dass schwarze Angusrinder feines Fleisch und dass rötliche Jersey - Kühe verhält-nismässig viel fette Milch erzeugen, setze ich als bekannt voraus. Die braune Kuh und ihre aus den USA importierte, auf Milch gezüchtete Verwandte (Brown Swiss) sind (noch?) Zweinutzentiere, sie schenken uns sehr viel Milch und noch immer viel Fleisch.

Die braune Kuh ist und war im Alpsteingebiet tonangebend. Sie *bleered* aber nie grundlos. Diese Kuh ist gutmütig, gelassen, neugierig und klug. Ihren *Senn* (Hirt, Melker, *Chüeni*) erkennt sie schon an der Stimme. Erst frisst sie sich auf der Wiese schnell satt, dann legt sie sich gewöhnlich gemütlich nieder und beginnt entspannt, die Futterballen so etwa 50-mal zu kauen. Im hügeligen Gelände wählt sie, beson-ders im Sommer, als Liegeplatz eine Anhöhe, nicht wegen der schönen Aussicht, sondern des Windes wegen. Mit dem Kopf gegen den Wind wird sie am wenigsten von Insekten geplagt. Bisons, Rentiere etc. unternehmen sommers weite Wanderun-gen in den kühlen Norden, um den boshaften Mücken zu entfliehen. Entweder ist also die Kuh am Fressen oder sie liegt (fast immer)!

Die Kuh ist ein ausgesprochenes Herdentier. Jungtiere aber sind sehr oft nur zu zweit nahe beieinander auf der freien Weide, sie sind einander Freund. Darum ist eine gerade Anzahl Jungtiere auf der Wiese eine pfiffige Sache, aber selbst reifere 'Kuhdamen' pflegen oft noch eine enge Zweisamkeit, nach ungewollter Trennung sei diese aber auch schon nicht mehr zu erneuern gewesen. Enttäuschte Zuneigung? Früher hielt der Bauer die Rinder (und Schweine!) in engen, zu warmen Ställen, um so Futter zu sparen. Plötzliche Kälte konnte so den Tieren durchaus Beschwerden verursachen. Gefürchtet war die Euterentzündung *(en Wegge mache)*, Mastitis. Bei heutiger Stallhaltung behagen der Kuh so fünf Grad Celsius oder weniger. Je höher die Milchleistung, das Körpergewicht und damit der Stoffwechsel, desto tiefer liegt die Wunschtemperatur, so dass 0 Grad durchaus günstig sind. Übermässiger Durchzug ist unerwünscht und Hitze bedeutet Stress. Gefrorener *Chuedreck* im Stall ist aber nicht unbedingt wünschenswert für Kuh und Senn! Erst ab minus 25 Grad Celsius beginnt für die Kuh (nicht aber die Jungtiere) der Kältestress und schon ab plus 20 Grad Celsius der Hitzestress; wohl bei Windstille. Abgefrorene Kälbchenohren sind aber ein Graus, frische Luft und Kälberboxen hin oder her! Zur Kühlung verliert die Kuh in der Sommerhitze täglich über die feuchte Ausatmungsluft bis zu 50 Liter Wasser. In den USA (Wisconsin) und auch anderswo wird im heissen Sommer der Kuh durch Wasserberieselung auf Kopf und Rücken oder mittels Wasserröhren Luftzug nach aussen oder Vernebelungsanlagen Kühlung verschafft. Durch mächtige Ventilatoren zieht gar eine Brise mit 10 km/h durch den Stall, Fliegen sind da schon gar nicht mehr auf der Kuh (Nase, Augen, Maul etc.). Die 'Lady' wird verwöhnt und entgilt das mit gleichmässiger Milchleistung sowie stressfreiem Fressen und Liegen.

Leichter Regen sagt den Kühen zu, bei heftigem Niederschlag und Wind aber suchen sie schlauerweise Tannen oder eine andere geschütze Nische auf oder richten den Hintern dem Wind entgegen, wie die Ponys in Island.

Würzige Kräuter

Entgegen anzutreffender Hinweise der Käse – und Butterreklame schätzt die Kuh wohl saftige Gräser, aber nicht unbedingt alle würzigen Kräuter. Auf der freien Wiese meidet die Kuh Alpenampfer *(Spetzblacke, Schmaalzblacke, Stockwööze)*, Weisser Germer *(Gemedere)*, Alpenkreuzkraut *(Plotz(g)e, Flotze)*, Ackerkratzdistel *(Tischle)*, Bärenklau *(Heustengel, Emtstengel)*, Goldhahnenfuss *(Goldblueme)*, Weisser Hahnenfuss, Weisser und Blauer Eisenhut *(Isehuet)* sowie erstaunlicherweise auch den *Wiesenkümmel (Chemi)*. Auch zähen *Pooscht* (Borstgras) auf trockener Weide sowie *Lismenoodlestöck* (Sumpfgräser) auf nasser Weide mag das Rind gar nicht.

Hungsügl (Wiesenrotklee, der aber bislang Trittbelastung durch Rinder schlecht erträgt sowie in dieser Hinsicht unempfindlicher Wiesenweissklee) sind lecker wie auch Löwenzahn, Knäuelgras und Honiggras. In Wisconsin ist neben Mais (Silomais oder Körner) Luzerne (Alfalfa, Klee) das wichtigste Futter. Deren Silierung muss aber gut verstanden sein. Mais ist für die Rinder gewöhnungsbedürftig, nach Aussage eines versierten Futtermittel- und Kunstdüngervertreters, der nicht unbedingt namentlich erwähnt werden will.

Etwas bissig kann man sich fragen, was denn unserer 'Madame Kuh' noch passt. Generell verschmäht sie also alle Arten (2 – 63 Unterarten, darum nicht mehr genau bezeichnet) von Minzen/Mentha, Hahnenfuss/Ranunculus, Schachtelhalme/Equisetum, Kerbel/Chaerophyllum, Farne (ca. 40 Namen, mehrere lateinische Artnamen), Bärenklau/Heracleum, Alpenrosen/Rhododendron, Disteln/Carduus, Dost/Adenostyles, Brennnesseln/Urtica, Pestwurz/Petasites etc. Diese Pflanzen wachsen bisweilen flächendeckend. Keine Kuh will davon etwas wissen. Rundweg gibt es mehr Pflanzenarten, welche die Kuh verschmäht als Pflanzenarten, die sie bevorzugt. Mit dem Futtermixer kann der Viehhalter die Schleckmäuler im Stall zwar etwas überlisten. Aber ausdauernd, missmutig und wählerisch stochern dann die Tiere im Futtermix herum und schleudern bei Bedarf das Futter mit dem Maul empört meterweit von sich. Das Spiel gemahnt einem an Kleinkinder und Spinat. Schweine und ältere/handzahme Ehemänner sind da pflegeleichter. Milchleistung und andere Dienste sind dann aber die Quittung für das jeweilige Verständnis! Fürsorgliche Bauern zupften beim Eingrasen auch schon bisweilen die auffälligsten Hahnenfussstengel heraus, in der zureffenden Meinung, diese verursachten den Kühen Schwierigkeiten beim Harnlassen.

Dass Baumblätter und Baumnadeln nicht in die Futterkrippe gehören, ist ausser in Notzeiten gut zu verstehen. In Florida werden den Kühen auch Restprodukte aus der Oangensaftgewinnung verfüttert, mit Erfolg. Mostereien Zuckermühlen und Bierbrauereien kennen diese Verwertung ebenfalls; Sägereien aber liefern nur Einstreu oder Schwingplatzpolsterung.

Völlig unbeliebt ist natürlich auch auf der Weide verschmutztes oder zähes *(zächs)*, also verholztes Gras oder Heu. Doch gilt auch hier der weise Sennenspruch: *"Nüz ischt zäch!"* („Nichts ist zäh; kein Futter zu haben ist zähes Futter!" analog dem Wort: „Kein Brot ist hartes Brot!").

Die Menge und Qualität des Futters beeinflusst schnell die Milchmenge (mit Rahmmenge) und Milchqualität. Alte Sennen begrüssten früher die Methode, den *Brotzi(ü)g* (durchnässter Schweinemist) erst vergoren *(prennte Brotzig)* im Kuhstall zur weiteren Kotaufnahme zu verwenden. Diese Mehrarbeit mache das damit gedüngte Heu *büüderiige* (gibt schneller Butter). Meinung oder Tatsache? Als mein Vater einmal seinen Nachbarn, der Bienen hielt, frug, ob es stimme, dass diese Tiere den Graswuchs negativ beeinflussten und deshalb von Nachbarn nicht unbedingt geschätzt werden, meinte dieser nur lakonisch, diese Meinung sei älter als wir. Meinung oder Tatsache?

Prinzipiell wünscht die Kuh beim Futter keine Abwechslung, aber immer qualitativ hochstehendes Futter, ob als Trennkost oder als Mischung dargeboten. Die heutigen Kühe haben im Stall zeitlich fast unbeschränkt Futter angeboten, früher musste man die Tiere knapp halten, damit sie überhaupt das oft unbekömmliche Futter annahmen.

Auch beim Wasser hat die Kuh ihre Wünsche: Sauber soll es sein, nicht zu kalt. Lieber säuft sie mit vollem Maul aus dem Trog (ohne Algen, Bergschuhe oder badende Hunde) oder See als schlürfend aus dem Selbsttränkebecken (noch gar verstaubt). Diese Becken erlauben dem Tier aber immerhin zeitlich freien Wasserzugang, im Gegensatz zu früher, als im Winter eiskaltes Wasser nur morgens und abends in der Tränke zur Verfügung stand. Der tägliche Wasserbedarf der Kuh liegt je nach Körpergrösse, Futter, Wetter, Milchleistung etc. bei 40 – 130 Litern, im Durchschnitt bei etwa 60 Litern. Zur Kühlung verdunstet eine Kuh täglich über die Atemluft bis zu 50 Liter Wasser. Die Kuh sollte in Laufställen nicht mehr als 15 m bis zum Wasserbecken zurücklegen müssen. Bei der Wasserbilanz muss auch der Feuchtigkeitsgehalt des Futters sowie der Wasserverlust durch die Atemluft beachtet werden; beides kann locker 40 % ausmachen. Genug gutes Wasser ist beim *Senn* auf der Alp und war früher beim *Heupuur* überaus entscheidend.

In Wisconsin drückt die Kuh in der grössten Kälte in einem isolierten Wasserbehälter eine ballgrosse Kugel nach unten und gelangt so ans ungefrorene Wasser, ohne elektrische Heizung. Durst ist schlimmer als Heimweh - das weiss auch die Kuh. Jahrelang deckten wir in der Rüti bei grimmiger Kälte mit schweren Brettern über Nacht den langen Brunnen zu, um so dem Eis zu wehren. Der direkt hinter dem Brunnentrog gelagerte Mist brachte zusätzliche Isolierung gegen den eisigen Ostwind. Der Idealfall für die durstigen Tiere ist natürlich die offene Wasserwanne im Laufstall.

Salz und etwas Mehl waren für die Kühe schon früher leckere Zugaben, und mit etwas Heuzugabe danken die Tiere diese liebevolle Haltung durch emsiges Weiden; selbst bei minimalstem Grasbestand sind sie *tätig* (fressen ausdauernd) und nicht *oozfrede* (unzufrieden, aufsässig). So lassen sie sich auch leicht zur festgelegten Zeit in den Stall locken. Bei Durst und Hunger oder verspäteter Melkzeit bekunden die Kühe durch aufdringliches *Bleere/Blääre* (Brüllen) ihren berechtigten Unwillen. Der kluge Senn richtet denTagesablauf auf der Alp und im Talbetrieb nach den Kühen; das gilt noch vermehrt bei den eigensinnigen Ziegen. Die kann man auch nicht erziehen. Kuh und Ziege haben eben wie die Katze Personal, während der Hund seinen Meister hat!

Fuewechchue

(Fuhrwerkkuh, Kuh als Zugtier)

Beim Pferd erhebt sich der Kopf deutlich über die Schulterhöhe, so dass ein ausgesprochener Nacken fehlt. Lange Zeit war als Geschirr/Lederzeug nur ein Brustblatt gebräuchlich, welches die Atmung erschwerte. Heute wird es wieder bei Pferden für Freizeit oder Sport in unterschiedlicher Form verwendet. Doch erst die Erfindung des Kummets/Kumts (in China um 500 v. Chr. und in Europa um das Jahr 1000 herum bekannt), welcher der Pferdeschulter und Brust auf der ganzen Länge breit aufliegt und damit die Zugkraft dieses Tieres verdoppelt, machte das Pferd auch für schwere Lasten geeignet.

Beim Rind aber liegt der Kopf im Gehen etwas tiefer als die Schulter, es bildet sich ein belastbarer, starker Nacken. Während der Hengst die Rivalen beisst und mit den Vorderhufen schlägt, stösst der Stier mit Hörnern und Nacken den Gegner weg. Das hat für das Rind fatale Folgen.

Wohl schon 3 500 v. Chr. lernte der Mensch im Orient und in Osteuropa, mit Leder oder Holzjoch die Zuglast, ob Karren, Schlitten oder Pflug, vor Stirn oder Nacken an das Tier zu hängen. Bei den Römern stiessen die Ochsen sogar über ein vorgehängtes Gestänge einen Behälter auf Rädern durch das Getreidefeld. Vorne schnitten oder rissen angebrachte V-förmige Messer die Ähren los - die erste Art von Mähmaschine.

Das Rind ist als Wiederkäuer ein besserer Futterverwerter als das Pferd. So wurde der Ochse ein Zweinutzentier, er lieferte Kraft und Fleisch. Ist die Ziege die Kuh des kleinen Mannes, so ist der Ochse als kastrierter Stier das Pferd des kleinen Mannes. Der Ochse ist viel ruhiger und ungefährlicher als der Stier und setzt auch noch leichter Fleisch an als dieser.

Nun ist die Kuh der Ochse des noch kleineren Mannes, will heissen, dass früher zur Not eben auch die Kuh eingespannt wurde. Das Rind wurde jeweilen unterschiedlich angeschirrt, mit Kopfjoch oder Nackenjoch (*Cheul*) aus Holz oder auch mit einem ledernen, gefütterten Rosskummet.

In meiner Jugendzeit in Unterschlatt haben wir im Bedarfsfall eine *Chue* vor den Zweiradwagen (200 Liter Inhalt) gespannt und so Jauche (*Bschötti*) in etwas oberhalb des Jaucheauslaufs aus dem Jauchekasten (*Gstöckt, Pstöckt*) gelegene Wiesen gebracht. Mit einem eisenbeschlagenen, leicht gezähnten Halfter liess sich eine Kuh auch von einem Kind führen, während der Vater hinten an und mit den zwei gebogenen Stangen den Zweiräder lenkte. Als Entgelt durften wir nach jedem Zug der Kuh (die vielleicht Rösli oder Dächsli hiess) diese mit etwas Mehl verwöhnen. Als mehrere Jahre benutzte *Fuewechchue* wählte man gewöhnlich eine etwas *tlibetti* (wohlgenährte) *Chue* aus, mithin ein Tier mit bescheidener Milchleistung. Zur Eingewöhnung liess man die Kuh zuerst ein paar Latten um Haus und Gaden ziehen, wohldosiert und ungefährlich. Wie das Pferd kann man auch das Rind ziemlich leicht zum Zugtier erziehen, indem man es ein angemessenes Stück vom Stall weg gegen diesen Stall führt. Ein arbeitsgewohntes Ross zieht auch die schwerste Last, wenn es gegen Abend heimwärts geht.

Der Misttransport per Seilzug (*fläschle*) und motorgetriebener Seilwinde (Aecherli Reiden AG), Rapid-Einachser, Verschlauchungsanlage sowie Düngerstreuer brachten die *Fuewechchue* zum Verschwinden. Mit fast fatalen Folgen. Während ein Bauer früher ein *Chalbeli* (Jungkuh) auch mit geringer Milchleistung behielt und als Zugtier verwendete, wird heute bei ungenügender Milchleistung schnell das Todesurteil gesprochen. Lassen wir das Tier wählen?

Neben Pferden, Ochsen oder Stieren haben aber früher in Ackerbaugebieten auch durchwegs Kühe den Pflug gezogen, immerhin besser als die eigene Frau. Aus dem Tageswerk eines Jochs Ochsen (wohl zwei) entwickelte sich die Jucharte (Joch . . .) als Flächenmass; in der Schweiz 36, anderswo 25 – 58 Aren.

Napoleon, der blutige Schlächter und das von den Franzosen hochgelobte Scheusal, liess grössenwahnsinnig 1812 beim Kriegszug nach Moskau die schweren Fourgons (Karren) von Ochsen ziehen, die dann auf dem Weg auch schon wie geplant als Fleischlieferanten für die französischen Teile der Grossen Armee dienten. Die elenden Pferde wurden sogar roh und noch le. . . auf dem Rückweg aus Russland verzehrt. In Kurzschrift: 1 Räuberhauptmann und 160 000 Pferde und 600 000 Mann ziehen gen Moskau und 1 Depp kehrt (leider) gesund nach Paris zurück! Dieser in Pelzen im Winter in einer Schlittenkutsche, Mao (von Linken um 1968 verehrtes Todesekel) über Berg und Tal von Soldaten kräfteschonend in einer Sänfte auf dem 10 000 km langen Marsch 1934/35 ; kommunistische Leitwölfe und Wegelagerer kämpfen emsig gegen Fürsten und leben locker wie Könige! Wasser trinken und Wein predigen, oder denke ich falsch?

Das missratene Monster aus Paris liess natürlich die Ochsen nicht etwa Heu oder Mehl ziehen, nein, Munition und Werkzeuge. Der Krieg lebt vom Krieg, hiess es zwar schon vor 1812. Die Schatullen werden geleert, und ebenso verpflegen sich Ochse, Pferd und Mann aus der Landschaft, die man mit Krieg überzieht. Das lief im fruchtbaren und bewohnten Mitteleuropa prächtig, aber nicht mehr im trostlosen, menschenleeren Russland. Auf gerader Linie zwischen Wilna und Moskau wurden von den rund 600 000 Soldaten alle Siedlungen geplündert und alle Speicher leergefressen, die Strohdächer der armseligen Siedlungen waren Pferdefutter. Der Rückzug auf der aufgezwungenen verwüsteten Kriegsroute musste so auch ohne Winterkälte zur Katastophe werden. Gleichheit und Brüderlichkeit waren die Signale für französischen Raub; was dir gehört, gehört auch mir, wir wollen doch alles brüderlich teilen! In Freiheit! Ohne den praktizierten Vernichtungskrieg wäre Hitler mit diesen politischen Maximen siegreich durch die kommunistische Gräuelwelt wohl bis Peking gelangt. Was die US - Amerikaner bis 1880 mit Eisen und Pulver und Epidemien gegen die steinzeitlichen Indianer machen konnten, war Hitler nicht mehr möglich. 'Unser Mississippi ist die Wolga' als Leitidee musste 1941in die Irrre führen.

In den beiden Weltkriegen mussten durch politische Strauchritter und Strolche Millionen Pferde ein ungeheures und ekelerregendes Schicksal erleiden.

Weltweit und in Jahrtausenden gesehen hat wohl das Pferd in der 'Obhut' des Menschen die schlimmste und die Katze und die Biene die beste Karte gezogen.

Als Herdentier wurde das Pferd oft lebenslang nach Kastrierung in Einzelstallung gehalten und musste dauernd schwere Arbeit verrichten. Im 2. Weltkrieg wurden erstaunlicherweise noch mehr Pferde eingesetzt als im 1. Weltkrieg, die Verluste dürften sich die blutige Waage gehalten haben. Nur schon auf deutscher Seite standen im 1. Weltkrieg 1,5 Mio. Pferde im Einsatz. Beim Angriff der Deutschen auf die Sowjetunion am 22. Juni 1941 wurden wieder allein von diesen laut Beevor 600 000 Pferde eingesetzt, um Verpflegung, Munition, Waffen etc. zu transportieren. Da wäre Tierschutz angebracht gewesen! Aber eben, man sucht nachts den Schlüssel nicht dort, wo man ihn verloren hat, sondern unter der Strassenlampe, wo es hell ist!

Gab es nicht bis zur Nutzung der Dampfmaschine und noch später halb und ganz erblindete Grubenpferde?? Bei minimaler Beleuchtung mussten die armen Tiere in den Kohlestollen und Erzgruben die Wagen ziehen. Aus Bequemlichkeit (?) blieben die Tiere auch am Sonntag in der Grube. Mich schüttelte es, als ich vor ca. 30 Jahren in Wales die noch heute bestehenden Ställe unter Tage besichtigen konnte. Jeder Ackergaul hatte es so gesehen auch bei schwerer Pflugarbeit auf freiem Feld fast paradiesisch im Vergleich zu den Grubenpferden in der stickigen Dunkelheit.

Diesem traurigen Tierdasein machten wie gewohnt ein Erfinder und ein Ingenieur (James Watt, George Stephenson) durch die Dampfmaschine und die Dampflokomotive ein Ende. Ob aber die Hauer in den Silberbergwerken in Tirol vor 500 Jahren oder die heutigen Mineure in den Goldgruben Südafrikas mehr zu bedauern sind, entzieht sich wohl einem Urteil, Pferde waren/sind wenigstens nicht betroffen.

Die Katze dagegen liess sich nie beherrschen, immer ging /geht sie unbestechlich ihre eigenen Wege. Auch die Biene behielt ihr Eigenleben, wenn auch der Tausch von Honig gegen Fürsorge und Zucker für dieses Insekt leicht nachteilig ist. Ein

Bienenvolk verzehrt jährlich um die 10 kg Zucker und liefert (der Imker nimmt ihm ungefragt!) pro Jahr 5 – 30 kg Bienenhonig, im Durchschnitt so etwa 10 - 15 kg (laut Aussage einer ostschweizerischen Bieneninspektorin und schon 30 Jahre aktiven Imkerin).

So gesehen sind die beliebten (verwöhnten?) Freizeitpferde (Lipizzaner in der Spanischen Hofreitschule in Wien sowie Hochleistungssportpferde?) nur ein gerechter, wenn auch schwacher Ausgleich der früheren bösen Pferdeschicksale.

Beim Huhn, beim Schwein, beim Schaf und auch beim Rind ist ausser der Haltung wohl die Schlachtung von absoluter Bedeutung. Leider kann der Transport (Schiffe) unentschuldbar tierverachtend sein, mit etwas gutem Willen liesse sich das schreckliche Tierende gewaltig erleichtern. So komisch es auch klingt, nach Aussage und Praktik eines Lehrerkollegen von mir soll die Schächtung von Schafen in absolut gewohnter Umgebung für die Todeskandidaten ganz „harmlos und unverkrampft" durchführbar sein. Ich weiss es nicht. Persönlich hantiere ich bei meinen Kaninchen mit der Pistole . . . Gut gelebt und schnell gestorben/getötet darf wohl als Leitidee gelten.

Um dem Rind die Belastung durch Transport und ungewohnte, laute Schlachthausatmosphäre zu ersparen, schiesst neuestens ein Tierhalter im Kanton Zürich die schlachtreifen Tier auf der Weide per Jagdgewehr, die anwesenden Tiere beachten diese Tötung kaum; natürlich obrigkeitlich erlaubt.

Ob die Kuh lieber als 'Milchlieferant' an einem Strick tagsüber angebunden bei stechender Hitze auf staubigem, abgemähtem Getreidefeld wie auf der griechischen Insel Kos und an abgasbelasteten Autobahnböschungen wie in Bogota/Kolumbien oder als Masttier in einer Anlage mit 14 000 Rindern wie in Nebraska ihr Leben fristet, weiss ich vermutlich. Erschreckend wirkte aber beides auf mich. Antibiotika und Hormone sind in der Massentierhaltung wohl Segen und Fluch.

Das Leben als *Schöllchue* im feuchtkühlen Alpstein ist leider nicht allen Rindern möglich!

Ochsen schritten schon zu biblischen Zeiten, wohl mit angehängtem, nachgeschleiftem Holzteil über das Korn, im Kreise gehend so dreschend. An einer Rute hängte man vielleicht dem Tier eine Rübe vor den Kopf, der das Tier dann ausdauernd, aber erfolglos nachtrottete. Du sollst dem dreschenden Ochsen . . .

Das Rind kann statt mit dem Joch auch durchaus mit dem Kummet angeschirrt werden, nur sollte dabei laut meinem Cousin Sigmund Broger *(Läckli)* eine Waage verwendet werden. Wie beim Pferd gleicht dieses bügelähnliche Gebilde die wiegenden und schaukelnden Bewegungen der linken und rechten Schulter aus. Beim Joch *(Cheul)* ist die Waage entbehrlich. Auch beim Pferd kann bei leichter Last auf die Waage verzichtet werden (Streitwagen der Römer).

Die wasserdurchtränkten Reisfelder in Südostasien werden noch heute durch Rinder gepflügt; die gute alte Zeit ist dort noch nicht Geschichte!

Ausser Rind und Pferd verwendet der Mensch auch Esel, Kamel, Indischer Elefant, Ren und Hund als Zugtier. Auch Frauen, Treidler, Soldaten, Sklaven etc. kannten diese Plackerei. Zebra, Giraffe und Bison aber liessen sich nie unterjochen, was teilweise die kulturelle Unterlegenheit der Neger und Indianer erklärt.

Soomross ond soome
(Saumpferd und säumen)

Schon früh lernte der Mensch, auf dem Pferd nicht nur zu reiten, sondern auf ihm auch Lasten aller Art befördern zu lassen. Auf dem runden Pferderücken (gilt auch für Esel, Elefanten, Maultiere, Maulpferde, Yaks, Kamele etc.) ist das sichere Befestigen von Reitsattel wie von Saumsattel nicht so einfach, wobei man immer auch an Wundreiben der Haut des Lattieres denken muss. Die drückenden Rucksackriemen kann der Mensch von Hand verschieben oder die Last während einer Pause abwerfen. Das Lasttier aber ist auf die liebevolle Beobachtung und Behütung durch den Menschen angewiesen, stilles Dulden oder Wunden sind die bösen Folgen grober 'Behandlung'. Der Saumsattel darf innen keine Naht aufweisen und sollte wegen vergrauen nie durch Niederschläge nass werden, eine Blahe gehört demnach fast zur Grundausstattung.

Im Alpsteingebiet wurde das Pferd früher vorwiegend zum Transport der Sennengeräte, des Mehles und der Milchprodukte (Käse und Butter) eingesetzt. Wenn früher den Talbetrieben kein Fahrrecht zustand, musste das Saumtier die Last (Mehl) übernehmen.

Im Militär haben wir noch bis etwa 1970 den Minenwerfer auf Pferdewagen oder Pferderücken transportiert. Die Pferde wurden dabei immer fachgerecht (Friedenszeit und nicht Kriegselend) eingesetzt. Mit Achtung denke ich immer noch an die gleichmütigen Trainsoldaten jener Zeit zurück, ihnen war keine Abendruhe gesichert. „Erst kommt das Pferd und dann erst der Mann!" war die verlangte und nachgelebte Regel all dieser stoischen Burschen. Dass die Trainsoldaten mit den anvertrauten Pferden (diese Tiere wurden militärisch immer Pferd genannt, nie etwa Ross, Gaul, *Habertraktor* oder gar *Güggel*) jeweilen gerne nutzbringende Arbeit verrichteten (Materialtransporte für Bauern im Gebirge erledigen, Telefonstangen befördern, Verpflegung für die Soldaten besorgen etc.) spricht nicht gegen ihre militärische Einstellung, wohl aber für ihren Sinn für lebensnahe Bedürfnisse. Einem währschaften Essen waren diese unzimperlichen Pferdebetreuer natürlich nie abgeneigt.

Sowohl Pferd als auch Esel eignen sich als Last- und Reittiere. Als Eigenart dieser Tiere gilt wohl die Tatsache, dass beide Tiere gegenseitig miteinander gedeckt werden können. Aus Pferdehengst und Eselstute gibt es den eselähnlichen Maulesel, während aus Pferdestute und Eselhengst das pferdeähnliche Maultier (Muli) entsteht. Dabei ist das männliche Tier immer, das weibliche häufig unfruchtbar. Den komischen Mischungen sagt man besondere Trittsicherheit und Ausdauer (halsstarrig) zu. Nach einer arbeitsfreien Aufzucht von drei Jahren soll das Tier drei bis vier Jahrzehnte lang 'wortlos' Lasten tragen und schleppen. Zahlenmässig sind diese Mischlinge aber nicht so bedeutend. Für feinfühlige Tierfreunde mag die Befindlichkeit dieser Bastarde schon Anlass zu Stirnrunzeln sein. Der Mensch hat da aber wohl nur nachgemacht, was ihm die so holde Natur unverkrampft vorspielte. Ausser bei Wolf und Hund kann es nach neuesten Erkenntnissen auch bei Eisbär (Thalarctos maritimus) mit Braunbär (Ursus arctos) oder Grizzly (Ursus arctos horribilis) ähnliche Besonderheiten geben. Letztere 'Bärenbastarde' sind sogar fruchtbar. Geschätzte 10 % aller Tierarten können mit mindestens einer anderen Art fruchtbare Nachkommen zeugen (laut NZZ vom 1. Juli 2015).

Bis zum 9. Mai 1945 hielten nicht nur die Nazis Rassenvermischung beim Menschen für schädlich, sondern auch viele vitalistische und vulgärdarwinistische Philisophen (Joseph Gobineau), Biologen und Ärzte. Es gab sogar eigene Bezeichnungen für Mischlinge zwischen 'Weiss' und 'Schwarz' (Mulatte), 'Rot' und 'Schwarz' (Zambos) sowie 'Weiss' und 'Rot' (Mestize) und sogar für Mischlinge von Mestize und 'Weiss' (Castize). Heute ist die Nennung solcher Namen schon fast ehrenrührig. Andere Zeiten – andere Köpfe! *Moon loot wide e anderi Gääss schrää* (Morgen meckert wieder eine andere Ziege).

Männliche Touristen etwa an der Copacabana in Rio haben heute punkto 'Rassenvermischung' eine ganz grosszügige Einstellung, wenn sich die entsprechenden Schönheiten in sparsamen Textilien wohl fühlen! Was heisst da sexistisch? Auch die erholungsbedürftige Damenwelt geht nicht leer aus . . . Ich war noch nie in Rio.

Um dem Rassismus vorzubeugen, ist heute politische Korrektheit angesagt. Ausdrücke wie 'Mohrenkopf', 'Schwabenkäfer', 'Hongkong-Grippe', 'Russenzopf' und bald auch 'Kuhschweizer' und 'Berliner' sind unbeliebt. Wie steht es mit 'Pariser'? Dass selbst in der derben Soldatensprache ('Grabstein' für Erkennungsmarke, 'eingesperrter Senn' für Dosenkäse) *'gschtaapfte Ju . .* ' obszön klingt ist klar; früher aber wurde im Militär dieser Ausdruck gedankenlos für Dosenfleischkäse verwendet! Wie sieht die Zukunft für 'Appenzeller Alpenbitter' oder 'Bauernschüblig' aus?

Wenn der Mensch schwierige Wege geht, schaut er gewöhnlich vorher, wo er hintritt. Den Vierbeinern ist diese Hilfe unmöglich. Alle Füsse, Hufe, Klauen oder Pfoten berühren den Boden auf gut Glück. Sicher, die drei unbewegten Beine bieten Sicherheit und die Hinterfüsse treffen ziemlich genau auf dem selben Ort wie die Vorderfüsse den Boden. Trotzdem kann im unwegsamen Gelände demTier ein gewisses Risiko nicht abgenommen werden. Der Galopp vieler Tierarten ist unter widrigen Umständen unfallfreier als Schritt oder Trab.

Nun soll aber in den Alpen der Ostschweiz endlich die *Ledi* gesäumt werden. Mit Bedacht sind alle Näpfe (vielleicht noch Melkstühle, Käsebank etc.) auf zwei Brettern befestigt, die nun unverändert vom Lediwagen links und rechts dem Pferd an/auf den Saumsattel gebunden werden. Oben hat noch der Buder Platz. Das zweite Pferd erhält die zwei Bretter mit den vier Schütteimern und den zwei Melkeimern, aber ohne Fahreimer!) angehängt. Oben thront das Chessi mit der rotkarierten Bettdecke. Tanse und *Suurfass* tragen die Sennen selber, wie auch die schmucken und nicht mehr benützten Fahreimer. Wenn schon die *Ledi* eine Seltenheit geworden ist, so ist das Säumen derselben nur noch Theorie. Zur Not lässt lässt sich die *Ledi* übrigens auch von willigen Männern tragen. Die obigen Bretter ergeben vier Lasten. Buder und Chessi zusammen bilden die fünfte Bürde. Die Tanse und das Sauerfässchen gehören etwa zum Eigentümer und Handbuben. Alles nur noch Theorie!

Der Senn verkaufte dem Grempler seine Milchprodukte (*Molche*) und dieser stellte ihm die Pferde für die *Ledi* und andere Lasten. Hin und wieder kauften aber Grempler auch eine Diele Heu, um bei spätem Frühling 'seinen' Sennen notfalls aushelfen zu können. Eine Hand wäscht die andere, positiv verstanden.

Ein Müllereipferd (*Möliross*) mit seinen 400 - 600 kg Gewicht trägt im Normalfall 150 kg Mehl. Wie aber lädt der Säumer ohne fremde Hilfe diese drei Säcke auf den Sattel, ohne dass sich dieser auf dem fast runden Pferderücken dreht? Den Minenwerfer (in etwa vier gleiche Lasten zerlegt) luden wir immer gleichzeitig links und rechts an/auf den Sattel, ausser dem Trainsoldaten als Chef waren noch vier Mann (so heisst militärisch die Mehrzahl von Mann!) beteiligt.

Auf Zuruf hin stellt sich das folgsame Pferd seitlich ganz nahe an den mit Säcken beladenen Tischwagen. Der gewiefte Säumer stemmt nun von oben auf dem Wagen zuerst einen Sack Mehl schön oben auf den Saumsattel. Vorne und hinten lässt er um den Sack zwei Seilschlaufen in der Form einer Acht baumeln. In diese bringt er stemmend den zweiten Sack zum Hängen. Stösst er nun den oberen Sack von oben auf die andere Seite, so hängt links und rechts am Pferd je ein Sack Mehl. Die dritte Last wuchtet der Mann mit Schwung auch schön mitten auf die zwei hängenden Säcke. So belädt er gewöhnlich zwei Pferde. Bevor es losgeht, legt sich der brave Säumer selber noch einen Sack Mehl auf die Schultern. Beispielhaft solidarisch keuchen nun Säumer und Saumtiere dem hoffentlich nicht allzu weit und allzu hoch gelegenen Bauernhof oder der Alp entgegen. Anders als erfahrene Zugführer auf militärischen Märschen den Mann mit der schwersten Last (beim Minenwerfer (Richter) sind das ohne Gewehr beachtliche 26 kg Eisen) vorne tappen/stampfen und so das Tempo bestimmen lässt, schreitet der Säumer vor den Saumtieren dem Ziel entgegen. Das gilt besonders bei Müllereipferden, welche die Wege zu den Bauernhöfen noch nicht kennen. Der Mann kann aber durchaus auch den Saumtieren folgen, wie Senntummalereien (Eimerbödeli: Holderegger) von Heim und Zeller zeigen und wie ich es schon selber auf dem Schrennenweg zum Rotsteinpass gesehen habe. Das Tier bestimmt das Tempo und schaltet auch die Ruhepausen ein – der kluge Säumer passt sich wie der Offizier an!

Wenn am Zielort dann wieder ohne fremde Hilfe abgeladen werden soll, geht der Säumer in umgekehrter Reihenfolge zum erfolgten Beladen vor. Kraft und gegenseitiges Vertrauen von Mann und Pferd sind unabdingbar. Im Regelfall sind zwei Saumtiere pro Säumer an der Arbeit, wie auch der Mehlwagen von zwei Pferden gezogen wird. Das zweite Pferd ist vielleicht mit einem Strick am Sattel des ersten Pferdes fixiert. Den Heimweg finden die arbeitsgewohnten Tiere beinahe ohne Fuhrmann, fast dösend auf dem Wagen macht es sich dieser spät abends auf dem Wagen dabei bequem. Neckisch sei noch angefügt, dass früher ein Sack Mehl (ungesäumt) zuversichtliche 75 kg wog, Rückenbeschwerden der Müllersknechte wurden nicht in Rechnung gestellt.

Als Orientierung mag noch gelten, dass bis vor kurzem die Bergwirtschaft Rotsteinpass mit Pferden (*Muli*) versorgt wurde. Rotsteinpass – Wasserauen bedeuten drei Stunden Marsch und Wasserauen – Rotsteinpass satte drei Stunden, der Säumer selber aber war unbelastet. Glasflaschen und Harasse machten dabei allein wohl schon die halbe Miete aus. Bis zur Erstellung der Luftseilbahn auf den Säntis (Einweihung am 31. Juli 1935) wurde alles Material für die Wetterwarte und die Bergwirtschaft auf dem Säntis 2501,9 m ü. Meer so ab 1920 von bis zu drei Maultieren von Wasserauen bis zur Wagenlücke 2072 m ü. Meer gesäumt. Von jenem Depot und Stall an (aber auch von Wasserauen an) traten dann die legendären Säntisträger in Funktion, oft auch im Winter, mit Lasten von 30 – 100 kg (Lebensmittel, Holz, Kohle, Petroleum etc.).

An Namen sind bekannt und seien generell genannt: Dörig , Rusch, Manser, Tinner, Speck, Schlepfer, Fässler, Inauen, Egger und Krüsi. Durch Lawinen und Mordtaten kamen von 1882 – 1922 in diesem Zusammenhang (Wetterwart und Träger) insgesamt fünf Personen zu Tode (alles nach Ratschreiber Dr. Hermann Grosser in 'Appenzeller Kalender 1974' . Damals schrieb das Leben die Dramen ohne Medien farbig genug. Auch einen Fitnessraum brauchte der Säntisträger Josef Anton Rusch (Steubli) kaum; mit seinen 3000 Transporten zum Säntis (in annähernd 30 Jahren) ertrug er Ungemach genug. Wie war sein Cholesterinspiege bei täglichen 450 'erbuckelten' Höhenmetern? Das deftige Motto aller unbekümmerten Lebenskünstler *„Liäbe en Ranze vom Fresse as en Boggl vom Weeche"* (Lieber einen Bauch vom vielen Essen als einen krummen Rücken von schwerer Arbeit)! war ihm sicher unbekannt. Mensch und Tier trugen früher gleichmütig schwere Lasten.

Die Grempler holten bis etwa 1950 mit den Saumtieren Käse und Butter von den Alpen, in der Sommerhitze und wegen der Bremsenplage nur am späten Abend oder in der Nacht. Dabei wurden geeignete hölzerne Traggeräte benutzt, die im Bedarfsfall mit einer wasserdichten *Blache* (Blahe, Plane) versehen werden konnten. Die Spreu (Spelzen, leere Ähren) in der Polsterung des Saumsattels durfte nicht nass werden, weil sie sonst grau und stinkend geworden wäre. 12 – 16 Käse zu 6 – 8 kg und 4 – 6 *Zole* (Würfelform) Butter zu je etwa 8 kg ergaben die passende Saumlast von etwa 100 – 150 kg. Erstaunlicherweise ist für das Saumtier das Tragen von Lasten abwärts fast beschwerlicher als aufwärts, die Vorderbeine werden sehr beansprucht *(es got ii Kneu).*

Ähnlich wie der Senn messingbeschlagenes Lederzeug schätzt, lässt auch der Grempler aus Berufsstolz seine Pferde in verziertem Lederzeug die Arbeit verrichten. Die chromglänzenden Sattelschlepper in den USA zeugen von ähnlichem und berechtigtem Berufsstolz der Trucker (Kapitäne der Landstrasse). Das Rot in den Pferdegeschirren soll nach alter Ansicht trotz der Flüche der Fuhrleute allerlei Böses von Pferd und Mann fernhalten.

Das Saumpferd folgt dem Säumer folgsam im gleichen Tempo oder umgekehrt.

Im schweren Zug aber hat das Pferd sein eigenes Schrittmass, es kann nicht beliebig langsam ziehen, im Gegensatz zu Geländefahrzeugen fehlt ihm quasi der Kriechgang. Ich sehe immer noch den Fuhrmann, der im Winter 1953 beim Langholztransport bei uns in der Rüti über eine kleine Erhebung ohne Handschuhe seitlich am Schlitten zügig mit aller Kraft stiess. Der lange Baumstamm liess dabei zeitweise den *Blochschlette* frei in der Luft baumeln. Wackerer Fuhrmann und schweres, schwarzes Pferd bildeten ein beeindruckendes Team (gibt es dafür ein passendes deutsches Wort?). Anfeuernde Zurufe waren dabei weder möglich noch nötig.

In ganz seltenen Fällen wurden früher (werden noch) auch Milch, Rahm und sogar Mist oder Erde/Steine gesäumt.

Mussten wir Buben früher (in unseren Augen) anstrengende Arbeit verrichten, verkündeten wir uns gegenseitig aufmunternd den hochdeutschen und wahren Spruch: „Der Esel ist ein Lasttier - man kann ihn auch zum Ziehen brauchen!"

Miss Alpstein
(gibt es nicht!)
Im Herbst finden in der Ostscheiz und auch anderswo zahlreiche Viehschauen statt. In den Zeitungen wird da gerne von ungelerntenTierfreunden von 'schönster Kuh' oder 'Miss Sowieso' geschrieben. Der Laie stellt sich da unverbindliche, fast will-

kürliche Aspekte von Schönheit vor (Haarfarbe, Kopf, Hörner) und weiss nicht, dass vielmehr der Körperbau der Tiere ausschliesslich und knallhart nach wirtschaftlichen Gesichtspunkten bewertet wird. Dabei spielen Langlebigkeit, Robustheit oder Melkbarkeit die Hauptrolle. Der Preisrichter spricht da nüchtern von Format (Grösse), Fundament (Gangwesen), Euter, Zitzen, Beckenneigung (beeinflusst die Fruchtbarkeit), Breite, Bemuskelung, Beinstellung, Klauenansatz etc. So kommen bis zu 33 Kriterien ins Spiel. Ob und wie und wieviel Hörner (abgebrochen, nach vorne unten geneigt usw.) eine Kuh aufweist, ist fast absolute Nebensache. Die Tiere werden fast nur von hinten gemustert. Begabte Preisrichter haben da ein erstaunliches Auge. Der Ehemann Theodor Schälin meiner Tante Katharina muss in dieser Hinsicht lange landesweit überragend gewesen sein. Einmal liess er sich, als er selber bettlägerig war, ein neugeborenes Kalb erwartungsvoll sogar ans Bett bringen. Entsprechend widmete er sich auch besonders der Stierzucht, also früher oberste Liga.

Immerhin, *Goscht* (Kopfform, Hornstelllung. Augen, Charme!) spielt neben Gangart laut Jakob Jäger bei der Wahl einer *Schöllchue* dann wieder die entscheidende Rolle, Euter hin oder her. Na ja, das Leben ist hart, dafür ungerecht!!

Beim Baunvieh, ob Original Braunvieh (OB) oder Brown Suisse, ist das Zweinutzentier (Milch und Fleisch) das angepeilte Zuchtziel; daneben werden auch reine Milchkühe (Holstein) oder Fleischtiere (Angus, Limousain, Charolais) angestrebt. Lange oder zu lange setzte man beim Braunvieh auf berggängigen, robusten, kompakten Körperbau. Die Milchleistung wurde so lange unterbewertet, bis aus den USA Samen von Brown Suisse (auf Milch gezüchtet wie Holstein) das Rennen neu eröffneten. Sicher, heute kommen nur Kühe mit ausgezeichneten Milchleistugen an die Viehschau. Mittlerweile erreichen auch OB-Kühe Spitzenleistungen von 12 000 kg Milch pro Jahr, immer bei entsprechender Fütterung und Haltung. Als züchterische Faustregel gilt, dass pro Jahr die durchschnittliche Jahresmenge an Milch um 100 Liter zunimmt, fragwürdiges und umständliches Klonen ist weder nötig noch entscheidend. Alpung kommt bei diesen Hochleistungsmilchkühen aber normalerweise kaum mehr in Frage!

Die heutigen Hochleistungskühe mit mächtigem Format brauchen im Vergleich mit den gedrungenen Kühlein vor 100 Jahren selbstredend viel mehr (50 %?) Futter und sind schneller altersschwach *(uusbrucht)*, dafür bringen sie aber schon mit 24 - 26 statt mit 36 Monaten ihr erstes Kalb zur Welt. Mittlerweile kann es vorkommen, dass eine alte (zehn Jahre?), magere Hochleistungsmilchkuh nicht mehr im Schlachthaus landet, sondern gleich in der Kadaververwertungsanlage 'entsorgt' wird! Einnutzentier! Das Aussehen der Magerkühe ist Ansichtssache. Ich berichte nicht von Hochleistungslangstreckenläuferinnen und Klapperknochenmodels, weil ich selber auch kein Modellathlet bin!

Neben züchterischen Gesichtspunkten bedeutet eine Viehschau *(Vechschau, d Schau)* mit *Senne ond Schöllchüe* für Kinder und Erwachsene gleich welcher Herkunft die Möglichkeit, die Kuh in ihrer besten Zuchtform ganz in der Nähe zu bestaunen. Und erst die Fremden! Für die ist es Sennentradition in Reinkultur und Hochglanz!

Wenn heute zur allgemeinen Freude an den verschiedenen Viehschauen in der Ostschweiz (SG, AR und AI) immer mehr Sennen *mit de Schölle* oder gar *mit de Geele* auffahren, so ist dies ein ungeahnter Wandel, verglichen mit den Zeiten vor hundert Jahren. In Urnäsch oder Appenzell beispielsweise sind es jetzt doch 10 – 20 Senntum, welche in aller Pracht Freude der Zuschauer bewirken und Stolz der Züchter vorzeigen. Die Mehrzahl der Sennen kommt *i de Geele*. Auch in Alt St. Johann fahren 10 – 15 *Schöllesenne* auf. Wie ist es aber in Nesslau? Dort bewundern die Zuschauer stolze 30 *Schöllesenne*, davon um die vier *i de Geele*. In zahlreichen anderen Gemeinden in AR, im Fürstenland und im Toggenburg erscheinen ebenso immer mehr *Schöllesenne* an den Gemeindeviehschauen, vom Publikum immer mehr bestaunt und begrüsst. So um 1922 fuhren mein Vater und sein Bruder Bisch für ihren Vater Franz Manser zweimal mit ausgeliehenen *Schölle* als einziges Senntum *(mit de Geele?)* an die Viehschau in Appenzell. Das Unternehmen war wohl als landwirtschaftliche Nothilfe von meinem Grossvater in die Wege geleitet, um den Brauch der Viehschau in Appenzell am Leben zu erhalten. Von 1908 – 1918 war er eben Landeshauptmann (Landwirtschaft) und 1921 – 1932 Staathalter (Inneres); die Feld – und Stallarbeiten erledigten seine Söhne!!

Die Zeiten ändern sich und mit ihnen die Menschen.

Da fehlt noch ein Seitenhieb auf die überhohen Politiker. Für unverbildete Laien wie mich gleicht doch an einer Viehschau und überhaupt eine Kuh der anderen. Nicht so bei den Preisrichtern und Viehhändlern; handelt es sich nun um Schafe, Ziegen, Schweine, Pferde oder eben Rinder. Als Beweis füge ich eine Episode an, die mir ein Senn in AR verriet. Der trug einem Viehhändler eine Kuh zum Verkauf an. Der erfahrene Händler besah sich das Tier, wurde aber mit dem tüchtigen Viehzüchter nicht handelseinig. Monate später erkundigte sich der Viehhändler anlässlich einer Viehschau beim Sennen nach jener obigen Kuh. Sie stehe nun in der Reihe der Kühe an der jetzigen Viehschau und man könne sie ja gleich aufsuchen, beschied der Bauer. Händler und Besitzer schreiten durch die langen Kuhreihen, Kuh - Hinterteil eng an Kuh - Hinterteil. „ Da ist sie ja!" frohlockt der eine. Senn oder Händler? Ja, Sie tippen verwegen richtig – der Viehhändler! Mit seiner guten Beobachtungsgabe entdeckte dieser Händler die Kuh von hinten vor dem versierten Züchter und Eigentümer.

Nun meine Schimpftirade. Nach Jung Chang und ihrem englischen Ehemann und Mitautor Jon Halliday ist Mao, der grausigste Massenmörder und schaurigste Quälgeist aller Zeiten, für den Tod von schätzungsweise 70 Millionen Menschen (Chinesen!) verantwortlich. Die 1952 in China geborene Jung Chang forschte zwölf Jahre lang für ihre bahnbrechende Biographie dieses machtgierigen Ungeheuers. Schon kurz nach der Hungersnot in China mit etwa 38 Millionen Toten (Lebensmittelablieferungen der geplagten Bauern an den kommunistischen Staat) 1958 – 1961, also von 1972 bis sogar 1997, rühmten diesen schamlosen Frauenhelden und boshafte Missgeburt nicht nur linke (aber nicht sowjetische!) und afrikanische Staats'führer', sondern auch westliche Politiker, Prediger und Blindgänger wie der französische Phrasendrescher Jean - Paul Sartre, der amerikansiche Naseweis und Schürzenjäger Henry Kissinger, der amerikanische Dummkopf und Einfaltspinsel Richard Nixon, das amerikanische Grossmaul Billy Graham, das kanadische Leichtgewicht Pierre Trudeau, der mexikanische Bettelknabe Luis Echeverria, der französische Wichtigtuer und Gernegross Georges Pompidou und andere Wirrköpfe als moralische Lichtgestalt und tugendhaften Philosophen! Wie Naivlinge und

Nachtwandler rannten diese 'Leithammel' dem pathalogischen Wüstling, bösartigen Ungetüm und blutigen Monster als genarrte Besucher in Peking fast die Türen ein und krochen dem lasterhaften Tyrannen auf den Leim, im Soldatenjargon sogar in den . . . .! Aus Wut und Abscheu gebe ich die Lebensdaten dieser einfältigen Trottel nicht an und lasse auch den Grünschnabel und Maobibelschwinger Bundesrat Moritz Leuenberger aus dem verdrehten Spiel. So raffiniert täuschte das sadistische Scheusal in Peking die geheimdienstgestützten und expertenbewehrten 'Preisrichter'. Neben Mao erscheinen da Hitl. . und Sta. . als primitive, unbegabte, wohl etwas lasterhafte Massenschlächter. Klar, laut Stéphane Courtois ist seit gut 2200 Jahren die Geschichte Chinas aus geographischen, religiösen und sozialen Gründen eine abscheuliche Abfolge furchtbarer Hungersnöte und schrecklicher Massaker, eingeschlossen Verzehr von Menschenfleisch und lebendig Begraben, aber doch nicht im maoistisch – komunistischen Ausmass und Verschulden bis zum 9. September 1976. Ich verweise mit dieser siebten Kränkung des Menschen auf die fünfte im Vorwort. Also verdienen Preisrichter an den Viehschauen mehr Vertrauen als vollmundige, hochstehende und überhebliche Politiker, die leider grundsätzlich Misstrauen verdienen. „Muh!"

Uff Brogg
(Kalbungstermin auf Beginn der Einstallung im Winter)
So ab Mitte der Alpzeit wurde/wird das Gras knapp, *d Alp suuberet*. Futterzukauf war früher schwierig und ist heute aus 'grünen' Gründen verpönt bis untersagt. Bei einer Vorsömmerung (tiefer gelegene Weide, die vor und nach der eigentlichen Alpsömmerung bestossen wird, speziell im Toggenburg von Bedeutung) verschiebt oder wiederholt sich die Sachlage entsprechend. In diese Zeit der knappen Fütterung passt am besten eine Kuh, deren Galt (Melkpause!) ansetzt. Der Senn kann so auf der Alp eine im 7. Monat trächtige Kuh *guet aaloo* (nicht mehr melken) Bei sehr intensiver Fütterung von Hochleistungskühen kann das schwierig werden, so von 20 und mehr Litern Tagesleistung auf Null abzuschalten. Dabei sind oft Antibiotika nötig, um einer Mastitis (Euterentzündung) vorzubeugen. Aber immer sollte eine Kuh so im 8. und 9. Monat Tragzeit *(Träägzitt)* trocken sein, sie erholt sich so und bereitet sich auf das Kalben und die erneute Milchleistung vor, *sii röschted sii*. Tranzugabe einige Wochen vor dem Abkalben und nachher soll nach Jakob Zuberbühler sehr vorteilhaft sein.
Auf der Alp gehen also beim klugen Sennen ab Mitte August viele Kühe galt *(alli Chüe ii ee Schölle ini mölche!)* In Talbetrieben reichen fünf Wochen Galtzeit; die Kühe übertragen (verlängerte Tragzeit) neuestens aber bis zu zwei Wochen.
Das begründet das Wort meines Onkels Bisch Manser: "In der Schwägalp möchte ich in den ersten vier Wochen Kuh sein und in den nächsten vier Wochen Senn!" So auf die Einstellzeit *(iistölle)* Mitte Oktober (früher so in AR und AI üblich) bis Dezember kalbt dann die Kuh erneut und gibt relativ viel Milch, auch bei Heufütterung. Im Mai erhöht das Tier die inzwischen gesunkene Milchmenge nochmals, *sii läät no e mool zuee*.
Das bedeutet auch, dass auf der Alp die Kühe weder kalben noch hochträchtig auf anstrengende Futtersuche gehen müssen. Steile Weiden kommen für die jetzigen Hochleistungskühe allgemein kaum mehr in Frage. So im Dezember/Januar

will/wollte also der Senn die Kühe vom Stier bespringen lassen *(füere)*. Als Nachteil dieser zeitlichen Planung bildet sich so im Winter ein preisdrückender Überfluss an Mastkälbern, dem einzelne Bauern durch geänderte Deckzeit wieder ausweichen.

Im Talbetrieb ist keine spezielle Abkalbzeit nötig. Im Gegenteil, das Kalben der Kühe wird gleichmässig auf das ganze Jahr verteilt. In den USA und auch anderswo wird bei grossen Herden (bis 1800 Kühe, in Vorbereitung/Planung sind sogar 3000 Milchkühe!) durch Hormone eine bestimmte Anzahl (Kohorte) Kühe behandelt und anschliessend besamt, das leidige Problem der Brunstbeobachtung entfällt so. In Neuseeland (laut Hansueli Buff) wurde schon mit dieser Methode gleich die ganze Herde trocken gelegt, um so die Ferienzeit für das Stallpersonal zu steuern; der Erfolg war (zum Glück?) nur mässig.

So grosse Ungetüme von Milchfarmen sind für die einen der Inbegriff von Effizienz, für die andern ein schweres Ärgernis. Den Tieren fehlt das Stimmrecht! Nach meiner Ansicht ist das Wohlergehen der Tiere aber nicht streng an die Betriebsgrösse gekoppelt, Umweltbedenken aber bestehen schon.

Bei den Schweinen ist die Wurfzeit nach 16 Wochen Tragzeit auch über das ganze Jahr verteilt. Nicht so bei den Ziegen. Ihre Deckzeit ist starr und verläuft sogar innerhalb der Herde synchron.

Laut John Briggs neigen Frauen, die in engen Gruppen zusammenleben (Gefängnisse, Kasernen usw.) dazu, ihre Menstruation zu synchronisieren, was man auch schon bei Eingeborenen im Urwald beobachtet haben will. Der Biochemiker Gottfried Schatz gibt als Erlärung dieses Sachverhaltes an, dass Frauen, längere Zeit im gleichen Raum lebend, unbewusst (wo?) eine geruchlose Substanz ausscheiden, welche in anderen Frauen die Menstruation auslöst. Das ist eigentlich zu erwarten.

An sich verläuft die Brunst und das Werfen bei allen Herdentieren (nicht nur bei ihnen) gleichzeitig, das ist in Bezug auf Wanderung, Futterangebot und Jäger (Raubtiere) von Vorteil, ob zu Wasser oder zu Land. Die Lachse oder Pinguine sind da ein Musterbeispiel.

Bis vor etwa 50 Jahren war das Kalben ein risikobehaftetes Geschehen. Ich übergehe die Sache von Stricken und Ziehen und Enge und Fruchtwasser und Nachgeburt. Mein Vater sagte immer, für das Risiko gehöre dem Händler das Kalb. So war/ist eine Kuh vor dem Kalben gleich viel wert wie danach. Durch Zucht (schmale Kopfform, Beckenweite, kluges Besamen für die Erstgeburt) ist das Problem zum Glück verdampft. Fast amüsant ist aber die Feststellung von Jakob Zuberbühler, dass beim gleichen, eigenen Stier und den gleichen Kühen in einem Jahr das Kalben kein Problem ist, ein Jahr später aber wieder doch. Das gelte sogar auch für die Dauer der Tragzeit. Natürlich bei offensichtlich gleichen äusseren Umständen. Theoretiker – vortreten! Dieser Sachverhalt aber wurde mir nur von einem einzigen anderen Gewährsmann bestätigt, von allen anderen verneint. Nun ist wieder die Statistik gefordert.

So haben wir also nun ein Kälbchen, das vom Muttertier trocken geleckt wird und schon bald auf den eigenen wackeligen Beinen steht. Naturgemäss will es saugen. Bei der Mutterkuhhaltung ist das problemlos möglich. Nicht so bei Milchkühen. Das Kalb braucht nur einen Teil (Drittel, Viertel?) der vom Muttertier erzeugten Milchmenge. Zudem hat das Kalb die komische Eigenschaft, durch immerwährendes, heftiges Kopfstossen das Euter zu massieren, eher zu malträtieren! Auch werden vom Jungtier die Viertel des Euters ganz unterschiedlich leergesaugt. Die Ammenkühe mit ihren Minieutern ertragen dies oder brauchen sogar dieses *Pötsche*. Milchkühe hingegen werden besser von Hand oder maschinell gemolken. So kann dem Kalb leicht die angemessene Milchmenge zum Saugen gegeben werden, was per Sauger (*Nuggi*) geschieht.

Auch ich habe oft und nicht ungern die Kälbchen mit dem Mittelfinger in der warmen Milch saugen lassen. Die leicht kratzende Zunge könnte heute direkt zur Wohlfühlbehandlung *(Wööllness!!)* vermarktet werden. Auf unerschlossenen Höfen war früher das Nachtränken der Kälber bis zum Schlachtgewicht von etwa 100 kg die einfachste Milchverwertung, es brauchte keinen Milchtransport irgendwohin. Das Kälbchen verwertet bis zur Schlachtung etwa 1000 Liter Milch. Ungleichheiten in Produktion und Verbrauch lassen/liessen sich leicht mit Milchpulver bewältigen. Das *Pötsche* lässt das dumme Kalb auch nicht bei Fütterung mit dem Finger, was gegen den Eimerboden gedrückt direkt schmerzhaft sein kann. Als Abwehr stellt man den Eimer so weit weg, dass der angebundene Säuger das Maul nur knapp bis in die Milch halten kann! 1 : 0 für den Hirten!

Kälbchen können leicht erkranken und eingehen, sie sterben aber nicht. Das ist uns Menschen reserviert. In Wisconsin und immer mehr auch in der Ostschweiz stellt man für die frisch gekalbten Kälbchen Kunststoffboxen hin, streut reichlich Stroh, lässt den Tieren etwas Freilauf und hängt einen Tränkeimer hin. So stecken sich die Jungtiere kaum mehr gegenseitig an und gedeihen fast immer prächtig. Das wird auf den Farmen auch bei grösster Kälte und giftigen Winden so gehandhabt. Uns Laien friert es beim Zuschauen, die Kälbchen aber stehen munter unter der Öffnung und blinzeln in die Sonne. Doch aufgepasst: Die Boxen müssen ganz genau erforschte Masse und Öffnungen aufweisen, so dass innen Windstille herrscht und sich auch kein Kondenswasser bildet. Wenn das Kalb so mit vier Wochen in einen Freilaufstall kommt, wird die Boxe verschoben und nur an einer neutralen, unbenützten Stelle wieder aufgestellt. Der ziemlich grosse Abstand von einer Boxe zur anderen ist unbedingt einzuhalten, wohl wegen Ansteckung (Tröpfcheninfektion).

Heute kennt man die Kuh eben ziemlich gut. In den USA haben die Farmer schon seit langer Zeit eiserne Futterraufen, deren Öffnungen schräg sind. Das hat seinen Grund. Durch Beobachtung hat man heausgefunden, dass die Kuh es nicht schafft, den Kopf schräg zu halten und gleichzeitig das Maul voll *(en Schlompf)* Heu zu behalten. „*D Kue ischt tomm!*" (Die Kuh ist dumm!), behauptete mein Onkel und Firmpate und Farmer August Fässler lakonisch und überzeugt. Nun, bei schräger Futterraufe wird durch die Rinder fast kein Futter auf den Boden gestreut und damit ungeniessbar gemacht. Köpfchen!

Auf genauer Tierbeobachtung beruhen auch die Absperr - Roste in den Alpen. Genau berechnete Lücken zwischen den Eisenträgern (ob rund oder rechteckig) halten die Rinder davon ab, die Roste zu betreten. Autos wie Personen aber können gefahrlos die Rindersperre passieren. Die Schweizer als aufgeweckte Tierfreunde bauen als Luxuseinrichtung hin und wieder sogar Ausgänge für Frösche ein. Gar so dumm sind die Kühe aber nicht. Laut *Vette Auguscht* besteht die Vermutung, dass die Tiere mit ihrem nassen und auf Gerüche spezialisierten Maul merken, ob ein elektrischer Zaun geladen ist oder nur Attrappe ist. Da wäre dann von Ionisierung der Luft auszugehen. Auch kann der Senn nicht allzu häufig ungestraft nur eine Schnur als Absperrung benützen oder den Zaun nicht eingeschaltet halten. 0 : 1 oder 1 : 0 für die Kuh!

Zwilling

Entgegen landläufiger Meinung schätzt der Züchter bei den Rindern Zwillinge keinesfalls. Ist das Geschlecht gleich, so mag der 'Kälbersegen' noch angehen. Ausser, dass durch Vererbung wiederum Zwillinge zu erwarten sind. Schwerer aber wiegt die Meinung, dass Zwillingsgeburten die Kuh 1 Jahr älter machen, was bei einer heutigen Lebenserwartung von 6 - 8 Jahren ins Gewicht fällt (laut Johann Hautle). Bei ungleichem Geschlecht kommt als Erschwerung hinzu, dass die Nachgeburt *(Süüberig)* nicht gut weggeht. Ausserdem sind in diesem Fall die weiblichen Kälbchen häufig Zwitter *(Zwick)*, ungefähr Hermaphrodit, also unfruchtbar, das aber fällt ins Gewicht. Kurz gesagt: zwei sind eins zu viel.

Der Natur als gewissenloser Übeltäterin unterlaufen erwartungsgemäss auch Webfehler. Viele menschliche Embryonen und Föten erreichen nicht das Geburtsalter, Diese wischt sie als unzimperliche Lehrmeisterin klammheimlich und verschämt unter den Teppich, und naturnahe Völker setzten früher solche Geschöpfe in der Wildnis aus. So werden wie erwartet auch Kinder geboren, deren Geschlecht nicht leicht zu bestimmen ist. Als Begriffe tauchen dann Intersexuelle, Hermaphroditen, Pseudohermaphroditen etc. auf. Früher werkelten die Ärzte oft ohne Auftrag und Wissen der Eltern zwischen den Beinchen dieser Neugeborenen herum, heute ist man zum Glück vorsichtiger und demütiger. Als Erwachsene nennen sich diese sexuellen Zwischenformen heute selbstbewusst und nicht ungern Zwitter. Bitte nur keine verschämte Verlogenheit, Natur ist Natur, Schöpfungsbericht hin oder her (. .als männlich 'und' weiblich erschuf er sie. Gen 1,27) . Solche Personen genossen in verschiedenen Kulturen und Weltgegenden oft hohes Ansehn, als Schamenen oder Wahrsager fast verehrt. Bei Zwittern kommen neben üppigen Brüsten, weichen Formen und spärlicher Behaarung eben auch noch männliche Gebilde zum Vorschein, deren Ausmass Vergleiche mit Männern gar nicht zu scheuen brauchen. Auch die Ejakulation ist reichlich.

Für die katholische Kirche wären doch Zwitter dieser Beschaffenheit ein Ausweg aus einem bösen Dilemma. Dass diese Männerdomäne seit 2000 Jahren (der Start liegt natürlich vor 3000 Jahren beim damals verfassten, verheerenden Adam – und - Rippe - Text) die Frau vom Priesteramt fernhält, ist nicht nur ärgerlich, sondern schlichtweg lächerlich. Zugespitzt formuliert: Ein Kinderschänder kann Priester sein und eine rechtschaffene Frau oder gar Mutter nicht. Da hilft doch keine noch so wortreiche Ausrede und Begründung, eher einmal eine beschämende Klage wegen missachteter Menschenrecht an der richtigen Stelle. Wohl, wohl, biblisch galt die Fau fast dauernd als unrein, gehen wir auf sicher und sagen immer! Nach meinem Rezept sei also ein Zwitter mit üppiger Oberweite Priester, und nach etwa 77 Generationen untersucht man dann bei einer wohlgeformten Priesterin nicht mehr die Beschaffenheit im Schritt, womit die Sache für die Amtskirche überstanden wäre . . . Dabei soll man aber tunlichst nicht von Veränderung schreiben, das macht folgsame Schäfchen nur kopfscheu. Entwicklung, Entfaltung, Reifung und noch besser Vollendung sind in diesem schwerwiegenden Fall empfehlenswerter. Das Erhabene und Lächerliche berühren sich ja oft. Dildotragpflicht kann doch nicht die Lösung sein. Sicher, nach der Aussage meines Seminarreligionslehrers wurde früher nach der Papstwahl von einem Fachkundigen unten durch einen offenen Stuhl unter den Rock des Gewählten geäugt, um sicher zu sein, dass die männlichen Attribute (*Gweeb* beim Stier) auch ja nicht fehlen, deren befohlener Nichtgebrauch noch eine zusätzliche Belustigung aufweisen und einen weiteren nicht zu begründenden Irrweg der Amtskirche darstellen. Die 'verhinderte' Erbfolge kirchlicher Ämter stand diesem Unfug zu Gevatter, wäre aber wohl auch ohne Sexualverzicht zu erreichen gewesen.

Hier lautet mein ungefragter Rat: der Sache ohne Aufhebens ihren Lauf lassen, stillschweigend die vernünftige Entwicklung annehmen. Das Kirchenvolk ist da fortschrittlicher als die hohen Herren in der ewigen Stadt. Der kluge Senn folgt der Herde und der erfahrene Fuhrmann 'lenkt' das Pferd am langen Leitseil. Natürlich misstraut auch das allweise Brüssel dem Volkswillen und der Schwarmintelligenz. Aber das Ermächtigungsgesetz, welches Hitler ziemlich freie Hand liess, wurde durch das Parlament, also den Reichstag am 24. März 1933 in der Krolloper in Berlin erlassen und nicht vom deutschen Volk verabschiedet. Auch Parlamente und Gerichte können irrren, letztere regelmässig.

Auf die Schweizerbevölkerung bezogen handelt es sich bei der Intersexualität um 1000 – 4000 Personen, alle Varianten und Stärkegrade eingeschlossen.

Die Medizin kennt mittlerweile zwischen männlich und weiblich noch weitere 11 verschiedene sexuelle Ausformungen, also Gonadendysgenesie = Keimzellenfehlentwicklung (je nach Busen, Klitoris, Vagina, Penis, Hoden, Chromosomensatz etc.), laut Pschyrembel.

Klar, Fehler machen ist menschlich; Wein predigen und Wasser trinken ist auch in frommen Gefilden nicht Sitte. Wenn sich die katholische Kirche bibelmässig in Argumentationsnöten befindet, verschanzt sie sich gern hinter der Natur und deren Gepflogenheiten. Aber diese Natur kennt keine Nächstenliebe, sondern nur Kampf und Egoismus. Kooperatives oder gar selbstloses Verhalten kennt die rücksichtslose Natur ganz, ganz selten. Hier ist also die Allmutter Natur plötzlich nicht mehr massgebend. Mit Freitod wird nach frommer Denkart dem Schöpfer ins Handwerk gepfuscht, aber macht man das nicht auch mit Antibiotika und der gesamten ärztlichen Kunst. Ich spreche nicht den ärztlich ermöglichten Kindern von 50 und bald auch 50,5 Jahre alten Damen das Wort, aber etwas Gelassenheit und weniger Buchstabengehorsam könnten in Rom und Brüssel ratsam sein.

Für waghalsige Aussenstehende ist schon verwunderlich und lachhaft, wie die katholische Kirche, die doch schon seit Anbeginn alles Geschlechtliche lebensfremd am liebsten entsorgt hätte, es standhaft als lebens – und berufsentscheidend findet, ob sich zwischen den Beinen ihrer Schützlinge eine längliche Vertiefung oder eine punktförmige Erhebung offenbart. Lustigerweise leben geschlechterübergreifend alle Amts – und Würdenträger und männlichen Ordensmitglieder zu 99,9 % berockt, was aber die Stellung der diskriminierten Frau in der katholischen Kirche nicht um ein Jota verbessert und eher als Kuriosum zu bewerten ist. „Vernunft wird Unsinn, Wohltat Plage!" stellt die Dichtkunst fest.

Wenn meiner Mutter, hilflos, völlig Unpassendes, Ärgerliches und Absonderliches vor Augen kam, griff sie zum ihr sonst abholden derben, aber anschaulichen Ausdruck: *„Ii ha gmeent, s Födle möss me schwätze* (Ich war der Meinung, mein Darmausgang müsse reden)!"

Heute gibt es in der katholischen Kirche Diakone männlichen und weiblichen Geschlechts. Aber immer noch haben die männlichen Gottesdiener einige Milligramm mehr Rechte als die weiblichen. Die genauen romrechtlichen Feinheiten will ich schon gar nicht kennen. Der Leser aber sieht gut und glaubt gern, dass ein männlicher Penis noch immer von Vorteil ist. *E ischt all Rappe wett* (Er ist seinen Preis gut wert)! Klar, der Himmelsherr ist nach altorientalischer Nomadenart und Tradition ausgesprochen männlich und alttestamentlich fast bärbeissig, doch die Katholiken haben als Ausgleich ja Maria. Ein Hauch weibliche Zartheit ist im Himmel angebracht.

Ich weiss, ich weiss. Die angejahrte männliche Kirche mit ihrem ausdauernden ‚Schlüsselgaucho' (Seelenschafhirte) an der Spitze weiss leider immer noch nicht, dass auch eine weibliche Frau die Stellvertretung des männlichen Jesus übernehmen kann. Als Lernhilfe empfehle ich Gen 22,13. Dort übernimmt sogar ein tierischer Schafbock (Widder) die blutige Rolle des menschlichen Opfers (Isaak), mit Bravour und zur vollen Zufriedenheit des himmlischen Herrn!

Als brandneuer Sachverhalt sei vermeldet, dass seit einigen Monaten aufmüpfige katholische Bischöfe im deutschsprachigen Raum theologisch ausgebildete Frauen zu Priesterinnen und in einem Fall gleich zu einer Bischöfin geweiht haben. Es geschehen also noch Zeichen und Wunder. Diese Weihen sind zwar kirchenrechtlich formaljuristisch ungesetzlich, aber die apostolische Nachfolge (Sukzession) besteht, zum Ärger wohl vieler römischer Erbsenzähler. So viel Rückgrat hätte ich diesen Bischöfen gar nicht zugetraut. Die Weihen wurden aus Vorsicht auf diözesneutralem Gebiet vollzogen, auf einem Gewässer (Bodensee, Donau etc.). So sind meine intersexuellen Ratschläge zum Glück überflüssig geworden!

Ich bin allgemein gegen sexistische Quoten und gegen sexistische Ausschliessung!

Stie(r)
(Stier)

Der Stier/Bulle *(Stiä, Stie, Hägi, Muni)* muss immer – egal, welchen Alters – äusserst respektvoll (nicht aber ängstlich), korrekt, ruhig, bestimmt und wenn möglich von der gleichen Person geführt und behandelt werden. Eigenartigerweise kann unter Umständen auch eine Frau all das erledigen. Vor einigen Jahren wagte am Stiermarkt in Zug nicht einmal mehr der Besitzer eines Stiers aus Gonten, den wütenden Koloss loszubinden. Die Ehefrau musste aus Gonten anreisen, und in ihrem (schmutzigen) Werktagskleid und mit beruhigendem Tätscheln brachte sie das Tier zur Ruhe! Gewöhnung und Vertrauen zählten da! Rein kraftmässig ist ja auch jeder Mann dem bis 1400 kg Bullen unterlegen. Ein Verwandter von mir, Jakob Kölbener *(Schaijock),* Enggenhütten, hatte um 2001 nach eigenen Aussagen einen etwa sechsjährigen OB-Stier, der satte 1543 kg auf die Waage (Brückenwaage, die normale Waage in Zug zeigte nicht mehr an!) brachte.

Nasenring mit Halfter (bei ganz schweren Stieren vielleicht mit Stange auf Distanz und seinen Kopf ihm unangenehm in die Höhe gehalten, ist aber auch fragwürdig) sowie Gewöhnung und sicheres Vertrauen beiderseits ermöglichen die Führung (nicht Beherrschung) dieses gefährlichen Tieres. Beim An- und Abbinden nie zwischen Tier und Wand stehen, ungewohnten Lärm vermeiden, ruhiges Sprechen mit dem *Muni* – das ist lebenswichtig. Auch Dromedare werden mit einem Nasenring gefügig gemacht, nur so folgen sie einander brav in einer Reihe durch die Wüste.

Ein unbändig gewordener Stier kann tödlich sein. Die braune Kuh ist (fast) nie gefährlich, eher neugierig. Der Stier aber ist von Natur aus angriffig, der Mensch kann als sein Rivale erscheinen. Bei Mutterkuhhaltung ist aber auch bei Kühen mit Kälbchen (und frei laufendem Stier) absolute Vorsicht geboten.

Früher hat man auch Stiere als Zugtiere verwendet. Ochsen (kastrierte Stiere), Zwick (Zwitter, mit Vagina) oder Muchs (mit Hoden in der Bauchhöhle) etc. wurden als Zugtiere und Fleischlieferanten schon seit biblischen Zeiten verwendet. Die Benennung ist unscharf. Schon in der Bibel, die sonst mehr für das Menschenheil und weniger für das Tierheil übrig hat, steht bei Deut 25,4 und bei Kor 9,9: Du sollst dem dreschenden Ochsen das Maul nicht verbinden. Diese wohl älteste tierschützerische Mahnung ist sicher bemerkenswert. Im Buch der Sprüche heisst es auch noch ganz lebensnah: „Der Gerechte weiss, was nottut seinem Vieh, das Gemüt der Frevler aber ist grausam." Spr 12,10. Der Ochse ist bedächtig und eher gutmütig. Er galt früher auch als Pferd des armen Mannes, bei einfachem Futter setzt er doch mehr als das Pferd Fleisch an und kann gleichzeitig als Zugtier verwendet werden. Weshalb steht er neben dem Esel auch noch in der Krippe? Da gilt die Metapher (bildlicherAusdruck): Das Volk Israel ist störrisch wie ein Esel und unfruchtbar wie ein Ochse. Tzzz!

Noch mehr nach Tierschutz ruft Pred 3,19, denn da lese ich: "Wahrlich, das Los des Menschen und das Los des Viehs – ein und dasselbe Los haben sie! Wie jenes stirbt, sterben diese. Denselben Odem haben sie alle, und einen Vorrang des Menschen vor dem Vieh gibt es nicht. Ja, alles ist Eitelkeit!" Veredeln sich nach diesem „Geistesblitz" die scheusslichen Massenmorde von Hit. ., Sta. ., Ma. ., Pol P. . (und Römer, Araber, Türken, Yankees etc.) nicht schon bald zu lapidaren Ausmerzaktionen? Ich weiss, man muss auch den Kontext beachten. Trotzdem.

Auch leicht irritierend wiederum heisst es bei Pred 7,26: „Und da fand ich nun bitterer als den Tod die Frau, da sie ein Fangnetz ist und ihr Herz eine Falle, Fesseln ihre Arme. Wer Gott gefällt, entkommt ihr, aber der Sünder wird gefangen durch sie." Gilt auch der Umkehrschluss: Der Tod ist demnach lieblich, süss und zart? Als Sohn, Bruder, Mitschüler, Ehemann, Vater, Grossvater, Schüler, Patient, Kollege etc. habe ich die weiblichen (menschlichen) Wesen nur als äusserst lieb und süss und zart erfahren. Was meinen die zahlreichen Bordellbesucher und die zahllosen Marienverehrer zu dieser biblischen, typischen und folgenschweren Verunglimpfung der Frau? Ich warte auf eine Klage in Lausanne, Brüssel, Strassbourg oder Den Haag gegen diesen Naseweis, nein, Frauenfeind und seine geistigen Jünger wegen Rufmord und Diskriminierung! Liegt da der Grund für den weltfremden, hochgepriesenen Zölibat und weshalb sich Priester und Ordensleute vorwiegend an Knaben vergehen; Frauen sind es ja nicht?! Wurde dieser armselige „Hellseher" wohl als männlicher Klon aus einem Brutkasten geboren? Ersetzen wir versuchsweise und keck das Wort Frau durch Ausdrücke wie Neger, Jude, Immigrant, Zigeuner, Ausländer, Mosl . ., Bundesrichter etc. und warten angstbebend auf die Reaktion!

Da passt fast schmerzlos die beinahe orientalische (an einen Pascha denken) Aussage eines famosen Witzboldes von einem Militärkameraden: „Nun bin ich satt, bringt mir die Weiber! und dessen anrüchiger Wunsch: „Bringt mir Sekt und nackte Frauen!" Natürlich alles nur Spass! Auch wage ich ganz leise die fast biblische Lebenshilfe eines nun verstorbenen Berufskollegen anzugeben: „Kommst du vom Felde heim, so schlage deine Frau! Wenn du keinen Grund weisst, sie wird wissen, weshalb!" Nun, das waren nur verdrehte Spässe.

Dass in einem Buch arabi . . . Herkunft nach westlicher, christlicher und humanistischer Denkungsart (also Denkweise) Unsinn steht, leuchtet ein. Aber in der Bibel, von deren Text kein Jota (Mt 5,17 – 20 und Lk 16,17) verändert werden darf . . .

Diese verstörenden Bibeltexte seien auch nicht wortwörtlich zu verstehen, höre ich Meinungsführer und Seelenhirten beschwichtigend verkünden. Da seien (nur!) Dirnen (der weise und hochgelobte Salomon hatte 1000 = also tausend davon! Laut 1 Kg 11,3!) gemeint! Es steht aber Frau!! Der Text mit dem unveränderlichen Jota gilt aber doch wieder.

Fast lächerlich? Aber nicht zum Lachen!

Meine Mutter musste als junge Taufpatin bei gleichzeitiger Taufe eines Mä(g)dchens und eines Bübchens die fortwährende Bevorzugung des Knäbchens erleben. „S Büebli chont zescht! = Zuerst kommt das Bübchen!" So dirigierte der pfarrherrliche Taufspender. Das ärgerte schon meine Mutter ihr Leben lang. Die Frau kann eben schon anatomisch kein Abbild des männlichen Gott Vaters sein!? Dieser wird übrigens als Vater auch ganz alter Gotteskinder meist als sehr alter Mann dargestellt! Ich bin schon über 75 Jahre alt.

Da stehe ich nun fast wie der Esel am Berg und der Ochse vor dem Fleischhaufen, womit wir wieder im Stall stehen und sich der tierische Kreis geschlossen hat.

Um in Laufställen die Brunst der Kühe nicht zu verpassen, setzt man neuestens einen Muchs als Detektor ein. Einem Stier (minderer Abstammung!?) bringt man die Hoden bleibend in die Bauchhöhle, wodurch das Tier unfruchtbar wird, aber triebmässig immer noch ein Stier ist und durch Aufreiten die brünstigen Kühe mar-kiert. In den USA macht man das schon lange hormonell. 'Muchs' als Zusammen-zug von Muni und Ochse ist auch biologisch ziemlich genau zwischen Stier und Ochse einzuordnen. Im Anbindestall aber versagt die Methode und ist auch nicht nötig. In Laufställen zeigen am Hals getragene Bewegungsmelder der Kühe deren unruhiges Verhalten (nachts) an und geben so dem Stallpersonal Hinweise für die Brunst. Zusammen mit dem Melkroboter wird damit das Tier elektronisch recht eng im Auge behalten. Eingepflanzte Bewegungsmelder wird man bald auch zur Verbre-chensbekämpfung und Terrorabwehr einsetzen. Das Auge des Gestzes soll doch bit-te wachen!

Heute werden Stierkälber so im Alter von 2 - 4 Wochen unter Narkose kastriert, was diese durch direktes Entfernen der Hoden oder Einspritzung in diese und nachfol-gendes Abbinden mit Gummi wenn auch tiergerecht, aber doch ziemlich ungalant verstümmelt. Wer sich am (fachgerechten) Enthornen stört, muss wissen, dass der Mensch bei Hengsten, Ebern, Hähnen, Stieren und anderen 'Pechvögeln' sowie Sklaven (und Frauen) schon seit Urzeiten der Natur grobschlächtig ins Handwerk pfuscht; Elefanten und Dromedare nicht vergessen. Ich bejahe aber nicht auch tier-schützerisch akzeptiertes (laut Josef Brunner) Absägen der Hörner im Kuhalter.

Ein schwerer Stier oder Ochse kann kurzzeitig kraftmässig zwei mittelstarke, leicht ermüdete Pferde locker an die Wand spielen, so einmal im Jakobsbad bei Gonten mit einer Mehlladung auf Schlitten durch eine apere Brücke über den Wissbach bei Pt. 863 geschehen. Die müden Rösslein wurden ausgespannt und der mächtige Stier von einem nahen Bauernhof eingspannt. Der unzimperliche Bauer gab dem Stier einen Klapps - und der riss die Last ungestüm allein durch die trockene Holzbrücke. Es mag sich dabei um jenen Genossenschaftsstier von Gonten gehandelt haben, der nach dem Deckakt *Zuee loo*) am 27. September 1912 den Stierhalter Johann Anton Karl Broger (*Läckli*) in Vordergonten zu Tode trampelte. Sein Sohn Johann Anton Sebastian heiratete 1920 meine Tante väterlicherseits, Verena Broger – Manser. Der gefährliche Stier wurde als sehr geeignetes Zugtier anschliessend doch noch einige Zeit in der Nähe von Jakobsbad gehalten; als nervenstarke Stierhalter kommen ein *Böhlis* Wilhelm oder ein *Chrön(l)is Fedi* in Frage. Wie mein Vater jeweilen zu be-richten wusste, *en Maa we en Beg* (ein Mann wie ein Berg).

Die kurzen Beine des Ochsen bieten eben bessere Hebelverhältnisse als die schlan-ken des Pferdes. Bezüglich der Wegstrecken ist wieder das Pferd im Vorteil, 150 km in einem Tag sind da anzunehmen.

Von all den Tieren des Senntums, das laut Albert Neff bei der Alpauffahrt wenn möglich auch Jungtiere jeglichen Alters aufweisen sollte, ist der Stier das wichtigs-te. Er ist zwar selten geworden, wird aber richtigerweise von einem Burschen oder dem *Heupuur* hinter dem Besitzer, aber vor der *Ledi*, geführt. Längere Marschstre-cken aber sind einem gewichtigen Stier nicht mehr zuzumuten, verbringt er doch aus Sicherheitsgründen die meiste Zeit im Stall. Während 1 – 2 Jahren deckt der Stier alle Kühe des Senntums, seine Vererbung der Milch - oder Fleischleistung be-trägt 10 – 90 %, im Durchschnitt so um die 50 %. Seine Vererbungsqualitäten zeig-ten sich früher natürlich erst so 3 – 4 Jahre nach dem Sprung (Deckakt). Aus diesem Grund musste der Senn beim Stierkauf überaus kenntnisreich und vorsichtig vor-gehen. Mit der KB (Künstliche Besamung) und den nachzuchtgeprüften Tieren ist diese Problematik (fast) vollständig verschwunden, was neben der modernen Fütte-rung die enorme Leistungssteigerung bei Milch und Fleisch erklärt.

Der Preis eines Stiers mit guter Abstammung oder gar guten Nachzuchtergebnissen bei der KB beginnt so beim Preis einer guten Kuh, also bei 4 000 Franken mit nach oben absolut offener Skala . . .

Früher wurde der getrocknete, lange Penis des Stiers als Peitsche benützt, der Name Zuchtrute (*Hägischwaad(n)z*, Ochsenziemer) ist so gesehen unheilvoll doppelsin-nig. Einst verwendete man eben alles vom Tier, aber auch alles. Kuheuter wurde gleichermassen verspiesen wie Stierhoden; letztere als Spanische Nieren gar Deli-katessenstatus geniessend.

Da höre ich das Wort Spanien und denke mit Ekel an die unsäglichen Stierquälerei-en in Spanien, Portugal, Südfrankeich und Mexiko. Das grausige Schauspiel heisst Stierkampf (es ist eine Stierschlachtung, der Stier hat keine Chance) oder Corrida. Wegen wachsender Proteste, auch in Spanien, wollen einige schlitzohrige Spanier dieses Abschlachten zum Weltkulturerbe der Unesco erklärt haben.

Könnte dieser Trick bei Landwirten, deren Lägerlänge oder Taglicht im Stall nicht mehr den neuesten Normen des Tierschutzes (in der Schweiz!) entsprechen, ein Ausweg sein? Ich denke auch an die vermeintlichen Gehörschäden der *Schöllchüe* und die zu intensisve Busenbesonnung der Dirndl-Kellnerinnen am Oktoberfest in München. Nur letzteres ist eine Glanztat der nimmermüden 55 000 Beamten/-innen der EU in Brüssel.

Zuee loo

(vom Stier decken lassen)

Mit etwa 16 – 20 Monaten, früher 22 – 24 Monaten, wird der *Galtlig* (das Jungrind) und etwa 1 – 2 Monate nach dem Kalben wird die Kuh *stierig*. Früher führte der Bauer nun dieses Tier *(g füete Handrecht!)* zu einem Sennen oder Bauern, der einen Stier hatte. Der Stier wird mit rund 12 Monaten geschlechtsreif *(nötzig)*. Früher wurde im Appenzeller Volksfreund, besonders im Winter, sehr häufig per Inserat etwa bekanntgegeben: Prinz, 86 Pt. steht zum Züchten bereit. Dazu gehörte eine schematische Stierfigur und vielleicht noch Fr. 15.--. Nun war das Rennen eröffnet. Das Rind zeigt durch *Hottere* (Aufspringen) auf andere Kühe oder umgekehrt an, dass es *stierig* ist. Das beunruhigt oft die ganze Herde, weshalb das brünstige Tier oft im Stall behalten wird. Bei der heutigen Tierhaltung ist der Zeitpunkt der Brunst (kurze Zeitspanne, oft nur so vier Stunden) gar nicht leicht festzustellen. Alte wie moderne Methoden (Bewegungsmelder, Muchs, Hormonspritzen für eine ganze Kohorte, in den USA oder Neuseeland etc.) und genaues Beobachten der Tiere sind hilfreich wie auch nötig.

Das brünstige Tier wird nun an passender Stelle (Tränke) angebunden, und der Stierhalter bindet dann den Stier im Stall los, der zielsicher zur *stiärigen* Kuh eilt, sogar freilaufend. Diese steht mit den Hinterbeinen vielleicht in einer dazu herge- richteten Bodengrube *(Stieloch)*, um dem Stier die 'Arbeit' zu erleichtern. Der Stier schnauft etwas und bespringt das weibliche Tier gewöhnlich schnell und fast in- stinktiv. Der lange, rote und dünne Penis findet den Weg in die Zucht (Vagina) nach wenigen Zuckungen und Sekunden. Nach 2 – 3 heftigen Stössen rutscht der Stier schon wieder vom Rind herunter. Nun fasst der Stierhalter (auch eine Frau kann das) wieder am Halfter mit Nasenring den etwas ruhiger gewordenen Stier und führt ihn entweder noch zum Brunnen oder zügig wieder in den Stall. In schlimmen Fällen kam es dabei auch schon zu tödlichen Angriffen des Stiers. Sicheres Anbin- den an Halfter und Kette ist zügig, mit beruhigenden Worten verbunden, vorzuneh- men. Vor der KB war für die Bauern der Viehzucht-Genossenschaftsstier wichtig, der Halter war da natürlich nicht auch Eigentümer.

Bei fremden Stieren muss man laut Josef Brunner besonders aufpassen, weil man nic ht weiss, womit sie schon schlimme Erfahrugen gemacht haben und entspre- chend allergisch reagieren, vielleicht Motorsägenlärm, Autofahrt oder Tierarzt.

Der Bauer führte nun früher nach dem Deckakt die auch ruhiger gewordene Kuh wieder in den eigenen Stall zurück, oft sogar ohne Strick.Wenn die Kuh nach 3 Wo- chen nicht wieder *stiärig* wurde, so hatte sie *uuftnoo* (wurde erfolgreich gedeckt), sie war nun trächtig *(träägig)*, auch währschaft genannt. War das nicht der Fall, so durfte der Bauer die gleiche Kuh noch ein zweites oder drittes Mal zum gleichen Stier *füere* (bringen), bei gleichem Entgelt. Im Appenzeller Kalender vermerkte man dann beim passenden Datum etwa: *Blüemli* geführt, *Mülpis Stie*, 2. Sprung. Der abgemachte *Stieloo* (Sprunggeld) wurde natürlich erst bei sicherer Trächtigkeit ausbezahlt, früher waren 10 – 30 Franken, heute 30 – 50 Franken gängig. Der Kauf eines Stiers etwa am Stiermarkt in Rapperswil oder Zug war früher, wie schon erwähnt, eine Wissenschaft für sich, Mutterkuh und Zuchtpapiere wurden ernsthaft ins Auge gefasst. Erst 4 Jahre nach dem Sprung zeigte sich die gewünschte oder verfehlte Leistungssteigerung bei Milch oder Fleisch.

Der Natursprung ist einfach und leicht zu erreichen, die umständliche und etwas befremdend wirkende KB (Künstliche Besamung) bietet aber (meistens) ungeahnte Möglichkeiten und grosse Sicherheit bei der Zucht von Tieren.

In der Schweiz bewerkstelligen (meistens) Besamungstechniker den Umgang mit Tiefkühltruhen, Spermadosen, Kanülen etc., in Wisconsin besorgen das die Farmer meist selber; so etwa meine Cousins Pat und Nick Faessler in Wisconsin.

Heute werden nicht nur Rinder, sondern auch Schweine, Pferde usw. künstlich besamt. Sogar Klonen und Leihmutterschaft (Embryotransfer = ET) wird praktiziert; so wird auch die Nachkommenschaft der weiblichen (mit Spülungen sogar ganz junger Tieren) Tiere (und nicht nur der Tiere!) enorm gesteigert. Beim Menschen ...

Durch gesexte Spermien lässt sich nach Wunsch (mit 90 % Sicherheit) ein Stierkalb oder ein Kuhkalb 'erzeugen'. Für die Frauen ist somit das leidige und unbegründete Problem des Geschlechts der Kinder für alle offenkundig endgültig vom Tisch. In dieser Beziehung macht eine entfernt Verwandte (halbstädtische Verhältnisse, deutlich oberer Mittelstand) von mir dann und wann amüsante und hintergründige Erfahrungen. Sie hat fünf Kinder, der einzige Sohn ist das zweitälteste Kind der munteren Schar. Neue Bekannte vermerken dann oft bei der näheren Schilderung der Familienverhältnisse vielsagend und vorschnell : „Der Sohn ist sicher der Jüngste!"

Klammheimlich (und nur den Frauen) sei aber verraten, dass nach medizinischer, vager Vermutung das basische Milieu in der Vagina (oder Ejakulat?) Y - Spermien (ergibt männlichen Nachwuchs) und das saure Milieu wiederum X - Spermien (ergibt weiblichen Nachwuchs) minimal bevorzugt. Also etwas Backpulver oder Essigwasser zur rechten Zeit am rechten Ort (Erhebung oder Vertiefung, also Penis oder Vagina) ...

Diese vielsagende Überlegung ruft nach Doppelblindversuchen, was aber heikel sein könnte. Nachträgliche pH – Messung der Vagina (oder der Spermienflüssigkeit) bei überwiegend männlichem oder weiblichem Nachwuchs könnte wohl schon Klarheit schaffen. In der Tierzucht gibt es ja schliesslich auch gesexte Spermien. Ich verlasse aber nun dieses reizende Thema . . .! Obige Information stammt übrigens von einer mehrsemestrigen Studentin der Naturwissenschaft, jünger als ich. Sie möchte aber ungenannt bleiben. Zurück in den Kuhstall.

Das Samensexing, die Trennung von X – und Y - Spermien, ist kein banaler Vorgang. Deshalb stütze ich mich auf eine Verlautbarung von Swissgenetics: „Die X - Spermien (weiblich) enthalten rund 3,8 Prozent mehr DNA als die Y – Spermien (männlich). Diesen Grössenunterschied erkennen die Sorter (Trennmaschinen) mit Hilfe der sogenannten Durchflusszytometrie =

Zellvermessung. Dabei wird die DNA der Spermien aus dem frisch gewonnenen Ejakulat mit einem Leuchtstoff eingefärbt. Die X - Chromosomen nehmen aufgrund ihrer Grösse mehr Farbstoff auf als die Y – Chromosomen. Mit Hilfe eines Beschleunigungsfeldes im Sorter wird das Ejakulat in Mikrotröpfchen aufgeteilt, welche möglichst nur ein einziges Spermium (einige Mikrometer = Tausendstel Millimeter gross) enthalten. Ein Laser misst anschliessend die Lichtintensität der Tröpfchen, welche unterschiedlich elektrisch, positiv oder negativ, geladen werden. In einem elektrischen Feld werden die Tröpfchen zum Schluss nach Y und Y aufgetrennt und in einer Nährlösung aufgefangen. Diese Methode schafft eine Anreicherung der Spermien des gewünschten Geschlechts von rund 90 Prozent. Ein Sorter kann pro Stunde rund 10 Samendosen produzieren."

Beim Milchvieh ist gewöhnlich das X – Spermium (Kuhkalb) wichtig und beim Mastvieh das Y – Spermium (Stierkalb). Gesexte Samendosen sind so etwa kleinere Banknoten (30 – 50 %Aufpreis) teurer als naturbelassene und werden darum immer mehr verwendet. Patentinhaber ist die amerikanische Firma Sexing Technologies. Eieiei, Seife oder Backpulver wären einfachere Methoden!

Zur Erinnerung: Der Träger der genetischen Information heisst englisch DNA = deoxyribonucleic acid und deutsch DNS = Desoxyribonukleinsäure.

Durch die KB bei Rindern (!) wird aber nicht nur die Leistungssteigerung von Milch und Fleisch erreicht, sondern auch das Kalben wird durch schmalköpfige Kälber und den herangezüchteten günstigen Beckenbau der Muttertiere erleichtert. Was früher für die Kuh und das Kalb ein schweres und oft abstossendes Geschehen war, ist heute eine fast banale Sache. Wollen wir die *stiärige Chüe* selber befragen?

Siegermuni und KB - Stier

Als Krone aller Lebendpreise wie Kuh, Rind, Pferd, Fohlen usw. gehört ein beeindruckender Stier zu jedem Schwingfest wie die Bratwurst zur Olma oder *Pätschchettere zo de Geele*. Gestiftet von einem kapitalkräftigen Gönner, auch die Migros ist seit kurzem glanzvoll und erfolgreich dabei, wird das Siegertier gewöhnlich mehrmals an Sägemehlringen vorbei durch die Arena dem Publikum vorgeführt, wobei seine Abstammung umfänglich und für die meisten Zuschauer unverstanden erwähnt wird. Der kraftstrotzende Sieger des Schwingfestes mit dem Muni an der starken Hand ist ein urwüchsiges Aushängeschild für den ländlichen Kraftsport, das Schwingen. Mit seinemWert von 4000 Franken an aufwärts ist der Stier damit keine überrissene Belohnung für den Trainingsaufwand des Siegers. Gewöhnlich verbleiben die errungenen Tiere beim bisherigen Halter, nur der schon vorher festgelegte Geldwert wechselt zum Sieger. Das gilt auch dann, wenn der Festplatzsieger wie schon oft ein Metzger ist!

Ein weniger glanzvolles Leben fristet der Muni als KB-Stier. Bei züchterisch wohl ausgewählten Stieren werden so mit 12 Monaten die Samen - eigentlich sind es erst Spermien - zur Deckung von etwa 1500 weiblichen Rindern verwendet. Dann wartet der Jungstier mit 200 und mehr Konkurrenten bei mässiger Fütterung, aber guter Stallhaltung auf seine Zuchtergebnisse. Erwartungsgemäss spielen dabei unter vielen Faktoren die Vererbung von Milch- und Fleischleistung eine Rolle, aber auch der Geburtsverlauf und Körperbau (insgesamt mehr als 30 Kriterien) seiner Nachkommen/Töchter kommen in die Bewertung. Dies alles erfordert 40 – 50 Monate

Wartezeit, die hin und wieder auch auf einem Bauernhof als Zuchtstier sinnvoll verbracht wird. All diese Stiere sind selbstredend enthornt und unter Betäubung mit einem Nasenring versehen worden. Im Stall lassen sie mitunter ein recht eindrückliches Brüllen vernehmen, sind aber in Zweierboxen freilaufend. Bei Bedarf werden sie vom Personal nur an Eisenstangen geführt, etwa zur Klauenpflege oder später zum Absamen.

Bei ausreichenden Vererbungsmerkmalen wird der Stier zur Zucht, also zur Samenabgabe, während der folgenden 2 - 3 Jahre eingesetzt. Pro Woche etwa zweimal entlädt das Tier sein Sperma an einem gestellartigen Kuh - Phantom in einen scheidenartigen Behälter. Das flinke Auffangen des schnell ausgespritzten Ejakulats durch einen Angestellten der Besamungsstation erfordert Geschick und Mut. Da wäre vielleicht ein Katheder in die Samenleiter noch eine Verbesserung! Das Sperma eines einzigen Sprunges reicht zur Besamung von 150 – 500 Kühen. Pro Jahr sind da theoretisch viele tausend Befruchtungen möglich. Das Ejakulat wird in Portionen unterteilt und tiefgefroren. So wird es über alle Landesgrenzen hinweg weltweit gehandelt wie Kaffee oder Turnschuhe.

Während mit dem Natursprung ein Stier jährlich so um die 100 Kühe deckt, kann ein KB - Stier laut der NZZ vom 11. 9. 2015 insgesamt bis 200 000 direkte Nachkommen zeugen! "So zahlreich wie der Sand am Meer und die Himmelssterne" (Gen 22,17) gewinnt damit eine ganz unerwartete Gewichtung.

Vorher kann das Sperma wie oben erwähnt neuestens gesext werden, mit 90 % Sicherheit erhält der Züchter so wunschgemäss Kuh- oder Stierkälber.

Für alle Frauen, deren Nachwuchs nicht wunschgemäss männlich ausfällt, ist damit klar Schuldlosigkeit bewiesen, das Geschlecht wird eben über das XY - Sperma des männlichen Partners bestimmt. Bei der unerbittlich befohlenen Einkindfamilie in China mit der Bevorzugung des männlichen Nachwuchses (Ahnenkult) tun sich da abstossende Perspektiven auf.

Allerneuestens probiert man bei den Rindern, die allfällig gute Vererbung allein auf grund der Gensequenzen zu bestimmen. So bliebe den KB – Stieren die lange Wartezeit erspart. Für die Kandidaten mit unzureichender Vererbungsqualität wäre das dann schon das Todesurteil.

Bei den einschlägigen 'Samenfirmen' wie Swissgenetics kann der Züchter Spermien von bis zu 20 Viehrassen mit den unterschiedlichsten Vererbungseigenschaften beziehen, sogar gemischt! Das Angebot ist so reichhaltig wie beim Yoghurt in einem Grossverteiler. Die Preise schwanken zwischen 20 -100 Franken pro Portion.

Durch den oben erwähnten Embryotransfer vergrössert man auch erfolgreich den Nachwuchs ausgesuchter weiblicher Tiere wie Rind und Pferd. Als Kehrseite all dieser Techniken sinkt aber der Milch- und Fleischpreis offensichtlich und anhaltend, und zwar weltweit. Der Wert weltweit anerkannter KB -Stiere lässt sich nur erahnen.

Ob nicht durch all diese Reproduktionsverfahren (das Wort ist so sperrig wie die Sache selber) eine genetische Verengung stattfindet, wenn vom gleichen Stier tausende von Tieren abstammen? Hat die Warnung: *Schotte hole ond z Huus see - chaa all Tag uus* see!" (Überschüssige Schotte beziehen und Wohnung mieten kann plötzlich enden!) auch hier seine Berechtigung?

Wirtschaft zum Ochsen

Bis etwa 1970 gab es in AI erstaunliche neun Wirtschaften mit dem Namen Rössli: zwei in Appenzell, je eine in der Lank, in Gontenbad, in Meistersrüte, Haslen, Steinegg, Brülisau und Oberegg. Daneben überraschen so naheliegende Bezeichnungen wie Löwen, Zebra, Pfauen und Schwanen. Bären, *Tübli, Schäfle,* Forelle, Hecht, Adler, Falken, Hirschen oder Lamm erscheinen da wieder fast familiär. In diesem erlauchten Kreis der Tiere fehlen aber die wichtigen Haustiere Kuh, Schwein, Ziege, Huhn, Hund und Bienen. Das gilt wohl fast schweizweit. Ist es der Respekt und die Achtung, die man diesen Tieren entgegenbringt? Wirtschaft zur *Schöllchue* könnte man sich doch im Alpsteingebiet gern vorstellen.

Das Wort 'Ochse' bedeutete ursprünglich feucht, bespritzen, also fast unpassend Spritzer. Der Ausdruck 'Bulle' hängt mit Ball und schwellen zusammen und trifft mit Bällchen/Hoden den Sachverhalt genau. 'Stier' aber meint wie 'steer' auf englisch eigentlich Jungstier. Bei 'Kuh' vermutet man das lautmalerische 'Muh' als Ursprung, während 'Kalb' wie Kolben passend Schwellung, mithin also Leibesfrucht/Junges als Ursprung aufweist. Und Ziege? Das Wort entstammt entweder einem Lockruf (zi, diza, giz) oder hat die Bedeutung Ziegenfell/Schlauch aus Tierfell. Früher waren Plastik und Glas noch unbekannt.

Dass 'Butter' aus dem lateinischen Butyrum kommt und dieses wieder griechisch boutyron = Kuhquark bedeutet, ist schnell begriffen. 'Käse' stammt ebenfalls vom lateinischen caseus ab und meint Brühe, Vergorenes, etwa auch Quark und Sauerteig.

Biis

(unruhiges Verhalten wegen Bremsen)

Die Kühe (auch die Rinder, also die Jungtiere; Rind kann eben Kühe und Jungtiere oder nur Jungtiere, Galtlinge, allein meinen) hassen die Insekten, speziell die Bremsen *(Breeme, Rossbreeme).* Sie fliehen daher meist die Hitze und drängen im Hochsommaer in den etwas dunklen Stall, während sie bei einem Laufstall seelenruhig bei Regen oder Schneefall im Freien stehen bleiben. Die Bremsen sind zwar nicht mehr wie früher (Umweltverschmutzung, frühes Mähen der Wiesen, Rückgang der Kräuter?) eine grosse Plage, aber lästig sind sie immer noch. Je nach Meereshöhe und Witterung hält man deshalb die Kühe von 9 – 18 Uhr im Stall. Nachts muss oder will man zur Sauberhaltung des Grases oft auch einstallen, so bis 05 Uhr. Irgendwann aber muss gemolken werden, was früher vielleicht seine zwei Stunden in Anspruch nahm. Irgendwann muss die Kuh aber auch weiden können, so 2 – 4 Sunden. So melkt man die Kühe entweder ab 04 Uhr und 16 Uhr oder ab 10 Uhr und 22 Uhr, was Nachtarbeit bedeuten kann. Bei Petroleumlampen, wie schon erwähnt, eine durchaus widerwärtige Sache. Das nannte man dann leicht furchteinflössend *Biismölche.* Der Senn richtet sich nach der Kuh und die nach den Bremsen. Ziegen und Schweine sind in dieser Hinsicht unempfindlicher, wohl wegen dichtem Haarbesatz oder schattigem Schweinestall und notfalls Dreckpanzer nach dem Suhlen. Bei Rindern *(Galtlig, Chälbli)* ist die Mückenplage nicht so ausgeprägt, solange sie nur im Freien gehalten werden. Weil ihnen so der Stallgeruch abgeht, sind sie für die Plaggeister weniger anziehend als die stallverschmutzten Kühe.

Für die Pferde auf grossen Bauerngütern, angeschirrt vor dem Heuwagen, den ganzen Nachmittag der stechenden Sonne ausgesetzt, war die Bremse (darum *Rossbreeme* genannt) ein unaustehlicher und erbarmungsloser Plaggeist. Mit Troddeln/kleinen Quasten, Bremsenöl, stinkig-rauchendem, zusammengebundenem Jutesack sowie dauerndem Hufschlagen, Schweifschlagen, Kopfwerfen, und Hautzittern wurden diese verdammten Biester meist nur ungenügend verjagt. Auch Kinderhände, welche fleissig Bremsen am Pferdeleib totschlugen, reichten als Abhilfe nicht aus. Ekelhaft! Freie Tiere suchen den Schatten auf, das Ross ist eingespannt. Ekelhaft! Dann gab es (auf deutschen Gutsbetrieben?!) auch noch Pferde mit gekürzten Schweifen. Ekelhaft! Mit Schadenfreude und Genugtuung sehen wir heute Traktoren die Heuarbeiten verrichten – den Bremsen ist so das Summen gründlich vergangen. Ingenieure verbessern die Welt!

Blüemli und Jinxs

Alle folgenden Namen sind ohne Tippfehler notiert, unglaublich, aber wahr.
Als Kinder durften wir bei einem neugeborenen Kuhkalb gewöhnlich den Namen bestimmen. Bei Stierkälbern wie auch bei gemischt-geschlechtlichen Zwillingen unterblieb das wohlweislich. Stierkälber wurden schon damals nur bei ausgewählter Abstammung aufgezogen, bei den Zwillingen unterblieb das gewöhnlich auch, weil man Unfruchtbarkeit befürchtete.
Bei der Namensbestimmng hielten wir uns an die naheliegenden Bezeichnungen wie *Strüssli, Blüemli, Rösli* (an Blumen und nicht Mädchen gedacht), *Waldi* und vielleicht *Flora*. Bei *Bona, Bärli* oder *Meisli* dachten wir augenscheinlich an die Körpergrösse. Diese Auswahl genügte, die Endung 'li' verrät die herzliche Fürsorge.
Ein Senn benötigte aber mehr Namen. Also hiess es bei seiner Herde wie auf Sennenstreifen abzulesen auch *Bär, Leu, Dächsli, F(V)enes, Hirz, Hoffertli, Klötzli, Gams, Falbi, Reisi, Fleck, Hirsch, Junker, Loschti, Olga, Wanda, Fanny* oder *Blicker*. Dazu gehörten auch die erwünschten Farbausprägungen wie *Wissbuch* (Weissbauch), *Good* (Gurt), *Wissrogge* (Weissrücken) sowie *Blüem* (gefleckt, besonders auch am Kopf; Ryf), Spiegel oder Bruna, Schegg (gescheckt) und *Schümmel* (Schimmel). *Gumpi* wie *Hops*i oder *Molly* und *Bambi* schieden als zu kindisch aus.
Bei zunehmender Herdengrösse fanden/finden sich bald notgedrungen alle Mädchennamen von Albertina und Anna über Elsa und Hulda bis Tina und Zita. Man darf wohl behaupten, dass dabei Vornamen aus der eigenen Familie doch nicht zum Zug kamen. Bis auf einen einzigen der von mir nun erwähnten Namen entnehme ich alle aus Spermaprospekten oder Prämierungsberichten.
Weibliche Gottheiten sind mit Venus, Minerva und Flora noch lange nicht ausgereizt, es gibt über hundert davon, über Ate und Nyx bis Elleithyia und Terpsichore. Bei Wolga, Bernina, Florida, Indiana oder Havanna kommen mir als Ergänzungen auch Donau, Furka, Tennessee, California und Dublin in den Sinn. Lustig wird es mit Jinxs, Lambretta, Jarled, Rambazamba, Pirouette, Uriella, Valencia, Aylin, Sjnowflake, Gipsy, Minnifee, Elegante, Fantasia, Praline, Karunkel und Maniana. Alle diese Namen übernehme ich ungelogen und buchstabengetreu den Prospekten!
Bei Gina denke ich auch gern an Lollo, bei Slip-ola wiederum erwartungsvoll an Busen-ta, bei Calanda an Ringelspitz, bei Herisau an Gossau, bei Kreta an Zypern,

bei Hilary an Clinton und bei Nirvana an Walhalla sowie bei Baccardi an Alpenbitter.

Während grundsätzlich einige Mädchennamen wie Kuhnamen klingen (ich nenne aus Vorsicht keine), erinnern dagegen einige Kuhnamen offensichtlich an adelige Herkunft, dazu seien Sissi, Ina, Viktoria, Desireé, Jason, Adora, Grazia, Monopoly Graefin, Regal Morchel, Eagle Esperanza, Playoff Piroska, Erlando Käthi sowie Zappo Jbara angeführt.

Ich vermisse die Namen von Politikerinnen, ob aus Schadenfreude oder Mitleid bleibe dahingestellt.

Hören wir uns bei den Stieren um. Früher hiessen diese Tiere etwas bieder Prinz, Mars, Held, Juno, Hektor, Zar, vielleicht auch leicht fremdländisch Vulcan, Primo, Boss oder Lord. Das genügt der Besamungsindustrie schon längst nicht mehr. Also werden alle männlichen Vornamen abgegrast; von Adi und Dario über Fabbio und Linus bis Willi und Zarli. Auch hier halte ich mich an die einschlägigen Publikationen und verzichte meistens auf völlig ausländische Rassen wie indische Zebu und japanische Wagyu.

Die Planeten stellen Mars, Pluto und Jupiter zur Verfügung, während aus der Götter- und Heroenwelt wie erwartet Zeus, Gigant, Adonis, Amor, Atlas und Odyssey auftreten. Auch da ist keine Not am Mann: Die Götter- und Heldenwelt der Griechen und Römer hilft auch hier mit über 100 weiteren Namen, von Pan und Sol bis Hephaestos und Aesculapius. Die Bezeichnungen Mont-Blanc, Walliser, Pilatus, Pickel, Vancouver, Brisago, Alexander, Oklahoma, Facebook-Et und Tennessee bringen meinerseits Ergänzungen wie Säntis, Unterwaldner, Kamor, Schaufel, Washington, Grönland, Napoleon, Wisconsin und Texas hervor.

Lustig sind wiederum Excalibur, Mark Zuckerberg, Johnny Depp, Cocorossa, Xcelorator, Beefeater, Steinadler, Jamaicain-Et, Big Apple-Et, Blackgold, Hardrock, Jongleur oder Lindor. Namen wie Camembert, Huckleberry, Bajazzo, Aftershock oder Jackpot unterhalten gewiss, während Namen wie Beethoven oder Mozard (nicht mit 't') bald auch Goethe oder Tschaikowski auf den Radar bringen. Berufe wie Dekan, Winzer oder Astronom lassen einem auf Erzbischof, Polymechaniker oder Meeresbiologe hoffen.

Zum Glück fehlen Bezeichnungen einiger Weltenherrscher und Potentaten, bei deren Anwendung die Tiere mit Recht auf Verletzung ihrer Tierwürde klagen müssten. Immerhin, Held, Warrior, Maikoenig, Commando, Musketeer, Hero, Ramses und Pirat machen der Angriffslust des Trägers alle Ehre.

Nicht unpassend fände ich in dieser Gilde noch Namen wie Gigolo, Plaboy, Don Juan oder Casanova, während Callgirl und Lolita in den anderen Stall gehörten.

Eisenherz, Facebook, Cool und Electro sind vertreten, was ist aber mit Winnetou, Internet, Google und Proton?

Eigentlich tut bei diesem Durcheinander von Tier(vor)namen etwas Systematik not, zugleich beruhigt die Riesenauswahl allfällige Sucher von speziellen Benennungen. Endlich werden so konsternierte Damen und Herren nicht mehr vor den Kopf gestossen und naheliegende Verwechslungen sind ausgeschlossen. Wer will schon wie eine Kuh oder wie ein Stier heissen! Eine Klage beim Europäischen Gerichtshof für Menschenrechte in . . . (ist ja egal) wäre wohl angemessen und Tierschützer lauern ebenfalls! Geschlechtsneutral schlage ich bei den folgenden Listen vor – den Damen gebührt der Vortritt - den Kühen alle Anfangsbuchstaben von A wie *Aa(m)pfere* (Sauerampfer) bis L wie *Ledi* (Wagen mit den sennischen Molkereigeräten) und den Stieren alle Anfangsbuchstaben von M wie *Mälli* (Manser) bis *Zöndhölzli* (Streichholz) zu reservieren. Im Namenspeicher haben wir nun gebrauchsfähig die naheliegenden Listen mit je einem zündenden Beispiel:

26 Kantone (Baselland) und Hauptorte (Frauenfeld)

50 Staaten der USA (North Dakota) und Hauptstädte (Madison)

36 Jasskarten (*Schöllepuur*)

n Automarken (Jaguar)

n Biersorten (Locher)

n Schnapssorten (Appenzeller Alpenbitter)

200 Staaten (Swasiland) und Hauptstädte (Ad Dawhah)

3000 Krankheiten (Hexenschuss)

1000 Käsesorten (Appenzeller Viertelfett)

n Sportgrössen (Russi)

n olympische Disziplinen (Hammerwurf)

n *Spetzneme* (Spitznamen) (*Mälli*)

n Höhlen (Wildkirchli)

n Flüsse (Yangtse - Kiang)

n Seen (Fählensee)

n Bergspitzen (Grossglockner)

n Inseln (Neuseeland)

n Edelsteine (Rauchquarz)

1 Mio. Pflanzen (Rostblättrige Alpenrose)

1 Mio. Tiere (Fledermaus)

Bei der Bezeichung 'Appenzell' ist Vorsicht geboten, markenrechtliche Auseinandersetzungen sind zu erwarten, denn Gold ist auch nur wertvoll, weil es selten ist. Bei *Mälli* ist die Sachlage unklar.

Fertig lustig! Auffällig ist ein Gegensatz. Ausser modernen Vornamen für wehrlose Kinder, die offenkundig wie eine Strafe eher an Krankheiten oder Tippfehler erinnern, kursieren in der westlichen Welt auch ganz schlichte Benennungen wie Ev, Ju und My sowie Liz, Mia, Sue und Pam (locker 60 weitere Einfälle mit sparsamen drei Buchstaben) für Mädchen sowie Al, Ed und Jo sowie Ben, Bob,Tim, Sam, Ted und Tom (spielend zusätzlich 100 Geistesblitze mit bescheidenen drei Buchstben) für Knaben, während den Tieren (namentlich auch Sportpferden) grosszügig Namensungetüme wie Jägermeister, Fantastic-Et (ET bedeutet Embryo-Transfer), Urbaniste-Et, Blackgold-Et, Schlossstar, Unplugged und gar Superpower-Et zugemutet werden.

Während bei Toro, Hidalgo, Casso und Primo wie bei Viva, Dalia, Jana und Inga die geschlechtliche Zuordnung leicht fällt, gerät man bei Galba, Svarti und Bolly (alles Stiere) wie auch bei Hades, Saphir und Carol (alles Kühe) schon ins Grübeln. Die Zeiten von Leo/Lea, Pio/Pia, Milo/Mila, Bruno/Bruna, Carlo/Carla, Emilio/Emilia, Lauro/Laura, Mario/Maria, Silvio/Silvia und wohl noch 20 weiteren italienischen Vornamen mit einem geschlechtsverratenden Schlussvokal sind auch im Stall vorbei.

Tja, strahlende Vornamen für Kinder zu entdecken kann für anspruchsvolle Eltern anstrengend sein. Aus diesem Grund haben früher einfach gestrickte Römer (gab es auch andere?) ihren Nachwuchs einfach nummeriert. Nach unbestätigter Meldung soll ein Lateinlehrer in Wil erneut auch so werkeln. Resultat, geschlechtsneutral verraten: Prima, Sekundus, Tertia, Quartus, Quinta, Sixtus, Septa etc. Das sind Kulturnamen einer einstigen Kulturnation.

Wer posaunt, so nebenbei bemerkt, schon in die Welt hinaus, dass eigentlich fast nur 'Kulturvölker' scheusslicherweise Sklaven hielten, also die verehrungswürdigen Ägypter, Griechen, Römer (Strauchritter und Wegelagerer), Brasilianer, USA - Amerikaner sowie besonders die mittelmeernahen Glaubenskinder eines Religionsstifters, dessen Name ich klugerweise . . . Wer wagt ,arabomusli . . . Sklavenhändler' auszusprechen? Die barbarischen Kelten (na ja?), ungehobelten Germanen und emsigen Chinesen etwa verrichteten ihre Arbeit noch selber und kamen gar nicht auf die Idee dieser glänzenden 'Arbeitsteilung'; die russischen Bauern waren wiederum Leibeigene, auch zum Haareausraufen. Sicher, als 'Sache' lebten die Sklaven in den vorhin genannten 'Kulturnationen' besser als in den auf wirkungsvolle Vernichtung angelegten Straf - und Vernichtungslagern von Stalin, Hitler, Mao und Konsorten. Am einträglichen Sklavenhandel von Afrika nach Amerika waren aber vor allem die geschäftstüchtigen und heute so tierliebenden Briten und herzlosen afrikanischen Häuptlinge beteiligt. Dies alles aber hole der Teufel! Ein Klassenkamerad aus dem Seminar (früher bei der UNO und beim Deza) behauptet steif und fest, dass auch hochangesehene Zürcher Handelsleute lange lange von diesem Handel profitierten. Ich sage das nur nach, ohne Beweise. Aus Afrika wurden Millionen von armen Geschöpfen in die Sklaverei getrieben! Mehr als tausend Jahre lang. Nicht nur von Westeuropäern. Pss!

„Aber die städtischen Prachtsbauten und die Äquadukte der technisch begabten Römer beeindrucken doch!", höre ich da Kulturbeflissene entsetzt seufzen. „Sicher, die Sklaven dieser Gauner waren tüchtig und fleissig, und zahlreich!" knurre ich. Und die Pyramiden am Nil, am Mekong und in Mittelamerika? Sind grössenwahnsinnige Schandbauten! Und die maurischen, mittelbarocken und spätklassizistischen Prachtsschlösser? Sind erpresster Bauernschweiss! *Ond d' Schölle?* Lohn des Tüchtigen! *Ond d' Ledi?* Notwendigkeit! *Ond di Geele?* Mehrmals gebraucht! Und das Buch *Oberefahre?* Preiswert!!

Nach Peter Witschi gerieten noch im 18. Jahrhundert auch einige Appenzeller im türkisch regierten Tunesien in die Sklaverei, weil Piraten im Mittelmeer Handelsschiffe kaperten und die Passagiere an nordafrikanische Sklavenhändler verkauften. Einem Johann Conrad Knellwolf aus Herisau wurde nach seinem Bericht von 1774 in Algier eine 30 Pfund schwere Kette an den rechten Fuss geschmiedet, anschliessend hatte er drei Monate lang einen Pflug zu ziehen (allein?). Durch Geldspenden und Freikauf gelangten diese unglücklichen Sklaven teilweise wieder nach Europa. Ach!

Während der 'Westen' die verdammte Sklaverei und den Sklavenhandel rund 300 Jahre lang betrieb, von 1600 – 1900, fand dieses scheussliche Tun bei den muslimischen Arabern und Türken 1300 Jahre lang statt, von 700 – 2000. Psssttt!! Die Negersklaven in der Neuen Welt durften sich wenigsten am eigenen Nachwuchs erfreuen, den afrikanischen Sklaven im Orient blieb durch (oft tödliche)

Kastration der männlichen Opfer deren Nachwuchs verwehrt, bei den Gespielinnen kamen andere Methoden zum Einsatz (Kindstötung?). So sind deshalb im arabomuslimischen Bereich die Schwarzen kaum auszumachen! Tzz! Keiner wundert sich im toleranten Westen darüber; komischerweise. Die maurischen Prachtsbauten in Cordoba und Granada kann ich nicht loben. Wer schwitzte dort vor tausend Jahren? 'Fromme Musl. . . oder schwarze Naturkinder?

Feinfühlige Naturen stören sich auch schon daran, dass statt der Namen (schon eher Hans, Paola, Birke oder Angela, auch Senn oder Älpler, statt Newtransit, Rex, Design-Plus-Et oder Mascalese-Et) den Tieren vermehrt einfach Nummern zur Unterscheidung verpasst werden. Die sind eben leicht zu handhaben und im Laufstall bei Bedarf aus Distanz abzulesen.

Mit Zahlen lässt sich eben leicht eine Reihenfolge erkennen, bei Namen aber nicht. Nur bei Hunden und Stürmen verhilft das Alphabet zu einer Ordnung, was bei Unwettern aber trotzdem leicht kindisch wirkt, Nummern mit Jahrgang wären besser. Als Nachteil gilt, dass bei Tiernummern Schreibfehler unerkannt bleiben, was bei 'Heidii' eher auffällt. Die Anfangsbuchstaben der Tiernamen können ohne Spass Hinweise über Abstammungslinien und andere Sachverhalte geben und zur Orientierung dienen.

Prinzipiell sind weder Namen noch Nummern bei den Kälbchen von Gewicht, sondern die Fürsorge. Da aber bilden Geburtsnischen mit viel Platz und Stroh für die Kuh (und den Hirten) eine tolle Sache, der anschliessende Kälberstall mit viel Platz und Stroh sowie Saugnäpfen und Ausgang verdient doch zurecht die Bezeichnung 'Kinderstube'.

Die Gewichte haben sich ziemlich verschoben. Während in Film und Fernsehen (und sogar im Schulzimmer) die abstossende Fäkaliensprache Urstände feiert, wird bei den Tieren neuestens weder Fressen und Saufen noch Futter und Verenden verwendet, sondern Essen und Trinken sowie Nahrung und Sterben benützt.

Ich erwarte bei diesen Fortschritten schon bald die Selbsthilfegruppe der *Schöll-chüe!*

Im Ernst: Während früher das Tier zu derb behandelt wurde, wird es nun immer mehr vermenschlicht. Die Menschen selber finden in Gesundheitsmagazinen und Frauenzeitschriften sowie staatlichen 'Ratschlägen' nach verabreichter Verängstigung (Rauchen, Übergewicht, Umweltgifte etc.) einen schützenden Zugang zu kindischem Denken.

Ein überlegt begangener Mittelweg ist wohl angebracht und zielgerichtet.

Was bei den Tieren leicht ulkig und unwichtig erscheint (auch da zeigen gleiche Anfangsbuchstaben in den Namen direkte Nachkommen an), hat bei den Medikamenten ein enormes Gewicht. Die Namen müssen klar unterscheidbar (Patentrecht), einprägsam und angenehm lauten. Also herrschen die hellen Laute I und E vor. Beim Jodel ist es umgekehrt, da werden die dunklen Laute O, A, U bevorzugt, die Laute E und EU und I wirken schneidend und befremdend wie der Sinuston. Jedes *Ruggusseli* ist da Beweis genug.

Nun ist es nicht weit zu den geschlechtsneutralen Bezeichnungen. Es kommen Azubis (AusZUBIldende) statt Lehrtöchter und Lehrlinge ins Spiel. Dieses geht aber ungebremst weiter. In Erziehungsdepartementen mit Gleichstellungsdamen gibt es bald statt der Wörter 'die Mutter', 'der Vater' nun die sprachliche Missgeburt 'das Elter'. Für 'Frau' heisst es wohlwollend 'Mensch mit menstruellem Hintergrund'. Aus 'Zigeuner' entsteht 'Rotationseuropäer' und aus 'Depp' wird ein Bildungsresistenter, ein Bildungsferner. Neger sind stark pigmentiert und hochbezahlte Architekten wie auch Richter sind also bei mir freilaufende Wiederholungstäter mit partialbehirntem Hintergrund. Schöpfer und Schöpferinnen solcher Gebilde gehört doch die Bezeichnung (wer hat eine geschlechtsneutrale Idee?) : . . . .

Im Ernst, diese Gleichstellungsauswüchse sind die verbitterte Retourkutsche enorm langer Missachtung und Kränkung der Frau durch den tonangebenden Mann. Die Gottheiten der drei Buchreligionen (Juden, Christen und Muslime) sind überbetont und wirkmächig männlich. Bis fast in die Neuzeit wurde tiefsinnig (von Männern!) gewerweisst, ob die Frau eine Seele habe und überhaupt ein Mensch sei.

Wenn aber Richter einen Arzt wegen der Geburt eines gesunden Kindes (fehlerhafte Unterbindung etc.) in SG haftpflichtig machen und der Klage eines Chinesen gegenüber seiner Gattin (in den USA?) wegen nicht so hübscher Kinder (die Mutter hatte vor der Heirat eine ihm nicht verratene Schönheitsoperation mit Erfolg über sich ergehen lassen, die Gene aber blieben leider unverändert, während der Kläger als Model sein Brot verdient) stattgegeben wird, so ist das genau so unangebracht wie der Einbau von gleich viel Frauen - wie Männer – WC - Schüsseln in Flughäfen, Sportgebäuden und anderen Grossbauten durch Stararchitekten. Die Pissoirs gehören doch im Vergleich mitgezählt. Vor allen Damentoiletten gibt es Warteschlangen, bei Männer - WCs aber nicht. In deutschen Autobahnraststätten und an Schwingfesten ist das geschlechtsneutral ermöglicht und organisiert. O je, o je! Den kreativen Architkten sind auch noch die undichten Flachdächer und energieschluckenden Fassaden anzulasten.

Bei diesen Schattenseiten der sonst so strahlend glücklichen Jetztzeit sind die kuriosen Rindernamen wieder direkt eine wohltuende Entspannung, seien es nun Enniskillen oder Worldwide, Cyan oder Cynar, Title-Shot-Et oder Queit, Amarone oder Quoziente.

Flamme ond Gwääb

(Euter und Stierhoden/Stierhodensack)

Nach dem wirren Buchstabensalat passt doch die Sache mit dem WC. Kurz vor einem meiner Besuche bei meinem Onkel August Fässler in Wisconsin war dort in einer regionalen Zeitung ähnlich dem Appenzeller Volksfreund (auch das gibt es im Farmerland) eben eine lebhafte Diskussion über WC - Schilder zu Ende. In jener Gegend hatte ein Besitzer eines Saloons (Kneipe, *Beiz*)die gloriose Idee, die WC - Türen für Damen und Herren mit der pragmatischen Abbildung jener Organe zu versehen, die bei Kuh und Stier hinten zwischen den Beinen prangen.

Wir nennen das bei Kuh und Stier gemeinhin *Flamme ond Gwääb*. *E gflämmti Chue (sii hett doch en Flamme)* meint also das, was bei der Dame eine stattliche Oberweite bedeutet. Der *Gwääb* gerät wie erwartet bei der Auswahl der KB-Stiere auch in die Bewertung.

Der Leserbrief-Sturm legte sich dann, als eine Farmersfrau schrieb, ihr farmerischer Ehemann hätte jeweilen ihre erneute Schwangerschaft seinen Farmerkollegen stolz mit den englischen Rinderzüchterworten erklärt, die unserem *„Sii hett wiide uuftnool!"* entsprechen.

Umgekehrt missfielen meiner Mutter oft die umfangreichen Erörterungen ihres Bruders Anton und meines Vaters über *Stiäremüettere ond Grossmüettere*, so wie heute auch die Bezeichnung der Nachkommen eines Stiers als Töchter und Söhne leicht befremden können. Es fehlen aber schlechthin andere geeignete Benennungen des Sachverhalts. Die Brunst einiger Tiere aber hat zum Glück eigene Bezeichnungen. Die Zippe (weibliches Kaninchen) und die Häsin sind rammlig. Bei Ziege und Schaf heisst es *böckig*, bei Katze und Hund *läufig/rollig* und *träbig*, beim Pferd *rössig*, beim Rind *stiärig*, aber beim Schwein *rüüssig/rüüschig*. Anschaulich und entrüstet frägt in einem alten Gotthelf - Film die alte Bäuerin das brave Vreneli, ob es denn schon *buebig* sei! Aber, aber! Auch *mannig* hört man in einem anderen Film aus dem alten Emmental. Und der Mann? Der ist vornehm temperamentvoll und aufmerksam! Im Lebensherbst nach persönlicher Erfahrung eher . . . Es gibt neuestens blaue Tabletten!

Die Gewichte verschieben sich, aber bleiben bestehen. Obwohl in den USA die obszönen 4 – letters - words (untere Preisklasse, auch körperlich, alle mit 4 Buchstaben) gebräuchlich sind, werden Ausdrücke wie 'Neger' oder 'dicke' Person (also Person mit horizontalen Problemen) beinahe unter Strafe gestellt.

Milka

Nein, mir geht es nicht um die violett gefleckte Milkaschokoladekuh, obwohl sie mir gar nicht gefällt. Auch die rot und grün gefleckte Kuh des Tilsiters strafe ich mit Verachtung. Dieser Vollfettkäse wurde zwar von Schweizer Käsern im damaligen Ostpreussen 'erfunden', so nach 1850. Der Name stammt vom Ort Tilsit (heute russisch, Sowjesk) und liegt an der Memel, 100 km östlich von Königsberg/Kaliningrad. Ein später in Romanshorn wohnhafter Hans Wegmüller war da federführend und ermöglichte, aus dem dortigen Milchangebot wohlgeplant Käse herzustellen, was vorher nicht gelungen sein soll. Ab 1893 wird Tilsiter auch im Thurgau hergestellt. Otto Wartmann hat als Käser und Landwirt im Gedenken an seinen Urgrossonkel und Käser im damaligen Ostpreussen bei Bissegg/Amlikon sogar seinen Hof in 'Tilsit' umbenannt. Die rote Kuh wirbt für Tilsiter aus roher Milch, die grüne aus pasteurisierter Milch. Der Tilsiter wird 180 Tage lang gebürstet und gelagert.

Zurück zu den Kühen.

Früher war in der Ost - und Zentralschweiz die braune Kuh vorherrschend. Doch was dem Farmer in Wisconsin (nicht 'Swissconsin'!) recht ist, das ist dem Landwirt in der Schweiz billig. Also grasen auch bei uns die schwarzweissen Holsteinkühe auf der Wiese; gross, knochig, gewöhnungsbedürftig. Aber eben, sie geben enorm viel Milch, ein Stalldurchschnitt von 12 000 kg pro Jahr ist denkbar bis üblich.

Eine weitere Bereicherung der Farbenvielfalt stellt das rotbraune, kleine und wendige Jerseyrind dar. Seine Milch ist extrem fetthaltig (bis 8 %) und passt damit ausgezeichnet in die kalorienbewusste Leichtkostlandschaft. In einigen Fällen kommt es nur seiner geringen Körpergrösse wegen in den Stall, der dann mit diesem 'Rehlein' wieder tierschutzgemässe Masse aufweist.

Die Franzosen beschenken unsere Bauern mit dem milchweissen Charolaisrind, ein ausgezeichneter Fleischliefeant mit Kühen von 950 kg und Stieren von 1400 kg Gewicht. Das rotbraune Limousinrind aus Südwestfrankreich als gleichfalls betonte Fleischrasse verblüfft uns nicht mehr weiter.

Als Gegensatz dazu sticht uns aber das tiefschwarze, kleine Aberdeen Angusrind in die Augen. Bei ihm wird die Fleischqualität als preistreibend geschätzt. Seine Hörner sind genetisch weggezüchtet, etwas, was der braunen Kuh noch ins Haus steht.

Das rotweisse Fleckvieh kennt man schon lange in der Westschweiz, während die rotbraunen, hornbewehrten und zotteligen Schottischen Hochlandrinder eher als Neuheit zu bewerten sind.

Warum züchtet man in der Schweiz nicht auch das in Südtirol anzutreffende, robuste und genügsame Grauvieh? Dumme Frage, als Sperma steht diese Farbe schon im Verkaufsangebot einer Samenfirma. Bei rund 200 Rinderarten weltweit und 20 spermal in der Schweiz zur Züchtung bereitstehender Rinderrassen darf man noch auf allerlei Rindviehgeschöpfe hoffen; zottelig, buckelig, behornt, hornlos, nötig, unnötig, bieder oder exotisch!

Was in dieser Farbenvielfalt noch fehlt, ist tatsächlich die grüne und die violette Kuh. Doch ruhig Blut, die umtriebige Reklame beschert uns ja . . . Siehe oben!

Vor lauter Wohlergehen und lukullischem Übermut steht uns ja bald die Lust nach Bisonfleisch und Kamelmilch, züchterisch tut sich da ein neues Betätigungsfeld auf!

Beim zünftigen *Öberefahre* kommt noch ein Haut- oder Haarproblem der feinen Art ins Spiel. Schon seit altersher sind dazu je ein Tier mit weissem Fleck erwünscht, und zwar in vier Ausprägungen. Es gehören *en Good, en Wiissbuch, en Wiissrogge/Ryf/Rif ond en Blüem* dazu, also Tiere mit deutlich hellem Gürtel, Bauch und Rücken sowie Spiegel/helle Stirn, auch gesprenkelt denkbar, aber immer nur je ein Tier. Dies alles nach Meinrad Koch und Jakob Fuster. Auf alten Sennenbildern sind obige Farbausprägungen oft auszumachen.

D' Fraue ond d' Saue eehaltid s' Land

(Die Frauen und die Schweine bringen das Einkommen)
Eher nur für Leser ganz ohne oder mit ganz guten Nerven geeignet.

Das im Titel Landammann Johann Baptist Emil Rusch in den Mund gelegte Wort unterstreicht die Bedeutung der Handstickerei und der Schweine in Innerrhoden, unterschätzt aber die Bedeutung der Kühe. Zeitlich mag es 1870 - 1914 gegolten haben, mittlerweile hat sich viel geändert. In Ausserrhoden und im Toggenburg mag überhaupt alles ganz anders gewesen sein.

Die Textilindustrie in diesen zwei Regionen war so 1800 - 1914 von enormer Bedeutung, Das voralpine Appenzellerland (wohl mit dem Toggenburg) bildete um 1780 in Europa die am dichtesten bewohnte und industrialisierte Landschaft. Teufen zählte um 1800 mehr Einwohner als Winterthur (alles nach Prof. Dr. Georg Thürer in 'Appenzeller Kalender 1973'). In Kellern und Fabriken wurde gesponnen, gewebt, gefärbt, appretiert und mit Maschinen gestickt, von Frau, Mann und Kind!

Die kleinen Bauernhöfe in AI mit Futter für 2 - 4 Kühen zwangen die Frauen zur Stickarbeit und ermöglichten diese auch; so dass Frauen auf dem Land nur in Ausnahmefällen (Weltkrieg, Todesfall) schwere Stall- oder Feldarbeiten verrichten mussten. Weil meine Mutter während der Aktivdienstzeit meines Vater und seiner dabei erlittenen 14 - wöchigen Erkrankung 1944 lange abwesend war und die Mutter die Stallarbeiten verrichte, soll ich als knapp Dreijähriger entschieden haben:
„Göll Muete, d Chüe khöörig jetz dee!"

Das intensive Sticken am *Maschinestock* (hölzerner Stickrahmen auf Holzständer) ging so weit, dass der Ehemann am Mittwoch die zu bestickenden oder bestickten Textilien (*d Reschte)* beim Fergger (Waren- und Arbeitsvermittler/-in) austauschte. Die kunstfertige Hausfrau arbeitete *(maschinnele* genannt, obwohl ausschliesslich von Hand gestickt wurde!) so vom Morgen bis in die Nacht. Abends wurde das spärliche Petroleumlicht durch wassergefüllte, an der Stubendecke oder einem Holzständer *(Beliechtlistock)* hängende Glaskugeln zentriert und auf den aufge-spannten Stoff des Stickrahmens auf dem *Maschinestock* geworfen. Um den Sticke-rinnen, die bei feinen Stickereien fast ihre Augen aus dem Kopf starren mussten, fi-nanziell beizustehen, besteht in Gonten (laut Achilles Weishaupt) immer noch ein von Anna Maria Hirter - Neff, *Badpeterlis,*1892 mit 10 000 Franken (fügen wir für heute zwei Nullen an) dotierter Fond „zum Zwecke der Unterstützung bedürftiger, augenleidender Handstickerinnen der Pfarrgemeinde Gonten". Dieser 'Brillenfond' wies 1996 beachtliche 234 000 Franken Vermögen aus! Der Zweck des Fonds hat sich natürlich fast verflüchtigt.

Bis nach dem 2. Weltkrieg konnte es sein, laut Roland Inauen, dass die Mutter mit ihren Töchtern am Stickrahmen mehr verdienten als der Vater mit seinen Söhnen im landwirtschaftlichen Betrieb; Kinderarbeit war üblich, bis zwölf Stunden täglich. *„Spile wenn?"*

Lässt sich in AI aus der Bedeutung der von Müttern und ihren Töchtern oft gemein-sam betriebenen Handstickerei die Hochschätzung der Frau (trotz lange fehlendem und erst spät 1990 ränkereich aufgezwungenem Stimmrecht) erklären, was zur Ent-stehung und Pflege der unvergleichlich kostbaren Festtagstracht (20 000 Franken, je nach Schmuck) führte? In AI ist das Wort Tracht ausschliesslich für die Frau und nicht auch für den Mann reserviert, der Mann geht *sennisch* oder *ii de Geele.*

Der Reichtum der adeligen (sogar Prinzessinnen aus den Niederlanden und Eng-land) Damen tröpfelte so sparsam in die Bauernstuben in AI, woraus meist Kleider und einfache Anschaffungen bestritten wurden. Meine Mutter legte lange Jahre un-entwegt ein paar der kleineren Banknoten oder grösseren Geldstücke in ein Konfi-türenbecherlein im Schlafzimmerschrank, dann und wann durch Kauf von Röcken und *Ladehose* für uns G*oofe* ausgedünnt. Ihren Brautwagen verdiente sie vorher während sechs Jahren als Ausläuferin einer Ferggerei, dabei brachte und holte sie *d Reschte* zu und von den Handstickerinnen.

Das Kochen und die übrigen Hausarbeiten wurden häufig durch die jungen Töchter erledigt, das war Lernen durch Tun.

Dass die 500er - Note von 1911 - 1958 drei Handstickerinnen vom Lehn *(Manselis - Meedle) oder Franzischtlis* (Brülisauer aus Gonten?) zeigten, war Vorbild und Respekt dieser emsigen Heimarbeit geschuldet. Giessarbeit, Mähen und Baumfällen auf den anderen Banknoten bildeten so als Quartett eine deutliche und selten vernünftige Botschaft aus Bundesbern.

Meine Cousine Theresia Rusch wusste von einer Stickfreundin ihrer Mutter There-sia Streule aus Steinegg zu berichten, dass die (wohl um 1920) bei einem Mono-gramm für das englische Königshaus eine tote Stubenfliege mit eingestickt habe, vielleicht auch nur Teile von ihr. Trotz meinem ungläubigen Staunen beharrte die Cousine hartnäckig auf dem Wahrheitsgehalt ihrer Behauptung. Auch kleine Hunde können beissen!

Die Handstickerei bot aber den jungen Frauen die Gelegenheit, zu Hause etwas Geld zu verdienen, der Aufwand für Arbeitsweg, Kleider, Schuhe oder Fahrzeuge blieb gering. Handstickerinnen stickten oft bei gegenseitigen Besuchen, Gespräche boten Abwechslung; das Radio fehlte noch lange und Fernsehen passt nicht wie beim Stricken zu dieser heiklen Kunst.

Während also früher (1850 - 1950) feine Stickarbeiten und Frau zusmmengehörten, war (war!) früher Gedrucktes (Bücher, Formulare, Theorien etc.) eben die Sache des währschaften Sennen nicht! Die Brille passt darum vorbehaltlos zur Tracht; Brille und *Sennehääs* lösen hingegen fast noch immer erstauntes Stirnrunzeln aus. Zu besonderen Anlässen kleidete ich mich aber auch schon als Brillenträger sennisch . . .

Wie verwertete schon vor 1000 Jahren der Senn die anfallende Molke oder Schotte? Das Schwein als Allesfresser *(ää gueti Sau fresst alls)* könnte da als Lebensmittelveredler das Problem lösen. Mit einer Tragzeit von nur reichlich 16 Wochen (der Zyklus beträgt wie beim Rind 3 Wochen) und einer Wurfzahl zwischen 5 - 15 Ferkeln ist das Schwein das Tier, welches am wirtschaftlichsten Fleisch liefert, vom Masthähnchen abgesehen.

Während nun der Talbauer so schlecht und recht mit einer *Fäälisau* (Mutterschwein, Färse, Mohre) einige Ferkel bis etwa 15 kg Lebendgewicht (so zehn Wochen alt) züchtete, übernahm der Senn mit dem grösseren Schotte- oder Magermilchanfall die weitere Fütterung von 2 - 4 *Patt Jage(r)li* (Partie/Wurf Jungschweine), um sie nach weiteren zehn Wochen mit rund 45 kg Gewicht an Käser im Unterland (Fürstenland oder Thurgau) zu verkaufen. Dieser mästete die *Jage(r)* bis zur Schlachtreife mit 100 kg und einem Alter von etwa 6 Monaten aus. Den weiteren Verlauf übergehe ich aus Rücksicht auf Vegetarier.

In seltenen Fällen soll es früher vorgekommen sein, auch bei jenem Sennen (ca. 1890 - ?) mit dem Blutabnahmeverfahren vor dem Mittagessen um etwa 1920, nördlich der nördlichsten Bergkette, dass Sennen die gleichen Mastschweine zweimal auf die gleiche Alp getrieben hätten. Die Schweine waren damit statt möglicher vier Monate deren 16 Monate alt. Sicher, jener Senn soll ein landbekannter Geizkragen *(Hungeri)* gewesen sein, dem die Regierung *(d Heerre)* aus tierschützerischen Gründen die Viehherde mindestens einmal weggenommen hätte. Bei diesen Jungschweinen war kein hormonell beschleunigtes Wachstum angesagt, eher Natur pur!

Es war und ist eben so: Wenn nur Molke oder Schotte anfällt und wenig oder gar kein Mehl gekauft wird, dann bleibt für die Schweine ausser dünnem Käsewassser nur Gras als Futter. Solange aber Magermilch anfällt, werden die Schweine wieder besser und in grösserer Zahl gehalten. In Gebieten mit Dorfkäserei oder Hofabfuhr der Milch halten die Bauern ganz wenig Schweine; die mästet eben der Käser. Wenn momentan aus den Alpen oder im Tal die Vollmilch weggeführt wird oder Käse hergestellt wird, sinkt die Anzahl Schweine auf der Alp oder auf dem Bauernhof. Trotz 'süssen' Landschaftsqualitätsbeiträgen fehlen bei der Hofabfuhr der Milch die Schweine und bei Entrahmung/Verkäsung der Milch grunzen die Rüsseltiere stilgerecht auch ohne obige finanzieller Ermunterung.

Enge Platzverhältnisse und schlechte, überfeuchte Luft (Futter sparen in der Wärme) in dunklen, engen Ställen waren jahrhundertelang für die so intelligenten und neugierigen Schweine keine Wohltat. Ein Dilemma für die Alpschweinehaltung bleibt. Wie geplant nimmt die Milchmenge gegen Ende der Alpzeit ab, während die Schweine mit zunehmendem Alter mehr Futter brauchen. Der Schweinewechsel auf abgelegenen Alpen ist schwerlich vorzunehmen. Am besten hilft die partielle Wegfuhr der Schweine zur Schlachtung, die Futtermenge der sinkenden Milchmenge anzupassen. In Einzelfällen werden sogar die Schotte oder die entrahmte Milch weggeschüttet. Zeitweise holten auch meine Cousins in Wisconsin mit einem mächtigen Traktor und Tankwagen (gut 20 m3) Schotte aus ihrer Käserei und verteilten sie als Dünger/Bewässerung auf ihren Feldern. Überhaupt macht die Schweinehaltung bei Milchkühen auch auf der Alp nur einen geringen Teil des Gesamtertrages aus, es mögen höchstens 20 % sein. Todernst gemeint passt hier noch ein hintersinniger Witz. Da soll sich doch ein Schwein bei einer Kuh bitter beklagt haben, wie es bei den Menschen doch wenig geschätzt werde. Von 'Drecksau' über 'dumme Sau' und 'Sauerei' bis 'saublöd' reiche ihr Problem mit dem Ansehen, also dem *Imitsch* (Image). Dabei verschenke sie doch nach ihrem Tode Blut und Fleisch und Speck und Schmalz und Borsten und Haut und Wurstdarm und sei bald Organspender. Wie es komme, dass die Kuh in viel höherem Ansehen stehe als sie, die arme Sau. Die Kuh kaute zuerst pflichtgemäss ruhig weiter und meinte dann endlich, als Erkenntnislicht für das Grunztier hilfreich, ob es vielleicht daran liege, dass sie schon verschenke, während sie noch lebe . . .

Bitte nicht lachen! Für uns abgehobene Menschen verdient das Schwein als möglicher Organspender und Inkubator (Brutkasten) auf jeden Fall unsere Aufmerksamkeit und bald schon Dankbarkeit. Es ist als Allesfresser uns ziemlich nahe. Als Landsäugetiere sind beide als ziemliche Ausnahme nackt und schätzen ein Wasserbad, die einen in der Suhle und die anderen im Mittelmeer . . .! Nilpferd, Elefant und Nashorn seien nicht vergessen.

In Wisconsin erfahre ich, dass das Schwein Töne von 40 – 42 000 Hertz hören kann und fast wie das Rind sehr empfindlich auf Kriechströme reagiert, weshalb sich in den Stallungen eine gute Erdung aller elektrischen Geräte und Einrichtungen empfiehlt.

Nun drängt sich aber noch die leidige Frage der Kastration auf. Weil früher (bis 1950 - 1980) bei der sparsamen Fütterung und nicht immer artgerechten Haltung die unerwünschte Geschlechtsreife vor Erreichen des idealen Schlachtgewichtes von 100 kg eintrat, war die Entfernung der Eierstöcke und erst recht der Hoden nötig. Weibliche Schweine *(Loose)* werden nach Erreichen der Geschlechtsreife unruhig *(rüschig/rüssig)* und männliche Schweine *(Hesse)* entwickeln im Schlachtfleisch einen sehr aufdringlichen, unangenehmen Geschmack *(si säuelid).*

Diese unumgängliche Kastration nahmen früher (und bislang fast ausschliesslich) eigens ausgebildete (durch Tierarzt?), männliche *Fäälischniide(r)* (Ferkelkastrierer) vor, natürlich ohne Betäubung! Das geschah/geschieht so mit zwei Wochen Lebensalter. Bei den männlichen Tieren geht die Prozedur noch an, auch Frauen erledigen das bisweilen heute. Ich könnte locker Namen nennen. Zwei gekonnte Schnitte - und die Sache ist schreiend überstanden. Aber bei den *Loose* war das immer eine scheussliche Sache! Auch meine Mutter musste früher mithelfen, die Ferkelchen festzuhalten. Keine Details! Immerhin, mit Jodlösung (oder irgend einer braunen, wohl brennenden Flüssigkeit) wurden die Wunden der Hoden und Lenden desinfiziert, und zwei Schnitte in die Rüsselchen der neugierigen Ferkelchen hielten diese von dieser braunen Schnittstelle fern. Zureden hätte nicht gereicht, während notfalls dem Schwanzbeissen mit Zurückstutzen dieser Ringelzierde gewehrt wurde oder fernab noch wird. Der Erstickungstod der Delphine, der Kochwassertod der Hummer und die Stopfprozedur der Gänse stehen auch am Pranger. Neuestens wird auch das Töten der Fische diskutiert. Auch Bäume sollen sensibel sein, ausgeprägt vor Weihnachten.

Loose müssen bei heutiger ausreichender Fütterung nicht mehr geschnitten werden. Bei den männlichen Tieren bestehen heute drei akzeptable Lösungen; Schlachtung vor der Geschlechtsreife mit etwa 60 kg Gewicht (in Grossbritannien), chemische Kastration (durch fragwürdige Hormone) oder Entfernung der Hoden nur unter Narkose (in der Schweiz). In der Schweiz sind zudem Kupieren (Stutzen der Schwänze) und alle früheren, unschönen Eingriffe an Zähnchen, Zähnen und Rüssel untersagt. Habe ich mich unklar genug ausgedrückt, auch bezüglich Kind und 'Religion'? Transport und Schlachtung der neugierigen Fleischlieferanten sowie all ihrer muhenden, blökenden und wiehernden Leidensgenossen sind wohl nicht nur in der EU, sondern weltweit zu verbessern.

Übrigens; um aus einem Stier (im Jungstadium vorgenommen) einen Ochsen oder aus einem Hengst einen Wallach zu erzielen, ist die gleiche blutige Prozedur nötig, selbst Erpel und Hähne wurden schon kastriert. Da lohnt sich doch die Mühe nicht!

Leider erlitten Haremswächter (Eunuchen) im oströmischen und islamischen Orient (Türkei) und Kastraten (hohe männliche Altstimmen, altus = hoch) im Westen in der katholischen Kirche zur gesanglichen Gottesdienstgestaltung bis in die frühe Neuzeit (wohl 17. - 18. Jahrhundert) das gleiche bittere Schicksal. Der Eunuch weiss ganz genau, wie man 'es' macht, kann 'es' aber selber nicht! Negersklaven im arabi . . . - musli . . . Raum erlitten seit 1300 Jahren dieses schreckliche Unheil. Das ist nicht zum Lachen, ist aber lächerlich.

Nach Wilhelm Sandermann wurden zur Römerzeit in Ostrom jungen Knaben von speziellen Eunuchenmachern (schon diese Berufsbeschimpfung ist zum Kotzen) die Hoden zerquetscht, zukünftigen Haremswächtern wurde sogar das Glied amputiert, wobei bis zwei Drittel der Gequälten an der unglaublichen Verstümmelung gestorben seien. Warum ihnen nicht gleich das Genick brechen? In jenen Glanzzeiten durften oft nur entmannte Ärzte kranke Frauen medizinisch umsorgen. Die Eunuchen als Personen ohne Nachwuchs hatten teilweise erleichterte Aufstiegsmöglichkeiten im Staat. Ich würde darauf pfeifen. Nun, in der Kirche wurde aus ähnlichen Überlegungen auch die Ehelosigkeit der Seelenhirten verlangt, heute wird sie nur noch mühsam heilsumsorgend und unglaubwürdig verteidigt. So gesehen sind die sexuellen Vergehen der katholischen Seelenhirten zu verstehen, wenn auch nicht zu entschuldigen. Früher boten eben nur Klöster und kirchliche Dienststellen intelligenten Jungen eine Studiergelegenheit. In der Familie meines Grossvaters wurde in den Notzeiten nach 1918 (auch später und auch anderswo) so ein begabtes Knäblein aus Österreich behütet, also 'aufgefüttert'. Mit seinen seelsogerischen Plänen und der hormonellen Ausstatung . . . Na ja – Schwamm darüber.

Ich sag ja, die gute, alte Zeit – nichts für Sensibelchen!

Dass man aufmüpfigen Geistern früher nicht auch noch gleich das Gehirn durch die Nase ausgesaugt hat, verwundert zusehends, die Technik wäre von den Mumien Ägyptens her schon bekannt gewesen. Wer spricht von Lenin im Mausoleum?

Dass in der Bibel und andeswo nur schon die (ich präzisiere: die männliche!) Beschneidung verlangt wurde und wird, ist ein Unding; und haarscharf hätte uns nachgeborenen Christen das gleiche Schicksal geblüht, wenn nicht besonders Paulus sogar als eifriger Jude in Röm 2,25 – 29 den landesweiten Unfug der Beschneidung vehement abgestellt hätte. Petrus seinerseits zeigte schon früher bezüglich der unreinen Tiere (Schweine) Vernunft und verwarf bei Apg 11,1 - 18 etwas umständlich, aber doch ausreichend und kernig, nach einem himmlischen Geistesblitz diesen kochtechnischen Unsinn. Warum hat eigentlich nicht schon Jesus diese gnädige Erleichterung gefordert, begründet und erlaubt und somit diesen Schwachsinn vom Schweinefleischverbot und Vorhautwegschneidegebot abgestellt? Das Joch sei doch sanft und die Bürde leicht; so etwa nach Mt 11, 28 - 30. Fehlte es Jesus als dem Christkönig und Pharisäergegner diesbezüglich an Mut oder Einsicht? Die zwei biblischen Haudegen, also der impulsive Petrus und der weitsichtige Paulus, haben mit ihren menschenfreundlichen Neuerungen wohl um die 7 - 12 (!) lästige, unnötige und fast vorgeschichtliche Vorschriften ausser Kraft gesetzt. So epochale Befreiungsschläge würden auch dem heutigen Schlüsselherrn im abgehobenen Rom gut anstehen. Alte Zöpfe fast alttestamentlicher Bauart abschneiden und nicht neu flechten! Jeder Leser wüsste wohl, wo etwa die Schere anzusetzen wäre. Schenkt die katholische Kirche Petrus und Paulus nur einen gemeinsamen Gedenktag (29. Juni) im Kirchenjahr, weil sie tendenziell und aus Betriebsblindheit immer nur süss – säuerlich auf Erleichterung und Lockerung für das Leben der Schäfchen reagiert? Für mich jedenfalls ist jeder dieser zwei wackeren Wohltäter allein schon wichtiger als alle Philosophen und fast, fast alle Elitesportler, Heilige und Päpste zusammen. NLLM = Not lindern, Leid mindern!

Bleiben wir also wegweisend und standhaft egoistisch: Lieber unbeschnitten Schweinefleisch geniessen als geschnitten darauf verzichten! Da stimmt mir sicher auch das holde Geschlecht zu, denn in gloriosen Natursippschaften finsterer Weltengegenden wird weiterhin Mädchen . . .

Pfui Teufel. Althergebrachte sexuelle Unterjochung ist da der Grund und nicht hygienische oder pseudoreligiöse (Mo . . . . ed) Vorschriften.

Hohe Landesregierung in Bern und hohes Gericht in Lausanne, aufgepasst für die Schweiz!

So weit, so schlecht.

Beim erlaubten Schweinefleischgenuss wissen die Schweine nicht so recht, was sie von der kulinarischen Neuerung des Schlüsselpetrus halten sollen. Durch gute Haltung und Schlachtung (!) aber können und müssen wir ihr Dilemma lösen. Petrus und Paulus aber verdienen ein doppeltes Schulterklopfen. Das wird auch die weibliche Leserschaft begreifen, denn als Knäblein ist es nicht lustig, am achten Tag zu erleben, dass ein 'hochverdammter' Unmensch einem mit einem Obsidianmesser zwischen den Beinen herumschnipselt. Ob dieser blutige Handwerker nun Hoherpriester oder sonst ein Schwachkopf ist, ist belanglos – es schmerzt einfach.Vor rund 4000 Jahren stand nur dieser glasartige Vulkanitstein (kieselsäurereiche erstarrte Lave) und kein Metall zur Verfügung. Ein rostiger

Konservenbüchsendeckel wäre damals schon eine merkliche Wohltat gewesen. So blöd kann man sein.

Bezüglich einer bestimmten Religion und bezüglich der weiblichen Verstümmelung handelt sich der humanistische Westen laufend prähistorische Probleme ein. Nun, ich habe nichts gesagt, trotz Zig Millionen verstümmelter Frauen in südlichen Regionen! Pssssttt . . .

Bin ich kurzsichtig oder weitsichtig, wenn ich folgendes behaupte: Wenn in einigen Jahren eine Frau in Appenzell mit ihrer Schulklasse ein Weihnachtshirtenspiel auf-führen oder daheim in Herisau nur im Bikini duschen will oder wenn ein Mann in Bazenheid ein Schweinchen schlachten, in Unterwasser ein Bierchen trinken und nachher mit Vorhaut pissen will, brauchen sie dazu eine Bewilligung immmammmenterrr Deppen in Iroka, Karana, Kamek oder Herante. Dass diese verweigert wird, weiss der Leser, bevor er diesen Satz fertig gelesen hat.

Bei den Mädchen gilt das bitterböse, doppelsinnige Wort: Fertig – lustig!

Bezüglich des Frauenstimmrechts aber gehe ich als Appenzeller trotzdem nicht in Sack und Asche, ich habe nie an einer Landsgemeinde teilgenommen, Verwei-gerung und behördlichen Zwang aber missbillige ich eindeutig und gleichermassen! Auch soll man bundesrätlichen Zusagen nie trauen.

In grauer Vorzeit war aber an kriegsrätlichen Ausmarkungen (wie bei den Indianern, pardon, Angehörigen der indigenen Bevölkerung), nur stimmberechtigt, wer auch kämpfen konnte, weshalb auch schon waffentüchtige Jungmänner über Krieg oder Frieden abstimmten, nicht aber die zarten Mütter. Nur wer die Suppe kriegsmässig auch auszulöffeln imstande war, durfte beim Einbrocken mitbestimmen. Im Zeitalt-er der Soldatinnen und Kampfpilotinnen (und allgemeinen Steuerpflicht) musste folgerichtig die Zulassung zum Kriegsrat erweitert werden. Was das Stimmrecht von Pflegebedürftigen oder Sozialbezügern angeht, kann man nur mutmassen. Heu-te will die halbe Welt Appenzeller werden, wohl, weil nicht die halbe Welt appen-zellisch werden kann. *Liebe chlii as tomm . . .*

Eine bittere Erklärung aber sei nicht verschwiegen. Wer in seinem Leben Schlim-mes ertragen hat, gönnt missmutig und unterschwellig den Jungen eine diesbezügli-che Erleichterung schlecht. So wird oft verkorkster Unsinn pfleglich weiter behütet und nur von Unbeteiligten verurteilt. Neid der Alten gegenüber den Jungen ist hin-derlich. Uff, grosser Häuptling hat gesprochen!

Ein bösartiger Ausserirdischer könnte schon vorschnell an seine Zentrale melden: „Einige Bewohner des Planeten Erde sind fast, fast, fast so dumm wie sie ausse-hen!"

We ä Sau ä Schöllchue

(Wie ein Schwein eine Schellenkuh; völlig ungekonnt)

Wer zu einer Sache gar nicht taugt, wäre diesbezüglich unfähig wie ein Schwein als Schellenkuh. Diese beiden Tiere waren/sind im Alpsteingebiet existenzsichernd. Schafe sind hier unwichtig und zumTeil verpönt, trotz der Benennung Schäfler, Schafberg und Schafboden. Ziegen werden/wurden wohl zur Landschaftspflege und zur Milcherzeugung gehalten, sind aber nicht annähernd so wichtig wie Schweine und Kühe. Diese Tiere ermöglichen eben optimal die Veredelung von Pflanzen zu Eiweiss und Fett in Form von Fleisch, Käse und Butter.

Seien wir dankbar, dass das Christentum weder wie bei den semitischen Völkern üblich das Schwein als Allesfresser und eben Nahrungskonkurrent des armen Mannes verbietet noch wie bei den Hindu das Rind als Nahrungslieferant für heilig und tabu erklärt. Begeistert sei auch vermerkt, dass uns Christen weder Alkohol noch Nikotin verboten wird, das besorgen momentan immer aufdringlicher Gesundheitsmedizinmänner beiderlei Geschlechts. Da vermisse ich missmutig den Kampf gegen Lärm und Nachtlicht. Das Schwein ist zwar zusammen mit den Wassertieren (Enten) in enger Lebensgemeinschaft mit den Menschen wie in Südchina Grundlage der in immer neuen Kombinationen auftauchenden Grippeviren unter Generalverdacht geraten. Der Kuh wiederum lastet man immer mehr ihren enormen Methangasausstoss (klimawirksam) an und denkt an Einschränkung. Diese Tatsachen sind nicht zu leugnen, aber hoffentlich noch nicht so gefürchtet.

Aus religiösen Gründen und um Essproblemen auszuweichen, bieten internationale Fluggesellschaften immer häufiger Federviehfleisch statt Rind - oder Schweinefleisch an. Flugreisen sind nicht mein Ding . . .

Wenn zur entrahmten Milch in den Alpbetrieben noch zugeführtes Mehl an die Schweine verfüttert wird, gelangen Mineralsalze dorthin, wo sie durch Käse, Butter und Fleisch entzogen werden. Die WC - Anlagen sind im Unterland und nicht im Alpenvorland. Wenn nicht durch Dünger, Heu oder Mehl den Weiden die Mineralsalze (Metalle wie Kupfer, Wolfram etc. oder Stickstoffd/Nitrat und Phosphor) ersetzt werden, findet geologisch gesprochen und gesehen eine Abreicherung statt. Der Boden wird mager und bringt nur noch geringe Mengen Riedgras. Das mag der Pflanzenvielfalt zuerst und für 20 Jahre gut tun (überdüngte Wiesen um die Melster), auf lange Sicht aber ist der natürliche Stoffkreislauf gestört. Eine zu 'grüne' Seele mag es gut meinen, fügt aber der Natur langfristig Schaden zu. Die Blumenpracht in den Bergen ist auf gedüngten Bergwiesen zu bewundern und irgendwoher muss das Futter kommen! „Das Gegenteil von 'gut' ist 'gut gemeint!'" meinte Brecht, der aber sonst nicht mein Leitbild ist.

Jede Kuh wird mir dankbar zustimmen.

Gäässe *(Ziegen)*

Neben dem hellen, getüpfelten Huhn und dem verhassten/geschätzten dreifarbigen Hund *(Pläss)* ist die weisse und hornlose Ziege *(Motschgääss)* das dritte Haustier, dessen Name mit Appenzell verbunden ist.Wie die Kuh hat die Ziege nicht einen Meister, sondern Personal; will heissen, ihren Eigenheiten und Wünschen kommt der erfahrene Senn entgegen.

Bezogen auf das Körpergewicht bringt *d Gääss* mehr Milch als die Kuh. Bei einer Jahresleistung von bis zu 1400 kg Milch (im Extremfall, laut Jakob Jäger, Hansueli Buff und Albert Koch) entspricht dies etwa dem 28 - fachen des Körpergewichtes von 50 kg, der Durchschnitt aber liegt mit 270 Tagen bei 700 kg, bei Schwankungen zwischen 100 und 1200 Litern. Die Milchmenge einer Kuh mit bis zu 900 kg Körpergewicht macht pro Laktation (so 300 Tage) ungefähr das 10-fache ihres Körpergewichtes aus. Natürlich, die Ziege frisst bei freiem und eigenwilligem Weidgang nur das beste Gras; da beisst sie ein Kräutlein ab, dort knabbert sie an einem Strauch. Zur Alppflege und zur Nutzung unzugänglicher und steiler Grasfelder hielt darum der Senn schon in alten Zeiten Ziegen, im Herbst verkaufte er sie häufig an

Bauern, denn zum Heu *etze* bildeten sie wegen Platzmangel wieder eher ein Überbein. Die Familie des Bauern hinwiederum besass nicht immer Kühe und mochte darum die Milchgabe der Ziege im Februar – März kaum erwarten.

Aus dieser sozialen Misslage heraus versuchte mein Grossvater Franz Manser das *Chitzle* (Werfen) der Ziege um ein halbes Jahr zu verschieben. So wäre den Kindern das ganze Jahr hindurch Ziegenmilch zur Verfügung gestanden. Heute wird diese Verschiebung mit verschiedenen Methoden mehr oder weniger erfolgreich probiert und praktiziert. Die Tragzeit der Ziege beträgt übrigens 21 - 22 Wochen. Der Brunstzyklus beträgt wie bei der Kuh und beim Schwein drei Wochen. *Böckig* (brünstig) wird sie ohne Bock in der Nähe im Oktober, bei 'Bocknähe' schon im Juli, laut Albert Koch. Mit wechselnder Stallbeleuchtung lässt sich der Zyklus etwas verschieben, in Äquatornähe in Afrika werden die Ziegen während des ganzen Jahres *böckig*.

Wer als Bauer im Talbetrieb nicht mit allen Nachbarn in Streit geraten wollte, der band den Ziegen ein Holzgestell auf den Rücken (*Sattelchaab*) oder um/an den Hals (*Chaab*). So konnten die wählerischen Ziegen nicht mehr jeden Hag passieren und auf fremden Wiesen naschen. Normale Abschrankungen bewältigen die leichtfüssigen Schleckmäuler (Gazellenkühe) spielend. Es hiess: Wer mit den Nachbarn Streit sucht, muss nur Ziegen halten! Oder auch: Wer Ziegen hält, ist ein Schelm! Nanana! Political correctness wo?

5 – 7 Ziegen verbrauchen gleich viel Futter wie eine Kuh. Beim *Öberefahre* stellen 5 Ziegen und zwei *Gitzi* (Jungtiere) die Wunschherde dar.

Die Ziegenmilch ist ausgesprochen fettarm. *Gässmülch, Gässchääs ond Gässschmaalz* (Ziegenmilch, Ziegenkäse und Ziegenbutter) sind geschmacklich Liebhabersache; in Körperpflege und Gesundheitspflege wird Ziegenbutter mit Überzeugung und Andacht verwendet. Ziegenkäse wird durch Zugabe von Kuhmilch geschmacklich etwas entschärft (oder beeinträchtigt?). Ich sehe die Sache so: Wären Schotte und Ziegenprodukte so gesundheitsfördernd wie oft angepriesen und auch geglaubt wurde/wird, dann gäbe es gar keine kranken Menschen mehr.

Beim *Öberefahre mit de Gääle* 'müssen' die *Motschgässe* dabei sein, beim *Öberefahre mit de bruune Hose* 'können' sie mittrippeln. In jedem Fall trägt nur die Leitziege die riemengeschmückte *Füeeschölle*.

Wenn eine Ziege im Frühling keine Junge wirft, bleibt die Milchleistung aus. Will man das Tier deswegen doch nicht schlachten, bleibt noch die gewöhnungsbedürftige Brennnesselkur. Man bestreicht nach Aussage eines mir gut bekannten Sennen (der das selber praktiziert) der Ziege das Euter mit Brennnesseln und setzt sorgsam zum Melken an; man zieht sie an. Mit etwas Geduld und Geschick setzt durch die Reizung ein anfänglich sparsamer Milchfluss ein, der nachhaltig zunimmt. Im Herbst kann so ein Tier mehr Milch geben als eine Ziege mit Kitz im vergangenen Frühling. Ohne diese „Behandlung" würde durch die Eierstockverfettung eine erneute Befruchtung fast verunmöglicht.

Mein Vater wusste von einem etwas derben Sennen, der diese Reiz - Methode zu dessen Zufriedenhaeit auch an weiblichen Jungziegen (*Hätteli*) praktizierte. Ich will nicht vermuten, dass die Humanmedizin aus diesen Erkenntnissen Kapital schlagen möchte! Das beim ledernen *Bschlage* unterlegte weisse und dünne Ziegenleder verhindert die schwarze Abfärbung auf das schneeweisse *Chüehlihemp* (weisses, besticktes Sennenhemd). Kurz und gut: Kuh und Ziege passen gut zusammen – frech und sanft!

Bei liebevoller und tiergerechter Behandlung ist natürlich die unbestechliche Ziege wie auch die Kuh sehr zutraulich und anhänglich, mit einem Stich ins Unverfrorene.

Wöösch G(T)löck; T(G)löck zuuee

(Ich wünsche Glück; das Glück möge anhalten)

Zue kann 'in Richtung' (*Hasle zue*) oder auch 'schliessen' (*s Muul zuetue)* meinen. Hier ist gemeint, das Glück möge herbeikommen und sicher nicht, das Glück möge abschliessen/beenden. Nach meiner Ansicht macht die Dehnung die Sache klar: *Zuuuuuueeeeee* = Richtung und *zue* = schliessen. Der Appenzellerhund handelt nach diesen Feinheiten und rennt bei *zuuuee* nach der Kuh und bellt diese heftig an. Ein Potersalpsenn in Gonten machte mich auf diesen falsch zu verstehenden Wunsch aufmerksam, und nach langem Nachdenken und einem Glas Rotwein fand ich die Lösung. Es gilt also *T(G)löck zuuuuueeeee!* Genau genommen wird der Glückwunsch kurz und also falsch ausgesprochen, aber gedehnt gedacht und ist insoweit wieder stimmend. Im Zweifelsfall hilft Joe Manser.

Der erste Glückwunsch wird beim *Öberefahre* zum *Puur* gesprochen, der zweite wird vom fachkundigen Besucher beim Betreten eines Stalles dessen Besitzer gewidmet. Die Antwort heisst immer: *„Ii sääg Dank!"* Auch im Thurgau tun allfällige unangemeldete Kontrolleure (Tierschutz und Hygiene) gut daran, vor Beanstandungen erst diese wohlwollenden Worte zu verwenden! Einige Beamte müssen noch lernen. Natürlich ist landesweit bekannt, das Macht korrumpiert, schärfer formuliert: den Charakter verdirbt, so man einen hat. Diese auch durch psychologische (ich bin kein Freund der Psychologen) Experimente um 1960 leider erhärtete Erkenntnis ist die vierte Beleidigung, besser gesagt: Kränkung, Verletzung, Ernüchterung, Herabstufung, die dem Menschen zugefügt wurde. Je nach Umständen werden wir alle zu Auschwitzverbrechern. Dort waren eben nicht nur Psychopathen am Werk, sonden auch normale und sogar humanistisch ausgebildete Durchschnittsmenschen, die abends mit ihren Kindern spielten und ihr Rosengärtlein hegten.

Nach Daniel Barenboim soll Stal . . mit seinen 30 Millionen Todesopfern ein begeisterter Verehrer Mozarts und seiner Musik gewesen sein. Das ist Perlen vor die Säue geworfen, etwa 1 : 10 000 verkleinert! Klar, Hitler und Wagner gehören auch fast . . .!

Die dritte Beleidigung ist Auschwitz selber, also die Tatsache, dass Millionen Menschen fabrikmässig ermordet wurden. Wo waren da eigentlich die amerikanische und britische Bomberflotte? Die zweite Kränkung/Erniedrigung ist die Erkenntnis, dass der Mensch ein Glied in der langen Kette von Lebewesen ist und nicht absolut ausserhalb des tierischen und sogar pflanzlichen Lebens steht. Damit wird der biblische Schöpfungsbericht als Tatsachenbericht zur Seite gelegt und vieles in der Bibel relativiert. Darwin ist da der Führer. Verbissene Kreationisten (Gott hat die Welt so geschaffen, wie sie jetzt ist) in den USA akzeptieren das immer noch nicht. Die erste Kränkung/Erschütterung ist natürlich die Erkenntnis, dass sich die Erde um die Sonne dreht und nicht etwa diese und alle Sterne um die früher als Mittelpunkt allen Seins eingestufte Erde/Plattenerde.

Kopernikus und Galilei sind da zuständig und die Bibel arg getroffen. Dem Menschen sind damit schon vier Zacken aus der Krone gebochen. Die Entdeckung von bisher gut 500 Exoplaneten, also Planeten anderer Sonnen in gewaltiger Entfernung im Weltall (erstmals durch die Sternwarte Genf um 1990 gelungen), wird wohl noch eine sechste Belastung des menschlichen Selbstwertbildes bewirken. Dass das Scheusal, Monster und Ungetüm Mao zusammen mit den feigen Speichelleckern Liu Shao-chi und Chou En-lai nur schon durch die von ihnen verursachten 40 Millionen Hungertoten 1958 – 1961 (lange geheim und im blauäugigen Westen bis etwa 2005 nicht bekannt!) neuestens eine weitere Kränkung und Herabstufung der gesamten Menschheit darstellen, muss angefügt werden, den bluttriefenden Kommunismus allgemein eingeschlossen. Der Blutdrache und Todesunmensch wütete nach der Leitidee, was du nicht willst, was man dir tu, das füge allen andern zu! 'Blut'drache als Beschimpfung passt nur halb, denn auch 38 Mio. Hungertote vergiessen kein Blut, sie haben schon keines mehr. Wann entschuldigt sich die kommunistische Regierung in Peking beim eigenen Volk für ihre monströsen Untaten unter Mao?? Mit ihm verglichen erscheinen Hitl. . und Stal. . schon bald als 'weichherzige' Wohltäter! Dass so pathologische Monster geboren werden, lässt sich bei der kaltschnäuzigen Natur nicht verhindern, aber man muss diese mordseligen Drachen von der Menschheit wegsperren und darf sie nicht an die Schalthebel der Macht gelangen lassen.l

Den 'Mann als Krone der Schöpfung' bedrängt aber seit 40 Jahren auch noch die mitochondriale Vererbung. Die männliche Grammatik ist da ein kleiner Trost! Bei den herausgebrochenen Kronenzacken taucht damit auch unheilvoll die Zahl Sieben auf!

Bleiben wir lieber im Stall.

Früher waren schon Schweine und Rinder wie alle Lebewesen durch Krankheiten gefährdet, sogar ohne Massentierhaltung; aber auch ohne Antibiotika und Impfung.

Auch Blitzschlag und Absturz *(ääfallee)* waren und sind der Kummer des Sennen und der Sennerin. Verglichen mit dem *Heupuur* trug der *Heusenn* immer das grössere Risiko.

Beim Blähen einer Kuh als Fütterungsfehler (zu viel junges, gedüngtes und föhngetrocknetes Gras bei fehlendem Trockenfutter) konnte durch unzimperlichen Stich mit dem Stecher (rundes, fingerdickes und fingerlanges Spitzeisen) die Fehlgärung (kein Überfressen!) behoben werden. Durch das eingelegte Blechröhrchen entwich dabei übelriechendes Gas. Mein Vater vollzog einmal bei einer Nachbarskuh diesen Notstich erfolgreich. Ein tödlicher Ausgang war beim Blähen immer möglich, wegen zu grossem Druck auf Herz und Lunge.

Ausser Bang und Tuberkulose (heute auch noch Buchstabenkrankheiten wie IBR und BSE) gefährdete früher besonders die durch Viren verursachte Maul-und Klauenseuche, MKS, *(s Gsööcht)* die Rinder. Je nach Sachlage wurden die Kühe geschlachtet oder durchgeseucht, für Hirt und Tier eine Tortur. Dass 1918 - 20 und 1939 - 42 die MKS im Alpsteingebiet zuschlug, passte ausgezeichnet zur Plage der zwei Weltkriege. So entstand die unheilvolle Idee, dass alle 20 Jahre . . .

Aber auch schon 1846, 1855, 1864 und 1892 waren laut Josef Inauen Seuchenjahre. Unsere Achtung gehört den Menschen jener *struben* (bösen) Zeiten. Heutige Tierversicherungen und Seuchenkassen waren damals als zu teuer empfunden, unheilvoll! *En aame Maa vemagg nüd z Huuse* (ein armer Mann darf nicht am falschen Ort sparen) ist schnell geraten, war aber schwierig zu befolgen.

Mein Vater wusste von einem Sennen, der zweimal durch *s Gsööcht* sein Senntum verlor und ein drittes Mal wieder eines erreichte – ohne psychologische Betreuung, aber mit, ja, womit wohl?

Die Viruserkrankung der MKS beherrscht man heute durch Impfung und allfällige Keulung (Schlachtung befallener Herden). Ausser Rinder kann diese Seuche auch Schweine, Ziegen, Schafe und sogar Pferde befallen. Beim Rauschbrand/Gasbrand *(Chroos)* kann das Bakterium als Erreger schon durch Grundwasser (eher Oberflächenwasser?) übertragen werden. Beim Berühren der Hautblasen an Mensch oder Tier rauscht *(chroosets)* es unheilvoll!

Auch Schweine und Geflügel und sogar Bienen sind seuchengefährdet. Beim klassischen Sennen machen die Schweine, besonders wenn keine Magermilch anfällt, nur einen kleinen Teil des Wertes der Rinderherde aus, so 10 - 15 %, weshalb auch die Krankheiten nicht so schwerwiegend sind wie bei der MKS, heutige Mastbetriebe natürlich ausgenommen.

Trat nun früher bei einem Tierhalter plötzlich wie aus heiterem Himmel eine Krankheit an Mensch oder Tier (heute auch bei Eschen, Kastanienbäumen, Rebstöcken und Obstbäumen!) auf, kam bei den hilflos Unglücklichen schnell der Gedanke von Hexen und Magie aller Art auf. Bis vor kurzem wusste doch niemand etwas von Bakterien, Viren, Erbkrankheit, Ernährung oder ähnlichen, undurchschaubaren Ursachen und Zusammenhängen.

Auffällige Personen, harmlos und selber geplagt (Juden, Alleinstehende, besonders auch Frauen) galten (gelten; ich weiss von einer Person, bei der so eine Denkweise noch immer gepflegt wird) als Brunnenvergifter und schlechthin als Hexen mit dem Teufel im Bunde. In den nasskalten Jahren nach 1610 (Vulkanausbrüche als Ursache?) wurden Hexen auch für das Wetter tödlich zur 'Verantwortung' gezogen. In der Hungersnot in der Ostschweiz von 1816/17 doch nicht mehr. Aber der Vulkanausbruch des Tambora auf Sumbawa/Kleine Sunda – Inseln in Indonesien vom 12. April 1816 mit vielleicht über 100 000 Toten konnte damals noch nicht als Ursache des winterlichen Sommers 1817 erkannt werden. Die Kirche ihrerseits wusste um 1610 nichts besseres, als den Leidtragenden ihre oder ihrer Vorfahren Sünden als Auslöser göttlicher Strafen vorzuwerfen. Das schien ja immer zuzutreffen. Die Unlogik des Verschontbleibens anderer sah man nicht ein! Hier hat zum Glück für Milliarden von Menschen die Wissenschaft Erlösung gebracht. In dieser Hinsicht provitieren wir Zeitgenossen in der entwickelten Welt unverdientermassen vom Geschenk der späten Geburt. Wissenschafter - also Forscher, Ingenieure und Ärzte - verbessern die Welt. Das sei laut gerufen!

Sicher, bei nur schon 3000 ganz seltenen und 3000 'normalen' Krankheiten bleiben den Ärzten noch immer genügend Aufgaben . . .

Bei besonders robusten Pesonen hilft ja auch noch immer der Spitzensport!

Landesweit flennt man über die jährlich steigenden Krankenkassenprämien. Dabei vergisst man aus Naivität oder mit Absicht, dass die medizinische Versorgung und ärztliche Kunst in der westlichen Welt immer besser und ausgeklügelter werden. Dem Rauchen werden zwar kostentreibende Nachteile angelastet, doch wer früher stirbt, braucht weniger lang medizinische Versorgung. Teuer sind die letzten Lebensmonate, ob mit 72 oder 94 Jahren spielt keine grosse Rolle. Hinzu kommt noch, dass ausser Mathematikern niemand so richtig mit statistischen Angaben umgehen kann. Solange in Zeitungen Kilowatt mit Kilowattstunden verwechselt und Äpfel mit Birnen verglichen werden, ist auch keine Besserung zu erwarten. Bei Jounalisten und im Fernsehen ist ausser purem Unvermögen oft noch markschreierisches Aufbauschen zu beklagen. Wenn Schreckensmeldungen, auch mit angeblich 10 000 Toten, mit störender Hintergrundmusik untermalt werden, so darf man diese erstens nicht glauben und sie zweitens nicht beachten! Weil sich viele Zahlen manipulieren lassen, glaubt man am sichersten nur jenen Angaben, die man selber gefälscht hat. Die steigenden Ausgaben für die Rechtspflege (Gefängnis - Hotelkomfort mit Segel - und Karatekursen) sind in meinen Augen ärgerlicher, aber werden wohlwollend unterschlagen. Wer ausserdem zweimal vermeintlich tief hustet, der/die rennt doch schon zum Arzt und verlangt eine Ganzkörperuntersuchung in der 'Röhre'. Eine Selbstheilung, wie sie jener Senn auf Fähneren vollzog, würde die Kassenprämien schon schön senken. Prozentual machen die Krankheitskosten bei der Lebenshaltung immer mehr aus, weil sich diese Sparte nicht wie die industrielle Wirtschaft und Landwirtschaft rationalisieren lässt. So übersteigen die Ausgaben für die resolut gewünschte und umfassende Gesundheit bald jene für die Ernährung. Unschön ist, dass nicht geleistete Krankenkassenbeiträge ziemlich folgenlos bleiben und die Freizeit - und Sportunfälle die Zahl der arbeitsbedingten Unfälle übersteigt. So steigen die Kassenprämien, es gibt keinen Gratislunch.

Grosse Zahlen sind tückisch. Jounalisten wissen oft nicht, dass in den USA unsere Milliarde schon Billion heisst. In aufsteigender Anzahl von Nullerdreiergruppen (Dreierfolge im Exponenten) heisst es in Europa und anderswo Tausend, Million, Milliarde, Billion, Billiarde, Trilllion, Trilliarde etc. In den USA aber heisst die gleiche Folge Tausend, Million, Billion, Trillion, Quadrillion, Quintillion etc. Warum einfach, wenn es kompliziert auch geht? Nichts ist vollendet, Reporter irren bei Zahlen und ich weiss nicht einmal, wie man ein Tablet hält, geschweige denn, wie man es bedient. Zu unserem PC habe ich ein unterkühltes Verhältnis!!

C. MILCHVERWERTUNG

Buudere

(Butter machen im Buder/Butterfass/Butterfertiger)

Als mein Bruder Baptist und ich im Juli 1952 mit unserer Mutter als Bergtour auf den Mesmer wanderten, nahmen wir im Rucksack in einer Glasflasche Milch mit. Im Bergrestaurant bekamen wir wohl ein Citro vorgesetzt, was den Durst löschte. Lustigerweise bückte sich eine anwesende Touristin tief unter unsere Bank, um eingehend und ungläubig unsere steingewohnten, derben Fusssohlen zu beschauen. Barfuss auf den Mesmer – für uns nichts Ungewöhnliches.

Weil wir also die halbgefüllte Flasche Milch wieder abwärts trugen und auf einem tischartigen Stein hinten in der Seealp wieder öffneten, schwamm in der Milch zu unserem Erstaunen ein beachtliches Stück Butter. Ungewollt hatten wir auf der etwa dreistündigen Wanderung aus *gaaze Mülch* (unentrahmte Milch), andere tranken wir nie zu Hause, Butter geschlagen.

Vor urlangen Zeiten machten wohl Menschen mit mitgetragener Milch (von Ziege, Rind, Kamel?) ähnliche Erfahrungen. So erfanden sie Butter, Yoghurt, Sauermilch usw. Das Gerinnen der Milch liess den Hirten auch den Käse 'erfinden'.

Nun soll auf der Alp Butter geschlagen werden.

Durch Aufstellen der Milch in Näpfen, Gebsen oder Tongefässen sowie mit Zentrifugen gewinnt man aus der Milch so 10% Rahm, je nach Futter der Milchtiere. Fett ist leichter als Wasser und bleibt deshalb in der Zentrifuge im Inneren der rotierenden Trommel/Kugel; in der stehenden Milch steigen die Fettteilchen (Emulsion) langsam in die Höhe. Dieses Aufsteigen vollzieht sich beschleunigt durch die Konvektionsströmung (Umwälzung durch Temperaturunterschied wie in einer Pfanne). Kuhwarme Milch in einem Keller mit 8 Grad Celsius in Näpfe geleert ist die beste Voraussetzung. Nach einiger Zeit (zwölf oder 24 oder mehr Stunden) schöpft der Senn mit der flachen Schöpfkelle *(Rohmschueffe)* den Rahm ab, der rund 30 – 40% Fett enthält. Dabei löst er zuerst mit dem Finger (vorher nicht desinfiziert!) dem Milchrand im Napf entlang fahrend die dicke Rahmschicht vom Napfrand, weist sie mit der *Schueffe* etwas zurück und drückt nun dieses Schöpfgerät so tief in die weissblaue Milch, bis die fast klebrige Nidelschicht behutsam in die flache Kelle gleitet. Diese Entrahmung ist nicht so vollständig wie bei der Milchzentrifuge, zum Wohlergehen der Schweine. Unser Vater und wir Buben haben jeweils nach dieser Rahmaktion die hölzerne *Schueffe* mit dem Finger sauber gemacht, an den nächsten Napf gehängt und anschliessend den Finger genüsslich sauber geleckt; so wurden Allergien nie ein Thema. Die etwa 10 – 15 Liter Rahm im Rahmeimer (*Rohmchessel*) trägt der Senn nun aus dem kühlen Keller und schüttet sie in der Küche/Stube (Arbeitsraum, Essraum, Schlafraum etc.) in den *Buude (*Buder*).* Buder gilt ab jetzt bei mir als hochdeutscher Ausdruck für Butterfass, Butterfertiger. Unter Umständen wurden bei Raumnot auch Näpfe mittels Holzstäben in zwei Lagen aufgestellt, was bei Holznäpfen nicht ganz ungefährlich war. Selbstredend mussten auch hin und wieder vorwitzige, tote Mäuslein aus der aufgestellten Milch heausgefischt werden. Nur keine Panik, heute stehen ja schon bei uns und nicht nur in China ausser Schnecken auch Ameisen, Heuschrecken und Engerlinge auf feinen Speisezetteln.

Im Stossbuder, eigentlich ein röhrenartiger Holzbehälter mit an einer Gelenkstange versehenen Holzscheibe, brachte der Senn einst den Rahm durch eine pumpenartige Auf - und Abbewegung in eine andauernde Wirbelbewegung. Endlich bildete sich so dann die erwünschte Buttermasse.

Weil eine Drehbewegung leichter auszuführen ist als eine Drück - und Hebebewegung, wurde der Drehbuder erfunden.

Dieser Holzbehälter mit dem etwas vergrösserten Ausmass eines Emmentalerkäses ruht frei in einem offenen Lager des Buderstuhles. Durch eine ovale, knapp kopfgrosse Öffnung wird der Rahm durch einen Trichter und eventuell ein Stück Leinen als Sieb eingefüllt. Das Holzschloss wird durch ein Brett mit Holzgewinde per Flügelmutter von innen nach aussen gespannt und dichtet die etwa 15 Liter Rahm ab. Ideal ist eine Rahmtemperatur von 11 Grad Celsius.

Nun wird der Budernagel am Schwiebel gelöst und der Behälter mit dem *Triiber/Schwiebl* (Holzarm an der Achse, Hebel) gedreht. Nach ein paar rauschenden Drehungen des etwa zu einem Drittel gefüllten Buders entsteht komischerweise ein Innendruck (wie Cola in einer Flasche). Darum muss (geht nach Aussagen von einigen Leuten aber auch ohne) zwei- bis dreimal Luft entweichen können. Deshalb weist der Buder noch eine zweite, gut fingerdicke, leicht konische Oeffnung *(Loftloch, Buudeloch)* auf. Nun dreht man den aussen flach, innen aber genau konisch rund geschaffenen Holzzapfen *(Buudezapfe, Zäpfli, Buudenagel)* heraus. Es zischt merklich. Mit leichtem Druck sitzt der Stöpsel wieder fest und bleibt so bis zum Ende der Dreharbeit.

Nun dreht der *Senn* oder *Handbueb* den Buder so 300-800 mal, das dauert rund 15-50 Minuten. Erst ist der Rahm schaumig, später bilden sich etwa sandkörnergrosse Butterteilchen. Nach ein paar weiteren Drehungen klatscht es im Buder immer lauter, er ruckelt und zittert deutlich. Das klingt verheissungsvoll. Man spürt, wie innen Buttermassen von einem Querholz (Klaffenbrett) zu einem nächsten Brett klatschen – Musik im Ohr des Sennen. Butter ist entstanden.

Die freie *Schlegmülch* (Buttermilch) lässt der Senn durch das kleine Buderloch in einen Eimer ausfliessen, sie wird wegen unerwünschter wilder Bakterienkultur nicht verkäst, sondern getrunken oder den Tieren verfüttert. Nach ein paar weiteren Drehungen fliesst nochmals Milch nach. Man kann auch noch kaltes Wasser (5 - 6 Liter, 5 - 7 Grad Celsius, Bruno Neff beharrt auf 10 - 12 Litern) einfüllen und so die Butter 2 - 3 mal von restlicher Buttermilch befreien, damit sie ja nicht so schnell sauer wird. Der Senn öffnet nun endgültig das Schloss und kann innen mit der Hand nach den Butterklumpen greifen und sie in einen kleinen Napf klatschen lassen. Aus den 15 Litern Vollrahm haben sich so rund 8-10 Pfund (4 - 5 kg) Butter gebildet.

Ist der Rahm wärmer als 11 - 12 Grad Celsius, so bildet sich die weiche, salbähnliche Butter schnell. Ist der Rahm aber kühler als 11 Grad Celsius, so muss man länger drehen, erhält dafür aber auch festere Butter. Damit die Butter nicht an den Händen oder dem Holzmodel (Holzform) klebt, hält man sie geduldig in warmes und dann kurz in kaltes Wasser oder *Schlegmülch*. Alter Sennentrick!

Durch Kneten drückt der Fachmann im Napf die noch in der Butter verbliebene *Schlegmülch* aus, sofern er sie nicht schon im Buder durch Auswaschen mit Wasser entfernt hat. Mit gekonnten Bewegungen des Napfes formt man die Butter ohne Handberührung zu länglichen Butterrollen *(Schmaalzballe)* oder zu einer *Zole*

(Prisma oder Würfel). Schmalz bedeutet nur hochdeutsch Tierfett, dialekt ist *Schmaalz* aber Butter. Als Ausgleich heisst Tierfett wiederum oft *Schmotz*.

Im kühlen Keller wartet die Butter nun auf Verwendung oder Verkauf; sauber gewaschen und geknetet *(uus-beired, bähjed)* bleibt sie bei 5 - 7 Grad Celsius lange süss und gut.

Als wir noch Kinder waren, gab uns der Vater nach dem *Buudere* je ein Kügelchen Butter, in einen Teelöffel passend, das wir sorgsam in den Keller trugen und später munter mit Brot verzehrten.

Die Butter gelangte früher vom Sennen oder Talbauern per *Reff* (hölzernes Traggerät) oder Saumpferd zum Grempler, in Pergament oder *Schmalzblacke* (Alpenampfer) verpackt; im warmen Sommer waren die Saumpferde mit der Butter oft nur in der kühlen Nacht unterwegs. Der Vater von Albert Neff *(Graugäädele, 1889)* benützte tatsächlich noch die grossen und bitteren Blätter der sonst unerwünschten *Schmaalzblacke/Stockwööze* für kurzzeitige, behelfsmässige Verpackung der Butterrollen. Auf der Alp Furgglen wurde laut Martin Fuster auch um 1985 die Butter noch so zur zusätzlichen Kühlung verpackt. Gerlinde Neff braucht noch heute auf der Altenalp diese Pflanzenblätter zu schwarzer Kunststofffolie und Zeitungen zusätzlich als Kühlung.

Tüchtige Sennen *buderten* in der grössten Sommerhitze laut Jakob Zuberbühler auch schon nachts und im Keller – die Butter ist eben die halbe Miete.

Das *Buudere* hat aber durchwegs seine Tücken.

Wird der Kuh Heu oder Silogras verfüttert, gibt es helle, eher feste Butter; die Rahmtemperatur darf da auch einmal 15 Grad Celsius betragen. Wird aber grünes Gras verfüttert, so gibt es dunkelgelbe, eher weiche Butter. *Büüderig* (mit Leichtigkeit Butter schlagen) ist frisches Gras mit viel Blumen, also Gras mit Klee, Frauenmantel (Alchemilla) und anderen Alpenbumen. Die Kuh frisst zwar nicht alle! In diesem Fall ist die Milch schon sehr fetthaltig. Intensiv gedüngtes Gras (fast nur Halme, keine Kräuter und Blumen) ergibt *oobüüderige Rohm*. Doch aufgepasst. So einfach ist die Sache auch wieder nicht. Albert Neff musste auf der Alp Soll auch schon länger *buudere* als im sonnigen Gehrenberg bei Schlatt. Ausnahmen? Tücke? Kühe, die bald galt gehen, liefern auch Milch, deren Rahm *oobüüderig* ist. Laut Jakob Knöpfel kann auch das Wetter eine Rolle spielen, die Milch/der Rahm ist bei heissschwülem Wetter sicher anders als bei nasskaltem.

Sigmund Broger hat schon nach 15 Min. Butter erhalten bei Weidgang auf gedüngter Wiese *(tummpte Bode)* im Frühling, aber etwas später auch schon 120 Min. lang *buuderet* bei ungedüngter Naturweide *(Rüchi)*.

Zu reichliche Fütterung mit Zuckerrübenkraut und Strunk im Berner Seeland um 1955 brachte die Butterhersteller fast zur Verzweiflung, nach vier Stunden Butterschlagen fehlte die Butter noch immer. Mit 'modernem Rahm' (uperisiert, homogenisiert etc.) kann man *Buudere* gleich vergessen. Richtig angesäuerter Rahm (Idee aus Dänemark) ist aber wieder günstig, er ist *büüderig*.

In grossen Molkereibetrieben arbeitet man nachträglich so 10 % Wasser in die Butter, welche nach Vorschrift nur um die 87 % Fett enthalten muss.

Die Buttergewinnung verlangt also generell kaltes Wasser und einen kalten Keller. Beides kann in sonnigen Weiden oft schwer zu finden sein. Wenn die Wegverhältnisse auch noch ungünstig sind und somit ein Abtransport der Milch nicht in Frage kommt, bleibt zur Milchverwertung nur die Kälbermast, was nicht sonderlich lockt. So abgelegene und sonnseitige Alpen *(sönnigii Wääde)* werden daher schon seit altersher vor allem mit Jungvieh bestossen. Leicht abschätzig spricht man von *Galtligwääde* (Jungviehweide). Für die Butterherstellung günstig gelegene Alpen liegen also häufig *nöödid* (nach Norden ausgerichtet). Heu für den Winter ist aber besonders auf sonnseitig gelegenen Bauernhöfen gut zu gewinnen. So erklärt sich die alte Sennenregel: *Schattesiitig sommere ond sonnsiitig weetere.*

Feinheiten wurden schon früher bemerkt. So soll der kalkarme Kronberg (Nagelfluh, besteht aus Ergussgestein wie Granit und Gneis) für Kühe schlecht geeignet sein, die Potersalp aber günstig, weil auf Kalksteingeröll gelegen (laut Sigmund Broger). Da spielt die Geologie bis in die Kuh hinein eine Rolle, fast wie beim Wein! Kalkarmes und kalkhaltiges Wasser kann eine Erklärung sein. Die Steilheit, die Wasserversorgung und der Pflanzenwuchs (unerwünschtes Borstgras/Nardus stricta!) einer Alp können für Milchkühe auch sehr günstig oder ungünstig sein. Erfahrene Sennen wissen da natürlich Bescheid. Ich hörte auch schon sagen, dass man aus einer bestimmten Gegend in der Nähe von Appenzell keine Kühe kaufen soll; mehr will ich aus Vorsicht nicht verraten! Ortsnah verpflanzte Tännlein gedeihen auch besonders gut, verglichen mit ortsfremden.

Obiger 'Ratschlag' wurde früher noch angereichert durch die Einsicht, aus einer bestimmten Gegend, auch an Appenzell stossend, keine Frau zu heiraten. Die zwei Gegenden sind nur durch einen tiefen Bachgraben getrennt. Die eine 'Erkenntnis' beruht wohl auf den Bodenverhältnissen und die andere auf dem Hexenglauben. Nun, nicht alle alten Ideen sind massgebend. So glaubte man ja auch unverdrossen lange, dass die Sonne um die Erde kreise und diese daselbst eine Platte wäre mit dem Himmel darüber und der Hölle darunter, gar biblisch vorausgesetzt und gestützt. Auch war man sogar ohne religiöse Veranlassung überlange der Ansicht, das Geschlecht des Kindes werde durch die Mutter bestimmt, deren Zeugungsbeitrag durch das Ei man wiederum nicht kannte. Die Auswirkungen dieser falschen Annahmen können verheerend sein.

Erstaunlicherweise aber wird der sonnige und fast wasserarme Sigel durchwegs von Kühen bestossen, ihn als *Galtligwääd* zu bezeichnen könnte Rechtshändel auslösen! Natürlich ist der Alpsigel aus Kalkstein.

Vereinzelt bieten Alpen im Alpstein bezüglich Keller einen Sonderluxus: Höhlen oder kalter Luftzug aus dem Boden. Die Alphütte Mittlere Bommen verfügt im Keller über eine Höhle, die für die Käsereifung ideal ist. Durchzug aus dem Felsen bieten Chobel/Gartenalp, Oberer Flum/Potersalp sowie Siebenhütten/Schwägalp (nur eine Hütte). Die Keller im Alprecht Unterer Borstböhl/Potersalp und Unterer Flum/Potersalp sowie Bumoos/Säntisalp/Schwägalp weisen sogar fliessendes Wasser auf, und zwar reichlich. Im Keller der Alp Untere Hundslanden entspringt gleich eine Quelle mit gleichmässig kaltem Wasser von maximal sechs Grad, laut Fredy Schmid. Der Luftzug in der Alphütte Fählen ist sogar für die Käsereifung zu kalt.

Weil bis in die Sechzigerjahre in grossen Familien auch in den Dörfern der Ostschweiz Schmalhans Küchenchef war, gab es dort noch eine jetzt vergessene Milchnutzung.

Die Milch aus der Käserei oder vom Milchmann wurde für einige Stunden in ein flaches Tongefäss mit syphonartigem, seitlichem Ausguss geschüttet. Die Mutter konnte so leicht die etwas entrahmte Milch in ein anderes Gefäss ausgiessen.Die Rahmschicht blieb im Tongefäss und wurde dann in ein kleines Glasgefäss mit Quirlbrett und Metallgetriebe ähnlich einem Schneebesen geschüttet. So wurde die bescheidene Rahmmenge zu Butter gerührt. Den Kindern schmeckte die leicht entrahmte Milch immer noch nach Milch, und die Mutter hatte damit etwas Butter gewonnen. Nicht Figurprobleme waren da massgebend!

Die Zeiten ändern sich! Ausser entrahmter Milch gibt es im Laden wohl bald auch fettfreie Butter zu kaufen.

Der Buder wird nach dem *Buudere* nur mit heissem Wasser oder Schotte ausgespült. Zwei - dreimaliges Dampfablassen durch das kleine *Buudeloch* ist dabei ratsam. Mit Schotte (nach der Zigergewinnung, also ohne Albuminanteil) wird der Buder aussen vom reinlichen *Senn* nach Bedarf gereinigt. Innen bildet sich auf dem Holz ein glänzender Überzug, als Bakterienkultur wohl sehr geeignet. Hygienebesessenen ein Gräuel – zur Minderung von Allergien vielleicht von Vorteil.

Buude(r)

(Butterfass, Holzgefäss zur Butterherstellung)

Da eine hochdeutsche Bezeichnung für dieses runde Gefäss fehlt, nenne ich den *Buude* eben Buder. Ein Stossbuder ist eine hölzerne Röhre, wie eine hölzerne Tanse auch aus Fichtenbrettern und Ahornreifen gefertigt. Der Stossbuder hat so einen Innendurchmesser von 20 cm und eine Höhe von 90 cm. Der altertümliche Butterfertiger kann oben offen sein. Die Stange mit dem Querholz (rund, mit Öffnungen?) schwingt an einem Gelenk frei auf und ab. Automechaniker denken da sinngemäss an Kolben und Zylinder! Stoss- und Zugbewegungen sind mühsamer als Drehbewegungen. Findige Köpfe kamen deshalb auf die Drehbewegung des Buders.

Der Drehbuder *(Sennebuude)* ist in der Herstellung sehr anspruchsvoll.

Der Buderstuhl als Gestell ist aus vier schmalen, ziemlich dicken Brettern gefertigt und mit drei runden Querhölzern (Stäbe) zusammengesteckt. Die unteren zwei Stäbe sind mit den zwei hochkant liegenden Brettern verkeilt, der obere ist mit einem Gewinde mit den zwei senkrechten Brettern verschraubt. Die runden Vertiefungen oben in den zwei stehenden Brettern nehmen die hölzerne Achse des Behälters auf, unbefestigt.

Aus Fichtenbrettern baut der Weissküfer nun zwei runde Seitenwände, verleimt, aussen dünn abgedreht und in der Mitte mit einer durchgehenden Achse. Auf diese werden die zwei Holzwände verkeilt. Nun werden so 22 cm lange Holzteile (Dauben) zurechtgeschnitten, leicht keilförmig und mit einer Rille versehen. Diese Nutenbrettlein werden nun fest auf die Ränder der runden Seitenwände gehämmert. So bildet sich ein emmentalerkäseförmiger Behälter. Nun löst der Küfer jedes zweite, leistenförmige Brett wieder, verteilt auf den Längsseiten wasserfesten Leim (früher wohl heissen Knochenleim) und klopft die Brettlein wieder in die entsprechenden Lücken. So sind die Dauben kraftschlüssig zum Buder verbunden. Die zwei dünnen Ahornstreifen, die mit Anzug gehobelt und durch ein sinnvolles Ineinanderstecken gehalten werden, kommen beidseitig als zusätzliche Sicherung auf die Dauben. Oben am Schloss stecken vielleicht noch vier Messingnägel, teils zur Zierde, teils zur Sicherung. Schade, denn ohne diese vier Metallstifte bestünde der Buder ganz und gar nur aus Holz! Nach meinem Beschrieb kann das jeder selber schaffen!!

Zwischen die Seitenwände steckt der Weissküfer rechtzeitig noch drei oder vier gut handbreite Klaffenbretter, je mit zwei eigrossen Löchern versehen. Diese Klaffen lassen den Rahm beim Drehen des Buders verwirbeln und sind absolut unentbehrlich.

Die ovale, gut handgrosse Öffnung des Buders wird mit dem Schloss, bestehend aus dem ovalen Grundbrett mit Gewindestab, Schliessbrett/Steg und der Schlossmutter, innen von aussen nach aussen verschlossen. Der an der Achse aussen verkeilte *Triibe, Schwib(e)l* (mondsichelförmiger Hebel/Dreharm) wird durch den *Buudernagel* am Standholz festgehalten, Buderöffnung natürlich oben. Als ich einmal übereifrig in der Küche erschien, flink den *Buudenagel* zog und gleich mit dem Drehen anfing, wurde ich gar nicht gelobt. Der Vater war noch mit dem leeren Rahmkessel beschäftigt und hatte das Schloss noch nicht eingesetzt! Platsch, der Küchenboden war weiss.

In ein zusätzliches Loch in einer Daube passt der Weissküfer ein becherförmiges Holzstück *(Becheli, Schösseli)*, in das der konische, aussen breitflache Zapfen, auch *Buudenagel* oder *Buudezapfe* genannt, passt. Durch das Becherli fliesst die Buttermilch aus dem Buder, ohne dass die Dauben aussen nass werden. Durch das Buderloch/Luftloch/*Zapfeloch* entweicht zu Beginn der Drehungen und bei Beginn der Reinigung mit heissem Wasser die Luft und nach der Butterentstehung auch die *Schlegmülch.*

Der Senn reinigt bei Bedarf den Buder mit heisser Schotte; der dabei entstehende Milchstein (Zucker - Salzbelag) bildet dabei einen natürlichen Schutz.

Ein Sennenbuder mit 70 cm Durchmesser fasst 53 Liter, kleinere Buder mit 60 cm Durchmesser fassen 36 Liter. Ein Buder wird mit Vorteil nur zu einem Drittel mit Rahm gefüllt.

Der Weissküfer braucht für einen Sennenbuder knapp eine Woche, der Preis liegt bei 1500 - 3000 Franken, je nach Ausführung und Weissküfer. Bei sorgsamer Behandlung kann ein Buder über lange Zeit seinen Dienst versehen – sogar generationenlang. Bei längerem Nichtgebrauch und an trockener Luft können sich zwischen den Dauben Risse auftun, die man mit eingepassten Holzteilen wieder schliessen kann.

Als einmal ein leicht lasterhafter Sohn seinem Vater (wohl etwa um 1910) bei der Alpfahrt nach Fählen die Bettdecke absichtlich in den Buder statt unter das Käsekessi schob, liess sich diese erst nach dem Auseinandernehmen des Buders wieder verwenden. Derbe Spässe! Seine Schwester war mit einem weit entfernt Verwandten von mir verheiratet, deshalb kenne ich den Streich.

Mit Wasserkraft und Elektromotor kann man sich die zeitraubende Dreharbeit beim Butterschlagen sparen. Ausser dem Sennenbuder gab/gibt es Butterfertiger unterschiedlicher Grösse und Bauart, aber immer drehbar und rund. In Grossbetrieben können das mächtige Chromstahlungetüme sein.

Damit fällt das Wort Chromstahl. Gegenüber Chromstahl und Aluminium hat in unserer Zeit das Holz aus hygienischen Ängsten einen schlechten Stand. Auch Kunststoff in allen Varianten schwingt obenaus. Nach neuesten Untersuchungen (laut Hans Reifler) an der Biologischen Bundesanstalt in Braunschweig von 1996 - 2000 schneidet Holz, besonders Kiefer, besser ab als das in Lebensmittelbetrieben verwendete Polyethylen. Die hygroskopischen (feuchtigkeitsbedingt quellen oder schwinden) Eigenschaften des Holzes und seine Inhaltsstoffe wirken bakterizid (keimtötend). Nach 15 000 Messungen stand fest, dass Holz bis zu 15 % weniger Keime aufweist als Kunststoff. Sicher, Plastik ist nicht Chromstahl. Heute aber sind Allergien ein Problem, das Immunsystem des Menschen greift (aus Langeweile?) dabei das eigene Gewebe an. Erwiesen ist neuestens, dass Kinder von Landwirten deutlich weniger Allergien aufweisen als andere Kinder. Es müssen aber Landwirte mit Kühen sein, lustigerweise. Etwas Kuhdreck muss demnach gesund sein. Die Zusammenhänge sind verwickelt, werden aber erforscht. Antikörper und Fremdeiweisse sowie weitere Substanzen spielen eine kaum durchschaute Rolle.

Schmaalz uusloo
(Butter einsieden)

Der kluge Mann baut vor und die weise Hausfrau schaut mit Wohlgefallen auf ihre Vorräte im Keller. Wenn nun früher die Kühe eines Talbauern im Mai mehr als genug Milch und damt Butter hergaben, entstand die Frage, wie der mögliche Überfluss in die karge Winterzeit zu bringen wäre. Bei den Eiern löste Wasserglas (Alkalisilikat in Wasser gelöst) das Problem, beim Schweinefleisch das Einpökeln und Räuchern.

Butter verdirbt viel schneller als Käse, sie wird ranzig. Die Oxydation (ungefähr Verbrennung) der Fettmoleküle (Atomverbindungen) durch Licht und Luft verleiht der Butter einen abstossenden Geruch, der mir zwar unbekannt ist.

Abhilfe ist bei der Butter aber leicht möglich und wohl auch schon seit grauer Vorzeit bekannt. Man bringt die Butter in einer Pfanne zum Schmelzen. Bald kocht sie und kommt/geht dabei schäumend hoch wie die Milch oder die Konfitüre. Nach einiger Zeit bildet sich eine wasserklare, goldgelbe Flüssigkeit. Die trennt man durch Umschütten vom körnigen, dunklen Bodensatz. Die Flüssigkeit lässt man erkalten und stellt sie in den Keller. Durch die Hitze verdampft das Wasser (etwa 10 %) und veändern sich die Fettsäuremoleküle (Lipasespaltung). Sie gruppieren sich beim Erkalten neu zu einer fast körnigen Masse. So trotzen sie einer späteren schnellen Oxydation.

In der Butter ist neben Wasser auch 1 % Eiweiss enthalten. Dieses wird in der Hitze schwarz - knackig - salzig und sinkt auf den Pfannenboden. Es ist der *Trüenzig* entstanden, also geröstetes, nach Maggi schmeckendes Eiweiss. Dieses dunkle Gerinnsel kann man gut verzehren. Wir Kinder meinten jeweilen hartnäckig, das wären gekochte, in der Butter vorhandene Fliegen und verweigerten starrköpfig und erfolgreich den Verzehr. Für unseren Vater war das kein Problem. Er hatte ja doch die Butter aus reinem, mit einem Leinentuch gesiebtem Rahm gewonnen.

Das Wort „*S letscht im Häfeli haa*" bedeutet, das vorher die ausgelassene Butter enthaltende Krüglein ist leer.

Schon meine Grossonkel Johann Josef (*Hanisef)* und Johann Anton (*Hastoni*) Manser und ihre Söhne haben in Ostpreussen ab 1900 Butter eingesotten und Käse geschmolzen und wohl verpackt auf den Markt bis nach Berlin gebracht. Ich nehme an, dass dabei auch militärische Aspekte des deutschen Kaiserreichs mitspielten.

Die Grempler (Molkenhändler) konnten durch Einsieden auch noch Butter von zweifelhafter Qualität, von Talbauern erzeugt und im Sommer wohl fast einer Salbe gleich, in eine noch geniessbare Form bringen. Die SAIS - Werke in Horn waren für Vaters Cousin und Grempler Franz Rusch in Gonten oft noch der letztmögliche Abnehmer von solch 'unsennischen Spitzenprodukten'. Aber bitte, Kühlschränke waren unbekannt, kühle Keller und kaltes Wasser fehlten. In Horn war sogar eine spezielle Ablufteinrichtung für ranzige Butter (aus dem Appenzellerland) in Betrieb, laut meinem Cousin Emil Broger.

Die Mutter von Ida Sutter musste als Gremplersfrau auch häufig und viel Butter einsieden. Das machte sie überaus geschickt. Zuerst brachte sie die Butter wie bekannt in einer Pfanne zum Schmelzen. Dann stellte sie einen Metallkochlöffel (jeder Metallstab wäre auch geeignet gewesen) in die flüssige Butter und liess diese über Nacht an einem kühlen Ort erkalten. Auf dem Pfannenboden sammelte sich dabei das Wasser, weil ja schwerer als Butter. Am Morgen zog sie den Kochlöffel aus der festen Butter und durch Umkippen floss das Wasser vom Pfannenboden durch das in der Butter entstandene Loch leicht weg. Ohne Wasser verkürzte sie so die Zeit des Verdampfen ganz erheblich, wobei auch der *Trüenzig* kaum dunkel wurde. In Gläser abgefüllt gelangte so die Kochbutter auf den Markt in St. Gallen oder Altstätten.

Köpfchen!

Chääse

(Käsen, Käseherstellung)

Spöttisch kann man behaupten, dass es in den USA mehr verschiedene Freikirchen gebe als unterschiedliche Käsesorten. In Page am Grand Canyon (Arizona) zählte ich mit meiner Familie im Juli 1981 an einer einzigen Strasse ganze acht entsprechende Kirchenbauten. Umgekehrt staunte ich, dass 1990 im KaDeWe (Kaufhaus des Westens) in Berlin bescheidene 1500 verschiedene Käsesorten dargeboten wurden, davon glichen sich sicher viele wie ein Ei dem andern. Trotzdem, unsere europäische Käsewelt ist also ungemein vielgestaltig, und damit auch die Käseherstellung. Eine Käsereklame in Swissmilk inside behauptet etwas vollmundig, dass es in der Schweiz 450 Käsesorten gebe; einige sind sich wohl verdächtig ähnlich. Immerhin, es sei.

Das *Buudere* ist im Vergleich zum *Chääse* bedeutend einfacher. Braucht es am Buder Kraft und Ausdauer, so verlangt das Käsekessi sicheres Können, guten Tastsinn und feine Beobachtungsgabe.

In der Beschreibung beschränke ich mich ungefähr auf die Herstellung eines gängigen Alpkäses oder des Magerkäses früherer Zeiten.

Wenn früher der Senn im Alpsteingebiet Käse erzeugte, so war das vorwiegend der halbharte, rässe Appenzeller, mit etwa 8 kg Gewicht. Dazu sind rund 100 kg Milch nötig. Stellt nun der Senn die Abendmilch bis zum Abrahmen am folgenden Morgen in Näpfen (aus Ahorn, etwa mit 50 cm Durchmesser und 10 - 15 cm Höhe) auf und schüttet diese entrahmte Milch mit der Morgenmilch ins Käsekessi, so entsteht der Vollfettkäse mit ca. 45 % Fett Trockenmasse. Wird nur abgerahmte (wegen geringer Milchmenge vielleicht 36 und 24 oder 12 Stunden aufgestellte) Milch verkäst, gewinnt man den Viertelfettkäse, den *Rässen* (scharfer, salziger Käse). Der Halbfettkäse ist eine Mischform, die Entrahmung kann von Senn zu Senn leicht variieren, geschieht/geschah aber nicht durch die Zentrifuge.

Der Käse kann leicht missraten, was bei Fettkäse den Verlust von Fett und Eiweiss bedeutet. Früher wurde ausserdem Butter viel mehr nachgefragt als heute (bald wird kalorienbewusst fettfreie Butter gewünscht! Deshalb stellten die Sennen vorwiegend zuerst Butter und dann den rässen Käse her. Wegen des geringen Fettgehaltes lässt er sich auch leichter pflegen und länger lagern als fetter Käse. Entsprechend galt früher Fettkäse *(fääste Chääs)* als Delikatesse und wurde mitunter von pfiffigen Knechten ohne Wissen des Sennen hergestellt und klammheimlich (ich könnte aber Namen nennen!) verzehrt. Nicht nur vom Brote allein lebt . . . Ein schlechter Keller (zu warm für Milch und Rahm) konnte aber bedeuten, dass 'nur' Fettkäse erzeugt wurde statt Butter und Magerkäse.

Das *Chääse* (Käseherstellung, Käsen) ist eben im Vergleich zum *Buudere* viel anspruchsvoller und wird nicht nur jetzt ganz unterschiedlich betrieben (1500 Arten!), sondern hat sich im Laufe der Jahrhunderte noch zusätzlich verändert. Prinzipiell aber verläuft es immer und überall so: Milch erwärmen – vorreifen (Bakterienkultur beigeben) - dicken durch Ferment aus Kälbermagen oder Säure – zerschneiden – rührend erhitzen (käsen im engsten Wortsinn) – abtrennen der Körner vom Käsewasser – pressen – salzen, reifen – Konsum.

Nach dem Melken findet beim *Buudere* und *Chääse* die eigentliche Wertschöpfung statt. Diese zwei wichtigsten Arbeiten des *Senn* finden sich deshalb auch auf *Bschlage* und *Schölleplech* (Schlaufenblech) dargestellt.

Im Alpstein wurde 2014 laut Hans Eugster in zwölf Alpbetrieben Alpkäse unterschiedlicher Grösse hergestellt: kleine, eher weiche Mutschli oder grössere, eher harte und länger haltbare Alpkäse; Ziegenkäse gibt es auch noch. Der klassische Appenzeller aber ist nicht darunter, aus rechtlichen und betrieblichen Gründen. Wie bei *Ledi* und *Senn* sind auch beim Käsen die Begriffe leicht unterschiedlich angewandt, sie variieren nach Person, Ort und Zeit.

So, nun soll aber gekäst werden.

Der Senn (Käser, Käserin) lässt die Abendmilch, so 100-200 Liter, über Nacht im Käsekessi/Kupferkessi stehen. Es gibt für *Chääs - Chessi* keinen hochdeutschen Ausdruck ausser Käsefertiger, ab jetzt heisst es hochdeutsch bei mir Käsekessi. Diese Milch rahmt man am Morgen mit der *Schueffe* ab, der Rahm ist sehr *büüderig* und ergibt vorzügliche Alpenbutter. Nun schüttet die Käserin die unentrahmte, warme Morgenmilch ins Kessi und fügt bei gleichzeitig beginnender Erwärmung eine Portion Bakterienkultur bei. So lässt sie die Milch 30 - 45 Min. reifen. Diese Bakterienkultur (Milchsäurebakterien) ist für die Reifung und die Geschmacksnote des reifen Käses massgebend.

Mit Dampf aus dem Dampfkessel oder Feuer (Holz, Gas) wird die Milch weiter auf 31 - 32 Grad Celsius (früher 25 Grad Réaumur!) erwärmt. Das Kupfer leitet die Wärme äusserst gut, nur Silber leitet sie noch besser. Die Hitze einer einzelnen Flamme oder eines Glutstückes verteilt sich so schnell auf die weitere Kessifläche. Aus diesem Grund bevorzugten die Sennen früher lange Holzscheite, so strichen die Flammen auch beim offenen Käseherd entlang der Kessiwand nach oben. Ein geschlossener Käseherd war deshalb feuertechnisch günstig, nur musste er sich für das

Aabchehre) öffnen lassen. Die vordere Seite (*Schooss*) liess sich deshalb an einem schweren Scharnier wegdrehen.

Nun wird ein Ferment (Lab) aus dem Kälbermagen, früher auch Gitzimagen, als Extrakt (vorwiegend aus Dänemark?) in Wasser aufgelöst der Milch beigefügt. Das ist das Einlaben.

Nach kurzem Einrühren lässt der Senn diese nun bei gleichbleibender Temperatur, oft zugedeckt, etwa 35 Min. lang ruhen. Ein Käser ist *en fliissege Fuule(r)*, also ein fleissiger, aufmerksamer Faulenzer. Natürlich werden in der Zwischenzeit verschiedene Reinigungsarbeiten und Vorbereitungsarbeiten erledigt! Günstig ist es, wenn in der Alphütte/Sennerei/Käserei gleich schon eine Temperatur von 32 Grad Celsius herrscht.

In der Milch verändert sich nun das Eiweiss, genauer das Kasein, welches rund 3 % der Milch ausmacht. Es gerinnt. Das ist nun das 'Dicken'. Ähnliches, aber nur ähnliches, geschieht mit dem Hühnereiweiss, wenn ich es erhitze, nicht nur erwärme, oder wenn ich Zitronensaft in warme Milch schütte. Die Milch bricht. Steinmüller erwähnt, einen Dr. Ernst in Winterthur zitierend, ausser Kälber - oder Gitzilab auch saure Milch, Zitronensaft, Essig und Weinsteinrahm (?) als Gerinnungsmittel des Käsers.

So, nun greift der Käser zur Harfe, einem mit Draht bespannten Rahmen passender Grösse und Stiel und taucht sie in die musartige, stichfeste Masse (oder Gallerte, ähnlich Joghurt). Zuerst zieht er sie sorgsam in Richtung auf sich selber zu und dann im rechten Winkel dazu. Theoretisch besteht so die joghurtähnliche Gallerte aus gut daumenbreiten Säulen. Benötigt aber werden Würfel mit 1 - 2 cm Kantenlänge. Statt mit einer Harfe, deren Drähte waagrecht gespannt wären (Köpfchen!), wieder durch die Gallerte zu fahren, bringt der Käser mit einer Schaufel die länglichen Gebilde so in Bewegung, dass er diese mit der Harfe im dritten Durchgang in Würfel zerteilen kann.

Jedoch aufgepasst; es sind Würfel gleicher Grösse erwünscht und keine *Brosme* (Staub genannt, Krümel). Dieses Zerschneiden benötigt so 5 Minuten und heisst zusammen mit dem Dicken auch vorkäsen.

Anschliessend wird die Temperatur des Bruchs langsam auf 42 - 50 Grad erhöht, je nach Käsesorte. Je höher die Temperatur, desto härter und haltbarer wird der Käse.

Jetzt geschieht etwas verblüffend Seltsames! Die Gallertwürfel scheiden eine wasserklare, leicht grünliche Flüssigkeit aus. Dabei bilden sich kleine, noch weiche Körner. Diesen Vorgang nennen Senn, Käserin und Käser 'Käsen' (oder Auskäsen oder Nachwärmen).

Die Flüssigkeit heisst Käsewasser, Molke oder Sirte, nicht aber Schotte. Das Gemisch aus Molke und Käsekörnern wird während 30 Minuten durch kreisendes Bewegen eines Rührgerätes in eine karusselartige Drehbewegung (mit leichter Verwirbelung, aber kein Verrühren!) gebracht und gehalten. Dabei setzen sich die Körner immer eindeutiger auf dem Kessiboden ab. Bei Fritz Brunner blieben sie einmal schwebend oben – er musste alles den Schweinen verfüttern! Ein Käser ist . . . !

Nun schöpft der Senn (das machte man nicht immer und machen es noch nicht alle Käser) 15 % der Sirte ab und ersetzt sie durch warmes Wasser, aus Erfahrung wegen möglicher Kolibakterien vorher abgekocht Dieses Waschen des Bruchs verringert den Zuckergehalt (Laktose) in Molke und Käse und drückt den pH von 6,6 auf 5,8, den erwünschten Säuregrad. Der pH (Wasserstoffionenkonzentration, o je) ist ein Mass für den Säuregrad, bei Essig ist der pH etwa 4 und in Seifenwasser vielleicht 12; im Blut um die 7,5.

Wenn nun nach weiteren 30 Min. in der sich drehenden Sirte die Käsekörner etwa maiskorn - bis weizenkorngross geworden sind, greift der Käser in den Bruch und befühlt diese Körnchen fachkundig mit der Hand, auch mit dem Auge und mit Erfahrung! Wenn alles zu stimmen scheint, führt die Käserin an einem bügelartigen Bogen per Hand und Mund ein grobes Tuch dem Kessiboden entlang unter die Käsekörner, verknotet das Tuch und zieht per Hand oder Kran, allein oder zu zweit, ein tropfendes sackartiges Bündel aus der Molke. Diese körnige Masse bringt sie in ein passendes Gefäss, wo noch weiter Sirte abläuft und abtropft. Die weiche Käsemasse – jetzt haben wir Käse – wird nun auf unterschiedliche Art zerteilt, in Formen abgefüllt und gepresst. Laut Bruno Neff kann man die Käsekörner auch auf dem Boden des Käsekessi von Hand zusammenpressen und als Klumpen ziemlich restlos aus der Molke holen. So praktizierte das bisweilen mindestens Johann Heeb, Seealp und Brestenburg.

Die weiche Käsemasse wird nicht nur gepresst, sondern innerhalb von 24 Stunden etwa viermal gewendet, damit sie vom Wasergehalt her gleichmässig wird.

Die Käselaibe von 1 - 4 kg Gewicht werden in Salzlake (laut Fritz Brunner und Bruno Neff 20 kg jodfreies Salz auf 80 Liter Wasser) eingelegt oder auch direkt von Hand mit Salz bestrichen. Die Salzlake/das Salz entzieht durch Osmose (Wasser wandert durch eine halbdurchlässige Schicht auf Grund unterschiedlicher Zucker- oder Salzkonzentration) dem Käselaib Wasser, es bildet sich eine Rinde. Zugleich aber konserviert das Salz wie beim Pökelfleisch, bei Fischen oder bei Oliven.

Bei der weiteren Pflege, ob durch Senn oder Grempler, wird der Käselaib erst in kurzen, dann in immer längeren Zeitabständen jeweilen gebürstet, gewendet und dabei mit einer würzigen Mischung aus Weisswein, Heferückständen *(Hepf)*, Kräutern etc. etc. eingeschmiert. Da reiht sich Geheimnis an Geheimnis. Die Pflege und Reifung kann wenige Tage bis mehrere Monate andauern. Dabei entstehen nochmals unterschiedliche Käsesorten, nach Zeiten und Gegenden recht verschieden. Aus zehn verschiedenen Käseverfahren und zehn verschiedenen Behandlungsmethoden in zehn verschiedenen Ländern haben wir 1000 verschiedene Käsesorten; siehe KaDeWe!

Auf jeden Fall ist die Milch auf 5 - 10 % ihres Volumens konzentriert worden, der Käse lässt sich mit der Butter nun per Älpler, Saumpferd, Wagen oder Flugzeug transportieren und ist erst noch monatelang haltbar.

Wenn die nasse Käsemasse ungefähr 8 % der ursprünglichen Milch (bei Vollfettkäse so 4 % mehr) ausmacht, verbleiben ansehnliche Mengen als Käsewasser im Käsekessi. In Grossbetrieben wird mit einer Zentrifuge vielleicht noch der geringe Fettanteil als 'Rahm' gewonnen und zu Käsereibutter verarbeitet.

Für das *Chääswasse* bieten sich grundsätzlich nun drei Möglichkeiten an. Entweder wird es von Konsumenten (früher Kurgästen) getrunken, an die Schweine verfüttert oder zur Zigergewinnung verwendet. Schottenkuren, Schottensepp, Gais oder Rivella sind jetzt passende Begriffe. Mit den grossen *Schötteeme* auf der *Ledi* wird/wurde die Molke in den *Sautrog* geschüttet, wo sie die nimmersatten Schweine gierig schmatzend verzehr(t)en. Meine Cousins und andere Farmer in Wisconsin verwenden aber auch schon Käsewasser (Kuhwasser) mit dem Jauchewagen (5300 Gallonen = 20 060 Liter) als Dünger auf dem Farmboden oder zur Jaucheverdünnung. Für die Käserei ist das eine günstige Entsorgung. Zuvor aber werden der Molke (Schotte?) durch Umkehrosmose noch die rund 4 % Milchzucker entzogen. Auf hohen, abgelegenen Alpen ohne Schweine wird ja hin und wieder sogar die zentrifugierte Milch weggeschüttet.

Nun soll noch der Ziger gewonnen werden. Die Begriffe Käsewasser, Sirte, Molke und Schotte werden oft ungenau verwendet. Die ersten drei Namen bedeuten die Flüssigkeit nach der Entnahme des Kaseins. Die Schotte entsteht, wenn man auch noch das Albumin (rund 0,5% der Milch) gewonnen hat. Wenn man nämlich der Molke Säure aus dem *Suurfass* beifügt und auf 78 R (also 97 C) erhitzt, bilden sich Flocken (Ziger), die ungefähr gekochtem Hühnereiweiss gleichen. Die Säure bildet sich in der Milch fast von selber; die Legende will, dass ein Stück Brot in der Milch saure Milch erzeugte und einen Sennen so zum Ziger führte. Dieser Ziger kann wieder mit einem Tuch abgetrennt werden, zurück bleibt nur noch die grünliche Schotte. Neben ganz wenig Fett enthält sie noch Zucker und Mineralsalze, insgesamt noch etwa 5 %. Wie die Sirte wird auch die Schotte für Mensch und Schwein verwendet. Ob gern oder ungern, Mensch und Schwein sind fast Tischnachbarn, letzteres ist dem ersteren Nahrungskonkurrent und darum wohl bei semitischen Völkern verpönt.

Früher aber war die Schotte beim *Senn* eine ausgezeichnete Waschflüssigkeit für alle Holzgeräte, ich meine aber nicht die hölzerne Stallschaufel. Nicht die Sirte, sondern nur die Schotte kann man dazu verwenden, sonst gibt es laut Gerlinde Neff klebrige Rückstände im Holz. So aber entsteht im Holzgerät ein harter, fast steinartiger Überzug, der Milchstein. Der aber war günstig für die Milchsäurebakterien im Käse. Die vorgeschriebenen Chromstahl- und Aluminiumgeräte verlangen nun daher die Zugabe einer gekauften Bakterienkultur. Warum einfach, wenn es kompliziert auch geht! Ein voreiliges Verbot von hölzernen Molkegeräten kann so vielleicht auch wieder bedauert werden. Hygienefimmel und Allergien sind zwei Seiten der gleichen Medaille!

Von einem Dienstkameraden erfuhr ich kürzlich, wie er in seiner Jugendzeit (vor 50 Jahren) einmal mit einem Sennen (in der Nähe des Sämtisersee) beim Melken im Stall plauderte. Plötzlich sei der Melker in die Alphütte geeilt und habe mit der ungewaschenen Hand im Käsebruch gerührt. Dabei hinterliess die Hand deutliche Schlieren von schmutzigem Fett. Der Besucher ist wohl etwas verblüfft; aber richtig ins Staunen gerät er erst im Herbst, wie der 'reinliche' Käser bei der Alpkäseprämierung den ersten Preis einheimst. Gemach, das war vor gut 50 Jahren! „Alles ist Gift und nichts ist Gift; auf die Dosis kommt es an!", wusste schon Paracelsus alias Theophrastus Bombastus von Hohenheim.

Notfalls diente der Ziger (wohl in und mit Schotte verzehrt) dem Sennen als einfaches Mittagsmahl. *„Zigere-Fisch ond was guet ischt ond Schotte n a de Zähne ..."* heisst es verlockend in einem *Ratzliedli* (Neckliedchen).

Ob nun bei den vielgerühmten Schottenkuren Molke oder Schotte (wohl auch aus Ziegenmilch) getrunken wurde, entzieht sich meiner Kenntnis. Bis vor hundert Jahren aber galt diese Flüssigkeit natürlich als natürliches Gesundheitselexier. Schöttler und Schottenkuren lassen grüssen. Heute sind Wellness und Medikamente die Taktgeber.

Im Toggenburg und in Glarus wird übrigens nach eigenen Verfahren Ziger (Schabziger) hergestellt, Zigerkäse wird zerrieben und mit Kräutern gewürzt – Liebhabersache!

Für die Schweine sind die Molke oder die Schotte natürlich nur mit Mehlzugabe ein nahrhaftes Futter. In alter Zeit aber war das Mehl aus Kostengründen und Transportaufwand kaum so verwendet. Die Schweine suchten sich ihr Futter wohl selber auf dem Feld. So konnte es vorkommen, dass die gleichen *Jager* (Jungschweine) zweimal auf die gleich Alp getrieben wurden, sie waren also älter als 14 Monate (die heutige Mastzeit beträgt um die sechs Monate). So noch um 1920 in einer Alp nördlich der ersten Bergkette vorgekommen.

Wenn ich nun so leichthin von 23 oder 40 oder 78 R schreibe, so erhebt sich Frage: Wie war das aber vor der Herstellung des Thermometers, also etwa vor 1730 (Réaumur, Fahrenheit und Celsius)? Den pH lassen wir grosszügig ganz weg. Da war der Senn noch mehr als heute auf Erfahrung und Gespür angewiesen. Mit dem Ellbogen wurde die Temperatur 'gemessen'. Dadurch war die gesamte Käseherstellung von Senn zu Senn, von Gegend zu Gegend und von Jahrhundert zu Jahrhundert verschieden. Wie viele Käsesorten sind im KaDeWe zu kaufen?

Wichtig ist aber folgendes: Das Dicken und Käsen als äusserst vernetzte Abläufe chemischer, physikalischer und biologischer Prozesse werden durch Milchtier, Fütterung, Stallhaltung, Wasser, Boden, Wetter, Geräte, Kessi usw. günstig oder ungünstig beeinflusst.

Wie der Senn im Alpsteingebiet vor 100 oder gar 500 Jahren käste, ist kaum genau festzustellen. Einiges ist aber gewiss: Die Milch wurde durch Aufstellen in Näpfen und nicht in Zentrifugen entrahmt. Die Tagesmenge lag wohl so bei 50 - 200 Litern Milch, was entsprechend zwei Käse pro Tag oder nach zwei Tagen einen Käse ergab (bei Galtgang). Auf geringe Milchmenge baut auch der Bauernspruch: *„All zwee Tääg en Chääs gett öbel uus, abe all Joh(r) ä Chindli waul!"* (Alle zwei Tage ein Käse summiert sich schlecht, aber alle Jahre ein Kind gut!).

Steinmüller nennt Magerkäse, fetten Käse, Gestellkäse, Sulzkäse, 'Schmütterlig' (*Schlipfechääs*)/ziemlich fader Frischkäse, Sauerkäse, Geisskäse und Ziger (geräuchert oder mit Kümmel) als Produkte der damaligen sennischen Käser. Auffällig ist, dass er kein Wort von geblähten Käse meldet. Als guter Beobachter erwähnt er zwar etwas tadelnd die schmutzige Kleidung der Sennen, sogar beim Besuch der Kirche. Aber er erwähnt mit Nachdruck die sorgfältige Reinlichkeit der Milchgefässe, welche die Sennen nach jedem Gebrauch in der Schotte 'spielgelglatt putzen', Kolibakterien treiben eben im Käse und nicht in der Kirche ihr Unwesen!

Bakterienkultur und dampferzeugte Wärme vergessen wir. Das Kupferkessi hing einst frei über dem Feuer, wobei lange Holzscheite die Flammen gleichmässig um das Kessi streichen liessen. Bei Bedarf wurde das *Chessi* vom Feuer genommen (*abcheere*, etwa zum Dicken). An einer drehbaren Stange mit galgenähnlichem Querholz konnte das *Chessi* samt Inhalt vom Feuer gedreht werden. Bei neuzeitlichen, geschlossenen Käseherden konnte zu diesem Zweck die Schürze *(Schooss)* durch ein solides Scharnier geöffnet werden, so dass *Abcheere* möglich wurde.

Bis etwa 1500 wurde die Milch durch Säure aus dem *Suurfass*, erst später auch durch Streifen vom Kälbermagen (selber hergestellt?) zum Gerinnen gebracht. Den Bernern und Innerschweizern wird da eine führende Rolle zugeschrieben, beim Emmentalerkäse sogar weltweit! *Suur chääse* kam so auch im Alpsteingebiet aus der Mode. Köbi Knaus aber stellt noch heute im Toggenburg ohne Lab, nur mit *Suur*, auf diese urtümliche Art Käse her, *Bloddechääs*. Diese Spezialität kann ungelagert oder gelagert genossen werden.

Vereinfacht lässt sich sagen, dass die Ostschweiz und Dänemark und der Rest der Welt von den Bernern den Emmentalerkäse übernommen haben, die Schweizer aber später von den Dänen die moderne Art der Buttergewinnung mit und aus Sauerrahm.

Als Harfe diente bei den Sennen vor langer Zeit der untere, dicke und geschälte Teil eines Tännchens (*Pfutscheli*). Laut Johann Dobler benützte noch um 1955 Johann Fässler, *Sonnebueb*, auf der Alp Untere Hundslanden so ein astiges Tännchen als Harfe wie auch als Rührer. Vereinzelt wurden die geschälten Ästchen eines Tannastkranzes nach dem dünnen Teil hin in vorgebohrte Löchlein geklemmt, das ergab einen fast neuzeitlichen, stabilen Rührer. Not macht erfinderisch.

Allein mit Mund und Hand wurden die Käsekörnlein in ein Tuch gefasst und darin in den *Werb* (runder Holzrahmen) mit innerem, durchlöchertem und stabförmigem Ausguss gebracht. Darin blieb die wohl mit einem Deckel und Stein belastete Käsemasse, das ausfliessende Käsewasser wurde im *Tropf-Eemeli* (Tropf-Eimerchen) aufgefangen. Bei Bedarf wurde (auch noch bis heute) der weiche Käse, der unrund zu werden drohte, durch dünne Holzstreifen (Käserinde genannt, etwa 1 m lang, 15 cm hoch und 1 - 2 mm dick) und einer Schnur sowie pfiffigem Holzschloss geschützt oder in Form gebracht und so gelagert. An die Wand geschoben schloss der Käse den Holzring auch ohne Schnur – alter Sennentrick. Salz wurde wohl immer als Konservierungsmittel eingesetzt, wie auch schon damals der Transport der Käse und der *Schmaalz-Zole* mit *Ref* oder Saumpferd bewerkstelligt wurde. Butter und Käse machten wohl schon früher je rund 4 % der Milchmasse aus; der Saumtransport mag so wöchentlich stattgefunden haben.

Der Grempler besorgte nun fortan die weitere Pflege (salzen, schmieren, wenden, lagern etc.) des Käses (und der Butter) wie auch den Transport und Verkauf an die Abnehmer in Lichtensteig, Herisau, Altstätten, St. Gallen und auch in Gegenden nördlich des Bodensees.

100 kg Milch ergeben allgemein 4 kg Butter (Fett ist doppelt so energiereich wie Eiweiss, Stärke oder Zucker) und 5 kg Käse. Beide zusammen sind also die ausgezeichnete Möglichkeit, die Milch auf 10 % zu konzentrieren und sie so zu transportieren und zu konservieren. Kondensmilch und Milchpulver sind moderne, aber nicht so wichtige, lagerfähige Erzeugnisse.

Blähen

(Blääije)

Früher war das Blähen der Käselaibe während dem Reifen eine böse Plage. Kolibakterien (Dickdarmbakterien!) im Kuhkot, im Boden vor dem Stall, an den Beinen und Schwänzen der Kühe als Feinde der erwünschten Milchsäurebakterien erzeugen nicht wie diese das wasserlösliche CO_2 (Kohlendioxyd), das sich im zähen Emmentalerkäse in den Löchern sammelt, sondern das H2 (Wasserstoff), das den jungen Käselaib aufbläht und auch zerreisst/zersprengt. Eine nachfolgende Pflege ist dadurch verunmöglicht, der kurzzeitige Verzehr aber knapp möglich. Absolute Sauberkeit ist also gefordert, in engen, dunklen Ställen ohne Melkanlage aber oft schwer zu erreichen. Durch Schaden wird man klug. Mein Vater wusste von einem *Senn*, dessen Buder man nur mit einem sauberen Tüchlein in der Hand berühren durfte. Bei spärlich fliessendem Brunnenwasser kann sogar das Waschen des Milchgeschirrs (Melkmaschineneimer, Tanse etc.) im Brunnentrog Kolibakterien in grosser Menge in den Käse 'bringen', so dass der Laib schon nach ein paar Stunden aufgebläht wird, laut Bernhard Hollenstein. Wäre stechen keine Lösung? Das Brunnenwasser kann ein eigentliches Biotop für arge Mikroorganismen sein. Bei so lange unerklärlichen und schlimmen Vorkommnissen tauchte bis in neuere Zeiten unter Umständen der Gedanke an Hexen/Zauberei auf; eine schwarze Katze kann da (sogar noch heute, wie ich hinter vorgehaltener Hand erfahren habe) schon vielsagend in bösen Verdacht geraten.

Wird jeden Tag gekäst, gelingt vielleicht tückischerweise der Käse. Wird nur jeden zweiten Tag gekäst, können sich die Kolibakterien schon unheilvoll vermehrt haben.

So ab 1950 wurde bei Euterentzündungen (Mastitis; *en Wegge mache*) von Tierärzten zu schnell Penizillin eingesetzt, mit bösen Folgen in den Talkäsereien. Das Antibiotikum tötet die Milchsäurebakterien und fördert damit deren Gegenspieler, die vermaledeiten Kolibakterien. Milch von Kühen mit obigen Beschwerden gehört nicht ins Käsechessi. Kupferionen aus dem *Chääs-Chessi* hingegen wirken sich in der Milch bakteriologisch günstig aus. Darum bestanden (und bestehen neuestens wieder) auch die grossen Käsekessi in den Talkäsereien aus Kupfer, algenfreie Dachziegel unter kupfergefassten Dachfenstern sind da vielsagend.

Dass in modernen Käsereien durch Erhitzen der qualitätsgeprüften Milch, Beigabe von günstigen Bakterien und Lab sowie gekonnte Temperaturführung und einwandfreie Hygiene Käse in ungeahnter Qualität und Quantität (bei durchgehender, pausenloser Füllung langer, mit beweglichen Dichtungswänden versehenen Behältern) fabriziert wird, versteht sich von selbst. Laut der Wiler Zeitung vom 24. 10. 2015 erzeugt so ein 42 m langer Koagulierer (koagulieren = ausflocken, gerinnen aus einer kolloidalen Lösung) bei Züger in Oberbüren täglich bis zu beeindruckende/erschreckende 55 t Frischkäse aller Art aus rund 3 - 500 000 Litern Milch. Dabei bringen das Zerteilen, Verpacken, Lagern und Versenden der verschiedenen Molkereiprodukte viel mehr Arbeit als deren eigentliche Herstellung in der Käsungsanlage/Käsestrasse.

Im Zeitalter des 'Zurück zur Natur' stellen aber im Alpstein wieder immer mehr Käser und Käserinnen vorzüglichen Käse her, unterschiedlich in Grösse, Fettgehalt, Geschmack und Milchtier. Dabei wird für Alpkäse nur Rohmilch von der entsprechenden Alp verwendet. Enthornte und behornte Kühe sowie Ziegen und Schafe sind beteiligt, Stuten und Kamele stehen noch abseits.

Weil in AI und AR die Sennen ihre Milch schon immer selbständig zu Käse verarbeiteten und ab 1933 die Talbauern ihre Milch in die Milchzentralen zur Entrahmung und ab etwa 1970 in die Milchsammelstellen zur Abgabe brachten, entwickelten sich da nie grössere Käsereien wie etwa im Thurgau, in Luzern oder Bern. Die entrahmte Milch bedeutete mit ihrem verbliebenen Eiweissgehalt eine gute Futterbasis für Schweine, was einigen Talbauern eine sinnvolle Aufstockung ihres Betriebes ermöglichte. Mittlerweile fehlt wieder vielen Bauern die früher in ihrem Gehalt unterschätzte Magermilch.

In der Schweiz wird Hartkäse nur (vorwiegend?) aus silofreier Milch hergestellt, im Gegensatz zu den USA. Das mag mit anderen Bakterienkulturen, Verbot von Hemmstoffen und anderer Prozessführung sowie Reifung (nur Weichkäse) zusammenhängen. Appenzellerkäse wird aus diesem Grund erstaunlicherweise kaum in den beiden Appenzell als niederschlagsreiches Gebiet hergestellt. Silage erleichtert die Futterbeschaffung eben ungemein.

Laut Otto Wegmann werden in den USA aus zwei Gründen auch aus Silomilch Emmentalerkäse hergstellt. Erstens wird der Käse dort nur 2 – 3 Monate gelagert und nicht 12 – 15 Monate wie in der Schweiz. So können die (fast nur) in der Silomilch vorkommenden, sich langsam vermehrenden Buttersäuebakterien den reifenden Käse nicht verderben. Zum zweiten aber verwenden die Käser in den Staaten den Hemmstoff Nisin, der den Buttersäurebakterien wehrt. Seit etwa fünf Jahren ist dieser Hemmstoff (Antibiotikum?) auch in der Schweiz zugelassen, von der Sortenorganisation aber nicht erlaubt; ich nehme an, aus guten Gründen. Nicht alles, was man kann, soll man tun!

Umgekehrt wurde um 1700 im waldreichen Emmental mit grossem Brennholzverbrauch aus der Schotte durch Einkochen um die 5 % Zucker gewonnen, wie wir einmal zu Hause aus Süssmost so Honig gewannen, der zwar etwas aufdringlich schmeckte. Vor 300 Jahren war der Zucker eben sehr begehrt, Bienenhonig war fast der alleinige Süssstoff. Das Zuckerrohr wuchs nur im fernen Mittelamerika; und die Zuckerrübe war vor der Kontinentalsperre des grössenwahnsinnigen Napoleon in Europa noch unbekannt.

Bei plötzlich auftretenden Schwierigkeiten beim Käsen (heute eventuell mit Wetterumschlag, Galtgang, Futterwechsel usw. erklärlich) war erwartungsgemäss bei den Sennen Verdacht auf Magie oder Hexerei möglich, aber der Sache nicht dienlich. Dass aber schon lange Sennen ohne Wissen von Bakterien und Fermenten und pH mit Erfahrung (Gras, Wasser, Keller, Sauberkeit etc.) unter ganz einfachen Bedingungen Hartkäse herstellen konnten, verblüfft uns naseweise Besserwisser schon. Mit den Worten des alten Seealpsennen Johann Heeb sei diesen Sennen Respekt gezollt: „Bei den damaligen Umständen waren erfolgreiche Käser nicht nur Könner, sondern ausgesprochene Künstler!"

Wer den Schaden hat, braucht für den Spott nicht zu sorgen. Als einmal ein Senn so in der Gegend Hundslanden-Neuenalp an einer *Stobede* ob seiner geblähten Käse über Gebühr gehänselt wurde, meinte er in der Bedrängnis nur, die Spötter hätten seine Käse ja gar nicht gesehen. *„Seb nüüd, abe de Schatte, woo s biis i d Leu abbi gwoffee hend!"* (Die zwar nicht, wohl aber den Schatten, den sie bis zur Alp Leu warfen!) giftelten die Rüppel weiter. Wer solche Freunde hat, braucht keine Feinde mehr!

Chääs - Chessi
(Käsekessi)

Wenn schon die Herstellung des kupfernen *Chääs - Chessi* schwierig ist, so ist die Suche nach einem hochdeutschen Namen für das Käsechessi noch verzwickter – es gibt überhaupt keinen. Käsefertiger für das runde *Chessi* ist doch recht sperrig; also heisst es ab jetzt bei mir hochdeutsch Käsechessi.

Das *Chessi* ist wohl schon fast immer aus Kupfer gefertigt. Dieses weiche Metall kennt der Mensch schon seit der Bronzezeit, mithin seit 3500 Jahren. Es hat gegenüber dem wichtigen Eisen für das *Chääse* mehrere Vorteile. Zählen mag sie der Leser selber.

Kupfer ist weich und lässt sich relativ leicht bearbeiten. Es leitet ausser Silber die Wärme am besten, 7,2 mal besser als Eisen, Silber 7,7 mal besser. Kupfer rostet nicht, nur Schwefelsäure (ergibt Grünspan) und Salzsäure können es angreifen. Für den Menschen sind täglich 0,1 g Kupfer bekömmlich, es fördert die Blutbildung. Für Bakterien, Kleinpilze und Algen ist es als Salz schädigend, besonders bakterizid (bakterientödlich) ist es beim Käsen zum Glück für die unerwünschten Kolibakterien. Unter kupfergefassten Dachfenstern bleiben Ziegel praktisch algenfrei.

Schiffe werden laut Walter Hauser fortwährend mit einem kupferhaltigen Anstrich vor Algenbefall geschützt. Das gilt für eiserne wie auch hölzerne Schiffsrümpfe.

Weil Kupfer die Wärme sehr gut leitet, wird die Hitze einer einzelnen Flamme oder eines Glutstücks schnell abgeführt, es gibt kein 'Anbrennen'. Auch moderne Stahlpfannen weisen deshalb oft noch einen eingebauten Kupferboden auf. Im Kupferkessi klebt die Gallerte nicht fest, im Gegensatz zum Stahlkessi. Also etwa 6 : 0 für Kupfer!

Das *Chääs - Chessi* im Alpsteingebiet misst so 60 - 75 cm im Durchmesser und 25 - 35 cm in der Höhe; so fasst es 70 - 150 l Milch.

Der Kupferschmied formt aus einem Kupferstreifen von reichlich 2 m Länge und 30 cm Breite durch Löten und Hämmern einen Mantel/Ring, ähnlich einer Kuchenspringform. Die Naht wird durch die zwei trapezförmig gezähnten Blechränder gebildet. Die Ränder haben die Form von Schwalbenschwänzen, ähnlich den Holzverbindungen. Ineinandergeschoben und 1 - 2 mm aufeinandergelegt wie ein Reissverschluss und verlötet wird durch Hämmern ein glatter Verschluss geschaffen. Nur hellglänzende Streifen lassen die Naht knapp sichtbar werden. Der eine Rand ergibt umgebogen und mit Eisenbügeln versehen den Oberteil des *Chessi*. Der andere Rand wird auch trapezförmig gezackt ausgeschnitten und nach innen getrieben.

Ein rundes Kupferblech mit etwa 75 cm Durchmesser wird ebenso trapezförmig gezackt ausgeschnitten und dann durch Hämmern in eine bauchige Form getrieben. Nun werden die zwei trapezförmigen Nähte von Rand und Boden in- und aufeinandergehakt, verlötet und glattgehämmert. Auch diese silberglänzende Naht ist mit dem Finger kaum auszumachen. Mantel und Boden können andernorts (GR) aber auch vernietet sein. Die zwei gegenüberliegenden, am obere Rand angenieteten Eisenhaken (Henkel) werden mit einem halbkreisförmigen, schmiedeeisernen Eisenbügel (Durchmesser auf die Chessigrösse angepasst) versehen – und fertig ist das *Chääs - Chessi*. Der Preis ist mir völlig unbekannt, ich tippe auf 2000 - 3000 Franken, also einer Kuh oder einem Buder entsprechend. Passt gut!

Wie ein C*hääs - Chessi* von Pedralli (seine Werkstatt war direkt bei der Sitterbrücke nahe der Kirche gelegen) zeigt, lässt sich dieser Behälter auch aus einem einzigen Stück Kupfer treiben. Das macht zwar stutzig, aber ein *Chessi* bei Eugster zeigt nicht die kleinste Spur von Naht und Löten, also muss es der Kupferschmied getrieben haben. Respekt!

Laut Walter Hauser wurde bis vor 200 Jahren das Kupferkessi entweder genietet und glattgehämmert oder aus einem Stück Kupfer getrieben. Bis etwa 1800 war löten noch unbekannt. Mehrmaliges Erhitzen auf 700 - 800 C und Treiben führten zur bauchigen Form des *Chääs-Chessi*. Wie gesagt, Kupfer lässt sich leicht bearbeiten.

Beim Käsen hängt das Käsechessi an einem drehbaren Ausleger, so dass der Senn beim Dicken oder beim eigentlichen Käsen dieses vom offenen Feuer wegdrehen *(aabchehre)* kann. Der geschlossene Käseherd weist zu diesem Zwecke eine drehbare *Schooss* auf, auch vom Kupferschmied erstellt. Dampfzufuhr oder Gasbrenner erlauben auf neue Art die Temperaturführung.

Wenn nun jeweilen die Käsekörner oder der Ziger aus der Flüssigkeit weggeschöpft sind, wird das *Chääs-Chessi* geleert und muss getrocknet werden. Bei Feuchtigkeit und Schwefeldioxyd (SO2, heute aus dem Heizöl stammend) in der Luft bildet sich schnell giftiger Grünspan (CuSO4). Soll das *Chääs-Chessi* samt rotweiss karierter Bettdecke *(Bettpüntl)* auf dem Lediwagen verstaut werden, drängt sich auch aussen eine vollständige Reinigung auf. Das machte der Senn früher mit *Schefti* (Winterschachtelhalm/Equisetum hiemale, kieselsäurehaltig, sogar zum Schärfen/Polieren von Schneidwerkzeugen benützt). Auch ein Stück Rasenziegel *(en Brocke Wase)* ohne Steine konnte benützt werden – alter Soldatentrick! Diese Reinigung ist nach Aussage meiner Mutter mühsam und braucht Zeit. Deshalb molk man früher bei der Alpfahrt erst auf der Alp und machte sich deshalb schon nachts auf den Weg. Heute wäre diese Milch aus Qualitätsanforderungen nicht mehr zu verwerten. Zudem hätten die heutigen Leistungskühe mit ihren vollen Eutern versändlicherweise Marschbeschwerden.

Im Winter und bei der Alpabfahrt erlaubte die tiefere Temperatur das *Aabloo* nach dem Käsen und der Chessireinigung, also am frühen Nachmittag. Beim klassischen *Öberefahre*, also beim Futterortswechsel im Tal, musste am Morgen noch die Morgenmilch verkäst *(Schlipfechääs*/junger Magerkäse) werden. Man wollte auch noch den lezten Tropfen Milch verwerten. Die Söhne oder Knechte hatten es darum gar *noodlig* (waren in Zeitnot)

Im Gegensatz zum rotglänzenden Käsekessi hängt die Dreibeinpfanne verrusst unten hinten am Lediwagen, da stört sie nicht. Der Senn muss ja auch kochen, wenn er leben will. Die Laterne neben der Pfanne aber verheisst weniger gutes!

In Appenzell haben mindestens Kupferschmied Pedralli und Paul Brander Chääs - Chessi hergestellt. Wie der Leser wohl erwartet, hatte letzterer eine Cousine 3. Grades (Josephine Sutter, *Chruuse Fii*) von mir geheiratet.

Der Bestellungseingang hielt sich sicher in Grenzen, denn so ein *Chäss-Chessi* ist fast nicht umzubringen. Nach 1935 ist es erst noch immer seltener gebraucht worden – Auswirkung der Rahmabgabe an die Butterzentrale in Gossau.

Neuestens aber läuft der Hase wieder umgekehrt, im Alpsteingebiet wird wieder gekäst, mit und ohne kupfernes *Chääs - Chessi*.

Greemple(r)

(Grempler, Händler von Milchprodukten)

Der Ausdruck Grempler stammt wohl vom indogermanischen Wort grem = sammeln, zusammenfassen ab und ist mit Gremium = Versammlung, Körperschaft verwandt. Im Duden fehlt es. Steinmüller nennt *Kälbligrempler* als Händler von Kälbern, und *Immengrempler* sind bei ihm Bienengrosshändler; Heugrempler und Molkengrempler werden ebenfalls erwähnt.

Der Grempler kaufte schon vor langer Zeit von den Sennen (Talbauern erzeugten früher kaum verwertbare Überschüsse) Butter und Käse, um diese Molken nach Pflege, Lagerung und Transport auf den Märkten in Lichtensteig, Herisau, Altstätten und St. Gallen zu verkaufen. Durch Erlasse und Handelsbeschränkungen etwa vom 30. Nov. 1570 sorgte (laut Josef Inauen) die Obrigkeit in AI schon damals für erträgliche Preise für den armen Mann. Während in Gonten allein laut meinem Grossvater Franz Manser acht Grempler (Mittelholzer = Signer, Rusch, Manser usw.) ihr Geschäft betrieben, waren es in beiden Appenzell (nach Ebel, Inauen) zusammen deren 27. Anzunehmen ist, dass der Appenzellerkäse bis in den süddeutschen Raum verkauft wurde, Produkte aus jener Gegend (Lindauerli, Hosenträger, Trachtenschuck; *di Geele?*) finden sich im *Sennehääs* und in der Tracht, also der Festtagstracht der Innerrhoderin.

Die Grempler als angesehener Berufsstand (heute spräche man von Käsebaronen) besassen Pferde und beschäftigten Knechte. 1 - 2 Saumpferde brachten in regelmässigen Abständen, so alle 1 - 2 Wochen, von den einzelnen Sennen Butter in *Zoleform* sowie Käse zum Grempler. Der behandelte den Käse mit der Sulz, erst vielleicht jeden zweiten Tag, dann immer etwas seltener. Rässkäse wird bis zu einem Jahr gelagert, also zum Reifen gebracht.

Diese Behandlung, das Salzen, geschah/geschieht mit der Sulz, einer bis heute geheim gehaltenen und die Vermarktung fördernden Mischung; früher etwa aus Weisswein, Gärmost, Heferückständen *(Hepf)*, Kirsch, verschiedenen Kräutern usw. Jeder zünftige *Greemple(r)* hatte da seine eigene 'Zaubermischung' der Sulz, so dass der Käse auch ganz unterschiedlich mundete. Erst in neuerer Zeit (um 1970) wurde durch Hermann Leupi und Beat Kölbener (man denkt zu recht an Appenzeller Alpenbitter!) eine allgemein verwendete Rezeptur geschaffen und in einem Banksafe deponiert. Nach dieser Rezeptur stellt die Appenzeller Alpenbitter AG aus Alkohol und bis zu 24 eingelegten Kräutern einen Extrakt her und lässt ihn den entsprecheneden Gremplern zukommen, die ihn verdünnt verwenden. Durch die Sortenorganisation Appenzeller Käse wurde der vorher etwas stiefmütterlich gehandelte Appenzeller Käse zu einem geschützten und geschätzten Markenprodukt der Ostschweiz (fast ausschliesslich TG und SG).

Das Salzen des Käses verlangt einen geräumigen, kühlen und recht feuchten Keller (12 - 15 C und 80 % Luftfeuchte), und der darin gelagerte Käse stellt einen grossen Wert dar. Grempler waren früher keine Habenichtse. Für Säumer und Saumtier war aber die Arbeit in der kühlen Nacht (wegen der Butter mied man im Sommer die Tageswärme und auch die lästigen Bremsen), bei garstigem Wetter auf steinigen Saumwegen kein Honiglecken. Als das Papier kaum erfunden und Pergament überaus teuer war, wurde die Butter folgerichtig mit Blättern der *Schmaalzblacke* (Alpenampfer) verpackt, die sonst als Unkraut gilt, weil von den Kühen verschmäht. Der Käse aber gelangte unverpackt zum Grempler, mit einer Blache notfalls gegen Regen geschützt.

Mussten die Produkte aber zeitig am Marktort feilgeboten werden, hiess das Tagwache um zwei Uhr, Abfahrt des Pferdefuhrwerks um drei Uhr über Haslen – Teufen nach St. Gallen oder über Gais nach Altstätten. So nach Ida Sutter bei ihren Eltern in Mettlen gehandhabt; bis zum Kauf eines Occasionsautos um 1942 - 43. Und bitte, jeden Samstag und Donnerstag, sommers und winters.

Ausserhalb der Alpzeit war das Einsammeln der Molken weniger zeitaufwendig, die Pferde und die Knechte wurden für andere Arbeiten wie *Ledi* führen, Dünger ausbringen, Jauche führen und besonders für Holztransporte *(schlette ode schrenze)* mit oder ohne Schlitten eingesetzt.

Anscheinend bestand einst auf dem Himmelberg so etwas wie eine Pferdewechselstation. Vorfahren von mir *(Mälli)* betrieben so um 1800 dort oben eine Gremplerei, der Käse wurde mit Saumpferden von der Schwägalp über den Himmelberg nach St. Gallen gebracht; belegen kann ich das nicht. Wohl wegen der besseren Lage in Gonten wurde von meinem Urururgrossvater Ant. Jos. Manser (1770-??) *(Chrommälli)* durch Heimattausch am 16.4.1817 der Molkenhandel vom Himmelberg in die Oberwees in Gonten verlegt.

So bis 1930 betrieben noch sieben Grempler in AI ihr geachtetes Handwerk, man fand sie in Brülisau wie in Steinegg, in Gonten wie in Appenzell; also in der Nähe der Weiden und Alpen.

Natürlich hatten auch die Grempler mit Käse fragwürdiger Güte zu tun. Kulturen und Vorgehen waren von Senn zu Senn verschieden. Laut Ida Sutter konnten in den Kellern Käse aufgebläht sein wie Fussbälle. Die leicht verderbliche Butter verlangte ebenfalls eine gekonnte und durch Erfahrung entwickelte Behandlung und Vermarktung, das Einsieden *(Uusloo)* oder die Saiswerke in Horn waren da oft noch die letzte und beste Lösung.

Nach Einführung der Zentrifuge vor etwa 90 Jahren in Alphütten und auf grösseren Talbetrieben wurde hauptsächlich Butter an die *Greemple(r)* verkauft, mit dem *Reff* (hölzernes Traggestell) und per Velo fand das so bis 1960 statt. Weil Silofutter für den Appenzeller Käse nicht in Frage kommt, ging die Zahl der *Greemple(r)* so ab 1940 wegen der Milchsammelstellen und der Rahmablieferung nach Gossau enorm zurück; einige Gremplereien aber entwickelten sich zu Käsesalzbetrieben für die 'Appenzeller Käse' aus dem Fürstenland und dem Thurgau. Dieser Käse erhält in AR und AI die würzige Vollendung und profitiert erfolgreich und zurecht vom Namen Appenzell.

Gegenüber dem *Heupuur* war der *Senn* am längeren Hebel, gegenüber dem *Greemple(r)* aber hatte er wieder die schlechteren Karten. Um deshalb die Stellung des *Senn* zu verbessern, gründete mein Grossvater Franz Manser (*Statthalter Mälli*) am 29. Sept. 1918 den Sennenverband Appenzell – Toggenburg, dem kurz danach 250 Mitglieder (Sennen?) angehörten. Sie wiederum verloren gegenüber den Bauern in den Talbetrieben an Gewicht durch das Aufkommen der Milchsammelstellen, die wiederum Franz Manser in die Wege leitete. Erstaunlicherweise bestanden 1890 mit Ausnahme des regierenden Hauptmanns alle Mitglieder des Bezirksrats Gonten aus Sennen.

Nichts ist beständiger als der Wechsel, fanden schon die alten Griechen!

Vielleicht eröffnen sich Molkenhändlern wieder neue Betätigungsfelder in Anbetracht der 19 Alpbetriebe, in denen momentan Käse in allerlei Grösse und Geschmack hergestellt wird. Der Verkauf ab Alp oder Hof ist wohl erfolgreich und willkommen, aber doch auch zeitaufwendig.

Erstaunlich ist bisweilen, wie die hohe Politik auch in die Belange des kleinen Mannes eingreift. Der Cousin meines Vaters, Franz Rusch *(Mareie Franz)* in Gonten, hatte als Grempler 1938 wegen schlechter Absatzmöglichkeiten in der Ostschweiz in seinem Käsekeller in der Webern in Gonten statt 3500 Käselaiben deren 5000 liegen. Eine verflixte Sache! Wöchentlich musste eine Karrette überreifer und zerbröselnder Käse (vorwiegend rässer) in die Jauchegrube gekippt werden. Da taucht ein strammer, grossgewachsener, also baumlanger, hochdeutsch sprechender Mann vom Bahnhof Gonten her auf und interessiert sich für Käse. Franz zeigt ihm bereitwillig den katastrophal vollen Käsekeller, den der Deutsche wortlos mehrmals hin- und hergehend, dabei aufmerksam nach links und rechts blickend, beschaut. Dann bleibt er stehen und erklärt: „Das kaufe ich Ihnen alles ab!"

Franz fackelte nie lange!

Also abgemacht, zu einem wohl gefälligen Preis (oder sogar ohne Preisabsprache) verkauft er dem unbekannten Deutschen fast, fast alle (teilweise überreifen, fast zerbröselnden) rässen Käse (damals so 55 Rp. pro kg). Mit dem eigenen Pferdefuhrwerk zweispännig auf den Bahnhof in Gonten gebracht, werden alle Laibe in einen Viehbahnwagen bis an die Decke verladen und vertrauensvoll nach Deutschland versandt. Franz ist erleichtert und wartet hoffnungsvoll. Und wirklich, 14 Tage später trifft die abgemachte (?) Geldsumme in Goldmünzen auf Heller und Pfennig genau bei ihm ein. Bei den rund 30 000 kg Käse waren da so einige Franken im Spiel, sagen wir 15 000; nach heutigen Preisen 400 – 600 000. Der Käufer war eben ein Offizier und tätigte den Handel als Reserve für die deutsche Wehrmacht! Alles laut seinem Sohn Emil Rusch.

Als 1919 die Schweizer Armee von der Ochsenhöhe bei der Hundwilerhöhe einige *Bodi* (Bürden, 60 – 100 kg) Bergheu als Tee für die an Grippe erkrankten Soldaten kaufte, war wohl weniger Geld im Spiel, aber nicht weniger Schicksal.

Wenn wir schon in Gonten und bei Weltkriegen sind: Als der Vater von besagtem *Mareie Franz,* also Vaters Onkel Franz Rusch, im September 1912 (Kaisermanöver!) auch in Gonten viele Soldaten im Streuegebiet gegen Gontenbad hin in langen Schützenlinien exerzieren sah, meinte er lakonisch: *„Joho, a demm ischt nütz andees aass de tütsch Kaisee tschold, wenn me de seb doch gadd schoo ii dee Wiäge inne eewöögt hett"* (O ja, an dem ist nur der deutsche Kaiser schuld. Hätte man den doch nur schon in der Wiege erwürgt!). Dieses harte und richtige Wort stammt also vom mütterlichen Onkel meines Vaters, Franz Rusch (1869-1944) (*de alt Mareie Franz).* Gerne würden wir heute seinen Wunsch mit den Namen Hitler, Stalin, Mao, Pol Pot, Napoleon sowie anderen Scheusalen ergänzen!

Sicher, die Interessen liegen nicht immer gleich. Gegen Ende des 1. Weltkrieges soll in Gonten eine ältere Frau mit einem *Stofflädeli* in der Kirche gebetet haben, dass auch ja der Krieg noch lange nicht ausgehen möge!

Der Ordnung halber und wohl nach dem Geschmack meines obigen Grossonkels will ich die auffälligsten Machthaber etwas einreihen. Übergangene sollen sich melden, Zuteilungsprobleme bestehen gewiss.

Eher lustig ist es, solange die Potentaten nur Schwachköpfe sind: Louis 14. (vielbejubelter, verschwenderischer Frauenheld/*Zuchtmuni*), Franz Josef 2., Wilhelm 2.,

Nikolaus 2. (haben zwar zu dritt ungeschickt wie ungewollt den 1.Weltkrieg ausgelöst, mit wackerer Hilfe der verängstigten Franzosen, die sich aber dennoch kampfeslustig aus Deutschenhass den linkischen Russen an den Hals warfen und den wendigen/windigen Briten), F. Roosevelt (liess sich wegen Krankheit und unfähigen Ratgebern von Stalin über den Tisch ziehen), Breschnew, Elisabeth 2. (Abdankungshemmung) etc.

Unlustig wird es aber, wenn die Potentaten Schwachköpfe und auch Schurken sind: Caligula (bedeutet Stiefelchen) und Nero, beides römische Ungeheuer. Zu den Römern passt die bissige Anmerkung, dass sie für Nichtbürger wohl die teuflische Todesart der Kreuzigung erfunden haben, aber kein brauchbares Zahlensystem zuwege brachten. Rom als Hauptstadt dieser brutalen Unholde ist wohl alt, aber für viele eher Fluch als Segen.

Brandgefährlich und zum Erbrechen *(Chotze)* wird es, wenn die Potentaten Teilleistungsbegabte und auch Schurken sind: Alexander, Cäsar, Karl der Grosse (Sachsenschlächter), Tschingis-Chan (nach diesem Ekel nannte sich eine Zeitlang eine deutsche Musikgruppe Dschinghis Khan und erreichte mit ihrem 'Song' gleichen Schandtitels 1979 den vierten Rang im Eurovisions Song Contest, pfui Teufel; warum nicht gleich im Restaurant Stal. . . eine Blutwurst oder im Café Ma . . eine Bloody Mary und in der Schenke Hitl . . einen Gasballon ordern?), Tollkopf Napoleon, Irrlicht Lenin, Todesbote Stalin, Völkermörder Hitler, Blutekel Chrustchew, Megamonster und Ungetüm Mao (Rekord als Menschenfresser), Satansbraten Pol Pot etc. und all ihre blutigen Scheusal - Lehrlinge und Schlacht - Helfer (Molotow, Berija, Himmler etc.). Die Pest an ihren Hals, basta! Weder Bestie noch Reptil passt als Name. Allein den kommunistischen und also paranoiden Menschenschlächtern müssen laut Courtois grausige 80 Millionen Tote angekreidet werden, was von linkslastigen Medienleuten verschwiegen und mildtätig verschwiegen wird! Die Wiederholung ist Absicht. Nach Chang und Halliday sind es allein 70 Millionen Tote in Friedenszeiten. Wieviel Blut und Tränen stecken in diesen trockenen Angaben! Wenn man diese Teufelsbrut doch nur schon als Säuglinge . . . ! Wie die Deutschen dürften auch endlich die Kommunisten und die Japaner und die Türken bezüglich politischer Schandtaten und Verbrechen etwas Reue zeigen. Psst! Italien mit Südtirol fehlt noch! Noch viele andere Nationen haben auch Dreck am Stecken, also etwa Polen wie die Tschechei, die Niederlande, Frankreich, Grossbritannien etc. etc.. Streuen wir auch Asche auf unsere Häupter; sogar die freiheitsdurstigen Appenzeller beorderten vor langer Zeit kaltschnäuzig Vögte ins Rheintal (nach Rheineck).

Verärgert und mitfühlend ist noch anzumerken, dass schon seit uralten Zeiten und weltweit die räuberischen Nomaden die sesshaften, fleissigen und friedliebenden Landbewohner ausrauben, ob Araber oder Mongolen genannt. Auch Napoleon, Hitler, Friedrich der Grosse (!) oder Alexander waren nichts anderes als geschickte Räuberanführer, Wegelagerer und Banditen. Stal . . war wortwörtlich ein Bandit und Bankräuber. Fängt ja gut an!

Ich verzichte bei der Benennung politischer Unholde und Gauner bewusst auf tierische Vergleiche wie Schakal, Aasgeier, Stinktier, Reptil oder Schweinehund *(Sauhond)*, Tierschützer würden berechtigt auf Rufschädigung der schuldlosen Tiere klagen. Ungeziefer erscheint mir noch angemessen. Bei leichteren Abwertungen missbeliebiger Mitmenschen verwende ich gerne den Ausdruck 'Backseckel' (Tabakbeu-tel), doch bei staatlichen, bösartigen Halunken obiger Rangliste wäre dieses Wort direkt eine Auszeichnung und das Wort 'Sadist' von allen wohlerworben. Aus Ab-scheu und Ekel verzichte ich bei obigen Übeltätern auf die Lebensdaten. Dass alle diese Monster mit Ausnahme der britischen Stabpuppe tot sind, ist ihre beste Eigen-schaft. Als Säugling erwürgt wären sie für viele eine ‚Wohltat' gewesen.

Obiger Grossonkel würde mir sicher auch zustimmen, wenn ich behaupte, dass die Nachwelt all diesen abstossenden Menschenfressern nach vielem Blutvergiessen dann noch irgend eine gute Rolle (Kulturaustausch, Einigung, Entwicklungsschub etc.) zugesteht. Sicher, auch der grösste Schaden hat noch seine Vorteile, nach je-dem Erdbeben gibt es die Möglichkeit von Neubau; und wer bis zum Kinn (die Ber-liner sagen Schnauze) in der Jauche (Schei . . .) steckt, der steht sicher nicht im Durchzug. „Nicht(s) (fr)essen ist auch eine Übung!" hiess es gelegentlich heiter - ernst bei uns im Militär, und die Zähne braucht man erst noch nicht zu putzen.

Überhaupt, die Todesopfer der Machtbesessenen schweigen stumm! Punkt.

Ist das Tz'schaaaapfe Back (zu starker 'Tobak')?

Immer, wenn es heisst, 'der/die Grosse', ist Vorsicht geboten. Glücklich das Land/Volk, das keine grosse Geschichte aufweist! Dieses Wort ist leider nicht von mir, aber es stimmt trotzdem! Kleine sind aber oft ein Bauernopfer, auch in der EU! Es ist ganz gut, dass die Berufspolitiker meist nur mässig begabt sind, so richten sie am wenigsten Schaden an. Kreative, fähige Menschen geraten nur unter widrigen Umständen in die Politik und verbleiben dort aus Langeweile auch nie lange. Bezü-ge zu Bundesbern überlasse ich der Leserschaft.

Eine Untat haben aber alle diese Regierungsungeheue ausgelassen, ich meine die Erstelllung verschwenderischer Prachtsbauten wie den Versaillerpalast bei Paris oder den Winterpalast in Petersburg oder gar die gigantischen Grabmäler der Pyra-miden und die zyklopischen Bauten in Mittel - und Südamerika wie auch anders-wo. Vermodern kann der Pharao samt Gemahlin auch ohne diese gigantischen Steinberge. Diese und ähnliche Untaten (mit Steinen bis 80 Tonnen Gewicht) halte ich grundsätzlich für eine so grosse Dummheit, der gegenüber die Chinesische Mauer zur Abwehr der räuberischen Mongolen wieder so sinnvoll und nützlich er-scheint wie der Melkstuhl oder die Nähnadel. Mit ihrem unsäglichen Totenkult ha-ben die ägyptischen Potentaten und ihre herrschende Priesterkaste das Land für Jahrtausende in die kostspielige Irre geführt. Da soll doch keiner mir weismachen, die Pyramiden und ähnliche astronomische/astrologische Steinhaufen hätten den Bauern verraten, wann sie pflügen und säen und ernten sollen. Das zeigte ihnen die Natur ohne obrigkeitliche Belehrung. Vermehrter Hausbau und Strassenbau und Brückenbau und Kanalbau und . . . und . . . hätte den Bauern so 'glorreicher Herr-scherzeiten' mehr gedient. Wieviel Schweiss und Tränen und Blut flossen absolut nutzlos? Gegenüber den königlichen Grabhügeln und anderen Kolossalbauten welt-weit kommen mir Stierkampfarenen und gigantische Skisprungschanzen direkt als geistige Höhenflüge und kulturelle Offenbarungen oder hoheitliche Wohltaten vor. Alle Pyramiden zusammen sind nicht halb so viel wert wie die 'geometrischen Noti-zen' von Euklid. Nochmals: Glücklich das Volk, das keine grandiose Geschichte vorweisen kann. Glücklich das Land, in dem Kinder lachen und Grosseltern sich daran erfreuen.

Auch der legendäre Dreitagemarsch des appenzellischen 84er – Bataillons mit Vollpackung und drei Scheiten im Tornister (unterwegs gibt es wohl kein Holz) unter dem verhassten Major Hartmann im 1. Weltkrieg erscheint dagegen wie eine harmlose Kindergartenwanderung, auch wenn verständlicherweise einmal auf Hartmann scharf, aber für Schütze und Ziel folgenlos, geschossen wurde. Mein Onkel Bisch und der Haslenstrasse – Strassenmeister ?? Fuchs *(Büscheli)* machten mindestens den Marsch mit. Bei einer Lagebesprechung anlässlich einer Übung verfehlte der Soldat den anvisierten Offizier nur, weil dieser unerwarter einen Schritt zur Seite machte. Zur Vertuschung verschoss der Füsilier gleich noch eine Markierpatrone, so dass alle Karabiner den gleichen verschmutzten Lauf aufwiesen und der Schütze deshalb unerkannt blieb. Zwei mit ihm zuletzt in der Kaserne Herisau verhörte Kameraden hielten auch dicht. Eine Zeitlang hiess das 84er – Bataillon deswegen (bewundernd, respektvoll?) Mörderbataillon. Klar, im Frieden für den Krieg üben geht ins Auge. Ungeheuerliches lässt sich nicht 1 : 1 durchspielen. Die Marschstrecke Chur – Badischer Bahnhof in Basel beträgt auf dem direkten Weg ohne allfällige infanteristische Zirkelschläge satte 190 km. Natürlich, kampfgewohnte Soldaten des 1. Weltkrieges würden da wohl nur gähnen. Dass am Zielot zusammengebrochene Soldaten mit dem Hydranten abgespritzt worden wären, mag man wohl schwerlich belegen, zeigt aber sicherlich den 'besorgten' Umgangsmodus früherer Offiziere. Schlimmes üben ist schlimm.

Bei den kriegsversessenen Römern wurden seinerzeit Soldaten bei ungenügender Todessehnsucht im Kampf nachträglich dezimiert; also jeder zehnte Legionär wurde zur Abschreckung umgebracht. Mindestens ein sowjetischer Bataillonskommandant lebte dem im zweiten Weltkrieg bei Stalingrad eigenhändig mit der Pistole nach, während der gloriose italienische Generalstabschef Graf Luigi Cadorna (ei, wie nobel) das noch oder schon im Okt./Nov. 1917 in Norditalien (an der Piave) gerichtlich praktizierte. Nur schon offiziell wurden so 750 Soldaten erschossen. Dezimieren hängt eben mit deci = zehn zusammen, aber blutig. So viel brutalen Schneid hätte man den treulosen, koloniensuchenden Stiefelsöhnen gar nicht zugetraut. Klar, bei der Schlacht von Karfreit/Caporetto östlich von Udine vom 24. Okt. - 9. Nov. 1917 verloren die Italiener 305 ooo Mann, davon aber 265 000 durch Gefangennahme, was die wilde Flucht der vorwiegend süditalienischen Kämpfer beweist. Die Deutschen und Österreicher verloren dabei insgesamt 70 000 Mann.

Der Krieg sei eine *ruchi Muette*, behauptete mein Onkel Heinrich zutreffend. Oft auch nur schon das Leben, muss ich erweitern.

Ich als Unbeteiligter aber frage mich schon verärgert und belustigt, womit die Italiener um 1919 Südtirol verdient haben. In der EU gelten doch heute das Menschenrecht und die Selbstbestimmung der Völker recht lautstark, aber bei Südtirol herrschen andere Regeln. Nichts gegen die Italiener an sich, die sind ja mit ihrer Regierung seit Jahrzehnten schon genug gestraft. Die einen Minister sind Tölpel, die anderen Gauner und einige sogar beides. Notfalls hilft noch die Mafia mit all ihren erfolgreichen Zweigunternehmungen aus.

Verkürzt und politisch gar nicht korrekt, aber zutreffend, kann und muss man sagen, dass bis auf wenige Ausnahmen (Alberto Tomba, etc.) alle italienischen Skirennfahrer Österreicher in italienischer Kriegsgefangenschaft sind. Immerhin ist ihnen die deutsche Sprache nicht mehr wie vor bald 100 Jahren verboten!

Weltweit hat immer der Bauer die Zeche politischer Höhenflüge bezahlt. Er selber griff von sich aus nur in ärgster Bedrängnis zur Waffe und verlor dabei regelmässig. Der Pflug liegt dem Landmann eben besser zur Hand als das Schwert. Das gilt für die europäischen Bauernkriege vor 500 Jahren wie für die Hungerrevolten und Ausrottungsaktionen der neueren russischen und chinesischen Geschichte. Ritter, Räuberbande oder Staat brachten den Bauern fortwährend um Frucht und Vieh. Als Ausnahme mögen Morgarten, Sempach und Stoos gelten.

Wer den Rappen nicht ehrt, ist des Frankens nicht wert

Früher waren viele Leute arm, eigentlich fast alle. Aber dass die Armut noch zu meiner Kinderzeit in AI zu fast unglaublichen Sachverhalten führte, verblüfft mich sogar noch nachträglich. Ich verwende aus Diskretion fast keine genauen Namen. Mit wie kurzen Spiessen gefochten wurde, sollen ein paar Episoden zeigen, die heute direkt ulkig wirken. Die Reihenfoge entspricht gewollt nicht der zeitlichen Folge.

Jahrelang bezog von uns in Unterschlatt (bis etwa 1951) eine Frau im reiferen Alter aus Haslen überschüssige Butter *(Schmaalzballe)* in Pergamentpapier eingewickelt und einige Eier. Dabei erschien sie meistens am Sonntag, was ihr ein Abendbrot und unseren Eltern den neuesten Klatsch aus Haslen und Umgebung eintrug. Sie hiess Josefa, damit trete ich keiner Person zu nahe. Diese Josefa trug nun die Butter und die Eier in Rucksack und Tasche zu Fuss nach St. Gallen und verkaufte diese Lebensmittel direkt an (wohlhabendere?) Stadtfrauen. Zu Fuss, selber getragen, bei Postauto - und Bahnverbindung nach St. Gallen! Wie hoch veranschlagen wir ihren Stundenlohn? Im Gegenzug organisierte sie uns einmal einen Schlitten und später einen Tisch, der als Neuheit etwas verlängert worden war und eine von uns sehr beliebte inlaid - ähnliche Tischplatte aufwies.

Ein Knäblein geht im Winter in Gonten das 'Gute Jahr' holen und bekommt von seiner von uns Kindern als vermögend eingestuften Gotte 1 Franken und 12 Rappen.

Nachdem mein Vater im April 1936 unsere Heimat Rüti gekauft hatte, war er anderntags wieder in Appenzell und wollte den Wecker abholen, den er einem Uhrmacher in der Hirschengasse zur Reparatur gebracht hatte. Die Riesenarbeit machte so fünf Franken und ungefähr aus. Irrtümlicherweise hatte der Vater die Geldtasche nicht bei sich. Ja, dann könne er auch den Wecker noch nicht mitnehmen, beschied der Uhrmacher. Mein Vater klagte nun ernüchtert, dass es doch weit herunter geschneit habe. Am Tag davor hätte er eine Liegenschaft für 56 ooo Franken gekauft und so und so viele Schuldzeddel unterschrieben, und heute bekäme er nicht einmal mehr den Wecker auf Kredit ausgehändigt. Daraufhin zeigte sich der Uhrmacher entgegenkommend. Mein Vater aber verzichtete auf den nachgeschobenen Gnadenerlass und ging ohne Wecker aus der Bijouterie. Der Preis der Liegenschaft Rüti betrug dann 1936 genau den Wert von 982 Klaftern Heu, wie sie mein Vater im ersten Winter seinem Bruder Bisch verkaufte, was etwa zwölf Jahreserträgen an Futter entspricht. Der Milchpreis (nur für den Rahm, die Magermilch verblieb dem Bauern) betrug damals 16 Rappen, womit 356 Liter Milch auf das Klafter Heu entfielen. Mit runden Zahlen heisst die Gleichung also 1 Anwesen – 1000 Klafter Heu – 350 000 Liter Milch. Wer gewinnt?

Ein Schulkassier besucht zwei - oder dreimal ein verwitwetes Bäuerlein mit etwa fünf Kindern, um bei diesem Schulbürger die Schulpersonalsteuer von zwei Franken einzuziehen. In den Jahren um 1950, nicht 1590!

Auf dem Weg nach Schlatt stand ein recht baufälliges Haus. Die Scheune war als naher Pachtbetrieb einigermassen benutzbar. Im Haus aber wohnte eine alte, alleinstehende Frau. Ihre Lebensdaten mögen etwa 1890 – 1970 lauten. Mit Handroulieren (Taschentücher nähend umsäumen) verdiente sie sich wohl ihr karges Brot. Schulkameraden, Nachbarskinder und ich wussten nur noch, dass die Dame 'Gabe . . . - Theres' hiess. Ihren Nachnamen, der etwas mit Mahlen zu tun hat, konnte ich letzthin nur mühsam ausfindig machen. Der Hauszins an die wohlbetuchten Besitzer in Gonten kann bei Null gelegen haben. Die arme Person besuchte die Kirche wohl häufiger als die Bank. Holzverbrauch und Milchkonsum waren sehr spärlich bis fast fehlend. Wenn es regnete, musste Theres in den oberen Kammern unter dem undichten Schindeldach Konservenbüchsen und Eimer aufstellen, um das Regenwasser aufzufangen. Nicht zehn. Eher 30 – 40 an der Zahl, wie ich von sicherer Seite weiss. Bei Bedarf wurde das Regenwasser zum Fenster hinaus ausgeschüttet. Jahrelang gingen wir Kinder an diesem Lotterhaus vorbei, ohne uns viel Gedanken zu machen. Wie die alte Dame geheizt und gegessen und gelebt hat? Ich weiss es nicht. Bei Kindern und Jugendlichen ist im Gehirn der praefrontale Cortex (Gehirnteil bei der Stirne) noch schlecht entwickelt; will sagen, soziales Empfinden entwickelt sich erst spät, was teilweise die jugendlichen Gewaltausbrüche bei Sportanlässen und anderen 'Unternehmen' erklärt.

Einmal war mein Onkel Bisch wohl in Gonten auf dem Handel unterwegs und bemerkte, dass ihm die Streichhölzer ausgegangen wären. Er bittet als gestandener Lindauerliraucher einen alleinstehenden Mann mit mässiger Tüchtigkeit in seinem Häuschen um Hilfe. Der bietet meinem Onkel auch sogleich ein paar *Zöndhölzli* an mit den Worten: *„Göll, Bischeli, bringsch mes denn widde!"* Mit ernster Miene habe mein Onkel dem Spender das zugesichert. Das erzählte unser Vater immer mit den gleichen Worten, also muss es doch stimmern.

Beim Abriss eines alten Gadens in der Gemeinde Haslen blieb vom Blech des Dampfkamindaches ein flaches Stück übrig. Der Bauer biegt es etwas von Hand zurecht und übergibt es einem seiner Kinder mit den Worten: *„Da gett gad no e Chuecheblech!"* Gelassen missachtete er das Wort: *„Chalt Schmedde gett aam Puure!"* („Kalt Schmieden macht Bauern arm!")

Bei diesem gemachten und tüchtigen Bauern mit einer grossen Familie gab es nur am Sonntag Butter auf das Brot. Diese wurde aus Sparsamkeit nicht wie sonst üblich von der Milchzentrale bezogen, sondern von der Migros. Aus Gewohnheit wurde fast ein Laster.

Wenn uns der Vater zu Sparsamkeit und Fleiss motivieren wollte, erwähnte er, wie wichtig und gewichtig es sei, im Herbst *Stüre ond Zees abfüere* (Steuer und Zins entrichen) zu können. Der *Martini* am 11. 11. als Zinstermin schreckte einst manches Schuldenbäuerlein; die spiegelbildlich 40 Tage zu Weihnachten gefeierte Lichtmess am 2. 2. war eher für Dienstboten und einem allfälligen Anstellungswechsel von Bedeutung. Bei den verschiedenen Zeddeln (Güter -, Weid – , Alp - und Hauszeddel) waren aber auch ausser Martini noch Lichtmess und Jakobi (25. Juli) Zinstag, bisweilen auch der 1. April und der 1. Mai. Bei geschuldetem Zins konnten die Gläubiger früher zügig zur Zwangsversteigerung des Bauernhofes schreiten, egal, wie die Familienverhältnisse lagen. Von Sozialhilfe in der heutigen Form wusste man noch in meiner Jugendzeit nichts. Mir sind zwei Fälle dieser Art bekannt, über mütterliche frühere Nachbarschaft (Senn mit vielen Kühen, Bauernhof und respektablen Alpbetrieben) sowie Verwandtschaft (sehr grosse Familie, recht früher Tod des Vaters). Als Zahlenspiel wussten wir von einem Bauern in der Nähe, der jährlich 45 mal 45 Franken an Zins zu entrichten hatte. Der Zins war/ist eine Bringschuld, der Schuldner überbrachte also persönlich die paar Franken an irgend eine Person, ob eher wohlhabend oder selber ziemlich bescheiden lebend. Brauerei und Kirche (Schenkung) erwähne ich nur nebenbei. Vor knapp hundert Jahren verteidigte sich in Gonten ein kleingewachsenes Töchterchen bei Körpergrösseanspielungen notfalls spitz, wenn es auf Vaters Zeddel stehe, sei es auch so gross wie andere Personen! Dazu passt der Witz zu einem appenzellischen Viehhändler, der auf den Rat, die Brieftasche verstaue er im Hotelzimmer am besten unter dem Kopfkissen vielsagend beteuerte, so hoch aufgerichtet könne er nicht schlafen! Um aufkommenden Neid zu verhindern darf ich hauchen, dass Jahre später der Schlaf wieder eher . . .

Obige Rechnung basiert natürlich auf einer Schuld von 45 000 Franken und 4,5 % Zins. Das ist nun symptomatisch. Damit kennen wir die Speerlänge, mit der anno 1950 gefochten wurde. Zu jener Zeit betrugen die auf einer Liegenschaft lastenden Hypotheken so 20 – 1oo ooo Franken, wobei der Zins fast generationenlang 4,5 % betrug, wohl umfassend gesetzlich vorgeschrieben. Nun konnte vielleicht früher ein Bauer den Lebensunterhalt seiner Familie mehr schlecht als recht bestreiten, bei teurem Gebäudeunterhalt oder Krankheit oder gar Hungersnot aber war Schluss. Da half irgend eine vermögende Person aus, man errichtete auf der Liegenschaft einen Zeddel, natürlich wichtig von Hand geschrieben und von Landschreiber oder gar Landammann unterzeichnet. Auf der Rüti datiert der erste Zeddel mit 425 Franken aus dem Jahr 1751. Das halb zerfallen(d)e Schriftstück ist natürlich als solches für Sammler wohl schon so viel wert. Es kommt aber noch bescheidener. Ein Zeddel von 320 Franken stammt aus dem Jahr 1779 und zwei weitere von je 215 Franken aus den Jahren 1792 und 1793. Das könnte mit dem Hausbau zusammenhängen. Bei allen vier Dokumenten besteht die Notiz 'unkündbar, 2 lg. Zinse'. Das vesteh einer! Rätselhaft steht auch noch 'zu 100 Rappen'. Die Sache ist aber ernst und in sich logisch. Die eigenartigen Zahlen verlieren ihren rätselhaften Anstrich, wenn man in Gulden rechnet.

Da hilft der Fussball weiter. Die unhandlichen, metrischen Masse von 2,4384 m; 7,315 m; 9,144 m und 10,973 m entpuppen sich ganz manierlich in harmlose 8 Fuss, 8 Yards, 10 Yards und 12 Yards und bestimmen der Reihe nach . . . und . . . und . . . sowie . . .! Gesamthaft gibt es auf dem Fussballfeld noch etwa sieben weitere umständliche metrische Masse, die sich aber alle schön von netten englischen Fuss - oder Yardangaben herleiten lassen. Damit plagen sich heute wohl weltweit nur noch die US - Amerikaner. Die Umstellung auf metrische Masse würde bei ihnen heute eben Milliarden von Dollars kosten. Zur Erinnerung: 1 Fuss = 30,48 cm und 1 Yard 91,44 cm, 1 Pfund = 453 g = Maximalgewicht des Fussballs!

Obige kleine Zeddelchen wurden so um 1853 amtlich und grundbuchamtlich und wortwörtlich von fl = Florint = Gulden in Schweizerfranken umgeschrieben. Bei hfl lautet die Bezeichnung holländischer Florint. Der Gulden (Gold) war in Deutschland ab dem 14. Jahrhundert die Nachahmung der Goldmünze in Florenz. Italien war vor 500 Jahren geldtechnisch eben Weltspitze, was heute eher als Witz gilt. So entstehen bei etwa zwei Franken (ich erhalte je nach Zeddel 2,10 – 2,15) pro Gulden aus den obigen auffälligen Zahlen anschauliche 100 oder 150 und 200 Gulden. Aus 9880 Franken Vorgang (bestimmt die Reihenfolge der Schuldverschreibungen, ähnlich einer Konkursklasse) vom 5. Jan. 1853 entstehen rückwärts gerechnet handliche 4700 Gulden Vorgangskapital.

Nun stellte man sich früher in Geldsachen gegenseitig ein Bein. Der Geldgeber schreibt mir einen Schuldbrief von 100 Franken, übergibt mir aber nur 80 Franken, also pro Franken nur 80 Rappen. Kalte Erpressung und Wucher. Will ich nun die Schuld abtragen, muss ich noch zwei Zinse zusätzlich zum Kapital entrichten, also pro Franken 109 Rappen. Umgekehrt aber konnte früher der Gläubiger wiederum mir seinen Kredit nicht kündigen. Die liegenden Zinse mögen Ausdruck der Hungerjahre wie 1816 – 17 und durch Behörden deshalb angeordnet worden sein, obwohl auf der Rüti auch solche noch 1893 ausgestellt worden sind. Faktisch wirkten sie schon bei der Niederschrift besonders als Rückzahlungsbremse; laut telefonischer Auskunft des Grundbuchamtes Appenzell vom 18. Nov. 2009. Zu gewissen Zeiten herrschten mancherorts eben auch Anlagenotstände. Bei einem Liegenschaftenwechsel gelangte der Kredit einfach wieder zum neuen Eigentümer des Bauernhofes. Das eine ist für den Gläubiger von Vorteil, das andere wiederum für den Schuldner, und beinahe auch umgekehrt. Bei den heutigen Finanzskandalen erscheint das ganze schon ziemlich hausbacken und schwerfällig, war aber doch der Anfang der finanziellen Entwicklung. Bei Juden und Moslems denken wir unscharf auch an Zinsverbot oder an die oft einzige Verdienstmöglichkeit der Juden, weil ihnen mancherorts und bisweilen Handwerk und Grundbesitz verboten waren.

Mit Kleinkrediten (Mikrokrediten) versucht man neuestens oft erfolgreich, in Entwicklungsländern die Wirtschaft anzukurbeln, und sei es nur ein Kredit für ein paar Hühner oder etwas Maissamen, ganz sexistisch und weise nur an Frauen verliehen, denn mancherorts arbeiten (nur) die, wenn der Leser versteht, was ich verstehe. Fehlende Grundpfandtitel bremsen leider die Kreditvergabe durch Banken. Dabei wäre das besser als jede noch so gut gemeinte milde Gabe, wodurch doch nur die Eigeninitiative ausgehebelt wird. Nicht Ähren schenken, sondern Pflüge!

Also entrichten wir dem Gläubiger feierlich und fast nostalgisch beglückt bei 215 Franken Zeddelschuld imposante 9,68 Franken, der meist übliche Trunk für den ernsten Überbringer lässt die Transaktion ohnehin gegen Null schwinden. Aber bitte, nicht vorschnell lachen, nach heutigem Geldwert gehören mindesten noch zwei Nullen zur Schuldverschreibung. Das Ganze wollen wir zeitgenössisch noch um die Hälfte vergrössern, und gleich wirkt der Zeddel zeitgemäss. So sind wir näher am Puls des Lebens, als wenn es heisst, das Durchnittseinkommen pro Tag betrage in Hinterober – Tschadistanien pro Person nur 2,174 Dollars. Ich muss mindestens den dortigen Brot- und Bierpreis auch kennen. Zahlen muss man verstehen und nicht nur übernehmen. Der Torraum beim Fussball ist eigenartige 18,288 m lang! In den USA sind Billionen, was bei uns Milliarden heisst und unsere Trillion heisst bei ihnen schon Quadrill(i)on.

Die Ursprünge des *Zedels* (Papierstück, Schriftstück, Schuldverschreibung) sind im Mittelalter zu suchen, die notierten Beträge sind natürlich durch die stete Inflation im Laufe der Jahrhunderte leicht bis zu zu einem Tausendstel des ursprünglichen Wertes verdampft. Die Geldentwertung heizt die Wirtschaft an und bestiehlt den Geldgeber. Nur so werden die sozial grosszügigen Staaten ihre angehäuften Schulden zum Verschwinden bringen können. Bei den 30 – 40 auf einem Bauernhof lastenden *Zedeln* (bei der Rüti waren es bis vor kurzem genau 37) war/ist ein sauber geführtes Verzeichnis nötig, das Urbarium, vom Grundbuchamt erstellt. Durch Geldinstitute werden diese vielen kleinen Zeddel zusammengefasst, viel Kleines ergibt dann wenig Grosses, ähnlich der Bauernbetriebe an sich.

Wie ist man doch blöd. Ein Verwandter von mir (keine Details!) telephoniert (vor 1989) jeweilen an Weihnachten seiner hochbetagten Mutter (um 1890 geboren) nach Gonten. Der Sohn erfährt nebenbei, dass seine Mutter deswegen immer schon einige Tage vor dem Fest ganz aufgeregt sei und ihr die frohe Erwartung fast abträglich sei. Was macht der liebe und sparsame Sohn? Statt vielleicht gleich jeden Monat einmal ein Ferngespräch aus Wisconsin zu wagen und der Mutter so zu grosse Aufregung zu ersparen – unterlässt er das Telephonieren an Weihnachten. Andere Zeiten, andere Lösungen. Heute telephoniere ich ab 19.00 Uhr gratis, und Bilder aus der Seealp transportiert mein Sohn Roland sekundenschnell gleich nach Wisconsin oder San Diego. Also Dinge gibt's, die gibt's doch nicht!

Die Liegenschaft meines Grossvaters in Gonten wies so um 1890 auf ebenem Feld ein freistehendes Gaden auf. Ein Mitbürger durfte auf inständiges Bitten hin an die bestehende Giebelwand ein kleines Häuschen anbauen, der Boden dazu wurde grundbuchamtlich ausgeschieden. Ob mit oder ohne Entgelt ist egal. Aber es wurde grundbuchamtlich abgemacht, dass der jeweilige Bewohner des Häuschens die Jauche aus dem Abort nur von Kreuzerhöhung (14. Sept.) bis Kreuzauffindung (3. Mai) selber verwerten dürfe, für die restliche Zeit hätte der Liegenschaftsbesitzer, erst mein Grossvater und jetzt wieder die Nachkommen in der 3. Generation, das Anrecht auf die *Hüüslibschötti*, von bestenfalls 3 - 5 Bewohnern. Dieser Wechsel des Jaucheanspruchs verlief synchron mit dem Läuten einer Kirchenglocke um 15.00 Uhr und um 14.00 Uhr. So eng verflochten war kirchliches und irdisches Leben. Zu jener Zeit war Überdüngung noch kein Thema und das christliche Leben bestimmte allerhand Abmachungen.

Wir wollen aber nicht vorschnell schmunzeln.

Früher war der Dünger absolut Mangelware. Pferdeäpfel wurden lange Zeit dankbar von der Strasse geholt und im eigenen Garten verwendet. Auch das Plumpsklo war demgemäss von Bedeutung. Bauern hielten ihr Vieh gerne im Stall, weil so der anfallende Kot und Urin besser verwendet werden konnte als beim Freilauf der Tiere auf dem Feld. Erst durch Zukauf von Lebensmitteln (Weizen) und Tierfutter aller Art (Mais, Soja etc.) aus dem Ausland sowie durch Stickstoffdünger ist der Düngermangel in der Schweiz behoben worden, ungeachtet des unterbrochenen Kreislaufes durch moderne WCs und Kläranlagen. In den ausländischen Ackerbaugebieten wurde früher Chilesalpeter (Vogelkot/Guano) $NaNO_3$ als Stickstofflieferant verwendet. Seit 1914 (Weltkrieg mit Seeblockade der Briten gegen Deutschland!) wird dieser Stickstoffdünger durch das Haber-Bosch-Verfahren über Ammoniak NH_3 mit ziemlichem Ennergieeinsatz und aufwendigen chemischen Reaktionen unter hohem

Druck (200 atm = 203 bar) und hoher Temperatur (500 C) in beliebiger Menge direkt aus der Luft gewonnen. Laut Dr. H. Christen darf man sagen, dass ohne die Ammoniaksynthese aus dem trägen Stickstoff der Luft nach Haber-Bosch die Menschheit wohl bereits zum grössten Teil verhungert wäre. Eiweiss enthält eben 12 – 15 % Stickstoff, der in der Natur nur von wenigen Pflanzen (Leguminosen) durch Pilze und Bakterien in Nitratsalze gebunden werden kann. Blitze bilden ebenfalls Nitrate = Stickstoffverbindungen. Die industrielle Herstellung (Lonza, BASF etc.) der verschiedenen Kunstdünger wie Kalisalpeter $KNO3$, Kalksalpeter $Ca(NO3)2$ etc.) hat in den letzten hundert Jahren die Lebensmitttelproduktion ungemein befeuert.

Wer möglich macht, dass statt einem Halm zwei Halme wachsen und statt einem Korn zwei Körner reifen, der hat zum Wohle der Menschheit mehr beigetragen als alle Künstler, Spitzensportler, Generale , Friedens - und Literaturnobelpreisträger der Welt zusammen!

Aber Achtung: Giftiger und lebensnotwendiger Phosphor bleibt da immer noch Mangelware. Darum: Nicht vergessen: 3. Mai und 14. September . . .

Steinmüller beschreibt, wie um 1800 im Appenzellerland in einem umständlichen, mehrjährigen Verfahren im 'Bstück' (*Gstöckt*, Jauchegrube) aus sandiger Erde und Urin des Viehs Salpetersalz (Stickstoffverbindung/Nitrat $NO3$) gewonnen und an Salpeterer (Salpetersieder) verkauft wurde (zur Schwarzpulverherstellung = Sprengstoff ?). Wenn wir schon beim Thema *Bschötti* sind, sei erwähnt, dass die menschlichen Ausscheidungen dem Gras einen eigentlichen Wachstumsschub verleihen (Phosphor?), ernährungsphysiologisch also fast ein Vitaminstoss. Das weiss ich noch aus der Verwendung der Plumpsklojauche in der Rüti. Das wusste wohl auch jene weitsichtige Mama in der Gegend von Steinegg/Appenzell, die nach der Aussage meines Bruders Theo ihren Buben beim Weggehen empfahl, ja noch vor dem Grenzhag auf dem eigenen Grasboden zu *brönzle*, sprich Wasser zu lösen. Ob sie auch Mädchen hatte? Auf jeden Fall macht Not (auch schon Mangel) erfinderisch.

Eine Bekannte von mir in meinem Alter bekam zu Weihnachten zusammen mit ihren zwei Schwestern eine Puppe zum Spielen. An Weihnachten zum Spielen! Nach zwei, drei Tagen versorgte die Mutter jeweilen das Püppchen wieder bis zur nächsten Weihnacht. So war schon ein Geschenk besorgt! Das war in Bamberg in einem gut bürgerlichen Haushalt, der Vater war Richter in der Stadt. Noch heute trägt diese Bekannte ihrer Mutter (diese zu sparsame?) Art von Weihnachtsgeschenk nach. Weltkriegszeit! Wie sorgsam wären doch die drei sittsamen Mädchen mit ihrem Püppchen umgegangen!

Man soll nicht den Mantel teilen, sondern Mäntel herstellen. Mangel und Not beheben die 'Ingenieure' (Naturwissenschafter aller Richtungen, Erfinder und Ärzte) und nicht die . . .! Ich weiss, ich wiederhole mich, absichtlich! Der Wohlstand stellte sich ab 1500 in Europa ein, nachdem Armut nicht mehr als Bedingung für den Himmelspass eingeschätzt wurde und also Gottes Wohlgefallen sich auch mit gutem Geschäftsgang vertrug. So wurden Mäntel erzeugt und nicht nur geteilt. Das war der neue evangelische Blickwinkel und liess die Katholiken leicht auf Holzwege abtappen.

Sicher, da gibt es noch die Atomwaffen und die chemischen Kampfstoffe. Aber ist das Gewehr schuld, dass geschossen wird? Noch nie ging es so vielen Menschen so gut wie heute, absolut und prozentual!! Unsere Armen leben heute besser als die Fürsten von einst, nur schon in Bezug auf die Gesundheit. Die Reichen von einst würden heute (oft?) als unterstützungsbedürftig eingereiht.

Schwamm darüber! Leichtkost sei geboten!

Wir Schüler /-innen in Schlatt erhielten während mehrerer Jahre in der Pause einen Apfel geschenkt. Diese grundgute Aktion wurde meines Wissens von der Pro Juventute in den Jahren um 1950 durchgeführt. Einmal waren Obstbauern in Herdern TG und ein andermal in Stammheim ZH (einfach im 'Unterland', dort, wo anscheinend Milch und Honig fliessen!) die grosszügigen Spender. Mit den Dankschreiben übten wir Sprachhelden unter unserem unvergleichlich tüchtigen Lehrer Josef Dörig gleich auch das Schreiben ungelenker Briefe. Wir Glückspilze in Unterschlatt hatten ja ziemlich oft eigenes Obst, aber die Schüler/-innen in Leimensteig und Gehrenberg waren da schon schlechter dran. Jener bäuerlicher Spender gedenke ich noch immer gern dankbar!

Früher galt: wenn es irgendwo etwas zu essen gibt, dann wird wie bei Raubtieren gegessen, auch ohne Hunger. In Gonten galt so um 1930 der *Om(e)säge(r)* (dieser verbreitete von Haus zu Haus Todesfälle und amtliche Bekanntmachungen, er war also eine wandernde Tagesschau) Ignaz Manser *(Mällis Tnazi)* als ziemliches Original, das erstens arm war und zweitens bei Bedarf über die Verwandtschaft der in die Trauer Gefallenen mit der/dem Verblichenen besser Bescheid wusste als diese selber. Etwas flüssige oder feste Stärkung war die übliche und angemessene Entschädigung. Mich bekümmert, dass ich über meine verwandschaftliche Beziehung zum *Mällis Tnazi* nicht Bescheid weiss, noch nicht! Einmal nun soll er lobend (und mit grunzender Bassstimme) von einer Familie verkündet haben, dass sie ihm sieben *Beckeli* (Tassen) Kaffee gereicht hätte. „*I het abe chöne tnueg ha!* (Ich hätte aber sogar genug Kaffee haben können!)", schob er treuherzig nach. War es Kaffee? Wohl fast, fast bis zum Jahr 2015 wurde/wird in manchen Familien das teure Kaffeepulver mit gedörrten Zichorienwurzeln gestreckt, was der Brühe einen aufdringlich bitteren Geschmack verlieh. Überhaupt wurde bei uns daheim wohl bis 1960, also in der Vorfilterzeit, die Kaffeekanne nicht täglich geleert und gewaschen, es wurde mehrfach immer wieder (schon nicht ein Jahr lang!) neues Pulver in der Pfanne gesotten und in die Kanne geschüttet. Dazu gehörte ein Teil *Päckli* (Kaffee - Ersatz). Ohne eine ehrenrührige Aussage zu machen, darf ich wohl erwähnen, dass jene gelb - blauen Kartonpackungen 'Franck Aroma' hiess/heissen. Einzelne Geniesserinnen fanden/finden den Kaffee erstaunlicherweise erst mit diesem Zusatz bekömmlich. Nun, das geht ja noch. In Deutschland wurden im 1. Weltkrieg in der Not sogar gedörrte Löwenzahnwurzeln und Baumrinde dem 'Moccagetränk' beigemischt. Jawohl, der Krieg ist nach den Griechen der Vater aller Dinge – seine Kinder sind aber schon ganz unartig!

Zum Mittagessen ass mein Vater immer noch etwas Brot (wohl aus Sparsamkeit so erzogen); er wie auch wir Kinder hinterliessen immer fast reinliche Teller, oft mit einem Stück Brot blitzblank gewischt. Neureiche Russen haben da andere Sitten, ganz unähnlich der einst hungererfahrenen Petersburger, denen man nachsagte, dass sie als Überlebende immer nur leergeputzte (geschleckte?) Teller am Tisch verliessen! Petersburg war eben vom 8. Sept. 1941 – 27. Jan. 1944 von den Deutschen eingescchlossen. Wenn wir Schnösel nun hin und wieder über altbackenes und vom Reiswellen abkaufenden Bäcker Lo . . . r. schlecht gebackenes Brot schnödeten, meinte unser Vater immer lakonisch: *Brood we andes!* (auch altbackenes und nicht meisterlich gebackenes Brot ist noch zumutbares Brot!). Einmal aber bekam er ein Echo. Als wir so um 1955 bei mehr als nur windigem Wetter gemeinsam mit dem missmutigen Herrn Papa folgsam und unlustig leicht vergrautees und vom Regen rötlich verwaschenes Heu mit der Gabel klopften (ich fände den Ort noch auf fünf Meter genau), konstatierte meine Schwester Ruth aufmüpfig wie zutreffend: *„Heu we andes!"* Dem leidgeprüften Familienoberhaupt blieb nur ein unterdrücktes Grollen. Wie die Alten sungen, so zwitschern auch . . . Ich glaube, es war bei dieser Heldenarbeit, als mein Vater in/mit einem alten Kittel die Heuarbeit verrichtete. Der Fachmann kann daraus ungefähr die effektive und gefühlte Temperatur ermessen. Heuen kann man nur mit der Sonne, das ist die bittere Erkenntnis. Zu Brot und Heu noch eine feine Klärung: Dem Menschen kann man also nach väterlicher Meinung schlechte Speise zumuten, nicht aber den Tieren (ob den eigenen oder jenen des Hausennen), die bestrafen gleich ungewollt mit Milchreduktion. Schon die Römer (auch die hatten hin und wieder helle Gedanken) wussten, dass man die Amme gut ernähren muss. Das junge Heu reservierten wir selbstverständlich für den Heusennen, während unsere Kühe das oft verholzte, spät geschnittene Heu und die mageren Riedhalme vorgesetzt bekamen. Der Kunde (Heusenn) war König!

Unweit von uns in Unterschlatt wohnte ein Bauer, der vor Weihnachten seinen Schwager (mit Bedacht) beauftragte, in unserem Wald einen Christbaum zu schlagen. Mein Vater schöpfte Verdacht und avisierte umgehend die Polizei, die auch umgehend erschien, im Wald den kleinen Baumstrunk ins Auge nahm und beim verdächtigten Bauern umgehend das Corpus Delicti (Verbrechens - Beweis-stück) vorfand. Dabei verrieten die Kinder dem Polizisten noch, dass ihr Vater das fehlende Zwischenstück des Bäumchens schon in den Kochherd geschoben hätte. Ob eine Busse ausgefällt wurde, weiss ich nicht, aber Diebstahl war Diebstahl und ausreichend Schadenfreude reihum. Die Anzeige meines Vaters war eben die Retourkutsche aus dem 2. Weltkrieg. Damals band mein Vater abends bei Licht in der Tenne noch ein paar Besen, ohne an die Verdunkelung der grossen Scheiben über dem Tennstor zu denken. Die Anzeige durch den kleinlichen (schadenfreudi-gen?) Kollegen brachte schon eine Busse ein. Die Schweiz befolgte doch damals die Wünsche Hitlerdeutschlands nach Verwischung der Grenzen mittels Verdunke-lung. Zeiten waren das! Halt, halt, Brüssel ist nicht . . .!

Buben in der 4. und in der 6. Klasse arbeiteten in Schlatt um 1945 doch schon bei fremden Bauern als Knechtlein. Während dieses eine schon wieder zur Arbeit ge-schickt wurde, vergnügten sich die eigenen Kinder des Meisters beim Glacedessert. Aber der Sechsklässler bemerkte doch das!

Es lief aber auch umgekehrt. Meine jüngere Schwester Lydia 1946 durfte 1949 zu einem kinderlosen Ehepaar nach Gonten in die Ferien. In den vier Wochen wurde das süsse Geschöpf von der Ehefrau nach Strich und Faden verwöhnt, und diese hätte es noch so gerne für immer behalten. Auch nach dem Wunsche des Kindes. Doch das schien meinem Vater unter aller Würde zu sein und er lehnte zum

Leidwesen der guten Frau ab. Die blieb Zeit ihres Lebens kinderlos. Arm oder 'arm'? Zum Glück kann heute die Medizin dem stummen Leid der Kinderlosigkeit in der Hälfte der Fälle abhelfen. Die Wissenschaft lindert das Leid! Es mangelt nur bald an Dankbarkeit. Ich wiederhole mich schon wieder!

Wiederum unweit von uns wohnte eine grosse Familie. Dort schliefen zeitweise nicht nur 2 Kinder im gleichen Bett (was damals bei uns wie auch anderswo nichts ungewöhnliches war), sondern auch drei. Zwei *bi de Chopfede* und eines dazwischen *bi de Fuessede*.

Zu Betten und Schränken *(Chäschte)* und Kommoden passt noch das Wort 'Gant'. Was heute das 'Brockenhaus' für Hilfen leistet, ermöglichte früher die Gant nach Auflösung eines Haushaltes. Meine Mutter brachte mehrmals von so einer Versteigerung überglücklich Hauhaltgeräte und Möbel aller Art nach Hause, der Transport war oft die schwierigste Sache. Für uns und wohl für viele andere Familien war das Rettung in mancherlei Notlagen

Sparen ist sicher sinnvoll, aber nur mit Mass. Ein Dienstkamerad von mir, nennen wir ihn Jakob oder Emil, eher als gelassenen Pagmatiker denn als nervöser Heisssporn bekannt, führte eines verschneiten Wintermorgens um 1960 als Knecht die zwei Pferde seines Meisters zum Holzrücken in den Wald *(schrenze)*. Bei dieser Arbeit ziehen die Pferde nur die leere Waage schleifend auf dem Boden nach, ohne Hintergeschirr und Schlitten. An die Waage wird dann mit einer Kette der Holzstamm gebunden, bisweilen sind es auch mehrere. Nun, unweit des Waldrandes oberhalb Wilen bei Wil, also näher am Wald als am Dorfkern, steckt ein VW – Käfer hoffnugslos in einer Scheewechte. In dieser heillosen Lage bittet der Fahrer den Fuhrknecht, ihn mit dem Zweigespann aus der misslichen Lage zu befreien. Gegen einen bescheidenen Betrag werden die zwei Partner handelseinig, und Emil spannt den Wagen per Kette an die Doppelwaage. Ein paar Schritte der Pferde, und das Gefährt steht gerettet auf dem Flursträsschen. Nun weigert sich der Lenker, das vage ausgehandelte Trinkgeld herauszurücken. Das ist nicht klug. Emil ergreift erneut das Leitseil, ruft den Pferden 'hü' zu, die machen folgsam ein paar Schritte neben die Strasse in die Wiese, und Emil oder Jakob löst wortlos die Kette vom Auto, das nun erneut hoffnungslos in einer Schneewechte steckt. Unbelastet trotten Fuhrmann und Pferde dem winterlichen Wald entgegen. Das Ende der Geschichte muss sich der Leser selber ausdenken, Unseren Bauernknecht liess dieses kalt, und ich weiss auch nichts mehr beizufügen. Pferdezug und Zugpferde! Nur nebenbei sei noch vermerkt, dass in früheren Jahren auch im Raum Wil - Wilen oft viel Schnee fiel und die Handteller von Emil oder Jakob etwa die Ausmasse mittlerer Dessertschalen aufweisen.

Im Fernsehen und in vielen Presseerzeugnissen tauchen mehr als genug Kochrezepte mit enormem und unnötigem Aufwand auf, Es wird ausgefeilt gegart, flambiert, gekocht, gedünstet, gebraten etc. In der jetzigen Zeit ist in der westlichen Welt (meistens) die Zubereitung der Speisen ein Kinderspiel gegenüber früher, als Fleisch fast nie in die Pfanne kam. Mit einfachsten Mitteln (Zwiebel, Kümmel, Anis, Zimt, Knoblauch, Holunder, Sauerampfer, Essig etc.) versuchte jede armutgeplagte Mutter unermüdlich, ihren Anvertrauten aus dem Wenigen (Kartoffeln, Mehl, Griess, Reis, Mais, Teigwaren) noch etwas Schmackhaftes und Abwechslungsreiches herzuzaubern. Für diese Frauen wäre das jetzige Nahrungsangebot der siebente

Himmel. Dagegen kannte man früher die heute berechtigten Sorgen um die Umwelt noch nicht. Wer möchte mit wem tauschen?

Uns Kindern war der *Böls*, also die Eiweissfetthaut auf gekochter Milch, absolut verhasst und der Inbegriff von Brechmittel *(zom Chotze)*. Aber während meiner einjährigen Anstellung als Bäckergehilfe an der Engelgasse in Appenzell 1956 brachte eine ältere Frau, wohl einfacheren Gemüts und sparsamer Denkungsart, meinem Chef ein Gefäss voll angesparten *Böls*, damit der daraus mit Teig und wohl weiteren vernünftigen Zutaten ihr einen Fladen, eine Wähe, backe. Mit demonstrativem Wirken und offensichtlichem Widerwillen kam mein Arbeitgeber dem absonderlichen Wunsch der Kundin nach! Dass die Chinesen in den maoistischen Hungersnöten Baumblätter, Baumrinden, Algen (Chlorella, vor allem in Urinseen) und sogar Menschenfleisch verzehrten, steht auf einem scheusslichen anderen Blatt. Tapetenleim und Fensterkitt waren verglichen mit Graswurzeln und jeglichem Kleingetier bei den leidgewohnten Chinesen auch zweite Wahl. Mit den mindestens 32 Millionen Hungertoten von Grossmonster Mao 1958 – 61 (im Westen bis etwa 2000 nicht bekannt) verglichen sind die etwa 3 Millionen Hungertoten Altschlächters Stalin um 1932 in der Ukraine ja fast nur ein Aprilscherz (Ursache in beiden Ländern: Lebensmittelexport gegen Waffen und Kollektivierung!). Maul halten. Pssst!

In unserere Familie gab es im Winter vom geschlachteten Schwein pro Woche so etwa an drei Tagen Fleisch, in der restlichen Zeit wöchentlich ungefähr zweimal. So hin und wieder gingen meiner Mutter doch die fleischlosen Kochrezepte für das Mittagessen aus, und dann sagte sie leicht bedrängt: „Wir kochen Milch und Kaffee und essen einfach Brot!" Niemand murrte. Zum Schwarzbrot gab es aber immer Butter und Konfitüre, was damals wohl nicht in allen Familien der Fall war. Wenn wir Bengel vielleicht einmal über altes Brot oder ähnliche Unzulänglichkeiten klagten, hiess es elternseitig unheildrohend und absolut zutreffend, es müsse nur wieder einmal Krieg geben. Niemand murrte! Einfache Pfarrgemüter schätzten früher Notzeiten auch schon insgerneim wegen fleissigerem Kirchgang; nach der Idee: Not lehrt beten!

So lächerlich es auch ist, aber heute suchen verängstigte Geschöpfe in der Esoterik Trost und Hilfe! Die selektive Wahrnehmung ist in dieser Wachstumsbranche wohl entscheidend; plus Placeboeffekt.

Unglaublich erscheint mir heute der Ratschlag meiner Grossmutter Katharina Fässler mütterlicherseits an meine Mutter, sie sollte unbedingt Tomaten essen, das würde ihrer durch häufige Schwangerschaft verursachten Schwäche helfen; und das so um 1949. Umgekehrt nannte mein Vater noch viel später die Tomaten ungewohnt 'rote Bananen'. Brot wurde immer ehrfürchtig behandelt und bis zur letzten Krume aufgegessen; wobei wir nicht realisierten, dass wir den Schweinen ausser Gerste und Hafer doch auch *rote Cheene* (wohl rötlich denaturierten/vergällten Weizen) verfütterten, und dazu entrahmte Milch. Zeitweise wurde der Brotlaib vor dem Verzehr mit drei Kreuzzeichen 'geweiht'. Mein Vater erwähnte bisweilen, dass man früher den Laib aus Ehrfurcht nicht mit dem Messer zerschnitten, sondern von Hand zerteilt/zerrissen habe.

Ausserhalb der Erntezeit arbeiteten mein Vater und wir Buben wochenlang im Wald, wobei wir mindestens zweimal auch Kaffee brauten und uns so die Arbeit sprichwörtlich versüssten. Neben Latten und Pfählen aus Fichte wurden hauptsächlich Reiswellen *(Böscheli)* gemacht. Die lieferten wir an zwei oder drei Bäcker, von denen wir die Fünfpfünder (immer nur die schwarzen, die im Gegensatz der von uns bevorzugten weissen statt 1.80 Franken nur 1.25 Franken kosteten) bezogen. Das war noch realer Tauschhandel. Einer der so berücksichtigten Bäcker buk leider gar nicht so gutes Brot, aber eben, ...

Entgegen unserer Intention bestand der Vater zurecht darauf, die Pfähle wegen besserer Stabilität und Haltbarkeit immer am dicken Ende zuzuspitzen und nicht umgekehrt wie im Militär üblich; was er oft abschätzig und missbilligend erwähnte. Die Holzspäne dieser Spitzarbeit wurden umsichtig für den Ofen im Winter aufbehalten, als Zusatz zu den Reiswellen.

Etz weet g'huused, choschts, was wöll (nun wird gespart, ungeachtet der Verluste)! Als mein Grossvater Franz Manser *(de alt Mälli)* Landeshauptmann war, also wohl vor dem 1. Weltkrieg, unterbreitete er der Hohen Standeskommission den Vorschlag, den Armengenössigen im Bürgerheim *(Aamehüüsle)* aus Spargründen statt des feinen Weissbrotes das ebenfalls bekömmliche Schwarzbrot vorzusetzen. In seiner Familie sei das üblich, und alle Kinder trügen trotzdem ihren Kopf noch auf der Schulter. Ernsthafte gesundheitliche Aspekte neueren Datums brachte er gar nicht ins Spiel.

Nun, so ein epochaler Entscheid durfte nicht einfch übers Knie gebrochen werden. Dennoch wurde nicht wie heute üblich eine Kommission eingesetzt und auch keine Expertise und keine allfällige Gegenexpertise bestellt. Immerhin, die Angelegenheit geriet auch so noch fast zur Posse. Die Hohe Standeskommission beschloss etwas weltfremd, durch eine Kostprobe daselbst auszuloten, ob den meist unbeholfenen und unbedarften Kostgängern das billigere Ruchbrot zuzumuten sei.

An der nächsten Sitzung des hohen Gremiums schlug meinem Grossvater schon auf der Rathausstiege zum Sitzungssaal hinauf der köstliche Duft des wohlbekannten Schwarzbrotes in die entzückte Nase. Der Beweis des Puddings liegt im Essen. Nach der ernsthaften Kostprobe des exotischen Ruchbrotes durch die anderen acht Mitglieder der Standeskommission fanden auch diese wie vom sparsamen Grossvater erwartet die Umstellung gemäss seinem Vorschlag als zumutbar. Und so wurde die Speisung der staatlichen Pensionäre (noch) etwas frugaler.

Vernunft wird Unsinn – Wohltat Plage. Bisweilen aber war mein Grossvater zu sparsam. In jungen Jahren erstand sich mein Vater an der Gontner Chilbi als einziges Vergnügen ein kleineres Weissbrot von vielleicht zwei Pfund. Während der ganzen Dauer des Nachtmahls machte ihm sein Vater deswegen Vorwürfe. Er fühlte sich eben betupft. Ob meinem Vater das Schwarzbrot zu wenig fein wäre und dass auch der Deutsche Kaiser nur solches verzehre, beschied der Familienvater seinem verwöhnten Sprössling. Mein Vater schwieg und verzehrte am folgenden Morgen die ersehnte Delikatesse schon so früh, dass er den unangebrachten Ermahnungen und politischen Offenbarungen väterlicherseits ausweichen konnte.

Bezüglich des Deutschen Kaisers mag mein Grossvater richtig gelegen haben. Dieser Herrscher aber schmauste hin und wieder unverzagt auch aufwendiger, was bei seinem Tun und Lassen ja noch das kleinste Übel war. Ich persönlich finde Weissbrot schmackhafter als Ruchbrot. Gegenüber griesgrämigen Gesundheitsaposteln verteidige ich mich im Argumentationsnotstand wie folgt: Die leichtlebigen Franzosen geniessen schon generationenlang verführerisch weisses Pariserbrot, während die tapferen Deutschen ungerührt Schwarzbrot kauen. Nach meiner Erfahrung gilt sogar, je weiter gegen Norden, desto dunkler das Brot. So weist das schwarze Brot (gar malzgeschwärzt) in Norddeutschland eindeutig Ähnlichkeit mit Torfschollen auf. Jetzt die Dreifachfrage: „Wer hat zwei Weltkriege begonnen? Wer hat zwei Weltkriege gewonnen? Wer hat zwei Weltkriege verloren?"

Profilierungsprobleme hatten wir bei den oben erwähnten einfachen Waldarbeiten überhaupt keine. Seelenruhig meinte einmal mein Vater, selbst der amerikanische Präsident würde sich anfänglich beim *Pöschelilbock* (Reiswellenbindegerüst mit Hebelseilzug) und beim *Schitte-Totz (*Scheitstock*)* ungelenk anstellen. Je nach politischer Ausrichtung könnte man so eine Schwachstelle noch als das kleinste Übel bezeichnen, meine ich mit altersbedingter Einfalt.

Bei diesen Waldarbeiten erzählte mir jeweilen der Vater viel aus seiner Jugend - und Militärzeit. Diese nützliche Arbeit war immer angemessen und selbstverständlich. Nie oder nur ganz selten mussten wir im Regen arbeiten. Der Vater hasste aus Erfahrung und als Ursache für Rheumatismus nasse Kleider. Bei kluger Einteilung gab es immer Arbeit unter Dach, und sei es nur die Ausbesserung der Holzroste für die Schweine oder als schreinerische Glanzleistung die Erstellung eines soliden Schweinefuttertroges (*Sautroog*). Umgekehrt bewunderten und bedauerten wir immer die Fuhrleute und Maurer, die auch bei Regen und Kälte ihre Arbeit verrichteten.

Das Kehrichtproblem war noch nicht drückend, weder 'die Pille' noch Viagra belasteten die Gewässer und veränderten die Fische. So alle Jahre einmal leerten wir einen alten, im Keller stehenden Einsetzhafen im nächstbesten Wald in Bachnähe aus. Da waren ein paar Konservendosen, einige verrostete Reiswellendrähte und unbrauchbare Nägel zu entsorgen. Der Sägebach nahm den Unrat stillschweigend auf und zerstückelte ihn nur schon bis zur Einmündung in die Sitter.

Latten band man nur mit reichlich anfallendem Strohballendraht an die Pfähle fest. Nägel musste man kaufen, was aber kaum vorkam, denn krumme hämmerten wir bei Regenwetter doch wieder gerade. Bei all diesen Zaunarbeiten achteten wir peinlich genau darauf, ja keine Metallteile auf dem Boden liegen zu lassen. Ich erinnere mich noch gut an den geöffneten Bauch einer Nachbarskuh, der ein Tierarzt von Hand einen in der Magenwand steckenden Nagel entfernen musste. In den USA lässt man bisweilen die Kühe einen ovalen Magneten schlucken, der die Nägel in ungefährlicher Lage hält.

Während des Krieges musste Alteisen gesammelt werden. Mein Vater fand im nahen Nachbarswald einen zweilöcherigen Kochherd mit roten Kacheln. Also wurde der doch ausgeschlachtet und das Eisen gelangte zu einer (behördlichen?) Annahmestelle in Apenzell.

Für meine 2 Jahre jüngere Schwester konnte meine Mutter erst einen neuen Schnuller *(Nuggi, Sügl)* kaufen, nachdem sie den alten vorher abgegeben hatte! Rohstoffmangel! Heute überrascht, dass es auch in der Schweiz noch im Juli 1948 Rationierungskarten für Mehl, Fett und Öl gab.

Auf der Alp Fäneren (nicht Fänerenspitz, früher mit H geschrieben) 'wirtschaftete' ein (verheirateter) Senn, dem Namen Ga. . . .ein und der Sprache nach ein Rheintaler, der wegen einer Blinddarmentzündung keineswegs zum Arzt eilte. Kriechend verrichtete er unentwegt die anfallenden Stallarbeiten. Schliesslich faulte ihm der

Blinddarm wortwörtlich heraus. Vor der endgültigen Verheilung konnte man drei Finger in die offene Bauchwand stecken; die Wunde verheilte wider Erwarten vollständig, die Behandlung mit der Schotte nach dem Sauerkäsen war da wohl heilsam. Dieser 'sennische' Patient trieb die Krankenkassenprämien sicher nicht in die Höhe. Einer seiner sennnischen Besucher wunderte sich einmal, wie dessen Knecht mit einer mehr als schmutzigen Tasse *(Beckeli)* aus der *Saustande* (Behälter für flüssiges Schweinefutter) von der säuerlichen, milchartigen und halb *fetzigen* Brühe schöpfte und sie gewohnheitsmässig trank. *„Ii ha halt een riinge Chnäächt!"* bewertete der rheintalische Senn mit rheintalischem Akzent anerkennend die Nahrungsaufnahme seines Gehilfen! Als er einmal drei Sennen mit je einem Stück seines Sauerkäses beschenkte, liess es der eine unbemerkt in der Hosentasche verschwinden, der zweite warf es fort und der dritte probierte erfolglos, damit seinen Hund zu verwöhnen. Die drei Besucher kannten eben den 'Hygienefanatiker' zu gut. Das alpine Original muss aber seinen Hund jeweilen staunenswert klug abgerichtet haben.

Für Hundeliebhaber noch eine Anmerkung. Hunde kochte und ass man doch noch in meiner Bubenzeit in aller Ruhe und Gelassenheit.

In Appenzell ging ein Familienvater von einigen Söhnen dann und wann eine Krähe schiessen und brachte sie als Mittagsmahl nach Hause. Na und, Froschschenkel und Schnecken werden irgendwo im Westen Europas auch als Leckerbissen gewertet! In früheren Zeiten gab es zumindest im ausserrhodischen Vorderland und Umgebung im Herbst in den Zeitungen Ankündigungen von Katzenessen wie man heute für *Metzgete* inseriert. Verführerisch heisst es da 'Katzenschmaus'. Ich kann diesbezügliche Inserate vorzeigen. Nur keine Panik. Im Verlaufe des 1. Weltkrieges starben allein in Deutschland an Unterernährung über 800 000 Frauen, Kinder und Greise. Ursache war die englische Seeblockade, dadurch Fettmangel und Düngermangel. In Österreich und anderswo war der Hunger eher noch tödlicher, bis weit ins Jahr 1919 hinein. Die tödliche Hungerblockade der tierliebenden Briten wurde lange über den Waffenstillstand vom November 1918 hinaus gegen die Mittelmächte fachmännisch gehandhabt. Um über Hunger, KZ, Kriegsgefangene und Gulag von 1930 - 1950 sowie die chinesische Hungersnot 1958 – 1961 zu melden fehlen die Buchstaben! Wehe den Besiegten!

Heute ist man feinfühlig. Da wird schon bald ein Psychologe bemüht, wenn von einer alten Katze 'Abschied' genommen werden muss. Sogar das Umsägen eines Baumes wird zu einemTrauma hochgeschaukelt und verlangt umgehend eine Reinigung der Aura. Gelassene Denkweise wird Mangelware und wirkt fast unanständig.

Was macht man mit toten Kälbchen? Klar, man bringt sie zu einem Metzger (zwischen Appenzell und Wasserauen!), der daraus würzige *Chälblischöblig* (Kalbfleischwürste) gewinnt. Recycling (leider englisch) als Tat ist älter als das Wort selber! Mehlwürmer, Heuschrecken und Ameisen werden ja neuestens als mögliche Eiweisslieferanten diskutiert; ohne mich. In Bayern, Tirol und anderen bodenständigen Gauen wurden früher nicht nur stolze Masthähne zu zartfleischigen Kapaunen kastriert, sondern deren Hoden galten als Leckerbissen, etwa in der Bratpfanne mit in Streifen geschnittenen Kämmen der krähenden 'Herren' der Hühnerhöfe kombiniert. Das scheussliche Kastrieren fand beim Hahn vom Rücken her statt. Ist es nicht tierfreundlicher, einen einzelnen Stier oder Ochsen artgerecht auf 1200 kg zu mästen und ihn ruhig und fachmännisch mittels Bolzen zu betäuben und schliesslich zu schlachten als zahllose Kleintiere zu züchten und zu schlachten?

Welchen Wahrheitsgehalt soll ich dem Bericht meines Vaters zumessen, der folgernde Episode als wahr vermittelte: Nach der Hochzeitsnacht gestand die empfindsame Braut dem Angetrauten gegen mittag schluchzend und weinend, dass sie gar nicht kochen könne, worauf sie dieser mit der derben Tatsache tröstete, das mache doch nichts aus, er hätte auch nichts zum Kochen im Haus.

Von einer in die Jahre gekommenen Dame aus dem St. Galler Oberland erfuhr ich, dass der Schatz/Freund ihrer Mutter im 2. Weltkrieg von seinem spärlichen Soldatensold abgespartes Geld ihrer Familie zuschickte. War da die Liebe oder die Armut grösser? 1962 betrug mein täglicher Rekrutensold, wenn ich mich recht erinnere, zwei Franken.

Für ein Mädchen war es früher nicht so wichtig, wie der Auserkorene aussah. Viel mehr zählte die handfeste Beurteilung: *Ischt ee* gsond, *huuslig ond wechber* (Ist er gesund, sparsam und fleissig).

Während mancherorts (Mittelland) ein einziger Sohn, oft der jüngste, die väterliche Liegenschaft übernehmen konnte, praktizierte man in Berggegenden aus Not eher die Realteilung. Das kam so weit, dass in einzelnen Heustadeln im Wallis der über dem Stall gelegene Heuraum vier verschiedenen, oft verwandten Besitzern gehörte, mit ähnlicher Feinunterteilung des Stalles und der steilen Wiesen. Jeder hatte eine abgegrenzte Heudielenecke. Das versicherte mir ein ehemaliger Bauernbub (später Sekundarlehrer) in Grächen. Wer nichts hat, dem wird noch das wenige geteilt. Seine Ehefrau erinnerte sich glaubhaft, wie sie in ihrer Jugend in Gspon bei Stalden mindestens eine Stunde zu einem hoch gelegenen Feld emporstieg, um nachts eine oder zwei Stunden das Wässern zu betreiben. Diese Wässerrechte musste man damals je nach Reihenfolge auch nachts oder sonntags nützen. Die moderne Landwirtschaft hat diese Stadelbewirtschaftung ins Leere laufen lassen.

Die Aussicht auf die väterliche Liegenschaft war und ist in der Oschweiz für Sohn oder Tochter eine hohe Trumpfkarte. Die Ehe war jahrhundertelang eine nüchterne Zweckgemeinschaft, die Liebe war oft eher Luxus, und die Familie eine kalte Wärme. Drei Dinge herrschten vor: Mangel, Mangel und Mangel. Ein naher Verwandter von mir heiratete um 1930 wie früher üblich frühmorgens um 6 Uhr (!) in der Pfarrkirche in Gonten und führte am Nachmittag schon wieder Mist auf die Wiese, wie mir sein Sohn noch kürzlich bestätigte. Heute wird sogar eine Scheidung aufwendiger begangen! Obige Ehe hielt bis zum Tode der Gattin, 53 Jahre und 76 Tage!

Vor etwa 1940 suchte sich der heiratswillige Raiffeisenverwalter in 9535 Wilen seine Zukünftige nach genauer Durchsicht aller Vermögensverhältnisse der Dorfbewohner aus – und zwar erfolgreich und dauerhaft (laut Aussage seines Nachfolgers und meines beruflichen Vorgängers)! Ist der Datenschutz die Ursache der häufigen Scheidungen?

Mein Grossvater Franz Manser beschädigte beim Tanzen (!) mit seinem brennenden Stumpen ein Auge seiner Tänzerin. Um ihr allfällige Misshelligkeiten auf dem Heiratsmarkt zu ersparen (heute ein leckerer Fall für die Haftpflicht), heiratet er sie kurzentschlossen, er mit 25 Jahren, sie mit 20 Jahren. Der Ehe entsprossen von 1887 – 1902 nicht weniger als 14 Kinder, wovon 10 das Erwachsenenalter erreichten. Bei der Geburt des 14. Kindes starb meine Grossmutter Theresia dann an Verbluten im Ehebett . . .

Als Landeshauptmann und Statthalter setzte sich mein Grossvater dann später erfolgreich und ausdauernd für bessere Säuglingspflege und Minderung der hohen Säuglingssterblichkeit in AI ein. An Motivation war bei ihm wohl kein Mangel!

Wem verdanken wir doch noch unser geschenktes und übermütiges Wohlergehen ? Der menschlichen Intelligenz, der Wissenschaft! Aber bitte Vorsicht!

Immer mit der Ruhe. Zur folgenden und heute als erlogen wirkenden Episode könnte ich Vornamen, Namen und Lebensdaten liefern, verschweige sie aber feinfühlig. Also, meine Mutter durfte mit gut 20 Jahren einer nur wenig älteren Verwandten Brautführerin (*Gspill*; das männliche Gegenstück heisst *Gsöll*) sein. Nach dem wohl anstrengenden Tag mit aufwühlenden Erlebnissen der früheren Hochzeitspraxis war meiner Mama die Heimkehr zu Fuss und vielleicht zum hoch gelegenen Gontenhof einfach nicht mehr zuzumuten. Also genoss sie auf inständigen Wunsch der Braut die wohltuende Nachtruhe im sicher fein zubereiteten Ehebett neben der lieben Braut. Die vielzitierte Brautnacht (ich meine die Nacht nach der Hochzeit!) verbrachte also der frisch gebackene Ehegatte artig in einer anderen Kammer. Ich darf bezeugen, an Nervenflattern litt das Ehepaar auch später nie. Beide haben eher *ring Wegge gschlage* (dünne Spaltkeile mit geringer Wirkung verwenden). Faulenzer aber waren sie nicht. Die Brautnacht wurde aber offensichtlich nachgeholt, der Ehe entsprangen ein früh verstorbenes Kind und sieben muntere 'Nervenbündel'! Passende zehn Monate nach der Hochzeit stellte sich übrigens der erste Kindersegen ein!

Hormonell gesehen waren die früheren Jahre wohl recht gemässigt. So soll im hintersten Hinterthurgau ein Lehrer während des Aktivdienstes 1939 einen seiner 14jährigen Schüler vertrauensvoll beauftragt (!) haben, im Bett neben seiner jungen Gattin zu schlafen, weil dieses zarte Wesen sich im waldigen Tannzapfenland vor der nächtlichen Einsamkeit gefürchtet habe. Das habe ich nicht erdacht, sondern einem kürzlich in der Wilerzeitung besprochenen Lebensrückblick entnommen. Das wichtige Dokument fehlt mir heute leider, aber ich habe es sinngemäss zitiert! Naheliegende Andeutungen bezüglich Hormonen unterlassen wir standhaft.

Tja, die Hormone und vergangene Zeiten. Eine Urgrossmutter von mir heiratete im zarten Jalter von 17 Jahren und 11 Monaten, ohne vorher die Periode (ja, ich meine die Menstruation!) gehabt zu haben. Sie gebar von 1869 – 1894 insgesamt 18 Kinder, also 8 Töchter und 10 Söhne. Sechs Kinder verstarben als Säuglinge oder Kind, sechs blieben unverheiratet und die restlichen sechs heirateten und hatten insgesamt muntere 49 Kinder. Ich bin nicht Frauenarzt, aber vermute, dass kaum eine Frau in ihrem Leben so wenig Perioden hatte wie mein Urgrossmütterchen 1850 – 1924. Natürlich könnte ich mit haargenauen Angaben aufwarten, unterlasse es aber aus feinfühliger Vorsicht.

Wie ersichtlich waren früher Seilspringen, Wildwasserbootsfahrten (ich meide Englisch), Eigernordwandklettern und Hochleistungssport sowie anderer sträflicher Unsinn (mit vollem Versicherungsschutz) gänzlich überflüssig, das Leben an sich bot schon genug Abwechslung! Dass aber die Jugendlichen schon früher frivole Worte gebrauchten, beweist die Tatsache, dass bezüglich der obigen 18 Kinder ein Tantchen von mir als freche Göre einmal verlauten liess, sie hätte (wohl als Muttter) ein paar der Kinder erschlagen! Political Correctness hin oder her . . .

Abschliessend meine ich: Geld haben wir heute in der CH und in AI genug, was uns fehlt, ist Boden und Zufriedenheit.

Der kluge Mann baut vor

Mit Ausnahme der Tropen weisen alle Weltregionen deutliche jahreszeitliche Schwankungen der Temperatur, Taglänge und Niederschläge auf. Also muss die belebte Natur auch ungünstige Bedingungen überstehen. Trockenzeit und Mückenplage werden mit langen Wanderungen überlebt. Wie ist es mit dem Winter? Ohne globalen Güteraustausch, Kühlräume und Konserven!

Zugvögel ziehen weg und Murmeltiere wie auch Eisbären gehen schlafen, Fett als Reserve lässt sie überleben. Pinguine trotzen der Kälte und das Wild hungert.

Der Mensch legt sich (ausser Brennholz) einen Körnervorrat an und/oder schlachtet im Herbst das Mastschwein. Weil die Hühner in den Wintermonaten Dezember bis Februar nicht legen, werden von der Hausfrau Eiervorräte in eine wasserklare, 'ölige' Lösung von Alkalisilikaten (Wasserglas) $SiO4$, $SiO6$ etc. angelegt. Diese Eier lassen sich aber nur in einem Teig verwenden, Spiegelei oder hart gekochtes Ei ist nicht zu erwarten. Fleisch und Fisch wird in Salzlake eingelegt und dann in den Rauch gehängt. Geräuchertes Fleisch wird sogar in grossen Holztruhen in Asche eingelegt, an einer Schnur fischt man dann die vor Insekten geschützten Fleischhappen wieder heraus.

Die leicht verderbliche Milch wird auf 10 % ihres Gewichtes als Butter und Käse transportierbar wie auch haltbar gemacht. Eingesottene Butter hält sich luftdicht verschlossen fast beliebig lange gut und Käse kann man monatelang aufbewahren. Aus geschmacklichen Gründen muss er bisweilen gar alt sein; ähnlich wie bei Trockenfleisch und Wein hat man aus der Not eine Tugend gemacht. Nur aus geschmacklichen Gründen betreibt Johann Koller (*Tschööli*) vom Hirschberg/Appenzell die Rauchkammer seines grossen Fleisch- und Wurstbetriebes in Bogota, Kolumbien, mit aus Deutschland eingeführtem Buchenholz!

Nun bleibt noch die Kuh. Sie braucht auch im Winter Futter.

In Kolumbien ist das kein Problem. Beim Besuch meines Cousins Fredi Schälin (Käser und mindestens viersprachig) in Bogota sah ich, wie dort fast unter dem Äquator auf Säntishöhe die Kühe ganz ohne Heu das ganze Jahr durch frei weiden, es gibt jährlich auch drei Kartoffelernten. „Kolumbien könnte bei guter Bewirtschaftung die ganze Welt ernähren!" behauptete 2007 Fredi mit Nachdruck!

Frisch gemähtes Gras enthält laut Franz Brülisauer 80 - 90 % Wasser und 10 - 20 % Trockenmasse; also Kohlehydrate (Zucker, Stärke, Rohfaser, Cellulose) sowie Fette, Proteine (Eiweiss), und Mineralstoffe.

Im geschnittenen Gras bauen Pilze (Pilzsporen gibt es überall) und Bakterien durch Fermente diese Stoffe zu Säuren ab, hauptsächlich den Zucker.

Fermente, fachlich Enzyme genannt, sind wirksame Eiweisse, aus Zellen jeglicher Art abgegeben und wurden erst 1897 vom deutschen Chemiker Eduard Buchner entdeckt. Mittlerweile kennt man gut 1000 verschiedene Enzyme, bei 150 ist die kristalline Darstellung möglich und damit die chemische Struktur bekannt. 1969 gelang erstmals in einer mehrwöchigen Synthese mit 369 chemischen Reaktionen die künstliche Hestellung eines Enzyms (Ribonuclease). Das Milchgerinnungslab aus dem Kälbermagen gehört auch hierher.

Durch diese Enzyme wird der Zucker in Milchsäure abgebaut. die dadurch im Silogras das weitere Wachstum und Wirken der Bakterien und Pilze vermindert und schliesslich stoppt. Feuchtigkeit und Wärme sind diesen Kleinstlebewesen willkommen, so dass etwa die durch Erdkrümel ins Gras (Silogras) gelangten Buttersäurebakterien das Futter verderben.

Durch drei Methoden lassen sich diese meist unerwünschten Abbauprozesse stoppen; Säure, Entzug von Wasser oder Entzug von Sauerstoff.

Leicht gesagt und schwer getan!

Wohl schon vor 3000 Jahren merkte der Pfahlbauer, dass verdorrtes Gras nicht verdirbt. Im März zündeten wir Schlingel davon ganze Wiesenborde an und brannten sie so aus Übermut ab. Das wird aber heute in den USA als gezielter Wald - Steppenbrand zur Landschaftspflege wieder aus grünen Gründen betrieben. Dieses dürre Gras konnte also vom eingepferchten Vieh noch gefressen werden. Also wurde ab jener Zeit Gras an der Sonne getrocknet und gedörrt (äusserer und innerer Wasserentzug). Als Vorrat angelegt konnte es so in der wachstumslosen Zeit an die Wiederkäuer (Kuh, Ziege, Schaf etc.) und Pferde verfüttert werden. Gedörrte Birnen und Weinbeeren passen hierher.

Nun ist das Dörren der Gräser und Kräuter in Sommern wie 1948 oder 1952 so eine Sache. Mit Heinzen und Drahtgestellen versuchte der Bauer mühsam, dürres Heu in die Scheunen zu bringen. Soso, mit warmer Luft aus Gebläse lässt sich heute Belüftungsheu machen – aber 1817 war guter Rat teuer! Auch in Wisconsin probierten die Farmer auf verschiedenen Wegen, die Maiskolben zu trocknen/dörren; Gitter mit Zugluftwirkung oder schmale offene Behälter halfen wenig, heute wird entweder die ganze Pflanze siliert oder die Körner werden durch Heissluftgebläse lagerfähig gemacht. Im Rheintal war das Aufhängen der Kolben unter zugigen Dachvorsprüngen eine umständliche, aber sichere Methode der Konservierung.

Nach Probieren und Studieren merkte man so ab 1900, dass sich durch Säure (also pH von etwa 4) der enzymatische Abbau durch Bakterien und Pilze stoppen lässt. Also brachte der Landwirt das Gras in einen dichten Behälter und goss Säure (Essigsäure - Ameisensäuregemisch) dazu. Das probierte mein theoriebehafteter Grossvater schon um 1920 auf der Alp Tieflöchli/Kronberg. Die Methode kannte er wohl von seinen Brüdern in Ostpreussen her. Mein Vater und sein Bruder Bisch sabotierten das ganze etwas, der Transport des grünen Grases per Handwagen *(Grääsbehre)* war eben kräftezehrender als das Einbringen des gedörrten Heus auf dem Rücken. Damit ist die Katze aus dem Sack.

Silieren erfordert motorgetriebene Wagen, mustergültig sei der Rapid-Einachstraktor mit Triebachse genannt, ab 1960 der Ferrari aller Landwirte in der hügeligen Ostschweiz. Das eine geht nicht ohne das andere. Die Silage mit zugefügter Säure ist leicht befremdlich. Es gibt aber aus Zucker auch durch Femente die Milchzuckersäure, Milchsäurebakerien sind auch im Hartkäse unersetzlich. So wird durch diese Säure den Buttersäurebakterien und Pilzen das Leben vergällt – das Futter bleibt fast trocken-säuerlich, bei halbfeuchtem, gutem Gras ist der Prozess beinahe ein Selbstläufer. Als gewichtigster Nachteil des Silofutters steht die Tatsache, dass sich in der Schweiz aus Silomilch kein Hartkäse herstellen lässt; aus einigen Gründen wie Verbot von Hemmstoffen (z. B. Nisin, teilweise) und der Anwesenheit von Buttersäurebakterien. Ganz schlüssig konnte ich das noch nie ausmachen. In Wisconsin wird munter aus Silomilch Emmentalerkäse mit kurzer Lagerzeit fabriziert. Den Kühen dort wird aber hauptsächlich Silomais/Körnermais und Klee (Luzerne = Alfalfa und überhaupt kein Gras wie in der Ostschweiz verfüttert. Ausserdem mag Pasteurisicren und Einsetzen einer Bakterien abscheidenden Zentrifuge die Ursache sein. Durch den kurzzeitig erfolgten Konsum wirken sich die Buttersäurebakterien im Käse zudem kaum nachteilig aus.

In Wisconsin und anderen Farmland – Bundesstaaten herrschten so um 1970 die blauen Harvestore - Stahlsilos und die weissen Betonsilos vor. Der Farmer füttert den Tieren auch im Sommer Silage, um die Futterzugabe möglichst gleichartig zu halten. Nun füllt er den Hochsilo oben ein und will gleichzeitig auch wieder daraus Futter holen. Das passt schlecht zusammen. Entweder rotiert nun eine elektrische Entnahmemaschine oben auf der Futterfläche oder unten bei der untersten Öffnung. Im ersten Fall muss der Farmer regelmässig das Entnahmegerät hochziehen, um einfüllen zu können, was zeitraubend ist. Das Entnahmefräsgerät unten aber muss mit viel Kraft unter grossem Gewicht das Silofutter herausfräsen, was die Maschine enorm belastet und bei einem Versagen sehr nachteilig sein kann. Bei zwei oder mehr Silos ist das Problem entschärft oder gelöst. Nun gibt es aber in den Staaten etwa seit 1985 eine dritte Variante. Das ist der Silobag (Silosack). Mit einem eigens gebauten Füllpressgerät (Eberhard in Ulm, Deutschland) wird kraftaufwendig (Traktor) ein bis 500 feet (foot=Fuss=Schuh=30,48 cm) langer Sack (14 feet breit und 8 feet hoch) aus weissem Kunststoff auf dem Boden gefüllt. Der Querschnitt ist nicht rechteckig, sondern leicht oval. Die Berechnung des Inhalts überlasse ich der klugen Leserschaft, zur Erleichterung darf man den Schuh zu 30 cm und dafür den Querschnitt rechteckig annehmen. Ich verrate nur, dass so ein Volumen von etwa 260 Klaftern (Raummass) resultiert und das Futter nach altfränkischer *(altfrentsch)* Rechnung für 150 Kühe ein Jahr lang reichen würde. Querbeet setze ich einen Kubikmeter Silofutter einem Klafter Heu gleich. Die Amerikaner rechnen auch mit Kubikfuss, also knapp 28,32 dm3. Meine Cousins in Wisconsin füllen gewöhnlich Säcke mit 300 Schuh Länge. Mit Seilzug oder Anker im Füllgut und Getriebe wird das Silogut maschinell lastwagenweise absolut dicht eingepresst. Beim Füllen verschieben sich das Füllgerät mit dem Futterwagen vom Feld wie eine Strassenteermaschine langsam rückwärts. Solche madenähnlichen Gebilde (locker . . . . m3) liegen nun träge um die Farmgebäude. Beim Füttern trotten die Tiere ungehindert zu jeder Zeit zur Sacköffnung, eingezäunt mit nachgeführtem, elektrischem Draht. Das Tier kommt zum Futter und nicht umgekehrt. Mit einem schräg unterteilten Fressgatter werden die Fressmäuler zum sauberen Futterverzehr gezwungen. Das Nachführen des Eisengatters und das Wegschneiden der leeren, nass verschmutzten Plastikumhüllung ist aber unsaubere Knochenarbeit (Kälte und Schnee!). Aus Erfahrung liegen die Säcke wenn möglich auf betonierter oder bekiester Unterlage. Bevor der eine Sack ausgefressen ist, lässt der tierkundige Farmer die Rinder zur Angewöhnung an vielleicht anderes Futter (anderer Schnitt, anderes Feld etc.) schon Futter aus dem neuen Sack verzehren. Verglichen mit den allgegenwärtigen Siloballen in der Schweiz ist der Kunststoffbedarf und der Zeitbedarf der Fütterung bei diesen riesigen Silosäcken minim. Das Futter bleibt in ihnen eher besser als in den Hochsilos. Für ganz grosse Farmen bleibt als rationellste Futterstapelung natürlich der Fahrsilo mit den Ausmassen einer Turnhalle und mehr, samt eindrucksvollem Schlepper als Walze. Dazu gehört bei der Entnahme ein Pneulader mit Fräseinrichtung und passendem Dosierwagen. Durch senkrechtes Abschroten kann Futter unterschiedlicher Schnitte oder Felder entnommen werden, was bei allen anderen Silovarianten nicht der Fall ist. Schon immer hat man das Futter auf dem Heustock abgeschnitten, um so durch Mischen auch schlecht gewonnenes Heu oder Emd den Kühen eingermassen geniessbar reichen zu können. Als Bedeckung in den Fahrsilos dienen grosse, schwarze Plastikplanen, die mit rundherum halbierten Pneus, wie Perlen an Ketten aufgereiht, belastet und gesichert sind. Von einem bekannten und fast verwandten Farmer mit 300 Kühen im Elsass, 10 km von der Schweizergrenze entfernt, weiss ich, dass sinnigerweise die EU diese Wiederverwendung der abgefahrenen Pneus neuestens griesgrämig untersagt hat. Welcher Teufel hat wohl da wieder die Brüsseler Technokraten geritten? Man muss auf jeden Fall längerfristig das Silogut vor Luftzutritt schützen, was bei Hochsilos (bei eingegrabenen Tiefsilos ist es nicht anders) auch mit Luftkissen bewerkstelligt wird. Als Faustregel gilt, dass täglich mindestens eine Futtermenge von 3 cm Tiefe entnommen werden soll, ansonsten leidet das Futter durch Luftzufuhr.

Das Silieren an sich erleichtert die Heuernte gewaltig. Fast unabhängig von der Wetterlage kann der Bauer Gras im jungen Stadium ernten. Im regnerischen Alpsteingebiet ist deshalb ein Siloverbot undenkbar. Also wird da auch kein Appenzeller Käse hergestellt, was ja fast absurd wirkt. Ist aber Tatsache. Durch Silage und frühe Grasschnitte kann der Mist leider nicht mehr wie früher im Frühling ausgebracht werden, er wäre so beim ersten Schnitt zu wenig abgebaut. Also wird im Herbst auf den Winter zu Mist verteilt, bezüglich Wasser in Boden und Bächen kein Ideal. Durch Laufställe fällt aber wenig Mist an, so scheint die Sache wieder im Lot zu sein.

Fast alle Lebewesen brauchen Sauerstoff. Entzieht man also dem Gras in einem dichten Behälter (Fahrsilo, Siloballen) durch Walzen mit Traktoren oder Pressen in fahrbaren Ballenpressen die Luft, so ist die Tätigkeit der Kleinstlebewesen ebenfalls gestoppt, das Futter verdirbt nicht. Aus diesem Grund sind gewisse Lebensmittel (Chips) nicht nur gasdicht verpackt, sondern noch zusätzlich durch träge Schutzgase geschützt. Auch ohne Sauerstoff (anaerob) geben Milchsäurebakterien noch Milchsäure ab, welche andere Bakterien und Pilze zusätzlich abtötet.

Doch täuschen wir uns nicht; unverschmutztes Gras im richtigen Reifestadium und richtigem Wassergehalt und sachgemässes Einbringen sind immer erforderlich.

Früher wurde das Heu erst im reifen Zustand (Samen in der Rispe) gemäht, die mühsame Erntearbeit ohne Maschinen erlaubte nicht 4 - 5 Grasschnitte. Das Heu war also fast stroh- und staudenartig (lange Halme, Kerbel) verholzt, im schlimmsten Fall noch durch *ruch Wette* (Regenwetter) rötlich verwaschen, also der nährstoffreichen kleinen Pflanzenteile und des Zuckers etc. beraubt. Der Wiederkäuer kann zwar Cellulose abbauen, doch ohne Kohlehydrate und Proteine (Eiweiss) reicht das selbst ihm nicht. Rotes, überstandenes Heu ist deshalb minderwrtig. Das Schnittgut des ersten und zweiten/dritten Schnittes unterschied sich früher deutlich, was sich in der unterschiedlichen Bezeichnung zeigte (Heu eher verholzt, grosse Menge; Emd weniger verholzt, mehr Eiweiss und Zucker/Stärke, geringe Menge), während gegenwärtig die fehlende Unterscheidung im Namen auf etwa den gleichen Futtergehalt aller fünf heute üblichen Schnitte hindeutet. Rundweg sind bei Dörrfutter an 35 % Stärke/Kohlehydrate, 25 % Rohfaser, 18 % Wasser, 15 % Eiweiss sowie 7 % Mineralstoffe zu denken. 'Heu' kommt von 'hauen' und bedeutet also das zu 'Hauende' (stehend) und das 'Gehauene' (Dörrfutter) und hat in der Schweiz auf ca. 600 000 ha seine Bedeutung. Während auf angesäten Kunstwiesen (Klee und Gras) jährlich auf einer Hektare bis 15 Tonnen Trockensubstanz geerntet werden, beträgt diese Zahl bei Naturwiesen (aber gedüngt) 5 - 10 Tonnen.

Bringt man aber schlecht gedörrtes und noch fast unverholztes Heu auf die *Heutili* (Heudiele, hölzerne Stalldecke, Boden für den Heuvorrat, im leeren Zustand ein idealer Ballspielplatz), so zersetzen Pilze in der Feuchtigkeit die Nährstoffe, die Futterschicht wird dabei grau; *(aab ond aab we en Äschesack)* (durch und durch grau wie ein Aschesack!) war da eine schlimme Feststellung. Heu dieser Art konnte im Winter nur durch anhaltendes Schütteln und Klopfen und Vermischen mit besserem Heu oder noch lieber mit Emd in eine dem Vieh knapp zumutbare Form gebracht werden *(Heu röschte)*. Der dabei entweichende graue Staub wurde mit Durchzug aus der Tenne gebracht, die Nase und der Rachenraum wurden arg verschmutzt, keine Sache für Allergiker! Es sind im Extremfall Staublungen/Farmerlungen als gesundheitliche Schäden möglich. Mit dem Heugebläse lässt ich diese Heuzubereitung beschleunigen, mit viel Staub und Lärm.

Auf der Wiese getrocknetes Heu oder Emd wird mit ca. 10 - 30 % Wassergehalt auf den Heustock gebracht. Mit Hilfe der Heubelüftung durch eingebaute oder frei hängende motorgetriebene Ventilatoren (Heubomben) wird es so ab 1960 notfalls durch erwärmte Luft in kurzer Zeit auf etwa 14 % Wassergehalt getrocknet. Ohne Belüftung findet eine biologische Aktivität von Pilzen und Bakterien statt, was zu einem Anstieg der Temperatur führt, und damit wird Wasser verdunstet. An der kühleren Oberfläche entsteht eine feuchte Schicht, die bei erneutem Verdichten durch Betreten oder baldigem Heueintrag vergraut *(Topfböls)*. Der Heustock verliert durch den heftigen Abbau von Zucker an Futterwert. Bei sehr feucht eingebrachtem Futter kann es sogar zu einer Gärung wie bei der Silozubereitung kommen.

Das gilt besonders dann, wenn junges, gedüngtes Heu oder eben Emd in grosser Menge auf die Heudiele gebracht und noch leicht gestampft wird. Der Anstieg der Temperatur lässt dabei Zucker zu Caramel verändern, das Heu duftet angenehm. So hiess früher eine wohlwollende Wertung etwa: *„Schmeckt wiä Back!"* („Riecht wie Tabak!"), und das zutreffend, denn bei beiden Prozessen sind Enzyme beteiligt. Das war dann *bruus Heu* (braunes Heu) und schmeckte den Tieren. Zu braunes Heu aber hat Nährstoffe (Zucker) eingebüsst und kann Verdauungsprobleme schaffen.

Steigt die Temperatur aber durch den enzymatischen Abbau (durch wärmeliebende Bakterien; Bacillus subtilis) und chemische Prozesse zu sehr an (80 bis knapp 100 C), so kann sich das Heu selbst entzünden, die Feuerwehr ist dann nötig und zerteilt vielleicht den Heustock – oder alles verbrennt. So vor 30 Jahren brannten gesamtscheizerisch durch Selbstentzündung noch 10 – 30 Heustöcke.

In Wisconsin ist das schon in den blauen, stählernen Harvestore-Silos geschehen, nach wochenlangem Qualmen blieb dabei nur noch ein Häufchen Asche im Silo, laut meinem Cousin Johann Broger.

Um den Kühen durchgehend gutes Futter anbieten zu können, wird zunehmend auch in der Wachstumsphase der Pflanzen Silage und Heu dargeboten, mit Zusatzstoffen aller Art. Auch hier ist aus der Not eine Tugend geworden. Mein Onkel August in Wisconsin beauftragte mich deshalb stolz: „Sag deinem Vater, die Kühe hätten hier das ganze Jahr durch Mai (also unverholztes, süsses Futter)!"
Man kauft ja auch an Weihnachten Erdbeeren und an Pfingsten Trauben!
Ganz im Ernst: Durch die erzwungene Vorratshaltung wurde der Mensch in den gemässigten Breiten mit Winter gezwungen, an die Zukunft zu denken und Vorkehrungen zu treffen. Der kluge Mann . . .
Wie das Käsen ist aber auch die Futterkonservierung für Wiederkäuer ein verwickelter Prozess; biologische, chemische und physikalische Abläufe sind ineinander verflochten. Nur mit Erfahrung und Mühe bekam der Mensch die Sache in den Griff; in der Natur betreiben nur die Biene, das Murmeltier, das Eichhörnchen, der sprichwörtliche Hamster und der Biber die pflanzliche Vorratshaltung. Hut ab!
Wenn mir aber die Früchte und die Beutetiere das ganze Jahr über gleichmässig zur Verfügung stehen und im warmfeuchten Klima ohnehin schnell verderben, lebe ich einfach so in den Tag hinein. In Schnee und Winter kann ich nur mit Klugheit überleben. So bilden Butter, Käse, Getreidekörner, gewebte Stoffe zusammen mit Salz, Holz, Kohle, Töpferlehm und Eisen die eigentlichen Kulturtreiber. Auch der Wein gehört dazu. Guten Appetit und Prosit!

Ee hetts ond vemaggs
(Er ist ein gemachter Mann)
Schon bei Ebel verursachte (nach Josef Inauen) der Aufwand für *d Schölle* Stirnrunzeln und liess ihn von Ausartung in Verschwendung klagen. Nun nehmen wir noch zum *Glüüt* auch die Sennenuhrkette *(Pätschchettere)* dazu und die restliche Ausstattung des Sennen *ii de Geele*, so kann uns das auch heute Erstaunen oder Befremden auslösen.
Sehen wir aber all den Aufwand beim *Öberfefahre* als Werbung und Vorzeigen an, so hat plötzlich alles seinen Sinn und seine Begründung. Wer mit *de Schölle öberefaht*, hat also (sicher in AI!) 18 oder mehr Stück Grossvieh, nicht nur Grossvieheinheiten, die rechnerisch aus Jungvieh entstehen. Der *Schöllesenn* spielt in einer viel höheren Liga als jeder Heusenn mit nur einer *Füeeschölle* und demnach nur so mit 10 Kühen, der somit nur *en Chlääbe* (mittelmässiger Senn) sein kann.
Die sauber mitgeführte *Ledi, d Schölle ond Pätschchettere* sowie die gesamte Ausstattung *(Sennegroscht)* bezeugen den Wohlstand oder gar den Reichtum des Besitzers. So ein Heusenn hat bei dem Heubauern gute Karten; er ist kreditwürdig, was sich durchaus im günstigen Kaufpreis des Futters auswirkt. Die peinlich saubere *Ledi* beweist die Tüchtigkeit bei der Käse - und Butterherstellung, und daran hängt der sichere Ertrag der Milch. Dem Grempler steht der solide *Schöllesenn* als sicherer und bedeutender Lieferant von Käse und Butter gegenüber.
„Platz da , hier kommt kein Hungerleider!", das verkünden *Schöllchüe ond de Geelhösle.* Namen wie *Choschtes Bädi, Manselis Jöck, Manselis Emil, Totsche Maati, Böffli, Grobjöcke Bruno* (Koster Baptist, Manser Jakob, Manser Emil, Signer Martin, Johann Sutter, Knechtle Bruno) und andere hatten in AI so um 1940 - 1970 als

Sennen einen Glanz wie Real Madrid, Bayern München oder Manchester United heute im Fussball.

Wer als Knecht bei so einem anerkannten Sennen (deswegen gar mit geringem Lohn) gearbeitet hatte, bewies seinerseits Tüchtigkeitd; bei Spitzenköchen in Spitzenhotels läuft der Hase noch heute so!

Dass der Heubauer seinerseits auf einen Schellensenn als Käufer stolz war (grosser Stall, grosser Heustock), ist leicht einzusehen. Gern führte er deshalb beim *Weggfahre* den Stier des tüchtigen Heusennen, man sass ja im selben Boot. Nach dem mit Händedruck vollzogenem Heuverkauf bestand einmal mein Vater mit Nachdruck darauf, dass der Heusenn dann auch ja mit de *Schölle herrefahre* soll.

Die Ausstattung *(s Sennehääs)* des die Tiere besorgenden Knechtes (wenn nicht Sohn) war häufig oder teilweise im Besitz des Schellensennen. Vererbung und Schenkung sowie langjähriger Gebrauch verminderte *bim Sennegroscht* (Sennenkleid) wie auch bei der Tracht (in AI nur bei der Frau so korrekt benannt) natürlich auch die unumgänglichen Kosten dieser verschwenderisch wirkenden Selbstdarstellung.

Wem da Rolex, Chopard oder Maybach und Ferrari einfallen, der hat de Sache *äälickt* (begriffen). Die Eingangshallen grosser Banken, Hotels und Konzerne sowie gotische Kirchtürme und Barockkirchen sind passende Lesehilfen ...

... velomped halt

(... macht Konkurs)

Was sich im Schellenrhythmus leicht sagen lässt: *„S Heu nüd zallt ond s Grääs nüd zallt, vellomped halt"* (Wer weder Heu noch Gras bezahlt, geht (ist) bankrott), hat einen ernsten Hintergrund. Während der Heubauer mit Talliegenschaft früher fast ohne weitere Investitionen (keine Kühe, keine Maschinen) seinen Betrieb starten konnte, benötigte der Heusenn natürlich Kühe, gerne gleich 18 Stück. In der Regel waren die Heusennen auch Eigentümer eines Bauernhofes, Sennen ganz ohne eigenen Boden waren doch die Ausnahme. Eher waren es frühere Haubauern.

Der Heubauer benötigt, kurz gesagt, nur eine Sense und ein Heuseil. Entsprechend lebt er mit geringem Risiko. Weil aber viel Heu im Sommer anfällt, muss er ein guter Mäher sein, was bei vielen Sennen weniger zutraf. Ist der Sommer nass und schlecht, so ist das Heu fast überall schlecht oder knapp, gekauft wird es wohl oder übel vom Heusennen totzdem.

Der Senn aber hat viel Geld in der Herde *(ii de Tiääre)*. Seuchen oder schlechte Zeiten (wann gab es gute?) konnten dem Heusennen gefährlich werden. Oft brauchte er im Winter mehr Geld für das Heu, als die Kühe an Milch abwarfen. Diese Jahreszeit war eine finanzielle Durststrecke, Geld brachten die 25 - 30 Wochen mit Grasfütterung. So konnten auch vordergründig wohlhabende *Heusenne* in Geldnöten stecken.

Mein Vater wusste von einem anerkannten *Schöllesenn*, nach dessen Ableben so um 1945 nur die ausserordentlich hohen Preise der Viehgant des Vestorbenen diesen vor dem drohenden Konkurs bewahrten. Einem bei diesem Sennen lange Jahre angestellten Knecht half mein Vater bei der Errechnung und Erlangung seiner aufgelaufenen Lohnansprüche. Ich kannte ebenfalls einen Mann, der jahrelang bei einem *Schöllesenn* mit bestem Namen als tüchtiger und fähiger Knecht tätig gewesen war. Jahrelang wurde kein Lohn abgerechnet. Auch diesem Mann half mein Vater bei dessen Heirat, die Geldansprüche gegenüber dem Meister auszurechnen. Wahrscheinlich bekam der Knecht als guter Senn und Käser vorerst nur so ein *Sackgeld*, nebst Kost und Logis und *de Geele*. Der Rest blieb vertrauensvoll beim Meister. Das soll keine Anklage sein. Es waren die schlimmen Jahre der Wirtschaftskrise, 1930 - 1938.

Geht es keinem gut, so geht es allen schlecht. Von sicherer Seite weiss ich, dass ein Arbeiter, der beim Bau der Säntisschwebebahn (Bau ab 1934, Einweihung am 31.Juli 1935) endlich Arbeit erhielt, diese dankbar annahm, ohne konkrete Lohnzusage. Darüber redete man schon gar nicht, wusste sein Sohn mir zu berichten. Der Lohn wurde dann tatsächlich recht zufriedenstellend ausbezahlt. Bei diesem Werk sollen sogar Taglöhner nur um die Verpflegung gearbeitet haben, nach Aussage eines Urnäschers. Es gab aber auch fast streikartige Auseinandersetzungen.

Dass Knechte im Unterland schon die heissesten Kartoffeln verschlangen, die auf den Tisch kamen, weil sie sonst ungesättigt geblieben wären, wusste mein Vater immer vielsagend noch von einem seiner Klassenkameraden zu berichten. Jahre der Wirtschftskrise.

Aber dass eine junge Meistersfrau noch in den Jahren um 1950 im oberen Thurgau den Knechten die Speisen eigenhändig auf den Teller schöpfte, ist schon ziemlich hart am Geiz vorbei. Logisch, Figurprobleme waren damals noch unbekannt.

Anderseits erstaunt aber auch die Treue der Knechte. Wusste doch mein Vater von einem Knecht in seinem Alter zu berichten, der das Pferd des Meisters so ins Herz geschlossen hatte, dass er dem Tier Hafer aus dem eigenen Sack, also auf seine Kosten, gekauft hätte. Er hiess Johann Baptist Re. . . . er (1890)! Pure Wahrheit. Es waren wohl zwei Pferde, denn nach Aussagen seines Sohnes Karl (1938, Patenkind meines Vaters; er kann sich während des Gutjahrbesuches um 1950 an insgesamt 24 Personen um unseren Stubentisch erinnern) führte der Mann in jungen Jahren für die Fuhrhalterei Rössli an der Weissbadstrasse in Appenzell in der Zeit um 1910 Kutschenfahrten vom Bahnhof Appenzell nach Wasserauen durch. Dieser Postkutschenbetrieb dauerte von 1905 bis zum 12. Juli 1912. Damals gab es die Bahn nach Wasserauen eben noch nicht, die Eröffnung war erst am 13. Juli 1912. Später lebte dieser Knecht mit einer grossen Familie von 10 Kindern in Teufen 25 Jahre als Fuhrmann (*Charri*), Pächter und Gemeindeangestellter. Nicht alle Pferde erfreuten sich in den grausamen Kriegen eines so fürsorglichen Fuhrmannes.

Dass dieser Joh. Bapt. R. als Fuhrmann für die Ilge in Teufen nach erfolgtem Verkauf einiger Kälbchen auf dem Kälbermarkt in Herisau (1930 – 1940?) und entsprechend etwas Geld im Geldsäckel einmal auf dem Heimweg im Nachwinter zu später Stunde auf der Hundwilerbrücke von drei Räubern überfallen wurde, passt vorzüglich zur Episode meines Vaters auf der Holzbrücke in Jakobsbad. Der wackere Knecht wehrte sich so wacker und handfest mit der Geissel, dass einer der Räuber verletzt liegen blieb, was der anschliessend telefonisch alarmierten Polizei die Eruierung der Schurken ermöglichte. Einer hiess mit Nachnamen H.... und die zwei anderen F.........t. Schwamm darüber!

Heute hätte der Überfallene sicher einen Strafprozess wegen unangemessener Selbstverteidigung, Behinderung Freischaffender und fehlendem Helm am Hals.

Besagter Familienvater lebte in einem später abgebrannten Miethaus der Ilge für zehn Franken Monatszins bei 100 Franken Monatslohn. Als Reallehrer würde ich die Schüler auffordern: „Man rechne!"

Auch *Chuehändler* waren früher nicht immer solvent. Mein Vater besuchte einmal einen unverheirateten 'Viehhändler', der ihm hartnäckig eine Kuh schuldete, in seinem alleinstehenden, gepachteten *Gade* (Scheune). Weder im Tenn noch im Stall ist der Händler zu sehen. Aber im Tenn riecht es nach frisch gerüstetem Heu, es liegt sogar noch Heustaub in der Luft. Da kann der Senn doch nicht weit sein! Der Vater drückt etwas Heu zur Seite – wer kauert da drin?? Der säumige Schuldner. Der hat eben meinen Vater kommen sehen und sich verkrochen. Peinlich, peinlich.

Ein anderer Viehhändler, als sicherer *Zaalee* (kreditwürdig) bekannt, wurde bei einem Kuhkauf mit meinem Vater nicht gleich handelseinig. Als Trumpf steckte der Händler vielsagend die linke Hand in die Kitteltasche *(Schoopetäsche)* und liess ein verlockendes Rascheln (von Banknoten) ertönen, mit den Worten: *"Ii zalle sofott!"* ("Ich bezahle gleich!"). Der Handel kam aber doch nicht zustande. Spatz in der Hand oder Taube auf dem Dach? Mein Vater galt als zäher Handelspartner.

Hier passt doch eine Angabe zu den Kuhpreisen jetzt und um 1955. Mit 3000 - 4000 Franken erhält man jetzt eine ordentliche Kuh, also ein mässiger Monatslohn eines Arbeiters oder ein halber Monatslohn eines Lehrers. In meiner Seminarzeit galt eine Kuh das Dreifache meines ersten Lehrerlohnes von fast 800 Franken oder das Sechsfache eines Velos.

Gwoge ond (G)messe ischt bald Gfresse

(Gekauftes Futter ist schnell alle)

Wie noch vor 70 Jahren das Heu und natürlich auch das Emd, der zweite und meist letzte Schnitt (heute macht man bis zu fünf Schnitte), unvorstellbar wertvoll war, beweist die Tatsache, dass von den Gloggeren im Herbst sowie vom Äscher im Winter Bergheu zu Tal getragen oder auch *gschletted* (Schlittentransport, zu sehen in 'Innerrhoder Heimweiden' von Josef Inauen und zu lesen in 'Potztuusig' von Tonisep Wyss) wurde. Nach Wyss trug man das Bergheu in Burden von der Hütte auf Gloggeren, 1635 m ü. Meer, 749 900/237 050 im Spätherbst nach Mans und führte je 2 Burden auf einem Hornschlitten zu Tal, also nach Wasserauen. Wieviel Zeit brauche ich, um nur den Hornschlitten vom Weissbad 823 m ü. Meer nach dem Äscher 1454 m ü. Meer hochzutragen, im Winter? Und von den Gloggeren Heu holen – da vergeht schnell ein Vormittag! Sicher, Bergheu ist schmackhaft, für uns; die Kühe aber fressen auf der Weide manche feinen Kräuter gar nicht.

Im Appenzeller Kalender von 1950 lese ich in einem Bericht von Karl Neff nicht nur, dass bei einer *Trägi* (fast unentgeltliche, gemeinsame Trag - Aktion von bis zu 91 Männern, ledige und verheiratete, für Heu oder Baumaterial in AI) der *Chapfbueb* aus Brülisau stilecht mit dem Lindauerli als *Struusbodi* (schwerste Last und mit einem Sräusslein als Ehrenpreis ausgezeichnet) einen Balken von 112 kg für die Kapelle von Brülisau zum Plattenbödeli getragen habe, sondern dass Bergheu von der obgenannten Gloggeren nach Wasserauen sowie Bergheu von der Stauberen und von Fählen nach Brülisau *gebuckelt* wurde. Als Spitzenleistung darf wohl die 147 kg schwere *Streuebodi* gelten, die Johann Baptist Koster (*Dickkoster*) an einer *Trägi* von Fäneren nach Schwende getragen hat. Da nehmen sich die 130 kg Bergheu des Johann Manser (*Mälli*) von der Stauberen und die 145 kg Bergheu ab der Gloggeren seines Bruders Franz ja fast bescheiden aus.

Am Zielort wurde jeweilen die Last gewogen; am anschliessenden Essen mit bescheidenem Tanz brauchte dann der Mann mit der *Struusbodi* nicht lange nach Tänzerinnen suchen – damals galt die Kraft des Mannes so viel wie die Manneskraft heute. Die geneigte Leserin beginnt zu ahnen . . .

Als *Leiti* gab es damals auch den Transport von Brennholz oder Streue, auch mit bis zu 50 Hornschlitten/Zugschlitten im Winter, ebenfalls mit einer *Spini* (Tanz) belohnt.

Auf wieviel Franken wollen wir nun den Preis von 100 kg Heu ansetzen?

Mit diesen Angaben versteht man die *Aalte* (die Altvorderen), welche laut meinem Vater und meines Cousins Sigmund Broger den unglaublichen Rat kannten: „*Wenn en Meedde bis emm Mittaag ä Bodi Eemt zemmebringt, denn süll ää t Seggess no nüdd uufhenke!*" („Wenn ein Mäher vom Morgen bis zum Mittag mit Mähen eine Burde Emd zusammenbringt, dann soll er die Sense noch nicht versorgen!"). Letzthin blieb in Jonschwil auf topfebenem Land aus 'grünem' Übermut eine Hektare Grasland zwei Jahre lang absolut sich selbst überlassen. Unweit davon wird wieder auf ebenem, bestem Ackerland eine Christbaumplantage betrieben. Natürlich, Soja für die Rinder bezieht man günstig aus Brasilien, und bei der beklagten Zunahme des Waldes in der Schweiz gedeihen wohl keine Nordmann- und Blautannen! Der Kunde ist König.

Heuzukauf und Mehlzukauf galt lange als sehr kostspielig und riskant. Für den *Heusenn* brachte der Milchertrag im Winter die Kosten für den Heukauf nicht auf, die Grasfütterung erst setzte die Sache finanziell wieder ins Lot. Knappe Futterzuteilung war aber nicht nur aus Kostengründen angesagt, sondern auch aus Qualitätsgründen. Nur bei sorgfältiger Entstaubung und Durchmischung von gutem und schlechtem (verholzt, verregnet, vergraut) Heu sowie mit dem wenigen Emd frass die gute Kuh vor lauter Hunger das Trockenfutter. Die heutigen Kühe würden da angewidert den Kopf schütteln. Ich weiss, die Milchmenge war entsprechend. In der futtermässigen Durststrecke des Winters verzehrte eine Kuh in einer Woche Futter für 20 Franken, bei Grünfutter (Anfang Mai bis Mitte Oktober) kostete die Woche so 10 Franken. Früher rechnete man für den jährlichen Futterbedarf einer Kuh umgerechnet zehn Klafter Heu, also 58,32 m3, wobei der Winteranteil sechs Klafter ausmachte. Ein Klafter war mit 500 kg gerechnet. Der *Heupuur* erreichte durch Dörren von Heu und Emd die eigentliche Wertschöpfung. Aus Spargründen und wohl auch Mitgefühl soll jeweilen ein *Senn* eine Kuh getröstet haben: „*Göll Aalti, möchtischt noo ee Heulii, abe chooscht denn ii de Aalp inne widde gnueg ööbee!*" („Nicht wahr, Alte, du könntest noch einen Wurf Heu vertragen, aber du wirst dann auf der Alp wieder satt!")

Wer jubelt da etwas von guter alter Zeit? Neben Not und Mangel herrschten Mangel und Not – bei Bäuerlein und Kühlein!

Fuugemülch
(Zentrifugenmilch, maschinell entrahmte Milch)

Lässt man naturbelassene Milch (weder uperisiert, kondensiert, homogenisiert noch pasteurisiert) von Kuh, Ziege, Schaf usw. längere Zeit stehen, so sammeln sich die kleinen Fettkügelchen wegen des geringeren spezifischen Gewichtes oben auf der Flüssigkeit, sie bilden die Rahmschicht. Wird die Milch und erst recht der Rahm lange genug geschüttelt, so bilden sich Fettklösschen, es entsteht die Butter. Das erlebte ich 1952 auf einer Bergtour. Je nach Käseart schöpfte der Senn früher fast immer mit einer flachen, pfannengrossen, hölzernen Kelle *(Rohmschueffe)* nach 12 - 36 Std. den Rahm in den Näpfen ab. Den schüttete er in den Rahmeimer und schliesslich in den Buder, um daraus Butter zu erzeugen. Die Näpfe und die *Rohmschueffe* waren früher aus Ahorn- oder Buchenholz gedrechselt und leicht zerbrechlich; später kamen auch *stöözini* (aus Eisenblech, zinnüberzogen) Näpfe oder Aluminiumnäpfe auf. Gebsen sind wie ein Fass aus Brettlein gebaut und schwer. Dieses Milchaufstellen in Näpfen im wenn immer möglich kühlen Keller war umständlich und brauchte Platz. Als Abhilfe dieser Prozedur wurde 1877 vom Deutschen(?) Wilhelm Lefeldt die Milchzentrifuge erfunden und bald darauf in Schweden, Deutschland, den USA etc. hergestellt.

In dieser Maschine wird über ein Getriebe eine Eisenkugel/Trommel unterschiedlicher Form und Zusammensetzung in sehr schnelle Drehung versetzt, so etwa 15o Umdrehungen pro Sekunde. Strömt nun laufend unentrahmte *(gaazi)* Milch in die Kugel, so wird sie einer Zentrifugalkraft (Fliehkraft, eigentlich Zentripetalkraft) ausgesetzt, die bis 5000 mal stärker als die Erdanziehungskraft, also das Gewicht, sein kann (also 5000 g, diesmal aber nicht Gramm!). So wöge ich ungelogen um die 300 Tonnen. Blitzschnell strömt die Milch an die Kugelwand, während der Fettanteil in der Mitte verbleibt. In der Wäsche - oder Bienenhonigschleuder geschieht ähnliches mit dem Wasser, den Textilien und dem Honig. Durch sinnvolle Röhren und Scheiben und Öffnungen verlassen nun pausenlos Rahm (etwa 10 %) und Magermilch die Zentrifuge, während laufend unentrahmte Milch der Trommel zugeführt wird.

Während früher der Antrieb durch eine Handkurbel oder ein Wasserrad erfolgte, liefert heute bei grossen Zentrifugen ein Elektromotor die benötigte Energie. Für spezielle Zwecke (Chemie, Biologie, Atomphysik) gibt es Zentrifugen mit 8 000 Umdrehungen pro Sekunde!

Weil die maschinelle Entrahmung (je nach Einstellung und Drehzahl der Maschine) vollständiger erfolgt als durch Aufstellen in Näpfen, wurde die Magermilch unbegründet lange eher abschätzig bewertet, obwohl sie Eiweiss, Zucker und Mineralsalze wie etwa *gaazi* Milch enthält. Die Verfütterung an Schweine oder Kälber muss aber wohldosiert und sorgsam erfolgen, sonst stellen sich leicht Verdauungsprobleme (Durchfall) ein. Die Magermilch wurde zwar wenig gehandelt, aber 6 Rappen pro Liter waren schon um 1950 lächerlich wenig. Verglichen mit Käsewasser ist die *Fuugemülch* viel gehaltvoller, was die Schweinezucht in den Alpen und im Tal antrieb.

Ab 1933 erfolgte in AI (durch meinen Grossvater Franz Manser (1861-1943) gefördert) der Aufbau von Milchsammelstellen *(Hötte)*, eigentlich bis etwa 1970 Rahmsammelstellen, deren Rahm in den charakteristischen Rahmkannen per Fuhrwerk, Postauto und Bahn nach Gossau in die Butterzentrale gelangte, deren Mitbegründer und erster Direktor Joh. Ant. Huber wieder einmal ein Cousin meines Grossvaters Franz Manser war.

Ab 1970 wurde eher Konsummilch gesammelt, wieder mit negativen Auswirkungen auf die Schweinezucht, da ja nun die unterbewertete Magermilch fehlte. Die vorher dem Talbauern verbliebene *Fuugemülch* erleichterte nämlich die Schweinehaltung; mit wohl berechnetem, mässigem Zukauf von Mehl für die Schweine (und Heuballen für die Kühe) stieg die Düngermenge und damit der Graswuchs ab den 50-er Jahren allmählich und . . . Der pfiffige Leser beginnt zu ahnen! Kurz und gut, der Motor der landwirtschaftlichen Entwicklung war angeworfen.

Später wurde durch Motorisierung (dem Rapid-Einachser mit Triebachse sei Dank!) und Mechanisierung (Kreiselheuer, Ladewagen, Siloballenpressen und Melkmaschine) der Prozess zusätzlich beschleunigt, so dass heute zu recht oder zu unrecht auf die Bremse gedrückt wird.

Im Vergleich mit der Milchwirtschaft in den USA (mein Onkel betrieb eine Milchfarm, seine Söhne nun noch ebenfalls) stelle ich fest, dass in Wisconsin pro Mann viel mehr Milch als in AI und AR erzeugt wird. Mit der Milchmenge pro Flächeneinheit aber ist es genau umgekehrt.

Momentan ist die Milchverwertung in der Ostschweiz zeitlich und örtlich sehr verschieden. Bei grossen Talbetrieben mit 40 und mehr Milchkühen hat sich die Hofabfuhr der Milch eingebürgert. Heutige Kuhherden von 50 Hochleistungskühen übertreffen mit ihrer Milchproduktion die Milcheinlieferungen einer mittelgrossen *Hötte* in AI um 1960 spielend.

Ee Zitt ischt nüd allii Zitt (Einmal gilt nicht für immer),

D. HEUBAUER UND HEUSENN, ARBEITSTEILUNG

Heupuur ond Heusenn
(Heubauer und Heusenn)

Als Johann Dobler im Spätwinter 1972 letztmals in Trogen sein Senntum losband und mit ihm zur Pachtliegenschaft in Gais zog, ahnte er wohl nicht, dass er damit vermutlich im Appenzellerland eine rund 200 Jahre alte, nur im Toggenburg, in AR und besonders in AI betriebene, einzigartige Bewirtschaftung und landwirtschaftliche Arbeitsteilung beendete. Im Toggenburg fand diese Bewirtschaftungsform nach Köbi Knaus erst so um 1980 ihren Abschluss. Ein Bekannter von mir hat noch einige Jahre später im Raum Wil Heu auf ähnliche Weise (aber schon nicht mehr ganz stilrein) verkauft. Details aber sind schon etwas unsicher. Die Verschiebung der Viehherde von einem zeitlich begrenzten Futterort zu einem anderen oder von und zu der Stammliegenschaft war dabei *Öberefahre* im eigentlichen und ursprünglichen Sinn. *Öbere* (hinüber, herüber) ist nicht *ini* oder *use* oder *aa* oder *vo*. Somit ist *öberefahre* die (empfundene) waagrechte Verschiebung des Senntums im Tal und nicht in die Berge oder Alpen fahren oder aus ihnen fahren und auch nicht an die oder von der Viehschau fahren. Heute haben sich die Begriffe teilweise verwischt, die ursprüngliche Form ist gänzlich verschwunden.

Bei Johann Dobler war das Senntum im Jahr bis zu sechsmal unterwegs, Bestossung der *Voowääd* (Vorsömmerung, andernorts auch Maien genannt) und *m Pmeeaalp* eingeschlossen. Der Zyklus lautete: Gais – Trogen – Gais – *Wederegg* (Wideregg, unterhalb dem Kronberg) – Seewies/Soll – *Wederegg* - Gais. Dass Johann Dobler meist barfuss anzutreffen war und über anerkannt gute *Schölle* verfügte, sei beim letzten *Heusenn* überhaupt nur am Rande vermerkt.

Die eigenartige Arbeitsteilung von Heuzubereitung des Talbauern und Heuverfütterung mit Alpbetrieb des Senntumeigentümers wohl seit rund 1800 war nur im oberen Toggenburg, in AR und besonders in AI gebräuchlich und eigentlich weltweit einzigartig. Die Beweggründe liegen vielleicht in der Käsezubereitung und im Hang zur Individualität des alemannischen Bauern, verstärkt durch die Hügellandschaft. In der Ostschweiz sind doch die Bauernhöfe ganz verstreut in der Landschaft, während anderswo eher dörfliche Ansammlungen von Bauernbetrieben anzutreffen sind. Ein Blick vom Hohen Kasten auf Innerrhoden oder vom Chäserrugg ins Obertoggenburg ist da hilfreich. Im Flachland war der Futter- und Düngertransport leichter zu bewerkstelligen als im Alpenvorland. Andererseits finden wir auch im weiteren Hügelland der Schweiz wie auch in Südtirol ausgesprochene Bauerndörfer. Sicher, die Bauern besassen dort meist unbewohnte Heustadel, in denen das Vieh das Futter an Ort verzehrte und den Dünger hinterliess. Die moderne Landwirtschaft hat diese Ställchen alle ausser Betrieb gesetzt. Wenn schon ihre Wasserversorgung (nahe Quelle, Holzleitung oder naher Bach) immer kritisch war, so fehlte der elektrische Strom für Licht, Heugebläse oder Melkmaschine durchwegs.

Die geringe Grösse der Bauernbetriebe im Alpsteingebiet ohne Grundbesitz auf verschiedenen Höhenstufen wie in Graubünden oder vor allem im Wallis (bis zu 3 unterschiedlich hoch gelegene Betriebe) mag ebenfalls eine Rolle gespielt haben. Hinzu kommen aber selbstverstärkende Regelkreise. Die eine Sachlage bedingt die andere und wieder umgekehrt. Wenn inTirol einige Bauern den Pfählen (sinnloserweise, der Pfahl fault bis auf Ausnahmen unten auf Bodenhöhe und nicht oben) ein Brettchen als Dach verpassen, dann macht das bald jeder. Im extrem feuchtnassen Klima mag das Dach von Vorteil sein. Wenn in Wisconsin einige Scheunen rot und die Rahmen weiss (Schweden war da Vorbild) oder auf Hügeln ganz weiss gestrichen sind, dann sind es bald alle. Die EU traut übrigens dieser Schwarmintelligenz gar nicht, sie verlangt Gehorsam.

Die obige Arbeitsteilung bot neben einigen Nachteilen natürlich einige wichtige Vorteile und hielt bis etwa 1960 an. Wenn der Talbauer über eine Scheune mit entsprechendem Stall für meist 18 Kühe und einem weiteren für die eigenen 2 - 4 Kühe und/oder Ziegen verfügte, konnte er fast ohne weitere Auslagen den Bauernhof betreiben. *Noo e Seggess ond e Heusääl* (Nur eine Sense und ein Heuseil) waren nötig. Das Risiko der Tierhaltung (Seuchen) lag voll beim *Heusenn*, was für den Familienvater mit erst kurz zuvor übernommenem Bauernhof zu abschreckend gewesen sein mochte. Früher wurden bei fehlender Zinsleistung auf handfeste Art Familien von ihrer Liegenschaft durch erzwungenen Verkauf vertrieben, kein Sozialamt half da. Ich könnte zwei Fälle nennen. Das Dilemma 'Spatz in der Hand oder Taube auf dem Dach' musste vorsichtig angegangen werden. Dann gab es da auch noch zwei Weltkriege mit Aktivdienst und als Zwischenspeise die Wirtschaftskrise . . . Bei erfolgreicher Bewirtschaftung der *Heemet* (eigener Bauernhof) stieg aber der Heubauer bei entsprechender Familienlage (Söhne!) durchaus auch selber zu einem Heusennen auf, mit Alpbetrieb und Pachtland als Grundlage. Nur schon aus meiner Verwandtschaft könnte ich da vier solche 'Aufstiege' nennen. Umgekehrt konnten früher viele kleine Bauergütlein gar keinen Sennen aufnehmen, da blieb nur die bescheidene Selbstnutzung durch die eigene kleine Herde.

Nach alter Überlieferung (Belege?) zog mit dem Heusennen gleich auch seine ganze Familie zu den verschiedenen Futterorten (Heubauern), nicht nur mit Hund, sondern auch mit Katze und Huhn. Ich tippe in dieser Sache auf bemerkenswerte Ausnahmen.

Ohne Motorfahrzeuge konnte ein Senn auch nicht den Alpbetrieb führen und gleichzeitig die Heuernte im Talbetrieb erledigen. Einer hütete/besorgte die Kühe und ein anderer richtete Dörrfutter. Überraschend ist die Tatsache, dass früher manche Sennen kein Jungvieh aufzogen, Platzverhältnisse beim Heubauern oder die Alpbewirtschaftung im Sommer standen dem wohl im Weg. Man sieht tatsächlich auf alten Sennenbildern selten Jungvieh. Durch Zukauf bei Bauern oder Händlern (aus dem 'Oberland' Graubünden) wurde die Herde erneuert. Umgekehrt wurden die Kälber zur Aufzucht oder Mast an Händler verkauft. So gab es einst neben halbjährlichen Ziegenmärkten in Appenzell (beim Restaurant Hörnli) auch regelmässige Kälbermärkte in Herisau (Kälbchenhalle) und Appenzell (beim Restaurant Engel).

Für uns Kinder und die Eltern bedeutete obige Arbeitsteilung, dass wir bezogen auf die Grösse der Liegenschaft viel Heuarbeiten verrichten mussten. Durch den geringen eigenen Grasverbrauch gab es viel Heu im gleichen Reifestadium, bei mehr Kühen wäre mehr *aabgeezzts* Heu (zweiter Graswuchs nach dem ersten Weidegang) zu ernten gewesen. Das hätte die Heuarbeit verteilt und die Heuqualität verbessert.

Die Bedeutung der Heuarbeit brachte es auch mit sich, dass man dann und wann (nach höchstkirchlicher Erlaubnis durch den Pfarrer im Sonntagsgottesdienst!) auch am Sonntag heuen musste. Das war uns naseweisen *Goofe* zutiefst zuwider; nicht, weil wir um unser Seelenheil bangten, wohl aber, weil ein freier Tag im Eimer war. Hätte der Vater schlau reagiert und uns konsequent einen anderenTag als 'Sonntag' verleben lassen, hätten wir willig mitgehalten. Die fürsorgliche Mahnung der Kirche zum Verzicht auf unerlaubtes Sonntagsheuen hiess weltfremd und absolut umwerfend: „Wer das Heu nass macht, der macht es auch wieder trocken!" Ja, gewiss, vielleicht zwei Wochen später und mit ausgewaschenem, *fochsrotem* Heu! Zeiten waren das!

Leichte Bedenken der Mutter von wegen Sonntagsverbot knechtlicher Arbeit konterte unser Vater jeweils bibelfest - sinngemäss Mt 12,11 und Lk 13,15 sowie 14.5 - (seine Stiefmutter war in jüngeren Jahren Pfarrköchin beim noch so rigorosen Pfarrer J. A. Zündt in Gonten gewesen!!) mit dem Hinweis auf den Ochsen in der Grube, den man auch am Sabbat herausholen dürfe (Lk 14,5)! Bravo! 1 : 0 für den Vater.

Heute kräht kein Hahn darnach, wenn 'Motoren' am Sonntag das wertvolle Futter retten und wenn sogar gemäht wird, was in meiner Jugendzeit strikt verpönt/verboten war. *„Mee löönds eetz!"*

Ein bis etwa 1960 nicht zu behebender Nachteil des *Heuvechaufe* war der Jauchemangel in der Wachstumszeit der Pflanzen. Der besteht übrigens auch noch beim Sennen, der mit der Herde im Sommer auf der Alp ist. Gewiss, heute ist Dünger eher Last als Mangel.

Die Zusammenarbeit zwischen *Heusenn ond Heupuur* war nach ungeschriebenen, aber bekannten Regeln festgelegt. Der *Heupuur* stellte Kuhstall, Schweinestall, Keller, Einstreu, Brennholz (käsen, warmes Schweinefutter) sowie Schlafgemach *(Sennestall, Sennechamme)* und die Sonntagsverpflegung zur Verfügung. Wenn der Senn die Milch in der Milchzentrale entrahmen liess und also nicht mehr Käse herstellte, so war das für den *Heupuur* bezüglich Brennholz eine deutliche Arbeitsreduktion. Wenn der Heusenn Zusatzfutter für die Kühe (nicht für die Schweine), also Mehl *(Mi-äät)* oder Ballenheu, kaufte, erhielt er nach Abmachung vom *Heupuur* eine geringe Entschädigung, so zwei Franken pro Doppelzentner (100 kg), der Dünger war eben beim *Heupuur* sehr begehrt.

Das Entfernen des Mistes war Sache des Heubauern, ebenso war das Schroten des Heustocks *(Tili Heu)* bis zur Heumessung nur ihm vorbehalten. Das Betreten (Bestampfen) des Heustocks war für den *Heusenn* bis zur Messung untersagt, *vöötele*, übervorteilen, war so vermieden.

Der Heusenn war laut Aussagen meiner Mutter angehalten, der Familie des Heubauern (oft mehrere Kinder!) am Sonntagmittag ein *Mötteli* (hölzerne Schüssel mit Dauben) voll Rahm auf den Tisch zu stellen, eine Verpflichtung, die im Zuge der Milchzentralen leider verschwand. Alle Arbeiten um die Tiere und die Milchverwertung waren Sache des *Heusenn*. Auch die Stierführung für auswärtige Kühe *(zue loo)* oblag ihm. Natürlich half man einander, besonders aber beim Tränken. Aufmerksam kontrollierte man, ob auch ja jede Kuh gehörig Wasser zu sich nahm, ansonsten wäre das ein erstes Anzeichen einer Beschwerde gewesen. In Wisconsin kontrolliert ein mir bekannter Farmer mit 800 Kühen per Computer, wie schnell die

Kälbchen die Milch aufsaugen, um bei kleinsten Abweichungen schon bezüglich Krankheiten gewarnt zu sein.

Die übliche Tagesarbeit verlief fast kultisch gleichmässig. Schweine füttern, Kühe füttern, Kühe bürsten, ausmisten usw. Während z. B. unser Heusenn Johann Hautle vom Lehn den Kühen die Schwänze aufband oder einen letzten Haufen Heu (ee Uufwöndedee) den Kühen vorwarf, wischte mein Vater ausdauernd die Voobrogg (langer Verbindungsgang zu den Ställen und dem Tenn, bei der häufigen Hanglage der Scheune fast zwingend als Bohlenbrücke ausgebildet), oft gemütlich und takt-betont 'O selige Nacht' pfeifend.

Beim Abkalben wie auch beim Melken half mein Vater fachkundig und selbstre-dend immer mit, ebenso beim Heuröschtee (Heu durchmischen und notfalls ent-stauben), Auch ich half mit Handle (Eutermassage vor dem Melken) abends und Kühe bürsten vormittags etc. gerne mit. Als Ausgleich schrotete der bärenstarke, auf Reinlichkeit bedachte und darum bei der häuslichen Damenwelt beliebte Johann Hautle die früher drahtgebundenen Strohballen oder half (bei Schneematsch und Schlamm), kräftig und verheissungsvoll in die Hände spuckend, bim Voowöffe (Mist auf den etwas entfernten Miststock führen) mit. Nicht immer, denn nach einer Losi (Tanzanlass, früher in AI nur an Neujahr, Fasnacht, Chilbi etc.) oder dem abendlichen Besuch der ziemlich weit entfernt wohnenden Auserwählten genehmig-te er sich ein aufbauendes Mittagsschläfchen! Unter bärenstark meine ich, Kraft zu haben wie ein Bär, eben wie Johann. Wer trägt schon in einer Chreeze (hölzernes Rückentraggerät, aus Stäben) in einem Zug 150 kg Kartoffeln von Mettlen/Appen-zell ins Lehn/Appenzell, wobei während einer Rast der Holzhag unter der Last gleich zusammenbricht? Eben nur de Hautlis Johann!

Dass mir kürzlich ein Senn in Gonten nüchtern und sachlich verriet, in seinen jun-gen Jahren einmal ebenaus und nicht sehr weit vier mit einem Heuseil zusammen-gebundene Heuballen zur Scheune getragen zu haben, wobei eine gewogen reich-lich 50 kg angezeigt habe, ist fast unglaublich und schon bemerkenswert. Ich wagte dem nicht genannt sein wollenden Kraftpaket nicht zu widersprechen; erstens auf Grund meines Körperbaus und zweitens wegen seines einmal ziemlich (!) erfolgrei-chen Neffen. Versteht sich doch. Es gibt Vornamen und Nachnamen mit nur vier Buchstaben! Auch im Schölleträge sei er schon in jungen Jahren nicht mickrig gewesen, was ich wiederum nicht bezweifelte, seine knochigen Hände sagten viel! Ohne Rast ist die Strecke Nisser – Balmen – Eugst - Chalchofen um die Nordwest-seite des Kronbergs auch abwärts 5 km lang und gewöhnungsbedürftig.

Beim abschliessenden Öberefahre im März nach etwa zwölf Wochen Fütterungszeit war natürlich das Führen des Stiers für meinen Vater Ehrensache und Beweis der Harmonie, während wir Buben dabei gern als Springbuebe (Laufjungen) amteten, nur schon wegen Sennehääs (Sennenkleid), Kuchen (war in meiner Jugend eine grosse Seltenheit) und Wein. Den gab es bei uns immer bei der Wegfahrt des Senn-tums. Die Mutter ihrerseits besorgte rechtzeitig das Waschen der Bettwäsche des Sennen. Im Normalfall verwendete der Heubauer gegen Entgelt den Stier des Sen-nen gleich auch für die eigenen Kühe, umgekehrt kaufte der Senn dem Heubauern gleich auch mastbereite Ferkel ab. Eine Hand wusch die andere!

Ausser in Jahren mit Heunot, laut Josef Inauen also 1816, 1856, 1865 und 1917 im Appenzellerland, war der Heusenn gegenüber dem Heubauern im Vorteil, jawohl!

Hungersnot kennt man bei uns gottlob nur aus Büchern, aber Heunot? Doch, doch. Nach dem überaus trockenen Nachsommer und Herbst 1947 mit geringem Heuwuchs im Unterland verfütterten Bauern in Wilen/Wil laut Alois Wiesli sowie Alois und Walter Neff *(Leengg)* im Spätfrühling 1948 zerhackte Tannenäste/Reisig an die Kühe.

So um 1920 wurde einmal in Enggenhütten (sicher erst im Winter, was ein schlechtes Zeichen ist) ein Heubauer mit dem Heusennen nicht handelseinig, so dass der Senn wieder der Strasse zuschritt. Das Bäuerlein eilte aber schliesslich doch dem Sennen bis zum Wald hinunter nach und willigte notgetrieben in den Verkauf ein. Auf die Frage, wann der Senn mit dem Senntum zum Ätzen käme, antwortete dieser überraschend: *„Ii bii schoo uff em Weeg!"* („ich bin schon unterwegs!"). Alles laut dem Enkel des Heubauern, E. S. Reine Nervensache!

Es konnte in früherer Zeit durchaus vorkommen, dass die Sennen (Söhne, Knechte) das Senntum losbanden und noch nicht wussten, wohin sie das *Öberefahre* führen würde. Der Heusenn schritt voraus, um irgendwo einen ihm wohl bekannten Heustock zu kaufen. Meinem Grossvater mütterlicherseits, Jakob Fässler, verblieb um 1924 in Gonten einmal ungeplant der gesamte Heunutzen, wohl, weil er falsch kalkuliert hatte. Das folgende Jahr wurde für die Familie eine bittere Zeit. Im folgenden Winter wurden dann für die damalige Zeit unglaubliche 77 Klafter Heu in einem Zug vom gleichen Sennen, Baptist Koster, *Choschtes Badischt*, mit zwei Knechten an sein schweres Senntum von 33 Kühen verfüttert.

Meistens besass ein Heusenn auch ein eigenes Heimwesen. Dort verblieben gewöhnlich die Jungtiere, während die Kühe bei den Heubauern ihr Futter verzehrten. Stallbedingt war das eine gute Lösung, wie auch im Herbst die Ziegen aus diesem Grund gern an Bauern verkauft wurden; diese Kleintiere waren bei einem Heubauern eher ein Überbein. Die Knechte oder Söhne waren beim Senntum und den Schweinen, der 'alte' Senn beim Jungvieh, ohne Melkarbeit und Schweinehaltung eine feine Sache!

Mein Grossvater Franz Manser wurde als Begründer des Sennenverbandes Toggenburg-Appenzell (am 29. 9. 1918) wohl ungewollt zum eigentlichen Totengräber des Heusennen alter Schule und Anzahl. Wie denn? Auf seine Initiative und jener seines Cousins Joh. Ant. Huber hin wurden für die Butterzentrale Gossau immer mehr Milchsammelstellen mit Zentrifugen eingerichtet. So wurde etwa ab 1930 auch für den Talbauern mit seinen 3 - 5 Kühen die Möglichkeit geschaffen, seine Milch rentabel zu verwerten. Mit Käsen war das bei den kleinen Bauernhöfen vorher kaum möglich, das betrieb nur der Heusenn nutzbringend. Die Milchzentralen entzogen somit den Heusennen den Boden, dabei aber verbesserte sich allmählich die Stellung des Talbauern.

Jetzt kommt noch der Dünger zum Zug. Weil beim Heubauern die grösste Düngermenge oft fast ausschliesslich im Winter anfiel und wegen der Vegetationsruhe nicht ausgebracht werden konnte (heute strikt verboten) und die Jauchekästen für die Jauche *(Gstöckt föö Bschötti)* bei weitem nicht ausreichten, musste mit Stroh (100 kg so zwölf Franken) der Tierkot in eine haltbare Form gebracht und also als Mist im Frühling auf die Wiesen verteilt *(tumme)* werden. Im Sommer aber fehlte dann dummerweise der Düngeranfall. Immerhin, der nötige Strohzukauf des Heubauern und der Mehlzukauf des Heusennen für die Schweine steigerten die Düngermenge, was damals (sagen wir bis 1960) sehr zur Bodenverbesserung willkommen war. Früher wurde der junge Bauer an landwirtschaftlichen Schulen ausgebildet, so viel wie möglich aus dem Boden zu ziehen, heute muss er lernen, so viel wie möglich aus Bern . . .

Dem Mist werden ja generell fast wundertätige Eigenschaften nachgesagt; 'Mist ist des Bauern List!' Er düngt eben nachhaltig. An der Grösse des Miststocks liess sich auch im Unterland im Frühling die Bedeutung des Bauernhofes erkennen. Nach Aussagen eines Tierarztes wären Viehzüchter ohne Mist seine besten Kunden, die mangelhafte Fruchtbarkeit der Kühe sei offensichtlich, laut Albert Neff.

Erst im Frühling, also in der Wachstumszeit, ausgebrachter Mist und früher Grasschnitt für Silage aber passen nicht zusammen, leider.

Nach alter Meinung der Sennen soll sich sogar die Behandlung des von den Schweinen durchnässten Strohs auf die Buttermenge (Auswirkung auf das Futter für die Kühe) der Milch im folgenden Winter ausgewirkt haben. Erfahrene Sennen schätzten es, nur vergären (2 - 3 Wochen lang) Schweinemist *(prennte Brotzig)* zur Anreicherung nochmals in den Kotgang *(Fletschlig)* des Kuhstalls zu bringen. Einbildung?

Anderseits befürchtete der Senn bei dieser Misterzeugung wieder vermehrt die Fussfäule. Tatsache?

Grundsätzlich aber bestand zwischen Heusenn und Heubauer ein sehr vertrauensvolles und enges Verhältnis. So brachte Johann Hautle bei uns in Unterschlatt immer selber Kaffeebohnen und Fleisch mit, die restliche Mittagsspeise mit Most stand ihm natürlich immer zur Verfügung, so auch das Fleisch am Sonntagmittag. Auch ein warmer *Chriesisack* (Kirchensteinsack als Bettwärmer) für das Laubsackbett in der für ihn reservierten *Sennechamme(r)* lag abends im Ofenrohr bereit. Zwischen beiden Familien (und den Knechten) konnten durchaus Götti – Göttikind – Verbindungen wie auch entsprechende Liebschaften entstehen; so bei den Eltern meiner Mutter. Im 2. Weltkrieg halfen mehr als ein Senn beim Aktivdienst mit anschliessender Leberentzündung meines Vaters meiner Mutter mit Rat und Tat (durch Knechte oder Söhne), die harsche Zeit mit der jungen Familie zu überstehen. Im Nachhinein bin ich selber erstaunt zu erfahren, dass ein Cousin meines Vaters, Franz Rusch, *(Mareie Franz)*, als Heusenn schon um 1944 auf unserer Liegenschaft seine zwei Knechte mit einer Jauchepumpe (die erste in Gonten) *veschluuche* (Jauche auf die Wiese pumpen) liess und auch schon einen elektrischen Zaun benützte, womit er meinen älteren Bruder Baptist elektrisch foppte. Erst liess er meine jüngere Schwester Ruth als Göttikind den Draht berühren – Strom abgeschaltet, dann meinen Bruder – Strom eingeschaltet! Mit seinem Senntum zog er von Unterschlatt über Gonten - Urnäsch in die Schwägalp (Steinfluh und Tossegg). *Ii de Geele* und erst noch als Innerrhoder war er eine absolute, wohl kriegsbedingte Ausnahme; insgesamt während sieben Alpsommern. Als Grempler und 'Hansdampf in allen Gassen' besass er in Gonten das erste Auto, einen Ford T.

Im Sommer war es für uns Kinder eine grosse Abwechslung, Johann Hautle auf seiner Alp Heubühl/Fähneren zu besuchen, wo wir seine saubere Hütte bestaunten und die feine *Rohmzonne* (Rahm - Mehlspeise) genossen. Mehr als einmal half uns Johann im Frühling auch beim Mist auf den Zweiräderwagen laden, mit der grossen Mistgabel griff er dabei zu unserem Gaudi immer herzhaft zu!

Eine Zeitlang war in der *Hötte* im Zithuus Fingerhakeln *(hööggle)* angesagt. Eine doppelt gezogene Schwanzschnur um Ring - und Mittelfinger war das Wettkampfobjekt. Gezogen wurde über die schwere Tansenbank. Johann gewann immer problemlos. Sein Sieg über einen anerkannt grossgewachsenen, leicht missbeliebigen Mann war für uns Kinder schulweglang das wichtigste Gesprächsthema, vergleichbar einem Lauberhornabfahrtssieg!

Oft verbrachte ein Knabe des Haubauern als Handbub die Alp beim entsprechenden Heusennen, meist für beide Partien eine passende Sache.

Als ich einmal wegen Bettenbelegung durch meinen unser Holz schlagenden Cousin Sigmund Broger kurzzeitig mit Johann Hautle das Bett teilte, wusste ich über seine gängige Liebschaft besser Bescheid als sein Vater, er revanchierte sich seinerseits mit vertraulich zugesteckten Hefegebäckstücken. Mmhh!

In Geldsachen war Geduld angesagt. Mein Vater hielt es für korrekt und angemessen, wenn ihm der jeweilige Senn beim Wegfahren im Frühling gut den halben Geldbetrag in der Nebenstube überwies. Die Restzahlung erfolgte anstandslos beim Anbieten des neuen Heustocks an der Hofer - Chilbi. Das waren glatte 18 Monate nach den ersten Düngearbeiten im Frühling. Mein Vater kannte eben auch die Seite des Heusennen, war er doch selber sechs Jahre lang für seinen Vater pausenlos mit Ausnahme der Alpzeit *am frönte Sproze* (als Heu- und Grassenn auf fremden Talbetrieben).

In den 1960er-Jahren verfütterte bei uns ein Senn das Heu, dessen Herde sogar einen Teil des sonst unserem Vieh vorbehaltenen Stalles benötigte (unsere Rinder waren im Stall eines Nachbarn untergebracht. Dieser Mustersenn E. S. hatte zuvor unserem Vater auch noch einen Wurf *Jageli* (Jungschweine) abgekauft. Am Tag der Wegfahrt übergab er unserem Vater in der Nebenstube ruhigen Blutes etwas mehr als 5000 Franken. Heute wäre noch eine Null hinten passend. So viel Geld hatten wir noch nie an einem Haufen gesehen. *Seb heett g'senneleed)* (Das war sennisch!). Da war ein Jauchzer beim *Schölleschötte* nach Wein und Kuchen schon passend.

Weil bei den Heuarbeiten *(bim Teirre)* von Mitte Juni bis Mitte September immer die ganze Familie eingespannt war, liess uns der Vater ganz stolz nach dem Wegfahren des Heusennen am Abend die Banknoten bestaunen. *„Do chönnd ee jezz luege, vo wannee aas s Göld choot!"* („Da könnt ihr nun sehen, woher das Geld kommt, wie es verdient wird!" waren jeweilen seine anspornenden Worte. Besonders dankbar bestaunten wir auf der rotbraunen 500er - Note die drei Handstickerinnen von Eugene Burnand, nicht wissend, dass es nach Aussage meiner Tante Theres anscheinend die drei Töchter/Geschwister Manser *Manseli* (oder Mutter und zwei Töchter?) vom Rosengarten/Lehn waren. Zutreffend aber passt wohl laut Josef Inauen eine Familie Brülisauer aus Gonten, *Franzischtlis*. Eine Verwchslung durch meine Tante Theres ist denkbar, aber nicht bewiesen. Burnand gestaltete seine Banknote nach einem Gemälde von Carl Liner, der aber auch einen Onkel (*Vette Sebedöni*) obgenannter Theres malte, dessen Bild lange Jahre als Schachteldeckelbild für Caramels diente. Habe ich mich unklar genug ausgedrückt? Da versteh noch einer die Weltgeschichte, wenn der Teufel im Kleinen steckt. Josef Inauen stützt sich massgeblich auf die Aussage von Maria Inauen (Trachtenmarie). Der Ehemann von Theres aber war hingegen lange Jahre der Pflegesohn von

Manser Jakob, *Manselis Jöck*, der Bruder der vermeintlichen Trachtenstickerinnen vom Lehn. Es steht Aussage gegen Aussage. Hilft ein Gentest?

Die Giesserei vom gleichen Künstler auf der violettorangen 1000er - Note befremdete uns zwar etwas, aber wir zollten ihr Respekt. Der anfängerhaft wirkende Mäher auf der 100er - Note und der wild hackende Holzer auf der 50er - Note von Ferdinand Hodler aber reizte uns eher zu abfälligen Bewertungen seiner weltfremden 'Malkunst.Alle diese Noten waren von 1911 bis 1958 in Gebrauch, nach heutiger Bewertung verdienten alle noch eine zusätzliche Null, natürlich hinten!

Für einen *Schöllesenn* kam so etwa ein Heustock mit 30 - 35 Klaftern (zu 5,832 m3) in Anschlag, der Preis lag so meines Wissens bei 90 – 110 Franken pro Klafter. Für den *Heusenn* kam es natürlich darauf an, wie das Heu liegt, also wie dicht es auf der Heudiele lag. Handgriffe in den *Strääl* (offene, vordere Heustockseite) beim Kauf, Erfahrung und Vertrauen waren unabdingbar. Durch einen Dreisatz konnte man nach dem Verfüttern des Heustocks ausrechnen, für wie viele Kühe das Futter eines Klafters eine Woche lang reichte (gleichwertig: wie lange hat eine Kuh an einem Klafter Heu zu fressen?) Mein Vater war immer stolz, diese Rechnung zu beherrschen. Fünf Kühe galt da als erreichbares Spitzenergebnis. Das Alter der Kühe oder die Fütterungszeit konnten aber merklich mitspielen. Je älter die Kuh und je länger der Tag, desto mehr Futter braucht eine Kuh, galt damals. An Lichtmess (2. Februar/Horner) musste übrigens im Alpsteingebiet noch der halbe Futtervorrat vorhanden sein; nach alter Bauernregel. Vermehrter Futterverzehr der Kühe gegen Frühling und Wachsen des Jungviehs ist dabei eingerechnet.

Ein kleiner Talbetrieb mit der Futterbasis für nur 3 - 4 Kühe (natürlich, die gab es noch um 1960, bei grossen Familien und Häusern, die oft grösser waren/sind als die Scheune!) konnte keinen *Heusenn* mit grossem Senntum *(Schöllesenn)* aufnehmen und umgekehrt. Wurde also mit Senntumschellen ans Heu gefahren, so war das für Senn und Bauer ein wichtiger und deutlicher Qualitätsausweis. Der Senn nur mit der *Füeschölle* (Führschelle, Leitschelle) und etwa zwölf Kühen entspricht automobilistisch ausgedrückt einem VW, der *Schöllesenn ii de Bruune* einem Mercedes und *mit de Geele* einem Ferrari.

Laut Köbi Knaus wirtschafteten früher im Raum Alt St. Johann – Unterwasser um die zwölf Heusennen. Sie fuhren laut Knaus' Aussage mit *de Schölle* und auch mindestens 18 Kühen bis Gams, Grabs und Buchs im Rheintal, ins Fürstentum Liechtenstein sowie Gebertingen über dem Ricken oder Wattwil und Brunnadern *aas Heu*. Das *Öberefahre* im Frühling etwa von Gebertingen nach der Alp Gräppelen oder von Waldstatt über Chräzeren – Faltlig nach Chlingen (Joh.? Stricker um 1920) am Säntis oder von Brunnadern nach der Breitenalp nördlich Frümsel (Melchior Bräker) oder von Hemberg nach der Alp Selun wurde etwa im Raum Starkenbach - Alt St. Johann mit Übernachten des ganzen Senntums bewältigt. Im Toggenburg verschwand das *As Heu fahre* erst gegen 1980 vollständig. Auch amteten in den dortigen Gemeinden ausgewiesene Heumesser ihres wichtigen Amtes. Heute wird mit Lastautos das Futter aus dem Unterland zu den Kühen gefahren, früher war es teilweise umgekehrt, die Herde zog zum Futterort. Auch im Toggenburg waren geprüfte Heumesser für das Errechnen der Futtermenge zuständig. Als Zeichen des Wohlstandes beim Heusennen sei erwähnt, dass es vorkommen konnte, dass in

AI, wenn auch ganz selten, ein Senn mit zwei *Sennte* (Senntum mit 18 oder mehr Grosstieren) wirtschaftete. Auch wenn ein Senn zwei Alpen nutzte, also Sömmerung mit Vorweide *(Voowääd)*, konnte es für ihn nötig sein, im Frühling und im Herbst nach zusätzlich ans Gras zu fahren (*aass Grääs fahre, Grääs etze*). Die Bezahlung erfolgte dann nicht nach Futtermenge wie beim Heu, sondern nach Tagen oder Wochen. In AR wurde so früher auch beim Heu abgerechnet.

Wenn nun ein Senn im Winter beispielsweise zu zwei verschiedenen Heubauern ans Heu und im Herbst noch einmal ans Gras fuhr, ergab das leicht 4 - 5 Verschiebungen mit dem Senntum, bei 100 und mehr Sennen allein in AI war das *Öberefahre* im Tal darum eine so alltägliche Sache wie heute ein Sattelschlepper auf der Strasse. Wie mir Sennen in AR verrieten, wurden vor etwa 60 Jahren Sennen *mit de Geele* bei der Alpfahrt oder bei der Viehschau bisweilen leicht scheel angesehen und fast als Prahler gewertet. Neid ist menschlich. Das hat sich gründlich geändert. Heute erntet eine zünftige Alpabfahrt zu recht Bewunderung und Dankbarkeit, Transporte per Lastwagen wären ja auch möglich; nur, was gibt es dann da noch zu bestaunen! Ein grosser Teil der Bevölkerung schätzt und bewundert die unermüdliche Arbeit der Bauern schlechthin und der *Schöllesenne* im besonderen. Gegenstimmen? Keine!!

Die lokale Verwertung der Molken und des Fleisches sowie die Morgenessen und der Ferienaufenthalt bei einem Bauern wie auch das Fernsehen, die Presse und sogar der Schwingsport führen Aussenstehende und Älpler zusammen. Fleisch, Butter und Käse gibt es überall, Alpenwelt und *Öberefahre* aber sind einmalige Juwelen!

Die arbeitsteilige Wirtschaftsform von *Heupuur ond Heusenn* im Toggenburg, in AR und in AI gehört endgültig der Vergangenheit an. Auch als Unesco - Weltkulturerbe wäre sie verloren! Sicher, da wurde mit kurzen Spiessen gefochten, aber das häufig schlimme Schicksal der Schwabenkinder konnte meist vermieden werden wie auch das traurige Los der armen Tessinerknaben als Kaminfeger in Mailänder Fabriken sowie der Verdingkinder in der Schweiz bis fast in die Gegenwart. Ich knurre nicht von Kriegszeiten. Klingt in gequälten Kinderherzen die Bezeichnung 'Lieber Gott' nicht wie absurder und verstörender Hohn? Hiesse übrigens die fast unmöglich zu erfüllende Maxime 'Liebet eure Feinde!' nicht ertragreicher 'Liebet eure Kinder!'? Sie wäre doch einigermassen zu handhaben. Schliesslich hängt man einer *Schöllchue* auch nur die Schelle um den Hals und nicht den Amboss; und auch von einer guten Milchkuh verlangt man nur Milch und nicht schon Rahm! Hoppla, das ist ja bald eine Stallpredigt. Lebensnah schwört in Appenzell an der Landsgemeinde der neu gewählte Landammann bei 'Gott und allen Heiligen' (will sagen: verspricht hochfeierlich und bei klarem Verstand), Witwen und Waisen zu schützen. Sicher, die Gewichte haben sich verschoben, zu Waisen gehört der Zusatz 'Scheidungswaisen', aber wieviel Kinderleid konnte so landesweit und könnte weltweit vermieden werden!

Wenn sich nun schuldbewusst Behörden bezüglich der Verdingkinder entschuldigen und auch finanziell Wiedergutmachung leisten, darf man schon auch in Einzelfällen die 'Eltern' und besonders auch die 'Mütter' etwas in die Schuldzuweisung einbeziehen. Sogar Königskinder erduldeten scheussliche Kinderjahre.

Nun sind aber auch bei einem ländlich - katholisch geführten Kinderheim nördlich von Appenzell hässliche Dinge bekannt worden. Personelle Knappheit, ein gewohnt derber Erziehungsstil allerorten sowie sexuelle Notlagen lassen einiges verstehen, aber nicht entschuldigen. Muss man aber nicht, wie erwähnt und von Voll- und Halbwaisen abgesehen, auch über das Verhalten der Mütter und Väter dieser bedauernswerten Heim- und aller Verdingkinder die Nase rümpfen. Verwandte und Aufsichtspersonen übergehe ich. Wäre statt nächtlicher Gebete in den Klöstern vermehrte tägliche handfeste Hilfe frommer Mönche und Nonnen nicht segensreicher gewesen? Ich denke an unentgeltliche Mitarbeit in Wald, Feld, Haushalt, Bergbau, Strassenbau, Wasserbau, Krankenpflege etc. Von Selbstqual wie Beten in Dunkelheit und Kälte, ungekochten Erbsen in den Schuhen oder strenges Schweigen wie verbissenem Fasten halte ich nichts. Warum nicht noch zur Busse mit verbundenen Augen leben, sich in Dornen wälzen oder auf Säulen altern? Doch, doch, es gab vor gut tausend Jahren christliche Säulenheilige im Orient, darum Styliten geheissen. Das Leben ist allein schon hart genug, ob als Köhler, Bergmann, Waschfrau, Matrose, Angehöriger von Behinderten, Organspender, Kreissende, Saumpferd oder Pflugochse. Werden von der katholischen Kirche nicht zu häufig ehelose Gestalten statt selbstlose Eltern heilig gesprochen? Eine fromme Hand wäscht die andere! Einäugiger und fleissiger Gruppenegoismus über Generationen hinweg? Klar, das Ehebett ist (kirchlich) ein Sündenpfuhl und die moralischen Massstäbe eigenartig. Dass wir Unterschlatterkinder pfarrherrlich ermuntert wurden, Velofahrer mit nacktem Oberkörper in der Sommerhitze erzieherisch mit Kuhdung zu bewerfen, zeigt schon verblüffende Gedanken. Ich betone, Fahrer und nicht Fahrerinnen, die männerverzückenden Strandballspiele in Bikininacktheit waren damals noch nicht erfunden; leider!

Der pfleglichen Sorge um die Kinder geht NICHTS vor! Wenn möglich durch die Eltern. Ein beliebter Heiliger der Innerschweiz ist mir diesbezüglich mehr Ärgernis als Vorbild, auch wenn die Lieblingsschwester meines Vaters in 14. Generation einen Nachfahren (Schälin) dieser ‚familiären‘ Leuchtgestalt am Sarnersee geheiratet hat. Eine ihrer drei Schwiegertöchter (Omlin) war etwa in 15. Generation ebenfalls eine Nachfahrin dieses eigenartigen ‚Familienfreundes‘! Kleine Kinder brauchen einen liebevollen Vater und keinen verqueren Einsiedler im finsteren Walde. Da gefällt mir der stille und treue Josef als Nährvater Jesu schon besser. Alle zärtlichen Stief – und Adoptiveltern verdienen Lob und kirchliche Hochverehrung. Diese reichen Brot, liebkosen Weinende und schenken Wärme. Sie sind nicht ärgerliche Schaumschläger und Falschmünzer wie hohe Politiker, weltfremde Richter, vorlaute Medienleute, moderne ‚Künstler‘ oder eitle Spitzensportler. Und eingebildete, naseweise Bücherschreiber? Uii!

Etwas Ausgleich. Auch hochgepriesene Lichtgestalten aus Schule, Sport, Wirtschaft und Unterhaltung haben jahrelang an Kindern Scheusslichkeiten begangen. Das chinesisch Ungeheuer M . . . konnte sich wohlfeil erwachsene Gespielinnen leisten. Unter ihm wurden laut Courtois um 1959 Kinder auch zerkleinert und zu Dünger verarbeitet! Linksblinde im Westen lob(t)en den Satanskerl im Osten beharrlich! In allen kommunistischen Machtbereichen, aber besonders in Ma . . China und Peking von 1931 – 1976, wäre der bayerische Lebkuchenspruch „Die Welt ist ein Irrenhaus, und hier ist die Zentrale!“ eine unverdiente Lobhudelei gewesen.

Der ‚Dünger‘ bringt mich zum Glück wieder zur Landwirtschaft zurück.

Die vielen kleinen Bauerngütlein in beiden Appenzell und im Toggenburg (auch TG) werden nun von neuzeitlichen Bauern in aller Eile als verstreut liegende Pachtbetriebe bewirtschaftet, die Häuser und Scheunen dienen immer mehr als Wohnstätten im Grünen; aus den Ställen werden Garagen, und das Gras wird auf grössere Betriebe weggeführt mit Rücktransport der Jauche. Das alles mag noch harmlos sein gegenüber dem unvermindert anhaltenden Bodenverlust durch Gewerbebauten, Strassen und Wohnhäuser.

Ein Farmenmakler in Wisconsin traf auch für jenes weite Land wie die USA den Nagel auf den Kopf mit dem Wort: „Farmen gibt es als wie keine neuen mehr!"

Goofe ond Heusenn
(Kinder und Heusenn)

Ohne Fernsehen und all die elektronischen Spielzeuge, die meine erst kindergarten-alten Grosskinder schon beherrschen und deren Namen ich nicht einmal kenne, blieben an den Wintertagen abends nur Hausaufgaben und harmlose Streiche als Unterhaltung. Zu einem abendlichen Jass kamen oft auch noch Nachbarssöhne und allfällige Heusennen in unsere Stube. Das war auch für uns Kinder kurzweilig. Daneben aber betrieben wir unsere eigenen Spässe. Als Spitzenulk galt das nur einmal bertriebene 'Eierlegen'. Bei den damaligen hohen Stalltemperaturen (Futter sparen, mögliche Euterentzündungen vermeiden) war in den Ställen vorne bei der Türe ein kaminartiger, hölzerner Dampfabzug nötig und eingebaut. Da stieg im Winter aus dem Kuhstall und noch mehr aus dem Schweinestall ein Dampf wie aus einer Dampfmaschine auf, für heutige Fachleute ein Gräuel. Dieser Dampfabzug wies zur Regulierung ein waagrecht zu verschiebendes Brett auf. Wir Buben wussten aus Erfahrung, dass jeweilen kurz nach dem Einbinden des Senntums so gegen vier Uhr dieser Holzladen geöffnet wurde. Also legten wir vorher zwei Eier auf dieses Schiebebrett und verfolgten harmlos spähend das erwartete Geschehen. Wirklich, zwei drei Sennen stehen vor der Stalltüre, der Vater schiebt entschlossen den Schieber zurück – pflotsch – da klatschen die Eier wie geplant auf den noch mit wenig Stroh bedeckten, gegossenen *Fletschlig*. Gelächter reihum. *Hoho, dee leggidd d Henne öberaal hee!* (Oh oh, dir legen die Hühner überall hin ihre Eier!) lauteten die Erklärungen. Nur wir Schlingel kannten den Sachverhalt!

Johann Hautle benützte im Stall immer Stiefel, die er jeweilen säuberlich in der Küche auszog. Logisch, da legten wir ihm doch mehrmals kurze Holzstücke hinein, was seine kräftigen Fussstösse in die Gummibecher abrupt stoppte.

Nach einer *Losi* (Tanzanlass) versuchte Johann gewöhnlich, auf leisen Sohlen über Küche und Stiege in seine Kammer zu gelangen, so um 1 - 2 Uhr in der Nacht. Natürlich wünschten wir uns in Bezug auf Schatz nach Hause begleiten und so *(de Schatz heetuee)* näheren Aufschluss, Vater und Mutter kumpelhaft mit eingeschlossen. Also stellten wir, verschworen planend, nach Johanns Weggang innen an der Küchentüre einen *stöözene* (aus Eisenblech, aber verzinkt) Napf hin. Beim Öffnen der Küchentüre von aussen polterte der Napf erwartungsgemäss scheppernd zu Boden. Der Lärm in der Nacht verriet bombensicher die Heimkehr des Nachtfalters! So für zwei Tage war Unterhaltung gesichert! Heute hiesse das schon 'event', glaube ich.

Johann revanchierte sich jeweilen zum Gaudi von uns älteren Geschwistern an den jüngeren, indem er ihnen den ledernen, mit vielen Falten und einem eingezogenen Lederriemen verschliessbaren *Backseckel* (Tabaksbeutel) offen hinhielt und sie ermunterte, den feinen Tabak (Marke Rössli, kiloweise gekauft?) zu riechen. Unvermittelt aber zog er mit den Riemen den Beutel zu, das Näschen der gutgläubigen Probandin erwischend.

Das bewog uns wiederum, Gegenrecht zu halten. Oftmals am Sonntagnachmittag oder abends bei Besuch von Burschen oder Sennen der Nachbarschaft wurden in der Stube anhaltend und abwechselnd *d Schölle gschötted.* Nun setzte sich einer von uns Lausbuben auf das Ende der Ofenbank und brachte unauffällig von hinten mit einem Fuss den rückwärts schwingenden *Halle* (Klöppel der Schelle) der rechten Schelle zum Stillstand, womit der bekannte Ablauf der Schläge empfindlich gestört wurde. Johann zauderte dann etwas, brachte noch mehr Schwung in die grosse *Schölle,* und wir konnten den Spass erneut betreiben. Johann erkannte unser boshaft-lustiges Vorgehen nie.

Dümmer verlief die Sache bei einem späteren Sennen aus Enggenhütten. Als unser ältester Bruder Theodor wieder einmal auf Besuch kam, verstiegen wir uns dazu, die mehr als guten *Schölle* in Abwesenheit des Besitzers zu schütten. Das war nicht direkt frech, aber an der Grenze der feinen Art. Beim abschliessenden Aufhängen im *Gang* (Vorraum zu den Schlafkammern) rutschte uns die grosse *Schölle* aus und donnerte zu Boden. Dummerweise stand aber darunter einer der Fahreimer! Der erhielt durch die Schelle einen handtiefen Schlitz. Peinlich, peinlich! Unser Senn nahm das Missgeschick dann wortlos zur Kenntnis und brachte den Eimer zum passenden Küfer, der den Schaden behob, zu unseres Vaters Kosten, wie ich annehme.

An den langen Winterabenden wurde in unserer Stube häufig gejasst, mit und ohne Heusenn und eventuellen Besuch seiner Arbeitskollegen. Fast unheildrohend bestimmte der Vater dabei, es werde um zehn Rappen gespielt. Der besseren Andacht wegen. Dabei erwischte meine Mutter beim Schieber mit neun Karten einmal zum Trumpfbestimmen acht Schellen. Lustigerweise gab der sennische Gastgegner J. M. betrügerisch seine einzige Schelle nicht an. Der Falschspieler aber hatte sich dabei den falschen Finger verbunden – der Betrug war offensichtlich und setzte der Seltenheit des Blattes (die Wahrscheinlichkeit berträgt 1 : 387'420,9) noch die unvergessliche Krone auf. Schieber und Bieter waren bei uns die bevorzugten Jassarten. Kräftiges auf den Tisch schlagen verriet eindeutig gute Karten. Das fast prähistorische *Trente* (alte Jassart mit Tischweis etc., Söldnerspiel aus Trient/Trentino oder trente = 30?) war und blieb für uns ein Buch mit sieben Siegeln.

Heuverkauf und Heumessen

So um die Hofer Kilbi bietet der Heubauer dem bisherigen oder bei unterschiedlichen Preisvorstelllungen einem neuen *Heusenn* seinen Heustock zum Verkauf an, *ee träägt emm Tili aa.* Dabei begleicht der Senn noch die Restzahlung der Heuschuld vom Frühling. Alles wird ohne Papier abgewickelt, nur mündlich, wie auch bei einem Kuh- oder Schweinehandel. Ich wähle trotz vergangener Geschehnisse die Gegenwartsform, damit dem Ablauf näher stehend. Erst nach ein paar Tagen erscheint der Heusenn, rauchend und scheinbar gelassen, fast leicht uninteressiert.

Nun steigt er aufmerksam und langsam die Heuleiter hoch, zieht so 2 - 3 mal mit der Hand ein Bündel Heu oder Emd heraus. Er prüft eingehend und fast missmutig die Härte (altes, verholztes Heu ist hart) und den Geruch. *„Schmeckt wiä Back!"* („Riecht wie Tabak, ist also gut gedörrt und fermentiert!"), rühmt der Heubauer unaufgefordert das Futter. Der Senn bleibt ungerührt stumm und betritt den Heustock, um festzustellen, wie dicht das Futter gelagert ist, *we guet ass liit*. Dabei stampft er bis zu den Wänden, um ja keine Schwachstellen zu übersehen. Unterdessen lobt der Heubauer den hohen Anteil von Emd, dass alles Futter von gedüngtem Boden komme, also kein Ried aufweise und fast kein verregnetes und damit verwaschenes *(bregnets, rots)* Heu auf der Heudiele (über der hölzernen Stalldecke) liege. Dem Heusennen ist kein Nicken zu entlocken, eher schnauft er nur sorgenvoll schwer und saugt anhaltend am Lindauerli. Insgeheim erinnert er sich trotz betrübter Miene schon an die letztjährige, ausgezeichnete *Tili* Heu, aber Klappern gehört zum Handwerk. Ganz im Ernst: meistens brachten wir schlecht gewonnenes, verwaschenes rotes Heu auf die unseren Kühen zugedachte *Heutili*, natürlich zum eindeutigen Vorteil der Sennenkühe. Der Kunde ist König, muuhh! *Eemol bschiisse vemagg i di, abe zwämol mos di nüd* (Einmal lasse ich mich unbeschadet von dir übers Ohr hauen, aber zweimal muss ich nicht!)

Bei einem neuen Senn wird jetzt noch ausdauernd der geräumige, doppelseitige Kuhstall und der für vier *Patt Jage* (Würfe Jungschweine) ausgelegte Schweinestall *(frei-ii Stallig)* sowie der lange Brunnen mit der laut plätschernden Wasserröhre besucht, denn genügend gutes Wasser findet sich winters nicht auf allen Bauernhöfen. Früher gehörten sogar noch der Keller und die Küche zum Besuchsprogramm, für käsende Sennen war eben beides wichtig.

Nach all den Orientierungen durch den *Heupuur* folgt so in der Tenne die Hauptverhandlung. Der Verkäufer findet einen Klafterpreis von 100 Franken in den jetzigen teuren Zeiten für nicht überrissen, was der Senn mit einer wegwerfenden Handbewegung quittiert. Er klagt über schlechte Schweinepreise und den darbenden Kälbermarkt und erklärt nachdrücklich 90 Franken als eingeplanten Preis. Das wiederum kontert der Heubauer mit dem Hinweis, der Liter Milch werde ab dem Juli nun zwei Rappen besser bezahlt und dass neuestens kein Heu mehr aus Jugoslawien eingeführt werde. Auch bietet er bei einem allfälligen (wegen Vergrösserung der Düngermenge sehr erwünschten) Mehl- und sogar Heuballenzukauf durch den Sennen grosszügige zwei Franken Beitrag per Doppelzentner (100 kg) an. Nach mehrmaligem Kopfschütteln und Anzünden des Lindauerlis des Sennen sowie dem Hinweis, wie gut die Stallverhältnisse und wie nahe die Milchzentrale und die Strasse gelegen sei durch den *Heupuur* einigen sich beide auf den verständlichen Klafterpreis von 95 Franken. Der wird vom Sennen stirnrunzelnd und schwer schnaufend akzeptiert, nachdem der Heubauer diese Zahl ultimativ und mit Mt 3,10 biblisch unterstützt und warnend (*etz hescht t'Äx am Bomm* = die Axt ist an den Baum gelehnt!) herausgepresst hat. Insgeheim sind natürlich beide Kontrahenten zufrieden, lassen es sich aber griesgrämig betrübt nicht anmerken! Schnell einigen sich nun beide auch, dass der letztjährige Heumesser die Messung des Heustocks vornehme und zwischen Weihnacht und Neujahr ans Heu gefahren werde und 'unterschreiben' die Abmachung mit einem kräftigen Handsschlag und einem *"Ii wöösch te Tlöck!"* des Heubauern an den Heusennen.

Der Klafterpreis um 1955 entsprach (auch laut Johann Hautle) etwa dem Wert von 250 - 300 Litern Milch, eigentlich nur der Rahm davon, es wurde ja zentrifugiert. Für den Vater aber war der Heuerlös nicht Reingewinn. Davon kamen noch reichlich 30 Doppelzentner (100 kg) Stroh zu rund zwölf Franken in Abzug, also rund 400 Franken.

Um dem Unterfangen Gewicht und Ansehen zu verleihen, legt der Heubauer dem Heusennen ans Herz, dann ja mit *de Schölle* zu kommen, was dem Sennen aus dem gleichen Grund sehr passt. Man sitzt im gleichen Boot!

Die fast zeremonielle Kaufverhandlung spiegelt das Gewicht des Heustockverkaufs. An ihm hängt ein Drittel bis ein Zweitel des Liegenschaftenertrages; durch das Dörren des Grünfutters schafft der Heubauer mit seiner Familie die eigentliche Wertschöpfung. Kostet das benötigte Gras einer Kuh für eine Woche angenommen zehn Franken, so betragen die entsprechenden Heukosten sicher das Doppelte.

Unter Klafter verstand man früher in der Schweiz sowohl die Länge von 1,8 m als Spannweite der Arme wie auch den Würfel Heu von 1,8 m Kantenlänge, was 5,832 m3 ergibt. Diese fast mystische Zahl kenne ich schon von meinem Vater her, seit ich auf hundert zählen kann. Lustigerweise heisst es nach Duden der, die und das Klafter, ganz ohne Bedeutungsunterschied, was für ein Dingwort wohl einmalig ist. In Österreich und Preussen konnte die Klafter 1,7-2,5 m Länge und 3,339 - 6,8224 m3 Rauminhalt bedeuten. Früher war in der Schweiz ein Klafter Brennholz 1,8 m3, weil meterlange Spälten meterhoch geschichtet wurden, und zwar spannarmenweit. Bunt ist die Welt!

Nach dem Heuverkauf an den Heusennen war das Anschroten der eigenen und später auch der nun verkauften *Heutili* (Heuraum und Heustock) eine fast sakrale Handlung! Wie das? Durch das vollständige Wegschneiden eines prismatischen Heukörpers mit Heustockhöhe und einer Grundfläche von etwa 1,4 m auf 1,4 m *(en Stöll)* zeigte sich nun eindeutig, welche Qualiät das Futter aufwies, was von der offenen Stockseite *(Strähl)* wegen schwacher Fermentation kaum eindeutig möglich war. Wie hoch die Schicht roten oder vergrauten Futters nun wirklich war, wurde nun dankbar oder enttäuscht zur Kennntnis genommen. Deshalb wurde oft auch die Mutter hergerufen, um sich zu freuen oder mitzugrämen.

Wenn nun um Weihnachten herum das Senntum des *Heusenn* das Heu zu *ätzen/etzen* (fressen) beginnt, schneidet der *Heupuur* hinten und vorne beim Heustock, parallel zu First und senkrecht zum *Strähl*, prismenweise einen Schlitz (en Strech) Heu und Emd heraus. Hinten an der Rückwand aber bleibt ein Rest von rund 1,4 m Breite bestehen, um die Masse (Dachschräge) richtig nehmen zu können.

Bis zu diesem Zeitpunkt darf der Senn den Heustock nicht betreten, um durch Stampfen das Volumen zu verkleinern. Gekauft ist gekauft!

Nach Vereinbarung wird nun der Heumesser gerufen. Diese amtlich geprüfte, vereidigte und in hohem Ansehen stehende Person (es war in AI immer ein Mann, im Respekt wenig hinter dem Landammann stehend!) erscheint mit dem (eichenen?) Klafterstab (Messingnägel zeigen die Dezimeter, Striche/Rillen die Zentimeter), Holzpfeilen, Notizmaterial und Kreide. Die Heumesser unterstanden einer eigentlichen Heumesserverordnung und wurden als unbestechliche Fachleute auch für andere Berechnungen (Kies, Holz, Streue usw.) und sogar ausserkantonal beigezogen. Auch Erbteilungen waren ihr Metier. Das 'Amt' wurde bisweilen auch vom Vater an den Sohn weitergegeben, nach Josef Inauen betrug die Entschädigung pro Messung um 1907 vier Franken, um 1955 rund zehn Franken, hälftig durch *Heupuur* und *Heusenn* aufgebracht. In fast jedem Bezirk war ein Heumesser tätig. Nach der Heumesserverordnung in AI von 1907 musste der Aspirant vor dem Landeshauptmann ('Landwirtschftsminister') seine Fähigkeitsprüfung und vor dem Landesfähnrich ('Justizminister') seinen Amtseid ablegen. Dabei schwor er mit Nachdruck allen Geschenken und jeder Bevorteilung von Heubauer oder Heusenn ab, treulich und ungefährlich. Gewisse Staaten und Sportpräsidenten und andere Gauner könnten da noch viel lernen! Das Protokoll dieser Heumesserpatenterteilung wurde in der Gerichtskanzlei erstellt.

Bei der nun folgenden Aufnahme der nötigen Masse (ausser Länge, Breite und Höhe der Heudiele alle Masse für die Abzüge, also Dachschräge, Holzsäule, Dampfkamin, Tragbaum, Kreuzstöcke etc., deren Funktion und Form einer kurzen Beschreibung Hohn sprechen, müssen Senn und Bauer anwesend sein und durch stummes Beobachten ihr Einverständnis zeigen. Beim *Strähl* (freie, nach aussen luftig werdende Heustockvorderseite) gilt die Länge bis zum Punkt des Einsinkens eines flachen Holzstückes (Pfeil) mit mässigem Andrücken. Das Festlegen der Heustockhöhe ist heikel und matchentscheidend. Auf den lockeren obersten Heuteil legt nun der Heumesser ein vom Heubauern bereitgestelltes Brett mit den Massen 180 cm auf 30 cm und 3 cm, lässt es 30 cm in die Luft vorspringen und kniet darauf. Vor Lichtmess (2. Febr.) durfte/musste sich der Heumesser etwas vorbeugen, nach Lichtmess war der Hals bündig zur Heuwand zu halten. Vom Boden her markiert der Heupfeil die 1,8 m Höhe. Dann wird die Resthöhe bis zum Brett bestimmt. Ein gewichtiger Heumesser lag also im Vorteil des Heu . . . . . n, ein schmächtiger aber im Vorteil des Heu . . . . . n!!

Ein in Geometrie etwas unbedarfter *Heupuur* soll einmal bei der Höhenbestimmung seinen Schuh unter den Klafterstab geschoben haben, so einen Vorteil erwartend. Der *Heusenn* bemerkte dies, schwieg aber wohlweislich. Als Ausgleich weiss ich aber von einem Sennen, der bei der Berechnung eines zusätzlich gekauften *Stöll* Heu die Masse von Länge, Breite und Höhe einfach zusmmenzählte; aber durch den Heubauern wurde das dann berichtigt. Wer in so einem Fall im Vorteil liegt, ist je nach Massen auszumachen; der Fall ist tückisch. In unendlich vielen Fällen wie bei 1m, 2m und 3 m oder 6/7 m, 2 m und 4 m ist das Resultat richtig, aber in unendlich mal mehr Fällen wie nur schon bei 1,01 m, 2 m und 3 m oder 1,0001 m, 2 m und 3 m ist das Ergebnis falsch. Mathematik mit Unendlichkeitsproblemen auf dem Heustock!

Das Aufnehmen der richtigen Masse bereitet viel mehr Mühe als deren Verrechnung. Gerechnet wurde früher in Klaftern (Längenmass) und Bruchteilen davon, bis zum Vierundsechzigstel. Das waren dann (jetzt wieder Raummass) noch 91 dm3, also um 1,5 Obstharasse voll Hau mit total ca. 8 kg Gewicht. Mit und ohne Taschenrechner eine schweisstreibende Unternehmung. In meiner Jugend mass und rechnete bei uns *de Boffjock* (Sutter Jakob, Hischberg) metrisch und legte erst am Schluss alles in Klaftern fest, dabei kamen durchwegs Brüche mit 2, 4, 8, 16, 32 und 64 im Nenner zum Zug, also Zweierpotenzen. Die Symbole dafür kannten natürlich alle drei Beteiligten; der Reihe nach waren das -, o, c, 6, 2 und 4. Die ganzen

Klafter wurden dabei gewichtig in römischen Ziffern angegeben. *Boffjock* galt als tüchtiger Rechner, klug wie eine Salomons Katze *(Salomos Chatz)*.

Alle Rechnungen führt der Heumesser nach Vorschrift laut durch (inbegriffen die Neunerprobe beim Multiplizieren), beim *Boffjock* entstand dabei ein Singsang wie an einer amerikanischen Viehauktion. Die letzten und entscheidenden Rechnungen schreibt der Heumesser mit Kreide an eine leere Stelle der Stallwand. Noch Jahre später konnte man so die errechneten Volumen der verschiedenen Jahre ablesen. Die Neunerprobe war ein probates Mittel der Fehlervermeidung.

Der gewissenhafte Heumesser (andere gab es nicht!) rechnete zu Hause alles nach seinem Notizbüchlein noch einmal in Ruhe durch. Mein Grossvater Franz Manser beschrieb in den 'Alpwirtschaftlichen Monatsblättern' von 1917 und anschliessend auch im *Häädler Kalender* 1919 das Prozedere des Heumessens haargenau, ein eigens dafür gestelltes Photo in seiner Scheune mit Heumesser Signer sowie fast der gesamten Familie Manser im Eugstli in Gonten war eine sennische Bebilderung des Geschehens. Die Söhne sennisch gekleidet und die Töchter in der Tracht. Alles nur Theater für den Kalender.

Aber aufgepasst. Als einfaches Beispiel rechnet mein Grossvater die Rauminhalte von Tragbaum, Nagelköpfe und Holzsäule sowie natürlich Heudiele nach Klafter als Längenmass aus, also multipliziert er mit Brüchen wie Zweitel, Viertel etc. Das ganze gleicht mit seinen Strichen und Halbkreisen und Ziffern beinahe Keilschriften aus dem alten Sumer. Ich wage nicht, die Rechnung klaftermässig nachzuprüfen,

Das Heumessen musste nicht immer so theatralisch sein. Aber zurück in die Wirklichkeit, in die Tenne.

Hier ist nun eben die Katze aus dem Sack, ob zur stillen Zufriedenheit des einen oder des anderen oder beider. Frau und Kinder des Heubauern sollen in früheren Zeiten beim Anblick des mageren Klafterresultates auch schon in Tränen ausgebrochen sein . . .!

Die ungefähre Höhe des Heustocks lässt sich natürlich auch ohne Messung etwa an der Tragsäule *(Galgesuul)* erahnen, aber die erhoffte Wirklichkeit kann täuschen. Ein Heubauer war in dieser Hinsicht auch einmal von der berechneten Heumenge enttäuscht und liess auf seine Kosten durch einen zweiten Heumesser nochmals messen. Das Resultat war für ihn leider ernüchternd!

Statt veraltet mit Klaftern zu messen und zu rechnen, hätte man doch schon lange besser metrisch gemessen, schliesslich ist doch der Meter (definitive Einführung von Meter, Kilogramm etc. am 1. Januar 1877) die (einzige?) wertvolle Bringschuld der Franzosen in Bezug auf ihre Sprache, die man in der Schule (nutzlos?) lernen muss. Ich sag es nicht laut, aber in allerletzter Zeit sind die Franzosen und die Russen in der Mathematik absolut führend! Im obigen Handel wäre also ein Kubikmeterpreis von 16,2894 Franken auch eine brauchbare Verhandlungsbasis gewesen. Ein Senn soll einmal diesbezüglilch das Heu in Litern bezahlen wollen, was der Heubauer aus Vorsicht und rechnerischer Unsicherheit jedoch ablehnte – oder war es doch umgekehrt? Egal, mit 1,62.. Rappen pro dm3 könnten wir ihm beistehen.

Die Sache ist aber noch nicht ausgestanden. Als rechnerische Belustigung folgt noch die Umrechnung in Franken, was etwa im obigen Fall mit beispielsweise XX-

XIII o c 6 2 selbst erlauchte Denker zu Schwindelanfällen führt; immer schön den Klafterpreis von 95 und nicht 96 und schon gar nicht 128 Franken beachtend.

Warum einfach, wenn es kompliziert auch geht? Die US-Amerikaner mit ihren nichtmetrischen, vorsintflutlichen Massen sind doch da wegweisend! Das metrische System ist bekanntermassen das beste (und fast einzige) Geschenk. womit die Franzosen die Welt beglückt haben (Meter, Kilogramm etc.). Oui, oui!

Die Sippschaft der Manser ist der französichen Sprache abgeneigt, sie ist eher dem Ingenieurwesen und der Krankenpflege zugeneigt, was ich mit dem Verzeichnis der etwa 800 Nachkommen meines Urgrossvaters Johann Anton Manser belegen kann. Schlechte Französischnoten sind bei uns ein Markenzeichen und verdienten eigentlich Schutz und obrigkeitliche Unterstützung!

Zurück in die Scheune.

Nach dem Heumessen übernimmt der Senn die *Heuspatte,* ein A-förmig geschliffenes Heustossmesser, das in der Hand am hölzernen Griff gefasst und mit dem Schuh etwa 40 cm tief *(en Schroot tüüf)* ins Trockenfutter gestochen wird. Vielleicht durch zusätzliche Schnitte zerkleinert wirft der Senn so einen *Stöll* von bekannten 1,4 m auf 1,4 m Heu oder Emd in die Tenne, daher das drohende Wort: *Etz ischt denn gnueg Heu donne!"*

Der Stolz des Haubauern und des Sennen ist eine senkrecht und ohne Absätze geschnittene Heuwand, der Heumesser hantierte vorschriftgemäss auch mit einem Senkblei! Auch sollte das Heumesser wie ein Rasiermesser Haare am Arm wegschneiden können. Für Sensen und sogar Äxte wurde das gleiche Ziel angepeilt. Auch ein Fingernagel sollte bei leichter Bewegung von der Schneide sofort angeschnitten werden. Nassschleifen, Belgischer Brocken (Schleifstein), Anstellwinkel und Geduld lauten die Zauberwörter!

Anders als bei einem Hochsilo wird das Futter vom Heustock nicht schichtweise, sondern säulenartig verfüttert. So wird beinahe ideal gutes und weniger gutes Futter gleichzeitig verfüttert, durch zusätzliche Spatenstiche lässt sich das lange Heu erst noch in leichter zu zerzausende Stücke verkürzen. Schroten und vermischen geschieht heute auch maschinell, in den modernen Futtermischern können Rohfutter, Kraftfutter sowie weitere Zugaben zu einem ausgeglichenen Mischgut vermengt werden. Die Kuh denkt bei diesem gleichbleibenden Futtermix nicht an pürierte Speise eines Pflegeheimes. Dennoch sind ihr aber sauberes Wasser und zusätzlich naturbelassenes und gut gewonnenes Heu sehr willkommen.

Nun hebt also im Tenn das *Heuröschte* an. Senn und Bauer zerklopfen mit der Heugabel das vielleicht graue Heu und vermischen es mit besserem Heu oder dem begehrten, weil gewöhnlich zarterem Emd. Bei grosser Kälte riet der Vater uns Buben fürsorglich, die Heugabeln vorher in den warmen Kuhstall zu stellen. So froren wir weniger an die Hände. Der *bim Heuröschte* entstehende Staub (Pilze und Pilzsporen) wird durch offene Türen und Durchzug weggeblasen. Einiges gelangt trotzdem in die Atmungsorgane, langes und herzhaftes Husten und *Choderee* (Auswurf auswerfen!) beim nachfolgenden Waschen ist nötig und knapp ausreichend. Krankheitsbilder wie Farmerlunge/Staublunge sind im Ausland bekannt, abgebrühte Naturen kennen deswegen (dank dem Heustaub?) kein Asthma.

Das *Heuröschte* erfolgte regelmässig so ab 11 Uhr und dauerte eine halbe Stunde. Vormittags und nachmittags presste der Senn dann dieses Futtergemisch zwischen beide Arme *(ää Uufwöndede)* und warf es für 4 - 5 Kühe über deren Köpfen in die Futterkrippe. Nach drei Futtergaben liess man die Kühe in die Tränke zum Saufen, füllte die Krippe erneut mit Heu und richtete auch das Strohbett durch erneute Strohzugabe. Nach einem letzten Futterzuwurf legten sich die Kühe gemütlich nieder und begannen, ausdauernd und gemächlich zu kauen *(sii dtäuiid)*, etwa 45 Kaubewegungen pro Futterballen.

Als pfiffige Neuerung sägte uns der Zimmermann/Schreiner Fritsche Emil (*de Gääsböhl-Emil)* auf jeder Seite der massiven Holzwand *(gschtrickti Wand)* zwei rechteckige Löcher (1,2 m lang und 50 cm hoch) heraus und versah sie mit schliessbaren Schiebern. So konnte das Futter von der Tenne her viel leichter den Kühen vorgelegt werden. Diese *Schopplöche* sind heute auch für die reichliche Frischluftzufuhr wichtig.

Früher hielt man die Tiere aus Sparsamkeit in einem warmen Stall (17 C), worüber man heute schmunzelt. Je kühler der Stall, desto höher ist aber der Futterverbrauch. So scheute man es gar, dass bei der Mistentfernung durch eine Öffnung in der Stallwand *(Scholoch)* zu viel kalte Luft in den Stall drang oder sogar Durchzug entstand. Also baute man über dem angedachten Mistlagerplatz (gewöhnlich auf einem Holzrost mit Harnauffangbecken, *Gschtöckt)* eine dreiseitige Wand mit Dach und zwei grossen Türen, die *Meschthüüsli* als Windfang. Diese absolut charakteristischen und fast nur im Toggenburg, in AR und in AI anzutreffenden Bauteile verhinderten auch weitgehend das Gefrieren des Mistes. So liess sich der am Nachmittag leichter auf einen Schlitten oder Wagen laden und zum eigentlichen Mistplatz führen (*voowöffe)*.

Auf mittleren Bauernhöfen wurden so Heustöcke von 20 - 35 Klaftern gemessen, 40 Klafter und darüber waren sehr selten.

Wenn ein Senn im Frühling oder Herbst stehendes Gras kaufte, so bezahlte er den Grasbauern vorwiegend nach Futtertagen der Kühe. Wie bei Bezahlung nach Raummass kann aber auch diese Entschädigung zu Unstimmigkeiten führen; Art der Fütterung, Alter der Kühe, Zeitpunkt der Fütterung (November oder März), Qualität des Futters etc. sind schlecht zu fixierende Faktoren. Als Gipfel der Rechenkunst bestimmte mein Vater nach Ablauf der Heuverfütterung durch den Sennen gern die theoretische Anzahl der Kühe, für die ein Klafter Heu für eine Woche auseichend gewesen war. Es ist eine Vielsatzaufgabe der Art:

Bei   10,5 Wochen reichen 34,25 Klafter Heu für   18   Kühe.

Bei   1   Woche   reichen 34,25 Klafter Heu für 189   Kühe.

Bei   1   Woche   reicht   1   Klafter Heu für   5,518 Kühe.

Die Zahl von 5 Kühen und darüber entsprach einem Heustock von guter Qualität und gleichzeitig der Anzahl Wochen, für die ein Klafter Heu eine Kuh verpflegte.

Damit sind wir bei einem jährlichen Futterbedarf für eine Kuh von 10 Klaftern, theoretisch. Bei etwa 200 Tagen (Mitte Oktober bis Ende April) Trockenfütterung braucht sie im Alpsteingebiet 6 Klafter Heu, die restlichen 165 Tage im Jahr weidet sie und verzehrt billigeres Nassfutter. Das Klafter Heu wurde generell mit 500 kg angenommen; zugleich entsprach später 1 m3 Silogras auch dieser Futtermenge. So ergibt sich für eine Kuh ein wöchentlicher Trockenfutterbedarf von 100 kg. Bei den heutigen Verhältnissen beträgt nach Franz Brülisauer der tägliche Bedarf an Tockensubstanz 15 - 18 kg, was wiederum 20 kg Heu oder 100 kg Gras entspricht. Bei der früheren Futtermenge würden die heutigen Kühe schön staunen – der Melker aber schnell auch.

Nach dem Heumesser (er war auch bei uns tätig) Jakob Sutter (*Boffjock*) wurden in den Jahren 1922 bis 1926 in AI jährlich 5 - 6ooo Klafter Heu verkauft bei Klafterpreisen von 80 – 90 Franken. Dies lässt auf 1000 Kühe und somit auf 50 Heusennen schliessen.

E. ERNTEARBEITEN: HEUEN, EMDEN UND HERBSTGRASEN

Teirre om 1955 (Dörrfutter, Trockenfutter zubereiten um 1955)
Melken, Butter herstellen und Käsen sind die Wertschöpfungstätigkeiten beim Sennen. Beim Heubauern ist es die Dörrfuttergewinnung. *Teirre* meint *heue, riäte, emte, streue ond hebschtgrääse* (Dürren von Heu, Ried, Emd, Streue und Herbstgras). Diese Arbeiten erfolgten in einem festgefügten Ablauf. Zur Vereinfachung nehme ich sicheres, mehrere Tage andauerndes schönes Wetter in Anschlag. Das gab es trotz aller Erfahrung auch, speziell waren die Kriegssommer zum Glück ziemlich gute Sommer, im Gegensatz zum Sommer 1948 und 1952 und nachfolgend. Wird dem Halm oder Stengel das Wasser etwa für Silofutter nur äusserlich entzogen, so heisst das trocknen. Wird der Graspflanze für den Heustock das Wasser auch innerlich fast bis zum Brechen entzogen, so heisst das dörren, also *teirre*. Das Silogras ist angewelkt und das Heu dürr.
Weil bis 1955 ein Zaun meistens aus Latten bestand, Stacheldraht - und Elektrozaun waren noch unbedeutend, blieb unsere Liegenschaft Rüti dauernd durch etwa 4 Zäune unterteilt, alle ziemlich zentral von der Tränke ausgehend. So waren die einzelnen *Heubletz* (Wiesenfläche) geometrisch ziemlich vorgegeben.
So ab mitte Juni gab es in Schlatt Heuferien, für die Bauern in Unterschlatt passend, für jene in Gehrenberg und Leimensteig etwas wohl früh. Die Heuernte begann im Idealfall mit der Samenreife der Gräser, für heutige Bauern eine Zumutung. Aber ohne Maschinen konnte man um 1955 nicht mit 5 Grasschnitten wirtschaften.
Nun sind wir im Juni 1955, es herrscht schon einige Tage sicheres Wetter. Es bricht ein klassischer Heutag an. Für unsere Familie bedeutet dies: Alle Mann an Deck. So um halb sieben Uhr wird das Morgenessen eingenommen. Der Vater hat schon ab 5 Uhr auf dem zu mähenden Wiesenstück den Zäunen entlang mit der Sense eine doppelte Mähmahd geschnitten, die Kühe gemolken und sie auf die steile Weide gebracht. Damit der Motormäher beim Wenden weder Gras zerstampft noch in den Zaun rasselt, mäht der Vater dem Hag entlang einen etwa 3 m breiten Streifen mit der Sense frei, *ufmäje*. Zügig nach dem Morgenessen wird die Milch zentrifugiert (aus dem Rahm stellen wir für den Eigengebrauch Butter her), werden die Schweine gefüttert und dann wird der Mähmotor Marke Aecherli mehr oder weniger zügig angeworfen. Ratternd beginnt das Gerät zu mähen, der Vater befolgt als technisch nicht so versierter Lenker meine Ratschläge: Vorwärtsgänge eindrücken, Messer aus oder ein, Rückwärtsgänge Zahnrad auf Zahnrad eindrücken, Bremse anziehen oder lösen etc. Unsere Heimat hat eben wie viele andere Betriebe in der Ostschweiz meist nur *aalääge* oder *gääche* (ansteigend oder steil) Boden. Die Maschine aber kann kaum aufwärts mähen, also folgt man ziemlich genau den Höhenlinien nach. In einer Mulde ergibt das notgedrungen bogenförmige Linien. Also muss der Mäher mit starren und weit auseinander stehenden Gussrädern spurmässig zu Bogenformen gedrückt werden – ziemlich schweisstreibend. So nach einer Stunde Mähen finden der Vater und die Mutter die gemähte Fläche für ausreichend gross genug, die Erntearbeiten muss man ja auch bewältigen, und bei unsicherem Wetter durfte das Ridiko nicht zu gross sein.

Mittlerweile sind nach der Mutter auch die Mädchen mit Gabeln auf dem Feld und beginnen fast verzweifelt, die taunassen, schweren Mähmahden zu verteilen *(woobe)*. Die Halme sind meterlang und die Mädchen sind schwere Verteilarbeit weniger gewohnt als wir 'Männer', die wir im April schon tagelang Mist verteilt haben.

Um 9 Uhr stärken sich alle mit Brot und kalter Milch im kühlen *Stöbli* (heizbare Nebenstube, im Winter Vorratsraum), ein luftiger Fünfpfünder vom Rössli aus Haslen wird schon zur Hälfte verzehrt.

Wie auf Kommando geht es wieder auf die Wiese, wo nun die am Vortag gemachten *Medli* (lange Heumahden) gewendet werden, damit der Boden überall vom Tau in der wärmenden Sonne getrocknet wird. Diese *Medli* verlaufen wie die Mähmahden in den Höhenlinien, kräftesparend. Durch diese *Medli* nimmt das welke Futter weniger Tau und weniger Erdgeruch auf; heute unterlässt der Landwirt diese Prozedur meistens, er lässt das Schnittgut frei liegen *(uf de Wiiti)*. Diesen Wunschtraum sahen wir Kinder nur ganz selten und bei absolut heissem Heuwetter verwirklicht.

Während der Vater schon wieder den Zäunen entlang für den folgenden Tag aufmäht, wir die gewendeten Medli *zettid* (Mahden auf die gesamte Grasfläche ausbreiten und dabei die Halme noch zusätzlich verletzen, was das Ausdörren beschleunigt) und das Zwanzigvorelfpostauto Haslen zu lärmt, mahnt der Vater befreiend: "Muete, gang du go Choche!". Ein oder zwei Mädchen gehen gerne in die Küche mit. Fertig zetten, die Kühe einstallen, und wir sind am Mittagstisch. Nicht immer gibt es Fleisch, aber fast immer selber pasteurisierten Süssmost aus dem Fass.

Nach kurzer Mittagsruh geht es nun auf dem Feld weiter. Wenn noch nötig wird das Heu vom Vortag mit der Gabel wieder horizontal gewendet. Ein zwei Stösse mit der Gabel auf dem Boden, ein Dreh, und das Futter liegt wieder voll ausgebreitet auf der oberen Feldseite. Das geschieht in breiten Reihen, Vater, Mutter und wir 3 - 5 Kinder, hin und her, hin und . . .

Jetzt muss noch unbedingt das am Morgen gemähte Gras auch mit der Gabel gewendet werden. Die Mutter achtet bei all diesen Arbeiten, dass wir beidseitig arbeiten, so sei es wie ausruhen. Der Vater hält sich nicht daran, Kraft ist vorhanden. Der Ratschlag der Mutter ist natürlich schon begründet. Beim Zetten, Wenden, Rechen, *Medli* machen etc. schreitet man so immer vorwärts und nie stolpernd rückwärts, dabei aber werden abwechselnd auch ganz andere Muskelgruppen beansprucht, was dann die versprochene Erleichterung ermöglicht. Mähen als einzige gleichläufige Erntearbeit ist deswegen ausgesprochen anstrengend.

Was für Laien kurios wirkt, hat seine Bedeutung: Die Wahl von Rechen und Gabel. Leichte und vielleicht etwas kleinere Geräte stehen hoch im Kurs, auf sie zielt das Rennen bei Arbeitsbeginn ab. Wer spät im *Tenn* erscheint, hat eine eingeschränkte Auswahl und plagt sich maulend mit unhandlichen Gabeln und Rechen (Aluminium oder Eisen) ab. Sogar Heuseile können ungleich begehrt sein, dünne und glatte lassen sich leichter von der Burde abziehen als haarige, dicke.

So in der grössten Hitze um 2 Uhr beginnt das *Iinee* (Heu einbringen). Das wird von allen am meisten geschätzt, es ist der Lohn aller Arbeit. Eine erfahrene Person beginnt streng in der Falllinie quer durch das duftende Futter (bei Heu mit der Gabel, bei Emd vielleicht mit dem Rechen) eine Mahd zu äufnen *(aaschloo)*. Bei Emd macht man das oft zweimal. Eine zweite Person schiebt von der anderen Mahdseite her das Futter auf diese erste Mahd, es ist das *Uufschloo/Öbeschloo* (Futter überwerfen). So entsteht eine dicke, luftige Mahd. Nun wird Mahd um Mahd so in der Fallinie auf die Wiese gezogen. Warum in der Falllinie?

Eine Person schiebt nun vom unteren Ende die Mahd leicht nach oben, während eine erfahrene Person zwei drei Meter weiter oben die Mahd zerteilt und nach unten stösst. So entsteht ein ziemlich fester, bauchiger Futterhaufen (*Ääfl stoosse*), der sich dann von der unteren Seite her leichter als seitwärts aufnehmen lässt. Das Wort Heu passt schlecht hierher, denn bei Emd, Herbstgras, Ried oder Streue geschieht das gleiche. Im *Tenn* greifen nun der Vater und wir Buben zum Heuseil und einer Stoffkappe (*Trägchappe*), die wir uns um den Bauch binden. Diese Kappe reicht bis zur Hüfte und hält Hals wie Rücken von Heuhalmen und Heukrümeln frei. Am passenden Ort zwischen den Futterhaufen steckt man d *Trüegle* (spitzes Holzstück mit zwei seitlichen Einbuchtungen) in den Boden und legt das sechs Klafter (10,8 m) lange Heuseil A-förmig auf den Boden. Mit einem Handrechen packen nun der Vater, die Mutter oder wir Buben (die Mädchen haben kraftmässig Mühe) den ersten besten 'Heuhaufen', ziehen den Rechen mit einer Hand an und halten mit der anderen Hand das Futter bauchseitig fest, tappen halb blind zum Heuseil und legen das Futter gleichmässig auf die zwei Seilteile. Oberhalb des ersten *Aafl* (Armvoll) legen wir einen zweiten und der Vater für sich einen dritten. Auf die erste Lage Futter kommt je nach der Kraft des Trägers eine zweite Schicht Futter und beim Vater immer noch eine dritte. So bilden 6 – 8 *Ääfl* eine *Bodi* (Bürde). Um die Rechenarbeit zu erleichtern wird bei ansteigende Gelände das Futter immer von oben nach unten zusammengetragen.

Nun heisst es binden.

Man legt die zwei Seilteile je in die zwei seitlichen Vertiefungen der aus dem Boden gezognenen *Trüegle* und zieht kräftig und ruckweise zusammen. Während nun die linke Hand die Seilenden festhält, dreht die rechte Hand die Seilteile rasch zweimal um die Holzspitze und schiebt die Schlaufe satt unter der linken Hand durch unter die gespannten Seile. Nun lässt man los, der Knoten hält. Der Könner dreht jetzt die *Bodi* leicht hochkant auf, drückt mit der Hand an passender Stelle (auf Nabelhöhe!) zwischen den zwei Seilen eine Vertiefung für den Kopf (*Haudloch*, Hauptloch, Hausloch?), zieht entschlossen die Kappe aus der Verschnürung um den Bauch, schiebt sie mit einer Hand auf den verschwitzten Kopf, dreht sich rücklings zur Bürde, schliesst wegen der sengenden Sonne die Augen, fasst mit jeder Hand einen gespannten Seilteil und zieht ruckartig nach vorne die *Bodi* auf Kopf und Schulter. Mit beiden Knie geht man auf ebener Wiese zu Boden und stemmt so schliesslich durch eine einseitige Kniebeuge die Last nach oben. *Bei aaläägem* (ansteigendem) Gelände reicht es, wenn man nur mit einem Knie zu Boden geht und so direkt aufsteht. Mein älterer Bruder Baptist schaffte diese Kniebeuge lange nicht, er liess sich immer in der Grätsche auf den Hintern fallen, so dass auch kein Stossen der Mutter von hinten half. Zu meiner Schande aber sei verraten, dass ich nie beim Jaucheverteilen mit dem Schöpfer diesen umgedreht wie mein Vater in einem Zug wohldosiert ausschütten konnte.

Durch das *Haudloch* kommt die Last vom Kopf auch auf die Schultern, ohne dass sich der Träger allzusehr nach vorne bücken muss, die Sicht ist aber in jedem Fall leicht eingeschränkt. Ich musste darum schon in Gonten meinem Vater mit einem auf dem Boden nachgezogenen Strick den Weg vom Streuefeld bis zur Liegenschaft

Gontenhof meines Onkels Anton vorgeben. Der Vater musste dabei wohl oder übel mein Marschtempo übernehmen, sein Schnaufen aber war mir Signal genug.

„Abzüche!" (Abziehen!") heisst nun das Kommando des Trägers, und schon keucht ein dafür ausersehenes Persönlein heran undd reisst einige lose hängende Halmbüschel weg. Der Träger schreitet mit schlechter Sicht und lautem Schnaufen zügig der Scheune zu. Ein Glück für ihn, wenn es abwärts geht, aber so nach 250 und mehr Meter werden die Füsse auch so noch schwer. Es wird aber bisweilen auch aufwärts zur Scheune getragen. Aus jeder Richtung werden die Bürden über die mit groben Steinen belegte Tränke gebuckelt; doch, doch, das sticht auch derbe Fusssohlen. Zügig steigt man die mit Trittbrettchen ausgestattete Heuleiter hoch, macht auf der richtigen Höhe einen entschlossenen Schritt auf den Heustock und kippt die Last gern von der Schulter. Man löst die Schlaufe, zieht das Seil heraus und zerteilt mit zwei drei Griffen den Haufen. Mit Absicht stapft man noch etwas herum, um das Futter zu verdichten. "Auch den Wänden entlang stampfen, so hat der Senn seine Freude!", mahnt der Vater fast selbstlos und vordergründig zu seinem Nachteil. In der Tränke nimmt man noch schnell einen Schluck Röhrenwasser und bemerkt zufrieden die aussen trockenen Wasserröhren. Sie schwitzen nicht, also droht kein Gewitter. Für den Vater hat die Mutter schon eine neue *Bodi* gerichtet *(aalegge)*, die er noch mit einem zusätzlichen *Aafl* bereichert. Diese Arbeit machte meine Mutter auch noch bis kurz vor der Entbindung von mir und meiner Schwester Ruth, je am 23 Juni. Das war nutzbringendes Hecheln und Beckenbodentraining in einem Aufwassch! Wie lautet doch ein froher Klagegesang eines Bauer? *„Heuwette ond e Chindli ond Pfrau uf de Sömmerig (Krankenhaus)!"*

Während wir 'Männer' nun hurtig Burde um Burde in das *Gade* tragen, legen die kleineren Geschwister unverdrossen Futtermahd um Futtermahd auf das Feld. Meine älteste Schwester Berta erledigt ihre angestammte Arbeit; sie zieht den etwa 1,6 m breiten, eisernen Rechen in der Höhenlinie durch das fast leere Feld und lässt die dabei entstehende Mahd in der Falllinie liegen. Auch dieses Futter *(s Meescht oder d Rechede)* wird nach unten zu einem Haufen gestossen. Unmutig und zu recht schimpft die Recherin über ungemähte Grasstoppeln *(Schnäuz)*, eine Schwäche des Motormähers!

Mittlerweile hat eine jüngere Schwester in einem grossen Krug Tee oder Süssmost herangeschleppt, so dass auch das Feldpersonal zu trinken hat.

Wir haben nie eine *Bodi* gewogen, aber der Vater wird wohl so seine 60 - 90 kg Futter getragen haben. Bezeichnenderweise war bei ihm die Bürde nicht rund, sondern wies eher Birnenform auf, mit einer imponierenden Spitzenhöhe. Wir Buben mussten übrigens erst so ab der 5. Klasse 'Heu' eintragen, diese schwere Arbeit erledigte vorher der Vater souverän lieber selber. Etwas anderes wäre unter seiner Ehre gewesen. Ganz im Gegensatz zu einem Nachbarn, der (aus fauler Berechnung) fortwährend seinen noch so kleinen Söhnen *Bödeli* um *Bödeli* richtete. Die kleinen Knirpse zogen zu unserer Belustigung das überlange Heuseil meterlang hinter sich her.

Diese schwere Arbeit in der Hitze blieb gewöhnlich immer dem *Mannevolk* 'vorbehalten', die Mädchen besorgten dafür Haushaltarbeiten aller Art. Ausser mähen, Burden anlegen und Heu eintragen sind eigentlich alle Erntearbeiten auch schon von Kindern ab 8 - 10 Jahren ziemlich gut zu bewältigen, wobei aber die Hitze und die Dauer der Arbeiten schon eine Belastung sein können.

Ich glaube nicht, dass unser 'Heu' damals 40 % Feuchtigkeit enthielt. Vom taunassen oder nebelnassen Grashalm an gerechnet machte dieses brechend dürre Futter (nach eigenem Wägeversuch im Juni 2015!) noch knapp einen Sechstel (genau 5/27), also 10 – 15 % an Gewicht aus, was beweist, dass dürres Heu wie erwartet eine Trockensubstanz von ca. 86 % hat. Beim Eintragen merkte man natürlich schultergreiflich, ob das Futter schön dürr oder nur gut trocken und noch bleischwer war und dadurch zum Vergrauen neigte. Beispielhaft bewertete ein Nachbar einmal sein eingebrachtes Futter mit den Worten: „Dürr war es, aber noch schwer!" Dieser offensichtliche Widerspruch war ihm natürlich schon bewusst.

Wenn etwa um 15.20 Uhr das Postauto wieder Appenzell zu lärmt und eine dicke Staubwolke entwickelt, heisst es für eine weibliche Person wohlklingend: "Gang du go Kafi mache!" („Geh du Kaffee kochen!")

So bis 4 Uhr ist das dürre Futter meistens eingebracht, im besten Fall waren das so 25 - 30 Bodi, mit väterlichen Ausmassen gerechnet.

Lustigerweise tranken wir zu Brot und Butter und Konfitüre (nie Bienenhonig) beim Vesperessen immer heissen Milchkaffee. Bei so einem Schmaus wurde ein luftiger Fünfpfünder schon bisweilen *romp ond stomp* (voll und ganz) aufgegessen.

Nun war die Schlacht geschlagen. Die Mutter verrichtete Küchenarbeit, der Vater dengelte eine Sense, wir Buben besorgten die Stallarbeiten und die Mädchen machten sich gemächlich ans *Medle* des am Morgen gemähten Futters. Beim Heu geschah das mit der Gabel, beim Emd und Herbstgras mit dem Handrechen, aber immer in den Höhenlinien, wegen Kraftersparnis. So etwa bei Sonnenuntergang war allgemein Feierabend, man freute sich am schön abrötenden Abendhimmel und stärkte sich ein fünftes Mal an Spiegelei, Rösti, Brot und Most. In ganz seltenen Ausnahmen bekam ein jüngeres Geschwisterlein den Auftrag, vom nahen Restaurant 4 Flaschen Bier zu holen. Die Zuteilung war passend: Je eine Flasche für den Vater, die Muter, die Mädchen und die Buben. Jahrelang galt diese Zuteilung auch sonntags bei vier Bratwürsten oder vier Schüblingen, wobei die Mutter vorbildlich gewöhnlich einen kleinenTeil an uns hungrige Mäulchen abtrat. So lernten wir Bruchrechnen, ganz ohne Rechner! Die Mutter klagte bei diesem Abendtrunk wohlig über leichtes Säuseln und liess noch etwas Bier stehen, während der Vater zutreffend wertete: *„De (!) Bie ischt doch guett!!"* Die falsche Form verrät schon die Seltenheit des Gerstensaftes!

So etwa mit 12 - 16 Erntetagen (voll Sonne und Wärme) war der erste Schnitt unter Dach und Fach, gewichtsmässig um die 30 Tonnen Dörrfutter. Mit den heutigen Maschinen wird auch in der Ostschweiz eine Fläche von einer ganzen früheren Liegenschaft oder mehr in einem Zug abgeerntet. Das war früher nicht möglich und auch nicht erwünscht. Wegen der unsicheren Wettervorhersage durfte nicht alles Gras in einem einzigen Zug gemäht werden, das Risiko von Regenwetter wäre zu gross gewesen. Man legt ja aus Vorsicht auch nicht alle Eier in den gleichen Korb. Wetterbedingt dehnten sich also die etwa 16 Erntetage auf 30 - 40 Kalendertage aus.

So alle Schaltjahre einmal konnte man überstandenes Heu (mannshoch und arg verholzt) schon nach einem Tag Besonnung einbringen *(eetägigs Heu)*. Das war natürlich nach unserem Gusto! Die Kühe hatten keine Wahl!

Entgegen der Erwartung von Uneingeweihten ist die Heuarbeit mit Gabel und Rechen und Heuseil auf leicht ansteigendem Gelände kräftesparender und angenehmer als auf ebenen Wiesen, aber immer nur bei Höhenlinienfolge. Bei den heutigen Maschinen ist dies natürlich umgekehrt oder belanglos.

Die an die Heuernte anschliessende Gewinnung von Ried (ungedüngte, steile Feldteile, auch dem Wald entlang) war wegen der schon halb ausgetrockneten Halme kein Problem. Die nach etwa 8 Wochen anschliessende Emdernte machte arbeitsmässig nur noch so die Hälfte der Heuarbeit aus, am Abend konnte man das Futter von allen Seiten einrechen, was mir geometrisch immer sehr gefiel. Statt zu wenden wurde das Emd nur locker mit der Gabel nach unten geschleudert *(spicke, schäbele)*, was zügig geschehen konnte. So konnte die Mutter oft ihrem Hobby nachgehen: Himbeeren sammeln auf gerodeten Waldflächen *(Stockede)*. Leider schätzten wir *Goofe* diese *Wummbei* (Wurmbeeren, wegen der Fruchtfliegenmaden) nie sonderlich.

Die Emdernte umfasste 10 – 14 Erntetage (20 – 30 Kalendertage) und brachte wohl um die 10 Tonnen Trockenfutter. Weil wir bezogen auf die Heimatgrösse wenig Kühe und Rinder hatten, blieb im September gewöhnlich noch Futter übrig, das wir als Herbstgras (3. Schnitt) ernteten. Die Menge war gering, die Arbeit relativ leicht, aber die Besonnung doch schon spärlich. Früher hielt man mancherorts den Bauern mit Herbstgrasgewinnung für einen Geizhals., heute ist das anders, wenn das Gras auf den Wiesen fünfmal abgeschnitten wird.

Mit Wetterbericht, Barometer, Beobachtung des Glockengeläutes (ob aus Ost oder Nordwest etc. konnte matchentscheidend sein) und der Wasserröhren (Kondenswasser bei hoher Luftfeuchte) oder den Bremsen und Fliegen versuchte man, das künftige Wetter zu erahnen. Auch achtete man auf die anderen Bauern *("Wa tüend doch au di andere?")* und baute dabei auf die Schwarmintelligenz. Zudem gab es auch anerkannte Bauern, die punkto Wettererwartung häufig richtig lagen, wobei die Lage der Liegenschaft von Bedeutung war/ist - weiter Ausblick auf einem Hügel oder eingeschränkter Blickwinkel in einer Mulde sind nicht dasselbe.

Die Deutungshoheit über die Wetterentwicklung aber lag eindeutig beim Radio. Wir besassen dieses Wunderding etwa ab 1946, ein Onkel aus Zürich bescherte uns diesen Fortschritt. Wenn es um 12.30 Uhr mit sonorer Stimme hiess: "Wetterprognose der Meteorologischen Zentralanstalt in Zürich; das Azorenhoch über dem Atlantik ...", dann lauschten 'Mannschaft und Offiziere' aufmerksam den geheimnisvollen und schwerwiegenden Ankündigungen.

Wenn aber das Wetter nicht wollte und der Sommer verregnet war wie 1948, 1952 oder 1953, dann konnten schon die Nerven blank liegen. Während den Regentagen 1952 verfertigten mein Vater, mein Bruder Bisch und ich tagelang nach einem Muster eines Nachbarn dreibeinige Heinzen, wohl an die 40 Stück, alle schwer und stabil. Ein Bein war länger als die anderen zwei, so dass das Trocknungsgestell auf dem fast überall ansteigendem *(aalääg)* Boden gut stehen konnten. Wenn es dabei tagelang regnete, schwor sich unser Vater in ohnmächtier Wut: "Wenn dann der Herrgott wieder einmal die Sonne heraushängen lässt, dann wird *gheuet, öb sei s denn Sonntig ode Wechtig ode hälege* Taag!" (. . . sei es dann Sonntag oder Werktag oder Heiliger Tag!) Nur, der Grimm brachte wenig. Die Lösung kam erst mit dem Futtersilo, und der verlangte zuvor einen motorgetriebenen Wagen – Rapid mit Triebachse. Damit konnte die Heuernte zeitlich verteilt und dem schlechten Wetter gottlob ein Schnippchen geschlagen werden.

Ich schätze, dass über alle Erntezeiten und meine Jugendjahre hinweg, also von Anfang Juni bis Mitte September, das Wetter nur zu 35 % für das *Teirre günstig* war und man sich zu 20 % mit ungünstigem Wetter herumschlug. Eine gute Wetterprognose fehlte, und ohne Maschinen heutigen Zuschnitts konnte auch an guten Tagen nicht ganz viel Dörrfutter eingebracht werden.

Bei unsicherem Wetter probierte man krampfhaft und oft erfolglos, zu retten was zu retten war. Als Notbehelf schichtete man das Futter zu Haufen auf, aber immer nur locker, damit die Halme nicht wegen Sauerstoffmangel (anaerob) vergrauten. Das waren die Schochen. Bei anhaltendem Regen war das Unterfangen fast sinnlos. Besserung brachten die Heinzen. Aber die waren arbeitsintensiv, und man zögerte die Sache hinaus. Dafür wurde oft vor dem Morgenessen Alarm geblasen: was Beine hatte, eilte auf das Feld. Heugabel für Heugabel wurde zwischen und an die Holzstickel geladen, obenauf kam ein kappenartiger Deckel aus Heu. 1948 schneite es landesweit über diese Heinzen! So blieb das Futter ziemlich geschützt, der Wind verhinderte das Vergrauen. Nur, wann nimmt man das Futter wieder von den Holzgestellen, wenn das Wetter nur unsichere Besonnung versprach?

Intuitiv und notgedrungen verlangte unser Vater bei schwacher Besonnung, man müsse einfach etwas tun, und dies hiess verhängnisvoll *meddle ond zettä* (das ausgebreitete Futter zu Mahden scharren und dann gleich wieder intensiv schütteln und schütten und wieder schön gleichmässig auf der Wiese verteilen). Tatsächlich, sehr zum Leidwesen von uns unwilligen *Goofe* wurde der Dürreprozess so gefördert. Heute weiss ich warum. Durch das intensive Schütteln zerbrachen die Halme und wurden auch an der Aussenseite verletzt. Dadurch konnte das Wasser vermehrt sowohl axial als auch radial verdunsten. Aus diesem Grund wird ja heute mit dem Mäher das Gras gleich auch noch mit dem Knickzetter gequetscht, geknickt und geschlitzt, was das Austrocknen (bei Regen auch wieder das Aufsaugen von Wasser) fördert. Es ist auch einsichtig, wie der moderne Kreiselheuer durch Zerschlagen der Halme den Trocknungsvorgang (auch dörren) um bis zu 30% verkürzt. Kurz und gut: *Heue mo me bi schönem Wette!*

Bei allen Heuarbeiten waren wir barfuss. Das war nicht immer folgenlos. Als Regel galt zwar, die Heugabel vom Fuss abgewendet in den Boden einzudrücken, um sie zu 'parkieren'. Meine jüngere Schwester Ida war da einmal leicht unfolgsam. In gewohnter Wucht drückt sie die 3 – Zinken - Gabel in den Boden, gleich durch den Fuss hindurch in die Wiesenkrume! So musste besagtes Eisenstück erst einmal resolut aus Boden und Fuss gezogen werden. Seitdem hielt sich das Mädchen an die elterlichen Ratschläge. Meines Wissens nahm dabei die Eisenspitze der Heugabel weniger Schaden, als wenn sie beim häufig nötigen Grasabwischen beim verstopften Mähbalken zwischen die Messerzähne und Metallfinger des Aecherlimähers geriet. Das knackte jeweils ernsthaft und stoppte das ratternde Messer abrupt. Aber lieber eine Gabel zwischen den Klingen als die Finger.

Entgegen aller Erwartung verrichteten wir männlichen Heroen alle Heuarbeiten mit bedecktem Oberkörper. Das war nicht etwa sittlich bedingt. sondern durch den Pflanzenstaub verlangt. Als ich als kleiner Wicht mit neun Jahren einmal die Aufgabe fasste, auf dem Heustock das sperrige Heu zu stampfen, empfahl mir die Tante und Hebamme Mina nachdrücklich, dabei wegen der Hitze die Hose auszuziehen. Hatte die eine Ahnung, bis in welche Höhe das verholzte Heu mir männlichem Kind gereicht hätte. Klar, diese tüchtige und etwas barsche (und darum von uns *Gofe* nicht sonderlich beliebte) Dame kam einmal zum Heuen mit dem Velo zu uns nach Unterschlatt und bekannte freimütig, sie hätte im *Höllwald* (1 km nördlich von Appenzell) der Hitze wegen ihre Hose ausgezogen und auf den Gepäckträger geklemmt. Solche Ereignisse bereicherten unseren Alltag hinlänglich! Die gleiche Dame meinte einmal bei uns als Heuhelferin am Nachmittag bei zweifelhaftem Heuwetter, es hätte beim Mittagessen keiner *Chüechli* (in Fett gebackener Teigküchlein, mit Apfelschnitten versüsst) bedurft. „Meint denn die blöde Kuh, man müsse/könne/dürfe bei schlechtem Weter nichts essen, maulte zu recht (?) Theo. Als Hebamme hatte eben Mina in manche ärmliche Haushaltung gesehen und statt kargen Hebammenlohn einzuziehen bisweilen umgekehrt Teigwaren in Kindbettfamilien gebracht. Sparen war wichtig. Man weiss oft nicht alles. Sie hatte übrigens zusätzlich zur Ausbildung als Trachtennäherin auch noch Hebamme gelernt, um dem Wunsch ihres Vaters nach Senkung der Säuglingssterblichkeit in AI entgegenzuwirken und verstarb selber schon im Alter von 60 Jahren und zwei Tagen an Krebs. Das Leben ist hart, dafür . . .

Huenze
(Heinze und heinzen)
Das verruchte Wort '*Huenze*' löste bei uns Kindern das gleiche Missbehagen aus wie das Wort '*dinnehocke*' (nachsitzen) bei Schülern und 'Nachtübung' bei Soldaten. Dabei ist es doppelsinnig: Es meint sowohl das vorwiegend dreibeinige Holzgestell (altväterisch Dingwort genannt) an sich als auch dessen Behängen (Tunwort) mit 'Heu'. Darunter verstehen ich Heu, Emd und Herbstgras, wobei aber Heu die Hauptsache bedeutet. Tendenziell ist das Wetter in der Ostschweiz im Vorsommer regnerischer als im Nachsommer, Emd und Herbstgras wurden aber auch wegen den kürzeren Halmen und der geringeren Menge seltener als das viele Heu an die Heinzen gehängt. Da und dort wurden auch vierbeinige Holzgestelle verwendet. In Tirol und anderen Berggebieten wurden häufig einbeinige Gestelle (*Heumandln*) verwendet. Ein Pfahl mit zwei oder drei rechtwinklig durch ihn getriebenen Holzstäben im senkrechten Abstand von etwas 40 cm nahm auf seinen ca. 40 cm langen Armen/Quersprossen fast belustigend das Futter auf. Wegen den oft weit von der Scheune entfernten und parzellierten Graswiesen beliess man diese Dörrnotbehelfe gleich an dortigen und meist durch ein Dach geschützten Holzgestellen.
In Süddeutschland heisst es 'der Heinze' und in der Schweiz 'die Heinze'. *Ookomood* (sperrig, unbeliebt) sind beide.
Huenze als Tunwort bedeutete eine zusätzliche, umständliche und oft fast sinnlose Arbeit. Wenn Wetterbericht, Familienrat oder väterliches Machtwort es geboten, schleppten wir alle zur Heugabel auch widerwillig je zwei dieser Holzgestelle auf das Feld. Wir erstellten diese ungeliebten Dreibeiner im Regensommer 1952 in wilder Entschlossenheit und unzimperlichen Ausmassen. An sich sind diese Heinzen eine ausgeklügelte Sache. Mit Holzschrauben wurden zwei zugespitzte Beine von 1,95 m Länge mit einem um 15 cm längeren dritten, ebenfalls gespitzten Pfahl 25 cm unterhalb der Spitze verbunden. Auf 75 und 90 cm Höhe wurden weitere drei

Stickel (Holzstäbe) von 80 cm Länge in der Mitte drehbar an die drei Beine genagelt. Am inneren Ende wurden sie durch einen dicken Draht locker verbunden. Auf etwa 1,3 – 1,45 m Höhe wurde ein weiterer, 50 cm langer Pfostenkranz auch drehbar an die Beine genagelt. Wir hantierten nur mit Handbohrer (*Bohnippel*), Schälmessr (*Zogmesse*), Hammer und Zange, also ganz ohne CNC – Steuerung. Ob man es glaubt oder nicht, aber diese neun Holzteile liessen/lassen sich entweder wie ein Wigwam fast beliebig weit auseinanderspreizen oder zu einem fast handlichen Bündel zusammendrücken. Obwohl wir 'Konstrukteure (Vater, Bruder und ich) wenig von Radius und Tangenten und gar nichts von Winkelgraden wussten, schufen wir fast in Fliessbandarbeit nach einem kleineren Modell eines verständnisvollen Nachbarn ordentlich funktionstüchtige, geschälte Heinzen.

Im Gegensatz *zom Inee* wurde das Feld *bim Huenze* von unten her angegangen. So liess sich das Heu auf dem Boden leichter mit der Gabel zu *Medli* fügen, das Rechen unterliess man gewöhnlich, auf baldige Wetterbesserung hoffend. Erst stiess man mit der Gabel einen ordentliche Heuhaufen zusammen und klemmte ihn mit Gabel und Hand zwischen die gespreizten Beine der *Huenze*, welche vorher mit dem langen Bein talwärts in den Boden gerammt und anschliessend gespreizt worden war. Diese Füllung konnte bei zu fester Pressung aber leicht vergrauen. Auf jede Astgabel setzte man aussen noch je einen Heuhaufen, oben weniger als unten. Der hölzerne Wigwam wurde nun noch mit zwei oder drei flach gelegten Heuhaufen kappenartig gedeckt. Während die kleinen Helfer eifrig *Medli* zusammenscharrten, schufen die kräftigeren Gestalten reihum fleissig diese dreibeinigen Heugestalten, von Ferne irgendwelchen Ungeistern ähnlich. Das *Huenze* war arbeitsintensiv und fast nur *s'Bettle vesummt* (das Betteln versäumt) und deshalb bei uns Kindern verhasst.

Natürlich wurde nur so halb gedörrtes Heu durch Heinzen vor dem Regen geschützt, wegen befürchtetem Wetterumschlag hatte man schon kein frisch gemähtes Heu auf der Wiese. Richtig ausgeführt leiteten nun die langen Halme von Kappe bis Unterteil den einsetzenden Regen ab. So hält auch ein Schilfdach dicht und so bleiben auch die ungedeckten, runden Holzbeigen (Treschte) innen trocken, die Wassertropfen folgen den schräg aufgeschichteten Halmen oder Scheiten nach aussen unten. Bisweilen halten da und dort Roste aus Holz oder Metall die Bodennässe fern.

Durchschnittlich blieben also bei uns 25 - 40 heubeladene und fast übergrosse Heinzen etwa 5 - 15 Tage lang stehen. In seltenen Fällen aber wuchsen auf den Heinzen Pilze, ein Zeichen für lange Regenzeiten. Im vielgeschmähten Jahr 1948 zogen wirklich 4 - 5 Regenwochen ins Land, mit Schneefall als grausiger Zutat. Die stockwerkartig geschichteten Heuhaufen an den Heinzen wurden durch den Wind und zeitweilige Besonnung meist etwas zusätzlich getrocknet, auch war keine Bodennässe zu befürchten.

Irgendwann versprachen Wetterprognose, Abendrot und väterliches Wunschdenken endlich wieder Heuwetter. Vielleicht gar an einem frühen Nachmittag lautete der Ratschluss, *Huenze vezeire* (das Heu von den Heinzen verstreuen). Die Mutter als bremsende Skeptikerin und wir eher unbeteiligten Helfer konnten mit allen Zweifeln das Vorhaben nicht bremsen. Bei wieder einsetzender Bewölkuung nochmals Heinzen bauen schien uns abschreckend genug zu sein. Natürlich war es das Dilemma von Spatz in der Hand und Taube auf dem Dach. Beim Verzetten des Heinzenheus war dieses erstaunlicherweise noch ziemlich blau und nicht rötlich verwaschen wie aussen oder vergraut wie bei Schochen. Gewöhnlich konnte man es dann nach einem auch nur halb heissen Tag in die Scheune tragen. Mit Ausdauer und List war also doch etwas Heu vor dem Verderben gerettet worden. Trotzdem nahm sich so altrotes und leicht vergrautes Heu neben frischem Zweitageheu aus wie etwa ein alter Feuerwehrkittel gegenüber einer Galauniform aus kaiserlichen Zeiten oder wie ein räudiger Fuchs neben einer frisch gekürten Miss Schweiz. Ist das klar genug ausgedrückt?

In einigen eiligen Notfällen machten wir schon am frühen Morgen Heinzen, sonst schon eher gegen Abend.

Als wir noch keine *Huenze* hatten, fügten wir das Heu mit der Gabel schnell und notdürftig zu Haufen *(Schoche)* zusammen. Die durften nicht gedrückt werden, sonst setzte die anärobe Gärung durch Pilze mit Vergrauen ein. Mit Säure hätte man das stoppen können. So sah es der Vater auch nicht gerne, wenn wir nach der 'kräftezehrenden' Schochenarbeit noch übermütig über die Hauhaufen sprangen und sie so mitunter ungewollt auch betraten. Anhaltender Regen und Bodennässe setzten diesen Schlechtwetterzeichen schon bös genug zu.

Als besonders umständliche Methode wurden andernorts ganz vereinzelt auch Pfähle in den Boden geschlagen und Drähte gespannt. An diese 3 - 5 Leinen hängte man mehr aufwendig als erfolgreich das Heu. Es blieb so zwar mehr dem Wind als dem Regen ausgesetzt. Insgesamt aber waren diese Reuter zu arbeitsintensiv. Bei Tabakblättern ist dieses durch Fäden und Zusammennähen bewerkstelligte Trocknen in zugigen Scheunen weltweit üblich oder nötig.

Bei den heutigen Futtermengen, der besseren Wetterprognose, allfälliger Silage oder Heutrocknung durch Belüftung sind *Huenze*, Reuter etc. zum Glück verschwunden. Moderne Bauern zeigen da nur noch ein mitleidiges Lächeln, in seltenen Fällen ein bewunderndes und erleichtertes, historisches Interesse. Neulich behauptete mir ein Landwirt steif und fest, dass in seiner Jugendzeit so um 1960 auf dem elterlichen Hof in der Nähe von Gais bisweilen 120 – 150 Heinzen (wohl nur mässiger Grösse) aufgestellt worden seien. Da kann ich schreckensstarr nur stammeln: „Ein Unglück kommt selten allein!"

Die *Huenze* aber werden heute als Beweis kleinärmlicher Problemlösung und Notbehelf gefühlvoll als Traggestell für Blumentöpfe oder Kleider umgenutzt. Bei mir nicht!

Wedegehnte (Muskelkater)

Das *Iinee* brachte meinen Vater wohl nur einmal an den Rand eines Kollapses. So zwischen 1920 - 1930 erfuhr er beim sonntäglichen Messebesuch, dass die zwei ihm gut bekannten Knechte auf dem wohl grössten Hof in Vordergonten (heute ist dort ein Sportplatz) viel Dörrfutter einzutragen hätten. Der Vater hatte Mitgefühl mit ihnen und anerbot sich, ihnen dabei zu helfen. Warum er nicht wie sonst üblich auf der Alp Tieflöchli war, weiss ich nicht. Tatsache aber war, dass er und wohl auch die zwei Knechte vom Mittag bis zum Vesperessen und dann noch bis zur Dämmerung ununterbrochen Futter zur relativ entfernten Scheune trugen. Es war anscheinend ein *Narrebletz zom Iinee* (grosses Feld mit dürrem Futter). Sein Onkel Baptist

Rusch machte *Bodi* um *Bodi* bereit, und andere Personen werden wohl Mahden und *Ääfl* gemacht haben. Eilig getragen kann auch auf ebenem Gelände die Sache in die Beine gehen. Zum Abendessen gab es wohlmeinend so richtig fettes Schweine-fleisch (Beine, Ohren, Kopfteile etc.). Ausgepumpt und wohl entzuckert und ausge-trocknet hätte mein Vater die fetten Fleischstücke in der Brühe anspucken mögen; er, der sonst mit Hochgenuss handbreite Speckstücke geräuchertes Schweinefleisch verzehrte. Zum Schluss krächzte die alte Bäuerin, wohl die Schwiegermama des Onkels: *"So, ezz moscht au no de Loo ha!"* („So, du musst jetzt auch noch deinen Lohn haben!") und drückte ihm selbstsicher 50 Rappen (in Worten: fünfzig Rap-pen!) in die Hand. Das beste kommt aber noch. Vor *Wedegehnte* (Muskelkater) konnte mein arbeitsgewohnter Vater daheim mehrere Tage lang nur rückwärts die Treppe hinuntergehen. Er, der auch bezüglich srengen Märschen mit Sack und Pack im Militär unbeeindruckt blieb.

Hend ode Tööpe
(Hände oder Tatzen)
Im Militärdienst behauptete einst unser Kompagniekalb bei einer Übung in einem Hauskeller gegenüber der Hausbesitzerin mit Nachdruck, dass er eine Hebamme sei. „Schauen sie, was für feine Hände ich habe!" (er kam aus der Weberbranche aus Oberegg) beteuerte er mit Nachdruck. Trotz unserer ernsten Unterstützung glaubte die erfahrene Dame die Behauptung unseres Spassvogels kopfschüttelnd nicht. Aber in der Tat: Ob einer mit starken Oberarmen Schwingerkönig oder Bauer ist, kann man leicht herausfinden. Muskeln in/an Armen, Beinen und Oberkörper lassen sich antrainieren (sogar noch ohne Anabolika), breite und kräftige Hände aber sind Beweis harter Arbeit. Ich denke da an knochige und ledrige Hände in der Grössenordnung mittlerer Motorradsättel. Die Vererbung (sogar auch eine schlimme Erkrankung) macht einiges aus, aber wenn die Hände die Oberarmmuskeln über-treffen, kommen nur Berufe wie Fuhrmann, Landwirt, Metzger und früher Chauf-feur in Frage. Spass beiseite: Wenn ich wie jedes Jahr im Frühling tagelang dem Va-ter beim Mistverteilen (*tumme*) half, war nie die Kraft an sich das Problem, sondern die fehlenden Schwielen an den drei Fingern hinter dem Zeigefinger. Da bildeten sich fast durchsichtige Blasen, die man mit einer Nähnadel leicht öffnen und aus-drücken konnte. Wenn dann die Hände endlich Schwielen (*Schwöllene*) gebildet hatten, besuchte ich wieder das Kollegium in Appenzell (Realschule genannt, ent-sprach aber der heutigen Sekundarschule) oder das Lehrerseminar in Rorschach. Diese Ferienarbeit war natürlich für meine Klavierkunst ein zusätzliches Hindernis, heute würde ich von Schutzbehauptung sprechen.
Wer ziemlich verdrehte, kräftige Daumen aufweist, hat sicher jahrelang Kühe ge-molken, vorwiegend mit *Chnödle* (Zitzen zwischen Daumengelenk und den restli-chen Fingern. Wer mit erhobenem Daumen und kleinem Finger fünf Bier bestellt, ist nach altem Witz sicher Schreiner. Der Appenzeller Stickerin kam für ihre feine Heimarbeit zupass, dass sie meist, bedingt durch die kleinen Bauerngütlein, vor schwerer Arbeit verschont blieb, im Gegensatz zu Frauen in ausgesprochenen Land-wirtschaftskantonen des Mittellandes. Während aber früher die arme Waschfrau mit der ausgelaugten Hand Probleme hatte, sind es heute die Allergien durch die Kunst-stoffhandschuhe in den Lebensmittelbetrieben oder der Krankenpflege.

Landwirte, Holzer und Fuhrleute verrichteten einst alle Arbeiten auch bei tiefsten Temperaturen ohne Handschuhe, während heute selbst für harmlose Tätigkeiten Arbeitshandschuhe benötigt werden. Die Kuh schätzt bezüglich der Fortpflanzung (KB) aus verständlichen Gründen schmale Hände, siehe obige Spassvogelbehauptung!

Kluge Holzer aber verwendeten früher im Winter gern aus Katzenfell gefütterte Ledermanschetten um die Handgelenke, Pulswärmer geheissen. Mit diesen etwas 12 cm breiten und lederriemenbewehrten Handgelenkwärmern blieben die Finger immer frei und trotzdem warm, laut Sigmund Broger. Das wurde von ihm auch bei Schlittentransporten (exakt 50 Reiswellen auf einem einzigen Hornschlitten) im Winter so gehandhabt. Dazu passten dann noch vorzüglich robuste Ledergamaschen, *Pöss* genannt. Die nackten Kniegelenke bei den kurzen Lederhosen der Bayern und Tiroler sind in der Kälte nicht zu empfehlen. Die Damen wissen: Schönheit muss leiden.

Mähen

Alle Mähmaschinen mit Ausnahme der Kreiselmäher schneiden die Halme mit einem Mähmesser zwischen Eisenfingern ab. Das Messer ist ein Eisenstab mit aufgenieteten, A - förmigen, geschärften Eisenplättchen. Diese Mechanik wurde schon vor der Motorisierung erfunden und zur Vollendung gebracht. Die Hin - und Herbewegung des Mähmessers wurde ursprünglich eben durch den Radantrieb ermöglicht. Wie auch bei anderen Geräten (Gabelwender, Bindemäher etc.) weisen diese Mähmaschinen grosse Eisenreifen auf. Es fehlt nur noch die Zugkraft. Die kommt vom Zugtier. So wurden schon vor 150 Jahren auf grossen Betrieben (USA) mehrere Pferde eingespannt. Noch 1950 waren pferdegezogene Mähmaschinen in Gebrauch, wobei der Aufbaumotor nur den Messerantrieb besorgte. Das war eine Technik! Zum Pferd musste auch noch der Benzinmotor parieren – mehr als umständlich.

Aber eben, das Mähen des Grases war der Flaschenhals beim *Teirre*. Ganz selten wagte man bei aufklarendem Wetter, schon auf Vorrat zu mähen, mangels sicherer Wetterprognose.

Damit komme ich zum Mäher. Die Mäharbeit mit der Sense verlangt Können und Gespür wie sonst wohl nur das Käsen. Nach meiner Ansicht wird sie an Können nur noch vom Dengeln übertroffen. Wer als Bauer ein schlechter oder nur mittelmässiger Mäher war (wie mein Grossvater Franz, der Theoretiker, aber kein Praktiker war), der war wahrlich ein armer Mann. Mein Vater war ein vorzüglicher Mäher, nur zwei, drei meiner Verwandten und ein Nachbar waren ihm ebenbürtig. Diese Verwandten waren von leichterem Körperbau als mein Vater. Also mähten sie etwas weniger breit als dieser, der ausser der Ausdauer und dem exzellenten Können auch eine beachtenswerte Kraft einsetzen konnte. Dabei aber blieb die Sense trotzdem immer exakt auf dem Boden. Wie der unsägliche 'Mäher' auf der Hunderternote von Hodler wütet, ist grundfalsch. Der gute Mäher lässt die Sense immer locker auf dem Boden gleiten, die Sensenspitze beschreibt exakt einen Halbkreis. Denkt man sich an die beiden Fussspitzen eine Gerade gelegt, so beginnt die Sensenspitze rechts auf dieser Linie sirrend durch die Halme (Gras, Farn, Getreide) zu gleiten und stoppt beim Eintreffen an der gedachten Geraden links, nach 180 Grad. Sie mäht von Fusshöhe rechts bis Fusshöhe links die Halme (Gras, Farn, Getreide) um. Genau genommen mähen die hinteren zwei Drittel des Sensenblattes die Halme und legen sie büschelweise fast parallel links zu einer Mahd zusammen. Dann rückt die Sense wieder nach rechts, auf dem Boden, und schneidet erneut weiter.

Die Sense (aus althochdeutsch segensa = die Schneidende, *Seges*) stammt aus Micheldorf in Kärnten, 35 km nördlich von Klagenfurt. In 20 Arbeitsschritten entsteht mit mehrmaligem Erhitzen auf Schmiedetemperatur das Sensenblatt, bei dem der Fachmann Hamme, Warze, Dengel, Schneide, Spitze, Bart etc. unterscheidet. Wenn schon das Sensenblatt pfiffig und kunstfertig erstellt ist, wobei zwei Anstellwinkel entscheidend sind, so ist der Worb (Wurf, Sensenbaum, Sensenstiel, Sensengriff etc.) nochmals vielgestaltig und ausgeklügelt. Nur schon der Griff für die rechte Hand (es gibt erstaunlicherweise auch Sensen für Linkshänder, also ist alles spiegelverkehrt zu denken) verdient bei den Sensen im Alpsteingebiet Beachtung. Er ist mit Stammholz und Ast der Fichte aus einem Stück geschaffen! Der geschweifte Worb aus Esche oder Ahorn ist erstaunlich leicht und stabil, er wiegt insgesamt bei etwa 125 cm Länge nur rund 1000 Gramm. Das dünne, durch einen Wulst verstärkte Sensenblatt wiegt bei ungefähr 85 cm Länge auch nur ca. 600 Gramm. Je nach Alter und Grösse des Mähers sind Sensenblatt und Worb unterschiedlich gross gestaltet; wobei in der 'Vormotormäherzeit' nach Hans Holderegger für schweres Heu bisweilen auch eine leichte und für leichtes Emd und Gras eine schwere Sense verwendet wurde. Klingt logisch wie ein indirekter Dreisatz, die Kraft des Mähers ist die Konstante. Nur schon schweizweit gibt es laut dem alten Sensenmann Hansjörg von Känel in Gunzwil LU überraschend 27 verschiedene Worbarten.

Die Sense weist am Worb (meist) einen Anzug von etwa 4 cm auf, so viel wird per Schnitt gemäht. Das Gras kommt (beim Rechtshänder) schön gleichmässig links in eine Mahde zu liegen. Wenn während des 2. Weltkrieges und bis 1947 auch in Innerrhoden Getreide angebaut und geerntet wurde, wurden Sensen mit einem *Reff* (Korbsensen) verwendet. Das ist ein korbähnlicher Aufbau am Worb, damit die Halme schön garbengerecht zu liegen kamen.

Sensen gibt es laut Abbildungen schon seit 850 n. Chr. und laut Funden in La Tène am Neuenburgersee sogar seit dem 3. - 1. Jahrhundert v. Chr. Hoffentlich auch! Gegenüber einer Sichel ist die Sense ein gewaltiger Fortschritt. Der Mäher kann fast aufrecht mähen, muss die Halme nicht mit der Hand festhalten und erreicht wohl eine zehnfache Vergrösserung der Leistung. Ich pfeife auf alle Samuraischwerter aus Damaszenerstahl. Erleichterung brachte die Sense und sonst gar nichts. Punkto Aufwand (Material, Kraft) und Ertrag ist die Sense nur noch mit dem Velo zu vergleichen – geringer Aufwand und enormer Ertrag.

Beim guten Mäher ist die frisch (immer so geheissen, aber eigentlich wäre neu angebrachter, meint aber schon wieder etwas benutzt) gedengelte Sense so scharf wie ein Rasiermesser. Wird sie nun durch Gras geführt, so verliert sie nach etwa 10 m Mäharbeit ihre beeindruckende Schärfe. Selbst das weiche Gras schadet der stählernen Schneide, vielleicht ist es die Kieselsäure $Si(OH)_4$. Nur mit Kraft kann man weiter mähen. Bitte nicht, das würde zu sehr ermüden. *„Tüend wetze!"* (Wetzt doch erneut!) ermahnte uns jeweilen gut beobachtend und gut meinend der Vater, wenn mein Bruder Baptist und ich auf der für den Motormäher zu steilen Wiese mehr mit jugendlicher Kraft denn meisterhaftem Können mit der Sense hantierten. Von Zeit zu Zeit erledigte er an unserer Sense gekonnt diese auch von uns erst zu erlernende Schärfung.

Also, mit einem Grasbüschel wischt der Mäher den gröbsten Unrat zur Seite und streift mit Daumen und Zeigefinger gekonnt von der Spitze zum Bart *(Segesefödlech)* die letzten Krümel weg. Ein Griff zum *Fuetefass* (Wetzsteinbehälter aus Horn, Holz oder Metall, mit Wasser und esoterisch besonders bei Natursteinen mit etwas Essig angereichert gefüllt) und der Wetzstein liegt in der Hand. Der hat es in sich. Als Siliciumcarbid SiC (Carborundum als Marke) weist er beinahe Diamanthärte auf und ist so fast das härteste Material, das es gibt! Ausgewählte feine Naturschleifsteine (belgische Brocken?) sollen ihm ebenbürtig oder sogar überlegen sein! Damit streicht der Mäher nun zügig innen und aussen der Schneide entlang, zwei- oder dreimal. Es tönt direkt melodisch. Ferdinand Fuchs irrt, wenn er behauptet, dass immer von der Spitze zum Bart gewetzt wird. Eher schärft der Mäher vom Bart zur Spitze, von vorne wie von hinten. Kurz und gut, es gibt fast so viele Wetzverfahren wie es unterschiedliche Worbformen gibt, an Mähwettbewerben nachzuprüfen! Nun also ist die Sense wieder für etwa 8 - 10 weitere Meter scharf. Diese Distanz *(ää Wetzede)* ist für den Mäher ein eigentliches Längenmass und als Basis fast so wichtig wie es beim römischen Fusssoldaten die Meile war.

Wie bei allen Schärfarbeiten sollte der Schleifstein nass sein. Eventuell wird so eine Erhitzung (Versprödung?) der obersten Atomschichten verhindert. Bestimmt aber bringt das Wasser die feinen Abriebteile zwischen Stein und Stahl weg, welche sonst den Schleifstein verstopfen würden. Wie mein Vater weiss auch ich von einem anerkannt guten Mäher, dass der den trockenen, feinen Naturwetzstein im Hosensack mit sich führte. Mit einem Abziehstahl lässt sich nach dem Wetzen nochmals eine bessere Schärfung erreichen – nur für Könner notiert!

Nach Hans Holderegger macht das Wasser den feinen Naturstein etwas rauher und griffiger, während es beim Carborundum (auch zur Reinigung) absolut unnötig sei und nur placebohaft wirke. Statt nur Mostessig wurde aber bisweilen als Wundermittel Weinessig und als Geheimtipp sogar verschwenderisch Citrofin oder umweltgerecht und vertrauensvoll Mäherurin beigegeben. Scharfer Geruch ergibt doch fast homöopathisch scharfe Schneide. Da streiten sich also die 'Gelehrten'! Fast ulkig aber ist die Begebenheit, die Tonisep Wyss erwähnt. Sein Vater habe einmal beim Bergheuen auf Gloggeren (!) (1635 m ü. M., Nordabdachung der Marwees) gegen Mittag (!) in der Zeit um 1940 verzweifelt behauptet, seine Sense wäre verhext, sie treffe immerfort den steinigen Boden und schneide deshalb nicht mehr gut. Mitfühlend habe dann seine Ehefrau ein in Weihwassr getauchtes Tüchlein dreimal über das Sensenblatt gestrichen und drei Vaterunser verrrichtet. Über den Erfolg weiss auch Tonisep nichts zu melden. Steine oder Hexen oder Ermüdung oder Einbildung oder Ohnmacht oder Erziehung oder Placebo? Bitte nicht vorwitzig lachen. Alter Unsinn in moderner Verpackung wird gerne geschätzt.

Gemäht wird vom Könner in ziemlich aufrechter Körperhaltung und immer in der Falllinie. Entlang der Höhenlinie nach gemäht lässt die Hüfte in schräger Stellung, was auf die Dauer zusätzlich ermüdend wirkt. Zudem ist das Rutschen der Füsse abwärts leichter als seitwärts. Ich setzte voraus, dass die Mäharbeit 4 – 6 Stunden umfasst, alles andere ist nur Spiel *(no gad päled, gväteled)*. So schwingt die Sense eben auch immer in gleicher Höhenlage um den Mäher, bei horizontaler Mähweise aber muss die Sense kräfteraubend nach oben gehoben werden.

Bei jedem Schnitt rutschen abwechslungsweise der linke (Sense rechts) und dann der rechte Fuss (Sense links) um etwa 5 cm nach vorne unten. Es bilden sich so nachher weithin sichtbare Fussgleitspuren. Nur bei steiler Mäharbeit trugen wir übrigens Schuhe wegen möglicher Schnittverletzungen. Ansonsten verrichteten wir alle Erntearbeiten barfuss; nur hin und wieder bildeten sich in den Zehengelenken unten ekelhafte Hautschnitte *(Stompelöche)*. Nur einmal verletzte sich mein Vater barfuss an der Sense, weil er rücklings wegen Bremsen beim Wetzen meiner Sense auf die eigene Sense trat. Natürlich mähte er trotzdem weiter. Die steilsten Teile unserer Liegenschaft *(Riedbode,* also ungedüngt, und nur einmal im Jahr gemäht) können es bezüglich Steilheit spielend mit der Mausefalle am Hahnenkamm oder dem Hundschopf am Lauberhorn aufnehmen. Für den Aecherli war das Niemandsland, auch die heutigen leichten Mäher mit Stachelrädern schaffen es immer noch nicht ganz, so steil ist die Sache!

Wenn nun der Mäher unten am Wiesenstück angelangt ist, trägt er die Sense auf dem Rücken nach oben und beginnt nach erneutem Wetzen mit der nächsten Mahd. Ist doch unwichtig! Wie? Nein, das ist die Erholungsphase! Beim Mähen wird immer die gleiche Rumpfdreharbeit verrichtet, was auf die Dauer unglaublich anstrengend ist. Es gibt meines Wissens kaum eine Arbeit und kaum eine Sportart (Golf, Boxen?), bei der vom Rumpf tangentiale Kräfte verlangt werden, meistens ist die Kraftrichtung axial. Zudem fehlt beim Mähen die seitenverkehrte Abwechslung, wie sie ewa beim Wischen mit dem Besen möglich ist. Auch Sensen für Linkshänder ändern da nichts. Mein Vater wusste von einem Witzbold in der Nähe seiner Alp Tieflöchli zu berichten, der einmal spasseshalber die Mäharbeit seines Streuefeldes in der Mitte begann und spiralförmig nach aussen betrieb. Das bekam ihm gar nicht. Die Pausen des Rückmarsches fehlten so, zudem musste er notgedrungen immer leicht kreisförmig statt geradeaus mähen.

Ein Mäher mäht so eine Mähbreite von 1,6 – 1,8 m und kommt pro Vormittag auf etwa eine Jucharte (36 Aren; ein Quadrat mit 60 m Seitenlänge). Wegen grösserer Reibung bei Trockenheit der Halme mähte man früher wenn möglich nur am Abend oder am Vormittag und mied wohlweislich die Tageshitze. Gegen Mittag bildete sich vielleicht am Sensenbart unten ein bräunlich - roter Belag aus Grasteilen, *wolfe* genannt. Das bremste die Sense so sehr, dass der Mäher die Arbeit notgetrieben einstellte und dabei übermütiges Singen leicht unterdrücken konnte! Respekt gehört jenen Mähern, die früher im Unterland auch tagsüber Getreide mähten!

Aber auch ein Verwandter von mir mähte aushilfsweise auf einem bekannt grossen Betrieb sogar noch den ganzen Nachmittag lang Heu, weil gutes Wetter erwartet wurde. Der Mann mähte dabei so locker, dass er sein Lindauerli stilsicher immer wacker rauchen liess! Auch mein Vater und sein Bruder Heinrich mähten in jungen Jahren in Erwartung von günstigem Wetter schon am Nachmittag Streue oder Riedgras. Prinzipiell aber mäht man am besten taunasses Gras. Nur dem Könner ist dürres Ried mit Farn durchsetzt auf steilem und unebenem Boden zuzumuten. Ein Nachbar von uns bewältigte so etwas in gelassener Ruhe und mit Können, sogar sehr zur Verwunderung unseres Vaters.

In der Vormotormäherzeit stand mein Vater im August bisweilen so früh auf, dass er noch im Gaden warten musste, bis es zum Mähen hell genug geworden war.

Der Fluch aller Mäher sind Ameisenhaufen, Mäusehaufen, Erdhaufen, Steine, Pfähle und Rindenteile von den Pfählen. Der Lattenhag mt seinen vielen Stecken ist für den Handmäher wie auch Motormäher ein Schrecken und eher für die Feldhasen ein getarntes Paradies. Von Hand reisst der ordnungsliebende Bauer im Alpsteingebiet die von der Sense nicht umgelegten Halme um jeden Pfahl aus; eine 'Beschäftigung', welche den amerikanischen Farmern auf Besuch sogleich ein erstauntes Schmunzeln entlockt.

Durch obigen Unrat leidet die Sensenschneide sofort. Die Konsequenzen sind schwerwiegend. Wenn Kühe weiden, bilden sich bei durchnässtem Boden schnell Trittlöcher und entsprechende Erdhaufen. Für die Sense also Gift. Darum lässt man im steilen Gelände die Kühe nie weiden oder die Weidefläche wird von selber terrassenartig ausgebildet und wird nicht mehr gemäht. Wir hatten in der Rüti beide Varianten. Stundenlang und tagelang haben wir mit einem hammerartigen Holzgerät Lächer verschlagen *(Löche vemache, Löche zuemache)*, also die Erdhaufen eben geklopft. Die unbewachsene Stelle des Fusstritts wurde damit wieder überwachsen. Walzen hatte man nicht und schwere Traktoren mit Pneurädern waren unbekannt. Damit die Kühe nicht aus Übermut herumrannten, banden wir ihnen bei Regenwetter Holzteile um den Hals *(Chlötz aalegge)*, was übermütiges Herumrennen deutlich verminderte. Heute lächelt man darüber! Bei aufgeweichtem Boden bekamen die Kühe sogar Stallarrest, mit dem Einradgestellwagen *(Grääsbehre)* schleppten wir das nasse Gras mühsam zur Futterkrippe.

Aber auch ohne alle misshelligen Dinge im Gras verliert die Schneide langsam an Schärfe. Die schicksalshafte Frage: *"Hauts?"* oder *„Het s ghaue?"* ist Realität. Wie erwähnt nehmen die weichen Halme (Silikate?) der Sense auf Dauer die Schärfe. Dann hilft kein noch so scharfes Wetzen mit Essig im Wetzsteinfass. Es muss gedengelt werden.

Nicht jeder Bauer kann gut mähen (rechte Sennen schon gar nicht!) und nicht jeder Mäher kann gut dengeln. Nicht ohne Grund gab es früher *Tengelimanne* (Dengelmänner), die von Hof zu Hof zogen und den Bauern die Sensen dengelten. Auch Handwerker, welche Heugeschirr wie Sensenworb, Rechen und Gabeln herstellten oder flickten, dengelten unbegnadeten Bauern ihre Sensen.

Die Sache klingt einfacher als sie ist.

Mit einem bombierten Hammer wird die Schneide der Sense (Dengel, Dangel) auf einem schmalen Amboss *(Tengelipess, Tengelistee)* von etwa 5mm Breite und 8 cm Länge kalt verformt. Das verdünnt bis zu 0,1 mm und härtet gleichzeitig die Schneide. Aber oha. Das Eisen darf sich nur in Richtung der Schneide ausdehnen, also rechtwinklig dazu und nicht in Laufrichtung. Denn sonst bilden sich Wellen *(Flötte)*, welche die streichende Mähbewegung der Sense unerträglich abbremsen würden. Die Wellen verunmöglichen eben die perfekte Schärfung durch den gleitenden Wetzstein. Unter *Flötte* werden teilweise auch flatternde Schneidenabschnitte verstanden. Wellen und Flatterteile entstehen aber beide durch unsachgemässes Dengeln. Mit mechanischen Dengelmaschinen erreicht man wohl per Hand- oder Fussdruck auch eine Verdünnung, das Problem aber bleibt. Der Stahl darf immer nur nach vorne und nicht seitwärts ausgedünnt werden. Das schafft der *Tengelimaa* in etwa zwei Durchgängen; alles zusammen erfordert eine knappe Stunde konzentriertes Hämmern. Entweder ist der Dengelamboss oder der Hammer mit einer schmalen Kante (Finne, Hartmetall eingeschweisst(?)) versehen und entsprechend ist der Amboss oder der Hammer rundlich (bombiert) beschaffen. Es gibt auch leichte Ambosse, die zur Not in den Boden eingedrückt werden und so das Dengeln auf dem freien Feld (Bergheuen) ermöglichen.

Der Könner schlägt den Hammer unmerklich nach vorne auf das Sensenblatt, als ob er dieses senkrecht zur Schneide vorwärts ziehen möchte. Mein Vater tauchte beim Dengeln den Hammer regelmässig in Wasser, das er in einem Becherchen rechts bereit gestellt hatte. Ob zur Abkühlung oder als Parallele zum Wetzen und aus irriger Meinung? Ich weiss es nicht. Nach Hans Holderegger bestand und besteht die irrige Meinung, dass durch das Wasser der Hammer auf der Sensenschneide wie ein Schlitten auf dem Schnee leichter nach vorne gleite, was aber auch nach der Meinung eines alten Tirolers weder zutreffe noch nötig sei. Auch da streiten sich also die 'Gelehrten'. Der Fachmann schlägt aber jedenfalls nicht nur blindlings zu, er lauscht auch genau auf den Klang. Wenn die Sense 'singt', ist der Dengel ausreichend dünn und wird seitwärts vorwärts geschoben. Dickes Blech 'singt' nicht und muss also noch weiter behämmert werden. Natürlich ist auch gutes Sehen erforderlich, ausser zum Zeitunglesen trug auch mein Vater beim Dengeln eine Brille, was die Dengelarbeit vollends in eine gehobene Dimension emportrug. Übrigens klingen 'gute' Sensen glockenhell, während 'schlechte' blechern dumpf scheppern. Die Beschaffenheit (Härte) des Stahls mag da eine Rolle spielen.

Am Schluss ist der Dengel (*Ryf*) 3 - 5 mm breit so dünn und ausgehärtet, dass man als Probe mit dem Fingernagel das Metall leicht verbiegen kann. Es darf aber nicht reissen/brechen und sich beim Mähen auch nicht überschlagen, sich also nach innen wölben. Ich wiederhole: die Sache ist vertrackt und erfordert Erfahrung wie Sorgfalt. Auch Kraft ist nötig, denn der Dengel muss immer waagrecht auf dem schmalen Amboss (*Tengelipess*) liegen, an Spitze und Bart muss die linke Hand schön kräftig drückend die Sense führen. Ein Holzgatter hält den Worb ungefähr in günstiger Stellung. Auch durch Aufhängen mit Schnüren lässt sich die genaue Haltung der Sense leichter erreichen. Wird wahlweise das Sensenblatt vom Holzworb gelöst, ist dieses wohl kräftesparender zu halten, aber es muss immer noch in der richtigen Stellung zwischen Amboss und Hammer liegen.

Mein Vater verstand auch diese Kunst des Dengels hervorragend. An einem Dengelkurs mit enormem Hammerlärm lernte er aber in seiner Jugend nichts. Alles lernte er nur durch Tun (learning by doing) und notgedrungen.

1917 mähte er als 17 - Jähriger allein die ganze Liegenschaft Eugstli in Gonten, der ältere Bruder Bisch war im Aktivdienst und der Vater (als Landeshauptmann) wohl in Kommissionen beschäftigt. Selbst alte Männer bewunderten diese fabelhafte Leistung als einmalig.

Das Dengeln erledigten die Bauern früher meistens am Abend und im Schatten, notfalls spendete ein Kind mit einem Sonnenschirm Schatten und verhinderte so störendes Glänzen auf dem Sensenblatt Zum Dengeln brauchte es gute Augen, einen nassen Dengelhammer, eine feste Hand und viel Geduld. Tack, tack, tack tönt es gleichmässig und fast kilometerweit zu hören. Tack, tack . . . Dann ist die 'frisch' gedengelte Sense für weitere Heldentaten bereit. Schlauerweise richteten die

Bauern früher bei Regenwetter 3 – 4 Sensen so zurecht, um bei Heuwetter gerüstet zu sein. Mit Bewunderung berichtete mein Vater vom Betrieb seiner Schwester Maria Speck in Meistersrüte, wo jeweilen zwölf frisch gedengelte Sensen in der Scheune an einer Latte hingen. Sonnenlicht (Wärme) war verpönt, wegen möglicher Verziehung des Sensenblattes, was nochmals eine Fehldeutung sein mag. Die scharfe Sense unter gemähtes Gras gelegt oder im Brunnentrog versorgt war aber sicher eine Gefahrenquelle weniger. Das Gegenteil gilt. Ein irgendwie aus der Form geratenes Sensenblatt verformt der *Tengelimaa* durch gekonnte Hammerschläge kalt wieder in die gewünschte Form. Zudem gilt, dass sich der Mäher der Sense anpassen muss und nicht umgekehrt sich die Sense dem Mäher anpasst. Bei Regierung und Volk muss es genau gleich sein.

Ich wage die Behauptung, dass heute in Innerrhoden kaum ein einziger Bauer mehr fähig ist, exzellent zu dengeln und zu mähen, Wettmäher ausgenommen. Wozu auch? Heute spielt die Musik woanders! Bei den heutigen Landwirten ist weder die Kunst des Mähens noch jene des Dengelns zu finden. Dafür sind andere Fähigkeiten und Erfahrungen unabdingbar. Maschinen, Pflanzen, Tiere, Vererbung, Fütterung, Dünger, Bodenpflege, Rendite, Gift, Wetterkenntnis und Papierkram müssen enorm verstanden und eingesetzt werden. Der Könner von gestern ist der Stümper von heute und umgekehrt. Wo in der Schule wird noch auf eine gepflegte Handschrift geachtet? Wo braucht der Grossvater in Computerbelangen nicht die Hilfe der Enkelkinder?

Es geht immer noch um Mähen.

Wie der Bub mit Vorteil zuerst an einer günstigen Kuh melken oder auf einem alten Pferd reiten *(uf alte Rösse leent me riite!)* lernt, so soll der Anfänger zuerst nasses, junges Emd auf ebener Wiese mähen lernen. Verholztes, farndurchwachsenes Ried auf steilem, unebenem Boden ist dem Fachmann vorbehalten. Heutige Mähwettbewerbe mit furchteinflössenden Monstersensen und kurzzeitigem Kräfteverschleiss würden bei bewährten Mähern früherer Zeit nur verständnisloses Kopfschütteln auslösen.

Am besten mäht man stehende Halme. Sind sie durch Wind oder Regen oder Fusstritt zu Boden gedrückt *(googigs Heu)*, so mäht man in der Richtung, dass die Halme vom Mäher weg liegen. Ansonsten schleift die Sense leicht über die liegenden Halme hinweg, ohne sie abzutrennen. Was aber, wenn auf steilem Gelände das Gras nach oben liegt? Dann hilft nur verpöntes Mähen nach oben. Aus diesem Grund durften wir Kinder nie ins hohe Gras stehen. Heutige Maschinen sind da unzimperlich. Dafür gelangt auch mehr Dreck (Humus, Erde) ins Futter.

Bei einem guten Mäher sind alle Halme auf gleicher Höhe abgeschnitten, nur beim Stümper bemerkt man stufige Unterschiede. Der gute Mäher erleichtert die darauf folgende Rechenarbeit merklich.

Wollte früher der Mäher mit der Sense per Velo den Arbeitsort wechseln, so zerlegte er die Sense mit dem Hammer in Sensenblatt und Worb und trug alles in einer *Chreeze* (aus Holzstäben bestehendes Traggerät) auf dem Rücken. Mit ein paar Schlägen auf den Eisenring am Bart verband er wieder Sensenblatt und Worb. Lösbar, kraftschlüssig und leicht – bitte nachmachen!

In Innerrhoden war das Mähen immer Männersache. Mitten im 2. Weltkrieg (wohl 1940) aber begann meine Tante Theres Streule *(Bäsi Theres)* mit der Sense bei uns die Heuarbeit, was von meinen Eltern immer achtungsvoll erwähnt wurde.

Wenn schon der Mäher über die Schärfe seiner Sense im Bild ist, erstaunt es mich selber, dass ich drei Personen etwa in meinem Alter kenne, die als Kinder beim Herumrennen vom Vater oder älteren Bruder ungewollt beim Mähen durch die Sense an einem Bein verletzt wurden. Während ein Bub beinahe verblutete, erlitt ein anderer eine lebenslange Fuss - Fehlstellung und beim Mädchen verblieb immerhin eine hässliche Narbe.

Psst! Gut, dass das die SUVA nicht weiss. Wer weiss, ob sie nicht alsbald die Sichel empfehlen und die Sense verbieten würde? Im Gegenzug liessen sich ja dafür Extrem- und Spitzensport vermehrt fördern, zum Ausgleich der Unfallbilanz!

Aecherli

Im Sommer 1948 (genau vor der 5wöchigen, kalten Regenzeit) kaufte unser Vater von seinem Bruder Heinrich den Motormäher Aecherli, der Kaufpreis lag knapp unter 2000 Franken. Auf den gusseisernen Rädern stand schön auf sechs Sektoren verteilt PAT AECH ERLI A.G. REI DEN. Für uns hiess das Ungetüm einfach Motor. Der hatte durchaus seine Tücken. Der MAG-Motor (Motosachoche AG Genève) liess sich zum Glück direkt über einen Hebel mit etwa 60 Winkelgrad anwerfen. Damit riss man oft schon 10 Minuten und viel länger. Dann und wann auch nur ein paar Sekunden lang!

Um den Zündungsvorgang zu beschleunigen, wies der Einzylinder einen verschliessbaren Eingang in den Kolbenraum auf, durch den sürfend bei Bedarf Benzin eingeführt werden konnte. Bei laufendem Motor konnte zum Spass dieser Hahnen geöffnet bleiben, es zischte und klopfte robust. Deswegen hiess die Öffnung auch Zischhahnen. Bei abgeschraubtem Rauchabzug sah man direkt den Kolben dieser Zweitaktwunderwelt auf und nieder sausen. Irgendein 'Fachmann' hatte eben den Rauchabzug als zu klein befunden und zu diesem Zweck gar sechs Löcher in Dreieckanordnung hineingebohrt. Wir Rennstallbesitzer gingen diesen Irrweg bis zum bitteren Ende und schraubten gleich den ganzen Auspuff ab. Das half so gut wie auf den Boden spucken *(en Bode abi speuze)*. Diese wahnwitzige Idee würde bei Zahnweh einer Darmoperation entsprechen. Dabei knallte es wie bei einem Machinengewehr. Das 'Möbel' hatte für uns 'Mechaniker' den gleichen Unterhaltungswert wie eine Geisterbahn.

Das Starten erforderte immer Kraft und bisweilen auch Ausdauer. Es verlief wie erwähnt einmal gut, dann wieder schlecht oder sehr schlecht bis gar nicht. Niemand wusste weshalb. Heutige Fachleute würden den Fehler wohl in der Zündung und im gealterten Benzin suchen. In Gonten (sonnseitig gelegen) gab es in jener Zeit einen Bauern, der zum Mähen morgens um 4 Uhr mit Starten begann und sich glücklich schätzte, wenn die Maschine um 7 Uhr ansprang! Aus Wut schlug/sägte er dem MAG-Motor schon alle Kühlrippen weg und erhitzte in ohnmächtiger Verzweiflung die Zündkerze im Ofen bis zur Rotglut; wohl mit zweifelhaftem Erfolg.

Mir gelang das Starten erstmals in der 4. Primarklasse. Das war durchaus von Bedeutung. Denn als Sonderluxus liess sich über eine eiserne Riemenscheibe (am Aecherli war alles stabil und meist aus Gusseisen!) mit einem zu einer 8 verdrehten und durch die Radspeichen geführrten Riemen eine Seilwinde antreiben. *Bulli* für pulley = Riemenscheibe war wohl das erste englische Wort in Unterschlatt! Mit ihr liess sich mit Stahlseil und Umlenkrolle ein Einachserwagen voll Mist leicht die ansteigende Wiese hochziehen. So konnte der Vater nach Bedarf am Wagen bleiben und wir Buben starteten für jeden Seilzug das 'Möbel'.

Später verwendeten wir das Einzylinderkraftpaket (7 PS) sehr erfolgreich auch als Antrieb für eine entlehnte Brennholzfräse. Mit Dynamit zersprengte und leicht zerteilte Tannenwurzelstrünke mit und ohne Erdkrümel und Steinchen wurden vom mächtigen Fräsenblatt singend und kreischend zerkleinert, zusammen mit dem Benzinmotor auf Vollgas ein beeindruckendes Geschehen. Der Motor stiess Rauch und Funken aus und wir fühlten uns als Könige. Wenn heute Tannen mit den Motorsägen erst gestiefelt (Wurzelansätze wegsägen) und dann fast ebenerdig umgesägt werden, so war das früher mit der Waldsäge noch anders. So einen Schuh hoch vom Waldboden sägte man die Bäume um und löste anschliessend in der geräumten Kahlfläche mit Altdorfit als Sprengmittel und dem Pickel die Baumstrünke mühsam aus dem Boden. Damals bezog man Sprengstoff und Sprengkapseln so unverkrampft wie Teigwaren aus dem Laden; heute braucht es durch den jüdisch-palästinensischen Konflikt und verschiedene Irrläufer schon bald ausser einer Prüfung auch noch einen Gentest. Unbekümmert verfault jetzt aus grünen Gründen oder aus Zeitmangel reichlich Brennholz im Wald. Man hat ja Öl und Gas zur Genüge. Könnten nicht Asylanten oder Gefängnisgäste . . . nanananaaaa!

Die Aecherlimähmaschine hatte nur einen einzigen Vor - und Rückwärtsgang. Der Vorwärtsgang bestand aus 3 gefederten Backen, beim Rückwärtsgang schlug direkt ein Gussrad in zwei andere Gussräder ein. Vogel friss oder stirb, ungeeigneter Lärm für Feinmechaniker! Bei beiden Gängen wirkte eine Einzelradschaltung. Der Vorwärtsgang liess sich durch die drei Innenfelgenbacken theoretisch stufenlos schalten, bei 144 cm Mähbreite und 7 PS wenigstens kein Luxus und übungsbedürftig. Auch wies unsere Maschine schon einen drehzahlgesteuerten und mit Zackenrad einstelllbaren Regler auf. Ohne direkt geführte Gaseinstellung und mit den grossen Gusseisenrädern verfügten wir über die Aecherli Talversion und nicht über die einfühlsame Bergmäherversion! Auf ebenem Feld und stehendem Gras wühlte sich die Rattermaschine zufriedenstellend vorwärts, ansonsten aber war das Mähen schweisstreibend und fast furchterregend. Mit fortgeschrittener Kenntnis konnten wir *Gofe* (Schlingel) zum Spass das eine Rad auf vorwärts und das andere auf rückwärts schalten. Dann beschrieb das Wunderding zwei geometrisch nicht so leicht zu berechnende Kreise, blieb aber an Ort. Die Vor- und Rückwärtsfahrt erfolgte eben ungleich schnell. Bei abgestellter Benzinzufuhr drehte der Aecherli völlig allein und gefahrlos, aber trotzdem zum Entsetzen des Vaters noch einige Runden, bis er wie ein tödlich verletztes Reptil zuckend stehen blieb. Unbeschönigt ergibt sich die folgende Mängelliste: unberechenbare Startschwierigkeiten, fehlendes Differenzial und fehlender zweiter Gang. Nun, sicher, nichts ist vollkommen.

Keck wie wir Kinder waren, atmeten wir andächtig bei geöffnetem Benzintank den Benzinduft ein, bis es uns leicht *trömmlig* (schwindlig) wurde. Die Eltern spannten das nicht und hätten über die Folgen auch nicht Bescheid gewusst. Auf die Frage: "Wer hat euch das Schnüffeln erlaubt?" hätten wir stolz antworten können: „Das kam uns noch selber in den Sinn!"

Den Aecherli brauchten wir nur einen Sommer lang als Zugmaschine für den Leiterwagen, der fünf Bürden Heu aufnehmen konnte. Das Hantieren mit diesem *Bodenewage* war schlechthin zu umständlich. Die Lösung brachte erst der Rapid-Triebwagen mit offener Futterladung und Gebläse in der Scheune.

In Schlatt waren wir wohl etwa der 5. Bauernhof, der einen Motormäher aufwies, mit der Seilwinde waren wir vermutlich unangefochten Pioniere. Die Umstellung auf Rapid mit Zubehör aber nahm der Vater ungern und relativ spät vor, genau im Juni 1961.

Ich schaffte es mit 16 Jahren, allein mit dem Aecherli zu mähen. Anfänglich fürchtete mein Vater erbost, ich würde des Vehikel zu wenig beherrschen und es über die nahe Felswand zur Landstrasse hin donnern lassen. Doch Irrtum, ich war dem Eisenreptil gewachsen. Die Mutter ermunterte mich voll Vertrauen zu dem waghalsigen Tun, wie sie mir auch blindlings zutraute, einen Heustock korrekt wie ein vereidigter Heumesser berechnen zu können. Profilierungsprobleme gab es bei mir keine. Immerhin berechnete ich als Sekundarschüler unter hilfreicher Assistenz durch den Vater alle fünf Jauchegruben, die 55 m3 habe ich noch immer im Kopf. Das war kein Leerlauf, bei den Jaucheverschlauchungsarbeiten auf Bezahlung hatte die Sache so ab 1953 schon ihre Bedeutung.

Früher war das Mechanikwissen so bescheiden wie die Weltkenntnis, also gleich Null. Bei einem Schulausflug mit einem Autocar liess doch ein Mädchen aus Schlatt in der Nähe des Hargartens (an der Grenze zwischen AI und AR) begeistert verlauten: „Du, die Welt ist doch gross"!! Ich bin nicht sicher, ob es das gleiche Geschöpf war, welches auf jenem Schulausflug eine Banane mitsamt der Schale ass.

Als 1952 in Ägypten König Faruk abdankte und kurz danach Nasser an die Macht kam, schimpfte meinVater während den Nachrichten der Schweizerischen Depeschenagentur aus dem Radio des Landessenders Beromünster (*Buuremünster!*) einmal leicht irritiert: „Früher wusste man nicht einmal, ob es ein Ägypten gäbe, und heute hört man jeden Tag davon!" Der Bibelunterricht in seiner Jugend hinterliess doch gewisse Spuren! Im Laufe der letzten 50 Jahre hätte man statt des Landes am Nil wohl ein Dutzend andere Winkel der Erde einsetzen können.

Ein Nachbar klagte um 1965 einmal in der Milchzentrale ausdauernd und bekümmert über die hohen Baukosten. *"S Baue ischt doch tüü! S Baue ischt hüt doch tüü!"* (Heute ist das Bauen teuer!"), meinte er erschüttert. Als seine Schicksalsgenossen ihn nach dem Grund seines so schweren Kummers befragten, stellte sich eine Ofenbank als das Bauobjekt heraus. Die musste allem Anschein nach rapariert oder gar ersetzt worden sein. *„S Baue . . .!"*

Bei einer Diskussion über den technischen Fortschritt etwa um 1949 mit dem handwerklichen Könner, der uns die Seilwinde für den Aecherli einrichtete, eine Weisheit aus Vordergonten, kam man schon auf die mögliche Landung der Menschen auf dem Mond zu sprechen. Meine Mutter behauptete keck und ohne robuste Argumente, dass Menschen wohl einmal auf dem Mond landen würden. Darauf antwortete nun das technische Naturtalent aus Gonten nachdrücklich, da würde der Hergott unbedingt die Sache zum Stillstand bringen.

Ich kannte einen Mann, dem das Verschwinden der Schiffe am Meereshorizont kein Beweis für die Kugelgestalt der Erde war. Eine Nähnadel auf ebenem Tisch sehe man von der horizontalen Seite auch nicht mehr oder nicht mehr gut, war seine Begründung.

Bitte nicht lachen. Es gibt heute erwachsene und gesunde Menschen - ich kenne jemanden dieser Ausrichtung - die der Ansicht sind, dass die gesamte Sache mit der Mondlandung vor bald 50 Jahren nur Betrug sei und alles ausschliessliuch in einem Filmstudio gebastelt worden sei. Es wird ernsthaft über Schattenwurf und Sandwirbel bei der vemeintlichen Mondbetretung diskutiert, speziell im Land der Cowboys! Etwa seit 1950 gibt es dort einen Verein, der mit Nachdruck die Kugelgestalt der Erde negiert und eine ebene Erde als richtig ansieht. Da spielt die Religion/Konfession eine überraschende Rolle. Während früher die technische Entwicklung (zu) langsam erfolgte, rast sie heute über die Köpfe vieler hinweg, computermässig auch bei mir.

Wenn man einst folgerichtig einen Menschen dieser Denkart als 'dumm' bezeichnete, so heisst es heute neutraler, er hätte auf seiner Festplatte noch viel Speicherplatz frei.

Rabitt

(Rapid Einachstraktor/Motormäher)

Was das Penizillin für die Medizin und der Buchdruck für die Geisteswissenschaft – das ist der Rapid Einachstraktor für die Landwirtschaft im voralpinen Hügelgelände der Schweiz und anderswo – bahnbrechend schlechthin! Ich denke bei diesem Gerät mit den roten Felgen, dem grünen Gehäuse und dem blauen Getriebekasten an die zwei wichtigsten Typen mit 9 PS (Rapid Typ S Super mit 1-Zylinder-Basco-Motor) und 12 PS (Rapid Typ S Spezial mit 2-Zylinder-MAG-Motor).

Ohne Rufschädigung darf man feststellen, dass Einachstraktoren der Marke Aecherli, Irus, Schär, Grunder, Bucher, Burekönig, Aebi sowie Motrac (*Modrax*) im oben genannten Gebiet 1955 – 1970 der legendären Marke Rapid nicht das Wasser reichen konnten. Der Rapid Typ S in den zwei oben genannten Versionen läutete ab 1955 die Motorisierung der Landwirtschaft im voralpinen Gelände der Schweiz ein wie seinerzeit der Ford T oder der VW Käfer die Automobilisierung. Er ist laut Dr. M. Bruggmann wohl die am universalsten einsetzbare Landmaschine, die je gebaut wurde. Laut W. Fröhlich heisst in der romanischen Sprache Motormäher vielsagend 'Rapid'. In AI hiess/heisst Rapid immer '*Rabitt*'! Schon seit der Sekundarzeit wusste ich, dass sein Name 'schnell' bedeutete – sein Name war gleich schon sein Programm, nomen est omen.

Der Rapid Typ S war 1955 – 1980 in der Graswirtschaft Triumph und Trumpf.

Als Trumpfunder (*Trompfpuur*) dieses Einachstraktors galt (gilt – ich benütze seit 1994 immer noch so ein Wundergerät) unbestritten der Triebachsanhänger mit seiner zuschaltbaren Zapfwelle. Nun war für den Landwirt (immer in der Hügelzone; im Mittelland lagen die Verhältnisse durch mehr Pferde und später Traktoren anders) das Transportproblem gelöst. Noch 1947 halfen meine Mutter, meine Brüder und ich mit einem Hanfseil (wie früher die Treidler mit Schiffen an den Flüssen) über eine Umlenkrolle dem Vater, im Stosswagen Mist den Rain hochzuquälen. 1948 machten wir das per Zweiräderwagen noch mit einem Pferd und dann jahrelang mit der vom Aecherli angetriebenen Seilwinde.

In der 'Rapid - Zeit', bei uns in der Rüti ab 1961, lud man den Mist auf einen Tischwagen und zog während dem Fahren häufchenweise den Kuhdünger zu Boden. Ein angebauter Mistzetter mit eigenem Motor konnte (etwas umständlich) den Mist auch schon gleich verteilen. Mit dem Tischwagen (Ladung bis 1500 kg) konnte nun das Heu (15 – 20 % des nassen Grases) als Heufuder offen geladen zur Scheune gefahren werden; was allerdings gleich auch ein Gebläse erforderte und damit den Heuablad in einem einfachen Weidgaden ohne Strom beendete. Das wichtigste aber war das Einbringen von Silofutter. Nun konnte den ganzen Tag über und auch bei zweifelhafter Witterung Futter (gewichtsmässig 40 - 50 % des frisch gemähten Grases) eingefahren werden. Silieren war nun endlich möglich geworden. Schon ab 1975 wurde aber immer mehr Futter mit Selbstfahrladewagen (auch im Lohnbetrieb) eingefahren. Damit war auch schon wieder das offene Futterladen auf einen Tischwagen Vergangenheit.

Mit den entsprechenden Aufbauten (Gatter oder feste Wände) transportierte man mit dem Rapid und dem Triebachsanhänger einfach alles: Jauche (bis 1200 Liter), Heu, Mehl, Stroh, Sägemehl, Kunstdünger, Baumaterial, Aushub, Holz, Rinder (auch einzelne Kühe), Schweine, in Berggebieten besonders auch Schafe, Zaunmaterial, Rahm, Milch etc. Spasseshalber wurden auch bisweilen Ausflügler spazieren gefahren. Mit dem Spezial wurden bei Versuchsfahrten Steigungen von 88 %, also 41 Grad, bewältigt, quer zum Hang waren es 45 %, also 24 Grad. Teilweise wurden die Hinterachsen durch geschickte Schmiede und Mechaniker (Brändle in Mosnang, Stüssi in Frauenfeld, Scheiwiler in Arnegg, Mettler in Speicher etc.) aus alten Personenautos (Opel) eingebaut. Im 4. Gang fuhr man dann per Zapfwelle mit bis zu erstaunlichen 30 km/h schneller als mit der Originalmaschine! Während der Originaltriebwagen Fr. 2700 kostete, war die Nachbildung für Fr. 1900 zu haben. Der Rapid Typ S Super allein kostete um 1961 so viel wie zwei Kühe, nämlich 4400 Franken.

Alles mit Mass. Ein Studienkollege von mir führte einmal mit einem Rapidtriebachsanhänger vom elterlichen Betrieb in Gossau nasses Gras zur Grastrocknungsanlage in der Nähe von Gossau. Auf der Strasse dorthin vernahm er plötzlich ein ungewohntes Kratzen und Schaben. Tatsächlich war der hintere Teil der U-förmigen Eisenträger ab der Achse bis auf den Boden durchgebogen, so schwer war die nasse Last. Es blieb nur noch umständliches Umladen am Strassenrand mit anschliessender Reparatur der Eisenträger.

Als Trupfnell galt/gilt natürlich die komfortable Fahrgeschwindigkeit, mit den vier Vorwärtsgängen und den zwei Rückwärtsgängen wählbar von 3 – 18 km/h. Ein fachkundiger Rapid - Liebhaber (klingt komisch, doch das gibt es) in Waldstatt verfügt über Rapid - Ausbildungen von 19 PS und 33 km/h, ohne obrigkeitliche Detailinformation. Auch Schneeräumer, Holzschleppseilwinde, Hebekran, Jauchedruckfass, Mistzetter und Haulader betreibt dieser Rapidfachmann mit Rapid-Einachser als Antrieb in schöpferischer Liebhaberei und Nutzung.

Zeitweise wurde der naturbelassene Rapid Typ S bei den Bauern als eigentliches Fahrgefährt benützt, ohne Auto war er immer noch bequemer als ein Velo oder ein Fussmarsch. Innerrhoder fuhren damit am Mittwoch in grosser Zahl auf den Markt in Appenzell, als vordergründige Rechtfertigung lud man auf dem Heimweg noch etwas Mehl oder Kunstdünger! Rahmtransport zur Bahn und Milchtransport zur

Sammelstelle waren üblich, das Holen von ein paar Zigaretten oder einer Kiste Bier im nahen Restaurant eher die Ausnahme.

Als Trumpfass galt nach meiner Meinung das geniale Differenzialgetriebe mit wählbarer Sperre. Fast spielend konnten mit der Maschine nun auch Kurven gefahren werden, im eng gehagten und hügeligen Wiesland beim Mähen und Transportieren eine bedeutende Wohltat.

Als Trumpfkönig galt wohl die pfiffige Verstellung der Räder. Jedes konnte für sich allein in der Breite und durch das Planetengetriebe (Portalachse, wenn Sie wollen) auch in der Höhe verstellt werden. Ohne Zusatzräder wie Doppelbereifung, Triebgitterräder etc. betrug damit die mögliche Spurbreite 55 – 71 cm und die Höhenverstellung 20 cm. Je nach Arbeit (mähen, transportieren, pflügen, häufeln) wurde die Maschine bezüglich der Räder stufenlos hinten, vorne, tief oder hoch eingestellt, beim Pflügen war ein Rad hoch und das andere tief eingestellt. Abwechselnd vorwärts und rückwärts fuhr das eine Rad in der tiefen Furche und das andere auf dem ungepflügten Ackerboden.

Als Trumpfober zählte wohl endlich das Mähen selber; auch laut Dr. M. Bruggmann eine der anstrengendsten und am meisten menschliche oder tierische Kraft beanspruchende bäuerliche Arbeit. Natürlich war auch das beim Typ S überaus wichtig, doch wurden später eigens für diese Arbeit leichtere Mäher gebaut und in grosser Zahl benützt, in Lizenz übrigens auch im Ausland. Als Universalmaschine aber war der Rapid Typ S für das Mähen etwas schwer geraten, im ersten Gang fuhr er fast zu langsam und im zweiten eher zu schnell.

Diese Wundermaschine Typ S spielte aber noch weitere Trümpfe aus, deren Rangierung aber sinnlos ist. Als stationäre Kraftquelle trieb der Motor über eine Riemenscheibe diverse Maschinen (Brennholzfräse, Holzspalter, Dreschmaschine etc.) an, mit einer Seilwinde wurde in den Rebbergen, auf steilen Fruchtäckern (Hangpflügen) wie auch im Wald (Holz rücken) gearbeitet. Mit dem Kipp - Wendepflug war im Talbetrieb pflügen möglich; Kartoffeln grub der Schüttelroder aus und Garben band der erstaunliche Garbenbinder. Baumspritzen wurden angetrieben wie auch Strassenreinigungsgeräte. Schneepflug, Schneeschleuder und Schneefräse wurden wahlweise angebaut und so als Kommunalfahrzeug in der Schweiz (die Stadt St. Gallen besass 60 Rapid Typ S) und in Österreich mit Erfolg verwendet. Bei der Heuarbeit waren Bandheuer und sogar Aufladevorrichtungen (nicht so erfolgreich) in Gebrauch. Schwere Arbeit verrichtete dieser 'Bauernferrari' mit den Kreiselheuern, zwei- und vierfach. In der Sommerhitze konnte es bei dieser Grenzbelastung zusammen mit dem verstaubten Motor sogar zu Selbstbränden kommen.

Drei Negativpunkte aber seien nicht verschwiegen. Der Rapid Typ S Spezial war als Zweizylinder-Viertaktmotor wohl laufruhig, aber ziemlich durstig. Zudem konnte er als MAG-Motor bisweilen launische Startschwierigkeiten aufweisen (Zündung, Zündverteiler?!), was aber absolut kontrovers diskutiert wird, wie es in der Wissenschaft heisst. Es gab/gibt also solche und solche. Es besteht die bislang unwiderlegte Agrotheorie, dass man bei richtiger Einstellung der Zündung das Problem hätte lösen können, aber entweder fehlten damals die nötigen Mess - und Einstellgeräte oder die Motorenfabrik hielt diese aus Patentangst oder Furcht vor falscher Anwendung zurück.

Der Rapid Typ S (eher Spezial als Super) konnte mit konventionellen oder unkonventionellen Zusatzgeräten unterschiedlicher Beschaffenheit wohl mähen, eingrasen, transportieren, hacken, Mist verteilen, Mahden 'schwadern', Mahden verteilen (*kreislern*), ziehen, antreiben, häufeln, graben, pflügen, Gift spritzen, Jauche versprühen, eggen, säen, rechen, Heu aufladen, Garben binden, fräsen, Seilwinden antreiben, schleudern, räumen – aber nie Geld drucken. Es schuf eben durch seinen Nutzen Mehrwert. Auch zum Lesen und Scheiben brachte es die Wundermaschine nie. Aber heute?

Ab 1967 wurde der erfolgreichste Mäher Rapid 505 ausgeliefert, ingesamt über 30 000 dieser handlichen Geräte wurden bis 2000 produziert. Verständlicherweise waren bei Rapid - Einachstraktoren Wartezeiten und Lieferschwierigkeiten alltäglich; Beweis für deren grosse Nachfrage.

Preislich machte der Spezial mit Triebachse und etwas Zubehör um 1960 den Wert von 3 – 4 Kühen aus, also 7 – 10 000 Franken. Es wurde etwa 100 000 dieser Maschinen in Dietikon gefertigt. Der ursprüngliche Firmensitz war bis 1947 an der Lessingstr. 11 in Zürich-Enge. Heute produziert die 1926 von Dr. rer. Publ. Karl Welter (1889) und Ing. Arnold Rutishauser von der Firma Berna in Olten (Studienfreund von Welter) gegründete Rapid AG ausser verschiedenen landwirtschaftlichen Maschinen (Selbtfahrladewagen ab 1964) auch Kommunalfahrzeuge und erledigt für grosse Maschinenbauer Spezialaufträge wie Aluminiumschweissen/Reibschmelzschweissen, Härten, Nitrieren, Beschichten etc. Seit 2008 ist die Rapid Technic AG in Killwangen (aus wirtschaftlichen Überlegungen) tätig.

In der Entwicklung von Mähmotoren war die Firma ab 1926 in vorderster Position, nicht nur schweizweit, sondern fast weltweit. 1831 baute in den USA die Firma McCormick pferdegezogene Mähmaschinen, Aebi in Burgdorf war damit ab 1890 aktiv, aber motorgetriebene Mäher wurden erstmals ab 1925/26 von der Firma Rapid hergestellt.

Die grundlegende Idee eines durch einen Benzinmotor statt durch Pferdezug angetriebenen Mähers hatte der in Eriz hinter Steffisburg 1872 geborene Bauernbub und Erfinder Jakob Fahrni mit Patent 99 455 vom 12. Jan. 1922. Durch ihn begeisterte sich Rutishauser für die Fabrikation von Motormähern und fand in Welter den passenden Partner. Bei Rolls-Royce lief die Sache ähnlich, zum Ingenieur Royce kam der Finanzfachmann Rolls.

Als mein Bruder Paul um 1980 zum schweren Rapid Spezial noch einen leichten Mäher (Rapid 303?) für etwa 6000 Franken gekauft hatte, meinte mein Vater als bestandener Mäher ehrfurchtsvoll, wenn man früher so einen Mäher gehabt hätte, wäre man vor ihm niedergekniet. Das passt doch zur Tatsache, dass sich 1826 der schottische Pfarrer Patrick Bell mit der Anwendung des Scherenschnittes (nicht an Papierarbeit denken, sondern an die Idee des Fingerbalkens) für das Mähen von Getreide befasste und der Bruder von Jakob Fahrni ebenfalls Pfarrer war. Siehe Seite 283. Als Ruhmesblatt der Römer sei ungern erwähnt, dass sie schon vor 2000 Jahren von Ochsen gestossene, messerbewehrte Erntewagen zur Getreideernte verwendet haben, wohl selten und nur mit mässigem Erfolg, das Kämpfen lag ihnen besser Diese messerbewehrten Mähkasten, Vallus = Stab, Palisade genannt, wurden laut Plinius auf den römischen Landgütern in Gallien verwendet, wie auf einem Relief in Trier und in Reims noch zu sehen ist. Ob da vielleicht doch Asterix und Obelix ihre Finger im Spiel hatten und den tumben Römern auch diese Neuerung abgesprochen werden muss? Mir würde es passen.

Die heutigen Kreiselmäher spielen natürlich in einer ganz neuen Liga, bezüglich Leistung und Kraftbedarf erscheinen alle bisherigen Mähmethoden nur noch als harmlose Spielerei.

Der Rapid - Einachstraktor S - Super und der S - Spezial sind verdientermassen für Liebhaber nostalgischer Maschinen zu einem Kultobjekt erhoben worden. Rennen mit Einachstraktoren traditioneller und auch wildester Bauart sind ein landwirtschaftliches Spektakel und die Maschinen selber erstaunliche Zeugnisse handwerklichen Könnens und liebevoller Pflege.

Meinem Rapid Typ S Spezial fehlt diese beharrliche und fachmännische Pflege, aber mit neu eingebautem Herzen (japanischer Robin – Subaru - Motor mit 13 PS) erfüllt er aus 50jähriger Gewohnheit alle Christbaum-, Kindergartenkinder- und Brennholztransporte in alter Frische.

Pflege und Futter braucht jedes Pferd, morgens und abends; auch sonntags oder wenn es keine Arbeit verrichten muss. Jeder Motor und Traktor ist da pflegeleichter. Man stellt das Gerät in eine Ecke, zieht den Schlüssel und Schluss. Bei mangelhafter Pflege leidet jedes Tier, die Maschine aber rostet ohne Leid *ond fresst kee Heu* (verursacht keine Kosten). Sogar der Platzbedarf ist beim Rapid geringer als bei einem eingepannten Pferd mit angehängtem Wagen. Auch im Krieg bleibt das Motorfahrzeug ohne Treibstoff einfach stehen, beim Arbeitstier 'hilft' die Peitsche. Das hol der Teufel.

Mögen heutige Landwirte mit ihren kraftstrotzenden, hydraulikbewehrten und elektronikversehenen Schleppern frischfröhlich über den emsigen Rapid S mit bescheidenem Zapfwellenanhänger auf den schmalbrüstigen Pneus schmunzeln; wer selber einmal mit Heuseil, *Grääsbehre* (Einradgestellwagen) und *Stoosswage* (Einradstosswagen für Jauche, Mist, Erde, Zaunmaterial etc.) kräftezehrend hantierte, der erweist dem rot – grün - blauen Gefährt und seinen einfallsreichen Erbauern lebenslang seine uneingeschränkte Bewunderung und Dankbarkeit. Lächerlich ist, dass die weise UNO oder Unesco laut meinem Sohn Roland bei der Motorisierung der Landwirtschaft weltweit nur zweiachsige Traktoren zählt, einachsige Traktoren weltfremd nicht beachtend. Der Unterschied von menschlicher Arbeitskraft zu einem Rapid Typ S ist viel gewichtiger als der Unterschied von dieser Wundermaschine zu irgend einem traktoriellen Ungetüm heutiger Bauart. Ja, ja, man muss dabei eben auf mehr als drei zählen können.

Selbstredend kann man im Rapid-Museum in 5040 Schöftland AG (Holzikerstr. 12) gedankenverloren über Mühsal und Fortschritt sinnieren . . .

Rabitt und Staat

Unbefangene Staatsanbeter übergehen diese Ausführungen besser.

Die Geschichte des Rapid Typ S schenkt uns bezüglich Lehrlingsausbildung, Schulsystem, föderalem Staatsaufbau mit Subsidiaritätsprinzip sowie direkter Demokratie eine gelassene Einsicht. Dieses Gerät setzte sich so um 1960 wie das Internet um 1990 so schlagend durch, weil es als nützliches Produkt ausgereift und angepasst überzeugte. Diese Maschine benötigte keine staatliche Lenkungshilfe, keinen finanzpolitischen Anschub, keine bürokratische Engführung und keine verwaltungs-

technische Förderungsmassnahme mit bremsendem Umverteilungsleerlauf! Klein –
aber fein! Das sei Bundesbern, der EU und der UN unverzagt ins Stammbuch geschrieben!

Nur schon die Politiker und Beamten in Bern stricken unermüdlich und ungefragt
(?) jährlich mehr als 5000 Seiten Gesetze, Erlasse und Vorschriften zusammen, statt
helfen ist das eher ersticken. Ich lege für die Zahl nicht die Hand ins Feuer, aber
schon 500 Seiten wären zu viel. Wenn nach Magdalena Martullo (Tochter von
Christoph Blocher!) laut NZZ vom 26. Februar 1916 am 1. Jan. 1916 abstossende
49oo Bundeserlasse mit insgesamt 69 000 Seiten in Kraft sind, so ist das lästig und
nicht intelligent; dreimal weniger wäre noch viermal zu viel! Advokatenfutter! Jede
Woche kommen 120 Seiten dazu. Klar, Geld hat die Schweiz genug. Fatal aber ist,
dass die Kantone, ob gern oder ungern, auch emsig neue Regulierungen häkeln.
Klar, wenn die Schweiz bald gesunde neun Millionen Einwohner zählt (ein profes-
sorischer Hellkopf in St. Gallen dachte sich die Schweiz gar mit zwölf Millionen
Einwohnern; sofern man nahe beieinander steht, haben pro Quadratmeter spielend
fünf Leutchen Platz, auf die Schweiz bezogen also mindestens 200 Milliarden), sind
für das Zusammenleben freilich mehr als die zehn biblischen Gebote oder die Jass-
regeln beim Schieber nötig. Mich erinnert die Sachlage fatal an die in grünlichen
Kreisen so verpönte Massentierhaltung. Dazu passt noch eine Episode von etwa
1990 aus dem dünn besiedelten Wisconsin (spärliche 40 Einwohner pro km2, dagegen in der Schweiz 200 absolut und 400 auf die bewohnbare Fläche bezogen). Da
musste also mein Cousin Pat (1950) so als wackeres Gemeinde - Oberhaupt bei einem Farmer dessen neu erstellte Feldeinfahrt in die Regionalstrasse begutachten. Es
ging dabei um Winkel und Sichtbarkeitsgrenze im leicht hügeligen Farmland. Die
Unterredung verlief ziemlich lautstark und angeregt. Pat fasste anschliessend für
mich die Meinung des Farmers in Appenzellerdeutsch. Der kontrollierte Farmer
(Milch und Mais) hätte am Schluss gefragt, ob er auch noch eine Bewilligung/Li-
zenz *zom s 'Födle' botze* benötige. Dass die US-Amerikaner häufig die verpönten 4
- Buchstabenwörter von der Unterseite der Gürtellinie benützen, war mir bekannt
und gleich auch bestätigt. Der erboste Farmer kennt aber die Schweiz nicht . . .

Gewiss, die USA sind nicht nur das Land der unbeschränkten Freiheit, sondern auch
das Reich der haftpflichternährten Juristen und der mager entlöhnten Ingenieure,
was sich speziell in ihrer Drittweltstromversorgungskabelwirrnis zeigt. Wie früher
die Deutschen *(d Schwobe)* für uns (zu sehr ?) Vorbild (Medizin, Chemie, Ma-
schinenbau, Militär, Gewehrgriff etc.) waren, sind es heute die hilfsbereiten USA-
Amerikaner (Haftpflicht, Umwelt, Schulsystem, Fäkaliensprache, Gewinnstreben,
Englisch etc.). Einiges könnte die Welt doch auch von der Schweiz lernen, behaupte
ich ganz bekümmert und bescheiden! Ich denke da laut an unsere duale Berufsaus-
bildung und die vernünftig tiefe Maturaquote. So gibt es statt halbakademischen Arbeitslosen (Berufs-) Weltmeister. Eher in der bodenständigen und pragmatischen
Ostschweiz oder mehr in der abgehobenen und leicht verdrehten Westschweiz? Die
Uhren- und Schmuckindustrie ist selbsredend auch Weltspitze.

Noch ulkiger, weltfremder und verschwenderischer als die heutige Politik gebärdet
sich in meinen durch den grauen Star b(g)etrübten Äuglein in den helvetischen Landen nur noch die jetzige Rechtspflege mit ihrem hohen Unterhaltungswert, doppelsinnig gemeint. Besonders einfühlsam werden momentan Querulanten, Sprayer (es

sind Aktionskünstler!), Vergewaltiger (St. Galler Tagblatt vom 1. 12. 2015) und Serienübeltäter angefasst, mit und ohne Migrationshintergrund = Auslandsherkunft. Machen wir wagemutig aus unserem Herzen eine Mördergrube: Was die betroffenen Opfer (beleidigte Frauen) dem abgehobenen Gerichtspersonal erfolglos wünschen, ist nicht christlich, aber verständlich. Kein Richter hält die linke Wange hin, er verlangt dies nur vom Opfer. Natürlich, der zweite Weltkrieg war schlimmer – aber der soll ja auch kein Massstab sein. Dämpfend und gebrauchsfertig wirkt schon die aus der Bibel von mir veränderte Idee, nur halb so stark zurückzuschlagen. Es gäbe die Reihe 1. 1/2, 1/4, 1/8, 1/16 . . . der Schlagstärke.

Die Polizei, die beim WEF folgenlos angespuckt werden darf, macht es bei Grossübeltaten wie Erstmaischauspielen immer falsch. Zeigt sie Präsenz, heisst es aus bestimmten Ecken, sie hätte den Konflikt angeheizt. Verhält sie sich wie blind, heisst es nachträglich bei Massenuntaten, sie hätte Führungsstärke vermissen lassen. Da wird also die Feuerwehr gerügt und nicht der Brandstifter! Lebensqualität und Kultur ist es, wenn die Hermandad, wie an einem Schwingfest, nur das Fundbüro betreuen muss. Anderweitig ist eidgenössische Kulturförderung so schlechthin überflüssig bis schlecht.

Für die Landschaft zwischen Säntis und Bodensee heisst neuestens die elektronische Adresse: Iilosannondibondesbern. Ischttömidoondtschläuifern.

Zugegeben, Geld haben wir in der Schweiz für die Purzelbäume von Justiz und Politik genug, was uns fehlt, das ist der Boden. Der Realist behauptet deshalb ernüchtert: In der Diktatur bestimmt die Obrigkeit, was das Volk tun muss – in der Demokratie bestimmt das Volk, was die Obrigkeit tun sollte. Das erste ist ungeheuer schlimm und das zweite ärgerlich.

Statt Unrechtshege brauchen wir Rechtspflege. Jeder fürchtet den elektrischen Zaun, weil der sofort schlägt. Strafen nach sieben Jahren und auf Bewährung aber lassen, wenn überhaupt gefasst, kleine und grosse Übeltäter kalt, famos geschützt durch sicheren Datenschutz. Bei schweren Untaten sind doch kleinchirurgische Korrekturen ins Auge zu fassen. Das Übel soll an der Wurzel gepackt werden, bei Sexualverbrechern also zwischen den Bei . . . und bei Raub an den Fingerkuppen. Pragmatisch darf man doch als Wiedergutmachung von Verbrechen auch an Blut -, Haut - und Organspende denken, mit zeitlicher Verkürzung der teuren Gefängnisstrafe. Herrscht nicht Mangel an Spendernieren? Die Strafen sollten unbedingt in kontrolliert zu erwerbende Fertigkeiten oder sinnvolle Arbeiten umgemünzt werden, die da wären: Fremdsprachenerwerb (Englisch und nicht Rotwelsch), Teppichknüpfen, Herstellung einer ganggenauen Uhr aus Metall oder Holz, Intarsienarbeit, Zurechtfeilen eines Rapid - Zahnradgetriebes, Herstellung eines Holzbrückenmodells, Erstelllung einer Chlausenhaube, Mülltrennung bei Elektroschrott, Medikamentenerprobung, Pi berechnen auf 1000 Stellen als Ausdauerbeweis, Matura im Fernstudium, Herstellung von Holzschindeln, Lösung von Gleichungen siebten Grades auf sieben Kommastellen, Herstellung von Papierblumen für die Tiere an der Viehschau, Abrichtung eines Blindenhundes, Stromerzeugung auf Sportgeräten etc. Alles aber in stillem Selbststudium und nach eigener Auswahl erworben. Auch die (vermehrte?) Reinigung von Wald, Bach, Strasse, Autobahn etc. wäre zu diskutieren, ebenso die Bereitstellung von Brennholz oder die Anlage von Wegen im Gebirge. Materialtransport zu SAC-Hütten könnten energiesparend (keine Helikopter) bewerkstelligt werden wie auch Unkrautbekämpfung und Waldpflege. Mit etwas Geduld, Talent und der nötigen Ausbildung lassen sich schnell noch sieben weitere Bewährungsarbeiten und Wiedergutmachungslösungen finden.Was tun mit den freiwerdenen Pesonen der Fürsorge und Resozialisierung? Als Pausenaufsicht mit Schiedsrichterfunktion bei multiethnischen Konflikten in Schulhäusrn wäre Arbeit vorhanden. Auch an Auskunftspersonal auf Bahnhöfen und im Flughafen Kloten ist Bedarf. Wenn der Staat das Gewaltmonopol beansprucht, muss er mir auch die Sicherheit gewährleisten. Sonst muss man doch mit Streitaxt und Pfefferspray nachts auf Feldwegen und in Unterführungen dahineilen.

Statt unerwünschte Wohltaten wie Anschubfinanzierung von Sicherheitskabelsteckern, Mützen bei Frost, Antiraucheraktionen, Schlankheitsratschlägen oder Verteilung von Gehörschutz bei Feuerwerk und Discos aufzudrängen soll sich Papa Staat um die Sicherheit seiner Zöglinge kümmern, zusätzliche Beleuchtung von Feldstrassen und Hauseingängen sind so überflüssig. Wann steigen Vogelfreunde wegen nächtlicher Lichtbelästigung auf die Barrikaden? Brauchte die Ammoniak – Kompressionskältemaschine um 1870 von Carl Linde, womit erstmalig Kälte erzeugt und Kühlschränke gebaut werden konnten, eine staatliche Anschubfinanzierung? Linde förderte damit das Wohlergehen der Menschen mehr als Einsteins Relativitätstheorie es vermochte.

Ja, aber das Ausland, was sagt das dazu? Nun, die massgebenden USA haben mit ihren nichtweissen Sklavennachkommen genug am Hals wie die Deutschen mit ihren einst verbündeten Türken, die Briten mit ihren nichtweissen Einwanderern aus ihren vielen weltweiten Kolonien und die Franzosen aus ihren afrikanischen Kolonien. Beide Kolonialmächte verloren ab 1945 schliesslich ihre Kolonien, die sie vor dem 1. Weltkrieg sichern und an dessen Ende den Deutschen und Türken abgejagt hatten, auf Druck der US-Amerikaner, die nach der Verdrängung/Konzentration der Indianer eifrig für Menschenrechte eintraten. In mancher Beziehung ist die Geschichte eine strenge Zuchtmeisterin, sogar die Russen verfluchten wohl millionenfach die Kältetodesart ihrer Festlandkolonie Sibirien. Japan schweigt sicher wohlweislich, auch Belgien und die Niederlande halten sich kolonialgeschichtlich mit Vorteil bedeckt, und China reagiert nicht so zimperlich. Das bankenmässig mit uns verwandte Luxemburg ist uns vielsagend wohlgewogen.

„Die Würde des Menschen ist unantastbar", steht in der Verfassung Deutschlands. Sicher, aber auch jene der Opfer und nicht nur jene der Täter, meine ich.

Mehr *Rabitt* und weniger Staat . . .

Unartige Kinder bestrafte mein Grossvater Franz Manser, indem die Übeltäter das Essen auf der Schwelle zur Nebenkammer (*Chammesöll*) einnehmen mussten. Sozialstrafe. Er war eben auch sechs Jahre lang mit zehn Kindern Witwer. Bei uns in der Rüti hiess es als Drohung jeweilen (die Strafe wurde meines sicherenWissens aber nie verhängt, Abschreckung genügte!), *oogesse iis Bett* / wir verschärften spöttisch in zeitgemässe Kindersprache *oogfresse iis Nescht* (ohne Abendbrot frühzeitig in Bett gehen müssen). Diese Sozial- und Hungerstrafe ist so kostengünstig wie heilsam. Was machen wir nun mit unartigen Politikern/Politikerinnen? Doch, davon gibt es einige – eigentlich viele! Nun, die menschenleeren Gebiete hinter der Wolga sind auch nach 1989 immer noch . . . Pssst!

Nach so viel Gekläff etwas Balsam für die Obrigkeit. Irgendwann korrigierte der kantonale Steuersekretär in Wilen/Wil meine sicher bescheidene Steuererklärung. Na und? Das geschah aber zu meinen Gunsten und zum Nachteil der drei Steuerebenen Bund, Kanton und Gemeinden. Letzthin ungeplant gleich nochmals. So etwas ist doch in der Welt einzigartig und sei laut verkündet. Allen Steuerpflichtigen empfehle ich, einmal einen kleinen Fehler zum Vorteil der Steuerbehörde in die Steuererklärung einzubauen und den Staat so einer Goldprobe zu unterziehen. Bei Banken heisst dies 'Stresstest' und bei den Kühen Milchkontrolle.

Wenn ich Richter und Politiker knurrend bewerte, sind natürlich die rechtschaffenen Gemeindedbehörden und Vermittler ausgenommen. In den oberen Stockwerken von Kanton, aber besonders Bund und EU ('Bern', 'Lausanne', 'Brüssel' etc.) orte ich weltfremde Abgehobenheit und lebensfrohe Entlöhnung. Bürgernähe verhindert Ungemach und Entrüstung.

Dass das kleine Appenzell markenrechtlich dem mächtigen China erfolgreich die Stirn bietet (Wiler Zeitung vom 3. Dez. 2015), spricht schon für Gesetzesgewalt, welche den Kleinen vor dem Grossen schützt. Appenzell gewinnt gegen China ist doch so, als ob eine Maus einem Stier Halt gebiete. Verblüffend, China zählt rund 100 000 mal mehr Einwohner als AI.

Rechtssicherheit schützte am 22. Aug. 1980 auch einmal meinen Vater. Mit gut 80 Jahren wurde er auf einer Wanderung auf der Alp B . . . . . n von einem ziemlich bis sehr zünftigen Sennen, grosszügig erklärt zwischen Säntis und Kronberg, ungerechtfertigt eines unlauteren Verkaufs von zwei Ziegen an ihn bezichtigt. Das hätte der Älpler besser bleiben lassen. Die ehrenrührigen Anwürfe (Ehre und guter Name sind in kleinen Gemeinschaften wie in AI viel wichtiger als in einer anonymen Grossstadt) liess sich mein Papa nicht bieten und zitierte das Lästermal zu einer Vermittlung in ein Appenzeller Restaurant. Der Beschuldigte in stattlichem Sennenkleid, ein Brustkasten wie ein Mastochse und Oberarme fast wie der Brustkasten meines Väterchens, im Saft des besten Mannesalters, stand einem über 80jährigen *Mannli* gegenüber. Der Mustersenn unterlag, nahm die ehrverletzenden Äusserungen zurück, bezahlte knurrend meinem Vater eine Umtriebsentschädigung sowie eine Busse, die mein Vater einer verdienten Institution zukommen liess.

Rechtssicherheit ist ein hohes Gut, besonders für den Schwachen, was die Schweiz im Konzert der mächtigen Kraftprotze in West (!) und Ost schützt!

Zur Aufmunterung der gramgebeugten politischen Führer sei verraten, dass sich nach einhelliger Meinng der Fachleute 'ohne Volk' wirklich besser regieren liesse; auch 'ohne Schüler' liesse sich leichter Schule halten.

Noch etwas Butter aufs Brot.

Charakteristisch für die kleine Schweiz ist sicher die Bürgernähe der Obrigkeit. Welche Regierung in der weiten Welt ausser die in der Schweiz wagt es, rund 300 000 automatische Waffen samt ausreichend Munition ihren Soldatenbürgern in der Wohnung zu überlassen? Ich zähle keine Erbsen, aber das waren um 1965 robuste 10 % der Erwachsenen, momentan etwas weniger. Die tödlichen Zwischenfälle mit der Armeewaffe müssen gesucht werden, allen Armeegegnern zum Trotz. Wo in der Welt als in Wilen/Wil im behäbigen Thurgau bedient die Gemeindeleitung beiderlei Geschlechts ihre geschätzten Bürger und Bürgerinnen an einem Altersnachmittag?

Wo in der Welt ausser in Innerrhoden betritt der neugewählte oberste politische Leiter (Landammann) gleich nach der Wahl den Stuhl, um die Landsgemeinde zu leiten, wobei der abgelöste augenblicklich zur Seite tritt? Unbescheidene Potentaten von Südargentinien bis Ostsibirien könnten da viel lernen.

Nach einem todernsten Witz kann sich die scheizerische, kleinräumige und direkte Demokratie in ein Taxi setzen und eilig dem Fahrer zurufen: „Fahren sie los!" „Wohin?" „Ist egal, ich werde überall gebraucht!"

Sogar und besonders in Brüsssel.

He ond hä ode rondom

(hin und her oder rundum)

Will der Mensch aus begreiflichen Gründen seine Arbeit durch Maschinen verrichten lassen, darf er die Vorgänge oft nicht einfach nachmachen, sondern muss schöpferisch neue Wege gehen. Der Geschirrspüler arbeitet nicht mit Bürsten, sondern mit Wasserströmen, chemischen Reinigungsmitteln, meist hoher Temperatur und langer Dauer. Die Waschmaschine arbeitet auch nicht mehr mit Waschbrett und Pendelbewegung, sondern mit obigen Sachverhalten.

Mit der Heugabel wurde/wird auf dem Feld Heu oder Emd gleichmässig verteilt und auch etwas geschüttelt. Also war die entsprechende Maschine mit eisernen Gabeln ausgestattet, die an einer gebogenen Kurbelwelle (mit Bodenantrieb über grosse Eisenräder und von Tier oder Zugmaschine gezogen) das Futter in die Höhe hob und etwas in die Luft warf. Der Nutzen dieses reptilartigen Gabelwenders war, gelinde ausgedrückt, minim. Im Schwarzwald waren früher erfolglos Geräte im Einsatz, die bei Eisgefahr den Splitt wie ein Gabelwender mit kleinen Schäufelchen auf die Strasse warfen; heute machen das rotierende Drehscheiben für Sand und Salz besser.

Die wirksame Verteilung, Lockerung und Quetschung der Gräser und Kräuter wurde erst durch den mit Zapfwelle angetriebenen Kreiselheuer möglich. Bei ihm verwirbeln solide Stahlfederzinken das Futter intensiv und nutzbringend. Dieser Kreiselheuer weist 2 – 12 Kreisel auf, jeder mit 6 – 8 Zinkenpaaren und auf Rollen gelagert mit Arbeitsbreiten von 2,4 – 14,4 m. Aus der Pendelbewegung des Gabelwenders wurde die Drehbewegung des Kreiselheuers. Für Puristen: Beim Gabelwender liegt die Drehachse waagrecht, beim Kreiselheuer aber senkrecht. Statt einer Gabel müssten also ganze Federbatterien das Mähgut verwirbeln, ähnlich dem Knickzetter. Natürlich ist der Kraftbedarf beim Kreiselheuer enorm, die Leistung aber auch. Bei dieser Maschine gilt genau das Gegenteil der Lebensweisheitg: *We strött(ed) – veschött(ed)* (überhastetes Tun schadet)!

Prinzipiell geht es darum, aus einer Linearbewegung eine entsprechende Drehbewegung zu schaffen und umgekehrt. Die Drehbewegung ist gegenüber der Pendelbewegung bezüglich Geschwindigkeit, Vibration und Energieaufwand immer vorteilhafter.

Die Linearbewegung der Sense und des Balkenmähers wird durch die Drehbewegung des Scheibenmähers/Trommelmähers abgelöst, Mähleistung, Kraftbedarf und unverwüstliches Schneiden (auch bei Erdhaufen) sind kolossal gesteigert. Mit einem Mähwerk links, rechts und frontal und insgesamt etwa 15 Mähscheiben ergibt sich bei so einem Schmetterlingsmäher eine Mähbreite von sagenhaften 16 Metern.

Als neues Problem können irgendwelche Kadaver (Rehkitz, Katze oder gar nur Maus) im Gras unbemerkt ins Mähgut, in den Silo und durch den Futtermischer gleich in alle Mägen der Rinder - oder Schafherde gelangen, was tödliche Vergiftungen (Botulinum toxin, Wurstgift) auslösen kann. Die Bakterienstämme Clostrium botulinum, Clostrium butyricum und Clostrium baratii scheiden eben das Nervengift Botulinum - Neurotoxin aus, welches die Freisetzung des Botenstoffes Acetylcholin blockiert, was die Erregungsübertragung von den Nervenzellen zum Muskel verunmöglicht. Es treten je nach Dosierung langsam Lähmungen auf. Diese aber wieder sind etwa beim Schiefhals (Torticollis spasmodicus) wie bei mir seit 1984 sporadisch oder neuestens auch aus kosmetischen Gründen erwünscht. Auch Schielen und Verkrampfungen aller Art werden mit diesem Gift gemildert. Mit drei Gramm Botox liesse sich bei 'richtiger Verteilung' die gesamte Bevölkerung der Schweiz ausrotten! Chemische Kampfstoffe sind nicht unweit und wurden im Irak um 2003 vermutet. Die Verdünnung ist entscheidend. Natürlich haben die anäeroben Bakterienstämme (den Sauerstoff meidend) in einem Kadaver im sauerstofffreien Silofutter ideale Wachstumsbedingungen. Wo viel Licht, da auch viel Schatten. Für grüne Seelen ist dieser Sachverhalt eine wohldosierte Vergeltung der weisen Natur für den technikversessenen, übermütigen Menschen. Aber ohne Technik gäbe es die 'Grünen' schon gar nicht. Der Mensch selber ist auch Natur, wenn auch . . .

Wenn der klassische Mäher früher ganz selten am Nachmittag bei trockenem Gras und grosser Hitze mähte, so ist heute das Gegenteil aktuell. Dem Traktor können weder Schweiss noch Bremsen etwas anhaben. Die stehenden Halme aber sind trockener als die liegenden, am Morgen gemähten, was meistens schon eine Bearbeitung weniger mit dem Kreiselheuer bedeutet.

Im Militär sägten wir einmal (zu zweit) um 1970 bei Schanzarbeiten mit einer Motorsäge (wohl Modell 1942), welche ein motorgetriebenes Sägeblatt aufwies wie eine herkömmliche Holzsäge. Mein Onkel Albert (1904) zersägte mit einem ähnlichen Ungetüm schon/noch um 1940 in British Columbia Baumstämme von reichlich 2 m Durchmesser. Aber erst die metallurgisch gekonnte Konstruktion von Schwert mit umlaufender Schneide - Kettensäge (Stihl in Wil lässt grüssen) liess die heute gebräuchliche Motorkettensäge entstehen.

Aus Säge oder Messer wurde also durch Weiterentwicklung ein drehendes Sägeblatt (Brennholzfräse, Aufschnitt- oder Brotschneidemaschine). Aus der Pendelbewegung des Hobels oder des Schleifklotzes wurde analog die Hobelmaschine, der Bandschleifer oder die Trennscheibe. Auch aus dem Stossbuder entstand der Drehbuder Der Wechsel der Bewegungsrichtung ist eben naturgemäss immer mit einem Verlust an Energie verbunden. Der Fussballspieler hat es also mit Stopp und Start weniger leicht als der Langstreckenläufer mit gleichmässiger Vorwärtsbewegung. Durch geringes Gewicht der Kolben und grosses Gewicht der Kurbelwelle wird das Problem optimal gelöst. Der Wankelmotor mit reiner Drehbewegung ist deshalb doch nicht das Gelbe vom Ei, auch damit hat man *de letz Finge vebonde* (den falschen Finger verbunden).

Statt dem Glätteisen haben wir die Bügelmaschine mit Walzen, statt der Heugabel werkeln der Eingraser, die Heuraupe und der Schwaderrechen; die Bürste und der Striegel für die Kühe wurden zur Drehbürste, der Bohrmeissel hat den Rollenmeissel als Nachfolger. Die Gattersäge pendelt kräftig von oben nach unten und zerlegt die Holzstämme zu Brettern, während die Bandsäge unaufhörlich von oben nach unten die Stämme zersägt. Dabei aber verursacht die Verformung des Sägebandes wieder einen Energieverlust. Die Eierlegende Wollmilchsau lässt auch in der Holzverarbeitung auf sich warten. Der Schlachter zerlegt das Tier mit Pendel- oder Kreissäge, die Kettensäge ist bei dieser Knochenarbeit nicht üblich.

Nun erfinden wir noch das Rad. Seit 3500 v. Chr. kennt man von West - , Mittel - und Osteuropa bis zum Balkan und Mesopotamien das Rad als Lastenträger und nicht nur   als kultisches Gebilde. Amerika und Australien stehen da überhaupt nebenan.

Nur der Mensch hat die Drehung um eine Achse bewältigt. Wohl gibt es etwa eine Million Tierarten, aber keine schaffte die Raddrehung um eine Achse. Die Geisseltierchen kennen wohl die Drehung, aber die erfolgt nicht um eine frei gelagerte Achse. Skorpione, Eidechsen und andere Tiere kennen zwar die Fortbewegung als Reif einen Abhang (Sanddüne) hinab, aber nicht als Rad mit Achse. Das freie Purzeln von Pinguinen oder Entenküken oder von pflanzlichen Gebilden den Abhang hinunter ist wohl eine Rotation, aber keine Drehung um eine feste Achse. Dieses Kunststück schaffte nur der Mensch mit der Technik.

Vertrackt ist besonders das Problem, wenn die Drehung selbständig erfolgen soll. Sofern vorne ein Tier oder eine Maschine ziehen, kann die rollende Bewegung an einer Achse noch gelingen. Streitwagen oder Einachsanhänger (*Meschtpinn*) ist vergleichsweise trivial. Aber wie kommt Kraft auf die Achse? Das gelang erst mit der Draisine (Laufrad), dem Fahrrad, der Dampflokomotive oder dem epochal wichtigen Automobil. Ab jetzt hatte der Mensch alle Transportprobleme im Griff. Ob Eisenbahnrad-, Pneu- oder Raupenantrieb, die Maschine bewegte sich aus eigener Kraft vorwärts.

Die Pendelbewegung des Kolbens der Dampfmaschine oder des Verbrennungsmotors bewirkt über die Pleuelstange und die Kurbelwelle eine Drehbewegung. Windrad, Wasserrad und Turbine verharren in einer Drehbewegung an sich. Mit der Hydraulik beherrscht der schlaue Mensch aber auch die Umwandlung von Linearbewegung in Drehbewegung oder umgekehrt in jeder gewünschten Auslegung.

Nachsichtig gesprochen fehlten dem derben Gabelwender der Sechzigerjahre nur die Geschwindigkeit und die anpassungsvolle Angriffsbreite. Die heutigen Knickquetscher und Pick - ups der Ladewagen beherrschen mittlerweile die Sache bestens.

Jahrhundertelang stapfte der Melker beim Melken (ausser zur Milchtanse vor dem Stall) von einer Kuh zur nächsten, was auch bei Melkmaschinen mit oder ohne Absaugevorrichtung der Fall ist. Das ist im einfachen oder doppelten Fischgrätenmelkstand noch gleich, nur entfällt die gebückte Haltung. Neuestens bewegen sich die Milchkühe im Melkkarussel am Melker vorbei, dieser verlässt seinen Arbeitsplatz nur minimal. So bewältigt eine Person in einer Stunde bis zu 500 Milchkühe, die anfallende Milchmenge liegt ungelogen bei 5000 – 6000 Litern. Da ist der Melkroboter wieder nur ein Stümper, aber dafür Tag und Nacht den 'Kuhdamen' zur Verfügung stehend. Grob gesprochen stellt das Melkkarussel eine umgekehrte Flaschenabfüllanlage einer Getränkefirme dar. Prost und Muh!

Vieles, aber nicht alles ist möglich. Denn eine Maschine verharrt immer noch bei der Pendelbewegung, und das wohl schon seit 5000 Jahren. Trotz aller meatallurgischen Kniffs ist die Rotation nicht zu erreichen: Der Webstuhl. Die Breite der Stoffbahn, deren Länge und die Geschwindigkeit des Schiffchens oder des geschossenen Fadens liessen sich unglaublich steigern, aber eine Drehung ist immer noch unmöglich. Die Strickmaschine ist da anders eingefärbt. Ob mit Magnetantrieb des Schiffchens eine magneterzwungene Drehung mit wechselnder Kettfadenbewegung die Lösung wäre? Ingenieure, frisch voran!

Beim Nähen und Sticken mit der Nadel versuchte der Mensch ebenfall erfolglos, die Drehbewegung der Nadel um das Nähgut in eine Pendelbewegung umzuformen. Nur über Schlaufen erreicht die entsprechende Maschine mit Pendeln ein Ergebnis analog der Nadeldrehung,wenn auch mit verblüffender Geschwindigkeit und Genauigkeit.

Auch die allergrössten Schiffe werden durch pendelnde Dieselmotorkolben angetrieben. Turbinenantrieb (Atomgetriebene Kriegschiffe ausgenommen) für Schiffsschrauben ist problematisch. Auch hier gilt: die eierlegende Wollmilchsau gibt es nicht.

Von der Umweltbelastung einmal abgesehen kann man aber wohl munter ausrufen: Dem 'Inscheniör' ist nichts zu 'schwör'!

F. JUGENDZEIT

Sommerzeit

Während des 2. Weltkrieges wurde in der Schweiz die Sommerzeit eingehalten. Damit wurde vermeintlich oder tatsächlich die Arbeitsleistung der ach so trägen Bevölkerung (Bäuerinnen, deren Ehemänner und Pferde in der Armee steckten!) gehoben, Das war schon damals ein Unsinn, aber wenigstens nicht eine Machtdemonstration aus Brüssel, mit der man über den Volkswillen hinweg den Bürger/-innen zum Glück verhilft. Das Gegenteil von 'gut' ist auch in dieser Hinsicht 'gut gemeint'!

Als altgedienter Minenwerfer - Wachtmeister würde ich heute der Armeeleitung von früher empfehlen: Nicht beachten oder frühere Abschaffung der 'preussischen 'Schikanen' wie Taktschritt (Stechschritt?) und Gewehrgriff (1958 abgeschafft), keine undemokratische , preussische Herr - Anrede der Offiziere, noch ausgedehnteren Arbeits - Einsatz der Internierten (Polen) in Berggebieten (Wegbau, Steine lesen) und bei den Erntearbeiten statt deren Bewachung durch Schweizersoldaten und dafür grosszügigere Handhabung der Urlaube. Nur, hinterher ist man immer schlauer. Wenn früher die staatliche Hilfe und Aufsicht zu sehr fehlte, so dass Verdingkinder zum Schutz vor Kälte im Hundehaus schliefen, so übertreibt heute Mama Staat die Fürsorge, so dass ein Bundesrat Ogi uns wohlmeinende und unerwünschte Tipps zum Eierkochen aufdrängte. Auch ein Prüfungsproblem für Hütedienste von Grosseltern ist leicht unwichtig! 'Nie zu viel!' lautete eine Tempelinschrift der Griechen! Ich meine mit Sommerzeit aber etwas völlig Unverkrampftes.

So ab Mitte Mai verschoben wir Tisch, Stühle und Bank von der nach Süden ausgerichteten Stube in das nach Westen ausgerichtete *Stöbli* (Stübchen, das im Winter trotz eines vorhandenen Ofens ungeheizt als Vorratskeller diente). Signalgeber war die Mutter. Ab jetzt blieb die Stube praktisch unbenutzt und wurde bei grosser Hitze durch aufziehbare Holzläden teilweise verdunkelt. Dieser Wechsel in die Sommerresidenz brachte Abwechslung in das mangels Büchern doch oft ziemlich langweilige Kinderleben.

Ein paarmal unterstrich der Vater wohlmeinend den Eintritt in die alles dominierende Erntearbeit durch eine kräftigende Bereicherung des Speisezettels. Es wurden speziell einige Rahmfladen in einer Bäckerei in Haslen geordert. Diese Hochleistungsverpflegung gefiel aber weder uns *Goofe* noch der Mutter sonderlich und wurde schliesslich stillschweigend begraben.

Diesem räumlichen Wechsel entsprach auch ein zeitlicher. Während im Winter das Abendessen regelmässig zwischen Viehfütterung und Melken um sechs Uhr stattfand, wurde ab jetzt regelmässig um vier Uhr das Vesperessen eingenommen. Vesper ist lateinischen Ursprungs und meint auch Abend, Zeit des Sonnenunterganges und sogar Westen. In jedem Fall gab es immer Brot, Butter, Konfitüre und heissen Milchkaffee.

Käse war uns nicht so wichtig, wohl weil die Mutter ihn nicht so schätzte. Das nun im Sommer eingehaltene Nachtessen bestand gewöhnlich aus warmen Speisen.

Wie tief die Erntearbeit ins tägliche Denken einwirkte, zeigt sich im Wechsel des Tischgebetes. Eine Nachbarin, überaus rüstig schon damals in Männerhosen bei der

Erntearbeit anzutreffen und recht kirchenfromm, verrichtete bei dringenden Erntearbeiten ein eigens zu diesem Zwecke gestaltetes Tischgebet, Sinnigerweise Heuergebet genannt. Es wird wohl durch seine Kürze heuertüchtig gewesen sein.

Für den Landwirt ist nicht nur die Tageszeit wichtig, sondern auch die Ausrichtung der Liegenschaft. Am besten ist natürlich von der Besonnung her bewertet die Südlage (*mittagsönnigi Heemed*), in Bezug auf Graswuchs kann man unterschiedlicher Meinung sein. Die Nordausrichtung (*nöödig*) will ich aus Vorsicht nicht beurteilen. Bezüglich Graswuchs und besonders Besonnung sind östliche (*mogesönnig*) und westliche (*oobedsönnig*) Ausrichtung gleichwertig. Unsere Liegenschaft ist *oobedsönnig*. Das war verheerend, wenn es schon am Nachmittag Regen gab. Wir empfanden diesen Sachverhalt als nachteilig, bedachten aber zu wenig, dass gegen nachmittag sich die Sonne bei aufklarendem Wetter wieder uns gewogen zeigte. Da gilt fast die lächerliche Einstellung: Was man hat, das will man nicht, und was man will, das . . .

So nach der Heuernte gab es zwar keinen Heuerwein (der Vater bemerkte immer nachdrücklich, den Wein könnte er ruhig in den Schuh leeren, so wenig sagte er ihm), wohl aber die versprochene Bergwanderung (*z Beg goh*). Während die Mutter (gar nicht nach Frauenart!!) lieber zu Hause blieb, wanderte der Vater mit uns Helden frohgemut etwa auf die Hundwilerhöhe, die Ebenalp oder zum *Heusenn* auf die Fähneren. Dass er auf der Wanderung auf die Hundwilerhöhe mir als etwa vierjährigem Knirps nach einem Grossgeschäft den zarten Hinteren (*Föcheli*) mangels besserem Material bei einem *Gädeli* (kleiner Weidestall) mit Stroh reinigte, wussten alle älteren Geschwister auf ach so liebevolle Art noch mehr als lange!

Ein harmloser Wirtshausbesuch (*iichehre*) war natürlich immer der unbestrittene Höhepunkt dieser Ausflüge.

Mein Vater wagte erst am 2. Sept. 1961 mit den zwei jüngsten Kindern in die Meglisalp und von dort aus nach dem Übernachten im Heulager des Restaurants auf den Säntis zu wandern. Er war in dieser Hinsicht ein Angsthase, obwohl doch sein Vater zeitweise als erster Wetterwart (in Ablösung mit Johann Josef Koller (*Brennerseph*) den Winter dort oben verbrachte; genau genommen von Ende Nov. 1882 – 1. Jan. 1883 (Bergung und Taltransport des tödlich im Schnee bei der Wagenlücke/Bösegg verunglückten 17jährigen Gehilfen Josef Anton Dörig).

Das Meer haben unsere Eltern nie gesehen, auch eine Flugreise haben sie nie erlebt. Der Vater kam nur einmal (nach 1977) nach Rankweil ins Ausland, die Mutter (hoppla) sogar zweimal; nach Rankweil und auf die Insel Mainau. Früher war es übrigens oft so, dass die Männer erst durch den Militärdienst etwas von der Schweiz zu sehen bekamen. Oft fand die erste Bahnfahrt erst mit dem Einrücken in die Rekrutenschule (RS) statt. Umgekehrt wussten bei meinem Bruder Theo 1958 in der RS (ausnahmsweise in St. Gallen und nicht in Herisau) einige Rekruten aus AR den Krawattenknoten nicht zu bilden. Wo viel Sonne, da auch etwas Schatten!

Das Leben an sich bot schon genug Abenteuer und Abwechslung. Ich kannte einen quirligen Mann, der sich mit sieben, nein, acht verschiedenen Tätigkeiten/Berufen sein Brot verdiente: Mesner, Totengräber, Kleinbauer, Coiffeur, Hausierer, Versicherungsagent, Strassenmeister und anderweitig noch Tagelöhner. Stempeln ging er nicht! Den Schulbesuch soll er nicht bis zur 6. Klasse geschafft haben.

Natürlich besuchten wir in meiner Jugend nur während sechs oder sieben Jahren immer nur halbtags die Primarschule in Schlatt, trotzdem schafften einige Mädchen und Knaben jeweilen die Sekundarschule und alle die Lebensbewältigung. Bei Heuwetter hatte die Arbeit Vorrang, kurzfristig gab es Heuferien. Dafür wurden nachher einige Jahre lang zwischen Heuen und Emden zwei Wochen Schule eingeschoben. Bezüglich Badeferien am Meer gab es trotzdem keine Terminkollisionen. Uns stand die Arbeit näher als die Schule. Erst auf Drängen meiner Eltern besuchte ich die Realschule im Kollegium in Appenzell (Sekundarschule) und erst nach einem Zwischenjahr als Bäckerlehrling das Lehrerseminar in Rorschach. Der Vater drängte uns Kinder nachhaltig zum Sekundarschulbesuch, ganz im Gegensatz zu einigen anderen Vätern jener Zeit. Auch den allfälligen Lohn durften wir Kinder immer selber behalten, im Gegensatz zu manchen anderen Familien. Oft mussten die Kinder andernorts den Lohn bis zum 20. Geburtstag daheim abgeben. In so einem Fall halfen die älteren Kinder ihre jüngeren Geschwister auferziehen, fast wie bei Wespen, Ameisen oder Bienen. Unser Vater hielt eben sehr viel von Selbstverantwortung. Die Mutter wäre lohnmässig nicht so linientreu gewesen, setzte sich aber nicht durch.

Dem familiären Residenzwechsel im Haus entsprach der Schulwegwechsel nach Schlatt. Je nach Jahreszeit stapften wir auf vier recht verschiedenen Wegen in unser Bergdörflein, einmal auf dem nur von unserer Familie benutzten schattigen Weg durch den Wald, ein andermal auf dem von vielen Kindern benutzten Weg durch sonnige Wiesen oder auf zwei Zwischenlösungen. Jeder Weg hatte noch Untervarianten, so dass es rundweg zehn Möglichkeiten gab. Bei einer selten begangenen Route sprengten zwei Schulkameraden und ich schon in der 1. Klasse mit Zündschnur und Sprengkapsel (aber doch ohne Dynamit) eine Bohle fachgerecht in die Luft. Bauern besassen damals noch angstfrei Sprengmaterial für Baumstrünke in ihren Heimwesen; teilweise wurde damit auch bei Hochzeiten imponierend Signal gegeben (*gschosse*). Auch bei meiner Hochzeit am 10. 7. 1965 erwies mir einer jener jugendlichen Sprengmeister, Paul Peterer (*Zithuus – Paul*), so lautstark die Ehre, was heute natürlich untersagt ist.

'Der Weg ist das Ziel' galt für uns Schüler schon damals!

In der feuchten Sommerluft verklumpt das Salz leicht. Dann und wann mussten wir Kinder für Küche oder Kuhstall aus einer Kiste voll Salz diesen Leckerbissen holen. Mit Vaters leicht eingefettetem Bajonett zerteilten wir verwegen die Salzblöcke und versorgten die Stichwaffe ordnungsgemäss wieder in der militärischen Scheide. Monate und Jahre zogen ins Land.

Irgendwann musste der Vater wieder zur militärischen Inspektion (Dienstentlassung erst mit 60 Jahren!). Das hiess Kaputrollen im Familienverband nach Vaters Anweisungen auf dem Küchenboden. Beim Bajonett haperte die waffentechnische Bereitstellung. Bajonett und Scheide liessen sich einfach nicht mehr trennen. Ein recht kräftiger Cousin meiner Mutter kam zufällig auf Besuch und riss mit Ofenbank und roher Kraft die Dinge entzwei. Der Stahl war über und über mit rötlichen und salzigen Rostspuren übersät. Da half keine Behandlung mit Wasser und Schmirgelpapier. Jahrelang halfen ein Nachbar und später mein Bruder Theo jeweilen mit ihrem Bajonett meinem Vater aus der dienstlichen Verlegenheit. Geschumpfen wurde erstaunlicherweise nicht, wir staunten eher belustigt gemeinsam über die eingetretene Materialumwandlung.

Bechüe
(Zweibeinkühe aus Holz)

Bechüe sind doch das ausgemachte Spielzeug für Bauernkinder. Komischerweise hatten wir nie welche. Der Vater war eben holztechnisch sehr unbedarft. Beisszange, Hammer, Beil, Säge, Stechbeitel und ein urtümlicher Handbohrer waren die einzigen Werkzeuge in der Scheune. Erst wir älteren Brüder haben unserem Jüngsten auf Weihnachten 1951 zwei dieser Tannenholzgebilde gerichtet. Zusammen mit einem soliden Spielstall als frühes Weihnachtsgeschenk um etwa 1940 war das eine gute Sache. Eine solide Holzschaukel für vier und mehr Kinder wiegte lange und tadellos auf dem Stubenboden. Später erbauten wir Kinder uns an der nahen Linde eine lange Seilschaukel. Im Winter errichteten wir nur einmal eine richtig grosse Schneehütte, ansonsten war Schlitteln der einzige Wintersport. Einen Ball hatten wir kaum, ich blieb in allen Ballsportarten mein Leben lang ein Stümper, auch als Lehrer.

So mit 10 - 12 Jahren dienten uns zu viert im nahen Tannenwald die vielen Tannzapfen als Kühe und Kälbchen, die verwinkelten Zwischenräume der Wurzelstöcke waren unsere Scheunen, Alpweiden, Keller und Alphütten. Sofort nach dem Mittagessen eilten wir etwa für eine Stunde zu unseren fiktiven Heimwesen, die wir unablässig um Tiere und Weiden und Gebäude erweiterten. Das wurde von den Eltern gern gesehen. In früherer Zeit vermuteten die Erwachsenen bei intensivem Spiel der Kinder mit den Spielzeugkühen tatsächlich steigende Kuhpreise! Sind die heutigen wirtschaftlichen Vorhersagen treffsicherer?

Aus ähnlichen Beobachtungen wurde das Soldatenspielen der Kinder in Gonten um 1912 (Kaisermanöver im September im Toggenburg und der restlichen Ostschweiz) später mit dem Ausbruch des 1. Weltkrieges in Beziehung gesetzt.

Für die Nachbarskinder und für uns war der Bauernhof der ideale Ort zum Versteckenspielen. Mindestens einmal nahm auch mein Vater daran teil. Mit Leichtigkeit erspähte er uns hinter einer niederen Dachziegelreihe, 1943 und 1945 wurden Scheune und Haus mit Ziegeln eingedeckt. Die vielen Strohballen in der Tenne und auf der Streuediele boten Platz für Kriechen und Suchen und Klettern.

Oftmals war aber das Glück grösser als der Verstand. So als 5jährige Knirpse machten sich mein Bruder Baptist und ich an der monströsen Futtterschneidemaschine auf der *Heescht* (Stapelraum für Stroh und Holz über der Vorbrücke) zu schaffen. Mit der konnte man Kurzstroh schneiden, was meines Wissens nur in einem einzigenWinter geschah. Ich war nun das Stroh und legte mich in die längliche Holzform, Kopf gegen das Schneidewerk! Mein Bruder drehte am schweren gusseisernen Schwungrad. Die Getriebeabdeckung links hatten wir Schlaumeier aus technischem Interesse natürlich abgenommen, und bald wollte ich die Sache stoppen. Also griff ich entschlossen links ins gusseiserne Räderwerk. Der Mittelfinger wurde dabei ziemlich zerquetscht. Arztbesuch und eine lebenslange Missbildung waren die Folgen.

Geschumpfen wurde trotzdem nicht. Grobe Worte wie Fluchen sowie anzügliche Witze waren bei der Mutter und beim Vater gleichermassen absolut verpönt. Es war aber schon sträfliche Fahrlässigkeit, dass unser Vater das Schwungrad mit den zwei schuhlangen Schneidemessern nicht irgendwie festgebunden hatte. Dass später einmal im Herbst (1952?) bei der von uns oft vorgenommenen Durchquerung der 600 m entfernten Sitter bei leichtem Hochwasser mein älterer Bruder beinahe mitgerissen wurde und um ein Haar ertrunken wäre, verrieten der Nachbarsbub und wir beide nie. Für uns als absolute Nichtschwimmer war diese Durchquerung eben tückisch. Zu nahe der *Goo(n)t* (Wasserlache, Vertiefung) stand das Wasser zu hoch, zu weit weg davon hatte es wieder gefährlichen Zug. Mindestens ein tödlicher Ertrinkungsfall war uns Maulhelden schon bekannt.

Keiner aus unserer Familie und der Nachbarschaft konnte schwimmen. Das lernte ich erst mit 17 Jahren im Seminar, skifahren dort auch nur mässig und Ballspiele kaum. Sport hatte in meiner Jugendzeit einen geringen Stellenwert. Das einzige Paar Ski meines älteren Bruders mit Lederbindung, aber ohne Stahlkanten am Holz und ohne Piste auf dem Abhang, liess keine Skiasse gedeihen. Als sich aber mein Vater einmal verwundert über den ertragslosen Aufwand der Bergsteiger äusserte, verblüffte ich ihn aber doch mit dem weisen Wort: *„Schölle schötte gett au ke Göld!"*

Weicheier, Warmduscher oder Sensibelchen waren wir keineswegs. Von einem Nachbarsbuben hiess es respektvoll, dass der beim Herumwaten in der Sitter unversehens so heftig in eine Spitze einer verrosteten Mistgabel getreten wäre, dass sie ein Kamerad aus dem Fuss herausziehen musste, selber schaffte es der Fakir nicht. Damals waren die Bäche noch eine naturnahe Kehrichtbeseitigungsanlage!

Als ich einmal auf Vaters Militärrad mit dem linken Fuss (das rechte Bein erreichte nur unter der Stange die rechte Pedale) ausrutschte und alle Zehen so auf der Kiesstrasse obseitig blutig schürfte, machte ich darob weder ein Aufhebens noch benötigte ich (auch nicht vorhandenes) Verbandszeug. Etwas knapp wurde es einmal, als ich mit meiner jüngeren Schwester Ruth an einem sonnigen (!) Apriltag entgegen dem Rat der Mutter schon barfuss die Nachmittagsschule in Schlatt besuchte. In der Pause um drei Uhr war der Himmel schon ziemlich verdunkelt, und um halb vier Uhr begann es zu schneien. Ich als Drittklässler verhielt mich stoisch, aber die Erstklässlerin Ruth begann zu schluchzen. Die herzensgute Lehrschwester Irmberta erkannte unsere Notlage und entliess uns nachsichtig vor Schulschluss. Den Rückweg ins Unterschlatt hinab nahmen wir zügig unter die Füsschen.

Ich als emsiges Bürschchen wurde mehrmals ob gern oder ungern so in der zweiten bis vierten Klasse vom Vater mitgenommen, wenn er in Gonten einem meiner Onkel beim Emden oder Streuen aushalf, in der Rüti gab es zeitweise eben doch nichts zu emden. Während der Vater tief atmend in die Militärradpedalen trat, auf dem Rücken die *Chreeze* mit zwei frisch gedengelten Sensen, sass ich jeweilen wie früher die züchtigen Damen im Damensattel seitlings auf der Velostange, weil eben ein Gepäckträger fehlte. Eine Entlastungsbewegung war dabei nicht möglich. So etwa nach Appenzell steigt die Strasse nach Gonten an, also stieg der Vater vom Velo und begann zu marschieren. Mir war unterdessen regelmässig das linke oder rechte Bein eingeschlafen, wohl wegen dem fortwährenden Druck auf irgend einen Nerven. Also hielt ich hinkend wie ein halbseitig Gelähmter mit dem Vater Schritt; nach einiger Zeit verging die Teilnarkose. Der Vater bemerkte nichts , und ich schwieg stoisch. Ich hielt mich wohl schon damals an das tiefsinnige Wort meines späteren, humorvollen Schwiegervaters Severin Benz : andere Heilige haben auch gelitten.

Einmal sägte ich mir bei Holzarbeiten im Wald mit der Spannsäge über den linken Handrücken, die Narbe habe ich noch immer. Dabei trat so richtig dunkles, dickflüssiges Blut aus der Verletzung. Ich starrte auf die Tropfen und geriet fast in Ohnmacht. Natürlich sagte ich nichts, und während der ganzen Zeit erzählte der Vater fast monologhaft allerlei wichtige und unwichtige Dinge, die ich mir äusserst schweigsam anhörte, mit war sterbensübel.

Als mir aber die Mutter als etwa dreijährigem Knirps bei Halsweh wohlmeinend einen ziemlich heissen Zwiebelwickel um den Hals binden wollte, verkroch ich mich flink hinter dem Ofen und verliess das Refugium auch auf inständige Bitten nicht mehr. Zuviel ist zuviel!

Die unzimperliche Lebensart hatte aber auch ihre Vorteile. So erlaubte uns der Vater, der etwa in seinem 20. Lebensjahr wegen einer Erkrankung Nichtraucher geworden war, grosszügig etwa ab der 3. Schulklasse das Rauchen. Nur eine Bedingung stellte er: nicht in der Scheune wegen dem Heuvorat zu rauchen. Wir hielten uns gerne an die Bedingung und liessen im Haus fleissig Tabakräuchlein steigen.

Als ich aber an einem Landsgemeindesonntag ausnahmsweise schon um 5 Uhr in Schlatt Ministrantendienst zu leisten hatte, begleitete mich doch der Vater aus freien Stücken schon zur fünften Stunde durch den Wald nach Schlatt. Um diesen Altardienst in der Kirche beneideten uns eifrige Buben begreiflicherweise die nicht minder geeigneten Mädchen schon damals und ärgern sich noch immer über den abstossenden Sexismus jener fernen und jetzigen Patriarchenzeit. Nur Männer können Jesu Stellvertreter sein, Gott Vater ist eben auch männlich!! Ja, ja, der Penis ist auch himmelwärts wichtig! Nach der Kremation der weiblichen oder männlichen Verstorbenen aber zeigt die Asche kein Geschlecht mehr an! Neuestens gibt es aber ganz wagemutig auch katholische Priesterinnen, von weiblichen Bischöfen auf neutralen Gewässern geweiht. Besondere Umstände erfordern besondere Massnahmen, versuchsweise dem Militärtheoretiker Clausewitz zugeschrieben.

In Haslen wären sie in dieser Beziehung früher voll auf die Rechnung gekommen, konnte doch je nach Kalenderkapriolen (z. B. 1937 tatsächlich und 2016 nach alter Feiertagsordnung theoretisch) in dieser Pfarrei (Maria Hilf geweiht, 24. Mai) der Monat Mai nicht etwa nur vier, sondern 10 Sonn - und Feiertage aufweisen; den Knechten kam das zupass, den Meistern weniger. Zu möglichen fünf Sonntagen konnten eben noch Auffahrt, Pfingstmontag, Fronleichnam, Stosswallfahrt (Bonifaz am 14. Mai) und Kirchweihfest (am 24. Mai) stossen. Da soll noch einer behaupten, das Himmelreich sei schwer zu erringen! Damals hatten auch noch die Flüche einen beinahe biblisch - sakralen Anstrich, 'megageil' und 'gigakuul' waren noch unentdeckt.

Als einmal ein Hasler bezüglich der vielen Sonn – und Feiertage im Mai und der dadurch entgangenen Arbeitszeit (Heuen) gehänselt wurde, wehrte sich der gelassen mit der Feststellung: „Bi schönem Wette mag sis liide ond bei wüeschtem hett me jo dewiil (Bei schönem Wetter kann man den Abeitsausfall durch den Kirchenbesuch verkraften und bei schlechtem hat man ja Zeit genug)!"

In der Nähe von uns aber spielte ein sportlich veranlagter Knecht schon damals bei Brühl St. Gallen Fussball. Wie der sonntags von Haslen auf das entsprechende

Spielfeld gelangte, ist mir immer noch rätselhaft. Leider verunglückte der Ballkünstler 1958 im Militärdienst auf der Schwägalp tödlich, weil ihn als Funker ein Stein am ungeschützten Kopf traf. Das förderte unseren Sportsgeist nicht zusätzlich. Fortwährende, doch nie übermässige Arbeit hielt uns ungewollt fit und schlank.

Meine Geschwister, ich und die Nachbarskinder hatten andere Spässe. Bisweilen legten wir auf der Haslenstrasse eine Geldtasche aus, an einer Schnur befestigt und diese durch Kies getarnt. Im Gebüsch überraschten wir dann erfreute Finder, indem wir vor ihren Händen das Fundstück wegzogen. Der Erfolg war uns immer gewiss. Etwas derber war der Spass, sich wie tot halb quer an den Strassenrand zu legen, den Kopf entspannt wie tot amWiesenbord hängend. Der spärliche Autoverkehr ermöglichte solches Tun – die makabre Verblüffung war natürlich für hilfsbereite Autofahrer erschreckend und für uns erheiternd.

Noch eine Stufe schärfer betrieben wir die Sache militärisch, als ich im August 1963 in Herisau als Korporal vom Munitionsunteroffizier eine scharfe Handgranate erbettelte und sie im Wäschesack am Samstag zusammen mit scharfer und blinder Gewehrmunition, Triebpatronen, Zusatzladungen für Minenwerfer sowie Tränengaspetarden nach Hause nach Unterschlatt trug, den Waffenbefehl gleich exakt sechsmal übertretend. In dieser Hinsicht ist mein jetziges Wohnhaus noch immer eine ziemlich feste Burg!

Frech und schneidig waren wir Minenwerferkorporale alleweil. Nicht ohne Folgen hatte uns früher der Schulkommandant, Oberst Juchler; mangelnden Schneid (*mee Sprotz)* vorgehalten! Wer Wind sät, wird Sturm ernten! Was taten wir am Sonntagnachmittag in Unterschlatt?

Zu viert und mit dem Sturmgewehr meines Bruders Theo bewaffnet zogen wir zum Sägebächli. Dieses bildet nicht gerade die Grenze zwischen der afrikanischen und der eurasischen Platte, wohl aber die Grenze zwischen Molassenagelfluh im Süden und subalpinem Molassesandstein (laut Geotechnischer Karte der Schweiz von 1963) im Norden. Darum ist es tief eingeschnitten. Kurz und gut, das Bächlein weist zwei Steilstellen auf, über welche wir häufig wie Sklaven von weiter hinten - oben Steine herschleppten und sie munter den Felsabhang hinunterpoltern liessen, so dass sie laut klatschend in die unten liegende *Goo(n)t* (Wasserlache) sausten. Als Besonderheit weist eine dieser Steilstellen im oberen Drittel ein etwa badewannengrosses Loch auf, das wir fast regelmässig mit Steinen füllten, welche bei Regenwetter wieder herausgespült wurden. Aus mir unerfindlichen Gründen nannten wir dieses 'Naturwunder' respektvoll *Blitzgoo(n)t*. Als tollkühner Schwimmer tauchte ich einmal (in der späteren Seminarzeit) bis auf den Grund ab. So, diese Felsenwanne war das Handgranatenziel.

Fachmännisch entschärft werfe ich den Sprengkörper hinein, und alle vier Sonntagskämpfer gehen hinter Bäumstämmen in Deckung. Natürlich knallt es mächtig, Wasserfontänen erreichen gar die Baumwipfel; die Wanne ist vom Wasser geleert, und recht lange tropft es von allen Baumwipfeln herunter. Auch Steine fehlen anscheinend, und erst nach geraumer Zeit ist das Felsenbassin wieder mit Wasser gefüllt. Und das alles an einem Sonntagnachmittag!

Nicht genug des strengen Spiels. Auf dem Heimweg knallen wir aus dem Sturmgewehr meines älteren Bruders Theo (meine 'Knarre' war natürlich in der Kaserne in Herisau!) einmal mit Markiermunition und wieder mit scharfer Munition durch unseren Wald ins hügelige Gelände.

Der Vater war damals auf der Gartenalp, die Mutter wusste von nichts und ein erschrockener Nachbar liess es bei seiner Verblüffung bewenden. Tolldreist! Materialverschwendung? Mitnichten. Jahre später warfen wir Unteroffiziere zu viert zum Geburtstag unseres mehr und später etwas weniger verehrten *Kadi* (Hauptmann) in Waldkirch Handgranaten im Viererwurf serienweise zum Spass in einen Bachgraben (Vor- und Nachname des Geburtstagskindes enden mit 'r'!

Zur Beruhigung der Leser/-innen sei angefügt, dass eine noch nicht entschärfte Handgranate 43 so harmlos zu transportieren ist wie eine Bierflasche und dass ich natürlich ausbildungsmässig diese Sprengwaffe beherrschte. Im nicht duktilen (nicht zusammendrückbar) Wasser ist die Sprengkraft natürlich beeindruckend, was ich schon wusste. Man könnte damit auch fischen!

Einige Jahre vor der Wende, dem Zusammenbruch der kommunistischen Gewaltherrschaft in Russland, wurde in der Schweiz aber sicherheitspolitisch ernsthaft diskutiert, ob man nicht dem Infanteristen zur Taschenmunition auch noch zwei Panzerabwehrgranaten (*Runkle, Rüebli*) mit nach Hause abgeben soll, damit im Bedarfsfall die Landesverteidigung panzerbrechend gleich ab der Wohnungstür starten könne. Nach dem Einmarsch der Sowjets in Prag am 21. August 1968 und in Afghanistan am 25. Dezember 1979 wurde die Sache nur wegen möglicher Gefahren bei einem Wohnungsbrand verworfen. Ich war also im Sommer 1963 der Zeit fast etwas voraus!

Auch noch heute bin ich in dieser Hinsicht mit dem Sturmgewehr unter dem Bett in meinem Haus nicht ganz . . .!

Durch die HG 43 bereicherte einmal eine markige Posse eigener Prägung unseren militärischen Alltag recht gepfeffert. Aus Vorsicht lasse ich genaue Namensangaben weg. Um die Dramatik des Geschehens ermessen zu können, ist vorgängig eine technische Orientierung nötig. Die Angriffswaffe besteht aus dem reichlich faustgrossen Sprengkörper und dem Stiel mit dem Zünder. Vor Gebrauch wird der Stiel in den Sprengkörper eingeschraubt. Im Holzstiel selber ist eine Reibschnur mit einer Schlaufe vorhanden. Reisst man an dieser zügig, bringt die Reibungswärme ähnlich wie bei einem Streichholz erst die Zündkapsel und damit nach 6 Sekunden den Sprengkörper zur Explosion. Nun kann man reglementsgemäss auch zwei oder mehr Sprengkörper aneinanderschrauben und erhält so die verstärkte Ladung.

Im Wiederholungskurs im Oktober 1966 im Bedrettotal im Tessin kam nun unser eigenwillige und fast unerschrockene Hauptman (der Kadi) O. K. (das obige Geburtstagskind mit den zwei 'r') auf die mitreissende Idee, in der kommenden Nachtübung seiner Minenwefer - Truppe eine 'Miniatombombe' vorzuführen. Eifrig und begeistert machten sich der als Infanterist ausgebildete Feldwebel W. E. und ich als sein Stellvertreter unter grösster Geheimhaltung nach des Kadis Wünschen und Plänen ans gefährliche Werk. Wir stellten ein mit Treibstoff (wohl Benzin) grosszügig gefülltes Benzinfass in den Weideabhang. Dann schraubten wir 4 (also vier!) Sprengkörper fachkundig zusammen, versahen den hintersten mit dem Stiel, öffneten den Verschlussdeckel und legten an die Zündschnurschlaufe eine wohl 30 m lange Schnur. Gewöhnlich wirft man ja die Handgranate und hat so eine genügende

Distanz zum Explosionsort. Mit Schnur und eiligem Wegrennen planten wir also wohlüberlegt die nötige Distanz zur 'Atombombe'!

Die Nachtübung ist im Gange, und der Hauptmann (oder der Feldwebel?) zieht zu passender Stunde kräftig an der Reissleine und rennt weg. In Gedanken zählen wir drei Bombenbastler erwartungsvoll in passender Deckung auf sechs. . .!

Nichts. Aber auch gar nichts tut sich in der infanteristischen Dunkelheit. Beim Einziehen der langen Schnur merken wir, dass der daran hängende Zünddraht durch die lange Schnur zu langsam herausgerissen worden war und die Zündung deshalb ausblieb. Was tun? Unser Kadi zaudert und auch ich halte mich als frischgebackener Familienvater bedeckt. Doch der kecke W. E. wagt sich als willkommmener Frechdachs bis zum Sprengkörper vor, wechselt den Holzstiel aus, reisst wie vorgesehen am Zugknopf – und rennt abwärts hastig weg.

Tonnggggg! Nach sechs Sekunden sprengte die vierfache Ladung das Stahlfass in Stücke und versprühte den Treibstoff. Das war aber auch alles. Wider Erwarten entstand nicht das kleinste Feuer und schon gar keine Feuerball in der erhofften Art eines Atompilzes. Unsere Enttäuschung war gross. Diese feuertechnische Heldentat hängten wir deswegen auch nicht an die grosse Gerüchteglocke. Die laute Explosion brachte die nächtlich übenden Soldaten wohl zum Erschrecken, aber nicht ins erhoffte Zittern.

Tags darauf fanden wir die zerfetzten Blechstücke im weiten Umkreis des Übungsgeländes. Der Boden war etwa im Ausmass des doppelten Fussballanspielkreises graudunkel eingefärbt. Es roch aufdringlich und für viele infanteristische Laien unerklärlich nach Treibstoff!

Die bombentechnische Heldentat hatte aber noch ein ernstes Nachspiel. Unten auf der nahen Feldstrasse hatte eine andere Kompagnie ohne gegenseitiges Wissen ebenfalls eine Nachtübung. Dabei wurde unter anderem übungsmässig auf Trainpferden unzimperlich Verwundetentransport betrieben. Durch den plötzlichen nächtlichen Knall unserer Handgranatenbombe scheute ein Pferd, riss sich vom ebenfall irritierten Trainsoldaten los und brannte durch, den bedauernswerten 'verwundeten' Simulanten bäuchlings auf dem holzverstärkten Bastsattel gebunden. Aus Spiel wurde Ernstfall. Auf jeden Fall musste der Füsilier nach Festsetzung des Gauls, pardon, Pferdes, ärztlich versorgt werden, nächtlich in einem behelfsmässigen Betonunterstand. Er hatte auch an heikler (!) Stelle Verletzungen erlitten!

Kecker Mut tut nicht immer gut. Wir drei Feuerwerker waren eben noch jung und hübsch und unbesonnen.

Unbestritten waren wir Minenwerfer - Unteroffiziere ansonsten jahrelang auch gesanglich ganz eng am Puls der Zeit. Herzhaft sangen wir voll Übermut das Lied: „Reisst die Kaserne nieder, reisst die Kas . . . ., reisst die K . . . nieder macht ein Puff daraus, ja, sie kommt, sie kommt, sie kommt, die Revolution etc. So weit, so bös. Wunschdenken!

Wunschdenken? Nun lebte in Hohengandern (40 km östlich von Kassel) in der düsteren DDR eine Base zweiten Grades von mir, Christa H........t (1922 - 2011). Hohengandern als Geburtsort ihres Ehemannes Karl (1914 - 1985) wurde notgedrungen nach der Flucht im exrem kalten Januar 1945 aus Ostpreussen zu ihrem Wohnort. Sie und ihr Ehemann waren Tierärzte und hatten vier Kinder. wovon eines von ihnen schon 1966 als Gymnasiast nach Kassel flüchtete. Ihr solides Haus (aus Vorsicht mit zwei Heizungen ausgestattet, man konnte nie wissen, Stromausfall etc.) stand bis zur Wende 1989 nur einen Steinwurf weit vom allerletzten Gitterzaun des berüchtigten Eisernen Vorhanges. Nun ist es so: was die Deutschen betreiben, das betreiben sie schwungvoll und richtig. Also bestanden da kilometerweit gegen das Landesinnere Fahrverbote, Betretensverbote, Sperren, Kontrollen, Schranken und andere unsittliche Schikanen. Auf die bewaldeten Hügel des grünen und lieblichen Thüringen führten der Grenze entlang betonierte Strässchen zwecks Zufahrt für die schussbereiten und aufmerksamen Grenzbewacher. Selbstverständlich brauchten diese 'Hüter der Demokratie' auch eine Kaserne. Ausserhalb von Hohengandern gegen Heiligenstadt hin stand der längliche Bau, 50 m von der Strasse entfernt. Diese nüchterne Baute wurde nach 1989 wegen Nichtbedarf sachdienlich umgenutzt – zu einem Arbeits - und Wohnort für klaglos freischaffende Sexarbeiterinnen. Puff genannt, wenn Sie meinen, was ich merke!

Von Bevölkerungsexplosion und Umweltbelastung abgesehen leben wir doch in goldenen Zeiten. Für die Bewohner jener unseligen Zone war das Leben aber bis zur Wende nicht lustig. So hatte meine Christa H . . . . .t eine sehr schwer behinderte Enkelin. Diese arme Christine H . . n (1980) hatte bis 1989 ärztlich verordnet und amtlich bewilligt pro Halbjahr Anrecht auf eine (in Worten: eine) Banane. Entsprechend der armseligen Warenangebote in den volkseigenen Läden war dieser Leckerbissen schon gar nicht immer aufzutreiben. Die heutige Yoghurtauswahl in unseren Grossverteilern bereitet mehr Kofzerbrechen als das damalige Angebot an Senf: es gab keinen! Ich weiss noch andere, bitterlustige Episoden.

Damit es nicht vergessen geht, noch eine Beschwichtigung. Heute ärgern sich manche über die etwas aufdringliche Reklamepost im Briefkasten. Ich meine, besser so als umgekehrt: Käufermarkt ist angenehmer als Verkäufermarkt. Zwei Tage hinter dem Eisernen Vorhang in Thüringen hätten da geholfen. Wie war es im ostdeutschen Arbeiterparadies? Eine Sorte Bier, eine Sorte Brot, eine Sorte Wurst, BH nur in einer Grösse, Senf gab es keinen, Bananen auf ärztliche Verschreibung und Autos nach sieben Jahren Wartezeit. So waren Gebrauchtwagen (Trabant = Trabi) teurer als Neuwagen. Und warum? Einen Gebrauchtwagen konnte man gleich kaufen und übernehmen. Eine Ausreisegenehmigung an eine Hochzeit in der Schweiz gab es zufällig gegen Angelhaken aus der Schweiz, weil irgendein Linientreuer eben Angler war und am Drücker (also Stempel) war.

Wie gelangt man im Winter spät nachts als Tierarzt mit dem Trabi aus einem tiefen Taleinschnitt wieder auf die höher gelegene Strasse nach Hause, wenn der erste Gang nicht mehr funktioniert und der schwache Motor den zweiten Gang nicht bewältigt? Klar, im Rückwärtsgang. Wie findet die parteitreue Kindergärtnerin heraus, ob die Eltern ihrer Schützlinge verbotenes Westfernsehen konsumieren? Klar, sie lässt die ahnungslosen Kleinen die Tagessschau - Uhr zeichnen. Die verbotene westliche (ADR) ist rund, die verordnete östliche viereckig. Köpfchen! Warum fahren bei Hohengandern (so ab 1965) mit neuen VW - Autos vollbeladene Eisenbahnzüge von Wolfsburg nach Süden vorbei? Klar, nur um die 'glücklichen' DDR-Bewohner zu provozieren!

Naive linke Politiker aus der Schweiz (nicht aus der Ostschweiz) haben Erich Honegger ('Stalin' der DDR) noch fast bis zu Wende 1989 hoffnugsvoll und ermunternd die Hand geschüttelt. Pfui; politisch Lied – garstig Lied!

Sicher, Militärdienst beeinflusst auch das Denken. Als sich am 3. März 1972 der auf der ganzen Alpennordseite bekannte (und, ach, auch von mitfühlenden Geistern bewunderte), bewaffnete Bankräuber K. D. im Regimentsraum von Kaltbrunn herumtrieb und wir Unteroffiziere als Wachtkommandanten zu besonderer Vorsicht aufgefordert worden waren, schrieben mein Dienstkamerad H. S. und ich flugs einen Rapport an den als ziemlich streng bekannten Divisionär Blocher, in welchem wir (halb im Ernst und halb zum Spass) um scharfe Munition für die Wache nachsuchten. Schon vier Tage später bekamen wir wie erwartet den abschlägigen Bescheid von obigem Offizier, trotz seiner Freude über unseren Diensteifer mit der von uns erwarteten Mahnung versehen, auch in so einem Fall den üblichen Dienstweg einzuhalten. Zu unserer Genugtuung war die Antwort von den entsprechenden Regiments -, Bataillons - und Kompagniechefs unterzeichnet. Jahre später wurden aber die militärischen Wachen tatsächlich mit scharfer Munition ausgerüstet, nach grossem Verbrauch von Druckerschwärze.

Wie schon erwähnt, waren *Bechüe* bei uns als Spielzeug unbekannt!

Noch ein Wort zum Molassesandstein am Nordufer des Sägebächli. So 1905 – 10 holte mein Vater mindestens einmal zusammen mit seiner Schwester Mina in einem *Reissäckli* (Stoffsäcklein auf dem Rücken) direkt gegenüber der Rüti aus einem Sandsteinfelsenstück 20 m neben dem Bach doch Sand und schleppte es über den Höhenzug östlich der Hundwilerhöhe nach Gonten. Später wunderte er sich selber sehr über diesen Sachverhalt. Der Sand wurde für die Stube gebraucht, aber wie und weshalb? Ich weiss es nicht, vermute aber, dass man damit den hölzernen Stubenboden wie mit Stahlwatte sauber schrubbte. Daher wohl auch der Willkommgruss eines Onkels meiner Frau Rosmarie in Marbach: „Nur herein, es ist eben frisch gekiest!"

Sand in Gonten aus Unterschlatt, vor 100 Jahren! So gesehen ist heute Fleisch in der Schweiz aus Uruguay direkt neheliegend!

Gompiross
(Schaukelpferd)

In unserer Stube stand ein Spielgerät, das während knapp 20 Jahren für 1 – 6 Kinder gleichzeitig unentwegt zu Schaukelbewegungen lockte, das *Gompiross*. Aus Unverstand wurde es wohl so um 1960 im Stubenofen verbrannt; heute würde ich es liebend gerne kopieren. Alle Masse kann ich also nur so aus dem Gedächtnis angeben. Seine Herkunft oder Herstelllung ist heute einigen Geschwistern schleierhaft. Fast todsicher ist es aber eine handwerkliche Grosstat des Schreiners Emil Fritsche, *Gässböhlemil*, Schwager meiner väterlichen Tante Verena Broger-Manser. Das Spielgerät kann kaum ein Geschenk der von uns *Fratze* (ziemlich unartige Kinder) nur mässig geschätzten, weil resoluten Tante und Hebamme Mina Manser gewesen sein, was aber bei unserem soliden Spielstall (*Gädeli*) durchaus zutreffen kann. Statt Hebammenlohn zu nehmen soll sie ja auch bei ganz armen Familien Teigwaren gebracht haben . . .

Nun, zwei solide Tannenbretter in Kreissegmentform (Bananenkrümmung) von ca 30 mm Dicke waren leicht gespreizt mit einem Deckbrett verbunden. Bei einer Innenweite von ca. 1,2 m standen zwei Endbretter leicht nach aussen geneigt mit einem ohrenartigen Abschluss als Griff nach oben. Unter dem Deckbrett waren sie kraftschlüssig mit den Seitenbrettern vernagelt. Aussen reichte der Platz nochmals beidseitig für ein Kind. Somit konnten wahlweise gleichzeitig innen und/oder aussen 2 – 6 Kinder (*Goofe*; kein Schimpfwort) Platz nehmen und schaukeln; aber auch eine einzelne Person konnte sich schaukelnd vergnügen. Die Seitenbretter wiesen aussen wie ein früheres VW – Auto eine bequeme Fussleiste auf, Statik und Luxus in jedem Fall ausreichend. Sehr häufig und fast stundenlang haben wir uns auf diesem Holzgerät vergnügt. Umgedreht diente es uns als luftiger Steg – heute ist ein Seilpark nötig.

Wie alle Schaukelpferde rutschte auch dieses *Gompiross* auf dem hölzernen Stubenboden vor und zurück. Ein vom Vater weitsichtig auf jeder Kufe aufgenagelter alter Velopneu verminderte das Rutschen wohl, verhindern konnte er es nicht. Nur ein oder zweimal schaukelten wir so heftig, dass unser *Ross* sich vollständig drehte und wir auf den Näschen und Köpfchen landeten.

Für Kindergärten und/oder Spielgruppen wäre so ein robustes Superholz-Spielgerät absolut bereichernd. In unserer Stube war es jedenfalls quietschend und wippend so häufig in Gebrauch wie heute Legobausteine oder Handys.

Für standfeste Personen nenne ich noch zwei Luxusgebilde in unserem Bauernhaus. Was sein muss, muss sein. In kalter Winternacht versah in jeder Kammer je ein Nachttopf seinen verschwiegenen Dienst, denn ein tappender Gang über kalte Stiegen und Flure zum zugigen -00- (landläufig auch Büro, Örtchen, Plumps . . . genannt) war für Jung wie Alt gleich welchen Geschlechts kein Genuss. Dieser stille Ort aber bot einen Luxus, wie er dergestalt nicht zu erwarten war: Für Erwachsene eine runde Öffnung in passender Höhe und daneben eine Ausführung in Verkleinerung so im Massstab 2 : 1. Für Kinder bis zum selbstgewählten Wechsel war das eine ausgesprochen niedliche Einrichtung. Sicher, in den heutigen Kindertagesschulen und Kindergärten ist das passende Mass eine Selbstverständlichkeit, aber im ländlichen Unterschlatt war diese Ausführung so um 1918 direkt futuristisch. In jenem Jahr wurde eben die Scheune an das bestehende Haus angebaut, der Sturm von 1918 (kaum jener von 1919) zerriss das alte, freistehende *Gade* (Scheune). Damals wurden wohl Haus und Scheune auch elektrifiziert, das Telefon kam etwa um 1926 hinzu.

In Schweden, in den USA und wohl auch anderswo findet sich das ominöse Häuschen mit Herzformöffnung in der Türe aus hygienischen Gründen immer etwas vom Farmgebäude entfernt. Ich berichte nicht über Grundwasserbelastung! Da passt natürlich der Sinnspruch „Morgens, abends, jederzeit – stehe ich für dich bereit" auf diesen Gefässen vorzüglich und kündet von existenzieller Bewährung . . . Ganz im Ernst: die Bombardierung von Friedrichshafen am 28. April 1944 durch die RAF (Briten) soll mir kleinem Knirps gar nicht gefallen haben. Begreiflich, ich verstand unter diesem Stadtnamen einen naheliegenden und nützlichen Gegenstand.

Nach Auskunft meines Cousins Pat Faessler wurde/wird übrigens nach einigen Monaten das kleine Häuschen mit der herzförmigen Luke über einer neu ausgehobenen Grube abgestellt. Auf der Farm meines Onkels August in Wisconsin war nach Pats Aussage so eine nordische, durchlüftete, ungeheizte Luxusbedürfnisanstalt bis etwa 1950 in Gebrauch.

Als einmal (weiterlesen ist freiwillig) eines meiner kleineren Schwesterchen seinen Nachttopf kundig und erfahren leerte, verkündete es nachher stolz, es hätte beide

Sitzöffnungen beschenkt! Das war für uns ältere Kinder so erheiternd wie ungefähr zwei Unterhaltungssendungen des Schweizer Fernsehens. Mit etwas mehr Ernst sei noch angefügt, dass wir in unserer Jugend den heutigen Bücherreichtum und das Spielzeugangebot doch ungeheuer geschätzt hätten, von elektronischen Informationen ganz zu schweigen. Auch Schuhe mit Gummisohlen waren bei Schnee unser Traum! An ihnen bleibt eben im Gegensatz zu Ledersohlen der Schnee nicht haften und sie leiten die Kälte (eigentlich die Wärme) weniger als Nagelschuhe.

Selbstversorger
Ein Bauernhof gibt viel her. Brennholz für Eigengebrauch oder für Bäcker als Entgelt für Brot hatten wir immer genügend, selten wurde Stammholz zum Heizen verwendet, Sträucher und abgestorbene Tannen reichten problemlos. Etwa ab 1952 hatten wir einen elektrischen Kochherd, was uns Holz ersparte und die erwünschte Gelegenheit bot, auch ausserhalb der kalten Jahreszeit Kuchen und Eierzöpfe zu backen. Auch Holzpfähle konnten wir reichlich verkaufen. Aus mir heute unerfindlichen Gründen aber sammelten wir Kinder im 2. Weltkrieg mit unserer Mutter Tannzapfen. Der Grund war wohl die krankheitsbedingte, militärische Abwesenheit unseres Vaters.

Mehrere Obstbäume schenkten uns oft ganz viele Äpfel und Zwetschgen, Birnbäume und zwei Rebenzweige waren da unrühmliche Ausnahmen. Notfalls schleppten wir Kinder im Herbst mit dem kleinen, hölzernen Handwagen einen ganzen Harass Zwetschgen von Appenzell in die Rüti, was dann einen mächtigen Tontopf voll beliebter Konfitüre ergab. Johannisbeeren schätzten wir mehr als den herben Holunder. Vom Nachbarn bezogen wir jedes Jahr in drei Fässern zusammen 600 Liter Apfelsaft, den wir selber mit einem ausgeborgten Tauchsieder pasteurisierten. Unser Vater war dem Alkohol ziemlich abhold, etwas Bier als Ausnahme genossen. Ich staune jetzt noch, wie er die 200 - Liter - Eichenfässer von einem ausgeliehenen, schweren Fasshandwagen herunter in den Keller auf ein Gestell wuchtete.

Aus Wacholderbeeren/zweigen, Tannenschösslingen, Löwenzahnblüten sowie einmal aus Süssmost gewann man mit viel Kochen und später Gelierzucker willkommenen Honig. Mittelprächtig schätzten wir *Gofe* die kernige Himbeerkonfitüre, worin wir mit und ohne Grund Fruchtfliegenmaden vermuteten. Zu Brot und Butter kam relativ selten Käse, eigentlich für eine Bauernfamilie verwunderlich. Die Mutter mochte diese würzige Speise nie besonders, und der Vater war überhaupt allem Süssen ausgesprochen zugetan. Weder Pilze noch Fische waren in Unterschlatt von kulinarischer Bedeutung; diesem mannhaften Ideal eifere ich noch immer nach. Zum Leidwesen meiner süssen küchentüchtigen Angetrauten.

Ausser Him-, Brom- und Erdbeeren bot uns Kindern der Wald (im 10 - Jahres-Rhythmus?) *Buechnössli* (dreieckige Bucheckern), die wir direkt von Hand öffneten oder in einer Bratpfanne zum Zerspringen brachten. Sauerklee (*Gugges Chääs ond Brood*) wiederum war eher säuerliches Gewürz denn energiereiche Ernährung. Knacknüsse im wahrsten Sinne des Wortes waren für uns Buben die Haselnüsse. Diesseits und jenseits der Sitter durchstreiften wir im Herbst fast gruppenweise Wiesen und Waldränder auf der Suche nach diesen Kalorienbomben. Die Nüsse wurden immer gleich an Ort und Stelle mit den Zähnen aufgebissen und genüsslich verzehrt. Ob auf einer dieser herbstlichen Streifzüge damals mein Bruder Baptist durch Zecken die Hirnhaut- und Rückenmarksentzündung zuzog? Auf jeden Fall gab es für uns Geschwister deswegen in jenen Herbsttagen (1953?) wegen Quarantäne einige Tage schulfrei und für meinen Bruder nach schweren Schmerzen eine lebenslange Beeinträchtigung,

So als kleine Geniesser beschenkten uns die Waldameisen mit ihren Ausscheidungen. Ja sicher, das war Ameisensäure (HCOOH). Fachmännisch legten wir ein sauberes Zweiglein auf den von Ameisen braun wimmelnden Haufen und sprachen wie Schamanen den Zauberspruch: *„Hett geen Suus, hett geen Suus!"* („Ich hätte gerne Saures)!" Folgsam besprühten dle Insekten unser Holzstücklein mit ihrem Giftsekret, das wir dann geniesserisch ableckten. Es schmeckte salzig - sauer und erfrischte ungemein. Für feinfühlige Allergiker sicher nicht verführerisch.

Bei Waldarbeiten wählten wir Kinder oft schon im Sommer ein passendes Tännchen als Christbaum aus, und an diesem wichtigen familiären Weihnachtsfest mit Vögeln (Hefegebäck in Vogelform) sowie Kunsthonig statteten wir emsig die Krippe mit neuem Waldmoos aus, wie wir auch im Tenn einen speziellen Heuhaufen für den Esel des Samichlaus herrichteten. Als Geschenke kamen ausser Schokoladen durchwegs Gestricktes, Genähtes oder Gebrauchsgegenstände wie Küchengeschirr oder Stallschaufel in Betracht. Lego und Elektronik waren noch Fremdwörter.

Weil Glacé nicht bekannt war, schleckte man im Winter als Kind trotz elterlichen Ermahnungen hingebungsvoll Schnee, Kaugummi der urigen Art. Im Frühling verzehrten wir Kinder auf dem Schulweg oder zu Hause mit Vergnügen die sauren *Aampfere* (Sauerampfer/Rumex Acetosa) sowie die süsslichen Stängel des Bocksbarts/Tragopogon dubius (*Häädaampfere).* Damals war für Kinder die Süsse des Zuckers so erstrebenswert wie das Fahren auf irgend einem Fahrzeug, und war es auch nur der pferdebespannte Mehlwagen einer Mühle. Niemand sprach von Karies oder Entschleunigung als Lebensauffassung.

Beim Einsammeln von Rumex Acetosa am Landsgemeindesonntag 1935 entdeckten meine Eltern ihre gegenseitige Zuneigung! Saure Ampfern und süsse Liebe . . .

Bis ins Jahr 1947 musste *g'ackered* (gepflügt) und Weizen angebaut werden. Auch pflanzten wir noch in den Jahren um 1950 selber Kartoffeln an, mit guten Ergebnissen. Grundsätzlich aber liegt diese Bodenbearbeitung den Appenzellerbauern nicht und verschwand dadurch auch wieder umgehend.

Für heissen Tee im kalten Winter sammelten wir Hagebutten, Lindenblüten und Pfefferminze, aber auch Kümmel als Gewürz.

Der Garten lieferte allerlei Gemüse, wobei die Karotten sich als Sorgenkinder erwiesen. Kopfsalat im Sommer (mit Zucker und Essig angerichtet!) sowie Apfelsalat im Winter waren unsere Kaltspeisen. Die ersten gekauften Tomaten enttäuschten uns sehr, schmeckten sie ohne Salz doch fader als Tomatenpüree.

Unsere Mutter war immer enttäuscht, dass wir Buben nicht wie andere Nachbarskinder (wie sie meinte und behauptete) aus dem Sägebach Fische holten. Auch Pilze brachten wir nur einmal in die Pfanne, obwohl im Herbst jahrelang ein Ehepaar aus St. Gallen per Velo bei uns auftauchte und erfolgreich diese uns fremden Gebilde pflückte.

Da stand uns Fleisch schon näher. So an einem Samstagnachmittag hiess es plötzlich mütterlicherseits, diese oder jene Henne lege nicht mehr und sie hätte einen so welken Kamm. Also hält man das Tier an Füssen und Flügeln über einen Holzstock, ein wohlgezielter Beilhieb trennt den Kopf vom unruhigen Tier, das ausfliessende Blut zeigt den Erfolg an. Im heissen Wasser gebrüht lässt sich das Tier leicht vom Federkleid befreien. Gekonnt oder eher brachial wird das nackte Wesen am Brunnen aufgebrochen und gelangt umgehend in die Küche, wo dann am Sonntagvormittag der Schmaus in der Pfanne schmort oder kocht.

So gegen Dezember brachte man ein aus einem Wurf und anfänglich im Wachstum zurückgebliebenes Jungschwein mit vielleicht 80 – 90 kg zum nahen Bauernmetzger. Zwei, drei Tage später kam die Meldung, man könne die *chozz Waa* (Innereien und Gliedmassen!) abholen. Die daraus gewonnenen Leckerbissen wie Blut, Lunge und Kutteln schätzten wir Kinder noch weniger als die Extremitäten. Der Leser denke da willig oder unwillig an Füsse, Ohren, Kopfteile und Schwanz. Den Vater verdross das gar nicht, wie er überhaupt als langjähriger Senn auf der Alp meist nur selber gekochte Verpflegung kannte und kochtechnisch handzahm war.

Etwas später holte man auf Schlitten und in Körben das Muskelfleisch ab, legte es mit Salz und Knoblauch gemeinschaftlich in ein Fass, um es so eine Woche später an Strohballendrähten (auch leicht rostigen) in den offenen Kamin zu hängen. Passend auf Weihnachten kam dann das duftend geräucherte Fleisch aus dem Rauchkamin in die kalte Estrichkammer an ein aufgespanntes Seil, von wo es stückweise mit gut daumenbreiter Speckschicht geholt wurde. Zusammen mt Gerste und Bohnen *(Geschte ond Fisööle)* entstand damit eine immer heiss geliebte Gerstensuppe; mit Kartoffelstock und Apfelmus sowie Apfelsalat stand so das Sonntagsmenu. Dieses geräucherte Schweinefleisch kam während der Woche so etwa noch zweimal auf den Tisch. Das *Säuli* war immer ziemlich urtümlich zerteilt, ob Schulter, Schinken, Nuss, Bauch, Kotelett oder Filet – Fleisch war Fleisch und wabbelige Speckschichten für den Vater kein Problem.

Hundefleisch? Aber sicher! Einmal brachte der Vater von wer weiss woher ein junges Hündchen nach Hause, natürlich ein *Plässli*. In unserem Unverstand hetzten wir Buben das Tier im Vorsommer gern auf die in 200 m Entfernung am Waldrand äsenden Rehe, oft 5 – 9 an der Zahl. Der Hund nahm die Aufgabe ernst, stürmte durch das hohe Gras die Wiese hoch und kam mit hängender Zunge wieder eifrig zurück. Natürlich kam die kleine Bestie wenige Wochen später auch ohne Auftrag seiner Aufgabe nach, so dass aus jagdtechnischen Gründen Abhilfe nottat. Also bestellt man einen Störmetzger, ein Schuss, und schon wird das Fell abgezogen und fallen die Innereien weg. Fachmännisch zerlegt füllt der verzogene, glücklose Beller die Bratpfanne 2 – 3 mal. Das Fleisch duftet wie erwartet und wird ohne weiteres Aufheben verputzt.

An entsprechende Katzenbraten können sich meine jüngeren Geschwister und ich wohl erinnern. Gesamthaft handelt es sich um zwei Katzen und zwei Hunde, die als Braten auf den Tisch kamen. Nur ruhig Blut. Der 2. Weltkrieg mit seinen Hungertoten und kannibalischen Schrecknissen war mental noch Gegenwart. Rationierungsmarken gab es in der Schweiz noch im Jahre 1948, und gegessen wird, was essbar ist! Bis zum 4. Februar 1948 dauerte die Milchprodukte - Rationierung, erst am 1. Juli 1948 fielen die letzten Schranken. Das Verbot von Frischbrotverkauf war in den Kriegsjahren wohl vernünftig; weshalb es aber die Armee wohl für alle Ewigkeit anwandte (noch anwendet?) war mir in allen 554 Diensttagen ein Rätsel, auf dessen Lösung ich noch immer warte. Mit wenig Brot zum Morgenessen vertilge ich doch am Mittag umso mehr andere Speise. Machte sich die besorgte Mama Helvetia Gedanken wegen möglicher Verklumpung von Frischbrot im Magen ihrer Söhne Gedanken? Das Gegenteil von gut ist gut gemeint.

Tabus werden immer beachtet, es wechselt nur der Inhalt. Früher sprach man unbefangen von Negern und Zigeunern sowie dicken oder dummen Personen. 'Politisch korrekt' bezeichnet man diese Personen heute als stark pigmentierte Menschen oder Personen mit wechselndem Wohnsitz, mit horizontalen Problemen oder als teilleistungsschwach/bildungsresistent. Dumm klingt wieder direkt heimelig! 'Gewalttätig' heisst hilfreich 'unangepasst' und 'Einbrecher' einprägsam nachtzeitlich Erwerbender. Was aber wieder heute als sittlich/sexuell oder religiös als frei wählbar erscheint, war vor 60 Jahren fast einklagbares Unwesen.

So vor hundert Jahren wurden im Herbst in der Zeitung für Katzen- und Hundeessen in den Wirtschaften (südlich des Bodensees!) geworben wie heute für *Metzgete*. Nicht unbegründet weisen an den italienischen Märkten die geschlachteten Kaninchen immer noch ihren Stummelschwanz auf, damit der Käufer sicher ist, kein . . .

Als kulinarische Weiterentwicklung geht man heute so weit, alte und natürlich knochenmagere Milchkühe gleich in der Verbrennung zu entsorgen sowie Hunde - und Katzenfutter in einer Qualität anzubieten, die ganze Heerscharen von Hungrigen entzücken würden. Jede Generation hat ein Anrecht auf eigene Fehler!

Der Vater Staat teilte in den Kriegsjahren 1939 - 45 das Essen auch in kleinen Löffeln zu. Einmal musste meine älteste Schwester Berta im Frühling 1943 als 6 - jähriges (!) Kind beim Gemeindehauptmann des Bezirkes Schlatt/Haslen wohl aus Gründen der Rationierung und Lebensmittelproduktionskontrolle die Anzahl der heimischen Hühner angeben. Sie tat das naiv rechtschaffen in Vertretung der Mutter, die wohl wichtigeres zu tun hatte. Ui! Da waren doch 1,5 Hühner (nicht 1 und nicht 2, sondern anderthalb, worauf meine Mutter immer beharrte!) zu viel in der Rüti am Gackern, Würmersuchen und Eierlegen! Also tauchen etwas später 2 (zwei) Beamte aus Bern (ich sage Bern und nicht Brü . . .el) auf, um die Sache zu beschauen. Mittlerweile aber hatte meine Mutter ihr fünftes Kind, Ruth, geboren. Damit war die Anzahl der *Federviecher* wieder im grünen Bereich. Tatsächlich mussten meine Eltern dazu aber doch noch das Familienbüchlein nach Bern einschicken, zur minutiösen Kontrolle! Doch, doch, Mama Helvetia sorgte sich um ihre Küken! Mit etwas mehr Rückgrat des Herrn Bezirkshauptmannes (selber auch Landwirt) Joh. A. Rem . . . ler 1883 bei Sichtweite mit 900 m Luftlinie und etwas Verständnis für die Lage meiner tapferen Mutter mit vier (bald fünf) Kleinkindern und ihrem oft durch Aktivdienst abwesenden Mann hätte sich die Drohkulisse und der bundesbernische bürokratische Leerlauf vermeiden lassen. So mit den Worten: „ Oh, Berteli, du wolltest wohl 13 und ein halb sagen statt 15, du kannst ja auch noch nicht auf 10 zählen, und wer weiss, vielleicht bringt der Storch schon bald . . .!" wäre Balsam aufgetragen gewesen! Ich weiss, ich weiss – in Wil hätte einmal vor ein paar Jahren eine Lehrtochter wegen des nicht sichtbaren (die Vertiefung durch Kugelschreiber wurde nach eingehender Begutachtung dann doch noch entdeckt) letzten (!) Punktes im Diktat der Lehrabschlussprüfung um ein Haar diese Lehrabschlussprüfung nicht bestanden. Da wurde noch nicht über Fifa - Skandal und Olympia - Vergabe gemunkelt und unter Bestechung verstand man wohl einen falschen Nadelstich in der Mädchenarbeitsschule. Zeiten waren das! Wie sagt der

Altbayer nochmals: „Da waren die Madln noch fesch und die Burschen noch schneidig!"

Vollbringt der Amtsschimmel eigentlich noch immer so übermütige Bocksprünge oder gibt es mittlerweile auch ein Eidgenössisches Amt für gesunden Menschenverstand??

Als die zwei Gesetzeshüter vielleicht bei der oben genannten Inspektion auch noch eingehend die Futtersuppe im Futterfass *(Saustande)* für die zwei Mutterschweine ins Auge fassten, meinte mein Vater verbittert, als er 1940 von der notwendigsten Heuarbeit von fünffarbigem Heu (verholzt, verregnet, vergraut, frisch gemäht etc.) weg einrücken musste, wäre auch keine Aufsicht anwesend gewesen. Damals musste er in Schänis einen über die Ufer getretenen Bach zurechtschaufeln. Internierte bewachen, statt sie den Bauern als Arbeitskräfte ausleihen. Taktschritt und Gewehrgriff statt Erntemitarbeit der Soldaten war angesagt.! *Mee löönds eetz!*

Leicht schadenfroh sei erwähnt, dass mein Vater in den ersten Kriegsjahren durch den direkten Kontakt seines Vaters und ehemaligen Landeshauptmann und Statthalter (etwa Landwirtschafts - und Innenminister!) mit dem Regimentskommmandanten doch einmal einen bitter notwendigen Urlaub ergattern konnte, etwas zum Missfallen der übergangenen zwei Zwischenoffiziere. Schlitzohr oder treubesorgter Familienvater?

Wir kannten „kulinarisch" auch Grenzen. Die von uns Kindern so geliebte und vom Vater als gute Mäusejägerin geschätzte Tigerkatze wurde vom nachbarlichen Jäger und Hühnerzüchter J. E . . . . r (1917 - 1969) ganz zu Unrecht des Kükenraubes verdächtigt und grundlos erschossen. Da waren wir alle strikt Vegetarier. Idiot war Idiot, basta!

Bemerkenswert und gar nicht lustig ist auch folgende und hoffentlich sich nie mehr wiederholende Tatsache: Als mein Vater in den ersten Tagen Septemberr 1939 von Unterschlatt nach Teufen in den Aktivdienst einrücken musste, blieb sein Hündchen immer bei ihm. Trotz allen Versuchen, ihn auf die Rüti zurückbefehlen zu wollen, blieb es hartnäckig beim Meister. So gab es keine andere Lösung, als den treuen Begleiter etwa 500 m von der Rüti entfernt in einem Bauernhof an der Haslenstrasse (im Schlössli) im Schweinestall einzusperren, so dass der Landwehrsoldat endlich hundelos den befohlenen Aktivdienst in Teufen antreten konnte. Ahnte das Hündchen, wie sein Meister in einer ernsten Zeit einer ernsten Aufgabe zumarschieren musste? 1939 gab es noch keine naseweisen Historiker, welche die Gefahr aus Nazideutschland kleinredeten. Den Männern und Frauen mit den Jahrgängen 1890 – 1925 gebührt schon etwas Dank und Bewunderung, sie hielten für viele den Fuss in den Bach *(de Fuess in Bach ini häbe)*. Mein Cousin und Taufpate Josef Streule verbrachte als zäher soldatischer Meldeläufer mehr als eine Weihnacht bei der Truppe. ‚O du fröhliche . . .‘ Sicher, das obige Hündchen hatte auch bei der jungen Muetter mit bald drei Kindern seine ernste Aufgabe! Heute aber würde man so ein treues Tierlein gerne als Maskottchen und Truppenhelden mit auf die düsteren ‚Vergnügungen‘ der Landesverteidigung einladen! Dass zwei Söhne eines Cousins meines Vaters in Ostpreussen in der Wehrmacht Dienst taten und beide (1939 und etwa 1942) den Tod fanden, soll aufblitzen lassen, wie das Schicksal blind zuschlägt. Als Soldat musste er bei Kriegsbeginn in Starkenbach Kies schaufeln, wohl für Bunkerbau, und später im Jura internierte Polen bewachen; eine Stunde Ruhezeit, zwei Stunden Wache. Grabarbeiten bei einem Bach in Schänis waren auch im Programm. Und die Gelbsucht 1944.

Glückskinder sind wir, im Westen - und so ab 1930 Geborene, ob pfiffig oder einfältig. Unzufrieden jammern? Klar, klappern gehört zum Handwerk!

Ehre, wem Ehre gebührt. Im Haus betrieben die Mutter und die Töchter eine eigene Art der Selbstversorgung. Fast unablässig wurden doch Strümpfe, Socken, Handschuhe, Pullover, Mützen, Schals *(Schleife)* etc. gestrickt. Die Mutter nähte zusätzlich zum Sticken und Roulieren (Taschentüchlein einrollend mit einem Saum versehen) doch für die jungen 'Damen' Schürzen und für uns 'Männer' ausreichend fachgerecht Hemden und Hosen jeglicher Bauart, nachträgliche Flicken liessen die Kleidungsstücke recht abwechslungsreich aussehen, sie glichen in etwa einer politischen Karte Europas.. Für anspruchsvolle Ladenhosen oder Röcke sorgte auf Weihnachten die fachkundige Ehefrau Katharina von Onkel Anton im Gontenhof/Gonten.

Geschlechterrollen wurden eingehalten und schützten auch. Ausser bei Erntearbeiten hatten die Mädchen meist nur im Haus zu tun, für uns „harte Männer" waren gröbere Aufgaben in Feld, Wald und Scheune eingeplant. Die Zuordnung spielte gut, nur sonntags gab es Fragen betreff Geschirrreinigung. Da fällte der Vater leicht entnervt einmal einen etwa 15 Jahr lang nachgelebten Spruch: Abwechslungweise erledigten die vier Mädchen insgesamt oder wir vier Buben insgesamt das *Uufwäsche* (Tisch abräumen, Geschir reinigen, trocknen und versorgen). Werktags unterteilten meine drei jüngeren Schwestern diese Tätigkeiten noch weiter in fein austarierte Unterarbeiten, was die zeitliche Ausdehnung oft ziemlich ausdehnte (?!).

 Auch bezüglich Ausbildung sprach der Vater ein klares Wort: Bis und mit Sekundarschule kam er für die Unkosten auf, nachher waren alle Kinder in der Zahlpflicht. So bezahlte ich meinen vierjährigen Seminaraufenthalt zur Gänze selber mit einem Darlehen des Vaters, es machte dank den kantonalen Stipendien jährlich exakt eine Kuh aus, also 2000 Franken.

Mit einem modernen, aber doch noch ziemlich unzimperlichen Haarschergerät wurden die Haare der Männerwelt von der Mutter mehr oder weniger kunstgerecht im Zaun gehalten. Ebenfalls ohne Fremdbeteiligung verlief das mütterliche Schwangerschaftsprogramm. Heuarbeiten gleichentags bis wenige Stunden vor der Entbindung (meine Schwester und ich sind am 23. Juni geboren) sorgten wie erwähnt ausreichend für Fitness, bei einer Nachbarin war es ähnlich.

In der heissesten Sommerzeit stellte der Vater meistens eine grosse Blechbadewanne neben den Brunnen an die Sonne. Das eingefüllte Wasser wurde mit etwas Geduld angenehm warm, für Mädchen und Buben zeitlich getrennt ein nasses Vergnügen, das wir mit und ohne angemessene Badekleider genossen. Mindestens einmal suchte mein Vater in besagter Wanne nachts im Adamskostüm Abkühlung, wobei gleich auch noch ein paar Kühe in dieser freizügigen Aufmachung einzustallen waren. Das erzählte der Vater selber lachend; wobei er auch erwähnte, dass es bei ihm im Militär ja auch so unverkrampft zugegangen wäre. Die Mutter wünschte dabei aber keine näheren Aufschlüsse. Ausserhalb der 'Badesaison' waren Waschtrog und Waschlappen die einzigen Garanten der Sauberkeit; ein abendliches Fussbad war aber häufig von der Mutter befohlen und von uns nicht unbedingt gefordert. Immerhin, von der Legionärskrankheit wusste man zu jener Zeit noch nichts, und

Salmonellen hätten wir *Gofen* (der Ausdruck ist nicht abschätzig) wohl für etwas Essbares gehalten, im besten Fall für Fische!

Auf einem Bauernhof mit Schweinen, Kühen und anderen Tieren und all ihren Ausscheidungen fühlen sich im Sommer die Fliegen pudelwohl. Die bekämpfte man in meiner Jugendzeit mit altbewährten und angepassten Methoden. Gegen Süden wurden die Fenster ziemlich stark durch Holzläden abgedunkelt. Im kühleren Esszimmerchen (*Stöbli*) wehrte ein vergittertes Fenster für eine solide Abwehrfront. Gelangten trotzdem einige lästige Summer in die Wohnräume, so fing sie bei geringer Anzahl die Mutter mit einer und nur von ihr beherrschten Handbewegung mit den Fingern und zog sie aus dem Flugverkehr.

Bei zunehmender Belästigung aber griff (meistens wieder) die Mutter zum nicht überall bekannten *Flüügesack*. Das ist ein spitzer, etwa 60 cm langer Kegel aus feinem Stoff, dessen grosse Öffnung durch einen runden, stabilen Drahtring gebildet wird. Der Drahtring mit etwa 40 cm Durchmesser steckt mit dem Ende in einem stielartigen Holzgriff von ca. 90 cm Länge.

Nun zielte die Mutter mit der rechten Hand am Griff auf eine ruhende oder auch fliegende Stubenfliege und brachte sie mit elegantem Schwung in die enge Stoffspitze. Mit der linken Hand hielt die Fängerin den Stoffkegel locker zusammen, so dass gleich wieder eine nächste Summerin in die todbringende Spitze gelangte. Die Fangbewegung war immer erfolgreich. Die Fliege spürte den feinen Luftzug des feinen Fangtuches zu spät und hatte zur Flucht keine Chance. So wurden nun etwa Küche und Esszmmer ausdauernd und zügig von den Insekten befreit. Am Schluss war ein ziemlich erbärmlich summendes Häuflein Fliegen in der sich nun fest anfühlenden Fliegensackspitze gefangen. Nun wurde dieser dünne Stoffteil mehrmals um den Holzstiel geschlungen und dieses Fanggerät seelenruhig am Wandnagel hinter dem Ofen aufgehängt. Erst summten die lästigen Viecher noch verzweifelt, dann aber erstarb das Schwirren immer mehr. Wir Kinder dachten uns nicht viel dabei und fanden die Sache schadenfroh eher amüsant. So nach einigen erfolgreichen Jagdtagen wurde die tote Insektenmasse ausgeschüttet, der *Flüügefenge(r)* von Zeit zu Zeit gewaschen und anschliessend wieder so erfolgreich bis etwa in den September hinein geschwungen. Klebebänder als Fliegenfallen kannten wir kaum.

In einer Käserei in Wisconsin wurden um 1980 die Fliegen durch zwei elektrisch geladene Gitter verschmort, es zischte jeweilen unheilvoll und roch anschliessend nach verbranntem Haar. Die überaus lästigen, kleinen Faceflys (Gesichtsfliegen) der Kühe wurden von Onkel August Fässler mehr oder weniger erfolgreich mit Giftkrippen bekämpft, wobei die Rinder ihre Köpfe in die runde Nische halten sollten. Eine Zeitlang verfütterten meine Cousins den Kühen Gift, das erst durch die Kuh hindurch in den Dung gelangte und so als Gift die Fliegenlarven dezimierte. Die Fliegen sind eben rücksichtslos und das Rind ist ihnen gegenüber fast wehrlos, besonders, wenn ihm der Schwanz unzimperlich auf etwa die Hälfte weggeschnitten wird. Gute Lüftung und Gift werden in diesem Fall vom Farmer aber kompromisslos eingesetzt. So viel zur Fliegenplage.

Angenehm für alle Familienmitglieder war die eigenhändige Zubereitung von Rahmkaramells. Schiefgehen konnt dabei gar nichts. Man erhitzte ausdauernd Rahm und Zucker in einer Bratpfanne und schüttete die bräunliche Masse auf ein Kuchenblech. Anschliesend zerteilte man mit einem Messer die mürbe weich oder eher hart erkaltete Karamellmasse. Süss und herrlich duftend genossen alle die verlockenden Bonbons.

Eines aber steht fest: Keine Generation (leider nur in der westlichen Welt) wie die unsere hat seit ihrer Jugend eine so ungebrochene und gewaltige Verbesserung aller Lebensbereiche wie die unsere erlebt. Der Neid früherer und künftiger Jahrgänge auf uns GLÜCKSKINDER ist berechtigt! Allen Schwarzsehern sei verraten, dass es noch nie so vielen Menschen so gut ging wie heute. Umweltsorgen – sicher angebracht.

Tumme ond bschötte

(Mist verteilen und Jauche ausbringen)

Werden dem Boden anhaltend Holz oder andere Pflanzenteile wie Gras, Gemüse, Getreide etc. entzogen, so verarmt er, besonders an Stickstoff, Phosphor, Kalium, Kalzium, Magnesium, Kupfer etc. Trotz eidgenössischem Verbot der Walddüngung und Bedenken grüner Tagträumer bei der Acker- und Wiesendüngung ist das eine zu diskutieren und das andere zu gewährleisten. Niemand ernährt sich nur von Blumen. Sofern das Holz im Wald verfault oder die Holzasche in den Wald gebracht wird (das mache ich trotz kantonalen, angegrünten Bedenken) und alle Fäkalien wie beim Rind oder beim Wildschwein auf dem Feld bleiben, ist der Kreislauf geschlossen, andernfalls ist entsprechende Zufuhr obiger Nährstoffe sinnvoll bis nötig.

Über den Daumen gepeilt wollen wir nun dem Boden jährlich pro ha entweder 5 Tonnen Getreidekörner, 50 Tonnen Kartoffeln oder Silomais, 100 t Futterrüben, 50 t Zuckerrüben oder 10 t Trockensubstanz in Form von Gras- und Kleeheu entziehen. Nun ruft der Boden pro ha nach 200 - 300 kg Nährstoffen oder 10 t Mist oder reichlich 10 m3 Gülle. Schweinegülle enthält viel Phosphor, Hühnermist enthält sehr viel Stickstoff und Phosphor sowie Kalium. Klärschlamm mit recht viel Phosphor wird wegen unerwünschter Schwermetalle nicht mehr auf Felder ausgebracht, sondern verbrannt. Das Plumpsklo würde die Felder auch enorm anregen, Phosphor? 'Mist ist des Bauern List', weil er anhaltend, humusbildend und sanft düngt. *Drecke* (misten, güllen) fördert den Pflanzenwuchs augenscheinlich ganz enorm.

Von unseren 8 ha Gesamtfläche der Liegenschaft Rüti blieben bis etwa 1960 rund 2 ha Wald, 1 ha Weide (ausser ein paar Kuhfladen) und 1 ha Riedboden ungewollt ganz ohne Dünger. Die restlichen 4 ha Wiesland erhielten etwa bis 1960 nur eine einzige jährliche Düngergabe in Form von Mist oder Jauche. Von der gesamten Düngermenge fielen damals wohl ewa 65 % als Mist an.

Wir stapelten also im Winter den Schweine- und Rinderkot in Form von Strohmist auf dem bei der Scheune gelegenen Miststock. Im April dann schleppten wir so von 1950 - 1960 mit dem Aecherli die auf einem massiven Holzgestell befestigte Seilwinde auf dem Hornschlitten zum Miststock oder höher hinauf in die Wiesenmulde. Der auf aperer Erde geschleifte Schlitten (ägyptischer Pyramidenbau!) hinterliess jeweilen bemerkenswerte Erdspuren. Das erinntere mich immer an das Verdammungsurteil von verhassten Pesonen: " *Oogschpitzte in gfroh(r)ne Bode inni haue ond obere dröbe(r) schlette* (ungespitzt in den gefrorenen Boden treiben und aper darüber Schlitten fahren)!"

Über eine Umlenkrolle an zwei dicken Pfählen oben am Wiesenrand führten wir das Stahlseil von der Seilwinde zum einachsigen Zweiradwagen von 0,2 m3 Inhalt, mit

Überhöhung waen es wohl 0,4 m3. Die Seiltrommel wurde mit einem zu einer Acht verdrehten Riemen quer durch die Radspeichen des Aecherli zu dessen Pulley geführt. So rollte die Mähmaschine das Seil auf. Nach jedem Wagen musste der Riemen von der Riemenscheibe gelöst werden, damit der Rücklauf des Seiles möglich wurde. Während der Vater den einen Wagen an zwei Lenkstangen hinter dem Seilende folgend nach oben führte, beluden wir jugendlichen Mistkäfer den zweiten so hoch als möglich mit Kuhmist. Der Vater führte den oben losgebundenen Wagen beladen leicht abwärts zur vorgesehenen Stelle und kippte ihn schwungvoll nach unten um. Anschliessend hängte er den Wagen wieder an das Seilende und kehrte zum Miststock zurück. Auf den letzten Metern unten halfen wir so gut als möglich beim Herunterziehen, das rund 450 m lange Seil bremste eben enorm. Je nach Situation wurden die Arbeiten auch anders verteilt und der Standplatz für die Seilwinde unterschiedlich gewählt. Das Anwerfen des schwierig zu startenden Aecherlimotors war der Knackpunkt. Von all diesen Geschäften waren die Mutter immer und meine Schwestern häufig dispensiert, was keine Emanzenaufstände auslöste.

So versahen wir 'Maschinisten' fast begeistert die gesamte Wiesenmulde *(d' Grueb)* und ein anderes hoch gelgenes Feld mit Misthaufen. Von Ferne glich dann die Wiese einem braun getüpfelten Marienkäfer. So 50 - 80 Wagenladungen Mist lagen nun zum Verteilen auf der knapp ergrünten Wiese bereit. Der Graswuchs in einer Mulde wie unserer *Grueb* ist aus klimatischen Gründen grundsätzlich ertragreicher als auf windigen Höhenzügen. Die Rüti galt daher bei alten Bauern als eigentliches Heunest.

Tage später begann nun je nach Wetter das eigentliche *Tumme*. Immer noch mit der grossen, vierzinkigen Mistgabel *(Trienze)* wurde der Mist zu rucksackgrossen Häufchen verteilt. Von jetzt an griffen wir zur kleinen Mistgabel. Alle Mistgabeln wie auch die *Schepfschufle* (Erdschöpfschaufel, aber nicht Spaten) haben gebogene Stiele, im Gegensatz zu geradstieligen, unpraktischen Schneeschaufeln und übermodernem Essbesteck. Durch die Biegung nehmen Schaufel wie Gabel ohne festen Griff der Hand die Stellung ein, bei der die Ladefläche waagrecht liegt, sie stabilisieren sich von selbst durch die Schwerkraft. Die leichte Haugabel braucht diese anspruchsvolle Biegung kaum oder gar nicht, die schwere Ladegabel für das Heu aber wieder unbedingt.

Mit der Mistgabel zerschlugen und verteilten nun der Vater und wir Buben ausdauernd und meist barfuss die Miststücke, so dass die gesamte Wiesenfläche mit kotigen Strohteilen bedeckt wurde. Das erledigten wir streifenweise, pro 'Mann' so 1,5 m breit. Das stundenlange Zetten hinterliess an meinen ungewohnten Händen (Primar- und Sekundarschule) je drei Blasen, die man abends mit einer Nähnadel gekonnt öffnete und so Druckabfall erreichte. Oft entstand in der ersten Blase gleich noch eine zweite. Hatte ich nach einigen Ferientagen robuste Schwielen, rief auch schon wieder die nur mässig geliebte Schule. Im Vergleich war dieses Mistverteilen unter angepassten Gesprächen wohl anstrengender als leichtes Heuverteilen im Sommer, aber dafür war 'erledigt' sicher 'erledigt' und verlangte nicht wie die Heuarbeit eine mehrfache Beabeitung der gleichen Wiesenfläche.

Jeden Frühling düngten wir so ungfähr 2 ha höher gelegene Wiesen. Durch Graswachstum und regenreiches Verrotten verschwand die braune Mistfläche bald und machte den goldgelben Löwenzahnblüten und dem jungen Heu Platz. Beim Mähen nach etwa acht Wochen waren dann nur noch geringe Strohteile im Wurzelwerk zu finden. Je feiner der Mist verteilt wird, desto schneller ist er generell im Boden, er *het zzogge* (wurde humusiert). Trotzdem ist der Mist beim frühen Mähen (Silage, 5 Schnitte etc.) unpassend, weshalb heute, wenn überhaupt noch, eher im Vorwinter gemistet wird, leider ausserhalb der Vegetationszeit.

Den bis zum Kauf des *Rabitt* 1961 in der Rüti betriebenen Seilzug nannten wir *fläschle*, weil die Umlenkrolle wegen ihrer mässigen Ähnlichkeit mit einer Flasche so genannt wird. Mit dem durch Zapfwelle angetriebenen Tischwagen ohne Seiten-wände war endlich aber das möglich, was andernorts mit Pferd und einachsigem Mistwagen *(Meschtbinn)* ohne die lösbare Rückwand schon lange praktiziert wur-de: mit einem langstieligen Kräuel *(Meschthoogge)* während der Fahrt ungefähr entlang den Höhenlinien wohldosiert Mist häufchenweise vom Gefährt zu reissen, so dass er nur noch fein verzettelt werden musste. Wenige Jahre später verteilte ein Mistzetter mit eigenem Motor oder durch Zapfwelle angetrieben den hofeigenen Dünger gleich selber. Heute erledigen Kräne und eigens gebaute Mistzetter das *Tumme* perfekt, aber steiler, nasser Boden und schwere Maschinen passen schlecht zusammen. Diesbezüglich hinterliessen wir barfüssigen Mistkäfer anno 1955 ge-ringe Fussspuren . . .

Den Mist betreffend war man also um 1970 in Unterschlatt in der Neuzeit ange-kommen. Wie verlief die Entwicklung bei der Jauche?

So von April an wurde bei uns der Tierkot passend zur baldigen Verwendung in den Jauchekasten geschaufelt, zusammen mit Schweinekot entstand so eine gute Mi-schung. War nun ein Stück Grasland abgeweidet, so erhielt dieses auch seine wohl-verdiente Düngergabe in Form von Jauche (*Bschötti*). Unsere zwei grossen Jauche-kästen mit zusammen etwa 50 m3 konnten durch ein Jaucheröhre miteinander ver-bunden und durch ein weiteres Rohr (*Uuslauf*) direkt in die Jauchewagen entleert werden. So entfiel das mühsame Herausschöpfen mit einem langgestielten Schöpfeimer (*Ha(r)nschepfe*) mit etwa zwölf Liter Inhalt. Durch einen Röhrenbo-gen (umgekehrter Syphon) kann man so auch nachträglich höher gelegene Jauche-behälter leersaugen und sich das Schöpfen ersparen. Der volle Zweiradwagen (*Zwääreedde*) wurde nun per Kuh oder Menschenkraft auf das abgeweidete oder abgemähte Wiesenstück geschleppt, im Herbst wurden mit Pferd und Fuhrmann ge-gen Bezahlung die restlichen, bislang nicht gedüngten, höher gelegenen Wiesen-stücke mit Gülle beschenkt. Ich schreibe bewusst 'beschenkt', denn bedauernd stell-te mein Vater jeweilen fest, dass die steile Weide und das abgelegene, ebenfalls stei-le Ried leider keine *B'Schötti* erhalten. Gerne hätte er, wie heute nach jedem Schnitt üblich, nach der Heuernte das Feld wieder mit Jauche gedüngt. Diese war jahr-hundertelang Mangelware! So um 1955 wurde in der Rüti erstmals wieder nach 1944 Jauche auf die wartenden Felder gepumpt, erst im Lohnbetrieb und später durch die eigene Verschlauchung. Dazu musste die Gülle aber meist mit viel Wasser (behelfsmässig über eine Holzrinne vom Brunnen her) verdünnt und tagelang mit ei-nem vierzinkigen Jaucherührer *(B'Schöttirüere)* dünnflüssig vorbereitet werden. Verstopfte Jaucherohre lassen kein Bauernherz höher schlagen, nur schneller! Mit so einer Verschlauchung arbeitet man sehr umweltschonend, aber das Halten der Spritze und das Nachziehen der verschmutzten, schweren Schläuche ist gewöh-nungsbedürftig. Richtig sennisch aber wird es dann bei einem möglichen Schlauchriss! Früher aber hütete man sich peinlich davor, Wasser in die Jauchegrube oder *Blottegüll* (unabgedichtetes Jaucheloch in den Alpen) zu leiten, der yoghurtartige Kuhkot bot schon Last genug.

Vom Wagen aus schöpfte man nun früher mit kurzstieligen Schöpfern *(Ha(r)nschepfe)* die Jauche, machte trottend zwei - drei Schritte und verteilte den agrarischen Leckerbissen mit einer schwungvollen, doppelten Drehbewegung halbmondförmig auf die Wiese. Schöpferstiel und Körperachse sind dabei Drehachse. Diesen Doppeldreh erfasste ich als Bewegungsidiot nie, bei mir blieb der Schöpfer immer mit der Öffnung nach oben, so dass ich zweimal ansetzen musste. Der Vater aber schaffte das gelassen, ein möglicher Fuhrmann rauchte dabei unentwegt sein Lindauerli. Fuhrmann und Pferd kosteten um 1953 pro Tag 25 Franken. Mit dem Stosswagen (100 Liter) hantierten wir nicht mehr, sondern neuzeitlich mit dem Zweiradwagen (200 Liter), dem Fuhrmannsgüllenfass (aber prismatisch, 500 Liter) oder später futuristisch mit dem Rapid-Güllenfass. Eine Spindel oder Fixierstange ermöglichte die optimale Schräglage der Jauchewagen. Heute verteilt man die Jauche mit motorgetriebenen Verschlauchungsspritzen oder Druckfässern unterschiedlicher Grösse, wobei das Wasser aus der Reinigung der Ställe und Melkanlage sehr gut passt.

Beim Mittagessen und am Abend war nach Mist- und Jauchearbeit eine ruhige Reinigung von Hand bis Fuss unumgänglich, doch ohne Kärcher-Hochdruckreiniger. Bei Verletzungen wirkt Jauche fast entzündungshemmend, Säure und Antibiotika lassen grüssen. Erfahrungsgemäss vermindert jugendlicher Kontakt zu Rindern erstaunlicherweise Allergien. Mein Cousin Pat Faessler in Wisconsin meinte diesbezüglich einmal gelassen, *„En Farme taa de Chuedreck nüd schüche* (Ein Farmer darf sich nicht vor Jauche ekeln)". Ich bleibe dabei: „Gute Jauche riecht nicht schlecht.!" Aufdringliche Schweinejauche oder staubiger Hühnermist gehören dennoch in eine andere Liga. Durch Schleppschläuche wird heute Jauche nicht mehr versprüht, sondern auf den Boden gegossen, was den Ertrag steigert und die Geruchsbelästigung durch Ammoniak senkt. Wann wird *B'Schötte* mit dem *Hannschepfe* zum Unesco-Weltkulturerbe erklärt oder durch Landschaftsqualitätsbeiträge geadelt?

So nach und nach verwendeten wir in der Rüti gratis bezogenen Hühnermist oder kauften Kunstdünger (Thomasmehl), den wir entweder direkt auf das Feld verstreuten oder in die Jauche rührten, was ein schäumendes, sauer - bitter riechendes Gemisch ergab, ähnlich heutiger Rührmilch, wenn ich so sagen darf.

Mit zunehmender Kuh - und Schweinezahl wuchs auch die Jauchemenge, was besonders in der Wachstumszeit von grossem Vorteil war. Überhaupt, wo erst nur ein paar verholzte Riedgräser zu holen waren, wuchsen nach der ersten Düngergabe, besonders bei Kunstdünger, Hühnermist oder Schweinejauche, grosse Mengen an Gras und Klee, fast zum Leidwesen der weiblichen Familienhälfte, weil das Heuen anstrengender wurde. „Wo nichts hin kommt, kommt nichts her!", gilt für den Boden wie für das Steueramt.

Auf den Alpen (Gemeinalpen!) wurde wegen den schlechten Wegen und Transportmöglichkeiten generationenlang die Gülle *(de Blotte)* viel zu nahe und zu intensiv bei den Ställen verteilt oder belassen. Das förderte das Unkraut, besonders die Brennnessel. Heftiger Brennnesselbewuchs lässt noch heute schon lange verlassene

Pferche und Alpbetriebe (Wüstungen, besonders in der Seealp) erkennen. Sicher gilt auch hier das Wort: Allzuviel ist ungesund!

Eine fast prähistorische Art des Düngens stellt das *Stööfele/Stoofle* dar. Der Name leitet sich von Stoofl = gedüngte, aber nicht gemähte Weidefläche her. Bei dieser Art der Düngung mit Mist werden die Misthäufchen wieder rucksackgross unverteilt belassen, was eine anhaltende Düngung mit gleichzeitiger oder baldiger Beweidung ermöglicht. Im grossen Misthaufen findet auf trockenem, dem Wind ausgesztztem Weideboden durch die günstige Feuchtigkeit der Abbau *(jesse)* durch Bakterien, Pilze und andere Kleinlebewesen rascher als in ausgetrockneten kleineren Dungteilen statt. Zunehmender Mond soll auch günstig sein. Die Methode ist zudem gar nicht aufwendig.

Sorgsame Sennen fassen mit einer geeigneten Schaufel um Alpgebäude, auf Liegeplätzen oder allgemein auf der Weidefläche die Kuhfladen schwungvoll auf und schütten sie zu mittelgrossen Haufen *(Chuedreckhüffe)*. So bleibt es um die Melster und auf der Weide sauber, zudem kann der Dünger nach der Alpabfahrt maschinell dort ausgebracht werden, wo er nötig ist. Dass in AI neuestens diese Alppflege durch Landschaftsqualitätsbeiträge noch zusätzlich entgolten wird, nehmen die 'beschenkten' Sennen teils belustigt, teils verärgert zur Kenntnis. Es entsteht eben der falsche Eindruck, dass diese aufwendige Sauberhaltung nicht mehr wie vorher aus Überzeugung erledigt werde, sondern nur noch des schnöden Mammons wegen.

In den riesigen, staubtrockenen Viehmastbetrieben im Südwesten der USA wären solche Rinderkot - Sammelaktionen in den Koppeln sehr angebracht, nur schon wegen der Staubbelastung der Atmungsorgane der Rinder. Also, Beitragverteiler haben noch weite Betätigungsfelder vor sich . . .

Unter uns: es gibt nicht nur tierischen Mist, sondern auch administrativen!

Nach den früheren, mündlichen Ausführungen meines Onkels August Faessler wies sein Farmgebäude für ca. 40 Kühe überhaupt keinen Güllenkasten auf. Da staunt der Laie und der Fachmann wundert sich. Bei meinen späteren Besuchen auf seiner Farm konnte ich das Geheimnis lüften. Im Sommer standen seine Milchkühe mit Ausnahme der Melkzeit immer im Freien. Zudem stand unter dem Auslauf des Kotgrabens ausserhalb der Scheune immer ein offener Mist - Güllenwagen, der bei Bedarf gleich auf irgend ein Feld gefahren und dort entleert wurde. Das galt auch für den Winter. Mit dem immer vorgespannten alten Traktor wurde der Mist gleich auf den Feldern verteilt. Jetzt aber gelangt der Kot über Pumpen in den stählernen, runden Jauchebehälter und wird bedarfsweise mittels Druckfass auf den Äckern verteilt.

In den zwei Betrieben mit 800 und 1800 Milchkühen gelangt die Jauche mit viel Spülwasser in eine der drei wannenförmigen Lagunen, die zusammen Fussballfeldgrösse aufweisen. Aus diesen lehmartig abgedichteten Becken wird im Überlaufsystem wie in einer alten Kläranlage Wasser und Streusand zur Wiederverwendung abgepumpt und geholt, während die eingedickte Brühe auf die umliegenden Farmen gebracht wird. *Ommefahre, nüd öberefahre,*

Forstliche Draufgänger

Als ich so in der 5. Klasse war, kam der Vater auf die gloriose Idee, im Wald *zom Pöschele* (Reiswellen machen für Eigengebrauch und/oder Verkauf an Bäcker) schwarzen Kaffee zu kochen. Wir 4 - 5 Geschwister waren hell begeistert. Ausser wie üblich nur mit Spannsäge und Beilen zogen wir also auch mit Wasser, Kaffeepulver, Zucker sowie einer Kochpfanne in den nahen Wald. Ob etwas Branntwein dabei war, weiss ich nicht mehr, immerhin aber hatte der Vater als Aushilfe bei seiner beliebtesten Schwester Katharina in Sachseln den edlen Trank der Innerschweizer kennengelernt, *Bränts* geheissen. Neben dem *Pöschelibock* (Gestell für Reiswellenbinden) wurde zwischen Baumstrunkwurzeln das Feuer vorbereitet. Wie aber kommt die Pfanne auf die Glut? Der Vater trieb im richtigen Abstand einen Pfahl in den Waldboden, sägte ihn auf passender Höhe halb durch und klemmte so den Pfannenstiel narrensicher ein. Feuer machen, Wasser mit Kaffeepulver kochen und mit Zucker gesüsst in *Beckelil* (Tassen) giessen erfolgte vielversprechend schnell. So stärkten wir uns glücklich und zufrieden wie Schwerarbeiter – und emsig schleppten wir dazwischen Äste herbei, hakten sie auf die richtige Länge und machten gemeinsam Reiswellen. Das entwickelte sich fast zu einem festen Brauch, mindestens einmal kam uns auch die Mutter besuchen und staunte über unsere paradiesische Unternehmung.

Einmal war der Vater (relativ seltener Marktbesuch am *Mektig* (Mittwoch) in Appenzell oder auf Arbeitsbesuch bei Verwandten) abwesend und mein Bruder Baptist und ich begaben uns zur aufgetragenen und gewohnten Reiswellenarbeit in den Wald. Dort musste aber zuerst trotz bedecktem Himmel Kaffee gekocht werden - man könnte ja durstig werden. Bis wir das süsse, schwarze und heisse Getränk verinnerlicht hatten, begann es leicht zu regnen, und wir machten uns ohne verrichtete Arbeit wieder auf den Heimweg. Ausser Spesen nichts gewesen!

Eine ähnliche Arbeitswut legten nach einer ausgeschmückten Berichterstattung unseres Vater jene drei Buben an den Tag, die ihr Vater auch an einem Nachmitttag auch *zom Pöschele* in den Wald schickte. Nachdem die Helden beim Abendessen schon bald einen halben Fünfpfünder verzehrt hatten, erkundigte sich ihr Vater erwartungsvoll nach der Anzahl der fabrizierten *Pöschel.* „*Drei, zöllt ond bege, ond enn no i de Wöögi!*" (Drei gezählt und gestapelt und einer noch in der Drahtseilpresse!) verkündeten stolz und selbtzufrieden die drei Heisssporne. Der Zeitbedarf pro Reiswelle beträgt für Normalbegabte zu zweit so 5–15 Minuten.

Obiger Bericht: „*Drei, zöllt ond . . . !*" wurde in unserer Familie zu einem geflügelten Wort und liess jeweilen unsere hin und wieder bescheidene Arbeitswut in einem hellen Kontrast aufblitzen. Ich weiss noch immer die Stelle, wo der Vater diese Episode dem fleissig *Pöscheli* machenden Nachbarn zum besten gab. So wichtige Dinge vergisst man weniger als die Steuererklärung . Der Vater liebte bilderreiche Berichte. Uns kleinen Kindern erzählte er im Stall allerhand mögliche und unmögliche Historien aus dem Militär – die Mutter hatte anschliessend ihre liebe Mühe, uns dankbar lauschenden Knirpsen die aufgebundenen Bären wieder auszutreiben.

Wir waren gelehrig. An einem Sonntag im Winter kamen wir von der Christenlehre (wohlwohl, diese biblische Unterweisung am Sonntagnachmittag mit etwa 40 Min. Dauer gab es damals kontrolliert bis zum 18 (?) Lebensjahr obligatorisch) nach Hause und stellten fest, dass der Vater und der Senn Johann Hautle und irgend ein Besuch die Schellen 'geschöttet' hatten. So ganz spontan und locker behaupteten wir, wir hätten das *Schölleschötte* schon fast in Schlatt oben vernommen; bei geschlossenen Stubenfenstern und erst noch hinter einem Hügelzug. Basses Erstaunen und wohlig angeregtes Werweissen über wohltönende *Schölle* und den anzunehmenden Zeitpunkt, den wir mit etwa um drei Uhr ziemlich gut trafen. Mit Erklärungen über gefrorenen Boden, hartem Schnee und fehlender akustischer Ablenkung wurde die erfundene Meldung dankbar geschluckt – wir wussten es besser.

Lautere Wahrheit aber soll folgendes sein: Ein Bekannter eines Verwandten von mir stapfte im tiefen Winter von Weissbad in den Wald des Potersalper Herz, zwischen Säntis und Kronberg. Nach einer guten Stunde Fussmarsch dünkte es ihn, am Ziel angelangt, er habe Hunger. Als spätes Znüni - Essen kam ihm das eingeplante Mittagessen im Rucksack von einem Kilogramm Brot, einem Pfund Speck und einem Liter Rotwein sehr zupass. Herzhaft griff er solange zu, bis gleich alles verputzt war. Aber anschliessend hätte er bis abends pausenlos im Holz durchgearbeitet. Damals noch ohne Kettensäge und Tipps der SUVA. Wo nichts hin kommt, kommt nichts her!

Blut ist dicker als Wasser

Was folgt, ist nicht lustig, aber bemerkenswert.

Singemäss heisst es zwar bei Goethe (Faust, Mephistopheles im Studierzimmer): „Blut ist ein ganz besondrer Saft". Der Sinn ist klar. Blut bedeutet Leben. Als im Januar 1949 unsere Mutter bei ernsten Frauenbeschwerden (die Details kenne ich einigermassen) unbedingt Blut brauchte, konnte ihr unser Vater wegen unpassender Blutgruppe nicht helfen und wir sieben Kinder waren für Blutspenden noch zu jung. Da sprang doch ihr lieber Bruder Anton Fässler ein und rettete so unserer Mutter eindeutig das Leben. Das sei nochmals handfest verdankt! Damals tat Eile not. Das Blut wurde im Krankenhaus Appenzell direkt von Antons Arm in Mutters Arm geleitet. Anton hatte damals selber vier Kinder im Alter von 1 – 5 Jahren. Was soll das? Gemach, gemach!

Als eine Krankenschwester (Militär, Sanität?) von Tüfenberg/Urnäsch im Winter 1944 unseren Vater bei der Gelbsucht (Erkrankung der Leber) im Aktivdienst im Militärspital in Glarus so liebevoll pflegte, soll er nach seiner Aussage nur so am Leben geblieben sein und nicht durch die Medikamente (*Toktewaa(r)*) gegen die Hepatitis. Ich glaube, während zwei Wochen bettete sie den Soldaten jede Nacht 2 - 4 mal neu um, so sehr schwitzte er. Gesamthaft war er 14 Wochen lang im Kantonsspital und rang mit dem Tod. Am 23. Mai 1944 kehrte er aus dem Militär zurück, wobei die bald einjährige Ruth bei ihm fremdete, was ihn recht bedrückte.

Voll Dankbarkeit besuchte der Vater Jahre später jene tolle Familie in Urnäsch, aus der jene rettende Schwester stammte; leider ging ihr Name verloren, aber vergessen soll sie deswegen nicht sein.

In beiden Fällen schrammten wir sieben Kinder ohne es zu wissen ganz nahe an einem schweren Schicksal vorbei. Was half damals? Beten, ärztliche Kunst, selbstlose Nächstenliebe??

Vor gar nicht so vielen Jahren verstarben doch noch viele Mütter an/in der Kindbett, aber auch Väter mit kleinen Kindern kamen schon zu Tode. Da blieb als erste Hilfe die Verwandtschaft, besonders gefordert waren der Götti (*Gvatemaa*) und die Gotte (*Gvateri*, besser hiesse es *Gmuetteri*) also der Taufpate und die Taufpatin. Sinnigerweise amteten die Trauzeugen der jungen Eheleute häufig als die ersten *Gvatelüüt* (Taufpaten). Diese Personen waren in jenen bösen Zeiten mehr als *Chlausebickli* -

Schenkende (bemalte Lebkuchen) im Advent. Nein, das waren erster Vater - und Mutterersatz und wurden dementsprechend auch mit Hochachtung verehrt. Umgekehrt nahmen die Paten ihre Verantwortung auch ernst, auch wenn man darüber nicht viele Worte verlor. Aber beim Trauergang zur Kirche oder auf das Grab der verstorbenen Person schritten in AI die Taufkinder immer achtungsvoll direkt hinter den eigenen Nachkommen. Wenn aber Götti und Gotte aus was für Gründen auch immer ihre Stellvertreterpflichten nicht wahrnahmen - wer wirft den ersten Stein? - wurden die Kinder durch die Behörden *(d'Herre)* pragmatisch 'verstellt', also irgend einer Person oder einem Ehepaar zugestellt, als kleine Mägdlein oder Knechtlein. Das konnte herb sein. Das Kinderheim Steig bei Appenzell war in so einem Fall für den Staat *(s Land)* teurer als die Zuteilung als Verdingkinder. Sicher, die Leute waren durchwegs arm (*plooged* = durch Armut geplagt) und die 'Kinderbehütung' von damals würde heute fast den Tierschutz auf den Plan rufen. Mir persönlich sind aber wenig Fälle obiger Art bekannt, die Zeiten hatten sich in meiner Jugend eben doch schon gebessert, oder ich bin zum Glück nicht im Bild. Dass aber noch um 1920 Kinder ihre Eltern per 'Sie' *(eer)* ansprachen, ist nicht geschichtliche Eiszeit und zeugt von einer heute ungewohnten kühlen Familienwärme!

Zwischen Vornamen und 'Taufeltern' bestand früher ein ganz natürlicher Zusammenhang: Der Täufling wurde als Ehrenerweis nach Götti oder Gotte benannt. Kapriolen wie bei der Kälbchenbenennung wurden somit keine geschlagen. Pfiffigerweise heissen 3 Cousins von mir ebenfalls Friedrich, aber nicht wegen mir als ältestem 'Bannerträger'. Mutters Bruder Friedrich war als Knecht kinderlos an einer Krankheit (Blut, Finnen?) verstorben. Zur Erinnerung und aus Trauer benannten vier Geschwister darum je einen Sohn nach ihm. Er selber aber hatte den auf der ganzen Alpennordseite seltenen und nicht zungenleichten Namen ('Fiderich' wurde ich oft vom Vater gerufen) von einem 'Wirtshausbruder' meines Grossvaters Jakob Fässler, der eben Taufpate meines Onkels Friedrich war.

Die Namenszuteilung war früher wenig modeabhängig. Sehr oft wurden der älteste Sohn und die älteste Tocher nach dem Vater und der Mutter benannt, was wieder zur Gewohnheit führte, diese Erstgeborenen zur besseren Unterscheidung ihrer geleichnamigen Eltern einfach *Bueb* und *Meedl* zu nennen. In nordischen Ländern gibt das die Nachsilben Erik-son oder Ander-sen etc. So vermied man die nötige Kennzeichnung der Eltern mit *de Aalt* und *di Aalt*. Unsere Eltern hielten sich fast eng an diese Regel, was aber die Mutter später immer vehement bedauerte. In Gonten gibt es die Sippe Johann Mazenauer in direkter Linie in der fünften Generation!

Die Auswahl der Vornamen war in AI lange Zeit sehr beschränkt. In unserem Stammbaum Manser *(Mälli)* (ab ca. 1470) wimmelt es von Anton, Franz, Johann, Josef, Baptist und Karl sowie von Maria, Anna, Barbara, Katharina, Magdalena und Franziska. Das gilt aber auch noch auf ganz unerwartete und schlimme Weise. Etwa zehnmal tauchen nacheinander in je den gleichen Familien drei (!) exakt gleiche Vornamen auf (übrigens oft als Doppelname), etwa Maria Magdalena, Johann Anton oder Anton Josef . Aber Anna Maria und Johann Baptist treten sogar vierfach auf und nochmals Anna Maria unglaublich fünffach. Mädchen treten in dieser traurigen Reihe noch gehäufter auf als Knaben. Der Grund dieser Mehrfachnennungen liegt in der damaligen hohen Kindersterblichkeit und gilt bis etwa 1900. Im Stammbaum fehlt dann oft das Todesdatum, es steht lapidar 'als Kind'.

Der Stammbaum der Manser (*Mälli*) wurde übrigens auf Bestellung meines Grossonkels Johann Anton Manser *(Mällis Hastoni)* vom Amateurhistoriker, Gastwirt, Politiker, Schriftsteller und Tausendsassa Oscar Geiger um 1914 erstellt und umfasst 1202 Namen. Oscar Geiger hat laut seinem Enkel Noldi Geiger unglaubliche 45 Stammbäume erstellt, auf Papier und nicht per PC.

In ihrem Gram benannten die leidgeprüften Eltern das folgende Kind (eben oft sogar mehrmals) nach dem vorher verstorbenen Kleinkind. Das waren Zeiten! Meine Grosstante Theresia Manser - Kölbener (trotz Manser mütterlicherseits!) in Schlatt verlor kurz vor 1900 durch Krankheit 5 (fünf) Kinder, davon drei in der gleichen Woche (nach kürzlicher, klarer Aussage der in der Nähe von Theresia 1913 geborenen alten Dame E. S. - N.

Es sei eine harte Frau gewesen. Das glaubt man gern. Ab 1901 gebar sie noch fünf Kinder, welche dann zum Glück alle das Erwachsenenalter erreichten.

Was der Tod eines Kindes für die Eltern bedeutet, versteht (zum Glück) nur, wer wie ich so etwas erfahren hat. Dieser Tod widerspricht diametral der Natur und dem Leben.

Heute benötigen wir Weicheier schon ein Care - Team nach zwei Nebeltagen oder wenn der Sprössling den ersten Schultag erlebt. Mittelmass wäre passend und eine Prise Gelassenheit ratsam.

Blut ist dicker als Wasser!

Als besonderer Leckerbissen für die leidgeprüften Eltern von ungetauft verstorbenen Kindern kam dann früher noch durch die (katholische?) Kirche die Vorstellung der ewigen Verdammnis der Ungetauften hinzu. Ich weiss, Nichtwissen (um nicht zu sagen Dummheit) pflanzt sich fort. So wurden laut Roland Inauen, wie auf Votivbildern ersichtlich ist, ungetauft verstorbene Säuglinge von den schwer geprüften Eltern (eher Paten, die Mutter war ja wohl noch im Kindbett) etwa in Gewissensnot erwartungsvoll in die Pfarrkirche Gonten (und wo auch noch?!) getragen und besorgt auf einen (Marien?) - Altar gelegt, mit einem Flaumfederchen im kalten Näschen des toten Kindchens. Wenn sich das Federchen dann - etwa bei einer brennenden Kerze oder durch die Atemzüge der Erwachsenen - leicht bewegte, so soll das für die schmerzgebeugten Fürsorgenden ein Zeichen gewesen sein, dass ihr verstorbener Tropf im Moment den Lebensodem zurückgewonnen habe und durch die schnell gespendete Taufe doch nicht in der ewigen Verdamm .. . .!! Ach, zum Teufel/Kuckuck/Henker damit! Ein Blasebalg oder Föhn hätte da deutlichere Akzente gesetzt. Das alles ist zwar lächerlich, aber nicht zum Lachen!

Im Gegenteil, mich packt die kalte Wut. Wer legte da absichtlich oder dummerweise wem ein Joch auf? Natürlich, es gibt nach Joh 3,5 (nur bei ihm) das Jesuswort, dass, wer nicht aus dem Wasser . . . . nicht ins Reich Gottes eingehen könne. Wer je einen toten, ungetauften Säugling (nein, erst Neugeborenes) in den Armen gehalten hat, fragt sich todernst und verbittert, wem man da die Haare einzel ausreissen soll. Die fiebrigen Johannesworte der Offenbarung (3,17 – 19; 5,6; 7,4 – 8 etc.) sind eigentlich schon Belastung und Verdacht genug. Bei Mt 25, 31 – 46 ist aber nur von Speise, Trank, Herberge, Kleidung, Krankenbesuch und Gefangenenbefreiung die Schreibe und keine Silbe von einer Taufe, was uns

Staatsbürger im sozialen Wohlfahrtsstaat doch ruhig schlafen lässt. Der Farmer und Arbeiter soll produzieren, nicht bigott sinnieren. Mäntel machen, nicht teilen. Was ist noch schlimmer, selber hungern oder seine Kinder hungern sehen? Ist noch eine garstige Frage gestattet? Sehen ‚strengfromme' Gottesmänner lieber Hungernde beten und klagen oder Satte lachen und jubeln? Den Sachverhalt von der Taufe verschärft dann das kirchenväterliche Grossmaul Origenes im 3. Jahrhundert auf die Formel:" Ausserhalb der Kirche kein Heil." Darauf war er sicher noch stolz, fasst er damit doch eine verheerende Behauptung in nur fünf (deutsche) Wörter. Es gibt Milliarden Ungetaufter. Seit Jahrtausenden sterben Menschen ungetauft; sind alle des Teufels? Auch denken, nicht nur glauben! Das Jesuswort "Lasset die Kinder zu mir kommen, denn für solche ist das Himmelreich!" bei Mt 19,14 und Mk 10,14 sowie Lk 18,16 war unserem kirchenväterlichen 'Kinderfreund', will sagen Kinderschreck, wohl unbekannt. Ungebremst trampelt er auf den Gefühlen der um ihr Kind trauernden Eltern in ihrer Gewissensnot herum. Zugegeben, man soll über die Verstorbenen nur gutes melden, sie können sich ja nicht wehren. Besonders nicht die Kindchen, betone ich. Ich vermute übrigens, dass nicht eine Geistesgrösse allein das Gedankengebäude mit dem Flaumfederchen im Näschen errichten konnte, selbst wenn das kranke Gehirn von einigen Teufeln geritten worden sein sollte. Diese 'Wohltat' war sicher ein Gemeinschaftswerk mehrerer Himmelsgelehrter. Den heutigen 'Kirchenschäfchen' ist das alles egal, sie trippeln in grosser Zahl einfach weg. Oft locken dafür andere, verquere Gedanken.

Dass ein Mann als eifergetriebener Irrläufer Unsinn behauptet, mag ja noch angehen, aber dass die Kirche seine Fehlrechnung übernimmt, das ist verheerend. Es würde also der katholischen Kirche gut anstehen, wenn sie sich endlich wie in der Angelegenheit Gelileo Galilei bei den beleidigten Eltern entschuldigte. Das machte zwar kein totgeborenes Kindchen lebendig, aber könnte bei der verdammenden Verstossung in Zukunft die 'Kirchenhirten' etwas zur Vorsicht führen. Übrigens ist die Trennung in Böcke (ins ewige Feuer mit ihnen) und Schafe (zu Erbe, Reich, Besitz und ewigem Leben) sprachlich unscharf, es geht um die Trennung der jungen Schafe nach ihrem Geschlecht, also *Böck ond Lammere, Aueli*. Bei dieser Kleintiertrenn - Angelegenheit hat übrigens laut Gen 30,27 - 31,20 der Patriarch Jakob seinen doppelten Schwiegervater Laban recht munter nach Strich und Faden betrogen, etwa nach dem Motto: Gauner betrügt Gauner! Listig und lustig gleichermassen. Meines Wissens wird unser ungetaufte Jakob in der gesamten Schrift trotzdem (deswegen?) nur gelobt. Na, so was! Meines Wissens fuhr auch der Prophet Elias ungetauft auf feurigem Wagen hinter feurigen Pferden im Sturmwetter zum Himmel auf, laut 2 Kg 2,11. Und bockbeinig kirchenamtlich trotzdem trauernde Eltern ungetaufter Säuglinge ins Bockshorn jagen. Ich warte unverblümt auf eine kirchenamtliche und zähneknirschende Entschuldigung, ohne wortverdrehende Verrenkungen. Das ist Wiederholung, ich weiss. Es geht nicht anders.

Weiss der allmächtige Himmelsvater eigentlich nichts Besseres zu tun, als unschuldigen Kindlein in Nacht und Feuer Zähneknirschen und Feuerbrutzeln zu verordnen? Auf ewig?? Man schätzt die Zahl der ungewollt (nicht Abtreibung!) Totgeborenen weltweit jährlich auf 2,6 Millionen, schweizweit entsprechend auf 371; laut NZZ vom 9.6.17, Seite 55.

Diesbezüglich lasse ich nur zu Worte kommen, wer schon wie ich ein totes Neugeborenes in den Händen getragen hat. Bei mir heisst das unvergessene Söhnchen Lukas, leider und leider bei der Geburt am 4. 7. 1969 erstickt. Das Leben ist eine ...

Eine Prise Zynismus gefällig? Totgeborenen bleibt manches erspart ...

Ungetaufte, schuldlose Kinder wurden dereinst wie Selbstmörder nicht in der geweihten Erde des Gottesackers bestattet, sondern ausserhalb desselben, eher nur verscharrt. Klar, nach dem erstaunlichen (zynischen, sarkastischen?) Jesuswort (so nur bei Mt 8,22 und Lk 9,60) sollen ja sogar die Toten ihre Toten begraben! Durch die Beerdigung seines Vaters wäre der Jünger wohl etwa 3 – 5 Tage später in die Nachfolge Jesu eingetreten. Mit Blick auf die reichlich zwei Jahrmillionen Menschheitsgeschichte wäre deswegen die Suppe nicht versalzen worden. Natürlich, damals glaubte bei den textfrommen Juden männiglich, die Welt sei gewaltige 2 000 Jahre alt und das Weltenende stehe unmittelbar bevor; heutige Fromme gleicher Denkart und Texttreue sind nun schon bei beachtlichen 4 000 Jahren Weltenalter angelangt! Da tat also Eile Not. Man hatte zur Zeit Jesu eben noch keine Ahnung von 13 Milliarden (13 000 000 000) Jahren Weltall – Alter. Persönlich finde ich das Wortspiel von Jesus lustig. Wie da halbvermoderte Knochengerippe mit Schaufel und Pickel hantieren. Übrigens, in den biblischen Texten lacht Jesus nie. Darf man ihm dies aber stillschweigend unterstellen wie Kopfweh oder Husten? All dies ist menschlich.

Wie mir einmal zugetragen wurde, soll eine fromme Verwandte von mir so vor etwa 30 – 50 Jahren in der Ostschweiz nicht an der Beerdigung ihres Vaters teilgenommen haben, weil sie die schützenden Klostermauern entweder nicht verlassen durfte oder wollte. Wieder einmal lächerlich, aber nicht lustig! Selbst bei ET (Embryo-Transfer) und Klonen sind Spermien nötig. Jedes Kälbchen braucht Futter und Fürsorge.

Es ging auch schon anders, ohne Scherz: Laut Chang und Halliday sowie Courtois haben im alten China (etwa 210 v. Chr.) und dann wieder unter dem Scheusal Ma .. im Frühling 1937 bei Yenan in der Provinz Ningxia (?) in Nordwestchina und um 1960 vielerorts in China Lebende Lebende begr ...! Aber Hunderte, nicht Einzelne! Die Mutter Natur begräbt nicht ungern auch Lebende, bei Erdbeben, Lawinen etc.!

Ich brauche weiter oben bewusst das grobe und falsche Wort 'Selbstmörder', um anzudeuten, wie überheblich man früher urteilte. Wie, wenn der Verscharrte in seinem Leben Hungernde gesättigt, Dürstende gelabt, Nackte bekleidet und gar Blut gespendet hat?! Ich denke gedankenverloren an die Rede vom Weltgericht, also Mt 25,31 – 46! Darauf dürfen sich übrigens alle rechtschaffenen Eltern berufen. Ei, ei, sogar die Steuerzahler! Soziale Ausgaben in Menge! Nun, heute streut man die Asche Verstorbener dahin und dorthin, ziemlich unverkrampft und sicher hygienisch. Lieber gut verbrannt als schlecht verfault. Heute ist also einiges besser, nein, vieles bis fast alles. Lieber gut gestorben als schlecht gelebt? Ich weiss nicht.

Ich halte mich bezüglich Tod und allem Nachher kühl an das lapidare Wort meines Vaters: "*Gaaz siche wesse tuets gää niämed!*" Der Leser übersetze selber.

Kann und muss man aber jenen gläubigen und deshalb gramgebeugten Vater verstehen, der in dieser Notlage an Selbstmord dachte, nur um sein ungetauft verstorbenes Kindchen nicht allein in der biblisch begründeten Dunkelheit und kirchlich verkündeten Verlassenheit zu wissen? Die Sache wird noch absurder, seit man weiss, wie viel Embryos (oder gar noch Föten) unbemerkt und ohne Wissen der Mutter absterben und nie das Licht der Welt erblicken. Es geht um zweistellige Prozentzahlen! Verhinderte das schwer beschuldigte Contergan vor 50 Jahren das Absterben missgebildeter Embryonen oder hat es sie verursacht? Schlimm sind beide Varianten. Wollen wir spasseshalber auch den folgsamen Abraham, den eifrigen Johannes den Täufer und den spätberufenen Schächer am Kreuz in der Dunkelheit verlassen heulen und mit den Zähnen knirschen oder gar im ewigen Feuer brutzeln lassen, denn sie verstarben meines Wissens ungetauft, wiewohl beschnitten, was ja heilsam sein soll . . . Abraham zwar erst mit 99 Jahren, nach Gen 17,24; wurde aber nach Gen 25,7 lange 175 Jahre alt. Zugegeben, mit Methusalem/Metuschelach verglichen starb er als jungzarter Grünschnabel, denn Matuschalach wurde imposante 969 Jahre alt. Ich behaupte das nicht, ich lese es nur bei Gen 5,27. Hinter vorgehaltener Hand aber sei verraten, dass es auch noch heute Erdenbewohner gibt, die so Zahlen wortwörtlich verstehen, speziell westlich des Nordatlantik.

Waren der Nährvater Josef und die 12 Apostel und die sechsmal 12 Jünger eigentlich getauft? Ich lese nichts dergleichen in der Bibel! Und die Milliarden Nichtchristen von Unterindien bis Oberchina, die Naturkinder von Südbrasilien bis Nordgrönland und weltweit vom Homo Erectus (aufrecht gehender Mensch) vor 2 Millionen Jahren bis zum Johannesvater Zacharias – brutzeln lassen?!? Oh jee!

Schicksalsschläge wie meine Grosstante Theresia übersteht der Mensch wohl nur, weil das Weber - Fechnersche Gesetz (E. H. Weber, Physiologe und G. Fechner, Physiker) gilt. Schenkt man mir eine Schokolade, so freut mich das. Zur gefühlten doppelten Freude muss man mir aber nun mehr als zwei Schokoladen schenken. Wir empfinden eben logarithmisch und nicht linear. Was brüllt lauter als ein Löwe? Sicher, zwei, aber wir konstatieren das kaum. Auge, Ohr, Tastsinn, Pyche etc. empfinden logarithmisch. Das gilt zum Glück auch bei Schmerzen und wohl auch beim Lesen meiner Texte!

Zuversichtlich hiess es früher laut Offb 3,19: „Wen der Herr liebt, den züchtigt er!" Demnach müssen ihm im 20 Jahrhundert sehr viele Erdenbürger eng ans Herz gewachsen gewesen sein. Ich denke da widerwillig an die 100 Millionen Toten und ihre rund 200 Millionen Angehörigen der von den Christen ausgefochtenen zwei Weltkriege und an die vier Diktaturen von Stal . , Hitl . ., Ma . und Pol Po . . Um konfessionellen und religiösen Sandkastenzwisten vorzubeugen sei erwähnt, dass Hitl . . formell katholisch und Stal . . orthodoxer Priesteramtskandidat war. Trotzki und Lasar Kaganowitsch (sein Bruder Michail, Luftfahrtminister, wurde in den Selbstmord getrieben) waren blutbesudelte Juden. Bei den sowjetischen Übeltätern waren überdurchschnittlich viele Juden zu finden, was Hitl . . Wasser auf die Mühle leitete. So gesehen hat der Islam punkto Blutvergiessen noch fast Nachholbedarf. Die Hindus in Indien halten sich diesbezüglich bescheiden zurück und pflegen ihr hinderliches Kastensystem. Das chinesische Ungeheuer und Schreckgespenst Ma . wurde sicher friedvoll buddhistisch - konfuzianisch erzogen, was die anhängliche Verehrung durch verwirrte Jungdenker um 1968 (Moritz Leuenberger; Maobibel) zwar erklärt, aber nicht entschuldigt, wenn ich so murmeln darf. Wer an obigem chinesischen Todesdracula einen guten Faden findet, sei verdammt. Ungespitzt in den gefror . . .

Wie war wohl die Gefühlslage meiner Grossmutter Maria Theresia Manser – Rusch am 23. 10. 1898, als ihr an diesem Tag mit 5 Jahren und 48 Tagen verstorbenes Söhnlein Johann Anton (Krankheit, nicht Unfall) und ihr an diesem Tag geborenes Töchterlein Maria Katharina gleichzeitig bei ihr im Bett lagen? Von ihren 14 Kindern erreichten zehn das Erwachsenenalter. Finden Sie das viel? Sie selber starb an der Geburt des Jüngsten am 1. 8. 1902. Es rühme keiner in meiner Gegenwart die 'gute' alte Zeit; ich könnte für nichts garantieren! Gut an dieser Zeit ist nur, dass sie alt (vergangen) ist. Verglichen mit unseren meist leidgeplagten Vorfahren (Krieg schon gar nicht in Anschlag genommen) sind wir (zwei Milliarden?) in der westlichen Welt doch fast durchwegs zum Glück vom Glück verwöhnte Warmduscher, aber finden mit etwas Spürsinn immer noch 'Grund' zum Jammern. Nach Weber - Fechner sind wir eben auch bei kleinen Reizen immer empfindsamer, was nicht nur für das Auge und das Ohr gilt. Nur schon das gefühlte Ungemach bei der Tagesschau ist bei mir aus diesem Grund enorm.

Nach viel Salz in die kirchlichen Wunden nun noch etwas Balsam darüber. Gern und dankbar und achtungsvoll denke ich an die zahlreichen Personen, die als Diakonissin, Nonne oder Mönch in Krankenhaus, Schule und Schreibstube vorbildlich, bescheiden und ungemein verdienstvoll Grossartiges geleistet haben, wobei ich den Weinbau und die Braukunst der Klöster noch speziell gerne hervorhebe! Damit diese selbstlosen Lichtgestalten nun nicht überheblich werden, finde ich aber doch noch ein Haar in der Ruhmessuppe. Es gilt schon das giftige Wort vom armen Mönch im reichen Kloster gewiss, wobei allfällige Schenkungen den Donator wohl loben und ihm Gewissensruhe bescheren, aber den 'Schaden' tragen und trugen immer die Erben. Garstiger aber ist die Tatsache, dass klösterliche Gemeinschaften teilweise fast bis in die Gegenwart hinein von Entrittswilligen recht behäbig und unverblümt Leintücher und Kleidungsstücke ähnlich einer Brautausstattung verlangten und beim Verdacht auf irgend eine geistige Besonderheit wie Selbstmord in der Familie eiskalt schon vor 50 Jahren eine (wenn auch primitive) elektrische Gehirnuntersuchung verlangten. Beim Bauern würde das einer Nachzuchtprüfung entsprechen und einer Genanalyse rufen. Das weiss ich sicher von Verwandten und Bekannten. Ich persönich käme also ganz und gar nicht ohne elektrische Vermessung in die fromme Schar der Brüder hinein, was mir aber den Schlaf nicht raubt! Ich würde im Ernstfall im vollen Ernst den Prüfenden zu seiner eigenen Prüfung ermuntern. Zu bedenken ist auch, dass alle klösterlichen Gemeinschaften fast ausnahmslos immer nur erwachsene Personen aufnahmen, beim *Senn* wären das also *Chalbeli* oder *nötzige Stiä*, nach erfolgter Aufzucht, wie man im Stall zu sagen pflegt. Kinder und Kranke sind ein Ausgabenposten! Ich könnte aus der Verwandtschaft diesbezüglich aber leuchtende Heldentaten nennen! Mit Respekt bewundere ich diesbezüglich Väter, aber besonders fabelhaft tapfere Mütter schwer behinderter Kinder, Vorbildlich aber ist und war in den Klöstern sicher die Altersvorsoge. An absoluten Geistesgrössen nichttheologischer Ausrichtung wiederum sind die Klöster in allen Jahrhunderten eher ärmlich dotiert, zehn Finger reichen fast (Mendel, Vivaldi, Comenius, Kopernikus, eins zwei jesuitische Astronomen und, und?.

Persönlich habe ich mit Lehrschwestern und klösterlichen Lehrern nur beste Erfahrungen gemacht und breite mein Lob auch über unseren Seelsoorger in Schlatt, Xaver Rinderer aus. Er war zwar eher Kinderfreund als Rhetor – aber was zählt für so lautere Schäfchen wie wir Bengelchen es waren? Von einer Grosstante an gerechnet finden und fanden in vier Generationen etwa sieben Verwandte von mir im Kloster ihre Bestimmung, von Entwicklungshelfer über Krankenschwester bis Äbtissin. Wie schon erwähnt heiratete Vaters Lieblingsschwester Katharina 1923 sogar in die Nachkommenschaft des Bruder Klaus (Schälin, ungefähr 14 Generation) ein. Mich lässt diese ‚Lichtgestalt' kalt. Kleinkinder brauchen einen Vater und keinen Einsiedler! Hoppla! Ich wiederhole fast biblisch: Der liebevollen Fürsorge um die Kinder geht NICHTS vor, nicht wahr! Auch Heilige machten in die Windeln und brauchten Eltern. War es bei Jesus anders? Was hätte er übrigens so als 70 - 80 jähriger Mann gelehrt, leicht kränklich und etwas vergesslich?? Aber doch ohne Trisomie (= Down – Syndrom, mongoloide Idiotie, 1:700 Lebendgeborene)! Pssst! Haben wir uns verstanden, lieber Leser?

Da passt doch noch ein Wort aus dem Kuhstall. Mein Vater pflegte unbefangen zu sagen, unsere Altvorderen hätten schon gemeint, man müsse nichts so fürchten *we die betege Lüüt ond die stechege Stiä* (wie überfromme, bigotte Leute und stechende Stiere)!

Mein Grossvater Franz Manser hat auch durch die obigen Schicksalsschläge mit ausgebildeten Hebammen und Kursen dem Elend der Kindersterblichkeit in AI so ab 1920 Einhalt geboten. Der Rückgang der Kindersterblichkeit führte nun aber in Verbindung mit dem sturen und heute meist unbefolgten Verbot der sicheren und praktikablen Geburtenkontrolle (Pille) durch die katholische Kirche in der Folgezeit zu erstaunlich kinderreichen Familien. Auf Dauer führt das ins Verderben.

Leidgeplagte Vorfahren! Die (katholische?) Kirche hat nach meiner unmassgeblichen Meinung noch fast bis in die Gegenwart ihre Schäfchen aus Dummheit, Unwissen oder Betriebsblindheit fleissiger kujoniert (schikaniert) als liebevoll umsorgt (ungetauft verstorbene Kinder, Sex mit Kindern, Selbstmord, Stellung der Frau, Priesterheirat, Sexualmoral, Beichtpraxis, Lebensfreude, Einäscherung, Index der verbotenen Bücher, heliozentrisches Weltbild, Sonntagsarbeit etc.). Deshalb trippeln gegenwärtig einige weg, bisweilen auch nur aus steuerlichen Gründen. Esoterik und Astrologie sind dafür Trumpf. Klar, auch der Fussball kennt starre Regeln, trotzdem, etwas mehr Zurückhaltung wäre heilsam. Wie wäre die lapidare Leitidee: Not lindern, Leid mindern, = NLLM? Bei mir tragen eindeutig die Ingenieure (= Naturwissenschafter, Erfinder) und Ärzte *di Geele*. Überlassen wir grosszügig die solide Reglementierungssucht doch der hohen Politik, denn dort ist sie krankhaft und systemerhaltend. *Mee löönds eetz!*

Wie folgsam die Kirchen - Schäfchen dereinst waren, zeigt eine Spitzbubenaktion meines Grossvaters Franz Manser. Als schreibkundiger Realschüler vertrug er aushilfweise in Gonten auch die Post. Sicher, er las vor der Verteilung alle Schatzkarten und war so über die gängigen Liebschaften im Dorf ziemlich im Bild. Ich meine, er griff mit seiner sicheren Schrift sogar in die einschlägigen Liebesbriefschaften ein, Datenschutz hin und Postgeheimnis her! Das geht alles noch an. Sein Vater hatte nun aber einen Knecht, der ungewohnt deftig und häufig fluchte. Das wollte mein Gosspapa ins Gegenteil verbessern. Also schrieb er fingiert als Pfarrer (Johannes Eugster oder Albert Manser?) dem Knecht eine Postkarte und bestellte ihn (wohl wegen des Fluchens) auf 14.00 Uhr ins Pfarrhaus. Bei schönstem Heuwetter fand sich der 'Sündenbock' zu befohlener Zeit beim 'strengen' Seelenhirten ein. Beide waren gleichermassen verdutzt und konnten sich den eigentlich einfachen Sachverhalt nicht erklären. Für den eigenmächtigen Postboten blieb der Lausbubenstreich ohne Folgen. Über die bessere Wortwahl des folgsamen Pfarrkindes weiss ich leider nichts zu berichten. Witzig ist auch noch, dass der überaus gestrenge und von den Kindern gefürchtete Pfarrherr Josef Anton Zündt um 1908 meinem verwitweten und mit ihm wohl fast befreundeten Grossvater seine eigene Köchin Theresia Egger als Ehegattin zuordnete, um so ab 1908 die Unterweisung der sechs Töchter frauengercht zu gestalten! Die ziemlich betuchte Dame war bei der Glockenweihe in Gonten am 14. Dez. 1927 Patin der grossen Glocke. Die Zuneigung meines Vaters zur Stiefmutter hielt sich aus mir nicht bekannten Gründen in Grenzen, War ihm deshalb die (biologische) Mutter- und Vaterliebe so eminent wichtig und rührte daher sein ausgeprägter Familiensinn und sein Abscheu vor Ämtern, Kommissionen und Sitzungen? Was gibt es zu werweissen: Die Mutter bei der Geburt des 14. Kindes verstorben und der gestrenge, politisierende Vater oft abwesend. Früher war das Leben vieler Kinder grobastig, nicht nur jenes der bedauernswerten Verdingkinder! Not hier und Kälte dort!

Eine Zeitlang hielten folgsame Glaubensschäfchen sogar die Einrichtung eines Blitzableiters für Teufelszeug, weil damit anscheinend dem Herrgott ins Handwerk gepfuscht werde. Nach dieser Logik müsste man auch Massenmörder unter Berufsschutz stellen, denn ohne sie werden die Erdenbürger nicht rechtzeitig gottgewollt in die Ewigkeit abberufen. Frech formuliert: das Erhabene und das Lächerliche stehen sich oft überraschend nahe. Ich als katholischer Altardiener darf so etwas im Gegensatz zu anderen Nachdenkenden frivol äussern, nach dem Motto: Nur ich schlage meine Frau! Dann und wann halte ich mich an die Worte des fuchsschlauen deutschen Bundeskanzlers Konrad Adenauer, der einmal diskussionsendend im Bundestag gesagt haben soll: „Ich bin dagegen, die Argumente liefere ich Ihnen später!"

In unserem Stammbaum (*Mälli*) weist ein Joh. B. Ignaz Manser beachtliche 19 Kinder auf, von zwei Ehefrauen in einem Zeitraum von 24 Jahren. Klar, davon starben erwartungsgemäss 6 Nachkommen schon als Kind. Ignaz war Ratsherr und ist nicht mein Vorfahre. Pardon, aber da drängt sich der Vergleich mit einem Rammler zwingend auf . Ja und nein; einem Joh. Bapt. Manser verstarben von den acht Kindern deren sieben schon als Kind, der einzige überlebende Sohn Albert wurde (zu allem Leidwesen?) Pfarrer in Gonten und verstarb selber noch zwei Jahre vor seinem Vater– keine Nachkommen! Militärisch gesprochen: *Nüd zom Mölde!* (Nicht zu sagen!).

Ob aber der Islam und die katholische Kirche, hauchzart ausgedrückt, aus Ignoranz oder Arroganz diesbezüglich die Welt als unbegrenzt einschätzen? Auf Dauer führt exponentielles Wachstum zur Katastrophe.

Uii, da steche ich aber in ein Wespennest. Doch die entwickelte westliche Welt und China geben mir recht. Kinderreichtum und Armut sind eben gleichzeitig Ursache und Wirkung. So verpufft jegliche Entwicklungshilfe seit 60 Jahren. Psssst!

Benötigt aber China mit der (bisherigen) konsequenten und sicher harten Einkindpolitik und jetzigen Zweikindpolitik Entwicklungshilfe? Konkurrent ist es für uns und nicht Almosenempfänger, wenn auch politisch noch . . .

Bitte erst schätzen und dann zur nächsten Seite weiterlesen. Wieviel ergibt 1x2x3x4x5x6x7x8? Wieviel ergibt 8x7x6x5x4x3x2x1? Bitte ruhig weiterlesen.

Könnte man nicht als Ausgleich zu den Entwicklungshilfemilliarden unsere zu resozialisierenden, kostspieligen Häftlinge in die Empfängerländer zur Verbüssung ihrer Gefängnisstrafe auswandern lassen, sei es nach dem Obersudan, Hinteruganda, Burkina; doch, doch, das gibt es, es liegt östlich neben Mali, die Hauptstadt heisst Ouagadougou!), Mittelweissrussland oder Zentralrumänien? Auch die Landstriche hinter dem Ural rufen nach Personal. Ein wohlverdienter Strafbonus von mindestens 20 % wäre für alle Beteiligten ein Vorteil. Mit den eingesparten Milliarden liessen sich vermehrt Entwicklungs - und Adhäsionsfonds speisen. Die arbeitslosen Angestellten der Sozialsparte würden so zur beruflichen Unterweisung der Hilfeempfänger frei. Wir beziehen ja auch Fleisch und Käse etc. aus Untervietnam oder Mittelargentinien und verbringen den Rentnerlebensabend pflegeverwöhnt im wohltemperierten Thailand. Der schweizerischen Landwirtschaft wird doch auch immer laut das Lob der freien globalen Märkte vorgesummt und Bundesbern lobt alles Fremdländische über den grünen Klee. Auch strafbedingte Belohnungstherapien in Kampfsportarten wären überflüssig. Das unsägliche Wort 'Multikulti' würde auslandsverliebt und straftechnisch plötzlich so heimelig klingen wie das unvermeidliche Wort 'Nulltikulti'.

Zzzz, das sind garstige Gedanken!

Wenn aber schon fünfjährige Rüpel wegen Gewalttätigkeit in ein Heim für Schwererziehbare (pardon, die heissen jetzt verhaltensoriginell, vorher verhaltensauffällig, deren Mutter oder Vater heissen 'das Elter', laut Eidg. Bundeskanzlei von 2009) eintreffen und für teures Geld 'geheilt' werden, kommt der einfältige Steuerzahler schon etwas ins Sinnieren. Ich verschweige den Namen der ziemlich nahe von Wilen gelegenen Klinik. Die Rezeptur von 'ohne Nachtessen ins Bett' sollte man wohl wieder unverkrampft studieren. Weg mit dem Messer, Messerstecher! Ner. ., Stal. .und Hitl. . . waren auf ihre Art auch originell!

Die Kleiderfrage und der Ablauf *bim Öberefahre* sind da harmloser und lieblicher.

Eigenartig und für uns unerklärlich ist, dass nach Aussage mehrerer älterer Personen früher (sagen wir bis 1920) das Stillen der 'Säuglinge' in AI wenig bis kaum üblich war. Zu diesem Zwecke wurde die Brust fast brutal straff eingebunden. Falsch verstandene Eitelkeit kann es ja nicht gewesen sein! Wunsch nach erneuter Schwangerschaft? Prüde Einstellung? Diese Stillunlust musste doch die Säuglingssterblichkeit erhöht haben. Diesen (mir eben auch schon angedeuteten) Wunsch will ich niemandem unterstellen und entschuldige mich gleich schon für die Formulierung. Die Zeit des Stillens hätte doch gleich eine erneute Schwangerschaft hinausgezögert. Bei den Kühen heisst dies Rastzeit oder Serviceperiode (Zeit zwischen zwei Abkalbezeiten minus 288 Tage als durchschnittliche Tragzeit, so 80 - 110 Tage) und soll aus wirtschftlichen Gründen möglichst kurz sein. Bei Kühen mit 50 und mehr Litern Milch Tagesleistung wird die Besamung aber wieder eher hinausgezögert, die Kuh gibt eben schon bald ohne Trächtigkeit dauernd Milch, es gibt ja auch samenlose Früchte und Gemüse.

Wieder etwas Schonkost, bitte! Kurios ist gewiss, was mein Vater von einer robusten Mutter in einer robusten (ich könnte den Namen nennen) Familie in Gonten zu berichten wusste. Die Mama hätte, natürlich vor einigen Jahren, einen Knaben bis ins fünfte Lebensjahr gestillt (da passt auch 'gesäugt'). Bisweilen kleidete der Knirps den Wunsch nach nahrhafter Flüssigkeit in die innigen Worte: *„Alti, loo mi no sugge!"*

Mindestens eine Geburt dieser unzimperlichen Frau fand mit der verblüfften Hebamme einfach so zwischen zwei Heuarbeiten statt! Schwangerschaftsturnen hätte diese Mama, also ein Ross von einer Frau, wohl schön gelangweilt.

Warum nicht, sagte sich letzhin eine alleinerziehende, eigenwillige Mama und stillte ihren Sprössling auch fast bis zur Einschulung. Ansichten stehen sich bisweilen schroff gegenüber; auch das Trinken von Urin wird von ungewöhnlichen Personen als heilsam eingestuft! Ich schätze das pragmatische Mittelmass.

Zur weiteren Abwechslung noch etwas Erheiterndes. Noch im hohen Alter behauptete meine von allen Neffen und Nichten als hilfsbereite und lieb fürsorgende Tante verehrte Ida Fässler (in den entsprechenden Jahren meinten wir in unserer Familie bei erneutem Kindersegen und Idas Pflegetätigkeit, sie sei die Hebamme, so sehr verehrten wir sie zu recht), dass in Gonten (nach 1900, also postglazial/nacheiszeitlich) ein jung verheiratetes Ehepaar erfolglos auf Kindersegen wartete. Erst als ein Arzt (Dr. Franz Peterer?) die Heisssporne über die nötigen samenspendenen Praktiken unterrichtet hätte, wäre der Kindersegen eingetroffen. Diese unglaubliche Begebenheit verriet uns Ida natürlich erst in den Jahren, als Rosmarie und ich selber Kinder hatten und also diesbezüglich keine Grünschnäbel mehr waren.

Noch etwas zur verstärkten Belustigung. Früher, also mindestens bis Juli 1965, war es üblich, dass in katholischen Landen der Pfarrer dem wackeren Brautpaar in den Sponsalien (sponsa ist lateinisch und heisst kirchenrechtlich Braut), also im Brautunterricht, die Rechte und Pflichten (!) von Gatte und Gattin eröffnete und da, ich weiss es nicht so genau, auch Aufklärung in sexueller Hinsicht bot. Niemand soll lachen, aber es nimmt sich schon so aus, als ob ein Blinder über Farben referierte. Im Ernst, das war so üblich. Auch meine Braut Rosmarie und ich besuchten zu anberaumter Stunde erwartungsvoll in Marbach diese Sponsalien. Weil wir uns aber beide über den besuchten, einwöchigen Brautunterricht (nur theoretisch, bitte!!) ausweisen konnten, unterliess der angejahrte und veständnisvolle Herr Pfarrer Klingler (auch in Hinsicht auf meinen Lehrerberuf) augenzwinkernd die detaillierte Unterweisung; ich unterhielt mich mit ihm angeregt (Rosmarie langweilte sich unbehaglich und erfolglos) über historische und prähistorische sozialpolitische Themata. Deshalb kann ich hier auch keine heiss ersehnten Neuigkeiten verraten!

Also, lustig war es auch schon in früherer Zeit! Ernst ist das Leben, heiter die Kunst. Bisweilen. Einiges ist wie erwähnt lächerlich, aber nicht lustig.

In geologischen Zweiträumen gerechnet ist der Mensch durch die Bevölkerungszunahme für die Erde eine (kurzfristige) Katastrophe. In der Natur selber gibt es kein ungebremstes Wachstum, sondern nur eingependelte Gleichgewichte. Der Zinseszins als Hilfe führt bei 2 % Zins in 36 Jahren zu einer Kapitalverdoppelung, bei 3 % sind es noch 24 Jahre, bei 4 % noch 18 Jahre und bei 5 % exakt 14,2 Jahre. Als Faustregel gilt: 72 dividiert durch den Prozentsatz ergibt recht genau die Anzahl Jahre. Von 1950 bis 2015 ist die Weltbevölkerung von 2,53 Mia. auf 7,35 Mia. gestiegen. Das ergibt eine leicht zu merkende Zinsrate von 1,6543 % (in Worten und etwas gemogelt also 1,sex54321!) und so eine Verdoppelung nach rund 44 Jahren oder eine Verdreifachung nach 66 Jahren. Exponentielles Wachstum ist so! Ein Säugling von heute lebt nach dieser ungebremsten Zunahme mit denkbaren 88 Jahren mit schrecklichen und abstossenden 30 Mia. Erdenbürgern zusammen. Natürlich glaube ich keiner Statistik, einzelne Länder können ihre Bewohner ja doch kaum zählen. Aber exponentielles Wachstum ist tödlich, basta! Einige Traumdeuter verstehen das aber nicht. Da passt der Witz vom Mann, der aus dem 15. Stockwerk ins Freie stürzt. Auf der Höhe des zweiten Stockwerks denkt der ‚Glückspilz' entspannt und sogar zutreffend: Ei, bis jetzt ist noch alles gut gegangen!

Wir unterschätzen generell die Sprengkraft mehrfacher Multiplikation. Dabei leiten oder verleiten uns die ersten paar Zahlen über Gebühr. Ich schätzte als alter Fuchs die vorstehende Multiplikation 1x2x3 . . . x8 wie auch 8x7x6 . . .x1 auf 20 000. Nach Alex Bellos kam 1973 eine Gruppe von Versuchspersonen bei der ersten Rechnung auf durchschnittlich 512 und eine andere Gruppe bei der zweiten auf durchschnittlich 2250. Beides ist erstaunlich und brandgefährlich. Natürlich lautet das Resultat bei beiden Multiplikationen 40 320, man nennt diese Art der Multiplikation auch Fakultät von acht und schreibt 8! Der Wert eines mächtigen Senntums beim *Oberefahre* wird also frankenmässig unter 9! liegen. Wenn nicht, ist gegenüber der Steuerbehörde Vorsicht geboten und bei über 10! wird ein Rechenfehler vorliegen. Die laufende Verdoppelung irgend einer harmlosen Zahl führt schnell zu gewaltigen Grössen. Somit ist die explosive Wucht der Bevölkerungzunahme der Welt mit jährlichen Zuwachsraten ('Zins und Zinseszins') von 1,65 % auf die Dauer katastrophal.

Widder

Als Prunkstück gilt für unsere Liegenschaft noch heute die exzellente Wasserversorgung. Zu Haus und Scheune floss bis 1947 nur eine spärliche Quelle, bei Trockenheit gab sie schnell nach. Aber leider etwas unterhalb des Scheunenniveaus strömte eine Quelle aus dem Boden, die auch in Trockenperioden nicht dergleichen tat. Per Minute lieferte sie gemessen, nicht geschätzt, 35 Liter kaltes Wasser. Bei richtiger Fassung und ausreichendem Reservoir würde die Wassermenge für 200 Haushalte reichen.Wohl schon vor 1000 Jahren füllte sie unterhalb unserer Liegenschaft zwei eigens zu diesem Zwecke angelegte Fischteiche, die wieder aufgebrochenen Dämme sind immer noch zu sehen. Die Fische daraus gelangten wohl zur Meierei *Zithuus* und somit irgendwie ins Kloster St. Gallen.

Diese besagte Quelle wurde durch den Abbau eines neben der Quelle gelegenen Hügels, den mein Onkel Bisch zwischen 1926 und 1936 durch das kantonale Bauamt vornehmen liess, so zersprengt, dass an sieben neuen Stellen Wasser aus dem Boden strömt, noch tiefer unten als vorher.

Im trockenen Nachsommer 1947 liess mein Vater die wichtigsten Teilquellen fassen und einem eingebauten Widder zuführen. Wie der Leser erwartet, zeigten diese Teilquellen auch in diesem Trockenjahr nicht die geringste Schwäche. An einer Bittprozession nach Haslen wurde sogar, man höre und staune, um Regen gebetet. Zusammen mit einer langen Wasserleitung gelangen so durch das anspruchslose

Wasserhebegerät etwa 35 % des Quellwassers zu Haus und Scheune. Diese Wasserversorgung kostete damals um die 2000 Franken.

Der Rest fliesst ungenutzt weiter. Das heisst, der unterliegende Nachbar hat schon seit etwa 1930 ein erworbenes Wasserrecht, Tag und Nacht sprudelt bei ihm direkt störend laut aus besagter Quelle Wasser in den Brunnentrog. Durch einen Landsgemeindebeschluss wurde der Verkauf der Quelle an die Stadt St. Gallen vor wohl 130 (?) Jahren verunmöglicht.

Dieser 1947 eingebaute eiserne Hydraulische Widder ist ein Wunderding schlechthin. Der Kniff besteht aus zwei selbst schliessenden Ventilen. Die Legende will, dass ein Arzt durch die Kenntnis der Herzklappen zu dieser Konstruktion geführt wurde und dem Gebilde seinen eigenen Namen gegeben habe. Wahrscheinlicher aber ist die stossweise Pumpleistung des Widders, der so an einen tierischen Widder erinnert, dass dadurch der Name entstand (Bélier hydraulique, Hydraulic Ram bedeutet französisch und englisch Widder, also Schafbock). Die bescheidene Erfindung wird treffend auch Stossheber, Wasserstösser, Wasserschlagpumpe, Druckstosspumpe und Klopfer genannt.

Ohne zusätzliche Energiezufuhr (ausser durch das fallende Wasser) klopft die Pumpe je nach Bauart und Einstellung in der Minute 30 – 70 mal. Das ergibt seit 1947 beim Widder in der Rüti rund 1 – 2,5 Milliarden Schläge, ohne Schmierung und weitere Wartung.Tag und Nacht, jahraus und jahrein!

Durch eine ziemlich weite Eisenröhre strömt Wasser durch den Widder. Bei einer gewissen Fliessgeschwindigkeit schliesst sich ein Ventil von selber. Dieser plötzliche Wasserschlag (Wasser ist nicht duktil, es lässt sich nicht zusammendrücken) drückt etwas Wasser durch ein zweites Ventil in der Steigleitung nach oben, und schon schliesst sich dieses wieder durch den Wassedruck in der Steigleitung.. Durch ein einstellbares Gegengewicht wird wieder das erste Ventil geöffnet, womit wieder Wasser aus der Speiseleitung (Druckleitung, Kraftwasserleitung) nach unten strömt, bei einer gewissen Fliessgeschwindigkeit schliesst sich . . . . . Der Vorgang wiederholt sich fortwährend. Ein Luftbehälter (Windkessel) dämpft die haarten Schläge, die Anlage kann einen Wirkungsgrad von 0,3 – 0,7 aufweisen. Der einzige Verschleissteil ist das Scharnier aus Kunststoff oder Leder. Bei genügend Druckwasser gelangt so das kostbare Nass eben ohne zusätzliche Enegiezufuhr in geringer Menge nach oben. So ein Widder ist auch unterhalb der Bergwirtschaft Mesmer zu hören.

Sicher, eine elektrische Pumpe würde andere Resultate zeigen, aber sinnreich ist der Hydraulische Widder unwidersprochen. Widder werden seit rund 130 Jahren durch die Firma Schlumpf AG in Steinhausen ZG hergestellt. Als Erfinder gelten die Brüder Montgolfier sowie der mir unbekannte Argant; Patent vom 3. Nov. 1797. Diese Stossheber sind ausser für abgelegene Berggebiete auch für Entwicklungsländer mit spärlicher elektrischer Energieversorgung von Bedeutung.

Im nördlichen Teil der Rüti, Tobel genannt und früher nur steiles Riedgelände, besteht auch schon seit dem Brunnenverschrieb vom 3. Oktober 1899 eine Wasserfassung mit Widder, die ein anderer Nachbar erworben und erstellt hat. Der Kaufpreis für die zwei relativ bescheidenen Quellen betrug saftige 400 Franken; denken wir an zwei zusätzliche Nullen. Durch die neuzeitliche Wasserversorgung ab Fähneren

(Boschgere-Wasser) ist dieses Wasserrecht ziemlich bedeutungslos geworden; aber wer weiss ...
Erloschen ist es jedenfalls nicht

Neue Neuerungen - beständig ist nur der Wandel

Mein Vater meinte etwa mit 80 Jahren, dass sich die Landwirtschaft in den verflossenen 10 Jahren mehr verändert habe als in seinem vorherigen ganzen Leben. Diese Beschleunigung der Entwicklung lässt sich wohl allgemein feststellen, die Erfindungen/Verbesserungen überschlagen sich offensichtlich beinahe. In der Rüti in Unterschlatt hielt die Neuzeit ungefähr wie folgt Einzug:

1750 ? Bau des Hauses in gestrickter Blockbauweise und Schindeldach

1920 Neubau der Scheune, nachdem (wohl?) der *Nünzenneloft* (Sturm im Jahr 1919) das vorher freistehende Gaden zerrissen hatte durch Albert und Paul Locher, Zwirnerei, Steinegg; wohl schon Strom- und Telephonanschluss in Haus und Scheune, Jaucheauslauf als seltene und wichtige Erleichterung bei der Jauchedüngung; Blitzableiteranlage

1936 Kauf der Rüti durch meinen Vater von seinem Bruder Baptist

1944 Haus mit Ziegeln gedeckt (mit Arbeitsbeschaffungsbeitrag ausBern)

1946 ? Radio; durch Onkel Jakob aus Zürich geliefert (wohl gebraucht)

1946 Erstellung des Ziegeldaches auf der Scheune, letztmaliges Dreschen

1947 Oktober, Einbau des Widders mit neuer Wasserleitung (extrem trockener Nachsommer und Herbst)

1948 Juni, Kauf des Aecherli-Motormähers von Onkel Heinrich, 7 Wochen lang Regenwetter

1949 Misttransport per Seilwinde am Aecherli auf die steilen Wiesen

1950 Kugelschreiber als Weihnachtsgeschenk für uns 4 älteste Geschwister (wir waren in Schlatt die ersten Schüler mit diesem Schreibgerät)

1951 Kauf einer grösseren Milchzentrifuge von Onkel Baptist

1952 Elektrozaun, gebraucht von Josef Enzler (*Henne - Bleieli)* gekauft, Inlaidstubenboden erstellt

1952 Elektroherd, mit erstmaliger Möglichkeit, auch im Sommer backen zu können (ohne Stubenofen)

1953 Brennholzfräse, durch Aecherlimotor angetrieben

1953 ? Jaucheausbringung mit Verschlauchung im Lohnauftrag, Traktor als Pumpenantrieb

1954 - 1965 Zupacht einer Wiese (vom *Zithuus)* unterhalb der Rüti, ca. 2 ha

1953 Süssmostherstellung mit Fasspasteurisierung

1953 Waschmaschine mit Pendeldrehung und Auswindwalzen

1954 Kauf eines 3–Gang-Übersetzungsvelos für mich (Schulbesuch im Kollegium Apenzell), zusätzlich zu einem Herren- und Damenfahrrad ohne Schaltung

1954 ? Heueinfuhr mit Burdenwagen (Pferd oder Traktor im Auftrag als Antrieb) vom tiefer gelegenen Pachtland

1954 Milchabgabe in der Milchsammelstelle *Zithuus,* damit keine eigene Butterherstellung *(Buudere)* mehr

1955 ? Dampfkochtopf (technikgläubig kochten wir Kinder am nächsten Morgen die Milch in diesem Aluminiumgefäss, in der Meinung, dies geschehe auch dreimal schneller als vorher
1959/1960 (Winter) letzter Heuverkauf an einen *Heusenn* (Albert Rechsteiner)
1961 Kauf des Rapid - Einachstraktors Typ S Super mit kuppelbarem Triebachsanhänger, damit offene Heueinfuhr möglich; der gewünschte Typ S Spezial war wegen langer Lieferfristen nicht sofort zu kaufen, erst nach 1974 Kauf des Spezial
1961 Haugebläse, elektrisch angetrieben
1962 Badewanne, nur mit Kaltwasseranschluss, Heisswasser wurde dazugeschüttet (vorherige Waschgelegenheit nur mit Waschtrog und Waschlappen)
1962 - 1965 Pacht der Gartenalp als Viehsömmerung, mit Butterherstellung
1963 Wiedereinrichtung des Telephons, nachdem der Vater dieses 1936 aus Sparsamkeit ausbauen liess
1964 Erstellung eines Wasserreservoirs und einer neuen Wasserleitung, ermöglichte so den Einbau eines Waschautomaten und einer Selbsttränke
1965 Kühlschrank, Erstellung eines Futtersilos, eingegraben
1966 Kauf einer eigenen Verschlauchungsanlage, Pumpe mit Elektromotor
1974 Verkauf der Rüti an meinen Bruder Paul (1950)
1975 Fernsehapparat
1975 Kauf eines Selbstfahrladewagens (Rapid) durch meinen Bruder Paul
1976 Einbau einer Melkanlage Alf Laval durch meinen Bruder Paul

Erwartungsgemäss können wir Geschwister trotz 'Familienrat' nicht mehr alle Ereignisse zeitlich genau einordnen, ein bis zwei Jahre bleiben als Differenz zu beachten. Verständlich ist auch, dass die Neuerungen in der Scheune/Landwirtschaft vom Vater eher eingeführt wurden als bauliche Veänderungen (Zimmerdecken, Stubenboden, Küche) im Wohnhaus, was die Mutter eher missmutig und ungeduldig stimmte. Einige betriebliche Neuerungen waren sogar fast pionierhaft. Zu einer ähnlichen Denkweise führt auch die träfe und witzige Behauptung, dass ein Bauer eher den Veterinär avisiere als den Humanmediziner. Das Inserat in der Tierwelt: „Bauer, ledig, sucht Frau mit Traktor. Bitte Bild von Traktor zusenden!" ist aber selbstverständlich sehr, sehr weit von der Wirklichkeit entfernt!
Fast unwahr erscheint auch die Denkweise jenes Bauern in Gonten zu sein, der nach meines Vaters Behauptung einmal wirklich das Geburtsdatum seines kürzlich geborenen Kindes nach dem Ferkelwurf seines *Säulis* errechnet haben soll. Sicherlich, es war wohl das einzige Schwein im Stall, während der neue Erdenbürger, der so pragmatisch mit dem Bauernleben verknüpft wurde, in eine schon zahlreiche Kinderschar hineingeboren wurde.
Vielsagend kann da die Tatsache sein, dass in AI da und dort früher die Häuser grösser waren als die Scheunen und die Zahl der Kinder in einer Familie jene der Kühe deutlich überstieg. Aber das verleitet nicht zum Schmunzeln wie obige Wochenzählung.
Früher meinte man ja auch, dass sich die Gestirne um die Erde drehen . . .

Frönts Brood esse
(In der Fremde sein Brot verdienen)

Was für viele Kinder und Jugendliche ein hartes Schicksal bedeuten kann und konnte, war für mich eitel Sonnenschein. Weil meine Tante Theres Streule-Fässler (1911-1977) als Bäuerin zu ihren fünf Kindern im Alter von ein bis zwölf Jahren auf den Oktober 1951 das sechste Kind erwartete (was ich als Grünschnabel weder wusste noch bemerkte), wurde ich als flinkes Bürschchen daheim auserwählt, ihr und ihrem Mann Josef Streule beim Heuen zu helfen. Nach einem vormaligen Besuch mit meinen Eltern im Burentobel/Sittertobel (exakt unter der heutigen Autobahnbrücke, wo im Westen von St. Gallen die N 1 die Sitter überspannt) fuhr ich allein an einem strahlend sonnigen Montagmorgen im Juni 1951 von Unterschlatt los, um über Stein und Bruggen den sommerlichen Arbeitsplatz zu erreichen. Dabei konnte ich noch nicht auf dem Velosattel sitzen, also fuhr ich auf der Stange sitzend oder mit dem rechten Bein unter der Stange tretend. Heute würde ich als Vater bei so einem Unterfangen in mehrfacher Hinsicht die Stirne runzeln, aber damals war der Meter noch kürzer. Kindesentführung und Verkehrsstau wenigstens waren in jener 'guten' alten Zeit noch unbekannt. Die wenige Wäsche war bald im eigenen Zimmerchen verstaut, und emsig machte ich mich mit der Heugabel im schweren Gras nützlich.

Der Vater Streule hatte im Stall so seine 7 - 8 Kühe, klugerweise wegen der Kundennähe und des flachen Wieslandes aber mit wenig Jungvieh. Tagtäglich verteilte er die Milch *(Mülch uusmesse)* am Vormittag im höher gelegenen Schönenwegen zu Fuss mit einem Handwagen an die Familien und am Abend auf der ländlichen Gegenseite im Osten (Spisegg). So konnte es vorkommen, dass aus einem entfernten Haus aus dem Radio schon das 12.30 Uhrzeichen ertönte und wir immer noch ohne Mittagessen Gras *worbten*. Nur das befremdete mich anfänglich, ansonsten gefiel es mir bei meiner Tante bestens. Die war mütterlich lieb und ihr Ehemann ein seelenguter Mann, Vater und 'Meister'. Sein Tagewerk begann um vier Uhr, wie ich einmal zufällig auf seinem Wecker feststellte. Die fünf Kinder, also meine Basen und Vetter, betrachteten mich anhänglich als ihren grösseren Bruder. Die zwei älteren mussten trotz Heuwetter noch zur Schule, Rücksichten auf die Bauern waren im halbstädtischen Schönenwegen unbekannt.

Bei schönem Wetter halfen zwei liebe Damen aus der ländlichen Umgebung mit, zusammen mit einem leicht kuriosen Mann, der wohl so halbamtlich der Familie als zeitweiliger Helfer zugeteilt war. Die Damen waren wohl auch 'ausgewanderte' Bauerntöchter, sie arbeiteten auch in der Sommerhitze damals noch immer im Rock, über Hosen (Galanterieartikel) weiss ich nicht Bescheid.

Die Verpflegung bei Streulis war eine Spur besser als bei uns zu Hause, besonders schätzte ich als Vesperbrot die würzigen Landjäger und den süssen Most. Den Weg in den Keller zu jener hohen Süssmostglasflasche mit Gummiröhrchen und Klemme fand ich selber unaufgefordert. An einem Sonntag besuchten mich meine Eltern (auch mit dem Velo) und genossen wie ich den für uns unerreicht schmackhaften Hackbaten, den ich am Sonntagvormittag in St. Josefen holen durfte.

Der Vater beneidete seinen Schwager um den ebenen Boden und den mässigen Pachtzins. Der Bauernhof gehörte zusammen mit einem weiteren einer wohlbetuchten Fabrikantenfamilie; Filtrox mit Herstellung von Filtern (Asbest) für Getränke (Bier, Wein etc.) sowie den dazu gehörenden Maschinen mit (mindestens) europaweitem Vertrieb). Diese 'Fürstenfamilie' hiess zwar Fr . . . . cht, wurde aber immer nur *s'Docktes* genannt. Dahinter stand ein Doktorat in Chemie. Ein heiratsreifes, bezauberndes Töchterchen führte den schmeichelnden Namen Ina und hatte damals einen (auch!) landwirtschaftlich interessierten und ausgebildeten, aber wenig wohlhabenden und darum nur mässig erwünschten Freund! Seine Zukunft als eingeheirateter landwirtschaftlicher Verwalter zerschlug sich aber. Melodrama direkt (live), nicht aus dem Fernsehen.

Meine Mutter führte mit ihrer Schwester wohl naheliegende Gespräche über Schwangerschaft und Kinder, ich Jungfarmer begleitete die Männer beim Hofumgang. Auch bei der Wegfahrt der Eltern verspürte ich kein Heimweh.

Ausser der Wertschätzung meiner Arbeit in Haus, Stall und Feld gefiel mir über alle Massen der als Occasion gekaufte Motormäher Marke Motrac (*Modrax*), der erstens Pneuräder aufwies und zweitens über zwei Vorwärtsgänge verfügte. Gegenüber unserem Aecherli in Unterschlatt war er wie ein Ski mit Kanten statt nur unbewehrten Holzlatten. Mit dem *Rabitt* verglichen war er so etwa Trumpffacht, oder sogar Trumpfbanner!

Mit diesem Motormäher konnte man bei hochgeklapptem Mähbalken eindrucksvolle Zweiachswagen ziehen, besonders auf ebenem Feld! Also wurde bei der Heuernte das dürre, meterlange Heu mit imponierenden Heuladegabeln auf eisenbereifte Tischwagen geladen. Ich als Ladefachmann stand gewöhnlich gewichtig auf dem Heuwagen und rückte die hochgestemmten Heuhaufen zurecht. Das Heu reichte mit zunehmender Höhe immer ausladender über den hölzernen Tischwagen hinaus, für mich beeindruckend und ein Beweis für fachkundiges Laden. Ich höre immer noch meinen Meister die stabile und flinke Frau Sprunger belehren, dass sie das Heu in der gefüllten Gabel nicht locker auf die Fuhre werfen soll, sondern angepresst aussen am Rand deponieren müsse. Von Zeit zu Zeit fuhr der *Modrax* auf der Heuwiese zwischen den zwei bis vier Heumahden weiter, und ich stand keck oben auf dem Fuder.

Mein Onkel war wie gesagt ein friedliebender Mensch, gar kein Leuteschinder. Also wurde auch beim Heuladen über dies und das und einmal grundsätzlich über die Fliegenplage philosophiert. Auffällig bevorzugen sie erfahrungsgemäss nur verschwitzte, streng riechende Personen, konstatierte eine Heuerin, worauf sich die Erkenntnis Bahn brach, man könne den Plaggeistern auch zu intensiv riechen! Der Weltkrieg war im Sommer 1951 natürlich erst sechs Jahre zuvor beendet worden. Bei diesem ernsten Heuerthema äusserte der friedvolle Josef Streule den politisch leicht gefährlichen, für mich unvergesslichen Spruch: *S'Bescht wä gsee, wenn de Schwob ond de Russ enand gfresse hettid* (wenn sich doch die Deutschen und die Russen gegenseitig vernichtet hätten)! Etwa für die obersten Hundert- bis zweihunderttausend (Führungsriege) in Deutschland und Russland (UdSSR) darf man das schon wünschen, finde ich! Kriege werden doch meist von den Oberen eingebrockt und von den Unteren ausgelöffelt. Ab Stufe Oberst (Regiment; im Schweizermilitär gibt es keinen Wesfall!) an aufwärts kommen die Offiziere meist ungeschoren davon.

Unangefochten war ich der erste in unserer Familie (wohl fast auch in Schlatt, wenn nicht gar in AI), der Heu offen geladen zur Scheune bringen half. Schwabenkinder waren im Alpsteingebiet früher zum Glück ein Fremdwert. Ein Binden mit einem Bindebaum war wegen der kurzen Wegstrecke und dem mässigen Fahrtempo nicht nötig. Gegenüber dem Heueintrag auf dem Rücken ist die Erleichterung enorm.

Man trägt das Heu nur ein paar Meter weit, das umständliche Burdenmachen entfällt restlos.

Mit hoch beladenem Wagen (500 – 800 kg Heu?) fuhren mein Meister und ich zur Scheune. Bei zwei mässigen Steilstrecken drohte der Motrac leer durchzudrehen *(spu-ele)*, er hatte eben keine Zapfwelle zum Anhänger. Nun kam meine Stunde, und ich lief regelmässig zur Höchstform auf! Als behendes Kerlchen stand ich auf die Mähmesserkurbelachse und hielt mich eisern und zuverlässig an den Metallspitzen des Mähbalkens fest. *De alt Streuli* hielt derweil mit fester Hand das ratternde Gefährt auf der Spur, und dank meinem Schwergewicht von mageren 30 kg schleppte die Zugmaschine den Eisenkarren mit Heu zur Scheune, und, was das beste war, über die freie Einfahrt auf die hoch gelegene Fahrbrücke in der imposanten Scheune, von der 'wir' allerdings nur die Hälfte beanspruchen mussten/durften, der Rest war als verschlossener Stapelraum für die Filterfabrik (Filtrox) reserviert. Nun ging es an das Entladen. Mit Kräuel und Gabel wurde das Dörrgut seitwärts auf die Heubühne (Walm) hinabgestossen und gezerrt, frei nach Goethes Gedicht vom Fischer: „Halb zog sie ihn, halb sank er hin, und ward nicht mehr gesehn". Flink ratterten anschliessend Meister und Knechtlein wieder auf das Feld, wo vielleicht schon der zweite Eisenradwagen leicht beladen stand. Die letzten zwei beladenenWagen liessen wir einfach so auf der Bühne stehen. So konnte Papa Streule noch spät nachts (ohne mich) den entstandenen Heuhaufen in grosser Wärme zerteilen und die zwei vollen Wagen ebenfalls entladen.

Ich hatte da schon mein Nachtessen mit der Familie genossen und durfte schlafen gehen. Für meinen 'Meister' galt wie für viele Bauern das Wort: „*Früeh uuf ond spoot nide, haus gschwind ond chomm wide* (früh auf und spät nieder, geh schnell und komm wieder!)".

Der Sommer 1951muss durchwegs sonnig gewesen sein, an umständliche Arbeiten mit Heinzen, nutzlosem Heu herumschütteln und ähnlichem Unfug kann ich mich gar nicht erinnern.

Dann und wann brachten wir mit einer Fuhrwerkkuh *(Fuewechchue)* und nicht, wie man erwarten könnte, mit dem Motorgerät, kostengünstig Jauche auf die flachen Wiesen und führten wohl täglich frisches Gras in den Stall. Dort habe ich übrigens meistens die Kälbchen mit durch Enteneier angereicherter Milch getränkt. Enteneier sollten wegen Salmonellengefahr erst nach Erhitzung (Teigwaren, Gebäck) genossen werden. Der Kälbchenkot ohne Stroheintrag riecht wirklich nicht anziehend, ähnlich wie Buttersäure. Ein Grund, weshalb es meiner Schwester Berta im Frühling 1951 im Burentobel bei der Kälberhege nicht so sehr gefallen hat.

Lustig war es aber für mich in jedem Fall. Unerwartet durfte Onkel Josef von der Fabrik - Doktorfamilie F.........t ein ansehnliches Stück ungemähtes, leicht überstandenes Heu den Kühen verfüttern. Also wurde die Herde problemlos in die etwa 100 m entfernt liegende alte, kleine Scheune gebracht und dort eingestallt. Wie ich nun eines schönen Morgens so um sechs Uhr zu meinem Meister komme, um ihm beim Melken zu helfen, steht eine Kuh regungslos etwa 20 cm hoch im freien Futterraum des *Gemmeli* (Weidegaden). Das Tier muss sich in der Nacht irgendwie (anbinden vergessen, Kettenriss?) in diesen Nebenraum verschoben haben, und dabei brach der absolut morsche Bretterboden ein. Die Kuh war wie auf Eis eingebrochen, die Schwanzwurzel steckte rot aufgescheuert direkt an der Bretterbruchstelle. Der Boden war also genau zwischen zwei Balken eingebrochen, die Bruchfläche glich von oben exakt dem Längsprofil der nachtwandernden Kuh. Sie war also fixiert wie eine ausgstochene *Guetzlifigur* im Teig! Ratlos molken wir die Kühe und dachten angestrengt über mögliche Befreiungsaktionen in der baufälligen Scheune nach. Josef wusste von einem ähnlichen Erlebnis in der Kleinen Leu oberhalb Lehmen, wo er jahrelang anerkannter Senn beim *Manselis Jöck* (Manser Jakob) gewesen war. Als einzigen schwerwiegenden Mangel zu einem Mustersennen nannte mein Vater immer nur seine um enige Zoll zu grosse Körpergrösse!

Was tun? Nach der Art des besonnenen Josef nahmen wir vorderhand bedrückt das Morgenessen ein und begaben uns ratlos wieder zur Bruchstelle. O je, die Kuh hatte sich von selber auf die Knie hinabgelassen und sich so unter dem Bretterboden und durch die enge Wagenöffnung zwischen Holunderbaum und Trägerbalken maulwurfartig ins Freie gearbeitet und stand nun leicht ratlos vor ihrem *Gemmeli*. „Kommt Zeit, kommt Rat" war hier also nur die halbe Miete.

Einmal sollte ich dem heiklen Schwerenöter L....r beim Holz sägen helfen. Als erstes sägte der Pedant dem Sägebock/Holzgestell alle vorstehenden Holzlatten und Pfosten weg. Auf die passende Frage nach der benötigten Zeit für das Reinigen eines Velos gab ich einfühlsam und grosszügig ene Stunde an, was dem Draufgänger vorzüglich behagte. Bis das Sägegestell endlich verwendungsreif zugerichtet war, wurde zum Essen gerufen. Ertrag gleich Null. Josef schimpfte nicht. Das tat er wohl sein Leben lang nie. Er hatte leider keine leichte Jugend gehabt. Sein ziemlich betagter (77 Jahre!) Vater starb an Herzversgen, als er zwölf Jahre alt war. So kam Josef als junges Knechtlein zu besagtem *Manselils Jöck*, mehr oder weniger reichlich entlöhnt. Wegen seiner kargen Jugend (er hatte eine einzige Schwester) ass er ohne Wimpernzucken immer alle Teller seiner kleinen Kinder leer. Den hungererfahrenen Bewohnern von Petersburg blieb auch ihre Leben lang nie ein Teller unausgegessen, ganz im Gegensatz zu den heutigen neureichen Bewohnern jenes grossen Landes in Osteuropa. Auch wir Schweizer sind so dumm, dass wir aus kurzsichtigem Übermut und verschrecktem Hygienefimmel tonnenweise Lebensmittel nicht einmal mehr an die Schweine verfüttern (dürfen). Die Welt ist ein Irrenhaus und (hier) . . . . ist die Zentrale.

Unvergessen ist mir auch der Besuch des Kinderfestes (Stützung der Textil - und Kleiderbranche?) in St. Gallen geblieben. Da war ich wohl auch bezirksweit einmalig begünstigt. Die Tante führte mich und wohl einige ihrer Kinder per Bus und zu Fuss auf den Rosenberg, wo wir überglücklich die weiss gekleideten Mädchen und herausgeputzten Buben bei Umzug und Spiel bewunderten. Josef unterrichtete uns am Vorabend mit seiner sonoren Bassstimme fachmännisch über die Umzugsroute, noch habe ich Spisergasse, Spisertor, Multergasse, Markplatz etc. im Ohr. In der Schule in Schlatt glänzte ich dann einige Wochen später unangefochten mit einem guten Aufsatz über das umwerfende Erlebnis mit meiner 'Meisterin' in der grossen Stadt St. Gallen.

Nach vollbrachter Heuernte und vollen vier Wochen holten mich meine Eltern wieder nach Unterschlatt ab. Der Abschied aber geriet zu einem Höhepunkt unerwarteter Dimension. Mir wurde als Lohn eine blanke Fünfzigernote (also fünfzig Franken!) überreicht! Ob die Höhe des Lohnes meiner emsigen Tüchtigkeit oder der absolut grosszügigen Denkweise meines Onkels Josef Sreule zu danken ist, überlasse ich den Lesern.

Aus dem Geld wude übrigens auf Entscheid der Eltern meinen zwei älteren Brüdern je ein Regenschirm gekauft (der eklige Regensommer 1948 lässt drohend grüssen) , so etwa 20 Franken gelangten wohl in mein *Kässeli* (eiserne Einwurfsparkasse der Kantonalbank). Ich begriff die Verteilung, gearbeitet hatten wir ja alle drei 'Jungbauern'.

Ja, die Löhne. Nach einem halben Jahr als Bäcker - Kondidtorlehrling verblieb ich das restliche Halbjahr bei meinem Chef, dem humorvollen Bäckermeister Alfred Sutter, Appenzell. Zu Kost und Logis erhielt ich monatlich für mich stolze 120 Franken Lohn als Bäckergehilfe.

Ich finde das grosszügig. Es ging auch anders!

Als Seminarist erteilte ich im 4. Studienjahr auf verständnisvolle Vermittlung durch den Konviktleiter, Herrn De R . . . e, ein paarmal einem Erstklässler einer Familie Grimm in Goldach Nachhilfe - Leseunterricht. Weiss der Teufel, ich ging bei dieser Familie finanziell völlig leer aus und wusste mich auch nicht zu wehren. Ich war, wie erwähnt, nebenbei gesagt, wohl einer der wenigen Lehrersämlinge (Seminarist; semen = Samen, Sprössling), der den Lebensunterhalt in allen vier Ausbildungsjahren auf die eigene Kappe nahm. Deshalb arbeitete ich in den Ferien etwa viermal in Textil- und Metallbetrieben in Rorschach, absolut zu meiner Zufriedenheit. Bei der Feldmühle im Magazin hatten wir zu dritt oftmals so wenig Arbeit, dass wir angelieferte Holzkisten ganz bedächtig öffneten, den Inhalt ausbreiteten, wieder einpackten, die Kiste erneut zunagelten, um sie ein zweites Mal nicht minder behutsam wieder zu öffnen und die gelieferten Artikel ganz ohne Eile, eher bedeutungsvoll, in die vorgeplanten Regale brachten. Mein Erstaunen behoben die angejahrten 'Mitarbeiter' mit dem ernsten Hinweis auf zwischendurch enorm belastete Zeiten, wo dann eine grosszügigen Personalzuteilung wesentlich sei! Ich nahm diese Weisheit achselzuckend zur Kenntnis, leiden musste ich ja nicht. Bei der Handelsfirma Eisen Stürm durfte ich schon auf einer ratternden Multipliziermaschine Eisenlisten auf Gewicht ausrechnen; wenn meine Zahl mit jener einer Bürotochter übereinstimmte, stimmte sie wohl. Seitdem sind mir Tor- und Boxstahl sowie Siederohre ein anheimelnder Begriff.

Strafe muss wohl sein. Als neu ausgebildeter Lehrer kam mir der Gedanke an zu erteilenden Gartenbau in der AbschLussklasse (mit L, bitte!) als appenzellischer Hirtenknabe leicht unheimlich vor. Todesmutig meldete ich mich deshalb im April 1962 bei einem Gärtner in Goldach (ich hätte gewarnt sein müssen!) zu einer Woche Mitarbeit in der Gemüsegärtnerei, auf intensive Beratung und Belehrung hoffend. Nichts dergleichen. Die ganze verregnete Woche lang gab es nur eintönige Arbeit mit Hacke, Schaufel und ähnlichem Unzeug. Lernertrag berauschend, nämlich nullkommanull. Der Abschied war aber reichhaltig! Auf mündliche Anweisung des Gärtnermeisters riss der Mitarbeiter einige Radieschen aus der nassen Erde und überreichte sie mir mit ernster Miene. Ich schwieg vor Verblüffung!

Weswegen Strafe?

Als leichtsinnige Erstseminaristen genossen wir 'Semi' (so hiessen die männlichen Setzlinge, die weiblichen wurden aus mir unerfindlichen Gründen durchwegs und ohne abschätzigen Unterton von allen 'Besen' genannt) weitsichtig geplanten Gartenbau bei der aushilfsweise eingesprungenen Frau De R . . . e. Die 'Besen' wurden in gleichen Zeit geschlechtsspezifisch textil unterwiesen. Während die rührige Dame uns nun begeistert das Pikieren erklärte und sich entsprechend tief über/auf die Gartenerde beugte, stellten sich einige Bengel belustigt hinter ihr auf, wobei einer noch flüsternd und sachgemäss bemerkte, Frau De R...e hätte ein gebärfreudiges Becken. Wir anderen 'Interessenten' verfolgten das gärtnerische Geschehen wissensdustig von vorne, unsere Blicke eingehend durch den breit - tiefen Rockausschnitt auf ihren wirklich üppigen Busen werfend. Lernertrag berauschend, nämlich nullkommanull! Der eifrigen Dame lag die vegetative (pflanzliche Ableger) Vermehrung sicher sehr am Herzen, während wir eher umfassend über die generative (mit Samen) Vemehrung nachdachten. Etwas blieb vom Gartenbau - Unterricht also doch hängen.

Lehrer sind leider nicht immer einfache Schüler; komisch, aber wahr.

Dem Tüchtigen hilft Gott. Im Thurgau wurde an den Abschlussklassen (später Realschulen genannt) das wohl sinnvolle, aber anspruchsvolle Schulfach Gartenbau (Wetter, Ferienzeit, Erfahrung, grüner Daumen etc.) praktisch nie mehr gehandhabt. Dafür stand/steht das kurzweilige und unwichtige Französisch auf dem Lehrplan. AI ist mit Frühenglisch aber da noch pfiffiger. Französisch brauchen doch nur die Franzosen.

Halm um Halm und Korn um Korn

Das Einsammeln von Heu lässt sich leicht in vier und die Gewinnung von Körnerfrüchten in etwa drei Entwicklungsstufen unterteilen.

Jahrhundertelang wurden die dürren Grashalme wie in meiner Jugend in Unterschlatt mit Heugabel und Rechen zu Haufen geschüttet und in Seilen, Tüchern oder Netzen auf dem Nacken zur Scheune und dort gleich auf den Heustock getragen. Vom Keuchen abgesehen eine geräuscharme Sache. Selig sind die mühselig Beladenen . . .

Als unser Vater für die leistungsfähiger gewordene Familie angrenzend zur Rüti ein gutes Stück Land pachten konnte, musste zur Bewirtschftung dieser zwei Hektaren Grasland im Frühling ein Grassenn Futter ätzen und anchliessend wurde per Verschlauchung Gülle ausgebracht. Das war die einzige Düngung. Es blieb noch der Heueintrag. Weitsichtig kaufte der Vater darum schon im Herbst davor von seinem Schwager Emil Speck einen von diesem nicht mehr benötigten *Bodenewage* (Heuburden - Leiterwagen). So erklommen wir umgehend Stufe zwei. Auf dem ungleich hohen Lattengestell liessen sich nebeneinander fünf Heuburden ablegen und zur Scheune fahren. Dort lud man diese wieder auf den Rücken und trug sie auf der Leiter auf die Heudiele. Wer aber zieht den Wagen, zweiachsig und eisenbereift ungelogen so schwer wie die Heulast selber? Nun, entweder wurde ein Pferd ohne Wagen von einem Fuhrhalter geholt und eingespannt, oder der Nachbar schleppte mit seinem Traktörchen das lange Wagenungetüm zur Scheune. Beide Varianten waren gleich umständlich und zeitlich nicht immer leicht zu handhaben, trotzdem war Stufe zwei bei grösseren Distanzen schon eine Erleichterung. Einmal wurde sogar der schwerfällige Aecherli als Zugmaschine eingesetzt. Platzbedarf und Zeitaufwand waren dabei enorm; nie wieder.

Auf einem imposanten *Bodenewage* für sechs Burden führte auch in Gonten ein Fuhrmann zweispännig unserem Onkel Anton um 1950 wie jedes Jahr die Streue vom Sreuemoos zur hoch gelegenen Scheune, wie ich selber erlebt habe. Gegen Bitte und Bezahlung wurde über die Wiese des unterliegenden Nachbarn gefuhrwerkt. Auch per Seilwinde wurden solche *Bodenewage* hier und dort umständlich zur Scheune gezogen.

Auf Stufe drei wurde nun als enorme Verbesserung das Dörrgut ungebunden mit grossen Ladegabeln auf einen gatterbewehrten Tischwagen geladen, von Kuh, Ochse, Pferd, Motrac, Rapid oder Traktor gezogen. So brachte man im Unterland schon lange das Heu recht rationell zur Scheune. Aber dort war Ende der Fahnenstange. Im hügeligen Gelände konnten die offenen Heufuder über eine brückenartige und oft steile Einfahrt hoch in die Scheune eingefahren und dann dort auf die tiefer gelegene Heubühne entladen werden. Ohne diese Einfahrt behalf man sich mit Seilen, Rollen und Gerüsten; mit Handkurbel oder Elektromotor. Vom hochgezogenen Fuderaufzug auf einem horizonal fahrbaren Boden her war dann die Entladung des Lattenrostes (also ohne Tischwagen) ziemlich einfach. Auch gab es schwerfällige Gabel – Gestell – Paternoster - Aufzug - Möglichkeiten! Aha, umständlich, obwohl Elevator genannt. Ähnliche Gebilde gab es auch fahrbar, direkt   vor dem Tischwagen angebracht. In der Not wurde das Futter auch per Heugabel, möglicherweise über eine Zwischenbühne, auf den Heustock hochgebracht, auch zeitraubend. Gewiss, bei einem Tierbestand von 3 – 4 Kühen und Familien von 6 – 12 Kindern schaffte man auch im Unterland diesen tückischen Heuablad. Wegen verstreut liegenden Parzellen kam dort das Eintragen auf dem Rücken schon gar nicht in Rechnung. Die Lösung brachte erst das Heugebläse mit Elektro- oder notfalls Verbrennungsmotor. Auf dieser dritten Stufe wurde aber dadurch der Heueintrag in die freistehenden, kleinen Stadel und Gaden ohne Stromanschluss, wie im Toggenburg überall anzutreffen, vielfach unterlassen und diese blieben je länger je mehr ungenutzt, besonders auch durch das Aufkommen von Melkmaschinen.

Das eine ruft dem anderen. Wenn in Unterschlatt gegen Abend das elektrische Licht flackerte, wussten wir, aha, der Landwirt W. N. lädt mit dem Heugebäse Heu ab, so schmalbrüstig war damals noch das Stromnetz. Kraftwerke her und Ochsen hin.

Auf Stufe drei aber war nun endlich das im Appenzellerland klimabedingt so ungemein wichige Silieren von Gras möglich geworden.

Nach diesen 'antiken' Methoden folgt nun Stufe vier. Mit Schwader, Heuraupe oder heulendem Gebläse werden die Halme zu Schwaden geformt und dann per Selbstladefahrzeug oder Pickup (rotierendes Stahlfederaufnahmegerät!) mit Anhänger aufgenommen. Mit Kratzboden, Dosiergerät, Gebläse und Schwenkbogenverteiler gelangt die Ernte auf den Heustock über dem Stall oder den ebenerdig angelegten Futterwalm Die Entladung per Kran ist noch leistungsfähiger, fast geräuschlos und staubfrei. Man kann auf dem Feld aber auch leichte Ballenpressen einsetzen, die Ballen gelangen per Motorkraft oder Heugabel auf den Wagen und von dort in der Scheune mittels Förderband auf den Ballenstapel. Mächtige Ballenpressen formen aber bei Bedarf auch tonnenschwere Rund - oder Prismenballen, die per Stapler unterschiedlicher Bauart auf Anhängern zur Scheune auf den Stapelplatz gefahren werden. Siloballen unterschiedlicher Grösse und Form werden zuvor noch maschinell luftdicht in Plastik verpackt. So ein Traktorzug mit Ballenpresse und Wickler hätte auf den kleinen Bauerngütlein in der Ostschweiz früher kaum wenden können! Fahrsilos werden gleich mit dem Erntewagen befahren und diese dort maschinell entladen, Schlepper übernehmen die erforderliche Verdichtung, während Hochsilos wiederum leistungsfähige Gebläse und Häcksler erfordern. Noch leistungsfähiger als auf dieser Stufe vier lässt sich das Viehfutter nicht mehr bereitstellen, es sei denn, die Tiere weiden das ganze Jahr über im Freien, wie das in Kolumbien, Brasilien etc. der Fall ist.

Nun bleiben noch Getreidekörner aller Art sowie Raps, Sonnenblumen, Ackerbohnen (Soja) und Grassamen zu ernten.

Noch 1946 trug mein Vater in der Anbauschlacht des 2. Weltkrieges reife Sommerweizenhalme als Burde in das Tenn, wo sie dann durch eine vom Bezirk (Gemeinde) vermittelte Dreschmaschine (wohl mit Benzinmotor) gedroschen wurden, woran ich mich noch schwach erinnere. Das war aber schon die zweite Stufe der Korngewinnung. Auf der ersten Stufe wurden jahrhunderte - und jahrtausendelang (seit der Eisenzeit!) die Getreidehalme mit Sichel oder Sense geschnitten, zu Garben gebunden, zur umfassenden Reifung und Trocknung in Puppenform der Sonne ausgesetzt und per Rücken oder Wagen zur Scheune geschleppt. Mit Dreschflegel, Worfschaufel oder Sieb trennte man die Körner vom Halm und den Spelzen, der Spreu. Bei dieser Ernteform muss der Reifegrad der Körner wohl beachtet werden, weder auswachsen noch herausfallen der Körner kann der Getreidebauer wegen Qualitäts- und Quantitätseinbusse dulden. Das gilt auch noch bei den heutigen Mähdreschern. Nachdem der schottische Pfarrer Patrick Bell 1826 die Mähmaschine mit Scherenmesser und Mähbalken erfunden hatte, wurde maschinell gemäht. Aber schon ab 1786 gab es die Dreschmaschine, mit Handbetrieb oder Göppelantrieb durch Tiere. 1857 wurden erstmals mit einem Mähbinder (mechanischer Knoter) Garben gebunden. Diese wurden aber immer noch in der Scheune gedroschen. Man ist nun auf Stufe zwei.

Aber auch schon 1836 wurde erstaunlicherweise in den USA ein erster Mähdrescher mit bis zu 40 Maultieren als Zugkraft eingesetzt. Damit war nun die endgültig dritte und letzte Entwicklungsstufe erreicht. So wurde der Transport der Halme zur Scheune zur Wahl. Die Dreschmaschine kam als Mäher zum Halm und nicht ungekehrt. Wahlweise erfolgte der Antrieb der Dreschvorrichtung damals noch über Maschinenrad oder Aufbaumotor, auch der Zug wurde wahlweise durch Tiere oder Traktor bewerkstelligt, zeitweise sogar durch Dampfbetrieb mit Stroh als Brennstoff. Erst 1927 konstruierte Krupp in Deutschland einen Mähbinder (nicht Drescher), der über eine Zapfwelle vom Traktor angetrieben wurde. 1951 stellte die Firma Fahr erstmals in Deutschland einen selbstfahrenden Mähdrescher vor.

Heute finden sich nur noch selbstfahrende Mähdrescher auf den Feldern. Je nach Frucht (Weizen, Mais, Soja, Sonnenblumen etc.) werden pro Mähdrescher unterschiedliche Schneidwerke eingesetzt. Auch unterscheidet man tangentiale, axiale, transversale und hybride Dreschsysteme. Auf Wikipedia gibt es noch mehr Details zu erfahren. Das Stroh wird entweder gehäckselt und zum Unterpflügen verteilt oder für Einstreu und andere Zwecke zu Schwaden geformt, die anschliessend mit Ballenpressen aufgenommen werden. Für Kühlung und Antrieb muss diesen Erntemaschinen viel staubfreie Luft angeboten werden.

Wichtige Teile der Mähdrescher sind Pneus bis 80 cm Breite (wahlweise auch Raupen), Schneidwerk bis 14 m Länge, Haspel, Dreschtrommel, Dreschkorb, Korntank mit 5 – 12 m3 Inhalt, Motor bis 650 PS Leistung sowie klimatisierte und geschlossene Kabine. Die hinteren kleinen und meist nicht angetriebenen Lenkräder ermöglichen dem Schneidwerk einen engen Wendekreis. Das GPS führt das Gefährt auf 10 cm genau der vorherigen Spur entlang. Die einen Sensoren halten das Schneidwerk auf optimaler Höhe, während andere die Geschwindigkeit von 5 - 15 km/h und das Dreschsystem günstig einstellen. Solche Mähdrescher weisen mehr Elektronik auf als die ehemaligen Mondfahrzeuge (laut einem Museumstext auf der Fair Oaks Farm in Indiana, USA). Wenn der Korntank so alle 15 – 30 Min. während der Fahrt in grosse Lastwagen oder Anhänger entleert wird und täglich 10 – 18 Std. gefahren wird, resultieren Getreidemengen pro Mähdrescher von bis zu 800 Tonnen. In den grossen Getreidesilos wird die Körnerernte auf optimale Feuchtigkleit getrocknet und zum Verlad eingelagert.

So ein 'galaktisches' Ungetüm erntet ruhig 10 000 mal mehr Gertreidefrucht als der Landmann vor 300 Jahren mit Sense, Garbenschnur und Dreschflegel schaffte. Mit den behäbigen 400 PS starken, 4 m breiten und 5 m langen Schleppern der Marke John Deere 9300, wie ich sie am 10. 4. 1999 nahe bei Decatur in Illinois/USA bestaunt habe (auf 12 mächtigen Pneus), vollzieht sich auch die Aussaat (pflügen, eggen, säen, düngen) sowie die Gründüngung und Unkrautbekämpfung per Flugzeug in schneidiger Weise. Diese vordergründig erstaunliche und fast fürchterliche Leistungssteigerung pro Mann ist der Grund unseres bald peinlichen Wohlstandes in der westlichen Welt. Bei Unterricht und Krankenpflege ist das nicht zu erreichen, weshalb die Kosten hiefür prozentual immer mehr steigen. Pro Lehrer trifft es immer weniger Schüler und pro Arzt immer weniger Patienten.

Auf den fast endlosen Weizenfeldern im Mittelwesten der USA sieht man weder Menschen noch Wohnstätten. Da gilt das Wort meines Vaters auch für Weizen: „Der Wald wächst, auch wenn du schläfst!" In der modernen Industrie werkeln ebenfalls komplizierte Maschinen fast ohne menschliches Dazutun unentwegt vor sich hin.

Dass die US-Amerikaner rationell vorgehen, muss der Neid ihnen lassen. Schon am 12. 7. 1981 bemerkten meine Familie und ich bei Rapid City in Süddakota eine Erntegruppe von vier Mann, welche täglich bis zu 18 Std. Weizenfelder aberntete. Etwa im Mai beginnt die Ernte in Texas unten mit Winterweizen und setzt sich ungefähr über Oklahoma, Kansas, Nebraska, Süd- und Norddakota bis Saskatchewan und Alberta in Kanada fort, wo es dann mittlerweile im August/September Sommerweizen zu gewinnen gilt. Zwei unempfindliche Burschen führen auf ihren zwei Lastwagen die Drescher zum entsprechenden Getreidefeld und bringen von dort dann pausenlos das Korn zu den Silos. Ein weiterer Fahrer lenkt den Reparaturwagen mit den zwei 7,2 m langen Mähbalken auf dem Anhänger, während der vierte Mann in einem Geländewagen fährt und den grosszügig gebauten Wohnwagen angehängt hat. Diese zwei Burschen bedienen dann die zwei Mähdrescher. So ziehen die 'Maschinisten' wochenlang wie Vagabunden (pardon; Rotationseuropäer) von Getreidefeld zu Getreidefeld, 3000 km von Süd nach Nord. Sie erinnern uns an die früheren Cowboys mit ihren Rinderherden auf den Trecks etwa nach Kansas City oder nach North Platte in Nebraska. In Lärm und Hitze und Staub wird fast Tag und Nacht geerntet. Die heutigen Fahrerkabinen sind aber wie erwähnt komfortabel ausgerüstet.

Die Weizenfelder in Nordamerika sind natürlich beeindruckend gross. Bei Lethbridge in Alberta/Kanada und wohl auch andeswo gibt es eine Stelle, von der aus man rundum nichts als ein Getreidefeld sieht. Sicher, da pfeift keine Blaumeise und wächst kein Baum.

Aaron, der Sohn meines Cousins Patrick, arbeitet als Maschineningenieur in einer Fabrik in Wisconsin, die Ackerbaugeräte (eggen, säen, düngen etc.) von knapp 30 Metern Breite herstellt. Auf Famen in Kanada mit rund 4000 ha Fläche kommen dabei Traktoren mit 600 und mehr PS zum Einsatz. Hoppla, Platz da!

Als ich im Juli 1975 bei meinem ersten Besuch bei meinem Onkel August in Wisconsin diesen beim Entladen von Kleegras in einen Silo sah, begrüsste er mich im Lärm mit lauter Stimme: *„Vo me Oot here moss s'Fresse cho"* (Von irgendwoher muss die Nahrung kommen)!"

Weltweit gibt es nur noch wenige Hersteller und Anbieter dieser imposanten Ungetüme, wie sie die Mähdrescher darstellen. Der grösste Produzent landwirtschaftlicher Maschinen weltweit ist John Deere, während Claas der grösste europäische Hersteller von Mähdreschern ist. Einige Marken sind zusammengeschlossen zu gösseren Konzernen, zu nennen sind Case IH, New Holland, Massey Ferguson, Fendt und Deutz.

Dünger - wie Treibstoff - und Wasserbedarf sowie die allgemeine Umweltbelastung bei andauerndem Bevölkerungswachstum und hohem Lebensstandard lassen einen trotz moderner Maschinen schon fragend die Stirne in Sorgenfalten legen.

G. ABRUNDUNG, SCHLUSSGEDANKEN

Farmerpsychologie oder . . . 'Sohn des Vaters'
Die meisten der nun folgenden Tipps verdanke ich meinem Onkel August Fässler, der seit Juli/August? 1930 in Juda/Wisconsin als Farmer lebte und den ich insgesamt etwa fünfmal besuchte. Bei diesen Weisheiten soll der Jungfarmer/ Jungbauer/Junior (es dürfen auch mehrere sein) zwischen 10 – 16 Jahre alt sein, das Alter des Altfarmers/Seniors ist frei anzunehmen. Die Einsichten gelten natürlich auch für die Ostschweiz. Mein Vater befolgte unbewusst auch diese Regeln.

Dass der Junge auf einem alten Pferd reiten, an einer günstigen Kuh melken und bei taunassem Emd auf glattem Boden mähen lernen soll, ist eine Binsenwahrheit. Aber wer fährt den neuen, schweren Traktor, wer benützt den handlichen, neuen Aluminiumrechen. Sicher, der Junior! Nach August sind schwere Lasten mit dem kraftstrotzenden Trecker sicherer zu beherrschen als mit dem überforderten alten Gerät. Also fährt der Junior die neue Maschine, die er auch gleich besser im Griff hat als sein Papa. Mit dem verkorksten, alten und leichten Traktörlein müht sich der Alte Herr ab. Das neue und leichte Heugeschirr ist den Jungen zu gönnen, der Senior ist sich an das alte Gerät gewöhnt.

Die unangenehmen Arbeiten erledigt der Farmerjunge nie allein, immer ist sein Vater auch dabei, ansonsten verliert der 'Erbprinz' die Freude am Farmerleben.

Den Jungen ist Freiraum gewährt. Mit Augusts Worten:" Wenn irgendwo ein paar (Farmer-) Buben aufwachsen und nicht hin und wieder etwas kaputt geht, so stimmt etwas nicht!" Talente brauchen Auslauf.

Als Abschlussarbeit auf der Highschool baute mein Cousin Patrick die Getriebe zweier Traktoren zusammen. Mit den schnellsten Gängen beider Aggregate resultierte fast eine Renngeschwindigkeit, mit den langsamsten Einstellungen war die Radbewegung kaum feststellbar. Eine solide Gaudi, die auch praktisch ihren Dienst verrichtete.

Der Respekt gilt aber auch nach oben. Bis 1954 benutzte Onkel August auf der Farm Pferde, nachher hatte er einen ersten, roten Traktor. Also hängte er das Pferdegeschirr in der Remise an den sprichwörtlichen Nagel – dort hängt es unverändert und unberührt noch immer!! Jener Koffer, mit dem August als junger Mann von Gonten nach Wisconsin auswanderte, ist auch noch immer in der Familie vorhanden und wird respektvoll aufbewahrt!

Laut August wird bei Todesfällen in der amerikanischen Armee bei der militärischen Beerdigung das Sternenbanner vom Sarg von Soldaten streng feierlich nach Vorschrift mehrmals diagonal über Eck etwa auf Kissengrösse gefaltet. So wird die Flagge den trauernden Eltern überreicht. Die legen dann das Ehrentuch unverändert etwa auf das Buffet – so bleibt es jahrelang unverändert gefaltet liegen.

In den USA als einer einzigartigen Weltmacht sind bisweilen Leben und Tod nahe beisammen. Jahrelang und nicht nur während des Vietnamkrieges wurden so Sept./Okt. (mit 18 Jahren!) jeweilen Rekruten ausgehoben, der ganze Jahrgang wäre zu viel gewesen). Mit TV-Übertragung wurden von der entsprechenden Behörde offiziell die 365 Tage des Jahres in 365 Ränge verlost. Vier meiner Cousins waren dabei lebhaft interessiert, welche Tage (sagen wir den 12. Mai) an erster und welches Geburtsdatum (analog den 17. Sept. oder 5. März) an zweiter Stelle und folgendem Rang notfalls ausgehoben worden wären. Ein Sohn meines Cousin Johann Broger väterlicherseits, John Broger, meldete sich aber freiwillig für zwei Jahre bei der US – Armee. Diese bot ihm eben eine erwünschte Ausbildung als Lastwagenmechaniker; eine Zeit lang tat er Dienst in Deutschland.

Allen vier Cousins mütterlicherseits schenkte das Schicksal einen späten Rang; Pat ca. 120, Nick erwischte 153, Tom ca. 200 und Fred sogar den Rang 365!) und sie blieben so vor einem Einzug in die Armee und einem möglichen Einsatz in Vietnam verschont. Heute ist alles mit der Berufsarmee erledigt.

Ulkig war, dass im nahe gelegenen Illinois (die Farm 'Gontenhof' liegt direkt an der Grenze Wisconsin - Illinois) wiederum selbst jungen Vietnamveteranen kein Bier zu trinken erlaubt war, weil dieses gefährliche Getränk erst mit 21 Jahren obrigkeitlich gestattet ist. Schiessen wohl – bechern nicht. Sicher, die Yankees haben ein eigenartiges Zeitgefühl. Ihre ausgestellten Gegenstände in den Museen sind etwa so alt wie bei uns nur schon die Museen selber. Selbst in den USA ist eben noch manches zum Glück durch die einzelnen Gliedstaaten bestimmt. Steuerrechtlich gibt es nach meinem Cousin Pat in den USA sogar vier Ebenen. Diese Vielfalt gilt aber nicht für Haftpflichtgerichtsfälle. Von New York bis San Francisco kann man sich redlich fragen, wer da der Gauner ist: der Kläger, der Beklagte, der Verteidiger oder der Richter. Um keinen zu übergehen, bezeichne ich in diesem Erwerbszweig grosszügig gleich alle vier als aalglatte Schurken, wobei ich nicht nur an die 'Hohen Priester' der Banken denke. In negativen Angelegenheiten darf man ungestraft die weibliche Form weglassen, da reklamiert keine Frauenrechtlerin.

Onkel August erledigte schon seit etwa 1950 auf seiner Farm alle Feldarbeiten wie pflügen, eggen, säen, düngen, mähen, ernten etc. genau waagrecht in den amtlich eingemessenen Höhenstreifen von ungefähr 15 - 20 Metern Breite. So wird der schädliche Humusabtrag durch Wasser verhindert (washing). In der Schweiz ist diese pflegliche Bodenbearbeitung weder nötig noch bekannt, trotz hügeligem Gelände. Augusts Söhne halten sich noch immer strikt an diese arbeitsintensive Streifenbewirtschaftung (Striping), der in Wisconsin und anderen Bundesstaaten meist nur tüchtige Farmer nachleben. Lächerlich bis ärgerlich wäre es nun, wenn ein Farmer von seinen Pächtern oder Söhnen dieses Stripping verlangte, selber aber hügelauf und hügelab ackerbaulich fuhrwerken würde. Worte überzeugen – Beispiele reissen hin! So verkehrt ist es aber, wenn umweltbesorgte, bundesrätliche Personen vorzüglich weiblichen Geschlechts per Helikopter von Bern nach der Wochenend - Heimstatt nordöstlich von Appenzell oder per Privatdüsenmaschine an eine nebensächliche Klimaschutzkonferenz in den Nahen Osten knattern und sausen. Wenn ein Papst von seinen Dienern (Bischöfen) den Rücktritt mit 75 Jahren fordert und selber bis über 80 petrusamtlich weiterzittert, so finde ich das befremdend. Der vatikanische Meister hält sich wohl für so unersetzlich wie die englische Steinzeitkönigin. Wird damit nicht ungewollt die Bedeutungslosigkeit des hohen Amtes aufgezeigt? 'Wein predigen und Wasser trinken'! So heisst dieses eitle Gebaren ungefähr bibelgetreu! Meine Hochzeitsreise mit Rosmarie von 1965 nach Paris kann ich aber wohl als Jugendsünde, schulische Weiterbildung und Bussübung rechtfertigen.

Bei zu selbstgerechten und abgehobenen Offizieren bringt die deftige Soldatensprache die nötige Erdung mit der kernigen und geschlechtsneutralen Aussage: *„E macht au en Boggl bim Schii . . .!"* (Auch er erledigt das grosse Geschäft mit gekrümmtem Rücken). *Ääpfoch!* (O je!).

Zurück zur Farm!

Nach der Hof/Farmübergabe verschenkt der weise Senior nur nach Anfrage seine Ratschläge, jede Generation hat ein Anrecht auf eigene Fehler. Schwiegermama sei Schweigermama; sexistisch geraten!

So also wären nach *Vette Auguscht* Jungfarmer zu umsorgen. Wie aber hält man es mit den Knechten? Ein Cousin meines Vaters, Franz Rusch, nötigte eimal seinen jungen Knecht förmlich, in Gonten doch einen der damals seltenen Tanzanlässe (Neujahr, Fasnacht, Chilbi?) zu besuchen. Die jungen Leute sollen es doch lustig haben, argumentierte der Meister erfolgreich. Das erzählte mir der betreffende Knecht selber im Militärdienst, immer noch seinen damaligen Meister rühmend.

Bei einem anderen Cousin meines Vaters ging es nach Aussage des obigen Dienstkameraden in den Vierzigerjahren auch um das Tanzen. Mit einem feinen Unterschied. Jener Knecht (ich kenne seinen Spitznamen) versprach dem Junior einen Franken, wenn dieser für ihn eine ihm auferlegte Arbeit (Pferdestall besorgen) verrichte, damit er früher auf den Tanz gehen könnte. Die Mutter/Meisterin bekam von der Sache Wind und versprach ihrem Söhnlein erstaunlicherweise zwei Franken, wenn er dem Knecht die verhandelte Arbeit nicht abnehme. Der Entscheid des Sprösslings ist nicht mehr eruierbar, egal, die Haupakteure ruhen längst sanft.

Die Wege des Herrn sind unerforscht – aber jene seiner Kostgänger sind oft noch rätselhafter. Sohn und Mutter lebten übrigens später 'miteinander' in einem bitterbösen Streit.

Wer Wind sät, wird . . . !

Entschärfend sei angefügt, dass man im obigen Fall auch die Gegenpartei anhören müsste.

Schon 1975 fiel mir in den Farmgebieten der USA an den mit viel Trara betriebenen Ausstellungen und Veranstaltungen (Cheese - Day/Käsetag etc.) auf, wie Jungen und Mädchen (pardon, girls and boys) stolz und selbstbewusst ihre Lieblingstiere vorführten, seien es dann Kälbchen oder Schweine (sogar Eber) oder Truthühner gewesen.

Für Bauern/Sennen kann die Begeisterung der Kinder für ihren Betrieb und gar das Brauchtum nicht erzwungen, aber vielleicht geschenkt werden. Das gilt allgemein für Handwerker, Unternehmer oder Akademiker. Was bei Ärzten ziemlich gut und bei Bauern meistens gelingt, ist im Lehrerberuf eher eine Seltenheit!

Der Start als *Gäässbueb* (oder *Gäässmeedli*) mit Fortsetzung als *Springbueb* und Vollendung als *Voosenn* ist sicher eine gute Möglichkeit, einmal braungekleidet der Herde zu folgen! Auffallend ist zudem, wie auch junge Frauen aus nichtbäuerlichen Familien Freude und Erfüllung als Bäuerin/Sennerin finden. Das vielgeschmähte Fernsehen zeitigt da endlich auch positive Resultate.

Baa Chuedreck (überaus sennisch) ist heute salonfähig!

Aecherli und Computer – Wie der Vater, so der Sohn

Nachdem 1948 der Aecherli-Motormäher bei uns in der Rüti Einzug gehalten hatte, stellte sich die Frage, wo diese technische Wundermaschine versorgt werden soll. Über Bretter und Bohlen überwand das Vehikel mühsam die Schwelle des Tenntores und ruhte im Tenn, wo aber wegen der Benützung als Heurüstraum keine Bleibe war.

Also wurde das Gerät den Holzwagen unter der Tenne zugeordnet. Das doppelseitige Tor dazu aber war zu eng. Ein handwerklich geschickter Nachbar spitzte die Mauer zurück und verbreiterte notdürftig die dazu gehörende Holztüre mit Leisten. Der Durchgang liess beim Mähbalken links ud rechts so 15 cm freien Raum. Der Vater als exzellenter Handmäher aber schlechter Maschinist wagte nicht, die Mähmaschine aus eigener Motorkraft durch dieses Nadelöhr (Leichter geht ein Kamel ...; Mt 19,24; Mk10,25; Lk 18,25!) zu fahren. Darum drehte er kräfteraubend einmal am rechten gusseisernen Speichenrad und dann wieder am linken und rollte so das Ungetüm mühsam in den ebenerdigen Stauraum unter der Vorbrücke und dem Tennboden.

Das war eine zirkusreife Mühsal.

Erst später wagten wir gemeinsam, das Mähungheuer in direkter Fahrt durch das Engnis zu steuern.

Sie finden das heute ulkig?

Nein, es ist symptomatisch für den durch technischen Fortschritt bewirkten rasanten Wechsel der nötigen Fähigkeiten.

Im Lehrerseminar Rorschach unterrichtete uns Lehramtskandidaten/-innen ein allseits beliebter, vielseitig begabter und ach so liebevoller Physik- und Mathematiklehrer. Ich nenne mit dankbarer Achtung gerne seinen Namen: Dr. Ruedi Stössel. In seiner Assistenzzeit am Polytechnikum (ETH) in Zürich um 1920 - 30 diente seine Doktorarbeit (elektromagnetisches Moment ionisierter Gase - oder so eine ähnliche 'banale' Sache) seinem Doktorvater bei einem Physikerkongress in Brüssel (wohl Solvay – Konferenz 1930 in Brüssel) als weiterer Beweis der Relativitätstheorie von Albert Einstein, über dessen charakterliche Ausstattung (Charakterlump?) und ihm heute erwiesene Lobhudelei man schon die Stirne runzeln kann/muss. Als sturer Pazifist von 1914 animierte Einstein um 1940 doch wieder Präsident Roosevelt zum Bau der Atombombe und benotete selbstgerecht im sicheren Massachusetts die Flüchtlingspolitik der Schweiz leicht abfällig (zum Teil laut Wiler Zeitung vom 14. 11. 2015). Nun, wie die Alten schon wussten - es kann keiner so gescheit sein, dass er in gewissen Bereichen nicht doch wieder kreuzwetterblitzdumm ist! Schreibe ich dies aus der Frechheit oder Einsicht des Alters? Ich persönlich kann diese These nicht stützen, denn zur vorhandenen Einfalt fehlt noch die Spitzenbegabung. Das Interesse an Methematik macht noch keinen Euler und die Freude am *Schölleschötte* noch keinen *Schöllesenn*.

Die allgemeine und spezielle Relativitätstheorie verstehe ich wie viele Sterbliche auch nicht, aber sie spielt nur schon im Navigationsgerät des Autos wie auch bei der Atombombe und der Kernenergie eine Rolle. Trotzdem halte ich die Erfindung der Null durch den indischen Mathematiker und Astronomen Devanagari Brahmagupta um 600 (dezimales Stellenwertzahlensystem mit den negativen Zahlen), die Einführung der Dezimalbrüche durch den holländischen Ingenieur Simon Stevin oder die mühselige Berechnung der Logarithmen durch den schottischen Mathematiker John Napier für wichtiger. Die Logarithmen waren in der Vortaschenrechnerzeit ein vereinfachendes und äusserst wichtiges Rechenverfahren für alle Naturwissenschafter. Ja, und jetzt? Der Lichtensteiger Mechaniker und Uhrmacher Jost Bürgi (‚Justus Burgius, Mechanicus'; heute würde seine Berufsbezeichung sicher an die vier englische Wörter umfassen) aber vollbrachte zeitgleich und unabhängig von Stevin und Napier allein beide genialen und epochalen Glanztaten (auch nach Appenzeller Kalender 1984). Den bescheidenen Toggenburger Jost Bürgi und den einzigartigen, tüchtigen und fast erblindeten Basler Mathematiker Leonhard Euler dürfen wir Schweizer ruhig dem hochgejubelten und egozentrischen Albert Einstein vorziehen. Diesem jüdischen ‚Amerikaner' aber schenken die Massenmedien mehr Aufmerksamkeit als dem stillen Bürgi. Typisch schweizerisch bescheiden war er eben. Erst seit kurzem (NZZ vom 29. 1. 2016) weiss man überhaupt, dass und wie das Toggenburger Genie Sinuswerte zur Winkelberechnung auf beliebig viele Stellen genau bestimmen konnte, was für die Artillerie und noch mehr für die Astronomie und Schifffahrt eminent wichtig war. Was zählt für das praktische Leben mehr, die Brille (heute auch Linsen) oder die Relativitätstheorie? Wie bedeutsam ist auch die Verschlüsselungstechnik der US-Amerikaner Rivest, Shamir und Adleman (RSA) von ca. 1977, ohne die kein Handy auskommt? Nützlicher als die Relativitätstheorie! Welche Bedeutung hat das simple Zahnrad, das Streichholz, der Kunstdünger, die Äthernarkose seit dem 30. März 1842; und wer dankt seinem Erfinder, seinen Erfindern? Mit den Worten meines Vaters: Oft bekommen jene Pferde den Hafer, die ihn nicht verdienen. Dr. Ruedi Stössel würde mir da wohl nur schon aus Friedensliebe nachsichtig zustimmen!

Aber noch im hohen Alter rechnete unser D. Stössel (kurz vor 1990) in vornehmer Verweigerung ohne Taschenrechner – Altersstarrsinn oder stille Demonstration der eigenen Fähigkeiten?

Die Sache mit dem Phyisikerkongress verriet mir Dr Stössel übrigens in aller noblen Bescheidenheit erst bei meinem Besuch knapp vor 1990.

Ich trete in seinen Fussstapfen. Wohl benütze ich einen Taschenrechner, aber ein Computer, nein, welch ein Graus. Ich tippe nur mühsam darauf, beherrscht wird er von meiner Rosmarie und meinem gesamten Familiennachwuchs. Dafür kann ich als einziger in der Familie *Schölleschötte*.

Auf wie vielen Bauernbetrieben sind die anerkannten Fähigkeiten des 'Seniors' nicht mehr gefragt (melken, mähen, Fütterung, Züchtung, Ackerbau, etc.), für den 'Junior' aber ist selbstverständlich ganz anderes und früher nicht erwartetes Können matchentscheidend. Das gilt natürlich für alle Lebensbereiche, fast alle.

Nichts veraltet so schnell wie das Neueste. Alle Computerbenützer erfahren das unweigerlich.

Also nicht lachen, nur schmunzeln über Aecherlibeförderung um 1948, Taschenrechnerverweigerung um 1990 oder Computerscheu um 2015.

Dass wir mathematischen Leichtgewichte bei Dr. Stössel (ausser Logarithmen – sie sind nicht essbar) statt Infinitesimalrechnen so herzensgute Liedchen singend geschenkt bekamen, will ich im Namen all meiner Seminarmitschüler/-innen dankbar vermerkt haben. Als Reallehrer halfen mir diese Melodien mehr als die (uns vorenthaltenen) differenzierten Integrale oder integrierten Differenziale der Analysis. Gibt es sie überhaupt?

In unserer Jugend lebten wir in Unterschlatt an sich mathematisch gesehen einfach so in den Tag hinein. So blieb uns die Lösung der folgenden Scherzaufgabe immer verborgen: 'Wieviel Eier legt ein Huhn in einem Tag, wenn 1,5 Hühner in 1,5 Tagen 1,5 Eier legen?' Mit dem PC erhält man die Lösung blitzschnell, aber Dr. Stössel löst so eine Aufgabe ohne TR und ich noch ohne PC. Ein Ei ist falsch!

'Wie weit läuft ein Hund in den Wald hinein? Bis zur Mitte, dann wieder hinaus!' Das empfanden wir Logiker schnell als zutreffend.

Wie ungleich doch das Leben beschenkt, zeigt die Tatsache, dass eine Tochter von Dr. Stössel mit Trisomie lebt, während sein Sohn Physiker am CERN war.

Könnte nicht die reiche Schweiz jährlich einen mit ein paar Millionen Franken dotieren Bürgi – und Eulerpreis verleihen oder ausloben, statt Milliarden ‚Batzen‘ ziemlich fragwürdig in der Entwicklungshilfe zu verbrennen? Ähnlich dem Nobelpreis sollten damit sinnreiche, menschenfreundliche Ideen und Neuerungen geehrt werden. Nützliche, nicht originelle! Ich denke ganz leichthin (und augenzwinkernd) an PC, Reissverschluss, Schiffscontainer, "Pille", Widder, Viagra, Torxschraube, Narkose, Herzklappen, WC, Siloballen, Scheibenmäher, Kettensäge, Hundeleine, Silikonbusen, Selbstbedienungsladen, BH, Kugellager, Fernbedienung, Keilverzinkung, Essgabel, Teflon, Laser, Gummiartikel, Mähsense, Velo, Fussball etc. Dem Leser fallen wohl leicht noch weitere zehn Erfindungen oder Ideen ein.

Von der Horde zur Herde oder vom Chaos zum Kosmos

Als einmal eine Studienkollegin von mir die regelmässigen Weglein auf der steilen Weide sah, meinte sie im vollen Ernst, dass die Bauern diese *Weegpööte* angelegt hätten. Die landwirtschaftlich unbelastete Lehrerin konnte kaum begreifen, wie durch regelmäsigen Weidegang der Kühe so gleichmässige Muster entstehen können, die aus der Distanz gesehen auch verblüffen in ihrer Regelmässigkeit. In Kolumbien entwickeln sich auf beinahe ebenem Boden durch unablässsigen Weidegang der Rinder (365 Tage im Jahr!) grasbewachsene Hügelchen, ähnlich grossen Ameisenhaufen. Die Kühe benützen die Weglein zwischen diesen *Böhleli* immer auf die gleiche Weise und beweiden diese Erhebungen, ohne sie zu betreten. Mit Mähen würde so etwas nicht entstehen.

Solche Muster bilden sich ebenfalls spontan auf Schnee oder Sand (Riffel) und im Meer. Aus Unordnung/Durcheinander (Chaos) bilden sich durch einfache Gesetze Ordnung, Anstand und Schmuck, so die Bedeutung des griechischen Wortes Kosmos.

Dabei sind selbstverstärkende Regelkreise die Ursache. Hält man ein Mikrophon vor den angeschlossenen Lautsprecher, so ertönt schnell ein scharfes Pfeifen; hält man eine Kamera vor den entsprechenden Bildschirm, bildet sich ein Trichter, der ins unendlich Kleine führt. Gleiches kommt zu gleichem.

In den Fussballstadien bilden sich spontan Schlachtgesänge (natürlich oft durch Lautsprecher, Monstertrommeln, also Einpeitscher, gelenkt); Einordung und Gleichförmigkeit entsteht. Zwänge durch militärische Disziplin oder geographische wie jahreszeitliche Gegebenheiten, also Nistplätze, Strände oder Meeresbuchten lassen so gewaltige Ansammlungen von Menschen und Tieren (Fische, Pinguine,

Walrosse, Lachse, Vögel, Schmetterlinge, Springböcke, Bisons, Einzeller als Amöben etc.) entstehen.

Ritual und Harmonie beim *Oberfahre* entstanden nach ähnlichen Vorgaben. Einiges ist Sachzwang (Stier am Nasenring, Fahreimer links, Material auf Mann oder Kuh, Schellen am Joch bei steiler Wegstrecke, Hirte vor der Herde etc.), anderes könnte auch anders sein (drei Schellkühe, 3 - 4 Sennen hinter drei Schellkühen, Weidschelle stillgestellt, Schellenriemenschloss rechts, *Puur im bruune, nüd rote Liibli*, Sennenring am rechten kleinen Finger etc.).

Die Horde ist ungeordnet, die Herde aber zeigt Aufbau und System.

Es ist wohl wie bei den bunt bemalten *Huus ond Gade* in AI, den weissen Holzzäunen und Farmgebäuden (oder den roten mit weissen Einfassungen) in Wisconsin oder den Holztürmchen auf den Bauernhäusern in Bayern oder Tirol: Jemand macht etwas, ein zweiter macht es ihm nach, einem dritten gefällt das auch, und bald gilt es allgemein. Aber hier immer zwanglos, nur durch Anpassung. Das *Oberefahre* mit seinen Regeln ist durch freie Anpassung entstanden. Gleichheit schafft eben auch Sicherheit. Wenn der Leitgorilla oder die Leitwölfin zur Jagd brüllen oder heulen, folgt man mit Vorteil, um bei der Beuteteilung nicht leer auszugehen. Auf diesem Mechanismus beruhen die Indianerstämme und modernen Staaten.

Wenn sich Atome zu Kristallen gruppieren wie bei der Schneeflocke oder dem Kochsalzkristall, bildet wieder die Annahme der unmittelbaren, nachbarlichen Regel die Grundlage. Ganz feine Abweichungen sind gestattet; deshalb gleicht keine Schneeflocke der anderen, aber auf dem Sechseck bauen alle auf. So gehören immer drei *Schöllchüe* zum Senntum, aber wie sie einander folgen ist frei. Wo das Jungvieh im Senntum mittrottet, ist egal, aber nicht vor *de Schöllchüe* und nicht hinter dem *Puur*. Wann ein Jauchzer *bim Oberefahre* ertönt ist egal, aber er soll ertönen.

Kein Senn hat es demnach nötig, seine Originalität und Kreativität dadurch beweisen zu wollen, dass er mit 2 oder 4 *Senntumschölle oberefaht* (aber die gibt es so schon gar nicht!). Es reicht aus, wenn er die moderne Silierung, den neuzeitlichen Stall, die aktuelle Wetterlage per PC, die reichhaltige Ernährung auf der Alp und den Embryotransfer mitsamt der Gensequenzforschung beherrscht und anwendet.

Die wilde und ergiebige Globalisierung lässt den Wunsch nach Tradition und Verwurzelung aufkommen. Heute sind Trachten wieder 'Mode'.

Global provitieren und sich lokal erfreuen – *seb senneled, seb tlöggeled!* (ist sennisch, klingt gut!)

Wie sich beim Menschen plötzlich auffällige, meist belanglose Dinge durchsetzen, zeigt vierteljährlich die Kleidermode. Ebenso ist der Sport der Nachahmung unterworfen. Heerscharen von Damen betreiben momentan straffes Gehen mit zwei Stöcken, ohne Schnee. 'Streching' war einmal! Wer weiss noch etwas von Kennedy-Märschen (88 km), welche eine Zeitlang alle dörflichen Turnvereine anboten?

Frei gewählte Ordnung trifft man auch im Schweinestall, bei ausreichend Platz kennen die Borstentiere ausgeprägte Fress -, Liege - und Kotareale. Sogar Automarken zeigen Zuordnungen. Den gestandenen Chirurgen sagt man doch Porsche nach, während die erfolgreiche Halbwelt in den Grossstädten schwere Geländefahrzeuge schätzt.

Lustig ist aber, wie bei fast allen meinen Wiederholungskursen (Minenwerfer) sich irgend ein Ausdruck durchsetzte. Einmal hiess es: *„Wa meenscht als Gipse, langiid zwee Sack?"* Oder 1963: *"Da möm mee noo filtriiääre!"* Einmal (RS 1963) war alles *girafföös* oder gar *elefantöös*. In einem anderen WK hiess es dauernd: *„Schlofe wenn? Rauche wenn?"* Die beste Aussage aber war zweifellos das umwerfende und immer passende: *„Mee löönds eetz!"* Solche Dinge verbinden eben wie die 'Geheimsprache', die Haartracht, die Kleidung oder Tätowierung der Jugendlichen. Überschneidungen sind aber unpassend. Darum tragen die *Geelhösle* weder Sonnenbrille noch *Snööbedress* noch weiss der Teufel was Abgeschmacktes.

Die heutige wildfreie Schreibweise der Fohrnaahmenn ist chaotisch und deer Effekthascherei geschuldeet. Sie erschwert die Schreibweise und zeugght von Minderwertigkeitsgefüühhhlen. Das sei vorwiegend der süsszen Damenwelt kundgetanhn. Ich äussere mich nicht's zu den ‚einprägsamen' Benennungen der ausländischen Mitmenschen. Ei-nee's weiterrReh geänderte Änderungg's der ferändertten RechtschreibeÄnderung äändert daa wenig's. Wir Sschweizer's gehen mit Mundart's und Halbenglish dem Schicksal der Niederlländer entgegen, niemand vfersteht un's mehr, nicht einmal wir selber's. Jyeääss! Lustigen Chao's)!) Vill MasSsenmedien – und SMS;-salat's. Haubtsachche creaatief und oOhrigieNöll'!'

Vom Generalisten zum Spezialisten

In meiner Jugendzeit waren auf unserem Bauernhof Rinder jeglichen Alters (vom Kälbchen über den *Galtlig* bis zur Kuh), Schweine, Hühner, Hund und Katze anzutreffen, zeitweise ergänzt durch Ziegen, Gänse und Kaninchen. Auf klassischen Bauernhöfen im Flachland oder in Deutschland kamen noch locker Pferde, Truthühner, Enten, Bienen und Fische dazu. Das Tierreich konnte so bis zu zwölf Tierarten aufweisen, und, wohlverstanden, in allen Altersstadien. Bitte Stier, Eber, Hengst, Widder, Ziegenbock, Rammler und Hahn nicht vergessen! Heute heisst so etwas Tierpark, Kinderzoo oder Arche.

Auf dem modernen Bauernhof ist dieser Artenreichtum Geschichte.

Um 1950 brachten die aufkommenden Hühnerfarmen das Gackern auf dem Bauernhof zum Verstummen. Mein Cousin Anton Fässler aber hält noch immer mit Hingabe Hühner, er hält auch die seit 70 Jahren auf dem Gontenhof herrschende Tradition aufrecht, beliebte Besucher mit ein paar Eiern zu beschenken. Niemand soll ihm das verwehren! Wie wäre es mit Landschafsquali . . . . . . ?

10 Jahre später brachten die Traktoren das früher unentbehrliche Pferd zum Verschwinden. Mit den grossen Schweinezuchtanlagen verliess das Borstenvieh ebenfalls den Bauernhof. Auch die restlichen unwichtigen Tierarten wichen lautlos der Rationalisierung.

So finden wir 2015 meist nur noch das Rind auf den Bauernhöfen des Hügellandes. Aber Marktdruck und Tierschutzauflagen erzwingen eine weitere Verengung der bäuerlichen Tierwelt. In den teuren Freilaufställen mit Melkstand oder Melkroboter hat das gesamte Jungvieh keinen Platz mehr. Die Aufzucht der Rinder bis zur ersten Kalbung vollzieht sich auf kleineren, mitunter steilen Betrieben, wo die etwas kleineren Ställe nur noch so genutzt werden können. Ich kenne aber ehemalige Bauernhöfe in Wilen, auf denen überhaupt keine Tiere mehr gehalten werden, Tierschutz hin und Traktortransporte mit Heu und Jauche her!

Immer weniger Milchbauern produzieren immer mehr Milch. In beiden Appenzell zusammen sank (laut Wiler Zeitung vom 4. 4. 15) von 2007 bis 2013 die Zahl der Betriebe um 12 % auf 767, stieg die jährliche Milchmenge um 11 % auf 82 830 t und erhöhte sich die Durchschnittsmenge Milch pro Betrieb und Jahr um 25 % auf 296 000 kg. Mastrinder und Milchkühe werden nicht mehr oft auf dem gleichen Betrieb gehalten. Wenn das so weiter geht . . . !

In Wisconsin und wohl auch schon (bald?) in der Schweiz werden nach den obigen Gründen sogar noch die trockenen Kühe ausgeschieden. Meine zwei Cousins füttern nur noch Galtvieh und müssen es so nach 60 Tagen (nach dem Kalben) wieder auf zwei grosse Farmen bringen. Da sind jeden Tag Tiere zu verschieben; holen und bringen. Bei der in der Nähe geplanten Milchfarm mit 3500 Kühen sind so täglich 9,6 Tiere zu verschieben, was jeden zweiten Tag ein Senntum ergäbe. *Öberefahre!* So entsteht etwa die vierte Bedeutung von *Öberefahre*. Diesmal aber ist damit wieder fahren auf Rädern gemeint, richtig heisst es also *Öberefüehre*, Überführen.

Wie erging es dem Stier, und dem Eber? Die leben seit der Einführung der KB auch als Herde in einem speziellen Stall der Samen/Spermaproduzenten.

Diese gelobte oder verpönte Spezialisierung bei den Tierhaltern gilt auch für den Ackerbau, den Obstbau, den Gemüsebau etc.

Die damit mögliche Steigerung der Produktion wird von den einen begrüsst und von den andern verdammt. Recht haben wohl beide!

Doch halt, gegenteiliges findet wiederum statt. Jetzt entdecken wir auf dem Land exotische Tierarten, von denen man früher kaum den Namen kannte: Milchschafe, Kamele, Lamas, Damhirsche, Ponys, Truthühner, Strausse etc. Auch Mehlwürmer werden als mögliche Eiweisslieferanten gehandelt. Sogar Heuschrecken, Grillen, Ameisen und anderes Ungeziefer (Raupen?) finden sich auf dem Teller als Delikatesse. In den USA wird laut Wiler Zeitung vom 20. Mai 2015 das weisse Fleisch der Alligatoren immer mehr geschätzt; aus der Haut entstehen die teuersten Handtaschen der Marke Vuitton. Ich erwarte zuversichtlich in nächster Zeit sogar Drachen, Yetis, Mammute, Kentauren, Mondkälber, Einhörner, Tatzelwürmer, Vampire und Saurier als obskure Haustiere . . .

Als ehemaligem Reallehrer fällt mir noch eine lustige und erstmals von mir entdeckte, gegenläufige Entwicklung auf. Auf alten Klassenfotos erblickt man gewöhnlich eine Lehrperson mit 30 – 40 Schulkindern, vielleicht in Mehrklassenschulen mit Halb- oder Ganztagsunterricht. Heutige Kuhherden umfassen locker so viele Tiere. Heutige Schulklsssen zählen 10 – 20 Zöglinge. Früher nannte ein wackerer Bauer 10 – 15 Tiere sein Eigen. Die Kuhzahl im Stall von heute entspricht damit der Schülerzahl pro Klasse von früher und die heutige Schülerzahl entspricht der Herdengrösse von früher. In einer Langzeitprognose ähnlich den Meteorologen, Ökonomen oder Politikern sehe ich ganz grosse Herden im Stall ohne Senn und ein Schulzimmer mit Lehrpersonen gefüllt, aber ohne Kinder. Kurzformel: Viele Kühe, kein Senn - viele Lehrpersonen, kein Schulkind.

Eine weitere Sicht tut sich auf. Der Landwirt von heute übt trotz Spezialisierung mehrere Berufsarbeiten gekonnt aus: Maschinenbedienung, Maschinenpflege, Tierzucht, Fütterung, Waldarbeiten, Beitragskunde, Tiermedizin, Ackerbau, Obstbau sowie Vermarktung, Rechtswesen, Wetterkunde und Betriebslehre. Die Aufzählung ist lückenhaft. Wie ist es in einer mittelgrossen Schule, die etwas auf sich hält und auf

Teufel komm raus irgend einem Leitbild nacheifert und nicht einfach nur Schule hält? Da tummeln sich immer mehr Fachleute und betreiben munter ihr Handwerk, ausserhalb des 'normalen' Schulpensums: Ich denke an Läusetante, Zahnpflege, Logopädie, Dyskalkulie, Kochen, Werken mit Textilien, Holz und Metall, an Strassenverkehr, Berufsberatung, Drogen, Aufklärung, Religion, Computer, alle Sparten von Musik und Sport, Sozialdienst, Hausaufgabenhilfe sowie Unterrichtung von Teilleistungsschwachen (Dummen), Hochbegabten und Verhaltensgestörten. In den USA ist auch Kosmetik und Autopflege in den Lehrplänen zu finden; wegen schlechter Entlöhnung arbeitet der Lehrer dort in den langen Sommerferien sinnigerweise in einer Garage und sind die Juristen wichtiger als die Ingenieure! Bei uns erwarte ich noch die Sparten Konsumverhalten, Kopfrechnen, Ernährung, Bahnfahren, Schriftdeutsch sowie Mülltrennung. Böse Zungen behaupten, es werden hin und wieder, also nicht immer, Probleme gesucht statt gelöst. Auf jeden Fall können in unseren Landen die Ausgaben für Schulung nicht hoch genug steigen und die Preise für Grundnahrungsmittel (Milch) nicht tief genug sinken. Die Kinder werden immer jünger in staatliche Obhut gezerrt/geschoben – mithin wird sich Mama Helvetia auch dem Stillen annehmen, es regeln und anschubfinanzieren. Minderung oder Verhinderung der Arbeitslosigkeit?
Mee löönds eetz!

Auf der Alm, da gibt's kei (koa) Sünd
(alte bayerische Volksweisheit aus Tirol)
Ich warne erneut vor dem Weiterlesen!
Nicht für Naturen mit Einschlafproblemen geeignet!
Doch, doch, ich meine das so, wie Sie es meinen und wie alle Bewohner der Alpennordseite die Sache sinnigerweise gegenteilig verstehen. Es geht hier also nicht etwa um banale Marksteinverschiebung, läppische Kuhvertreibung auf einer Gemeinalp, simple Hirscherlegung in fürstlichen Gehölzen oder um unbedachte Diätverstösse mit Schwarzwäldertorte an einer *Stobede*. All das gibt es nur in Heimatfilmen.
Ich meine das, was Steinmüller beim Rindvieh etwas verschämt 'Erwachen des Instincts' nennt und ich neurophysiologisch mit 'Überkochen der Hormone' bezeichne.
Den Titelinhalt will ich nicht näher untersuchen, obwohl eine ziemlich gleich alte Bekannte von mir einmal freimütig gestand, dass sie in ihrer Vollblüte (auch im Profil!) mit ihrem Geliebten als Einzelperson in die Berge schwebte und zu zweit wieder zu Tale hüpfte! Damit wissen wir, wie es auf der Alm oben ist.
Aber wie ist es im Tal unten? Ohne verbissenes Nachfragen - man munkelt nur, aber wo viel Rauch, da auch ein Feuer - weiss ich, dass in der ziemlich entfernten Verwandtschaft von mir und auch ziemlich weiteren Nachbarschaft (ich möchte keine Klage am Hals) drei Kinder eher dem Knecht oder Heuergehilfen auf dem Bauernhof als dem sennnischen Papa auf der Alp glichen. Klar, die Sommernächte mögen heiss sein und die zwölf Wochen Alpzeit lang . . .
Auf den Zeitraum von 1920 – 1980 bezogen ist da nichts Aufregendes dabei, schliesslich ist man ja nicht aus Holz, wie mein Vater manchmal grosszügig zu sagen pflegte. Mit der pragmatischen Äusserung, *da hets früene scho gee* (das gab es schon früher), zeigte er nochmals Abkühlung.

Einmal soll auch nach seinen Worten ein bildhübsches Mädchen/Bergwirtstöchterchen aus der Reklame für gebraute Wasser (um die 41 Kräuter/Aromen!!) auffällig einem bergtüchtigen Pfarrherrn aus dem Schwendetal geglichen haben. Honny soit, qui mal y pense (Schuft, der Arges denkt) !

Die heutige Gen - Nachprüfung würde ja mancherorts noch für Zunder sorgen, vermutet man doch bis zu 10 % 'Kuckuckskinder'.

Der Kavalier geniesst und schweigt. Und die Baronesse? Die Sache ist vertrackt und kann für alle drei/vier peinlich sein.

Die liebevolle und fürsorgliche Behütung und Erziehung der Kinder aber muss ja nicht immer an die biologische Elternschaft gekoppelt sein; und bei einseitig verursachter Kinderlosigkeit plädiere ich für grosszügige und stillschweigende Notmassnahmen, was mit Gen 38,8 (Onan) sogar biblisch abgedeckt erscheint. Nicht alles muss haargenau geregelt und kaltjuristisch gefügt sein, was auch für das Lebensende gelten soll.

Begreift man auch die ernüchternde Feststellung eines langjährigen und erfolgreichen Sennen, der am Lebensende seiner Tochter verriet, wie er ein zweites Mal nicht mehr unbedingt sein Leben als Senn sich einrichten würde? Es sei ihm in den 50 Alpsommern doch viel am Leben mit und in der Familie vorbeigerauscht. Also nicht nur im engen Sinn des Titels. Soldaten, Matrosen, Fremdarbeiter etc. könnten da wohl auch mitreden. Und ihre Holden ebenso.

Zurück zum 'Instinct'.

Dürfte mit den heutigen hochgezüchteten Tieren (Rind und Schwein) nicht eigentlich auf den Natursprung gesetzt und auf die umständliche KB und ihre damit verbundenen Möglichkeiten (Embryotransfer, gesexte Spermien, Mischspermien, Klone etc.) verzichtet werden? Wie wäre es mit züchterischer Begrenzung ähnlich den 130 km/h auf der Autobahn? Milch und Fleisch von (sexuell) glücklichen Rindern und Schweinen ist doch beruhigend zu geniessen.

Dem Tierschutz sei weltweit ins Stammbuch geschrieben: Statt läppische Zentimeterbestimmungen sollten weitsichtigere Ziele ins Auge gefasst werden. Nicht jede 'Sünde' ist von Bedeutung, auch auf der Alm nicht. Die Herdengrösse ist ziemlich belanglos. Wieviele Bisons zogen früher als Herde in der Prärie nach Nord und wieder nach Süd? Sicher mehr als 3500 Tiere. Festgehalten sei also:

Milchbegrenzung pro Kuh und Jahr auf 10 000 kg; basta! (400 kg Eiweiss und 400 kg Butter)

Fleischzuwachs pro Rind und Tag 1kg; basta!

Fleischzuwachs pro Schwein und Tag 1/2 kg; basta!

Eierleistung pro Huhn und Jahr 300; basta!

Die Feineinstellung könnte ja am WEF in Davos vorgenommen werden, verordnet und befolgt analog der hoheitlichen Sommerzeitverordnung vom sagen wir 10. Febr. bis 20. Nov. Für Krämerseelen seien Toleranzen von +/- 0,1 Promille zugesichert.

Wenn schon Hagpfähle gezählt werden können, könnte auch auf Tonnen Milch pro Kuh geachtet werden.

Wenn laut Raiffeisen Panorama März 2016 die durchschnittliche Schweizerfamilie noch 12,8 % des Einkomens für Essen und Trinken ausgibt, müssen Brot, Fleisch, Milchprodukte etc. preislich nicht noch mehr gedrückt werden. Auster; Hummer und Kaviar sowie Champagner und alter Whisky sind in obiger Rechnung wohl wie Weihnachtserdbeeren auch noch dabei. Wohlweislich glaube ich nur der von mir selber gefälschten Statistik, aber die Entwicklung ist schon sichtbar. Wenn nach der gleichen Quelle für Steuern, Krankenkasse und Versicherungen üppige 30,6 % ausgegeben werden, empfehle ich, einmal dort das Sparhöbelchen anzusetzen. Klar, das ist bei der Staatsgläubigkeit aller Nichtostschweizer, dem medizinischen Fortschritt sowie der schulischen Profilierungssucht reines Wunschdenken. Die Schnäppchenjagd in Konstanz, der freie Wettbewerb und die Unlust, die Regulierungsfreude der EU noch weiter zu heben, werden die Viehzucht und den Ackerbau weiterhn zu allen absurden Höchstleistungen zwingen. Der Konsument kann mit seinem Einkaufsverhalten etwas bremsen, den Rückfall in die 'gute' alte Zeit will man nicht und gibt es nicht, von Bevölkerungsexplosion, Energieproblemen, Rohstoffmangel, vulkanischen Katastrophen oder Meteoriten abgesehen. Krieg jeglicher Schattierung ist glasklar überflüssig! Wir jammern wohl auf hohem Niveau, aber sehen auch Gefahren, an die man früher nicht im Albtraum gedacht hätte. Wenn ein taumelnder Torkelmeteorit aus dem Weltall wie auch schon unsere blaue Erde trifft, ist ein Weltkrieg dagegen nur ein 'Eile mit Weile' – Spiel.

Da sehe ich irrlichternd trotzdem ein vielleicht weltweites KB/Natursprung - Moratorium (WWKNM) am Horizont, ähnlich den Landschaftsqualitätsbeiträgen und der Geschwindigkeitsbegrenzung auf den Autobahnen.

Wer hüstelt da etwas von Schlachtviehtransport (eher Kadaververschiebung) innerhalb der EU oder gar von Rinder - und Schaftransport in den schweinefreien Orient (Prophet hin und heilige Schrift her!) aus Australien, Neuseeland und dem tierliebenden Westeuropa? Fleischtransport in Kühlschiffen kommt nicht in Frage, Schächtverbot im aufgeklärten Westen und Schächtgebot im . . . . . Orient passen schlecht zusammen. Die Schweine kommen wenigstens da einmal gut weg, sie haben 'Schwein'. Ich lausche! Man sucht den Schlüssel unter der hellen Strassenlampe und nicht dort, wo . . .

Ob ein Hund verspiesen oder bestattet wird, zählt für diesen nicht, wohl aber dessen Haltung vorher.

Ob die abgemagerte Milchkuh schliesslich in der Kadaververwertungsanlage oder im Schlachhof endet, ist doch egal. Das Leben vorher sowie der letzte Gang sollen schmerzfrei sein, verdammt nochmal. Es gibt Sünden, die Leben auslösen und Sünden, die Leben auslöschen. Welche sind schlimmer?

Ich warnte ja vor dem Weiterlesen!

Öberefahre und Berufswelt

Grosszügig gesehen lässt sich den Personen eines zünftigen Senntums eine reichhaltige Berufswelt zuordnen. Feinfühligen Personen empfehle ich vorweg schon, bei Nichterwähnung oder unzutreffender Einordnung diese Zeilen mit Nichtbeachtung zu strafen; so halte ich es schon seit Jahren mit der T(Kl)ageschau des Schweizerischen Fernsehens. Oder sie sollen duldsam, wie mein Vater zu sagen pflegte, *de Fuess in Bach ini häb*e (den Fuss in den Bach halten). Einige Zuordnungen sind leicht strapaziert und andere Ansichtssache, das Gesamtbild aber stimmt bestimmt.

Also, *aabloo!* Tiere losbinden!

De Gäässbueb weist an der Spitze des Senntums die Richtung, ihm folgen alle. Er steht für mich für alle Computerfachleute, ihnen und ihren Maschinen folgen doch bald das gesamte Leben und die gesamte Wirtschaft.

Die Trachtenmädchen und Sennenbübchen hinter den Ziegen treiben etwas an, was schon von sich aus trippelt. Sie sind wohl putzig, aber eigentlich überflüssig. Sie stehen für alle Berufsleute der Kleidermode, der Werbung, des Luxus, der Touristik und der Wellness - Hotellerie.

Der Vorsenn *i de Geele* steht für die Ingenieure, wobei ich darunter auch Mathematiker, Physiker, Chemiker, Biologen, Geologen, Forscher, Erfinder, Entdecker etc. meine. Das wiederhole ich als Schiefhals-Patient (Torticollis spasmodicus) seit 1984, dem das schärfste und giftigste aller Gifte, Botulinumtoxin, ab 1986 zu 95 % Heilung brachte. Die Wissenschaft half und nicht die alternativen Holzwege.

Der Zusenn *i de Geele* steht für alle Ärzte und das gesamte Pflegepersonal von der Zeugung (auch künstlich) bis zum Sterbebett. Beide *Geelhösle* strahlen vor Führung, Verantwortung und Bedeutung, beide schleppen bei Bedarf auch die Schellen. Sie hegen die Herde. Ohne sie ist alles öd und verloren. Das wiederhole ich als schmerzfrei Hüftoperierter mit nur drei Übernachtungen im Spital Wil und als Träger von zwei Kunststofflinsen, nach je nur 15 Minuten Augenoperation. Eine Blutvergiftung vor rund 40 Jahren wurde bei mir erfolgreich mit Antibiotika bekämpft und nicht per Kraftort, Handauflegen oder fromme Kerzenflammen. *Nötzt as viil as en Bode abi speuze* (Hilft gar nicht)! Als eindeutiges Wunder betrachte ich nur, wenn eine abgetrennte Hand nachwächst. Das erfolgreiche Annähen derselben ist klare Wissenschaft, also ärztliche Kunst! Ich könnte Namen nennen. Letzteres ist Tatsache, ersteres aber . . .! Der Placebo - Effekt schafft vermeintliche ‚Wunder‘! Wuchs je einem Oberschenkelamputierten das Bein nach?! Wer will wetten? Fehlte es da an glauben oder beten? Na ja! Auch die Vögel des Himmels verhungern. Wer sorgt für sie? Natürlich der himmlische Vater. Tzz. Auschwitz 1944? China 1960? Das schleckt leider, leider keine Geiss weg. Etwa zweimal in der Erdgeschichte starben durch Einschläge oder Vulkane ungefähr 60 – 90 % aller Tierarten aus, Saurier eingeschlossen. Der Yellowstone schläft noch und viele Meteoriten kreisen immer. Bleiben wir Glückskinder? Beten! Was sonst? Hungerjahre um 1816, oha!

Die zwei Sennen im *rote Liibli* sind fast ohne direkte Aufgabe und Nutzen, also eher nur Verzierung. Ihnen entsprechen, alle fast ohne direkten/sichtbaren Nutzen, die Seelsorger, Philosophen sowie alle anderen Geisteswissenschafter.

Der Senn im weissen Hemd (ohne *rots Liibli*) ist der Techniker, dessen vorzügliche Bezeichnung die Schweiz der EU leider geopfert hat. Er erfüllt ohne aufwendigen Glanz bescheiden seine Pflicht. Auch Vorarbeiter, Konstrukteure und Unternehmer gehören hierher.

Der *Springbueb* erfüllt überall und unauffällig seine umfassende Aufgabe, das sind alle Handwerker, Angestellten, Chauffeure und Lehrer aller Stufen. Überall gebraucht und selten gerühmt.

Der Besitzer/Senn/Bauer hat schon fast alle vorhergehenden Rollen ausgeübt, er hat alles im Auge, trägt den Geldsäckel und bezahlt. Das ist der Pensionierte, der Mann im Ruhestand.

Der kräftige und furchtlose Stierführer hat alle Gefahren im Griff, das ist der Berufssoldat. Beide wehren nur ab. Der eine bändigt den Stier und der andere klopft unartigen Erdenbürgern auf die Finger; die gibt es leider, sie überfluten momentan unbehelligt die zivilisierte Welt, wenn sie verstehen, was ich verschlüsselt meine.

Der Fuhrmann mit dem Pferd und der Ledi führt nach, er lässt andere arbeiten. Das sind wohl die Berichterstatter und Reporter aller Massenmedien.

Die Autolenker in der Gegenrichtung zum Senntum stören nicht und nützen nicht mehr, das sind bei mir alle Künstler, Designer, Unterhalter und Berufs - wie Extremsportler. Wie denkt der Banause? „Höre ich das Wort moderne Kunst, schon greife ich zum Revolver!" Sssst! An Unsinn ihrer Werke reicht nur der Unsinn der gewidmeten Tage: Tag der Milch, der Kranken, der Kaulquappen, der Lesben, der Linkshänder, der Schreibfehler, des Wesfalls, der Eisbären, der Schneemänner, der Zahnschmerzen, der Fussgänger, der Nachtwandler oder der Tage an sich.

Die Autolenker in Richtung des Senntums sind dagegen ein Übel, sie stören merklich und auch anhaltend. Klar, das sind die Richter und Berufspolitiker, also unbestrafte Wiederholungstäter. Architekten, Juristen sowie Heimat -, Natur - und Tierschützer passen in beide Autos. Die abgehobenen, höchsten Richter? Sicher, die fuhrwerken so daneben, dass sogar das Gegenteil ihrer Urteile noch falsch ist. Also: *In/En Bach abi wöffe ond uufwätz go sueche go* (den Bach hinunterwerfen und aufwärts suchen gehen!

Was bin ich selber? Früher war ich wirklich *Springbueb* und beruflich ebenso, jetzt aber bin ich ein dankbarer Zuschauer am Strassenrand, der klatscht.

Wir sind *Chüeni*
(Kuhhirten)

In der russischen Sprache heisst 'Schweizar' nicht nur erwartungsgemäss Schweizer, sondern überraschenderweise auch Portier, Pförtner, Wächter. In Deutschland hiess der Schweizer früher leicht verächtlich auch Kuhschweizer. Warum?

Durch Solddienste so von 1500 - 1800 wurde in Frankreich und wohl durch sprachlich - kulturelle Übernahme in Russland der Begriff Schweizer mit Türsteher, Wache gleichgesetzt. In Russland waren Schweizer als Söldner doch sehr selten, in Spanien, Italien und besonders in Frankreich aber waren sie zahlreich und lange anzutreffen. Also bedeutete Schweizer wohl leicht abschätzig einfach Wächter.

So belegt auch der Name Kuhschweizer in Deutschland die Gleichsetzung von Schweizer mit Kuhhirt, Tierhalter; *Chüeni* genannt auf grossen Bauernhöfen im Unterland und in Deutschland.

Die *Schöttler* mit ihren Kühen in den deutschen und österreichischen Kur - und Badeorten und Städten wie Karlsbad, Marienbad, Bad Kissingen, Breslau, Chemnitz, Budapest, Hamburg, Berlin etc. etc.) im 19. Jahrhundert mögen dem Namen Kuhschweizer noch zusätzlich Pate gestanden haben. Der 1. Weltkrieg und die darauf folgenden Turbulenzen ruinierten leider die Lebensgrundlage dieser tüchtigen Appenzeller *Schöttler* und Stickerinnen. Auf die Dauer gesehen erwies sich die Auswanderung in die USA als glücklicher als jene nach Deutschland und Mitteleuropa. Verwandte von mir haben in beiden Weltgegenden unterschiedlich erfolgreich ihr Glück gesucht.

Was für die Schweiz allgemein galt, galt und gilt für AR, aber noch mehr für AI im besonderen. In keinem anderen Kanton als in AI entspricht der Rindviehbestand fast der Bevölkerungszahl, knapp 15 000 zu reichlich 15 000, was schon seit rund 50 Jahren zutrifft. Rückschlüsse auf die Intelligenz sind nicht zwingend!

Das niederschlagsreiche Hügelland AI eignet sich nun einmal bestens für die Graswirtschaft, weder Gemüse, noch Obst noch Tabak (wurde 1881/1882 versucht) lassen sich erfolgreich anbauen. Darum ist so etwas auch kaum beliebt. Der Appenzeller - Bauer ist von Jugend auf mit dem Boden vertraut und pflegt einen sorglichen Umgang mit dem Rind, das ist klar existenzbedingt.

Durch hohe Geburtenzahlen sind aber ausserhalb der Berggebiete (und namentlich ausserhalb von AI) noch viele Bewohner in anderen Kantonen mit den Alpen und dem Bauernstand eng verbunden.

Kein Berufsstand wird so fleissig und intensiv besungen wie der des Viehhalters; Winzer wie Müller oder Schmied mögen da nie mithalten, von Chauffeuren und Computerfachleuten ganz zu schweigen.

Obwohl die Alpwirtschaft in der CH bezogen auf die gesamte Landwirtschaft nur so 15% der Wertschöpfung ausmacht, dominiert sie im Jodellied und Wunschkonzert.

Der Senn ist das archaische Urbild für die CH, aber noch mehr für AR und AI und das Toggenburg.

Was der Cowboy für die USA, der Gaucho für Argentinien, das ist der Senn für die Schweiz; Uhrmacher, Chemiker oder Hotellier hin oder her.

In den USA, besonders in Wisconsin (Swissconsin), trifft man Schweizer Farmer (Milchwirtschaft; nicht Tabak, Kartoffeln, Weizen, Erdnüsse oder Baumwolle) in grosser Zahl an, ob nun Glarner (New Glarus) oder Berner oder Appenzeller.

Der Ort Appenzell bei Stroudsburg, 120 km nördlich von Philadelphia in Pennsylvania, lässt grüssen.

Schliesslich stammen die Brown Swisss - Rinder von den Braunvieh - Rindern ab, und der Emmentalerkäse aus der einheimischen Produktion ist in den USA beliebt, wenn auch aus Silomilch erzeugt.

Laut Witschi gibt es auch in Michigan (Crawfort County, sowie in Wisconsin einen Ort namens Appenzell.

Wir sind Toggenburger oder Appenzeller – auf jeden Fall aber *CHÜE-NI* !

Warum ist eigentlich das alpine, bäuerische, naturnahe und sennische Gebiet um den Säntis (das gilt in geringerem Masse auch für die Schweizer Alpen, Tirol und Südbayern) der Wunschtraum so vieler Menschen? In den weiten und etwas profillosen Wohngebieten (von entrückten Städteplanern auch Siedlungsbrei gescholten) sehnen sich die Bewohner nach einem überschaubaren und geordneten Lebensraum. Das eitle Machtstreben der EU (Brüssel) sowie die Globalisierung (trotz grosser Vorteile) lassen die Menschen wieder vermehrt in kleinen Regionen Heimat suchen. Natürlich spielen da ausser Folklore auch Sprache (Südtirol, Flandern) und Religion und handfeste steuerpolitische Sachverhalte eine wichtige Rolle (Norditalien, Katalonien, Schottland). Keine Region ist bei politischer Gängelung und anderem zentralstaatlichen Schabernack gern auf Dauer nur Milchkuh und Geldesel. Diese und andere aufmüpfigen Regionen (Baskenland, Korsika, Wales, etc.) sind den blasierten Politikern in Rom, Madrid, Paris, London und Brüssel selbstredend ein Dorn im Auge. Zugleich hassten diese Machtzentren um 1990 auch den Zerfall von Jugoslawien und der Tschechoslowakei, weil damit die künstlichen Basteleien der Siegermächte (ohne Spanien) des 1. Weltkrieges zerbröselten. Das Selbstbestimmngsrecht ist explosiv. Welche Armee ausser der eidgenössischen wagt es, ihren Soldaten automatische Waffen samt Munition nach Hause mitzugeben?

Mit der Regionalisierung erleiden die Zentralen in Rom, Paris und London selber das, was sie Österreich - Ungarn 1918 als Strafe auferlegten: Aufteilung.

Deutschland wurde 1919 rachsüchtig gedemütigt und ebenfalls zur Strafe am Rande leicht aufgeteilt, deshalb wurde das Verschwinden der unsäglichen DDR 1989 in Paris und London nur sauersüss bejubelt. Auch denkt Kantonsbern so ungern an den Jura wie Moskau an die baltischen Staaten, Weissrussland, die Ukraine etc. Machteinbusse tut weh, das gilt auch für den Zusammenbruch der englischen und französischen Kolonialreiche. Das zerstrittene Belgien und die handelstüchtigen Niederlande schweigen kolonial verschämt. Auch in Afrika zerfallen mit Verzögerung die von Paris und London zusammengefügten politischen Gebilde und selbstherrlichen Einflusszonen. Die arabisch – nordafrikanische Staatenwelt fühlt sich seit 1918 von diesen zwei Siegernationen betrogen und hintergangen, zurecht. Bemerkenswert aber ist, ja sogar fast paradox, wie die Nachfolgestaaten der Habsburgischen Doppelmonarchie, also die Tschechei, die Slowakei, Slowenien, Kroatien, Bosnien sowie Teile von Polen, der Ukraine etc. , welche 1919 nicht schnell genug von Wien weg konnten, nun nach der EU lechzen. Warum? In Brüssel gibt es für sie eben (noch) Kuchen.

Die feine politische Gliederung Europas (mit der Verzahnung von Meer - Land wie in Griechenland) ist neben dem gemässigten Klima und den Jahreszeiten (Winter) wohl der Grund der allgemeinen europäischen Dominanz, weltweit seit 300 Jahren. Sieht man dagegen den Landklumpen Afrika mit seinem tropischen oder trockenen Klima, kann man sich nur ratlos am Kopf kratzen. Die mehr als tausend Jahre lange Versklavung der Neger durch die Araber schädigte den Kontinent (Ausblutung) noch zusätzlich. Weshalb gibt es trotzdem im arabischen Raum keine Neger? Wir denken insgeheim und verschüchtert einerseits an Kastration der männlichen Sklaven und andererseits an Abtreibung und Kindstötung durch die gedemütigten Sklavenmütter! Psst! In der westlichen, amerikanischen Welt hatten seit etwa 1600 die Negersklaven wenigstens Nachwuchs! Das Leben ist hart, dafür ungerecht!

Nordamerika und Australien sind kulturell und wirtschaftlich eindeutig, Südamerika teilweise geklontes Europa (in der Viehzucht also ungefähr ET/Embryo - Transfer). Asien als Klumpen ist nur an den südlichen (Indien) und östlichen (China) Zonen dicht besiedelt und profitiert wie Europa vom gemässigten Klima mit Winter, schaffte aber bislang den Aufstieg in die kulturelle, wissenschaftliche und politische erste Liga doch nicht. In Europa spielt/spielte wohl die jüdisch - christliche Religion und das Denken der Griechen mit der Rechtskultur der Römer im Raum der Indogermanen noch immer eine wichtige Rolle.

Liäbe chlii ass tomm (Lieber klein als dumm)! Sind kleinere Privatweiden oder grössere Gemeinalpen besser unterhalten? Ich schweige aus Vorsicht!

Also wiederum zeigt sich die Alpsteingegend als Ideal, wie auch die kleinräumige Schweiz. Keine Regierung der Welt (ausser teilweise die Gliedstaaten der USA) wagt, das Volk über Sachfragen entscheiden zu lassen wie die Schweizerische Eidgenossenschaft. Nur, der Platz wird langsam knapp. Klein, aber . . . !

Für Millionen Europäer gilt: In der EU lebt man – aber ins Alpsteingebiet möchte man.

ÖBEREFAHRE = ÖBERIFAHRE!
Tlöck zue (zuuuuuuuueeeeeeee)!! Ii sääg Dank!!

H. HINWEISE

Mein Dank gilt:

> meiner Frau Rosmarie und ihrem PC
> meinem Sohn Roland und seiner Familie
> meiner Tochter Ingrid und ihrer Familie

9535 Wilen,

25. April 2016 (achtzigster Hochzeitstag meiner Eltern); 1. Auflage
4. Juli 2017 (Jahrestag unseres am 4. Juli 1969 bei der Geburt erstickten
Söhnchens Lukas); 2. ergänzte Auflage
1. November 2017; 3. ergänzte und nachgewürzte Auflage

Friedrich 1941 Manser, *Mällis Fried(r)ich*, Steigstrasse 41, 9535 Wilen
E - mail: rosmarie.manser@sunrise.ch
Tel. 071 923 36 64

Gewährsleute

Johann 1933 - 2016 und Hilde Hautle – Inauen, Möserwies 44
9032 Eggerstanden   071 787 14 42
fuhr ca. 12 Jahre für seinen Vater ans Heu und Gras und auf die Alp Heubühl, Fähneren

Meinrad 1959 und Maria Koch – Fuster, Weberen 264
 9108 Gonten   071 794 11 17   hat 40 GVE
fährt in 2. Generation seit 1967 in die Alpen Brüllenstein und Seewies, Soll

Jakob 1942 und Rosmarie Fuster - Räss, *Chöpfeli*, alte Eggerstandenstrasse 44
9050 Eggerstanden   071 787 17 86   hat 45 GVE
Sohn Jakob fährt seit 2009 in die Alp Obergruben, Soll 079 281 29 31

Andreas 1946 und Mina Inauen - Neff, Gontenstrasse 22
9050 Appenzell   079 638 03 44   hat 45 GVE
Sohn Andreas fährt in 2. Generation auf die Alp Streckwees, Sämtis, früher Vordere
Bommen   071 780 03 08

Emil 1961 und Alice Enzler – Grob, *Bleieli*, Kaustrasse 48
9050 Appenzell   071 787 31 18   hat 39 GVE

fährt in 3. Generation seit 1945 in die Alp Chli Leu

Köbi 1949 und Marieluise Jäger – Signer, Läbel 361
9064 Hundwil 071 367 13 37   hat 45 GVE   (071 367 24 46)
Sohn Ulrich fährt in 3. Generation seit 1949 auf die Alp Kalthütte, Schwägalp

Hansueli 1966 und Rita Buff – Oertle, Schwendi 366
9063 Stein 071 367 20 36   hat 40 GVE
fährt in 4. Generation seit 1917 auf die Alp Langboden, Hochalp und Egg, Potersalp

Jakob 1950 und Hermine Zuberbühler – Bösch, Tüfenbergstrasse 10
9107 Urnäsch 071 352 19 86
bewirtschaftet seit 1988 die Alp Mittlere Wartegg, später zugepachtet Hintere Wartegg und Augstberg (alle beim Kronberg), macht Butter auf der Alp
Hermine färbte etwa 1970 - 2000 die Gelben Hosen

Fritz 1950 Brunner, Halden-Schönau
9107 Unäsch 071 364 21 75   hat 25 GVE (079 462 73 82)
fährt in 4. Generation seit 1930 auf die Alp Nase, Hochalp, wo er Käse herstellt
(Sohn: Florian im Toggenburg war bis 2014 jahrelang Senn bei Köbi Knaus Unterwasser, auf der Alp Chlingen/Tierwis 079 560 26 84)

Sepp 1973 und Luzia Brunner – Oertle, Billenbergstrasse 20
9000 St.Gallen / Winkeln   071 310 03 01   hat 57 GVE
fährt in 3. Generation seit 1933 auf die Alp Gschwend, Hochalp

Bruno 1958 und Gerlinde Neff-Stäbler, *Badbueb,* Befigstrasse 4
9050 Appenzell / Steinegg 071 787 10 12   hat 33 GVE
fährt seit 1980 auf die Alp Altenalp, wo Butter und Käse hergestellt wird

Bernhard 1970 und Theresia Hollenstein – Fässler, Strubenböhl
9125 Brülisau 071 799 14 90 hat 28 GVE
Die Familie Fässler, Strubenböhl, ist seit dem 23. 10. 1926 im Besitz der Alp Rain-
hütten unterhalb der Stauberen, Käse- und Butterherstellung

Frau Ida Sutter, *Böhlis Ide,* Industriestrasse 2 9050 Appenzell 071 787 52 21
arbeitete seit 1955 in der elterlichen Käsehandlung, führte die Filiale unter dem Namen Chäs-Sutter in Appenzell, verkaufte zudem jeden Donnerstag von 07 – 12 Uhr
in der Käsehalle Altstätten und jeden Samstag von 0700 – 1700 Uhr in der Käsehalle (St. Mangen) in St. Gallen die verschiedenen Appenzeller Käse, Butter etc. an die
städtische Kundschaft.
(Dörig Käsehandel AG, Urnäsch 071 364 11 04)

Franz 1943 und Berty Brülisauer – Neff (dipl ing. agr. ETH) Lörenstrasse 31
9230 Flawil   071 393 79 26

Emil 1933 und Rosmarie Broger – Gerber, *Läckli*, dipl. Käsermeister, Hauptstrasse 29
8512 Thundorf   052 376 33 73

Hans 1958 und Brigitte Reifler – Sonderer, Gass 127
9064 Hundwil 071 367 13 40
Weissküfer in 3. Generation

Sigmund 1928 und Helen Broger – Broger, *Läckl*i, Schletterstrasse 27
9108 Gonten   071 794 11 78
bewirtschaftete seit 1956 die Liegenschaft Schletter / Gonten
stellte von 1956 - 1978 Butter her
fuhr seit 1937 in 2. Generation auf die Alp Vorderes Löchli / Kronberg

Albert 1936 und Cäcilia Neff -Sutter, *Graugädele*, Schuelerehus Gehrenberg 14
9050 Schlatt   071 787 14 79
fuhr 1993 – 2011 auf die Alp Boden/Soll

Köbi 1947 und Rosa Knaus – Scherrer   Nesselhalde
9657 Unterwasser 071 999 14 02   079 697 24 02   25 GVE
Sohn bewirtschaftet seit 2007 in 2. Generation die Voralp Tro(o)sen/Alpli und die
Alp Chirchli/Alp Flies (beide Alpli, Unterwasser)
stellt noch *Blodderchääs* her; Alpfahrt auch mit Frauen

Jakob 1966 und Susanna Knöpfel - Scherrer   Aeschen 425
9107 Urnäsch 071 367 20 87   079 412 34 44   25 GVE
bewirtschaftete in 1. Generation 2000 – 2006 die Alp Frümsen und bewirtschaftet
seit 2007 die Alp Obere Hundslanden
fährt mit *Ledi* und *Suwage* auf die Alp; von 02.30 – 08.30

Bisch 1949 und Elisabeth Eugster – Fritsche, Schellenhändler, Oberdorf 6
9107 Urnäsch 071 364 11 89
bewirtschaftete seit 1978 die Liegenschaft Blattentobel / Hundwilerhöhe
betreibt seit 1956 (!) den Schellen- und Sennengeschirr-Handel

Walter ca.1955 Hauser, Kupferschmied
8750 Glarus   055 640 43 75
verfertigt Käsekessi und andere Kupferarbeiten

Marie Inauen (Trachtenmarie) 1924, Pöppelstr. 27
9050 Appenzell Steinegg   o71 787 28 52
nähte von 1961 – 2014 zahllose Mieder, weit über 160 *Schlotte* und über 80 Kranz-
rocktrachten (diese wurde von ihr seit 1981 wieder eingeführt)

Walter Fröhlich 1944, Happyland - Dorfstr. 4
9502 Braunau   071 911 23 24   079 677 37 44

war 1969 – 2005 Rapid - Regionalverkaufsleiter Ostscheiz

René 1961 und Doris Lutz – Schmid, Sanitär/Techn. Leiter, Ringstr. 22
9050 Appenzell   Kassier der Korporation Stiftung Ried seit 2009
071 787 41 56

Gerhard 1940 und Cäcilia Brülisauer – Brülisauer, Honegg Vorderhaslen 3 9054
Haslen 071 333 21 09
bewirtschaftete die Liegenschaft Honegg 1962 - 2005
unterhält selber noch *Steckehaag* und *Lattehaag*, beriet mich in allen Hagfragen

Josef Dähler 1937, Hohe Hirschbergstr. 24
9050 Appenzell Meistersrüte 071 787 28 75
bewirtschaftete 1975 - 2003 die Liegenschaft Hütten/Hoher Hirschberg, 1035 m ü.
M.
erstellt seit ca. 8 Jahren stilreine Lattenhäge, ingesamt um die 900 m
beriet mich in allen Hagfragen, erstellt bald auch einen *Stotzehaag*

Peter Preisig 1974 und Anita Schiess, Brugg 1913
9100 Herisau 071 352 54 29   079 710 66 27
Carrosseriespengler, Berufsbildner Anlagen- und Apparatebauer
Schellenschmied seit 1998, Senntumschellenschmied seit 2015

Peter Roth 1944   Musiker 071 999 37 44   9657 Unterwasser

Hansheiri Haas 1954, Klangbegleiter in Klangwelt Alt St. Johann
071 999 31 03 (Klangschmiede Alt St. Johann 071 998 50 00)   9656 Alt. St. Johann

Roland Inauen 1955   Landammann, Leiter Museum Appenzell   071 788 93 32
9050 Appenzell

Hans 1950 und Emmy Holderegger – Frischknecht, Dorf 3 9064 Hundwil 071
367 16 60 Sensenmacher und landwirtschaftliche Geräte, *Tengelimaa*

Benützte Literatur

Appenzeller Kalender diverser Jahrgänge, Schläpfer Trogen; Appenzeller Verlag
Herisau, seit 2015 Schwellbrunn

Bachofner, Andreas: Alpzeit: Faro im Fona Verlag AG 5600 Lenzburg

Beevor, Antony: Der Zweite Weltkrieg: C. Bertelsmann Verlag München 2014

Bellos, Alex: Entdeckungstouren in die faszinierende Welt der Zahlen: Berlin Verlag Berlin 2015

Bischofberger, Bruno: Sammlung Bruno Bischofberger: Edition B-Press Zürich, Benteli Verlag 3018 Bern 1973

Breitenmoser, Kurt: Unser schönstes Kleid: Niggli AG Sulgen 2001

Briggs, John: Die Entstehung des Chaos: Hanser Verlag München 1990

Bruggmann, Max, Dr oec.: 75Jahre Rapid 1926-2001: Multicolor Print AG 6341 Baar 2001

Büchler, Hans: Der Alpstein; Appenzeller Verlag Herisau 2014 (jetzt Schwellbrunn)

Chang, Jung und Halliday, Jon: Mao: Blessing Verlag München 2005

Christen, Hansd, Dr. sc. nat.: Grundlagen der organischen Chemie: Sauerländer AG Aarau 1977

Courtois, Stéphane: Das Schwarzbuch des Kommnismus: Piper Verlag München 2000

Die Heilige Schrift: Paul Pattloch Verlag Aschaffenburg 1959

Duden: Herkunftswörterbuch der deutschen Sprache: Mannheim 1989

Furrer, Daniel: Soldatenleben / Napoleons Russlandfeldzug 1812: Verlag NZZ Zürich 2012

Fuchs, Ferdinand: Bauernarbeit in Appenzell Innerrhoden: Verlag Krebs Basel 1977

Inauen, Josef: Innerrhoder Alpkataster: Appenzeller Volksfreund 9050 Appenzell 2004

Inauen, Josef: Innerrhoder Heimweiden: Appenzeller Volksfreund 9050 Appenzell 2007

Inauen, Roland: Appenzeller Handstickerei; Hof Weissbad 9057 Weissbad 2011

Innerrhoden: Appenzeller Volksfreund 9050 Appenzell 2008

Krafft, Fritz: Die bedeutendsten Astronomen: Marix Verlag Wiesbaden 2007

Der Grosse Knaur; Lexikographisches Institut München 1981

Landschaftsqualitäts-Beiträge Appenzell Innerrhoden; Land- und Forstwirtschafts-
departement AI, Projektorganisation, etwa 2014

Mäder, Herbert / Hans Hürlemann: Das Land Appenzell: Walter-Verlag Olten 1983

Manser, Franz: Chronik von Gonten: Buchdruckerei Appenzell 1943

Manser, Joe: Innerrhoder Dialekt: „Innerrhoder Schriften" Kanton Appenzell

Manser, Johann: Heemetklang us Innerrhode; Genossenschafts-Buchdruckerei Appenzell 1980

Neff, Karl: Innerrhoder Schöttler: Innerrhoder Geschichtsfreund 1961

Pschyrembel: Klinisches Wörterbuch: Walter de Gruyter Berlin, New York 2002

Rotach, Walter: Heimatbuch für junge Appenzeller; Landesschulkomission von Appenzell A. Rh., Buchdruckerei Schläpfer, Herisau, 1927 (Eigentum von Emil Streule, Brülisauerstr. 17, 9050 Appenzell/Steinegg)

St. Galler Bauer; Juni 2014: Postfach 151, Magdenauerstr. 2, 9230 Flawil

Sandermann, Wilhelm: Das erste Eisen fiel vom Himmel; Die grossen Erfindungen
der frühen Kulturen: Bertelsmann Verlag GmbH München 1978

Schatz, Gottfried: Jenseits der Gene: Verlag NZZ Zürich 2009

Selexyon: Maximaler Zuchterfolg mit dem neuen Selexyon; Swissgenetics 3052
Zollikofen (etwa 2016)

Signer, Alfred: Innerrhoder Liederbuch: Druckerei Appenzeller Volksfreund, Appenzell 1994

Singh, Simon: Codes, Die Kunst der Verschlüsselung; Hanser Verlag München
2002

Steinmüller, Johann Rudolf: Appenzell um 1800: Verlag Schläpfer AG, Herisau
1989 (Eigentum von Emil Streule, Brülisauerstr. 17, 9050 Appenzell/Steinegg)

Stettler, Dora: Im Stillen klagte ich die Welt an; als Pflegekind im Emmental:
Limmat Verlag Zürich, 2005

Sutter, Alfred *(Enze Fred)*: Der Appenzell Innerrhodische Bauernstand: Broschüre
mit 45 Seiten, wobei auch mein Vater als Auskunftsperson mitwirkte, Appenzell ca.
1980

Swissgenetics Toro Beef und Toro Spezial: Swissgenetics 3052 Zollikofen 2013

Swissmilk inside: Swissprinters AG, Zofingen: Sommer 2015

top agrar DAS MAGAZIN FÜR MODERNE LANDWIRTSCHAFT (1996 und 2002), Schorlemerstrasse 11, Postfach 7847, 48143 Münster

Weishaupt, Achilles: Geschichte von Gonten, Band 2: Geschichte von Gonten, Postfach 26, 9108 Gonten 1997

Witschi, Peter: Appenzeller in aller Welt: Verlag Schläpfer AG 9100 Herisau 1994

Wyss, Josef (Tonisep), *Chopfli:* Potztuusig: Appenzeller Volksfreund 9050 Appenzell 2005

Zamoyski, Adam: 1812; Napoleons Feldzug in Russland: C. H. Beck Verlag München 2012

Personenregister

Geschwister

Berta 1937
Theodor 1938 – 1977
Baptist 1940 – 2003
Ruth 1943
Lydia Katharina 1946
Ida 1947
Paul 1950

andere Verwandte
Benz Severin 1908 – 1973   mein Schwiegervater
Brander Josephine 1924 – 2009   Cousine 3. Grades von mir
Brander Paul 1917 – 2007   Kupferschmied, Ehemann von Josephine Brander
Broger Johann Anton Karl   1856 - 1912   als Stierhalter tödlich verunfallt
Broger Johann Sebastian   1893 - 1962   Vaters Schwager, guter Mäher
Broger Johann 1921 – 2003   Vaters Neffe
Broger John 1954   Sohn meines Cousins Johann Broger
Broger Verena 1894 – 1989   Vaters Schwester
Fässler Anton 1907 – 1987   Mutters Bruder
Fässler Anton 1943   Mutters Neffe
Fässler August 1905 – 1998   Mutters Bruder
Faessler Fred 1953   Mutters Neffe
Fässler Friedrich 1900 – 1929   Mutters Bruder
Fässler Ida 1906 – 1997   Mutters Schwwstr

Fässler Jakob 1866 – 1930   Mutters Vater
Fässler Jakob 1898 – 1979   Mutters Bruder
Fässler Katharina 1870 - 1954   Mutters Mutter
Faessler Aaron 1977   Sohn meines Cousin Patrick
Faessler Nick 1951   Mutters Neffe
Fässler Katharina 1913 – 1994   Mutters Schwägerin
Faessler Pat 1950   Mutters Neffe
Faessler Tom 1952   Mutters Neffe
Huber Johann Anton 1872 – 1930   Grossvaters Neffe
Kölbener Baptist 1933 – 1988   Mutters Cousin
Kölbener Jakob 1960   Mutters Onkel
Manser Albert 1937 – 2011   Bauernmaler, entfernter Verwandter von mir und meiner Frau Rosmarie (mein Cousin 5. und ihr Cousin 3. Grades)
Manser Baptist/Bisch 1896 – 1966   Vaters Bruder
Manser Franz 1861 – 1943   Vaters Vater
Manser Heinrich 1902 – 1990   Vaters Bruder
Manser Johann Anton 1866 – 1921   Vaters Onkel
Manser Johann Baptist 1814 – 1889   entfernter Verwandter
Manser Johann Baptist Ignaz 1776 – 1857   entfernter Verwandter
Manser Johann Josef 1863 – 1926   Vaters Onkel
Manser Josef/Sepp 1929 – 1973   Vaters Neffe
Manser Maria Theresia 1866 – 1902   Vaters Mutter
Manser Mina 1895 – 1955   Vaters Schwester
Manser Theresia 1872 – 1939   Vaters Stiefmutter
Manser Theresia 1873 – 1956   Mutters Tante
Rusch August 1933 – 2013   Bertas Ehemann
Rusch Baptist (Johann) 1876 – 1952   Vaters Onkel
Rusch Emil 1929   mein Cousin 2. Grades
Rusch Franz Anton 1869 – 1944   Vaters Onkel
Rusch Franz 1898 – 1972   Vaters Cousin
Rusch Theresia 1918 – 1998   Vaters Nichte
Schälin Fredi 1936   Vaters Neffe
Schälin Katharina 1897 – 1970   Vaters Schwester
Schälin Theodor 1895 – 1952   Vaters Schwager
Speck Emil 1895 – 1956   Vaters Schwager
Speck Maria 1898 – 1979   Vaters Schwester
Streule Albert 1920 – 2002   Vaters Neffe
Streule Josef 1907 – 1988   Mutters Schwager
Streule Josef 1919 – 1990 Vaters Neffe
Streule Theresia 1891 – 1957   Vaters Schwester
Streule Theres 1911 – 1977   Mutters Schwester

andere Personenen

Adenauer Konrad 1876 – 1967   westdeutscher Bundeskanzler
Barenboim Daniel 1942 Stardirigent

Beethoven Ludwig van 1770 – 1827   Komponist

Bohr Niels 1885 – 1962   wegweisender Atomphysiker; Bohr'sches Atommodell

Brahmagupta Devanagari 598 – 668   indischer Astronom, Mathematiker

Brecht Bert 1898 – 1956   linker Dichter

Broger Anna Maria Katharina 1821 – 1848   Sängerin aus Gonten

Bürgi Jost 1552 – 1632   genialer Uhrmacher, Mathematiker aus Lichtensteig

Clausewitz Carl von 1780 – 1831   preussischer General und wichtigster Kriegstheoretiker

Celsius Anders 1701 – 1744   Astronom (Thermometer)

Dörig Josef 1923 – 1985   tüchiger Lehrer in Schlatt

Einstein Albert 1879 – 1955   genialer Physiker bis 1916, ziemlich ichbezogen, pfauenartiger Paradiesvogel, so ab 1916 durchwegs erfolg- und bedeutungslos

Eisenhower Dwight 1890 – 1969   General, Präsident der USA

Enzler Josef 1917 – 1980   kurzzeitiger Nachbar

Euklid von Alexandria   Griechischer Mathematiker, schrieb um 325 v. Chr. in 13 Büchern das gesamte damalige mathematische (vorwiegend geometrische) Wissen auf

Euler Leonhard 1707 – 1783   absolut genialer und unerhört produktiver Mathematiker, bescheiden; wenn nicht der wichtigste, so doch der gescheiteste Schweizer aller aller Zeiten, im Alter erblindet und trotzdem bahnbrechend aktiv; nach ihm ist zu recht die nach 'Pi' wichtigste Zahl 'e' benannt

Fahrenheit Gabriel Daniel 1686 – 1736   Physiker (Thermometer)

Fässler Johann 1899 - ?   (Sonnebueb), Senn auf Untere Hundslanden

Fechner Gustav Theodor 1801 – 1887   Physiker

Federer Heinrich 1866 – 1928   Dichter, Priester in Jonschwil

Fuster Martin 1972   Handbueb in Furgglen

Galileo Galilei 1564 – 1642   Physiker, Mathematiker, musste dem richtigen Weltbild mit der Sonne im Zentrum durch die Inquisition abschwören

Geiger Noldi 1936   Enkel von Oscar Geiger

Geiger Oscar 1864 – 1927   Politiker und Amateurhistoriker (Stammbäume)

Gobineau Joseph 1816 – 1882   umstrittener Schriftsteller ('Rassenlehre')

Hautle Anton 1899 – 1965   acht Jahre Heusenn bei uns

Hauser Kaspar 1812 – 1833   Findelkind, Urenkel von Grossherzog K. F. von Baden (?), wohl aus erbrechtlichen (dynastischen) Gründen ermordet

Heeb Johann 1923 – 2000   Seealpsenn um 1977

Hirter – Neff Anna Maria (Badpeterlis) 1833 – 1918   Wohltäterin, Brillenfond

Inauen Marie 1924   Trachtennäherin *Trachtemarie*

Jahn Friedrich 1778 – 1852   Abgeordneter, Schöpfer der deutschen Turnbewegung

Karl Friedrich von Baden 1728 – 1811   Grossherzog

Keller Andreas 1960   Schellenschmied

Knechtle Amand 1906 – 1976   Eisenwaren und Landwirtschaftsartikel

Koch Albert 1943   Ziegenkäsepionier

Kölbener Beat 1917 – 1975   Appenzeller Alpenbitter, Rezeptur Appenzeller Käse

Koller Johann Josef 1856 – 1931   Posthalter in Gonten, Säntiswetterwart

Koller Johann 1940   Grossmetzger in Bogota

Linde Carl 1842 – 1934 Ingenieur, entwickelte Kältemaschinen und Luftverflüssigung

Leupi Hermann 1925   Käser, Direktor der Sortenorganisation Appenzeller Käse

Lorenz Konrad 1903 – 1989   Zoologe und Psychologe

Madariaga y Royo Salvador de 1886 – 1978   Politiker, Schriftsteller

Montgolfier Jacques – Etienne 1745 – 1799   Papierfabrikant, Luftballonpionier

Montgolfier Joseph – Michel 1740 – 1810   Papierfabrikant, Luftballonpionier

Napier John 1550 – 1617 Mathematiker (Logarithmen)

Neff Alois 1942 Landwirt in Wilen

Neff August 1875 – 1963   Vaters Firmpate, besass das erste Velo in Gonten

Neff Walter 1945 Landwirt in Wilen

Origenes 185 – 254 Kirchenvater und Philisoph

Paracelsus (eigentlich Theophrastus Bombastus von Hohenheim) 1493 – 1541 Arzt und Naturphilosoph

Peterer Paul 1941   Schulkamerad in Schlatt

Plinius Gajus Secundus, der Ältere 23 – 79   Schriftsteller und Offizier

Prinz Eugen 1663 – 1736   österreichischer Feldherr und Staatsmann, besiegte 1683 die Türken bei Wien

Reagan Ronald 1911 – 2004   amerikanischer Präsident

Réaumur René Antoine Ferchault de 1683 – 1757   Physiker, Biologe (Thermometer)

Rinderer Xaver 1896 – 1978   Pfarrer/Kurat in Schlatt

Rusch Johann Baptist Emil 1844 – 1890   Landammann

Schatz Gottfried, Dr. Prof. 1936   Mikrobiologe, Chemiker

Schiller Friedrich 1759 – 1805   deutscher Dichterfürst

Stephenson George 1781 – 1848   Ingenieur, Erfinder, Eisenbahnpionier

Stevin Simon 1548 – 1620   Mathematiker, Physiker (Dezimalbrüche)

Stössel Ruedi Dr. Prof. 1903 – ca. 1990   Mathematiker, Physiker am Lehrerseminar Rorschach

Wartmann Otto 1959   Meisterlandwirt und Käsermeister (Tilsiter)

Watt James 1736 – 1819   Erfinderr, baute die erste Dampfmaschine

Weber Ernst Heinrich 1795 - 1878   Physiologe

Weber Hans, Dr. Prof. ca. 1905 - ? Biologielehrer am Lehrerseinar Rorschach

Wiesli Alois 1937   Bauernsohn in Wilen

Zündt Josef Anton 1856 – 1920   zu rigoroser Pfarrer in Gonten, 1888 - 1920

Lösungen

Sara, Gen 18,15
20 Yards
2/3 Ei
Torhöhe
1830
Slip - ola
Streuehütten
Anstosskreisradius
1512 m3
Strafstossdistanz
Weegpööte
Torlänge
Kairo, Ankara, Mekka, Teheran

Kränkungen, Ernüchterungen und Herabstufungen in zeitlicher Abfolge

1. Kopernikus: Erde nicht Mittelpunkt
2. Darwin: Mensch Glied in der Entwicklung
3. Auschwitz: Massenmord durch Gas (in Osteuropa noch mehr durch Erschiessen)
4. Psychotest: jeder unter Umständen ein Unmensch
5. Schatz: Mitochondrien (nur für Männer) nur durch Frauen vererbt
6. Exoplaneten: Sonne nicht der einzige Stern mit Planeten
7. Mao: Giga - Scheusal kommt für viele Jahre an die Macht, darum 80 Millionen Tote. Die maoistischen Schandtaten fanden zwar zwischen 1927 und dem 9. 9. 1976 (besonders zwischen 1958 – 1961) statt, aber der linkslastige Westen nahm sie widerwillig erst nach 2005 stillschweigend und verständnisvoll zur Kenntnis.

Die Wahrheit ist ein starker Trank,
und wer ihn braut, hat selten Dank -
denn der Menge schwacher Magen
mag ihn nur verdünnt vertragen.

Unbekannter Meister